SCHÜLER
DUDEN

Informatik

SCHÜLERDUDEN

Rechtschreibung und Wortkunde
Vom 4. Schuljahr an

Grammatik
Vom Aktiv bis zum zweiten Futur

Wortgeschichte
Sprachgeschichte und Etymologie
für den modernen Sprachunterricht

Bedeutungswörterbuch
Weil viele Wörter mehrdeutig sind

Fremdwörterbuch
Von relaxed bis marginal

Die richtige Wortwahl
Auf einen Schlag den inhaltlich
und stilistisch treffenden Ausdruck

Lateinisch-Deutsch
Die Neufassung des
»Taschen-Heinichen«

Kunst
Von der Farbenlehre bis zur
Aktionskunst

Musik
Bach und Bebop, Farbenhören
und farbiges Rauschen

Literatur
Absurdes Theater, Naturalismus,
Hinkjambus: die Literatur
in ihrer Vielseitigkeit

Chemie
Von der ersten Chemiestunde
bis zum Abiturwissen

Ökologie
Klassische Ökologie und
moderne Umweltproblematik

Pflanzen
Vom Gänseblümchen bis zum
Mammutbaum: Antwort auf Fragen,
die im Unterricht offen bleiben

Biologie
Auf dem neuesten Stand
der Forschung

Tiere
Rötelfalken und Rötelmäuse.
Für kleine und große Biologen

Physik
Die wichtigsten Begriffe und
Methoden der Physik

Astronomie
Von hellen Sternen und
schwarzen Löchern

Geographie
Von der Geomorphologie bis
zur Sozialgeographie

Geschichte
Die wichtigsten historischen Begriffe
aus der gesamten Geschichte

Wirtschaft
Vom Break-even-Point bis
zur Schattenwirtschaft

Politik und Gesellschaft
Vom Bruttosozialprodukt bis
zur Pressefreiheit

Religionen
Aberglaube, Christentum,
Zwölfgöttersystem: die Welt der
Religionen auf einen Blick

Philosophie
»Logik des Herzens« und kate-
gorischer Imperativ: die wichtigsten
Modelle und Schulen

Psychologie
Das Grundwissen der Psychologie
unter Berücksichtigung aktueller
Themen

Pädagogik
Alles zum Thema Schule,
Ausbildung und Erziehung

Informatik
Algorithmen und Zufallsgenerator:
das Informationszentrum für
Anfänger und Fortgeschrittene

Mathematik I
5.–10. Schuljahr

Mathematik II
11.–13. Schuljahr

Sexualität
Umfassende Informationen
zur Sexualität des Menschen

SCHÜLER DUDEN

Informatik

3., neu bearbeitete Auflage
Herausgegeben und bearbeitet von
Meyers Lexikonredaktion

Wissenschaftliche Bearbeitung:
Prof. Dr. Volker Claus
und Prof. Dr. Andreas Schwill

DUDENVERLAG
Mannheim·Leipzig·Wien·Zürich

Redaktion:
Dipl.-Inform. Veronika Licher

Infografiken:
Quadrat Design, Kiel

Umschlaggestaltung:
Sven Rauska, Wiesbaden

Die Deutsche Bibliothek – CIP-Einheitsaufnahme
Schülerduden, Informatik/
hrsg. und bearb. von Meyers Lexikonredaktion.
Wiss. Bearb.: Volker Claus und Andreas Schwill. –
3., neu bearb. Aufl. –
Mannheim; Leipzig; Wien; Zürich: Dudenverl., 1997
Bis 2. Aufl. u. d. T.: Schülerduden, Die Informatik
ISBN 3-411-04483-7

Das Wort DUDEN ist für den Verlag
Bibliographisches Institut & F. A. Brockhaus AG
als Marke geschützt.

Das Werk wurde in neuer Rechtschreibung verfasst.

Warenzeichen, Handelsnamen usw.
sind in diesem Buch nicht besonders gekennzeichnet;
dies berechtigt nicht zu der Annahme, dass sie
von jedermann frei verwendet werden dürfen.
Autoren und Verlag übernehmen für die Fehlerfreiheit
der Programme keine Gewährleistung oder Haftung.

Alle Rechte vorbehalten
Nachdruck, auch auszugsweise, vorbehaltlich der Rechte,
die sich aus §§ 53, 54 UrhG ergeben, nicht gestattet.
© Bibliographisches Institut & F. A. Brockhaus AG,
Mannheim 1997
Satz: Bibliographisches Institut & F. A. Brockhaus AG,
Mannheim (DIACOS Siemens)
Druck: Klambt-Druck GmbH, Speyer
Bindearbeit: Schöneberger Buchbinderei, Berlin
Printed in Germany
ISBN 3-411-04483-7

Vorwort

Die Beschäftigung mit dem Computer führt zu Fragestellungen und Problemen, auf die der Schülerduden »Informatik« Antwort gibt. Die Grundbegriffe der Informatik, die im Schulbereich benötigt werden, sind präzise und anschaulich dargestellt und werden durch zahlreiche Beispiele und Illustrationen erläutert. Besonderes Augenmerk wird auf eine Normierung der manchmal sehr unterschiedlich verwendeten Begriffe gelegt. Auch weiterführende Themen der theoretischen Informatik, Methoden des Software-Engineering, Programmiersprachen, Datenbanken, Rechnernetze und Mikroprozessoren werden behandelt. Daneben enthält der Band Algorithmen und Programmbeispiele zu einigen im Informatikunterricht immer wiederkehrenden Aufgabenstellungen und zeigt zugleich Wege auf, wie man von einer Problemstellung über den Algorithmus zum konkreten Programm gelangt.

Informatik wird oft mit Gerätekunde, Wissen über die Funktionsweise konkreter Softwarepakete und Beherrschung von Tricks in Verbindung gebracht. Man stellt jedoch schnell fest, dass dieses Bild der Informatik äußerst einseitig ist. Die Informatik ist vielmehr eine Methodenlehre, die auf soliden Grundlagen aufbaut, systematische Vorgehensweisen entwickelt hat und kooperative Zusammenarbeit erfordert. Der Schülerduden »Informatik« basiert auf dieser strukturwissenschaftlichen Denkweise und führt mit diesem Ansatz Mädchen und Jungen gleichermaßen zur Informatik.

Darüber hinaus erhalten Lehrkräfte wertvolle didaktische Hinweise zu vielen Fragen des Informatikunterrichts.

Einzelne Stichwörter sollten unabhängig von einer konkreten Suche gelesen werden. Hierzu zählen zum Beispiel die Stichwörter »Informatik«, »Methoden der Informatik«, »Software-Engineering«, »Computer«, »Semantik« und »paralleler Algorithmus«. Sie gehören zu den Schlüsselbegriffen der Informatik und sind deshalb besonders ausführlich als Einführungen in das entsprechende Gebiet dargestellt.

▶ Viel Spaß beim Lesen!

Mannheim, im Sommer 1997   Herausgeber und Bearbeiter

Inhalt / Zur Einrichtung des Buches

Lexikalischer Teil 7−548
Anhang zum Projektunterricht 550−556
Register 558−576

Der Text ist nach Hauptstichwörtern alphabetisch geordnet, welche fett gedruckt am Anfang des betreffenden Artikels stehen. Die Alphabetisierung ordnet Umlaute wie die einfachen Selbstlaute ein: ä wie a, ö wie o usw. Komplexe Hauptstichwörter werden ohne Rücksicht auf die Wortgrenze durchalphabetisiert: So steht zum Beispiel steht **Computer Literacy** zwischen **Computergrafik** und **computerunterstützter Unterricht.**

Eine große Anzahl wichtiger Begriffe ist im laufenden Text durch Kursivdruck hervorgehoben. Diese Wörter lassen sich in der Regel leicht über das am Ende des Buches stehende Register erschließen. Bei längeren Artikeln sind Unterstichwörter und Einleitungen von einzelnen Abschnitten zur besseren Übersicht durch Halbfettdruck hervorgehoben.

Der Verweispfeil (↑) vor einem Wort besagt, dass dieses als Hauptstichwort abgehandelt ist.

Gibt es für einen Sachverhalt mehrere Begriffe, so werden diese in runden Klammern nach dem fett gedruckten Hauptstichwort kursiv wiedergegeben, z.B.: **Datensichtstation** *(Terminal).*

Betonungsangaben stehen, wenn es nötig erscheint, bei fremdwörtlichen und fremdsprachigen Hauptstichwörtern. Der beim Stichwort untergesetzte Punkt unter Vokalen bedeutet, dass der Vokal kurz und betont ist; der untergesetzte Strich unter Vokalen bedeutet, dass der Vokal lang und betont gesprochen wird.

Wenn die Aussprache eines Stichworts Schwierigkeiten bereitet, ist im Stichwortkopf in eckigen Klammern die korrekte Aussprache in phonetischer Umschrift angegeben. Gelegentlich werden nur die schwierigen Teile eines Stichworts in Umschrift wiedergegeben.

Es werden nur allgemein bekannte und gebräuchliche Abkürzungen verwendet: z.T. = zum Teil, u.a. = unter anderem, und andere, und anderes, v.a. = vor allem, z.B. = zum Beispiel; im Allgemeinen wird i.A. abgekürzt.

A

Abbruch (engl. *abort*): Unvorhergesehene Beendigung eines laufenden Programms durch einen äußeren Eingriff (z. B. durch den Benutzer oder den Operateur) oder durch das Betriebssystem. Ein durch das Betriebssystem hervorgerufener Abbruch beruht im Allgemeinen auf dem Eintritt eines ↑Fehlers im Programm, kann aber auch durch einen Fehler in der Rechenanlage ausgelöst worden sein.
Bei ↑Schleifen spricht man von Abbruch, wenn durch Zutreffen der Abbruchbedingung die Schleifenausführung beendet wird.

Ablaufprotokoll (engl. *listing*): Verfahren zum Testen eines Programms, bei dem die Werte aller Variablen zu Beginn und nach jedem Verarbeitungsschritt festgehalten werden. Ablaufprotokolle eignen sich besonders zur Überprüfung eines Programms mit Papier und Bleistift. Das Formular für ein Ablaufprotokoll ist eine Tabelle, deren erste Spalte den aktuell auszuführenden Verarbeitungsschritt enthält. Die einzelnen ↑Anweisungen nummeriert man zweckmäßigerweise vorher durch. Jede weitere Spalte der Tabelle dient zur Aufzeichnung der Werte einer Variablen, die sich im Laufe der Bearbeitung ergeben.

Beispiel:
Bestimmung des größten gemeinsamen Teilers (ggT) zweier Zahlen a und b (↑euklidischer Algorithmus).

```
1. read (a, b);
   repeat
2.     r := a mod b;
3.     a := b;
4.     b := r;
   until  r = 0;
5. write (a);
```

Das Ablaufprotokoll für $a = 12$ und $b = 15$ sieht folgendermaßen aus:

Anweisung	a	b	r
1	12	15	
2			12
3	15		
4		12	
2			3
3	12		
4		3	
2			0
3	3		
4		0	
5	③		

Mit Ablaufprotokollen, wie auch mit jedem anderen Testverfahren, kann nicht bewiesen werden, dass ein Programm für *alle* Eingaben korrekt arbeitet. Ein Ablaufprotokoll erfasst nur *eine* mögliche Eingabekombination, kann also nur zum Auffinden von Fehlern, nicht aber zum Beweis der Fehlerfreiheit verwendet werden (vgl. aber ↑Verifikation).
Anstatt von Hand kann man ein Programm auch schrittweise im Computer ablaufen lassen (↑Debugging). Diese Form eines Ablaufprotokolls bezeichnet man als *Trace* [treɪs] (dt. Spur). Bei den meisten Programmiersystemen kann man von der schnellen auf die schrittweise (am Bildschirm anzeigbare) Abarbeitung umschalten.

Ableitungsbaum (engl. *derivation tree*): Bezeichnung für eine grafische Darstellung von Ableitungen bei ↑kontextfreien Grammatiken.
Ein Ableitungsbaum ist ein geordneter ↑Baum, dessen Knoten mit den Terminal- und Nichtterminalsymbolen der Grammatik markiert sind. Die Markierung der Wurzel ist stets das Startsymbol S. Falls ein Knoten mit A und seine Nachfolgeknoten von links nach rechts mit $X_1, \ldots X_n$ markiert sind, dann muss die Regel $(A, X_1 X_2 \ldots X_n)$ in der

Ableitungsbaum

Regelmenge der Grammatik enthalten sein.

Beispiel:
Sei $G = (N, T, P, S)$ eine kontextfreie Grammatik mit

$N = \{S, A\}$,
$T = \{a, b\}$,
$P = \{(S, aAS), (S, a), (A, SbA),$
$(A, SS), (A, ba)\}$.

Die Ableitung

$S \rightarrow aAS \rightarrow aSbA\,S \rightarrow aabAS$
$\rightarrow aabbaS \rightarrow aabbaa$

wird durch den Baum in Abb. 1 dargestellt.

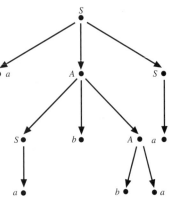

Abb. 1: Ableitungsbaum

Die Markierungen der Blätter von links nach rechts gelesen ergeben das abgeleitete Wort $aabbaa$. Der Baum stellt zugleich die Ableitung

$S \rightarrow aAS \rightarrow aAa \rightarrow aSbAa$
$\rightarrow aSbbaa \rightarrow aabbaa$

dar, die sich von der obigen Ableitung nur durch die Reihenfolge der Regelanwendungen unterscheidet. Ableitungen, zu denen der gleiche Ableitungsbaum gehört, braucht man nicht zu unterscheiden. Wenn es dagegen zu einem Wort w zwei Ableitungen mit verschiedenen Ableitungsbäumen gibt, dann nennt man w *mehrdeutig*.

Beispiel:
Man betrachte die Grammatik $G = (N, T, P, S)$ mit $N = \{S\}$, $T = \{a\}$ und $P = \{(S, SS), (S, a)\}$. Zum Wort aaa gibt es zwei verschiedene Ableitungsbäume (Abb. 2). Die Grammatik G ist also mehrdeutig (↑eindeutige Grammatik).

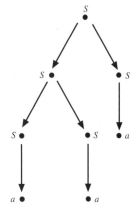
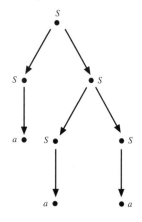

Abb. 2: Verschiedene Ableitungsbäume zu *aaa*

Durch Ableitungsbäume lassen sich Ableitungen übersichtlich darstellen und bearbeiten. Sie sind daher ein wichtiges Zwischenprodukt bei der Übersetzung von Programmiersprachen.

abstrakter Automat *(mathematische Maschine):* Mathematisches Modell, das in allgemeinster Weise die Eigenschaften einer Maschine in sich vereint, darunter die Eigenschaften, Eingaben entgegenzunehmen, diese schrittweise durch fortlaufende Änderung des inneren Zustands zu verarbeiten, schließlich anzuhalten und eine Ausgabe zu liefern.

Ein abstrakter Automat A ist ein 7-Tupel $A = (I, O, K, \alpha, \omega, \tau, \pi)$, wobei gilt:

I ist eine Menge von Eingabewerten,

O ist eine Menge von Ausgabewerten,

K ist eine Menge von *Konfigurationen* (= inneren Zuständen des Automaten),

$\alpha: I \rightarrow K$ ist die Eingabefunktion,

$\omega: K \rightarrow O$ ist die Ausgabefunktion,

$\tau: K \rightarrow K$ ist die Übergangsfunktion, die die Zustandswechsel des Automaten erfasst,

$\pi: K \rightarrow \{0,1\}$ ist eine Abbildung (das so genannte *Halteprädikat*), die die Menge E der Endkonfigurationen $E = \{k \in K \mid \pi(k) = 1\}$ definiert.

Alle Abbildungen können partiell definiert sein.

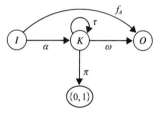

Abb. 1: Schema eines abstrakten Automaten

Der Automat arbeitet folgendermaßen (Abb. 1): Eine Eingabe wird per α in eine Konfiguration übertragen. Anschließend wird τ so lange angewendet, bis zum ersten Mal eine Endkonfiguration erreicht ist. Die Endkonfiguration wird dann mittels ω in einen Ausgabewert abgebildet. Wird keine Endkonfiguration erreicht, so hält der Automat nicht an und erzeugt keine Ausgabe.

Die Laufzeit $t_A(i)$ eines abstrakten Automaten A für die Eingabe $i \in I$ ist die Anzahl der Konfigurationsübergänge, die durchlaufen wird, bis bei Eingabe von i zum ersten Mal das Halteprädikat erfüllt ist.

Die von einem abstrakten Automaten A berechnete Funktion $f_A: I \rightarrow O$ ist formal definiert durch:

$$f_A(i) = \begin{cases} \omega(\tau^{t_A(i)}(\alpha(i))), \text{ falls } t_A(i) \\ \qquad\qquad\qquad\quad \text{ definiert ist,} \\ \text{undefiniert sonst.} \end{cases}$$

τ^m bezeichnet dabei die m-fache Anwendung von τ.

Die Definition eines abstrakten Automaten A ist so allgemein gehalten, dass A jede beliebige Funktion berechnen kann (auch nichtberechenbare Funktionen).

In der Informatik ist man meist nicht an solchen Automatendefinitionen, sondern an „endlich erzeugten" Automaten interessiert, d. h., man gibt eine endliche Menge von Operationen vor (z. B. Nullsetzen, Addition, Vertauschen von Komponenten, if-then-else-Funktion usw.) und untersucht dann, welche Übergangsfunktionen τ und welche Funktionen f_A auf diese Weise realisiert werden können.

Beispiel:

Aus dem abstrakten Automaten erhält man einen endlichen Akzeptor $B = (X, Q, \delta, q_0, F)$ durch die folgende Definition:

Ackermann-Funktion

$I := X^*$,
$K := Q \times X^*$,
$$\pi(q, w) = \begin{cases} 1, \text{falls } q \in F \text{ und} \\ \quad w = \varepsilon, \\ 0 \text{ sonst,} \end{cases}$$
$\alpha \colon X^* \to K$ mit $\alpha(w) = (q_0, w)$,
$\tau \colon K \to K$ mit $\tau(q, xw) := (\delta(q, x), w)$
für alle $x \in X, w \in X^*$ und $q \in Q$.

Alle anderen Automatenmodelle lassen sich durch geeignete Definition von $I, O, K, \alpha, \omega, \tau$ und π aus dem abstrakten Automaten herleiten (daher der Begriff „abstrakt").

Ackermann-Funktion (nach F. Wilhelm Ackermann, 1896–1962; vereinfacht von R. Peter und R. M. Robinson): Beispiel für eine ↑berechenbare Funktion, die nicht primitiv-rekursiv ist. Die Ackermann-Funktion

$$a \colon \mathbb{N}_0 \times \mathbb{N}_0 \to \mathbb{N}_0$$

ist rekursiv definiert durch

$$a(n, m) = \begin{cases} m + 1, \text{falls } n = 0, \\ a(n-1, 1), \text{falls } m = 0, \\ a(n-1; a(n, m-1)) \text{ sonst.} \end{cases}$$

Die Ackermann-Funktion wächst sehr stark. Sie kann von keiner primitiv-rekursiven Funktion nach oben beschränkt werden. Einige Funktionswerte:

$a(1, 1) = 3$,
$a(2, 2) = 7$,
$a(3, 3) = 61$,
...
$a(4, 2)$ besitzt 19 729 Stellen,
...
$a(4, 4)$ ist grösser als $10^{10^{10^{19\,000}}}$.

Ada (nach Ada Augusta Byron, Gräfin von Lovelace, 1815–52; Übersetzerin und Mitarbeiterin von Charles Babbage): Imperative Programmiersprache, die im Auftrag des Verteidigungsministeriums der USA von einem internationalen Expertenteam in Frankreich entwickelt wurde. Die Sprache blieb als Ada 83 von 1982 bis 1994 unverändert, inzwischen wurde die erweiterte objektorientierte Version Ada 95 als Norm festgelegt.

Ada ist eine normierte Sprache, d. h., sie ist durch nationale (z. B. DIN) und internationale (z. B. ↑ISO) Vereinigungen in genormter Form akzeptiert worden. Dies bedeutet: Jeder Ada-Übersetzer muss validiert werden. Dies geschieht durch Überprüfen, wie die Übersetzung von etwa 7 500 speziellen Testprogrammen erfolgt. Der Übersetzer darf hierbei nicht weniger, aber auch nicht mehr leisten, als die Norm vorschreibt.

Ada 83 basiert auf mehreren Konzepten: Die Programmiersprache ist streng getypt und besitzt Moduln (ähnlich ↑MODULA-2); prozessartige Teile eines Programms (engl. *tasks*) können gleichzeitig auf verschiedenen Rechnerkomponenten ausgeführt werden; Fehler und Ausnahmesituationen lassen sich auffangen (engl. *exceptions*); der gleiche Bezeichner kann für verschiedene Objekte oder Operatoren verwendet (engl. *overloading*) werden; ähnliche Programmteile können als einheitliches Schema formuliert werden (engl. *generics*). Programmeinheiten werden getrennt spezifiziert und implementiert und können einzeln übersetzt werden. Maschinennahe Teile können angebunden werden (engl. *pragmas*).

Bisher wird Ada vor allem in sicherheitskritischen Bereichen eingesetzt. Die Sprache besitzt Vorzüge vor allem im Bereich der Fehlervermeidung und Korrektheitsprüfung und findet zunehmend Verbreitung.

Addierwerk: Wesentliche Komponente des Rechenwerks von Computern, das die Addition zweier oder mehrerer Summanden durchführt. Die zwei binären n-stelligen Zahlen $a = a_{n-1} \ldots a_1 a_0$ und $b = b_{n-1} \ldots b_1 b_0$ lassen sich nach der „Schulmethode" zur Zahl $c = c_n c_{n-1} \ldots c_1 c_0$ addieren:

Adressfunktion

Einander entsprechende Ziffern a_i und b_i werden unter Beachtung eines möglichen Übertrags u_{i-1} zusammengezählt. Der Algorithmus lässt sich folgendermaßen beschreiben:

(∗ a und b seien gegeben ∗)
$u_{-1} := 0;$
for i := 0 to n − 1 do
begin

$$c_i := \begin{cases} 0, \text{falls keine oder genau zwei} \\ \quad \text{der Ziffern } a_i, b_i \text{ und } u_{i-1} \\ \quad \text{gleich 1 sind,} \\ 1 \text{ sonst.} \end{cases}$$

$$u_i := \begin{cases} 0, \text{falls höchstens eine der} \\ \quad \text{Ziffern } a_i, b_i \text{ und } u_{i-1} \text{ gleich} \\ \quad 1 \text{ ist,} \\ 1 \text{ sonst.} \end{cases}$$

end.

Die Funktion, die in jedem Schleifendurchlauf berechnet wird, entspricht genau dem ↑Volladdierer; daher kann man die gesamte Addition durch einen Volladdierer, einen Zähler und durch Schieberegister realisieren (↑Serienaddierwerk). Schneller arbeiten das Von-Neumann-Addierwerk und das ↑Paralleladdierwerk.

Ist am Ende $u_{n-1} = 1$, so lässt sich die Summe $a + b$ nicht mehr mit n Ziffern darstellen. Man spricht dann von einem *Überlauf*, der im ↑Status des Rechners angezeigt wird.

Die Subtraktion, die Multiplikation und die Division werden meist auf die Addition zurückgeführt (↑Multiplizierwerk, ↑Subtrahierwerk).

Adresse: Zahl, Wort oder Zeichenfolge zur eindeutigen Kennzeichnung einer Speicherzelle (↑Speicher), eines Teils einer Speicherzelle oder einer zusammenhängenden Gruppe von Speicherzellen. Meist sind Adressen ganze Zahlen zwischen 0 und $2^n - 1$; $n = 16$, 24 oder 32 sind gängige Größenordnungen. Soll auf den Inhalt einer Speicherzelle zugegriffen werden, so wird im ↑Adressteil eines entsprechenden Befehls der Maschinensprache die Adresse der vorgesehenen Speicherzelle angegeben. In gängigen Rechenanlagen kann ein Befehl eine, zwei oder drei Adressen enthalten (Ein-, Zwei- oder Dreiadresssystem). Im *Adressformat* sind Anzahl und Bedeutung der Adressen eines Befehls festgelegt. Der *Adressraum* ist die Menge aller möglichen Adressen. Seine Größe ist vom Prozessortyp, vom Speicher und vom Betriebssystem abhängig (↑Speicherverwaltung).

Meist unterscheidet sich die im Adressteil angegebene Adresse eines Objekts von der durch den technischen Aufbau des Speichers fest vorgegebenen *absoluten* (oder *physikalischen*) Adresse der Speicherzelle, in der sich das Objekt befindet. In diesem Falle wird durch das Betriebssystem unter Verwendung von Zusatzinformationen eine Adressberechnung vorgenommen (↑Adressierungsarten).

Adressfunktion: Wenn in Programmen auf Werte zugegriffen werden soll, die im ↑Speicher abgelegt sind, so sind häufig die absoluten Adressen der Werte nicht bekannt, weil das Programm relativ adressiert ist (↑Adressierungsarten). Auch beim Zugriff auf ein Feldelement (↑Feld) muss die absolute Adresse im Speicher erst über die Indizes und die Lage des Feldes im Speicher ermittelt werden. Die absoluten Adressen werden durch verschiedene Adressfunktionen berechnet:

1. Ein relativ adressiertes Maschinenprogramm wird durch den ↑Lader in den Arbeitsspeicher gebracht. Dabei wird die Ladeadresse LA festgelegt (↑Startadresse). Jede im Programm vorkommende relative Adresse RelAdr muss wie folgt in eine absolute Adresse AbsAdr umgewandelt werden:

AbsAdr := LA + RelAdr.

Adressierungsarten

2. Bei einem virtuellen Speichersystem (↑Speicherverwaltung) werden während der Ausführung des Programms Seiten aus dem Hauptspeicher entfernt und eventuell an anderer Stelle zu einem späteren Zeitpunkt wieder geladen. Um auf Werte, die in nachgeladenen Seiten stehen, zugreifen zu können, wird die gleiche Adressfunktion wie unter 1. mit der jeweils aktuellen Ladeadresse LA benutzt.

3. Bei Datenstrukturen (z. B. Feldern, ↑Records) müssen beim Zugriff auf Komponenten deren absolute Adressen berechnet werden. Die Adressfunktion ist dabei abhängig vom Typ der Datenstruktur. Ist z. B. ein Feld durch

var F: array [$u_1..o_1, u_2..o_2$] of integer

deklariert worden, so hat das Feldelement F[i,j] folgende Adresse im Speicher (a_0 sei die absolute Anfangsadresse des Feldes im Speicher, und ein Wert vom Typ integer möge 2 Speicherzellen belegen):

Adresse (F[i,j]) = a_0 +
2 · (($o_2 - u_2 + 1$) · ($i - u_1$) + ($j - u_2$)).

Diese Adressfunktion setzt voraus, dass das 2-dimensionale Feld F zeilenweise im Speicher abgelegt wird: Zuerst kommen die Elemente der ersten Zeile (erster Index = u_1), danach die Elemente der zweiten Zeile (erster Index = $u_1 + 1$) usw.

Beispiel:
Man möchte auf X[3,5] des Feldes X zugreifen. X wurde als

array [1..4, 0..10] of real

deklariert, es sei r = 4 die Anzahl der Speicherzellen, die ein Wert vom Typ real belegt. X besitze die relative Anfangsadresse 170; beim Laden wurde die Ladeadresse LA = 1 024 zugeteilt (Abb. 1).

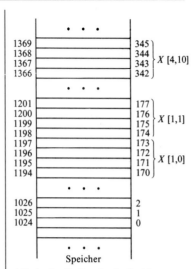

Abb. 1 zeigt die Situation im Speicher; links stehen die absoluten, rechts die relativen Adressen der Elemente

Die absolute Anfangsadresse a_0 von X lautet:

a_0 = 1 024 + 170 = 1 194.

Die absolute Adresse des Feldelements X[3,5] errechnet sich nun zu

Adresse (X[3,5])
= a_0 + r · ((10 − 0 + 1) · (3 − 1) + (5 − 0))
= 1 194 + 4 · (11 · 2 + 5)
= 1 302.

Adressierungsarten:
1. Die Adressierungsart gibt an, wie die physikalische ↑Adresse eines Wertes im Speicher zu ermitteln ist. Bei vielen Maschinenbefehlen müssen im ↑Adressteil die Adressen der Speicherzellen angegeben sein, in denen sich die Operanden befinden oder in die bestimmte Werte einzutragen sind. Die tatsächliche physikalische Adresse wird zur Laufzeit unter Verwendung zusätzlicher Informationen aus der im

Adressierungsarten

Adressteil angegebenen Adresse berechnet.
In den folgenden fünf Abbildungen wird ein Speicher mit sieben Speicherzellen verwendet, die die Adressen von 1 bis 7 besitzen.
Bei der **absoluten Adressierung (direkte Adressierung)** kennzeichnet die im Adressteil angegebene Adresse genau den Aufenthaltsort des Operanden.

Beispiel:
Lade Register mit Adresse 3 (Abb. 1).

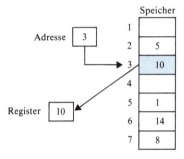

Abb. 1: Absolute Adressierung

Indirekte Adressierung: der Inhalt der im Adressteil angegebenen Speicherzelle ist die Adresse des Operanden.

Beispiel:
Lade Register indirekt mit Adresse 2 (Abb. 2).

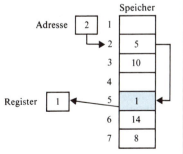

Abb. 2: Indirekte Adressierung

Bei der **indizierten Adressierung** wird die Adresse des Operanden aus der Summe der im Adressteil angegebenen Adresse und des Inhalts eines speziellen *Indexregisters* gebildet.

Beispiel:
Lade Register indiziert mit Adresse 4 (Abb. 3); im Indexregister Adresse 2.

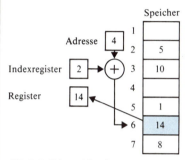

Abb. 3: Indizierte Adressierung

Bei der **relativen Adressierung** wird die Adresse jedes Operanden innerhalb eines Programms oder Programmstücks durch Summation des Inhalts eines *Basisregisters (Basisadresse)* und der im Adressteil angegebenen Adresse (*Distanzadresse*, auch *Displacement* oder *Offset* genannt) berechnet.

Beispiele:
1. Lade Register mit Adresse 3 (Abb. 4). Im Basisregister steht die 2.

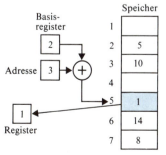

Abb. 4: Relative Adressierung

Adressregister

2. Lade Register indiziert mit Adresse 3 (Abb. 5). Basis- und Indexregister haben jeweils den Inhalt 2.

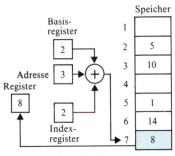

Abb. 5: Relative Adressierung

Die relative Adressierung spielt eine wichtige Rolle für das Verschieben von Programmen. Eine Sonderform ist die *PC-relative Adressierung*. Diese geschieht relativ zum gerade bearbeiteten Befehl. Die PC-relative Adresse 6 bezeichnet z. B. die Speicherzelle, deren Adresse um 6 größer ist als die der Speicherzelle, in der der gerade ausgeführte Befehl steht. Die Abkürzung PC bezieht sich auf das Befehlszählregister (engl. program counter). Die PC-relative Adressierung wird häufig bei Sprüngen zur Bestimmung des Sprungziels und bei der ↑ Parameterübergabe verwendet.

Bei der **symbolischen Adressierung** wird die Speicherzelle durch einen vom Programmierer (meist nach ↑ mnemonischen Gesichtspunkten) gewählten Namen (z. B. PLZ für Postleitzahl) bezeichnet. Bei der Übersetzung des Programms wird die symbolische Adresse durch die absolute Adresse ersetzt (↑ Assembler).

Wenn ein Benutzer in einem virtuellen Speichersystem (↑ Speicherverwaltung) Objekte adressieren kann, die sich nicht im Hauptspeicher befinden, spricht man von **virtueller Adressie-**

rung. Diese Adressierung nimmt keine Rücksicht auf die vorhandene Größe des Hauptspeichers. Die den virtuellen Adressen entsprechenden physikalischen (realen) Adressen werden vom Betriebssystem vergeben, welches die jeweils aktuell benötigten Speicherbereiche von einem Externspeicher in den Hauptspeicher lädt bzw. in den Externspeicher auslagert.

Bei der **unmittelbaren Adressierung** ist die im Adressteil angegebene Adresse selbst der Operand *(Direktoperand)*. Ein Speicherzugriff findet nicht statt.

Über Adressen kann man sowohl Daten als auch Stellen innerhalb eines Programms ansprechen. Das Auffinden solcher Programmstellen, die meist durch ↑ Marken (engl. *label*) gekennzeichnet sind, erfolgt daher ebenfalls über eine der obigen Adressierungsarten, wobei jedoch die PC-relative Adressierung überwiegt.

2. Im weiteren Sinne spricht man auch bei der Kennzeichnung von Baugruppen des Computers bzw. von Peripheriegeräten von Adressierung, weil jedes Gerät über eine Nummer, die auf den ↑ Bus gegeben wird, angesteuert werden kann.

Adressregister: Ein ↑ Register, das für die Aufnahme einer Adresse vorgesehen ist. Adressregister werden bei bestimmten ↑ Adressierungsarten benötigt. Beispiele sind Index- und Basisregister. Meist kann jedes Register auch als Adressregister genutzt werden.

Weiterhin besitzt der Speicher ein spezielles Adressregister, das zur Ansteuerung genau einer Speicherzelle während des Speicherzyklus dient *(Speicheradressregister)*.

Adressteil: Bestandteil eines ↑ Befehls, der Angaben über die ↑ Adressen der beteiligten Operanden enthält (↑ Befehlsformat). Der Adressteil kann mehrere Adressen enthalten.

Agenten *(Software-Agenten):* Softwarekomponenten, die v. a. in vernetzten Systemen selbstständig Aufgaben bearbeiten und deren Ausführung überwachen können. Man unterscheidet *stationäre Agenten,* die ihre Rechnerumgebung nicht verlassen, und *mobile Agenten,* die entweder auf einen fremden Rechner übertragen und dann dort ausgeführt werden oder die sich durch ein größeres Netz von Rechner zu Rechner weiterbewegen („migrieren") und dabei Aufgaben bearbeiten.

Agenten können *aktiv* oder *passiv* sein. Passive Agenten handeln nur, wenn sie von einem Benutzer aufgefordert, explizit gestartet und mit einer Aufgabe betraut werden. Aktive Agenten können *autonom* oder *semiautonom* sein. Semiautonome Agenten führen nur klar überschaubare Routineaufgaben selbstständig aus, alle anderen Fälle werden an den Benutzer zur weiteren Bearbeitung verwiesen. Autonome Agenten handeln dagegen unabhängig vom Benutzer. Sie besitzen Wissen über die Problem- und Systemumgebung, um die Nachrichten anderer Agenten richtig interpretieren und darauf geeignet reagieren zu können. *Lernfähige Agenten* können ihr Wissen dynamisch erweitern.

Agenten wurden ursprünglich in der ↑künstlichen Intelligenz entwickelt. Kleine Agenten lassen sich als einfache Objekte der ↑objektorientierten Programmierung auffassen. Mittlerweile erstellt man mit geeigneten Programmiersprachen recht komplexe Agenten. Bekannt ist die Sprache **Java,** deren Programme mit Informationen (insbesondere in Seiten des World Wide Web, ↑Internet) versandt und auf dem Rechner des anfordernden Benutzers ausgeführt werden können. Durch Systeme zur Verwaltung von Agenten lassen sich ↑Prozesse einrichten, löschen, erweitern und manipulieren, indem Agenten entfernt oder eingefügt werden und ihre Namen und Fähigkeiten allgemein bekannt gemacht werden (z. B. durch ein „Adressbuch", das alle zurzeit vorhandenen Agenten enthält). Hierdurch wird zugleich das Programmieren in ↑offenen Systemen unterstützt.

Aiken-Code [ˈeɪkɪn-]: Der Aiken-Code ist ein Tetradencode (↑BCD-Code). Den Dezimalziffern von 0 bis 9 wird nach folgender Tabelle jeweils eine Tetrade, d. h. eine Folge von vier Bit, zugeordnet. Der Aiken-Code ist wie der ↑Exzess-3-Code ein ↑Komplementärcode.

Dezimal-ziffer	Binär-code	Dezimal-ziffer	Binär-code
0	0000	5	1011
1	0001	6	1100
2	0010	7	1101
3	0011	8	1110
4	0100	9	1111

Beispiel:
Die Dezimalzahl 197 hat die Darstellung 0001 1111 1101.

Akkumulator: Der Akkumulator ist ein ↑Register des Rechenwerks und besteht aus einer Anzahl Schnellspeicher mit sehr kurzer Zugriffszeit. Im Akkumulator wird vor Ausführung einer arithmetischen oder logischen Operation einer der Operanden gespeichert. Dieses Register ist also bei jeder Operation beteiligt; es erübrigt sich daher die Angabe des Akkumulatorregisters im Befehlswort (Einadressmaschine, ↑Befehlsformat).

Nach Ausführung des Befehls übernimmt der Akkumulator Zwischenergebnisse, die sofort weiterverarbeitet werden können, wobei das Zurückschreiben von Zwischenergebnissen in andere Speichereinheiten oft entfallen kann.

Akustikkoppler

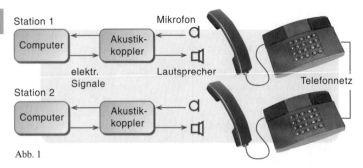

Abb. 1

Akustikkoppler: Gerät zur ↑Datenübertragung über das Telefonnetz. Der Akustikkoppler wandelt vom Computer ausgesandte elektrische Signale mittels eines Lautsprechers in akustische Schwingungen um; umgekehrt werden durch ein Mikrofon eingehende akustische Schwingungen vom Akustikkoppler in elektrische Signale umgesetzt und an den Computer gesendet (Abb. 1).
Zur Verbindung zwischen Telefon und Akustikkoppler wird der Telefonhörer in ein ähnlich geformtes Gegenstück gelegt. Hierdurch ist eine einfache Handhabung und optimale Abschirmung von störenden Nebengeräuschen gewährleistet. Im Vergleich zum ↑Modem hat der Akustikkoppler den Vorteil, dass keinerlei Veränderungen am Telefonapparat vorgenommen werden müssen.

ALGOL 60 (Abk. für engl. **Algo**rithmic **L**anguage): Imperative Programmiersprache, die Ende der 1950er-Jahre entwickelt wurde und deren Syntax erstmalig formal definiert wurde (in ↑Backus-Naur-Form). ALGOL 60 war die erste Programmiersprache, die ↑Prozeduren (einschließlich der ↑Rekursion), ↑Blöcke und höhere ↑Kontrollstrukturen zur Formulierung von Algorithmen anbot. ALGOL 60 ist die Vorgängerin vieler imperativer Sprachen.

ALGOL 60 hat zu einer intensiven Erforschung der Übersetzertechniken geführt. Auf die Implementierung von ALGOL 60 gehen u. a. die Entwicklung von ↑Laufzeitsystemen, die Orientierung von Übersetzern an der Syntax von Sprachen und verschiedene Optimierungstechniken zurück.

ALGOL 68: Imperative Programmiersprache, die eine weit reichende und konsequente Weiterentwicklung von ↑ALGOL 60 darstellt. Die Sprache besitzt ein fundamentales Entwurfsprinzip, den *Orthogonalentwurf* (engl. *orthogonal design*). Hierbei handelt es sich um das Prinzip eines minimalen, universellen, beliebig kombinierbaren Bausteinsystems:
1. Es gibt wenige Grundbausteine für Daten.
2. Aus den Grundbausteinen kann man mithilfe von Konstruktoren (engl. *mode-maker*) beliebig komplizierte Datenbereiche aufbauen.
3. Es gibt wenige Grundaktionen.
4. Aus den Grundaktionen lassen sich beliebige Aktionen mithilfe von Aktionskonstruktoren zusammensetzen.

Der Orthogonalentwurf und weitere dieser Prinzipien finden sich, wenn auch meist sehr eingeschränkt, in vielen Programmiersprachen, die nach 1965 entstanden sind. Es gibt nur wenige Übersetzer für gewisse Teilsprachen von ALGOL 68, sodass man

ALGOL 68-Programme nur an wenigen Rechenanlagen ablaufen lassen kann. Die Entwicklung dieser Sprache hat jedoch die Entwicklung anderer imperativer Sprachen nachhaltig beeinflusst.

algorithmische Geometrie (engl. *computational geometry*): Relativ junges Forschungsgebiet innerhalb der Informatik, das etwa 1975 entstanden ist. Es beschäftigt sich mit der Entwicklung effizienter Algorithmen und Datenstrukturen für geometrische Probleme und damit zusammenhängenden Fragestellungen (↑Computergrafik).

Typische Problemstellungen sind:
1. Gegeben sei eine endliche Menge M von Punkten in der Ebene. Man bestimme die *konvexe Hülle* von M. Dies ist eine Folge von Punkten $p_1, p_2, ..., p_n \in M$, sodass für die Verbindungslinien $\overline{p_1 p_2}$, $\overline{p_2 p_3}$, ..., $\overline{p_{n-1} p_n}, \overline{p_n p_1}$ gilt (siehe unten):
   - Durchläuft man diese Strecken im Uhrzeigersinn, so biegt man beim Betreten der nächsten Strecke niemals nach links ab (d. h., man läuft nur geradeaus oder knickt nach rechts ab).
   - Kein Punkt aus M liegt außerhalb dieser Streckenfolge.
2. Gegeben sei eine Menge P von Punkten in der Ebene. Man ermittle zu jedem beliebigen Punkt x den nächstliegenden Punkt aus P (↑Voronoi-Diagramm).

Algorithmus [in Anlehnung an griech. arithmós „Zahl" aus dem Namen des pers.-arab. Mathematikers Al-Charismi]: Eine Verarbeitungsvorschrift, die so präzise formuliert ist, dass sie von einem mechanisch oder elektronisch arbeitenden Gerät ausgeführt werden kann. Aus der Präzision der sprachlichen Darstellung eines Algorithmus muss die Abfolge der einzelnen Verarbeitungsschritte hervorgehen. Hierbei sind Wahlmöglichkeiten zugelassen. Nur muss dann genau festliegen, nach welchen Kriterien die Auswahl erfolgen soll.

Ein Algorithmus gibt demzufolge an, wie Eingabedaten schrittweise in Ausgabedaten umgewandelt werden. Er beschreibt eine Abbildung $f: E \to A$ von der Menge der zulässigen Eingabedaten E in die Menge der Ausgabedaten A. Aber nicht jede Abbildung $f: E \to A$ lässt sich durch einen Algorithmus realisieren (↑Berechenbarkeit). Historisch gesehen hat man zunächst versucht, genau die Abbildungen zu definieren, die von Algorithmen beschrieben werden. Die Menge der ↑primitiv-rekursiven Funktionen reicht hierfür nicht aus (↑Ackermann-Funktion). Man führte daher die da-

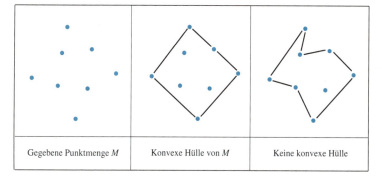

| Gegebene Punktmenge M | Konvexe Hülle von M | Keine konvexe Hülle |

Algorithmus

rüber hinausgehenden ↑μ-rekursiven Funktionen ein.

Algorithmen kann man durch eine (mathematisch exakt definierte) Maschine beschreiben, die den Algorithmus schrittweise nachvollzieht. Einfachste Maschinenmodelle sind ↑Turingmaschinen und ↑Registermaschinen.

Statt eine Maschine zu konstruieren, genügt es, ihre Grundbefehle, ihre zulässigen Speicherbereiche für Daten und ihre Kontrollstrukturen, d. h. die erlaubten Verknüpfungen der Grundbefehle, festzulegen. Man gibt also nur eine gedachte, ↑virtuelle Maschine an, von der man weiß, dass man sie prinzipiell auch bauen oder von einer anderen Maschine simulieren lassen könnte. Virtuelle Maschinen werden meist durch Programmiersprachen beschrieben; daher stellen Programme stets auch Algorithmen dar.

Der Begriff des Algorithmus ist von zentraler Bedeutung für die Informatik und charakterisiert alles, was man mit Maschinen prinzipiell bearbeiten kann. Probleme, die man algorithmisch nicht lösen kann, können auch nicht Computern oder anderen Maschinen zur Lösung übertragen werden.

Verschiedene Möglichkeiten zur Beschreibung von Algorithmen werden im Folgenden am Beispiel der ↑Fakultät

$$f(n) = n! = 1 \cdot 2 \cdot \ldots \cdot n$$

erläutert; dabei wird vorausgesetzt, dass bei den Programmen nur nichtnegative Zahlen eingegeben werden.

a) Umgangssprachliche Beschreibung, die so präzise ist, dass man sie in ein Programm übertragen kann:

Multipliziere für eine vorgegebene nichtnegative ganze Zahl x die Zahlen von 1 bis x miteinander und erhalte das Ergebnis. War $x = 0$, so soll das Ergebnis 1 sein.

b) Beschreibung mithilfe eines Programms in ↑PASCAL:

```
program fak (input, output);
var x, fakx, i: integer;
begin
    read (x); fakx := 1;
    for i := 1 to x do
        fakx := fakx * i;
    write (fakx)
end.
```

c) Beschreibung mithilfe eines Rekursionsschemas (↑Rekursion):

$$f(0) = 1$$
$$f(x+1) = (x+1) \cdot f(x).$$

d) Ein Programm, das sich für ↑Registermaschinen leicht umschreiben lässt, lautet (man benötigt 5 Register für x, s, t, j, k und ein weiteres Register für das Umspeichern):

```
read(x); s := 0; s := s + 1;
M1: t := 0; j := x;
M2: k := s;
M3: t := t + 1; k := k - 1;
    if k ≠ 0 then goto M3;
    j := j - 1;
    if j ≠ 0 then goto M2;
    s := t; x := x - 1;
    if x ≠ 0 then goto M1;
write(s)
```

e) Die Formulierung mithilfe von Turingmaschinen ist bereits zu aufwendig, um sie hier vorstellen zu können.

Algorithmen besitzen charakteristische Eigenschaften:
1) Im Allgemeinen löst ein Algorithmus eine Klasse von Problemen. Die Auswahl eines einzelnen Problems erfolgt über Eingabedaten oder ↑Parameter.
2) Algorithmen sind *determiniert*, d. h., wird ein Algorithmus mit den gleichen

Eingabewerten und Startbedingungen wiederholt, so liefert er stets das gleiche Ergebnis. Eine Erweiterung bilden die *nichtdeterminierten Algorithmen,* die bei gleichen Startbedingungen unterschiedliche Ergebnisse (auch falsche) liefern können. ↑Stochastische Algorithmen sind nichtdeterminiert.

3) Die Beschreibung eines Algorithmus besitzt eine endliche Länge *(statische Finitheit).* Ferner darf der Algorithmus einschließlich seiner bearbeiteten Daten zu jedem Zeitpunkt nur endlich viel Platz belegen *(dynamische Finitheit).*

4) Für die Praxis sind meist nur solche Algorithmen von Bedeutung, die für jede Eingabe nach endlich vielen Schritten ein Resultat liefern und anhalten *(Terminierung).* Ausnahmen sind z. B. Steuerungsalgorithmen wie das zentrale Steuerprogramm eines Rechnersystems (↑Betriebssystem).

5) Ein Algorithmus heißt *deterministisch,* wenn zu jedem Zeitpunkt seiner Ausführung höchstens eine Möglichkeit der Fortsetzung besteht. Z. B. stellen Programme in imperativen Programmiersprachen meist deterministische Algorithmen dar. Hat ein Algorithmus an gewissen Stellen mehrere Möglichkeiten der Fortsetzung, von denen man nach Belieben eine auswählen kann, so heißt er *nichtdeterministisch.* Kann man den Fortsetzungsmöglichkeiten Wahrscheinlichkeiten zuordnen, so spricht man von *stochastischen Algorithmen.*

Alphabet: Ein Alphabet A ist eine nichtleere, endliche oder aufzählbar unendliche Menge von unterscheidbaren Zeichen *(Buchstaben)*

$$A = \{a_1, a_2, a_3, ...\}$$

mit einer darauf definierten Ordnungsrelation

$$a_1 < a_2 < a_3 < ...$$

In der Regel werden nur endliche Alphabete betrachtet. Das lateinische Alphabet $\{a, b, c, ..., z\}$ ist mit der üblichen Anordnung der Buchstaben ein Alphabet im obigen Sinne. Liegt keine Ordnungsrelation vor, so spricht man auch von einem *Zeichenvorrat.*

Ein *Wort w* über einem Alphabet ist eine endliche Folge von Buchstaben des Alphabets, die auch leer sein kann. Das *leere Wort* bezeichnet man mit ε (griech. *epsilon*). A^* bezeichnet die Menge aller Wörter (einschließlich ε) über dem Alphabet A. Die Menge aller Wörter ist also:

$$A^* = \{\varepsilon, a_1, a_2, a_3, ...,$$
$$a_1a_1, a_1a_2, a_1a_3, ...,$$
$$a_2a_1, a_2a_2, a_2a_3, ...,$$
$$a_1a_1a_1, a_1a_1a_2, a_1a_1a_3, ...\}.$$

Die Anzahl der Buchstaben in einem Wort w bezeichnet man als *Länge* $|w|$ von w, z. B. $|a_1a_2a_3| = 4$.

Die wichtigsten Alphabete für Rechenanlagen sind der ↑ASCII-Code, der 128 Zeichen umfasst, und der ↑EBCDI-Code mit 256 Zeichen. Jedes ↑Stellenwertsystem besitzt als Alphabet eine Menge von Ziffern, z. B. $\{0,1\}$ für das ↑Dualsystem.

analog: kontinuierlich, stetig veränderbar. Eine Menge von Werten heißt *analog,* wenn sie einem Intervall der reellen Zahlengeraden entspricht. Der Begriff wird in der Datenverarbeitung meist als Gegensatz zu ↑digital verwendet.

Die Übertragung von Informationen erfolgt meist analog, also durch kontinuierliche Veränderungen von elektrischen Spannungen, von Schallwellen oder Magnetisierungen. Zur Verarbeitung analoger Werte verwendet man ↑Analogrechner. Zur Verarbeitung in Computern müssen analoge Werte *digitalisiert* werden, z. B. wenn Aufnahmen einer Kamera, Drehgeschwindigkeiten von Motoren oder Eingaben

Analogrechner

von Sensoren zu bearbeiten sind. Hierzu verwendet man *Analog-Digital-Umsetzer*, kurz *AD-Wandler* genannt; ihre Umkehrung zur Steuerung von Geräten bezeichnet man als *Digital-Analog-Umsetzung*.

Analogrechner: Ein Analogrechner verarbeitet ↑analoge Werte, die meist durch die Größe einer elektrischen Spannung dargestellt werden. Analogrechner werden fast ausschließlich im mathematisch-technischen Bereich eingesetzt und dienen hier vorwiegend zur Erzeugung, Verarbeitung und Lösung komplizierter mathematischer Funktionen oder Gleichungen. Die Lösung einer Gleichung wird auf ein ähnliches physikalisches Experiment zurückgeführt, bei dem die beteiligten Rechenspannungen das gleiche funktionale Verhalten haben wie die Parameter der Gleichung.

Ein Analogrechner besteht aus der Zusammenschaltung mehrerer einfacher analoger *Rechenelemente*, deren gemeinsame Funktionseinheit der **Operationsverstärker** (Abb. 1) ist. Dies ist ein Gleichspannungsverstärker, der eingehende Spannungen um den Faktor $-V$ (Größenordnung 10^5 bis 10^7) bis zu einem bestimmten Maximalwert U_{max} (Größenordnung 10 Volt) verstärkt.

$$y = \begin{cases} -Vx, \text{ falls } |Vx| < U_{max} \\ \qquad\qquad\qquad \textit{(Normalbetrieb)}, \\ \mp U_{max}, \text{ sonst} \\ \qquad\qquad\qquad \textit{(Übersteuerungsbetrieb)}. \end{cases}$$

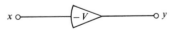

Abb. 1: Schaltzeichen des Operationsverstärkers

Der Operationsverstärker hat für die Analogrechentechnik die gleiche wichtige Bedeutung wie NAND- bzw. NOR-Gatter für den ↑Digitalrechner. Unter Verwendung des Operationsverstärkers erhält man einen **Summierer:** Der Summierer multipliziert eingehende Spannungen mit Gewichten, addiert die Ergebnisse und gibt sie am Ausgang aus (Abb. 2, Abb. 3).

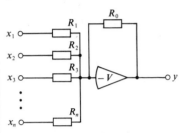

Abb. 2: Schaltung eines Summierers

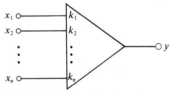

Abb. 3: Schaltzeichen eines Summierers

Ein Summierer mit der in Abb. 2 dargestellten Schaltung besitzt folgendes funktionale Verhalten:

$$y = -\frac{R_0}{R_1}x_1 - \frac{R_0}{R_2}x_2 - \ldots - \frac{R_0}{R_n}x_n$$
$$= -k_1 x_1 - k_2 x_2 - \ldots - k_n x_n$$

Weitere Bausteine sind Faktorglieder, Inverter und Integrierer, auf die hier nicht eingegangen wird.

Die Verbindung eines Analogrechners mit einem Digitalrechner heißt ↑Hybridrechner.

Anfrage (engl. *query*): Die in Datenbanken gespeicherten Informationen werden durch Anfragen abgerufen. Bei Datenbanksystemen werden Anfragen meist in speziellen Sprachen, den *Datenmanipulationssprachen* oder *Anfragesprachen,* formuliert (↑Datenbanksprachen).

Der Begriff *Abfrage* wird häufig synonym verwendet.

ANSI (Abk. für engl. American National Standards Institute): Name des nationalen Normenausschusses der USA, vergleichbar dem Deutschen Institut für Normung (DIN) in der Bundesrepublik Deutschland.

Antwortzeit: Zeit, die eine Rechenanlage benötigt, um einen ↑Auftrag (z. B. das Ausführen eines Programms oder die Bearbeitung einer Anfrage) zu erledigen. Die Antwortzeit ergibt sich durch Addition der Wartezeiten und der Bedienzeiten.

Die **Wartezeit** ist die Zeit, die ein Auftrag (speziell im Mehrprogrammbetrieb) auf den Beginn bzw. auf die Fortsetzung der Bearbeitung wartet.

Die **Bedienzeit (CPU-Zeit)** ist die Zeit, in der der Auftrag von einem Prozessor bearbeitet wird.

Anweisung: Grundbegriff in imperativen Programmiersprachen; eine Anweisung ist eine Arbeitsvorschrift, die Teil eines Programms ist und dessen Zustand (Werte der Variablen, Inhalte der Ein-/Ausgabedateien, Bedingungen, die Programmstelle, an der man sich befindet) bei Ausführung des Programms verändert, d. h., bei Ausführung einer Anweisung werden Daten oder Adressen verarbeitet (im Gegensatz zu ↑Deklarationen). Anweisungen, die nicht weiter zerlegt werden können, heißen *elementare Anweisungen* (z. B. ↑Zuweisung, ↑Sprung, ↑Aufruf einer Prozedur). Eine Folge von Anweisungen, die nacheinander ausgeführt werden, fasst man wiederum als *eine* Anweisung auf und bezeichnet sie als *Sequenz.* Weitere wichtige Anweisungen sind die ↑bedingte Anweisung, die ↑Schleife und der ↑Block.

Die Reihenfolge, in der Anweisungen auszuführen sind, wird durch die ↑Kontrollstruktur festgelegt.

Im Englischen spricht man allgemeiner von einem *Statement* als einem Baustein, aus dem Programme einer höheren Programmiersprache gebildet werden.

Anwender: Organisation oder Institution, die sich zur Wahrnehmung ihrer Aufgaben elektronischer Datenverarbeitungsanlagen bedient. Die Programme, die der Anwender einsetzt, heißen *Anwendungsprogramme.*

Der Begriff des Anwenders ist vom Begriff des ↑Benutzers zu trennen.

APL (Abk. für engl. A Programming Language): Bezeichnung für eine Anfang der 1960er-Jahre entwickelte Programmiersprache, die sich durch eine mathematisch orientierte Notation auszeichnet. APL ist eine Sprache zur interaktiven Arbeitsweise, bei der die Manipulation von Vektoren und Matrizen im Vordergrund steht. APL bietet mächtige Operationen zum Rechnen mit ↑Feldern an, sodass viele arithmetische Probleme durch ein kurzes APL-Programm gelöst werden können.

Äquivalenz (engl. *equivalence*): Zwei Objekte oder Strukturen heißen *äquivalent,* wenn sie

- das gleiche beobachtbare Verhalten besitzen, wobei meist die Umgebung, in der sie sich befinden, zu beachten ist *(beobachtbare Äquivalenz),*
- von gleichartigem inneren Aufbau sind *(strukturelle Äquivalenz),*
- insgesamt das gleiche funktionale Verhalten zeigen *(funktionale Äquivalenz)* oder
- die gleiche Semantik besitzen.

In der Informatik tritt der Begriff vorwiegend in folgenden Zusammenhängen auf:

1. Äquivalenz als ↑**boolesche Funktion:** Die folgendermaßen definierte Funktion

$$f_n : \{0,1\}^n \to \{0,1\}$$

heißt *Äquivalenz:*

$$f_n(x_1, \ldots, x_n) = 1$$

gilt genau dann, wenn alle x_i für $i \in \{1, \ldots, n\}$ gleich sind. f_n nimmt also an genau zwei Stellen den Wert 1 an. Für die Äquivalenz verwendet man das Operatorsymbol $\equiv$ (seltener $\Leftrightarrow$). Man schreibt also

$$f_n(x_1, \ldots, x_n) = x_1 \equiv x_2 \equiv \ldots \equiv x_n.$$

Das Schaltzeichen für die Äquivalenz zeigt Abb. 1.

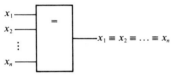

Abb. 1: Schaltzeichen der Äquivalenz

Beispiel:
Für $n = 2$ ist die Äquivalenz folgende Funktion:

x_1	x_2	$x_1 \equiv x_2$
0	0	1
0	1	0
1	0	0
1	1	1

2. (Funktionale) Äquivalenz von ↑Programmen: Zwei Programme heißen *äquivalent,* wenn sie die gleiche Funktion berechnen, also das gleiche Ein-/Ausgabeverhalten haben. Auf identische Eingaben halten beide Programme entweder nicht an, oder sie halten an und liefern identische Ausgaben.
3. Äquivalenz von ↑Grammatiken: Zwei Grammatiken heißen *äquivalent,* wenn sie die gleiche Sprache erzeugen.
4. Äquivalenz von ↑Automaten: Zwei Automaten sind *äquivalent,* wenn sie, im Falle übersetzender Automaten, das gleiche Ein-/Ausgabeverhalten zeigen oder, im Falle erkennender Automaten, wenn sie die gleiche Sprache akzeptieren. Zwei Zustände q und q' eines Automaten heißen *äquivalent,* wenn die Zustände, die der Automat einmal beim Start im Zustand q und einmal beim Start im Zustand q' für alle Eingabewörter erreicht, entweder jeweils beide Endzustände oder beide keine Endzustände des Automaten sind (↑minimaler Automat).

Arbeitsplatzstation *(Arbeitsplatzrechner;* engl. *workstation):* Computer, der eine relativ hohe Leistung erbringt, sehr breit einsetzbar ist und den Bereich zwischen Personalcomputer und Großrechner ausfüllt. Diese Geräte besitzen einen leistungsfähigen Mikroprozessor von mindestens 32 Bit Wortlänge, 8 bis über 100 MByte Speicherkapazität, Tastatur, Maus und Drucker. Über Rechnernetze sind sie miteinander verbunden und angeschlossen an weitere Geräte wie Scanner und grafische Tabletts zur Eingabe, Plotter und Großbildschirme zur Ausgabe sowie sehr umfangreiche Sekundärspeicher über *File Server;* File Server sind gut ausgestattete Arbeitsplatzstationen oder Großrechner, die umfangreiche Plattenspeicher von 500 MByte bis zu Tausenden von GByte mit einem besonders schnellen Datenverwaltungs- und -übertragungssystem besitzen und die die Datenspeicherung und -bereitstellung für verschiedene Rechner übernehmen. Zur Ausführung von Spezialaufgaben besitzen Arbeitsplatzstationen weitere Prozessoren. Ein weit verbreitetes Betriebssystem in diesem Bereich ist ↑UNIX.

ASCII-Code ['aski-] (Abk. für American Standard Code for Information Interchange): Weit verbreiteter 7-Bit-

Assembler

Code zur Darstellung von Ziffern, Buchstaben und Sonderzeichen. Das achte Bit dient stets als Paritätsbit (↑ Prüfbit). Der ASCII-Zeichensatz (und damit die Codierungsvorschrift) ist auf den Seiten 24 und 25 dargestellt.

Assembler [ə'sɛmblər, zu engl. to assemble „zusammenbauen", „montieren"]: Bezeichnung für eine maschinenorientierte Programmiersprache. Für jeden Computertyp gibt es spezielle, auf den ↑ Befehlsvorrat des Computers zugeschnittene *Assemblersprachen.* Sie unterscheiden sich von den jeweiligen ↑ Maschinensprachen nur dadurch, dass anstelle eines für den Menschen nicht verständlichen Binärcodes die Befehle und Operanden durch leichter verständliche ↑ mnemonische Symbole dargestellt sind. Bedeutet z. B. die binäre Zeichenfolge 10111000 00001001 in der Maschinensprache, dass im Rechenwerk zum ↑ Akkumulator die Zahl 9 hinzuaddiert werden soll, so kann man diesen Befehl in einer Assemblersprache etwa so formulieren:

add   A, 9.

Befehle in einer Assemblersprache bestehen immer aus der Bezeichnung einer durchzuführenden Operation und den beteiligten Operanden (↑ Befehlsformat). Zusätzlich kann man jeden Befehl mit einer ↑ Marke versehen, die oft durch einen Doppelpunkt abgetrennt wird. Diese Marke entspricht einer (relativen) Adresse und kann auch als Operand in anderen Befehlen verwendet werden.

Beispiel:

lese:	call	read
	store	puffer
	jumpnz	lese
	jump	ausgabe
canal	equal	128

puffer:	defs	200 B
read:	input	canal
	...	

equal (dt. gleich) und defs (Abk. für definiere Speicherbereich) sind keine Befehle der Maschinensprache, sondern Vereinbarungen, dass der ↑ Bezeichner canal an jeder Stelle im Programm der Zahl 128 entspricht bzw. dass an dieser Stelle ein 200 Byte langer Speicherbereich mit der Anfangsmarke puffer reserviert wird. Die Marke read entspricht daher einer Adresse, die um 200 größer ist als die Adresse von puffer. Assemblerbefehle wie equal und defs, die keinem Befehl in der Maschinensprache entsprechen, werden als *Pseudobefehle* bezeichnet.

Ein Assemblerprogramm ist auf einem Computer noch nicht direkt ausführbar. Dazu muss es erst in ein entsprechendes Maschinenprogramm übersetzt werden. Ein Programm, das dies automatisch durchführt, bezeichnet man als **Assemblierer.** Ein Assemblierer muss im Wesentlichen die Befehle und Operanden in den Binärcode umsetzen, die Marken in Adressen umrechnen und die Pseudobefehle bearbeiten. Die Vorteile von Assemblerprogrammen sind der geringe Speicherbedarf und die kurze Rechenzeit. Der Nachteil ist, dass solche Programme auf eine spezielle Hardware zugeschnitten und daher nur schwer auf andere Computertypen übertragbar sind (↑ Portabilität). Außerdem sind sie bei umfangreicheren Problemen kaum noch verständlich (und damit nicht wartungsfreundlich). Daher werden Assemblersprachen hauptsächlich für Programme, die möglichst schnell arbeiten oder reagieren müssen, im Realzeitbetrieb (↑ Betriebsart) und für Teile des Betriebssystems verwendet (↑ Disassembler).

ASCII-Zeichensatz

Spalte / Zeile	0	1	2	3	4	5	6	7
0	NUL 0	DLE 16	␣ 32	0 48	@ 64	P 80	96	p 112
1	SOH 1	DC1 17	! 33	1 49	A 65	Q 81	a 97	q 113
2	STX 2	DC2 18	" 34	2 50	B 66	R 82	b 98	r 114
3	ETX 3	DC3 19	# 35	3 51	C 67	S 83	c 99	s 115
4	EOT 4	DC4 20	$ 36	4 52	D 68	T 84	d 100	t 116
5	ENQ 5	NAK 21	% 37	5 53	E 69	U 85	e 101	u 117
6	ACK 6	SYN 22	& 38	6 54	F 70	V 86	f 102	v 118
7	BEL 7	ETB 23	' 39	7 55	G 71	W 87	g 103	w 119
8	BS 8	CAN 24	(40	8 56	H 72	X 88	h 104	x 120
9	HT 9	EM 25	) 41	9 57	I 73	Y 89	i 105	y 121
10	LF 10	SUB 26	* 42	: 58	J 74	Z 90	j 106	z 122
11	VT 11	ESC 27	+ 43	; 59	K 75	[91	k 107	{ 123
12	FF 12	FS 28	, 44	< 60	L 76	\ 92	l 108	| 124
13	CR 13	GS 29	- 45	= 61	M 77	] 93	m 109	} 125
14	SO 14	RS 30	. 46	> 62	N 78	^ 94	n 110	~ 126
15	SI 15	US 31	/ 47	? 63	O 79	_ 95	o 111	DEL 127

Steuerzeichen — eingeschränkter ASCII-Zeichensatz — Schriftzeichen

Bedeutung der Steuerzeichen:

Platz	Kurzzeichen	Benennung
0	NUL	Nil (Null)
1	SOH	Anfang des Kopfes (Start of Heading)
2	STX	Anfang des Textes (Start of Text)
3	ETX	Ende des Textes (End of Text)
4	EOT	Ende der Übertragung (End of Transmission)
5	ENQ	Stationsaufforderung (Enquiry)
6	ACK	Positive Rückmeldung (Acknowledge)
7	BEL	Klingel (Bell)
8	BS	Rückwärtsschritt (Backspace)
9	HT	Horizontal-Tabulator (Horizontal Tabulation)
10	LF	Zeilenvorschub (Line Feed)
11	VT	Vertikal-Tabulator (Vertical Tabulation)
12	FF	Formularvorschub (Form Feed)
13	CR	Wagenrücklauf (Carriage Return)
14	SO	Dauerumschaltung (Shift-out)
15	SI	Rückschaltung (Shift-in)
16	DLE	Datenübertragungsumschaltung (Date Link Escape)
17–20	DC	Gerätesteuerung (Device Control)
21	NAK	Negative Rückmeldung (Negative Acknowledge)
22	SYN	Synchronisierung (Synchronous Idle)
23	ETB	Ende des Datenübertragungsblocks (End of Transmission Block)
24	CAN	Ungültig (Cancel)
25	EM	Ende der Aufzeichnung (End of Medium)
26	SUB	Substitution (Substitute Character)
27	ESC	Umschaltung (Escape)
28	FS	Hauptgruppen-Trennung (File Separator)
29	GS	Gruppen-Trennung (Group Separator)
30	RS	Untergruppen-Trennung (Record Separator)
31	US	Teilgruppen-Trennung (Unit Separator)
127	DEL	Löschen (Delete)

Bedeutung der Sonderzeichen:

Platz	Schriftzeichen	Benennung
32	⎵	Zwischenraum
33	!	Ausrufungszeichen
34	"	Anführungszeichen
35	#	Nummernzeichen
36	$	Dollar
37	%	Prozent
38	&	kommerzielles Und
39	'	Apostroph
40	(	runde Klammer auf
41	)	runde Klammer zu
42	*	Stern
43	+	plus
44	,	Komma
45	-	minus
46	.	Punkt
47	/	Schrägstrich
58	:	Doppelpunkt
59	;	Semikolon
60	<	kleiner als
61	=	gleich
62	>	größer als
63	?	Fragezeichen
64	@	kommerzielles à
91	[	eckige Klammer auf
92	\	inverser Schrägstrich
93	]	eckige Klammer zu
94	^	Zirkumflex
95	_	Unterstreichung
96	`	Gravis
123	{	geschweifte Klammer auf
124	|	senkrechter Strich
125	}	geschweifte Klammer zu
126	~	Überstreichung

Assoziativspeicher

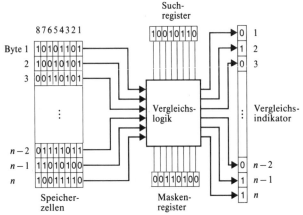

Abb. 1: Aufbau eines Assoziativspeichers

Assoziativspeicher: Bezeichnung für einen Speicher mit wahlfreiem Zugriff, bei dem der Zugriff nicht auf eine durch eine ↑ Adresse spezifizierte Speicherzelle erfolgt, sondern auf alle Speicherzellen gleichzeitig, die eine vorgegebene Inhaltsspezifikation erfüllen. Die Abb. 1 zeigt den grundsätzlichen Aufbau eines Assoziativspeichers.

Der Inhalt des Suchregisters (↑ Register) wird an den durch das Maskenregister mit 1 markierten Bitpositionen in einem Zeittakt gleichzeitig mit den entsprechenden Bits aller Speicherzellen verglichen. Die im Vergleichsindikator mit 1 belegten Bits zeigen die Speicherzellen an, die die Inhaltsspezifikation erfüllen.

Wegen der komplexen Vergleichslogik sind Assoziativspeicher relativ teuer.

Attribut: Bezeichnung für Eigenschaften von Datenobjekten in Programmen und Datenbanken; z. B. ↑ Bezeichner, ↑ Datentyp, Wert, ↑ Gültigkeitsbereich, Darstellungsmöglichkeiten des Objekts wie Schrifttyp, Farbe, Größe.

Insbesondere bei relationalen Datenbanken bezeichnet man die Elemente einer festen Spalte als Attributwerte, also als die Werte, die für diese Spalte charakteristisch sind.

Aufruf (engl. *call*): Verwendung einer ↑ Prozedur, einer ↑ Koroutine oder einer Funktion an einer beliebigen Stelle im Programm.

Der Name der aufgerufenen Prozedur muss an der Aufrufstelle bekannt, also in diesem bzw. einem umfassenden ↑ Block deklariert worden sein oder sich in einem ↑ Modul befinden, das hier benutzt werden darf. Durch Aufrufe entsteht zur Laufzeit eine dynamische ↑ Schachtelung.

Die Prozedur wird i. A. bei Benutzung von Rechnernetzen nicht auf dem gleichen Computer liegen, sondern sich irgendwo im Netz befinden. Man spricht dann von einem *remote procedure call* (Abk. RPC).

Ein **Prozeduraufruf** ist eine Anweisung, welche die Ausführung des Rumpfes einer vereinbarten Prozedur bewirkt. Beim Prozeduraufruf müssen neben dem ↑ Bezeichner der auszuführenden Prozedur auch Werte für die im Prozedurkopf vereinbarten ↑ Parameter angegeben werden. Beim Aufruf werden diese Werte für die formalen Parameter im Prozedurrumpf eingesetzt (↑ Parameterübergabe).

Anschließend wird ein Sprung zum Anfang des Prozedurrumpfs ausgeführt und der Prozedurrumpf abgearbeitet, bis dessen letzte Anweisung oder der Rückkehrbefehl return erreicht wird. Danach wird die Abarbeitung mit der Anweisung fortgesetzt, die unmittelbar auf den Prozeduraufruf folgt.

Die Implementierung eines Prozeduraufrufs muss berücksichtigen, dass im Rumpf erneut Prozeduren und auch die gerade ausgeführte Prozedur selbst (↑ Rekursion) aufgerufen werden können. Es dürfen daher nicht die gleichen Datenbereiche benutzt werden, vielmehr muss mit Kopien gearbeitet werden, den ↑ Inkarnationen.

Die genaue Bedeutung eines Prozeduraufrufs ist durch die ↑ Kopierregel definiert.

Bei Funktionsprozeduren spricht man häufig von einem **Funktionsaufruf.** Da hier nach Abarbeitung des Rumpfes ein Ergebniswert zurückgegeben wird, erfolgt der Aufruf in der Regel in einem ↑ Ausdruck, damit das Ergebnis weiterverarbeitet werden kann. Die Auswertung des Ausdrucks wird dabei so lange unterbrochen, bis der Funktionswert ermittelt ist.

Beispiel:
Es seien zwei integer-Variablen z und ergebnis, die Prozedur schreibe und die Funktion fac vereinbart:

procedure schreibe (n: integer) ...
function fac (n: integer): integer ...

Mögliche Aufrufe sind dann:

schreibe (z);
ergebnis := fac(z);
schreibe (ergebnis);
z := fac (fac(z));
schreibe (fac(z));

Auftrag (engl. *job*): Anforderung an eine Rechenanlage, eine bestimmte Datenverarbeitungsleistung zu erbringen. Der Begriff wurde früher meist in Verbindung mit dem Stapelbetrieb (↑ Betriebsart) verwendet, heute erfolgen Aufträge in der Regel im Dialogbetrieb durch Erzeugen von Prozessen.

Ein Auftrag besteht im Allgemeinen aus einer Menge von Kommandos an das Betriebssystem (↑ Kommandosprache), die Angaben über die Größe des Auftrags und die benötigten ↑ Betriebsmittel enthalten, sowie einer endlichen Folge von nacheinander zu bearbeitenden Teilaufträgen, die jeweils die Ausführung eines Programms oder die Erzeugung weiterer Prozesse bewirken. Jeder Teilauftrag enthält seinerseits das auszuführende Programm und dessen Eingabedaten.

Aufwärtskompatibilität: Eigenschaft von Hard- und Softwaresystemen, Programme ausführen zu können, die auf älteren oder kleineren Modellen der gleichen Serie entwickelt wurden. Ein solches neues Computersystem ist *aufwärtskompatibel* zu den anderen Systemen. Wird eine Computerfamilie neu entwickelt, dann wird meist gefordert, dass die leistungsfähigeren Computer alle Programme verarbeiten können, die auf kleineren Rechnern ablaufen. Das Gleiche gilt für fortgeschrittene Versionen von Softwarepaketen, z. B. Textverarbeitungssystemen. Eine eingeschränkte Aufwärtskompatibilität erreicht man oft durch ein ↑ Programmpaket, das es gestattet, alte Programme und Datenbestände automatisch an das neue System anzupassen (↑ Kompatibilität). Andere Programmpakete erlauben die Simulation früherer Computersysteme (↑ Emulation).

Kann ein Programm, das für ein neues Rechnersystem entwickelt wurde,

aufzählbar

auch auf einem älteren oder kleineren Modell der gleichen Serie (dann allerdings meist mit erheblichen Leistungseinschränkungen) eingesetzt werden, so ist es *abwärtskompatibel*.

aufzählbar: Eine Menge heißt aufzählbar, wenn sie entweder endlich ist oder wenn es einen Algorithmus gibt, der zu jeder natürlichen Zahl *n* das *n*-te Element der Menge in endlich vielen Schritten ermittelt. *Aufzählbare Mengen* bilden die Obergrenze dessen, was man mit Algorithmen erzeugen oder beschreiben kann. Man kann zeigen, dass eine Menge genau dann aufzählbar ist, wenn sie von einer ↑Turingmaschine akzeptiert wird.

Sind eine Menge $M \subseteq A^*$ und ihr Komplement $A^* \setminus M$ aufzählbar, dann ist M entscheidbar (↑entscheidbare Menge). Mit dieser Aussage lässt sich für die Sprache

$H = \{w \mid w$ ist Codierung einer Turingmaschine T, und T, angesetzt auf w, hält$\}$,

die ein spezielles ↑Halteproblem beschreibt, zeigen, dass ihr Komplement nicht aufzählbar sein kann.

Vom Begriff „aufzählbar" ist der mathematische Begriff „abzählbar" zu unterscheiden. Eine Menge M heißt *abzählbar*, wenn sie gleichmächtig zur Menge der natürlichen Zahlen ist, wenn es also eine bijektive Abbildung $f: \mathbb{N} \to M$ gibt. Jede aufzählbare Menge ist endlich oder abzählbar. Die Umkehrung gilt nicht. Zum Beispiel ist das Komplement von H abzählbar, aber nicht aufzählbar.

Aufzählungstyp: In vielen Programmiersprachen vorhandenes Konzept zur Einführung selbst definierter endlicher Datentypen. Das mathematische Strukturierungsprinzip, das dem Aufzählungstyp zugrunde liegt, ist die Bildung endlicher linear geordneter Mengen (↑Ordnung).

Einen Aufzählungstyp definiert man durch Auflistung aller Werte der Wertemenge des Typs. Die Wertemenge muss endlich sein. Die allgemeine Definition eines Aufzählungstyps T lautet:

<u>type</u> T = $(t_1, t_2, ..., t_n)$.

T ist der Bezeichner des Typs, $t_1, ..., t_n$ sind die möglichen Werte, bei denen es sich jeweils um beliebige paarweise verschiedene Zeichenfolgen handeln kann. Einige Programmiersprachen (z. B. ↑PASCAL) verlangen, dass die t_i nicht mit Werten anderer Datentypen übereinstimmen dürfen. Die durch obige Definition induzierte lineare Ordnung auf T lautet:

$t_1 < t_2 < ... < t_n$.

Mögliche Operationen auf T sind üblicherweise die Vergleichsoperationen $=, \neq, <, >, \leq, \geq$ sowie eine Nachfolgerfunktion succ (engl. *successor*) und eine Vorgängerfunktion pred (engl. *predecessor*), die zu jedem Element t_i das bezüglich der Ordnung nächstgrößere bzw. nächstkleinere liefern, sofern es existiert, also

succ $(t_i) = t_{i+1}$, falls $1 \leq i < n$,
pred $(t_i) = t_{i-1}$, falls $1 < i \leq n$.

Beispiele:
In PASCAL definiert man einen Typ farbe durch

<u>type</u> farbe = (rot, gruen, blau).

farbe besitzt die Wertemenge {rot, gruen, blau}, und es gilt

rot < gruen < blau.

Der Vorteil von Aufzählungstypen liegt in der besseren Lesbarkeit und der verringerten Fehleranfälligkeit.

Ausdruck:
1. (*Term;* engl. *expression*) Verarbeitungsvorschrift, deren Ausführung einen Wert liefert. Ausdrücke entstehen,

indem Operanden mit Operatoren verknüpft werden. Sie werden oft als ↑Bäume dargestellt. Spezielle Ausdrücke sind *arithmetische* und *logische Ausdrücke*. Arithmetische Ausdrücke liefern Zahlenwerte, logische Ausdrücke entweder den Wert true (dt. wahr) oder den Wert false (dt. falsch).

Beispiel:
Die Zeichenreihe 5*X+3 ist ein arithmetischer Ausdruck, sofern X eine Zahl oder eine Variable darstellt. Die Zeichenreihe 5*X+3 = 0 ist ein logischer Ausdruck.

Programme in funktionalen ↑Programmiersprachen beruhen im Wesentlichen nur auf der Auswertung von Ausdrücken.

2. Ein ↑regulärer Ausdruck ist eine Zeichenfolge zur Beschreibung einer ↑Sprache, die auch ein endlicher Akzeptor (↑endlicher Automat) erkennen kann.

3. Synonym für ausgedruckte Daten.

Ausgabe (engl. *output*): Vorgang, durch den eine Rechenanlage Programme oder errechnete Daten an die Außenwelt abgibt. Sie erfolgt über spezielle Ausgabegeräte. Zu den typischen Ausgabegeräten einer Datenverarbeitungsanlage zählen der Bildschirm und der Drucker, im technischen Bereich kommen z.B. Zeichengeräte, Steuerungseinheiten für Maschinen oder Alarmanlagen hinzu.

ausgeglichener Baum (*ausgewogener Baum;* engl. *balanced tree*): Ein ↑binärer Baum heißt ausgeglichener Baum oder *AVL-Baum* (benannt nach seinen „Erfindern" Adelson-Velskij und Landis), falls sich für jeden Knoten *k* die Höhen (↑Baum) *h* der beiden Teilbäume von *k* um höchstens 1 unterscheiden. Man spricht auch von *(höhen-)balancierten Bäumen,* da sich die Höhen der Teilbäume etwa im Gleichgewicht halten.

Beispiel:
Die Abb. 1 zeigt einen ausgeglichenen Baum. An jeden Knoten *k* wurde die Differenz der Höhen

h(rechter Teilbaum von k) $-$
h(linker Teilbaum von k)

geschrieben. Blätter besitzen stets die Eigenschaft, ausgeglichen zu sein.

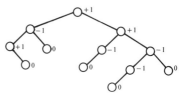

Abb. 1: Ausgeglichener Baum

Ausgeglichene Suchbäume gestatten es, die Operationen Suchen, Einfügen und Löschen *im Mittel* in der Zeit $O(\log_2 n)$ (↑Ordnung) durchzuführen, wobei *n* die Anzahl der Knoten des Suchbaumes ist. In ausgeglichenen Bäumen sind die Knoten gleichmäßig auf alle Unterbäume des Baumes verteilt. Bei dynamischer Veränderung durch Einfüge- und Löschoperationen kann der Baum jedoch zunehmend entarten (↑Suchbaum), also z.B. linkslastig oder rechtslastig werden. Bei ausgeglichenen Bäumen wird dies durch ständige Korrektur des Baumes vermieden.

Um leichter in Bäumen suchen zu können, identifiziert man die Knoten mit Schlüsseln. Einen Knoten eines ausgeglichenen Baumes mit ganzzahligen Schlüsseln definiert man dann so:

type knoten = record
   schlüssel: integer;
   lb, rb: ↑knoten; (*Verweise auf
      linken und rechten Sohn*)
   diff: −1..1 (*Höhendifferenz
     der Teilbäume*)
end;

ausgeglichener Baum

Das Einfügen und Löschen in einem AVL-Baum erscheint auf den ersten Blick recht aufwendig, da man den Baum stets korrigieren muss, wenn er nicht mehr ausgeglichen ist.

Beispiel:
In den AVL-Baum der Abb. 2 soll der Schlüssel 30 eingefügt werden. Man durchläuft den Suchbaum wie üblich und stellt fest, dass ein Blatt mit dem Schlüssel 30 als rechter Sohn an den Knoten „26" angehängt werden muss. Man erhält den Baum aus Abb. 3.

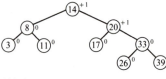

Abb. 2

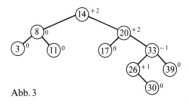

Abb. 3

Die Höhendifferenz beträgt an zwei Knoten „+2"; die Ausgeglichenheit ist also verletzt. Man kann jedoch den Baum leicht wieder ausbalancieren (Abb. 4).
Knoten „26" wird hochgeschoben, wobei sein rechter Teilbaum an Knoten „33" gehängt wird *(R-Rotation)*.
Knoten „20" rutscht nach unten und wird linker Teilbaum von „26". Dies sieht kompliziert aus; in Wahrheit werden jedoch nur einige Kanten im Baum umgehängt. Anschaulich sagt man auch, der unter dem Knoten „33" hängende Baum sei nach rechts gedreht und anschließend der an Knoten „20" hängende Baum nach links gedreht worden *(RL-Rotation)*.

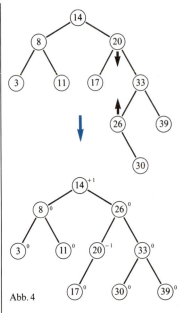

Abb. 4

Die Stelle, wo eine Ausgleichsoperation ansetzen muss, sofern sie überhaupt nötig ist, lässt sich leicht finden: Man trägt den neuen Schlüssel (hier: „30") als Blatt ein und verfolgt den Weg zur Wurzel zurück. Hierbei verändert man jeweils die Balance diff an den Knoten, bis entweder eine Balance +1 oder −1 zu 0 abgeändert wurde (dann kann man ohne Ausgleichsoperation den Einfügevorgang abbrechen) oder bis eine Balance +2 oder −2 auftritt. In diesem Fall führt man genau eine Ausgleichsoperation an diesem Knoten aus, wodurch die Balance auf +1, 0 oder −1 gesetzt wird und das Einfügen beendet ist.

Beispiel:
Man betrachte Abb. 2 und Abb. 3. Der Schlüssel „30" wird eingefügt, wodurch die Balancen am Knoten „26" von 0 in +1, am Knoten „33" von 0 in −1 und am Knoten „20" von +1 in

+2 abgeändert werden (man beachte, dass der Einfügepfad zur Wurzel zurückverfolgt wird). Die Ausgleichsoperation wirkt nun ausschließlich auf den Teilbaum des Knotens „20". Diese RL-Rotation erzeugt den Baum der Abb. 4, wobei 4 Kanten umgesetzt wurden.

Das Löschen ist ein wenig aufwendiger: Falls der zu löschende Knoten k zwei Söhne besitzt, ersetzt man ihn durch den nächstgrößeren Knoten k' im Baum; dies ist der äußerste linke Knoten im rechten Teilbaum von k. Der Knoten k' besitzt höchstens einen rechten Sohn, den man an den Vater k'' von k' hängt. Danach verfolgt man von k'' aus den Weg zur Wurzel zurück, wobei man die Balancen verändert und eventuell Ausgleichsoperationen durchführt.

Im Gegensatz zum Einfügen können hier mehrere Ausgleichsoperationen notwendig werden.

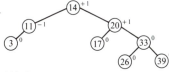

Abb. 5

Beispiel:
Löscht man in dem Baum der Abb. 2 z. B. den Knoten „8", so wird „8" durch „11" ersetzt; beim Aufstieg zur Wurzel erhält „11" die neue Balance −1, alle anderen Balancen bleiben unverändert (Abb. 5).

Wird anschließend „3" gelöscht, dann erhält „11" die Balance 0 und „14" die Balance +2. Am Knoten „14" wird eine L-Rotation durchgeführt, und man erhält den in Abb. 6 gezeigten Baum.

Abb. 6

Bei den Ausgleichsoperationen unterscheidet man (bis auf Symmetrie) zwei Fälle:

Fall 1: x wird eingefügt und verletzt dadurch die Ausgeglichenheit an einem höher gelegenen Knoten k_1. T_1, T_2, T_3 sind (möglicherweise leere) Teilbäume (Abb. 7).

Der abgebildete Korrekturschritt heißt *L-Rotation* (L für links), der symmetrische Korrekturschritt *R-Rotation* (R für rechts). Hierbei werden nur zwei Kanten umgehängt.

Fall 2: x wird eingefügt. Wiederum ist die Balance an einem höher gelegenen Knoten k_1 zu klein (hier: −2). T_1, T_2, T_3 und T_4 sind (möglicherweise leere) Teilbäume (Abb. 8).

Der abgebildete Korrekturschritt heißt *LR-Rotation,* die symmetrischen Korrekturschritte *RL-, RR-* und *LL-Rotation.* Bei dieser Ausgleichsoperation werden insgesamt vier Kanten umgehängt.

Einfügen und Löschen lassen sich

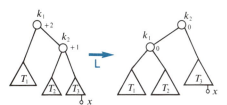

Abb. 7: L-Rotation

Auslastung

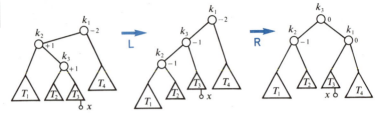

Abb. 8: LR-Rotation

durch ein Abwärtssteigen und anschließendes Rückverfolgen im Baum leicht beschreiben. Man kann diese Algorithmen daher am besten mithilfe der ↑ Rekursion programmieren.

Man kann beweisen, dass ein AVL-Baum mit n Knoten höchstens die Höhe $1{,}4404 \cdot \log_2(n+2)$ besitzt, also höchstens 44 % über dem minimalen Wert $\log_2 n$. Da die Anzahl der Operationen beim Suchen, Einfügen und Löschen proportional zur Höhe des Baumes ist, lassen sich diese Operationen stets in der Ordnung $O(\log_2 n)$ ausführen. AVL-Bäume eignen sich daher zur Verwaltung von Daten, in denen oft gesucht und die oft verändert werden. Für die Speicherung auf externen Speichern verwendet man jedoch besser ↑ B-Bäume, um die Anzahl der Zugriffe zu verringern.

Eine Anwendung der ausgeglichenen Bäume findet sich beim ↑ Sortieren durch Einfügen.

Auslastung: Die Auslastung einer Funktionseinheit einer Rechenanlage ist der relative Anteil innerhalb einer vorgegebenen Zeitspanne, in dem die Funktionseinheit aktiv eine Verarbeitungsleistung erbringt (↑ Leistung).

Eine Rechenanlage, die im Schnitt nur 5 Minuten pro Stunde arbeitet, ist also nur zu $1/12$, also etwa 8,3 % ausgelastet. Beim Editieren von Texten sind Computer, die nur von einem Benutzer gleichzeitig bedient werden können, meist weniger als 1 % ausgelastet. In solchen Fällen sollte der Rechner weitere Programme ausführen (Multitasking, ↑ Betriebsart).

Sei t das Zeitintervall der Beobachtung und v die Zeit innerhalb von t, während der eine Funktionseinheit Leistung erbringt. Die Auslastung A der Funktionseinheit ist definiert durch

$$A = \frac{v}{t}.$$

Das Ziel beim Betrieb von Großrechenanlagen besteht darin, alle Komponenten (↑ Geräteverwaltung) möglichst maximal auszulasten, um nicht teure Funktionseinheiten unproduktiv zu belassen. Ein Vergleich der Auslastungen der einzelnen Komponenten zeigt, ob die Rechenanlage den Verarbeitungsbedürfnissen der Benutzer entsprechend konfiguriert (↑ Konfiguration) ist.

Automat: Ein technisches (z. B. elektronisches oder mechanisches) Gerät, das zu einer Eingabe ein bestimmtes Ergebnis ausgibt. Computer sind Automaten, die bei Eingabe eines Programms und einer Menge von Eingabedaten eine Menge von Ausgabedaten berechnen und ausgeben.

In der Informatik bezeichnet man als Automaten vorwiegend mathematische Modelle von Geräten, die ↑ Daten verarbeiten und auf Eingaben reagieren, wobei die Eingabe nur gelesen, aber nicht verändert werden darf. Der Zweig der *theoretischen Informatik*, der sich mit der Untersuchung dieser mathematischen Modelle beschäftigt, wird *Automatentheorie* genannt. Oft bezieht sich der Begriff Automat nur auf den ↑ endlichen Automaten.

Im Zusammenhang mit formalen ↑ Sprachen werden Automaten zur Beschreibung von Sprachen bzw. zur Beschreibung von Spracherkennungssystemen und Sprachverarbeitungssystemen sowie einfachen Übersetzern verwendet. Man unterscheidet zwischen erkennenden und übersetzenden Automaten: Ein **erkennender Automat** *(Akzeptor)* für eine Sprache L ist ein Automat, der ein Wort w einliest und anschließend anzeigt, ob w in L liegt (Abb. 1). Ein **übersetzender Automat** *(Transduktor)* berechnet zu einem eingegebenen Wort w ein Ausgabewort v (Abb. 2).

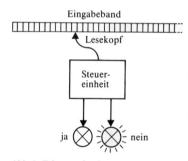

Abb. 1: Erkennender Automat

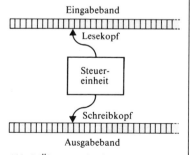

Abb. 2: Übersetzender Automat

Mathematisch ausgedrückt berechnet ein erkennender Automat A eine Abbildung $f_A: I^* \to \{0, 1\}$ von der Menge der Wörter über einem festen Eingabealphabet I in die Menge $\{0, 1\}$, wobei 0 für die Ausgabe „Das eingegebene Wort ist nicht in der Sprache!" und 1 für die Ausgabe „Das eingegebene Wort ist in der Sprache!" stehen soll. Die vom Automaten A erkannte Sprache $L(A)$ ist die Menge aller Wörter aus I^*, die auf 1 abgebildet werden:

$$L(A) = \{w \in I^* \mid f_A(w) = 1\}.$$

Ein übersetzender Automat A berechnet eine Relation $R_A \subseteq I^* \times O^*$ zwischen der Menge der Wörter über einem Eingabealphabet I und der Menge der Wörter über einem Ausgabealphabet O. Erkennende Automaten sind ein Spezialfall der übersetzenden Automaten mit dem Ausgabealphabet $\{0, 1\}$.

Formal wird ein Automat A als Sechstupel $A = (I, O, Q, \delta, q_0, F)$ beschrieben, bestehend aus Eingabealphabet I, Ausgabealphabet O, Zustandsmenge Q, Überführungsfunktion $\delta: Q \times I \to Q$, Anfangszustand $q_0 \in Q$ und Endzustandsmenge $F \subseteq Q$. In der Automatentheorie wird eine Vielzahl verschiedener Automatenmodelle betrachtet, die sich in der Definition von Q und δ und damit in ihrer *Mächtigkeit* unterscheiden. Die Mächtigkeit eines Automatenmodells ist die Menge der Sprachen bzw. der Ein-/Ausgaberelationen, die durch Automaten des Modells beschrieben werden können. Insbesondere unterscheidet man zwischen deterministischen und nichtdeterministischen Automaten bzw. Akzeptoren (↑ Determinismus).

Unter den Akzeptoren sind besonders diejenigen interessant, für die es korrespondierende Grammatiken gibt (↑ Chomsky-Hierarchie) oder die wichtige ↑ Komplexitätsklassen liefern.

Backtracking-Verfahren 34

B *Anmerkung:* Die Bezeichnung „Automat" wird oft auch synonym zu ↑abstrakter Automat oder *mathematische Maschine* verwendet. In diesem Fall ist in Abb. 2 ein zusätzlicher Speicher hinzuzufügen, der die Mächtigkeit des Modells bedeutend erweitert. In diesem allgemeineren Sinne gehören auch ↑Turingmaschinen und ↑Kellerautomaten zu den Automaten (↑Interpreter, operationale ↑Semantik).

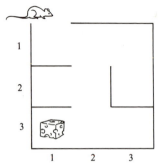

Abb. 1: Labyrinth

B

Backtracking-Verfahren [engl. 'bæktrækɪŋ-] *(Trial-and-Error-Verfahren, Rückziehungsverfahren):* Lösungsverfahren, bei dem man versucht, eine Teillösung eines Problems systematisch zu einer Gesamtlösung auszubauen. Falls in einem gewissen Stadium ein weiterer Ausbau einer vorliegenden Teillösung nicht mehr möglich ist *(Sackgasse),* werden einer oder mehrere der letzten Teilschritte rückgängig gemacht. Die dann erhaltene reduzierte Teillösung versucht man, auf einem anderen Weg wieder auszubauen. Das Zurücknehmen von Schritten und erneute Vorangehen wird so lange wiederholt, bis eine Lösung des vorliegenden Problems gefunden ist oder bis man erkennt, dass das Problem keine Lösung besitzt.

Beispiel:
Suchen in einem Labyrinth („Wie kommt die Maus zum Käse?").
Abb. 2 zeigt die möglichen Wege in dem in Abb. 1 dargestellten Labyrinth als ↑Baum. Die Knoten des Baums sind mit der Position der Maus im Labyrinth markiert. Die Sackgassen entsprechen den Blättern des Baumes, die nicht Lösung sind.

Viele Probleme lassen sich mithilfe des Backtracking-Verfahrens lösen, z. B.

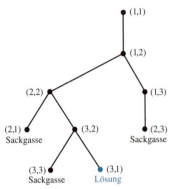

Abb. 2: Mögliche Wege im Labyrinth aus Abb. 1

das ↑Springerproblem, das ↑Damenproblem, die Lösungssuche bei ↑PROLOG und ↑NP-vollständige Probleme. Da die Rechenzeit exponentiell mit der Suchtiefe anwächst, eignen sich Backtracking-Verfahren für die Praxis meist nur, wenn man durch Zusatzbedingungen vorab möglichst viele Sackgassen ausschließen kann (↑Branch-and-bound-Verfahren).

Backus-Naur-Form (Abk. BNF): Notation zur Beschreibung ↑kontextfreier Grammatiken und damit der Syntax vieler Programmiersprachen. Sie verwendet Ersetzungsregeln *(BNF-*

Backus-Naur-Form

Regeln oder *Produktionen),* die eine linke und eine rechte Seite besitzen und in denen Terminal- und Nichtterminalzeichen vorkommen. Die BNF ist benannt nach John Backus (* 1921) und Peter Naur (* 1928), die diese Form zur Definition der Syntax der Programmiersprache ALGOL 60 verwendeten.

Die Nichtterminalsymbole der Grammatik werden in der BNF durch spitze Klammern ⟨...⟩ gekennzeichnet. Dadurch können auch ganze Wörter statt nur einzelne Symbole zur Bezeichnung von Nichtterminalsymbolen verwendet werden, wodurch die Bedeutung der Nichtterminalzeichen viel klarer ausgedrückt werden kann. Die linke und rechte Seite einer Regel werden durch das Symbol ::= getrennt. Gibt es mehrere rechte Seiten für ein Nichtterminalsymbol, so werden diese durch senkrechte Striche getrennt hintereinander geschrieben, ohne dass die linke Seite noch einmal hingeschrieben werden muss.

Beispiel:
Ein ↑Bezeichner wird meist durch folgende BNF-Regeln definiert:

⟨Ziffer⟩ ::= 0 | 1 | 2 | 3 | 4 | 5 | 6 | 7 | 8 | 9
⟨Buchstabe⟩ ::= A | B | C | D | ... | Z
⟨Bezeichner⟩ ::= ⟨Buchstabe⟩ |
    ⟨Buchstabe⟩⟨Zeichenkette⟩
⟨Zeichenkette⟩ ::=
    ⟨Buchstabe⟩ | ⟨Ziffer⟩ |
    ⟨Buchstabe⟩⟨Zeichenkette⟩ |
    ⟨Ziffer⟩⟨Zeichenkette⟩

Bedeutung: Eine Ziffer ist eines der Symbole 0, ..., 9 (Regel 1). Eine Zeichenkette ist entweder ein Buchstabe oder eine Ziffer oder ein Buchstabe, gefolgt von einer Zeichenkette, oder eine Ziffer, gefolgt von einer Zeichenkette (Regel 4). Zulässige Bezeichner sind also z.B. D, A5, D3F2, nicht aber 7B.

Im Laufe der Entwicklung der BNF wurden weitere Abkürzungsmöglichkeiten eingeführt, wodurch die **Erweiterte Backus-Naur-Form** (Abk. **EBNF**) entstand:
1. Symbole oder Symbolfolgen, die auch fehlen können, werden in eckige Klammern eingeschlossen.

Beispiel:
Die dritte Regel im ersten Beispiel kann man folgendermaßen abkürzen:

⟨Bezeichner⟩ ::=
    ⟨Buchstabe⟩ [⟨Zeichenkette⟩]

2. Symbole oder Symbolfolgen, die beliebig oft wiederholt oder aber auch ganz weggelassen werden können, werden in geschweifte Klammern eingeschlossen. Innerhalb der geschweiften (wie auch der eckigen) Klammern können wieder mehrere Alternativen angegeben werden.
Bei den Alternativen ist die Reihenfolge nicht von Bedeutung.

Beispiel:
Statt der dritten und vierten Regel im ersten Beispiel können wir dann schreiben:

⟨Bezeichner⟩ ::=
    ⟨Buchstabe⟩
    {⟨Buchstabe⟩ | ⟨Ziffer⟩}

Die Backus-Naur-Form ist also eine *Metasprache,* d.h. eine formale Sprache, mithilfe derer wiederum andere Sprachen definiert und beschrieben werden können. Anschaulich stellt man die BNF durch ↑Syntaxdiagramme dar. Obiges Beispiel überträgt sich direkt folgendermaßen (Abb. 1 bis 4):

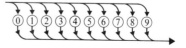

Abb. 1: Syntaxdiagramm für ⟨Ziffer⟩

BASIC

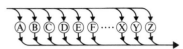

Abb. 2: Syntaxdiagramm für ⟨Buchstabe⟩

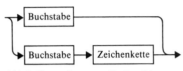

Abb. 3: Syntaxdiagramm für ⟨Bezeichner⟩

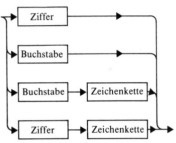

Abb. 4: Syntaxdiagramm für ⟨Zeichenkette⟩

Syntaxdiagramme lassen oft noch Vereinfachungen zu. Zum Beispiel kann man die Syntaxdiagramme für ⟨Zeichenkette⟩ und ⟨Bezeichner⟩ durch das Syntaxdiagramm in Abb. 5 ersetzen, welches der obigen Abkürzungsmöglichkeit entspricht:

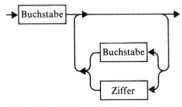

Abb. 5: Vereinfachtes Syntaxdiagramm für ⟨Bezeichner⟩

BASIC [ˈbeɪsɪk] (Abk. für engl. **b**eginner's **a**ll-purpose **s**ymbolic **i**nstruction **c**ode): Imperative Programmiersprache, die speziell Anfängern das Programmieren erleichtern soll. BASIC ist jedoch eine maschinennahe Sprache und daher aus didaktischen und methodischen Gründen für Anfänger wenig geeignet. Ihre Verbreitung sinkt ständig.

BASIC wurde in den Jahren 1963 bis 1965 am Dartmouth College in Hanover (USA) entwickelt und gehörte in den 1970er- und 80er-Jahren zu den am weitesten verbreiteten Programmiersprachen auf Kleinrechnern.

Jedes BASIC-Programm ist eine Folge von ↑Deklarationen und ↑Anweisungen. Jede Deklaration bzw. Anweisung steht jeweils in einer Zeile und wird durch eine Zeilennummer gekennzeichnet.

Beispiel:

```
10 INPUT N
20 Q = N * N
30 PRINT Q
```

Bedeutung: In der Zeile mit der Nr. 10 wird der Wert für eine Variable N eingelesen. In der Zeile mit der Nr. 20 wird dieser Wert mit sich selbst multipliziert und der Variablen Q zugewiesen. In Zeile 30 wird der Wert von Q ausgedruckt. Das obige BASIC-Programm berechnet also das Quadrat der eingelesenen Zahl.

In BASIC gibt es drei Arten von Variablen: *Numerische Variablen* können als Werte Zahlen in ↑Gleitpunktdarstellung aufnehmen. Der ↑Bezeichner für diese Variablen ist immer ein einzelner Buchstabe oder ein Buchstabe gefolgt von einem weiteren Buchstaben oder einer Ziffer (z. B. A, N, PA, Q1). *Zeichenkettenvariablen* können als Werte Zeichenketten (in Anführungsstriche eingeschlossene Folgen von Zeichen) aufnehmen. Die Bezeichner für diese Variablen unterscheiden sich von denen für numerische Variablen durch Anfügen eines Dollarzeichens (z. B. B\$, X\$, C1\$, AD\$). *Feldvariablen* können als Werte ↑ Felder aufnehmen, deren Komponenten numerische oder Zeichenkettenvariablen sind. Die Größe und der Bezeichner jeder Feldvariablen müssen vor der ersten Benutzung durch eine DIM-Zeile vereinbart werden.

Beispiele:
Vereinbarung eines Feldes A mit 21 numerischen Werten:

DIM A(20)

Vereinbarung eines Feldes X mit 15×11 Zeichenketten:

DIM X\$(14, 10)

Jeder Index eines Feldes in BASIC kann die Werte 0 bis zur in DIM angegebenen Obergrenze annehmen. Die einzelnen Feldelemente werden durch Angabe des Index hinter dem Feldbezeichner angesprochen: A(0) ist das erste Feldelement von A, X\$(2,3) ist das vierte Element in der dritten Zeile von X\$.

Einer Variablen wird durch eine LET-Anweisung ein Wert zugewiesen (↑ Zuweisung): Hinter dem Wort LET (das allerdings im Allgemeinen auch weggelassen werden kann) muss die Variable stehen, danach ein Gleichheitszeichen, gefolgt von einem Ausdruck. Die Ausdrücke werden wie in anderen Programmiersprachen gebildet. Die Ein- und Ausgabe erfolgt durch INPUT und PRINT.

Beispiele:

30 LET Q = 3
40 Q = Q + 2
50 PRINT Q

Damit in BASIC-Programmen nicht nur eine sequenzielle Programmausführung möglich ist, sondern Teile des Programms auch mehrfach ausgeführt oder übersprungen werden können, bietet BASIC sechs Anweisungstypen für die Ablaufreihenfolge an:
1. Der unbedingte ↑ Sprung:

GOTO zeilennummer

2. Der bedingte Sprung:

IF ba THEN zeilennummer

3. Bestimmte ↑ Schleifen werden durch Laufanweisungen beschrieben:

ff   FOR I = A TO E STEP S
mm ⟨Folge von BASIC-
       Anweisungen⟩
       ...
nn   NEXT I

Dabei sind ff, mm und nn Zeilennummern, I ist eine numerische Variable (die *Laufvariable*), A, E und S sind numerische Ausdrücke *(Startwert, Endwert* und *Schrittweite)*. Die Folge von BASIC-Anweisungen wird für die Werte I = A, A + S, A + 2S, ..., E ausgeführt, und zwar mindestens einmal. Durch das Vorzeichen SGN(S) wird berücksichtigt, ob aufwärts oder abwärts gezählt wird.
4. Der Unterprogrammaufruf

GOSUB zeilennummer

bewirkt, dass die Anweisung

GOTO zeilennummer

ausgeführt wird und bei der nächsten RETURN-Anweisung mit dem ersten Befehl hinter dem Unterprogrammaufruf fortgefahren wird.
5. BASIC erlaubt auch eine sehr eingeschränkte Form der <u>case</u>-Anweisung: Mittels der Anweisung

ON X GOTO m1, m2, ..., mk

wird in Abhängigkeit vom numerischen Wert von X ein Sprung zu den angegebenen Zeilen ausgeführt.

6. Die Anweisungen STOP bzw. END unterbrechen bzw. beenden die Ausführung des Programms.

Ferner ist in BASIC die Deklaration von einfachen Funktionen mit einem Parameter möglich. Eine Funktionsdefinition hat folgende Form:

DEF FNC(X) = 〈numerischer Ausdruck〉

Beispiel:
Das folgende Programm gibt eine Wertetabelle von -10 bis 10 im Abstand 0.1 der Funktion $SIN(X)*X$ aus:

```
10 DEF FNF(X) = SIN(X)*X
20 FOR L = -10 TO 10 STEP 0.1
30 PRINT L, FNF(L)
40 NEXT L
50 END
```

BASIC-Programme werden durch die Anweisung RUN gestartet. Sie werden meist durch ↑Interpreter verarbeitet. So ist es möglich, einfache Programme sofort ablaufen zu lassen, wodurch gerade für Anfänger schnelle Anfangserfolge möglich sind. Bei der Erstellung größerer Programme bietet BASIC dagegen kaum die Unterstützungen, die in der ↑strukturierten Programmierung benötigt werden, wie z. B. Datentypen, ↑Blöcke, Prozeduren und Funktionen mit Parametern, verschiedene Schleifentypen und ↑Rekursion. Allerdings gibt es viele „Dialekte" und Erweiterungen von BASIC, die entsprechende Konzepte besitzen.

Basis: Die Basis eines ↑Stellenwertsystems wird bestimmt durch die Anzahl der notwendigen verschiedenen Ziffern zur Darstellung einer Zahl in diesem System. Das Dualsystem ist ein Zahlensystem zur Basis 2, das Dezimalsystem hat die Basis 10.

Baud [bo:t] (Abk. Bd): In der Datenübertragungstechnik Maßeinheit für die *Schrittgeschwindigkeit,* die Anzahl der pro Sekunde stattfindenden Signalwechsel. Die Schrittgeschwindigkeit ist eine wichtige Kenngrösse für ↑Datenübertragungseinrichtungen.

Werden binäre Signale übertragen, so stimmt die Schrittgeschwindigkeit mit der ↑Datenübertragungsrate überein, und es gilt 1 Baud = 1 bps = 1 Bit/s. Die Einheit Baud ist nach dem französischen Techniker J. M. Émile Baudot (1845–1903) benannt.

Baum (engl. *tree*): Bezeichnung für eine wichtige dynamische Datenstruktur. Bäume werden bei hierarchischen Beziehungen und bei rekursiven Objektstrukturen verwendet. Anschaulich baut man Bäume durch folgende rekursive Vorschrift (↑Rekursion) auf:
(1) Ein einzelner **Knoten** o ist ein Baum.
(2) Wenn $B_1, B_2, ..., B_n$ für $n \geq 1$ Bäume sind, dann ist auch

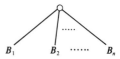

ein Baum. Die Verbindungslinien heißen hier **Kanten**. Die Unterstrukturen $B_1, B_2, ..., B_n$ nennt man **Teilbäume** oder **Unterbäume**. Ein Baum mit m Knoten besitzt genau $m-1$ Kanten.

Beispiel:
Der in Abb. 1 dargestellte Baum ist durch viermalige Anwendung der Regel (1) und zweimalige Anwendung der Regel (2) entstanden.

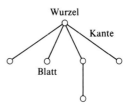

Abb. 1: Baum

Die Reihenfolge der B_i spielt zunächst keine Rolle. Wenn für jeden Knoten die Teilbäume $B_1, B_2, ..., B_n$ aber in dieser festen Reihenfolge stehen sollen, spricht man von **geordneten Bäumen**. Die Knoten und die Kanten können Informationen tragen *(Markierungen)*. Bei der konkreten Realisierung eines Baumes in einer Programmiersprache spricht man statt von Markierungen von ↑Attributen.

Beispiel:
Will man eine Person durch Namen, Geburtsdatum und Anschrift charakterisieren, so kann man die Baumdarstellung aus Abb. 2 verwenden.

Formal ist ein Baum ein ungerichteter ↑Graph, in dem zwischen je 2 Knoten genau ein Weg existiert, in dem es jedoch keine geschlossenen Wege („Rundreisen") gibt. Es handelt sich also um einen zyklenfreien, zusammenhängenden ungerichteten Graphen. Ein gerichteter Graph heißt *(gerichteter) Baum,* wenn er zyklenfrei und zusammenhängend ist und wenn jeder Knoten höchstens eine einlaufende Kante besitzt.

Im gerichteten Fall besitzt ein Baum B genau eine **Wurzel** w, d.h. einen Knoten ohne einlaufende Kante, von dem aus man jeden anderen Knoten des Baums auf genau einem (doppelpunktfreien; ↑Graph) Weg erreichen kann. Das **Niveau** $n(k)$ eines Knotens k ist gleich der Anzahl der Knoten dieses Weges; das größte auftretende Niveau nennt man die **Höhe** des Baumes $h(B)$. Knoten eines (gerichteten) Baumes, die keine auslaufenden Kanten besitzen, heißen **Blätter**. Die von einem Knoten k erreichbaren Knoten bilden den **Teilbaum** mit der Wurzel k. Wenn eine Kante vom Knoten u zum Knoten v existiert, dann heißt u **Vater** von v und v **Sohn** von u. Gibt es eine weitere Kante von u zu einem Knoten v', dann nennt man v und v' **Brüder**. Bei geordneten Bäumen unterscheidet man zwischen dem **linken** und dem **rechten** Sohn.

Beispiel:
Man betrachte den in Abb. 3 dargestellten geordneten Baum mit den Knoten a, b, c, d, e, f, g, h:

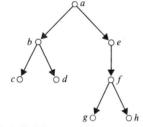

Abb. 3: Gerichteter Baum

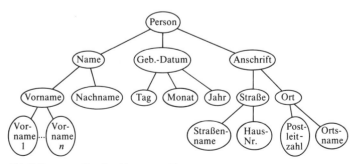

Abb. 2: Baum zur Charakterisierung von Personen

Baum

a ist die Wurzel; *a* ist Vater von *b*; *b* und *e* sind Brüder; *c*, *d*, *g*, *h* sind die Blätter des Baumes; *f* besitzt das Niveau 3; die Höhe des Baumes ist 4; der Weg von *a* nach *g* lautet (*a*, *e*, *f*, *g*). Der zu *f* gehörende Teilbaum wird durch die Knoten *f*, *g* und *h* gebildet.

Im ungerichteten Fall kann jeder Knoten als Wurzel dienen. Man kann dann alle Bezeichnungen des gerichteten Falls übernehmen, indem man für die Richtungen der Kanten und Ordnungen der Teilbäume die zeichnerische Darstellung zugrunde legt.

Viele Strukturen lassen sich als Bäume darstellen.

Beispiele:
1. Arithmetische Ausdrücke: Abb. 4 zeigt einen Baum für $(3+4)*5-2$.

Abb. 4: Baum für $(3+4)*5-2$

Klammern werden in der Baumschreibweise nicht mehr benötigt. Zum Beispiel gehört zu $3+4*5-2$ der Baum in Abb. 5.

Abb. 5: Baum für $3+4*5-2$

2. Die Berechnung der *Fibonacci-Zahlen* nach der Definition

$$F(1) = 1, \quad F(2) = 2,$$
$$F(n+2) = F(n+1) + F(n)$$

für $n > 1$ kann als Baum dargestellt werden; in Abb. 6 ist $F(5)$ dargestellt.

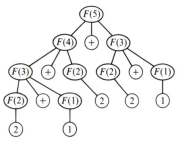

Abb. 6: Baum für die Fibonacci-Zahl $F(5)$

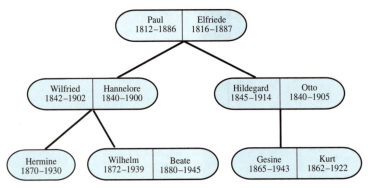

Abb. 7: Ausschnitt aus einem Stammbaum

Baumdurchlauf

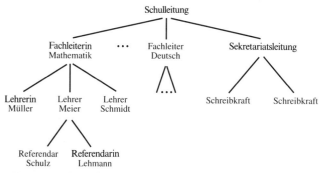

Abb. 8: Personalhierarchie einer Schule als Baum

3. Stammbäume (Abb. 7).
4. Die Hierarchie des Personals in einer Schule kann man sich als Baum vorstellen (Abb. 8).
5. Zur Abbildung des *Morsecodes* als Baum ↑Code. Es handelt sich dabei um einen binären, geordneten Baum, der wie folgt aufgebaut ist:
(1) Jeder Buchstabe ist ein Knoten des Baumes.
(2) Jede Kante zu einem linken Sohn ist mit einem Punkt, jede Kante zu einem rechten Sohn mit einem Strich markiert.
(3) Die Folge von Kantenmarkierungen auf einem direkten Weg von der Wurzel zu einem Buchstaben entspricht genau dem Morsecode des Buchstabens.

Wegen der kurzen Zugriffszeiten werden Informationen oft in Bäumen gespeichert. Um einzelne Informationen wieder zu finden oder geordnet auszugeben, verwendet man Algorithmen, die Bäume systematisch durchlaufen und dabei jeden Knoten genau einmal (oder *j*-mal für eine feste Zahl *j*) besuchen (↑Baumdurchlauf).
Von besonderer Bedeutung sind geordnete, gerichtete Bäume, bei denen jeder Knoten höchstens zwei Söhne besitzt (↑binärer Baum), und Bäume,
deren Teilbäume an jedem Knoten bzgl. der Knotenzahl oder der Höhe in einem bestimmten Verhältnis stehen (↑ausgeglichener Baum, ↑B-Baum, ↑Suchbaum).
Bäume, bei denen jeder Knoten höchstens *n* Söhne besitzt, werden durch ↑Zeiger implementiert, z. B.:

<u>type</u> knoten =
   <u>record</u> anzahlsöhne: 1 .. n;
      s1,...,sn: ↑knoten;
      inhalt: ⟨irgendein Datentyp⟩
   <u>end</u>

Die Knotenmarkierung ist nun durch das Attribut inhalt des Typs knoten realisiert. Der Zugriff erfolgt über eine Variable <u>var</u> wurzel: ↑knoten.
Spezialfälle von Bäumen sind ↑lineare Listen.

Baumdurchlauf: Da man auf die einzelnen Knoten eines ↑Baumes nur indirekt über die Wurzel und nicht wie bei einem Feld direkt zugreifen kann, benötigt man Algorithmen, die beim Durchlaufen des Baumes jeden Knoten genau einmal besuchen und auswerten. Die folgenden rekursiv (↑Rekursion) definierten Baumdurchläufe sind für ↑binäre Bäume wichtig. Sie unterscheiden sich in der Reihenfolge, in der ausgehend von einem Knoten der Knoten selbst oder seine beiden Teilbäume besucht werden.

Inorder-Durchlauf:
Besuche den linken Teilbaum des Knotens k;
Besuche k;
Besuche den rechten Teilbaum von k;

Preorder-Durchlauf:
Besuche den Knoten k;
Besuche den linken Teilbaum von k;
Besuche den rechten Teilbaum von k;

Postorder-Durchlauf:
Besuche den linken Teilbaum des Knotens k;
Besuche den rechten Teilbaum von k;
Besuche k;

Beispiele:
1. Arithmetische Ausdrücke, die als Bäume dargestellt sind, werden mithilfe des Postorder-Durchlaufs ausgewertet (↑Baum).

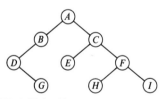

Abb. 1: Binärer Baum

2. Für den in Abb. 1 dargestellten binären Baum ergeben sich folgende Besuchsfolgen:
Inorder-Durchlauf:

$D \quad G \quad B \quad A \quad E \quad C \quad H \quad F \quad I$

Preorder-Durchlauf:

$A \quad B \quad D \quad G \quad C \quad E \quad F \quad H \quad I$

Postorder-Durchlauf:

$G \quad D \quad B \quad E \quad H \quad I \quad F \quad C \quad A$

Unterschiedliche Bäume können bezüglich eines Durchlaufs zur gleichen Besuchsfolge führen. Ist daher eine der Besuchsfolgen gegeben, so kann man daraus den zugehörigen Baum nicht rekonstruieren. Man kann jedoch zeigen, dass aus den Besuchsfolgen zweier verschiedener Baumdurchläufe der zugehörige Baum eindeutig bestimmt werden kann.

Die Laufzeit jedes der drei Baumdurchläufe beträgt $O(n)$ (↑Ordnung), wenn n die Anzahl der Knoten im Baum ist.

B-Baum: Datenstruktur zur Verwaltung umfangreicher, oft benutzter Datenmengen auf Massenspeichern, z. B. auf ↑Magnetplattenspeichern. Ein B-Baum ist ein ausgeglichener Baum, bei dem alle Blätter auf dem gleichen Niveau liegen (↑Baum).

Der einfache ↑Suchbaum ist für das externe Suchen nur beschränkt geeignet. Man kann die Suchbaumstruktur jedoch sinngemäß auf die Verwendung externer Speichereinheiten übertragen. Z. B. sind für Magnetplattenspeicher die Zeiger auf die Söhne eines Knotens dann nicht mehr Hauptspeicheradressen, sondern Plattenspeicheradressen. Um aber nicht jedes Mal beim Übergang von einem Knoten zu einem seiner Söhne einen zeitaufwendigen Plattenspeicherzugriff durchführen zu müssen, geht man zu B-Bäumen über. Sie erlauben auch in diesem Fall eine geringe Suchzeit.

Zur Idee der Konstruktion von B-Bäumen: Die Suchzeit, die sich zum Auffinden gewisser Daten ergibt, soll an einem Suchbaum mit 1 000 000 Knoten erläutert werden. Die zu erwartende Suchzeit in einem Suchbaum mit n Knoten beträgt mindestens $\log_2 n$ Schritte. Es ist hierbei folglich mit $\log_2 1\,000\,000 \approx 20$ Plattenzugriffen zu rechnen. Nimmt man eine mittlere

Zugriffszeit von 0,1 Sekunde an, so benötigt die Suche eines Knotens 2 Sekunden. Dieser Wert ist für die Praxis zu groß.

Man reduziert daher die Plattenzugriffe auf ein Mindestmaß, indem man je Zugriff nicht einen einzelnen Knoten, sondern einen ganzen Teilbaum von der Magnetplatte in den Hauptspeicher überträgt und innerhalb des Teilbaums sucht (Abb. 1). Diese Übertragung benötigt nicht mehr Zeit, da alle Informationen auf Magnetplatten je nach Gerät zu Blöcken von 128 bis 4096 Bit ($= 4$ KByte) zusammengefasst sind, die stets gleichzeitig gelesen oder geschrieben werden.

Teilt man den Baum in Abb. 1 in die blau umrandeten Teilbäume zu je 7 Knoten und überträgt mit jedem Plattenzugriff einen solchen Teilbaum in den Hauptspeicher, so reduziert sich die Zahl der Plattenzugriffe für die Suche eines Knotens von maximal 6 auf maximal 2. Bei 1 000 000 Knoten benötigt man dann also nur noch $\log_8 1\,000\,000 = 7$ Zugriffe.

In der Praxis unterteilt man den Suchbaum (statt in 7 Teilstücke) meistens in Teilstücke der Größe 255 bis 1023 ($2^8 - 1$ bis $2^{10} - 1$) Knoten. Bei einer Stückgröße von 255 Knoten benötigt man für die Suche eines Knotens in einem Baum mit 1 000 000 Knoten

$$\log_{256} 1\,000\,000 \approx 2,5 \text{ Plattenzugriffe.}$$

Die Suche nach einem gegebenen Wert dauert dann nur noch etwa 0,3 Sekunden. (Die Suchzeit innerhalb eines Teilstücks mit 255 Knoten, das sich im Hauptspeicher befindet, kann gegenüber dem Plattenzugriff vernachlässigt werden.)

Da umfangreiche Einfüge- und Löschoperationen von Knoten zur Entartung eines Baumes, also zu ausgedünnten, listenartigen Strukturen führen können, wurde 1970 von R. Bayer und E. McCreight analog zum ↑ ausgeglichenen Baum der B-Baum entwickelt. „B" weist auf „balanced" (dt. ausgeglichen, ausgewogen) hin.

Je nach der Anzahl der Schlüssel, die man zu Blöcken zusammenfasst, definiert man B-Bäume unterschiedlicher Ordnung. Welche Ordnung man schließlich wählt, hängt von der tatsächlichen Größe der Blöcke des Speichers ab.

Ein Baum heißt *B-Baum der Ordnung m*, falls die folgenden Bedingungen gelten:

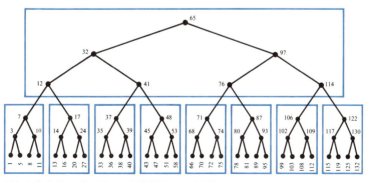

Abb. 1: Aufteilung eines Baums in Teilbäume zu je 7 Knoten

B-Baum

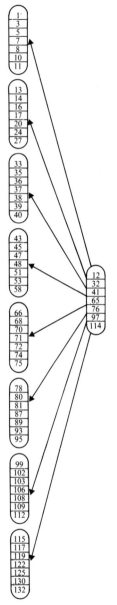

Abb. 2a: Baum aus Abb. 1 als B-Baum

a) Jeder Knoten enthält höchstens $2m$ ↑Schlüssel.
b) Jeder Knoten (mit Ausnahme der Wurzel) enthält mindestens m Schlüssel.
c) Ein Knoten mit k Schlüsseln hat genau $k+1$ Söhne oder keinen Sohn.
d) Alle Knoten, die keine Söhne haben, befinden sich auf dem gleichen Niveau.
e) *Suchbaumeigenschaft:* Sind hier mit $s_1, s_2, ..., s_k$ für $m \leq k \leq 2m$ die Schlüssel eines Knotens x bezeichnet, dann sind alle Schlüssel des ersten Sohnes von x kleiner als s_1, alle Schlüssel des $(k+1)$-ten Sohnes größer als s_k und alle Schlüssel des i-ten Sohnes, $1 < i < k+1$, größer als s_{i-1} und kleiner als s_i.

Beispiele:
1. Bei der grafischen Darstellung von B-Bäumen fasst man alle Knoten eines Teilbaums in einem Knoten zusammen. Abb. 2a zeigt den Baum aus Abb. 1 als B-Baum der Ordnung 4 (bzw. 5, 6 oder 7).
2. Einen B-Baum der Ordnung 2 zeigt Abb. 2b: Jeder Knoten enthält zwei bis vier Schlüssel und besitzt, sofern er kein Blatt ist, drei bis fünf Nachfolger. Um in einem B-Baum mit n Knoten der Ordnung m einen Wert zu suchen, muss man höchstens $\log_{m+1} n$-mal auf die Platte zugreifen, wobei jeweils mindestens m Schlüssel in den Hauptspeicher übertragen werden.

Einen Knoten eines B-Baumes der Ordnung m mit ganzzahligen Schlüsseln definiert man in ↑PASCAL folgendermaßen:

```
const m = ...;
type knoten = record
    anz: 0..2*m; (*zahl der schlüssel
                  im knoten*)
    schlüssel: array [1..2*m]
               of integer;
```

B-Baum

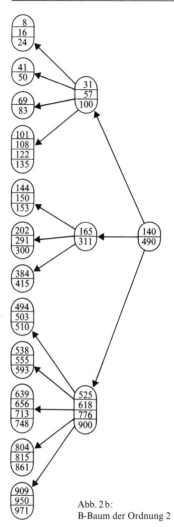

Abb. 2 b:
B-Baum der Ordnung 2

```
sohn: array [0..2*m] of ↑knoten;
inhalt: array [1..2*m] of A
    (* Der Inhaltstyp A ist hier
    nicht wichtig und besteht
    oft nur aus einem Verweis
    auf die eigentlichen Daten *)
end;
```

Wichtige **Operationen** auf der Datenstruktur B-Baum sind das Suchen, das Einfügen und das Löschen eines Schlüssels. Diese drei Operationen, von denen die ersten beiden im Folgenden genauer behandelt werden, laufen recht schnell ab, größenordnungsmäßig proportional zu $\log_{m+1} n$.
B-Bäume sind daher sehr gut geeignet für die Verwaltung von Daten, auf die häufig zugegriffen wird und die sich laufend verändern, z. B. für Schülerdateien, Bibliotheksausleihe, Reservierung von Sitzplätzen in Zügen usw.
Suchen: Einen Schlüssel s im B-Baum findet man wie bei Suchbäumen, indem man (beginnend bei der Wurzel) prüft, ob s im gerade betrachteten Knoten x enthalten ist; falls dies zutrifft, ist man fertig. Andernfalls prüft man, ob x ein Blatt (also ein Knoten ohne Söhne) ist; falls ja, dann endet die Suche erfolglos, falls nein, dann stellt man fest, zwischen welchen Schlüsseln s_{i-1} und s_i des Knotens x der Schlüssel s liegt (bzw. ob $s < s_1$ oder ob $s > s_k$ ist) und setzt die Suche danach beim Knoten x.sohn[i] fort.
Das *Einfügen* von Schlüsseln geschieht grundsätzlich in den Blättern. Man durchläuft dabei mit dem neu einzutragenden Schlüssel den B-Baum wie beim Suchen, bis man auf das Blatt stößt, wo der Schlüssel einzutragen ist (Abb. 3). Da die Zahl der Schlüssel je Knoten (Wurzel ausgenommen) zwischen m und $2m$ liegen muss, kann das Einfügen einen Überlauf verursachen. Das Blatt enthielte dann $2m+1$ Schlüssel. In diesem Fall teilt man den Knoten in zwei Knoten zu je m Schlüsseln.
Der mittlere Schlüssel des Knotens wird vom Vater aufgenommen. Falls auch der Vaterknoten „überläuft", muss er ebenfalls in zwei Knoten aufgeteilt und sein mittlerer Schlüssel nach oben an seinen Vaterknoten wei-

B-Baum

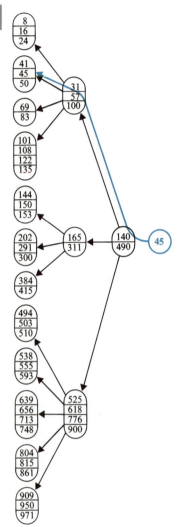

Abb. 3: Einfügen des Schlüssels 45 in den B-Baum von Abb. 2b

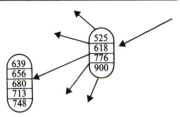

Abb. 4a: Beim Einfügen des Schlüssels 680 in den Baum der Abbildung 3 entsteht zunächst diese unzulässige Situation (fünf Schlüssel in einem Knoten)

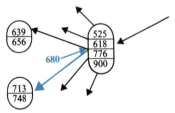

Abb. 4b: Der zu große Knoten wird aufgespalten und der mittlere Schlüssel 680 wird zum Vaterknoten weitergereicht; zugleich ist eine neue Kante zu erzeugen

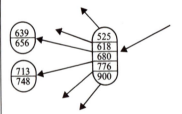

Abb. 4c: Der Vaterknoten enthält nun zu viele Schlüssel. Also muss er aufgespalten werden

tergereicht werden. In Abb. 3 wird in den B-Baum von Abb. 2b der Schlüssel 45 hinzugefügt; das Einfügen des Schlüssels 680 dagegen bewirkt zweimal einen Überlauf (Abb. 4a bis 4e). Läuft die Wurzel über, dann wird sie aufgespalten und eine neue Wurzel angelegt. In diesem Fall ist der B-Baum um eine Stufe gewachsen. Man beachte, dass B-Bäume im Gegensatz zu ausgeglichenen und anderen Bäumen von den Blättern zur Wurzel hin wachsen.

BCD-Code

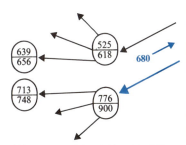

Abb. 4 d: Der mittlere Schlüssel (zufällig wiederum 680) wird weitergereicht. Die Endsituation des Gesamtbaums, der sich aus Abb. 3 nach Einfügen von 680 ergibt, ist in Abb. 4 e angegeben

Das *Löschen* eines Schlüssels *s* ist komplizierter. An dieser Stelle soll nicht näher darauf eingegangen werden.
Man erkennt: Suchen und Einfügen erfordert so viele Schritte, wie es Knoten auf dem Pfad von der Wurzel bis zu einem Blatt gibt. (Für das Löschen gilt dann Entsprechendes.) Bei einem B-Baum der Ordnung *m* mit *n* Knoten sind dies größenordnungsmäßig $\log_m n$. B-Bäume sind daher eine ideale Speicherstruktur für sich laufend verändernde Datenbestände. Wegen des relativ schnellen Zugriffs werden sie in Datenbanken als zusätzliche Suchstrukturen eingesetzt, die über die eigentlichen Daten gelegt werden.

BCD-Code (BCD Abk. für engl. **b**inary-**c**oded **d**ecimals): Einer der am häufigsten verwendeten Codes zur Darstellung von Dezimalzahlen in Datenverarbeitungsanlagen. Bei diesem Code wird jede Dezimalziffer (0 bis 9) in vier Bits codiert, einer *Tetrade* (↑ Byte). Solche Codes, bei denen einer Dezimalziffer eine Tetrade zugeordnet wird, bezeichnet man als *Tetradencodes*.
Die Codierungsvorschrift für die Ziffern 0 bis 9 beim BCD-Code ist in der Tabelle auf S. 48 dargestellt.

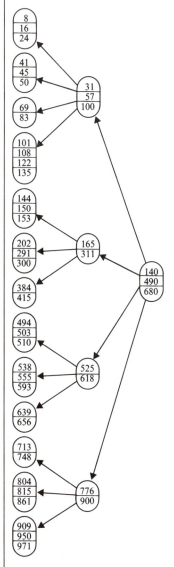

Abb. 4 e: Endsituation;
B-Baum aus Abb. 3, der sich ergibt nach Einfügen von 680

bedingte Anweisung

Dezimal-ziffer	Binär-code	Dezimal-ziffer	Binär-code
0	0000	5	0101
1	0001	6	0110
2	0010	7	0111
3	0011	8	1000
4	0100	9	1001

Beispiel:
Die Dezimalzahl 197 hat die Darstellung 0001 1001 0111.

Da man mit 4 Bits $2^4 = 16$ verschiedene Zeichen verschlüsseln kann, gibt es 6 Tetraden, denen keine Dezimalziffer zugeordnet ist. Diese Tetraden heißen *Pseudotetraden.*
Weitere Tetradencodes sind der ↑ Exzess-3-Code und der ↑ Aiken-Code.

bedingte Anweisung: Bezeichnung für eine ↑ Anweisung, deren Ausführung von einer Bedingung, d. h. vom Wert eines Booleschen Ausdrucks (↑ Schaltalgebra) abhängt. Die bekanntesten Formen sind die Alternative ↑ if und die Falluntersuchung ↑ case.

bedingter Ausdruck: Ausdruck, dessen Wert von einer oder mehreren ↑ Bedingungen abhängt. Bedingte Ausdrücke notiert man meist durch

if ⟨Bedingung⟩ then ⟨Ausdruck1⟩
    else ⟨Ausdruck2⟩.

Ist die Bedingung wahr, so ist das Ergebnis des bedingten Ausdrucks der Wert von Ausdruck 1, andernfalls der Wert von Ausdruck 2. Beide Ausdrücke können wieder bedingte Ausdrücke enthalten.
Sofern imperative Programmiersprachen die Konstruktion bedingter Ausdrücke erlauben, was nur in wenigen der Fall ist, kann man ihren Wert z. B. einer Variablen zuweisen.

Beispiel:
Die ↑ Signum-Funktion kann man durch einen bedingten Ausdruck programmieren:

vorzeichen: = if x > 0 then 1 else
    if x = 0 then 0 else − 1

So wie die ↑ bedingte Anweisung unverzichtbarer Bestandteil imperativer Programmiersprachen ist, ist der bedingte Ausdruck zentrales Element funktionaler Programmiersprachen.

Bedingung: In Programmiersprachen verwendete Bezeichnung für einen booleschen Ausdruck (↑ Schaltalgebra), dessen Wert die Abarbeitungsreihenfolge in einem Programm direkt beeinflusst. Bei ↑ bedingten Anweisungen werden Bedingungen zur Auswahl der nächsten auszuführenden Anweisung verwendet, in ↑ Schleifen legen Bedingungen fest, wie oft eine bestimmte Anweisung ausgeführt werden soll, bei ↑ bedingten Ausdrücken hängt der Ergebniswert von der Bedingung ab.

Befehl (engl. *instruction*): Ein Befehl ist die kleinste nicht weiter zerlegbare Einheit eines Programms in einer imperativen ↑ Programmiersprache und gibt einen Arbeitsschritt an. Die Bezeichnung „Befehl" wird meist nur bei maschinenorientierten Sprachen verwendet. Bei anderen Programmiersprachen spricht man von elementaren ↑ Anweisungen. Jeder Befehl beeinflusst den Zustand einer Rechenanlage, insbesondere die Register und den Speicher. Typische Befehle sind Sprung- und Transportbefehle sowie arithmetische und logische Befehle (↑ Von-Neumann-Rechner, ↑ Befehlsvorrat, ↑ Mikroprozessor).

Befehlsformat (engl. *instruction format*): Ein ↑ Befehl in einer Maschinensprache besteht aus einem ↑ Operationsteil und einem ↑ Adressteil. Der Operationsteil gibt an, *was* zu tun ist, der Adressteil, *wo* sich die zugehörigen Operanden befinden. Das Format

Befehlsformat

richtet sich nach dem Typ der zur Verfügung stehenden Rechenanlage.

Einadressmaschine: Der Adressteil der Einadressmaschine enthält nur eine Adresse. Der gegebenenfalls erforderliche zweite Operand steht in einem speziellen Register, dem ↑Akkumulator, der auch das Ergebnis von Operationen aufnimmt.

Beispiel 1: SUB 100

Operationsteil	Adressteil
SUB	100
Was?	Woher?

Bedeutung:

Akkumulator := Akkumulator − Inhalt von Speicherzelle 100

Offensichtlicher Nachteil der Einadressmaschine: Man benötigt zwei zusätzliche Befehle für eine arithmetische Operation, einen zum Laden des einen Operanden in den Akkumulator und einen weiteren zum Abspeichern des Ergebnisses aus dem Akkumulator in den Speicher. Einadressmaschinen sind jedoch technisch wenig aufwendig.
Eine bekannte Einadressmaschine ist der ↑Mikroprozessor 8080.
Zweiadressmaschine: Der Adressteil enthält zwei Adressen. Die meisten Großrechner sind Zweiadressmaschinen wie auch der ↑Mikroprozessor 68 000 und seine Familie.

Beispiel 2: SUB 100, 104

Operations- teil	Adressteil	
	Adresse 1	Adresse 2
SUB	100	104
Was?	Woher? Wohin?	Woher?

Bedeutung:

Inhalt von Speicherzelle 100 :=
Inhalt von Speicherzelle 100 −
Inhalt von Speicherzelle 104

Dreiadressmaschine: Der Adressteil enthält drei Adressen.

Beispiel 3: SUB 100, 104, 110 (s. u.)

Bedeutung:

Inhalt von Speicherzelle 100 :=
Inhalt von Speicherzelle 104 −
Inhalt von Speicherzelle 110

Dreiadressmaschinen sind wegen der aufwendigen Technik kaum verbreitet.

In den obigen Beispielen trat jeweils nur die absolute Adressierung als ↑Adressierungsart auf. Tatsächlich sind aber im Allgemeinen auch alle anderen Adressierungsarten möglich.

Die bisher betrachteten Operanden hatten immer eine feste Länge. Viele Rechenanlagen arbeiten jedoch mit *variabler Wortlänge*, d. h. die Länge eines Operanden ist nicht auf eine Speicherzelle festgelegt, sondern kann eine variable Anzahl aufeinander folgender

Beispiel 3: Dreiadressmaschine

Operationsteil	Adressteil		
	Adresse 1	Adresse 2	Adresse 3
SUB	100	104	110
Was?	Wohin?	Woher?	Woher?

Befehlsvorrat 50

Beispiel 4: Zweiadressbefehl mit Operanden-Längenangabe

Operationsteil	Längenfeld		Adressteil	
	Länge 1	Länge 2	Adresse 1	Adresse 2
MOV	3	3	100	110

Speicherzellen umfassen. In diesem Falle muss der Zwei- bzw. Dreiadressbefehl zusätzliche Angaben über die Längen der Operanden in ↑ Bytes enthalten wie in Beispiel 4.

Beispiel 4: MOV 3, 3, 100, 110 (s. o.)

Bedeutung: Die Inhalte der drei Bytes mit den Adressen 110, 111 und 112 werden nacheinander in die Bytes 100, 101 und 102 kopiert.

Speicher vor dem MOV-Befehl

| A | U | T | O | B | A | H | N | | | E | I | S |

99 100　　　　105　　　　110 112

Speicher nach dem MOV-Befehl

| A | E | I | S | B | A | H | N | | | E | I | S |

Hierbei wurde vereinbart, dass bei einem Operanden, der mehrere Bytes belegt, stets das Byte mit der kleinsten Adresse im Adressteil angegeben wird. Ist „Länge 1" größer als „Länge 2", so wird meist mit bedeutungslosen Zeichen, z. B. Leerzeichen, aufgefüllt. Im umgekehrten Fall wird im Allgemeinen ein Fehler angezeigt.

Befehlsvorrat *(Befehlssatz):* Gesamtmenge der unterschiedlichen ↑ Befehle eines ↑ Prozessors. Der Befehlsvorrat umfasst mindestens fünf verschiedene Befehlsgruppen:
1. Transportbefehle, z. B. Kopiere Inhalt von Speicherzelle i nach Speicherzelle j;
2. arithmetische und logische Befehle, z. B. Speicherzelle i erhält die Summe aus Speicherzelle j und Speicherzelle k;

3. Sprungbefehle, z. B. Verzweigung zur Programmstelle i;
4. Ein-/Ausgabebefehle, z. B. Ausgabe des Akkumulators auf ein Port;
5. Sonderbefehle, z. B. zur Behandlung einer Unterbrechung.

Der Befehlsvorrat ist ein Kriterium für die Leistungsfähigkeit einer Rechenanlage (z. B. ist es wichtig, ob der Befehlsvorrat Befehle zur Realisierung unterschiedlicher ↑ Betriebsarten oder zur Multiplikation von Zahlen enthält). Bei mikroprogrammierbaren Rechenanlagen (↑ Mikroprogrammierung) kann der Befehlsvorrat geändert und an die Bedürfnisse eines Benutzers angepasst werden.

Ein komplexer Befehlsvorrat benötigt oft viel Platz auf einem ↑ Chip für Schaltungen, die in den Anwendungen meist aber nicht genutzt werden. Man versucht daher bei vielen Mikroprozessoren, mit möglichst wenigen (höchstens 80) Befehlen auszukommen, um zum einen schnellere Ausführungszeiten für die verbleibenden Befehle zu erzielen und zum anderen den kostbaren Platz auf den Chips anderweitig zu verwenden, z. B. für weitere Register, ↑ Keller, automatische Hardwaretests usw. Dies führt zu den ↑ **RISC-Architekturen** (RISC Abk. für engl. reduced instruction set computer), Rechnern mit reduziertem Befehlssatz, die transparenter und überschaubarer sind und für viele Anwendungen effizienter arbeiten als Mikroprozessoren mit 250 Befehlen und mehr, die **CISC-Architekturen** (CISC Abk. für engl. complex instruction set computer). Für spezifische Anwendungen, etwa in der Prozessdatenverarbeitung oder zur optimalen Nutzung von Systemen, werden auch weiterhin CISC-Rechner eine bedeutende Rolle spielen.

Befehlszyklus: Bezeichnung für eine zur Verarbeitung von Befehlen ständig wiederholte Folge von Aktionen des Steuerwerks. Ein Befehlszyklus gliedert sich in die drei folgenden Phasen (Abb. 1):
1. Phase: *Holphase (Ladephase)*
Transport des nächsten Befehls aus dem Speicher in das Steuerwerk.
2. Phase: *Decodierphase*
Entschlüsselung und Interpretation des Befehls.
3. Phase: *Ausführungsphase*
Erzeugung von Steuersignalen zur Ausführung des Befehls (z. B. durch ein Mikroprogramm; ↑ Mikroprogrammierung).

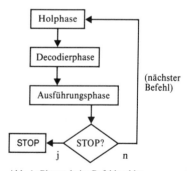

Abb. 1: Phasen beim Befehlszyklus

Die drei Phasen werden so lange durchlaufen, bis ein STOP-Befehl auftritt.
Die Zeit, die ein Prozessor benötigt, um einmal den Befehlszyklus zu durchlaufen, heißt *Zykluszeit*. Sie ist ein Kriterium zur Bewertung seiner Arbeitsgeschwindigkeit.
Wenn der Computer nicht genutzt wird, dann durchläuft das Steuerwerk ebenfalls diese Folge, wobei ständig der NUL-Befehl („Tue nichts") ausgeführt wird. Man sagt dann, der Computer sei im Zustand *idle* (dt. untätig).

Begrenzer (engl. *delimiter*): Zeichen, welche in einem Programm einer bestimmten Programmiersprache vor und hinter ↑ Bezeichnern oder ↑ Schlüsselwörtern stehen, um deren Anfang und Ende zu signalisieren, weil Bezeichner und Schlüsselwörter meist beliebig lange Zeichenfolgen sein können. Die wichtigsten Begrenzer sind Zwischenraum, Komma, Semikolon, Klammern, Zeilenende oder Dateiende (vgl. die Zeichen CR und ETX im ↑ ASCII-Code).

Beleg: Bezeichnung für einen ↑ Datenträger, der sowohl die juristischen Vorschriften an Form und Inhalt erfüllt, als auch maschinell durch **Belegleser** gelesen werden kann. Die wichtigsten Belegarten sind der ↑ Markierungsbeleg, der ↑ Klarschriftbeleg und der ↑ Magnetschriftbeleg.

Benutzer (engl. *user*): Person oder Personengruppe, die sich zur Wahrnehmung ihrer Aufgaben eines Computers oder eines Rechnernetzes bedient und zur Erfüllung der Aufgaben in unmittelbarem Kontakt mit der Anlage steht.
Der Begriff des Benutzers ist vom Begriff des ↑ Anwenders zu unterscheiden.

Benutzerfreundlichkeit: Programme oder Programmsysteme sind *benutzerfreundlich,* wenn ihre Bedienung einfach ist, robust gegen Fehlverhalten, auch ohne Informatikkenntnisse leicht erlernt werden kann und sich nach den Denk- und Arbeitsweisen der Benutzer richtet (↑ Bewertungskriterien, ↑ Ergonomie).
Im Folgenden sind einige Kriterien zur Steigerung der Benutzerfreundlichkeit eines Systems aufgeführt:

Benutzungsoberfläche

a) Die ↑Benutzungsoberfläche sollte sich in ihrem Erscheinungsbild so weit wie möglich der gewohnten Umgebung des Benutzers anpassen. Benutzungsoberflächen, die auf objektorientierten Konzepten (↑objektorientierte Programmierung) aufbauen, sind daher Systemen, deren Oberflächen auf ↑Kommandosprachen basieren, vorzuziehen.

b) Dem Benutzer sollten Hilfen zur Führung durch das System zur Verfügung gestellt werden; für den Anfänger bietet sich eine Menütechnik an, für den fortgeschrittenen Benutzer zusätzliche Kommandos, die ein schnelleres Wechseln oder ein Überspringen von Arbeitsschritten ermöglichen.

c) Einrichtung von (wirklich hilfreichen) Hilfe-Funktionen.

d) Ausgabe aussagekräftiger Fehlermeldungen bei Bedienungsfehlern des Benutzers sowie Unterstützung bei der Fehlersuche durch ↑Ablaufprotokolle und andere Testhilfen.

Benutzungsoberfläche (engl. *computing surface*): Erscheinungsbild der Anwendungsprogramme und des Rechnerdialogs auf dem Bildschirm. Jedes Anwendungsprogramm muss die Eingabe, die Ausgabe und den jeweiligen Bearbeitungszustand in irgendeiner Form präsentieren und Eingriffe für Interaktionen, Auskünfte, Hilfestellungen oder Erklärungen zulassen. Dieser Präsentations- und Interaktionsstil ist bei jedem Anwendungsprogramm anders, und Benutzer verlieren viel Zeit damit, sich ständig auf andere Darstellungen einstellen zu müssen. Aber auch für die Hersteller macht die Erstellung von Benutzungsoberflächen einen erheblichen Teil der Implementierungsarbeit aus. Daher werden verstärkt einheitliche Benutzungsoberflächen entwickelt, die z. B. an einen Schreibtisch erinnern sollen und Bürotätigkeiten nachahmen

(↑Fenstertechnik). Der Trend geht zu Baukästen, mit denen jeder Benutzer seine ihm genehme Benutzungsoberfläche festlegen kann (engl. *user interface management systems,* Abk. UIMS). Diese besitzen eine wohldefinierte Schnittstelle zu den tiefer liegenden Schichten im Rechnersystem, also zu den Anwendungsprogrammen, zu Compilern, zu Grafiksystemen, zu Funktionen des Betriebssystems usw., und bereiten deren Ausgabe in einheitlicher Form für den Benutzer auf.

Die Benutzungsoberfläche setzt sich hiernach im Wesentlichen aus folgenden drei Komponenten zusammen:

- Präsentation (zur Darstellung der Daten, z. B. in grafischer Form, in Fenstern, durch bewegte Bilder);
- Interaktion (zur Bereitstellung von Dialogfunktionen und Festlegung der Anweisungen für Anwendungsprogramme);
- Kontrolle (zur Analyse der ein- und ausgehenden Daten, Ausführung der Dialogbefehle, Aktivierung von Anwendungsprogrammen usw.).

Benutzungsoberflächen gelten heute als ein wichtiges ↑Bewertungskriterium für Rechnersysteme.

berechenbare Funktion *(partiellrekursive Funktion):* Eine Funktion $f : M \rightarrow N$ heißt berechenbar, wenn es einen ↑Algorithmus gibt, der für jeden Eingabewert $m \in M$, für den $f(m)$ definiert ist, nach endlich vielen Schritten anhält und als Ergebnis $f(m)$ liefert; in allen Fällen, in denen $f(m)$ nicht definiert ist, bricht der Algorithmus nicht ab. Anschaulich gesprochen ist eine Funktion berechenbar, wenn man sie programmieren kann. Die berechenbaren Funktionen stimmen mit den ↑µ-rekursiven Funktionen überein.

Beispiele:
Die folgenden Funktionen sind berechenbar. Man kann leicht ein Pro-

gramm angeben, das die Funktion berechnet.

a) Größter gemeinsamer Teiler (ggT, ↑euklidischer Algorithmus):

$$ggT: \mathbb{N} \times \mathbb{N} \to \mathbb{N}$$

$ggT(a, b) = $ „größter gemeinsamer Teiler von a und b"

b) Feststellung, ob eine natürliche Zahl Primzahl ist:

$$prim: \mathbb{N} \to \{true, false\}$$

$$prim(n) = \begin{cases} true, \text{ falls } n \\ \quad \text{Primzahl ist,} \\ false \text{ sonst.} \end{cases}$$

c) Sortieren von r natürlichen Zahlen:

$$sort: \mathbb{N}^r \to \mathbb{N}^r$$
$$sort(x_1, ..., x_r) = (x_{i_1}, x_{i_2}, ..., x_{i_r})$$

mit paarweise verschiedenen
$$i_1, ..., i_r \in \{1, ..., r\}$$

und

$$x_{i_1} \leq x_{i_2} \leq ... \leq x_{i_r}.$$

Es gibt Funktionen, die nicht berechenbar sind. Dies kann man durch Abzählen einsehen: Es gibt nur abzählbar (↑aufzählbar) viele Algorithmen, denn alle Algorithmen werden mit einer endlichen Beschreibung über einem endlichen Alphabet formuliert, normalerweise über dem Alphabet $\{A, ..., Z, 0, ..., 9, +, -, :, ..., ;\}$. Die Menge aller möglichen Formulierungen von Algorithmen ist daher abzählbar. Andererseits gibt es überabzählbar viele Funktionen $f: M \to N$, falls M und N unendliche Mengen sind (↑Diagonalisierung). Folglich muss es Funktionen geben, die nicht berechenbar sind. Nicht berechenbare Funktionen können durch kein Verfahren auf einem Computer nachvollzogen werden.

Beispiele:
Sei $\mathbb{P}$ die Menge aller Programme

einer Programmiersprache (zum Beispiel der Programmiersprache ↑PASCAL).

a) ↑Halteproblem für alle Eingaben:

$$f_1: \mathbb{P} \to \{true, false\}$$

$$f_1(P) = \begin{cases} true, \text{ falls das Programm} \\ \quad P \text{ für alle Eingaben} \\ \quad \text{nach endlich vielen} \\ \quad \text{Schritten stoppt,} \\ false \text{ sonst.} \end{cases}$$

Es gibt kein Programm, das f_1 berechnet, das also als Eingabe andere Programme erhält und überprüft, ob diese für alle Eingaben anhalten oder ob sie für irgendeine Eingabe in eine Endlosschleife laufen.

b) Äquivalenzproblem:

$$f_2: \mathbb{P} \times \mathbb{P} \to \{true, false\}$$

$$f_2(P_1, P_2) = \begin{cases} true, \text{ falls die} \\ \quad \text{Programme } P_1 \\ \quad \text{und } P_2 \text{ die} \\ \quad \text{gleiche} \\ \quad \text{Funktion} \\ \quad \text{berechnen,} \\ false \text{ sonst.} \end{cases}$$

Es gibt kein Programm, das als Eingabe zwei andere Programme erhält und entscheidet, ob die beiden Programme dasselbe leisten, d. h. dieselbe Funktion berechnen.
Anschaulich steht jede Lehrkraft dem Äquivalenzproblem bei der Korrektur von Klassen- oder Hausarbeiten gegenüber, wenn sie Lösungsprogramme zu einem Problem durch Vergleich mit einer Musterlösung auf Korrektheit überprüft. Diesen Vergleich wird ihr eine Maschine nicht abnehmen können, da das Äquivalenzproblem algorithmisch nicht lösbar ist.

c) Man betrachte eine Aufzählung aller Turingmaschinen w_1, w_2, w_3, ... (w_i ist im Wesentlichen der Text, der die Übergangsfunktion δ einer Turingmaschine wiedergibt; die w_i kann man der Länge nach oder wie im Lexikon anordnen, wodurch die Reihen-

Berechenbarkeit

B

folge $w_1, w_2, \ldots$ entsteht). Da jedes w_i zugleich ein Wort über einem gegebenen ↑Alphabet A ist, kann man der Turingmaschine w_i ihren eigenen Text w_i (oder eine geeignete Codierung) eingeben. Die Funktion $f: A^* \to \{0, 1\}$ mit

$$f(w) = \begin{cases} 1, \text{ falls } w \text{ die Codierung} \\ \quad \text{einer Turingmaschine} \\ \quad \text{ist, die angesetzt auf} \\ \quad \text{ihren eigenen Text nach} \\ \quad \text{endlich vielen Schritten} \\ \quad \text{hält,} \\ 0 \text{ sonst,} \end{cases}$$

ist nicht berechenbar *(Selbstanwendungsproblem);* denn sonst wäre das ↑Halteproblem entscheidbar.

Anschaulich besagt die Nichtberechenbarkeit des Selbstanwendungsproblems, dass es kein Programm P gibt, das als Eingabe andere Programme Q erhält und entscheidet, ob diese Programme Q, wenn sie ihren eigenen Programmtext als Eingabe erhalten, in eine Endlosschleife geraten oder nicht.
d) Nicht berechenbar ist auch die ↑Busy-Beaver-Funktion.

1936 formulierte der amerikanische Mathematiker und Logiker Alonzo Church (1903–96) die nach ihm benannte ↑churchsche These, wonach die Klasse der im intuitiven Sinne berechenbaren Funktionen mit der Klasse der durch Turingmaschinen berechenbaren Funktionen übereinstimmt. Man nennt eine berechenbare Funktion $f: M \to N$, die *total,* d. h. für jedes $m \in M$ definiert ist, auch *rekursive Funktion* (bezüglich M).

Berechenbarkeit: Vorwiegend für Funktionen verwendeter Begriff, der sich auf die Eigenschaft bezieht, eine ↑berechenbare Funktion zu sein oder nicht; bei Problemen und Mengen spricht man dagegen von ↑Entscheidbarkeit und Aufzählbarkeit (↑aufzählbar).

Bereichsüberschreitung: Reicht bei einer arithmetischen Operation die zur Darstellung einer Zahl vorgesehene Anzahl der Stellen eines ↑Registers oder einer Speicherzelle nicht aus, um das Ergebnis darzustellen, so spricht man von einer Bereichsüberschreitung. Man unterscheidet den *Überlauf* (engl. *overflow*) und den *Unterlauf* (engl. *underflow*). Ein Überlauf ist gegeben, wenn das Ergebnis betragsmäßig größer ist als die größte darstellbare Zahl, ein Unterlauf, wenn das Ergebnis dem Betrage nach kleiner als die kleinste darstellbare Zahl, aber nicht Null ist. Bereichsüberschreitungen werden von der Rechenanlage im Allgemeinen als Fehler angezeigt.

Eine Bereichsüberschreitung liegt in einem Programm einer höheren Programmiersprache vor, wenn einer Variablen ein Wert zugewiesen werden soll, der nicht in ihrem vereinbarten Wertebereich liegt (↑Deklaration).

Beispiel:
Gegeben sei die Deklaration

<u>var</u> x: 1 .. 10;

Zu einer Bereichsüberschreitung führen die Zuweisungen

1) x := 11;
2) x := true;
3) x := $\overline{10}$; x := x + 1;
4) x := −2;

Bei der Verwendung von ↑Feldern spricht man von Bereichsüberschreitung, wenn der Index den vorgesehenen Indexbereich des Feldes verlässt.

Betriebsart: Bezeichnung für die Art und Weise, in der ↑Aufträge vom Betriebssystem bearbeitet werden. Man unterscheidet im Wesentlichen die folgenden Betriebsarten:
Stapelbetrieb (Batchbetrieb): Der vollständig definierte Auftrag wird der Rechenanlage zusammenhängend

Abb. 1: Prinzip des Stapelbetriebs

übergeben. Danach besteht für den Benutzer keine Möglichkeit mehr, auf den Ablauf des Auftrags einzuwirken, außer ihn abzubrechen (Abb. 1).

Eine besondere Form des Stapelbetriebs ist der *Stapelfernbetrieb,* bei dem die Benutzer ihre Aufträge über einen entfernt gelegenen Computer abwickeln.

Typische Anwendungen des Stapelbetriebs sind umfangreiche Aufträge, die während der Verarbeitung keinen Eingriff durch den Benutzer erfordern, z. B. rechenintensive mathematische Aufgaben, Lohn- und Gehaltsabrechnungen oder zeitaufwendige Tätigkeiten, wie das Drucken (↑ Hintergrundprogramm).

Ziele des Stapelbetriebs sind die Maximierung des ↑ Durchsatzes und die optimale ↑ Auslastung aller Betriebsmittel. Diese Betriebsart wird oft in zentralen Rechenzentren (hauptsächlich nachts) eingesetzt und war bis etwa 1975 vorherrschend. Mit der Dialogfähigkeit und der Dezentralisierung wird der Stapelbetrieb verstärkt auf wenige rechenintensive Aufgaben beschränkt.

Dialogbetrieb: Eine große Zahl von Benutzern ist direkt (meist über ↑ Datensichtstationen) mit der Rechenanlage verbunden, gibt mehr oder weniger gleichzeitig in schneller Folge kurze Teilaufträge an den Rechner und erwartet deren zügige Bearbeitung. Die Rechenanlage verarbeitet die Teilaufträge mit gewissen Einschränkungen in der Reihenfolge ihres Eingangs. Die

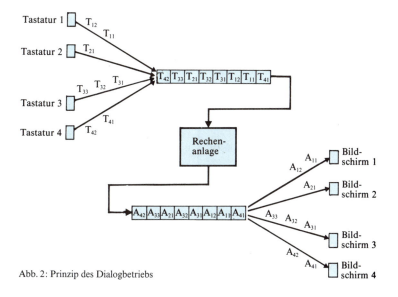

Abb. 2: Prinzip des Dialogbetriebs

Betriebsart

Form des Gesamtauftrags ist nicht von vornherein festgelegt, sondern kann vom Benutzer *interaktiv*, d. h. in unmittelbarer Reaktion auf Ergebnisse der Teilaufträge, ständig verändert werden (Abb. 2, S. 55).

Man unterscheidet zwischen Teilhaberbetrieb und Teilnehmerbetrieb. Im *Teilhaberbetrieb* benutzen alle Teilhaber dasselbe Programm. Typische Einsatzbereiche für den Teilhaberbetrieb sind z. B. Zentralbuchungen bei Banken und Buchungen von Reisen in einem Reisebüroverbund.

Im *Teilnehmerbetrieb* kann jeder Teilnehmer unabhängig von den anderen Teilnehmern Aufträge an die Rechenanlage senden.

Typische Anwendung des Dialogbetriebs sind Editierarbeiten. Viele Rechenanlagen erlauben gleichzeitig Dialog- und Stapelbetrieb. Ziele des Dialogbetriebs sind die Minimierung der ↑Antwortzeiten und die unmittelbare Unterstützung von Tätigkeiten.

Realzeitbetrieb (Echtzeitbetrieb): Beim Realzeitbetrieb sind mit der Verarbeitung eines Auftrags strenge Zeitbedingungen verbunden, d. h. die Berechnung der Ergebnisse muss innerhalb einer vorgegebenen Zeitschranke, die im Millisekundenbereich liegen kann, abgeschlossen sein.

Charakteristische Anwendungen des Realzeitbetriebs sind Mess- und Regelungsaufgaben, z. B. die automatische Verkehrsregelung durch Fahrzeugzählung und Änderung der Ampelphasen.

Mehrprogrammbetrieb (Multitasking-Betrieb): Die Rechenanlage verarbeitet scheinbar gleichzeitig mehrere Programme. Die Abarbeitung kann zeitlich verzahnt wie beim Multiuser-Betrieb (s. u.) erfolgen, meist werden die Programme jedoch nach Prioritäten geordnet: Wenn Programm P_1 nicht arbeitet, wird Programm P_2 ausgeführt; wird P_2 unterbrochen, dann läuft P_3 weiter usw. Die einzelnen Programme können festen Bereichen im Speicher zugeordnet sein, sodass das Umschalten zwischen den Programmen fast keine Zeit benötigt.

Mehrbenutzerbetrieb (Multiuser-Betrieb): Die Rechenanlage wird von den verschiedenen Benutzern gleichzeitig genutzt. Gegenüber dem Multitasking-Betrieb treten nun dauernd wechselnde Anforderungen mit Zugriffsrechtkontrollen und Informationsaustausch zwischen den Benutzern hinzu. Vom Betriebssystem werden die Aufträge der einzelnen Benutzer als Prozesse angesehen und einheitlich durch die ↑Prozessorverwaltung behandelt. Die Rechenzeit wird hierbei scheibchenweise zugeteilt, sofern der entsprechende Prozess aktiv ist und nicht auf Ein-/Ausgabe-Operationen wartet. Wegen der Verteilung der Rechenzeit auf mehrere Benutzer spricht man auch vom **Timesharing-Betrieb.**

Dem Einsatz des Mehrprogramm- und Mehrbenutzerbetriebs liegt folgende Überlegung zugrunde: Wird die Abarbeitung eines Programms unterbrochen, z. B. weil auf eine Dateneingabe durch den Benutzer gewartet werden muss, so ist die Zentraleinheit längere Zeit untätig. Daher ist der Mehrbenutzerbetrieb in allen modernen Betriebssystemen möglich. Dieser schließt den gleichzeitigen Einsatz der übrigen Betriebsarten nicht aus.

Durch die unterschiedliche Kombination von Ein- und Mehrprogramm- bzw. Ein- und Mehrbenutzerbetrieb erhält man eine Reihe weiterer Betriebsarten. Dazu gehören der *Single-user-Singletasking-Betrieb,* der *Single-user-Taskswitching-Betrieb, Singleuser-Multitasking-Betrieb, Multiuser-Single-tasking-Betrieb* und *Multiuser-Multitasking-Betrieb.*

Man beachte, dass die Programme bei Verwendung von Rechnernetzen nicht

Betriebssystem

nur auf einem Computer liegen oder verarbeitet werden.

Betriebsmittel: Bezeichnung für alle Hard- und Softwarekomponenten eines Rechnersystems, die zur Ausführung von Programmen benötigt werden, z. B. ↑Speicher, ↑Drucker, ↑Prozessor, ↑Datei. Auch die Zeit ist als Betriebsmittel aufzufassen. Die Zuteilung von Betriebsmitteln an die einzelnen Benutzerprogramme erfolgt durch das Betriebssystem.

Betriebssystem (seltener *Systemsoftware;* engl. *operating system*): Zusammenfassende Bezeichnung für alle Programme, die die Ausführung der Benutzerprogramme, die Verteilung der ↑Betriebsmittel auf die einzelnen Benutzerprogramme, die Durchführung von Statistiken, die Verwaltung von Kosten, die Synchronisation und Kooperation mit anderen Rechnern und die Aufrechterhaltung der ↑Betriebsart steuern und überwachen.

Wer ein Programm auf einer Rechenanlage ausführen möchte, braucht sich in der Regel nicht darum zu kümmern, an welcher Stelle des Speichers das Programm während der Ausführung steht, wie und wo Daten abgelegt werden, in welcher Reihenfolge verschiedene Programme ablaufen, wie die Verbindung zu anderen Rechnern hergestellt wird oder wie die Programme und Daten vor fremdem Zugriff geschützt werden. Diese und viele weitere Verwaltungsaufgaben übernimmt das Betriebssystem. Die drei wichtigsten Komponenten sind Organisationsprogramme, Übersetzungsprogramme und Dienstprogramme.

Organisationsprogramme übernehmen in der ↑Speicherverwaltung folgende Aufgaben:

- Kontrolle aller im System vorkommenden Speicher,
- Zuteilung von Speicher an Benutzerprogramme,

- Organisation von ↑Speicherhierarchien.

Die Organisationsprogramme der ↑Prozessorverwaltung veranlassen die Zuteilung des Prozessors an eines der zu bearbeitenden Programme.

Die Organisationsprogramme der ↑Geräteverwaltung koordinieren

- die Auswahl und Bereitstellung der für Eingabe bzw. Ausgabe geeigneten Geräte,
- die Anpassung an spezielle physikalische Eigenschaften der Geräte,
- die Überwachung der Datenübertragung zwischen Programm und Gerät.

Die Organisationsprogramme zur Kommunikation steuern

- den Auf- und Abbau von Verbindungen in Rechnernetzen,
- die Anpassung an Kommunikationsstandards (↑Protokoll),
- die Entgegennahme und Weiterleitung von Nachrichten, Dateien usw. (↑elektronische Post)

sowie weitere Dienste im Zusammenhang mit der ↑Datenübertragung.

Übersetzungsprogramme übertragen Programme höherer Programmiersprachen in auf einer Rechenanlage ausführbare Programme.

Dienstprogramme lösen Standardanwendungsprobleme. Typische Dienstprogramme sind z. B. Dateiverwaltungsprogramme, ↑Lader, ↑Binder, ↑Editor, Debugger.

Zur Kommunikation mit dem Betriebssystem dient eine ↑Kommandosprache oder eine grafische Benutzungsoberfläche. Mit ihrer Hilfe kann der Benutzer ↑Aufträge formulieren.

Die Grobstruktur des Betriebssystems zeigt Abb. 1, S. 58.

Auf Großrechnern verbreitet sind die Betriebssysteme UNIX (auf Rechnern fast aller Hersteller), BS 2000 (auf Siemens-Rechnern) und VM (auf IBM-Rechnern). ↑Personalcomputer und

Bewertungskriterien

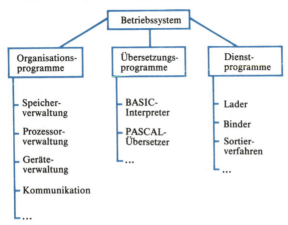

Abb. 1: Gesamtstruktur des Betriebssystems

↑Arbeitsplatzstationen arbeiten häufig mit MS-DOS, UNIX (unter Herstellerbezeichnungen wie XENIX, SINIX, LINUX usw.) und OS/2; eine Sonderstellung nimmt ↑EUMEL ein. Für viele Computersysteme geht der Trend weg von den klassischen Betriebssystemen hin zu ↑Benutzungsoberflächen, die an der Anwendung orientiert sind und das darunter liegende Betriebssystem verstecken.

Komponenten von Betriebssystemen werden zunehmend auf mehrere Standorte verteilt. Hierbei werden einige Funktionen nur an einzelnen Orten eingesetzt, andere Funktionen an allen Stellen des Gesamtsystems benötigt. Verteilte Systeme müssen daher über ein Konfigurations- und Integrationskonzept und über ein sicheres Nachrichtenaustauschsystem verfügen. Durch Verteilung werden zugleich Aufgaben in parallele Teilaufgaben zerlegt, was große Probleme hinsichtlich der Zuverlässigkeit aufwirft.

Bewertungskriterien: Während früher vorwiegend die Rechengeschwindigkeit das wichtigste Bewertungskriterium war, legen ↑Benutzer und Anwender seit den 1980er-Jahren auf andere Kriterien mehr Wert, wie z. B. auf ↑Benutzerfreundlichkeit.

Einige der Kriterien können durch ↑Bewertungsprogramme oder ↑Testen überprüft werden. Es empfiehlt sich jedoch, für jede Anwendung ein gesondertes Anforderungsprofil zu entwickeln und eine spezifische Bewertung vorzunehmen. Bewertungskriterien für die Auswahl von Rechnersystemen für die Schule enthält der Kasten auf den Seiten 59 und 60.

Bewertungsprogramm (engl. *benchmark program*): Um Computer miteinander zu vergleichen, gibt es verschiedene Kriterien wie: Größe des Hauptspeichers, Ausstattung der Peripherie, Umfang des ↑Befehlsvorrats, Rechengeschwindigkeit usw. Während man die ersten drei Angaben relativ einfach vergleichen kann, ist der Vergleich der Rechengeschwindigkeiten schwieriger. Bei Computern ist nicht nur die Zykluszeit (↑Befehlszyklus) wichtig, sondern auch, wie schnell z. B. Multiplikationen in Gleitpunktdarstellung ausgeführt werden, wie lang die Antwortzeiten sind, wenn 10 oder 20

Bewertungskriterien für Rechnersysteme in der Schule

B

Für die Auswahl oder die Bewertung vorhandener Rechnersysteme (Hard- und Software) hinsichtlich ihrer schulischen Zwecke sind spezielle Kriterien erforderlich, die im Folgenden anhand von Stichpunkten erläutert werden:

Allgemeines

- *Unterrichtsziele:* Bevor ein Rechnersystem beschafft wird, sind die Unterrichtsziele, die erreicht werden sollen, möglichst genau und umfassend zu definieren. In jedem Fall hat sich das Rechnersystem nach dem Unterrichtsziel zu richten und nicht umgekehrt. So erfordert die Vermittlung von Kenntnissen über Rechnernetze eine wesentlich andere Ausstattung als die Beschränkung auf algorithmenorientierte Inhalte.
  Zu klären ist dabei auch, ob das Rechnersystem nur für den Unterricht im Fach Informatik (Grundkurs, Leistungskurs, Wahlpflichtbereich) genutzt werden soll oder ob es auch den Anforderungen an eine informatische oder ↑ informationstechnische Grundbildung bzw. an einen Unterricht in anderen Fächern genügen soll.
- *Nutzungsintensität:* Neben der normalen Unterrichtszeit ist hier auch ein Zeitraum für die unbeaufsichtigte nachmittägliche Arbeit der Jugendlichen vorzusehen.

Organisatorisches

- *Ergonomie:* Hier ist darauf zu achten, dass das System den neuesten DIN-Ansprüchen und europäischen Richtlinien bezüglich Arbeitshaltung, Bildschirmqualität usw. genügt.
- *Größe der Ausstattung:* Bei der Nutzung des Systems sollen die Schüler so weit wie möglich eigene Erfahrungen sammeln können. Dies ist nur gegeben, wenn nicht mehr als zwei Schüler einen Rechnerarbeitsplatz gemeinsam nutzen müssen. Für durchschnittliche Klassenstärken von etwa 20 Schülern ist also mindestens 10 Arbeitsplätze zuzüglich Lehrerarbeitsplatz einzurichten.
- *Verwaltung:* Für viele Aufgaben ist es erforderlich, zu Beginn auf allen Arbeitsplätzen einen wohldefinierten Anfangszustand herzustellen, von dem aus die Schüler ihre Übungen zu gleichen Bedingungen starten können. Hierzu eignen sich Mehrbenutzersysteme oder Server-Lösungen mit zentralem Operating durch den Lehrer besser als Einbenutzersysteme mit dezentralem Operating durch Verteilung und Tausch von Disketten.

Software und Hardware

- *Innovation:* Bei der heutigen finanziellen Ausstattung von Schulen ist davon auszugehen, dass ein Rechnersystem mindestens 10 Jahre in der Schule genutzt werden muss, bevor eine Ersatzbeschaffung möglich ist. Das System sollte daher in hohem Maße erweiterbar, rekonfigurierbar und vielfältig einsetzbar sein. Bei der Rekonfiguration sollte das System weitgehende Hilfestellung bieten.

B

Für die interne und externe Speicherkapazität sowie die Anschlussmöglichkeiten für externe Geräte kann von folgender Formel ausgegangen werden: Die Zentraleinheit sollte beim Kauf Steck-/Anschlussplätze für das Vierfache der Ausgangskapazität bieten. Beginnt man also mit einem Gerät mit 1 MByte Hauptspeicher, das alle gewünschten Anforderungen erfüllt, so sollten noch weitere 3 MByte nachgerüstet werden können.

- *Software:* Zum Standard gehören ein Editor, ein Datenbanksystem, ein Tabellenkalkulationsprogramm, Übersetzer/Interpreter für eine imperative (z. B. PASCAL), funktionale (z. B. ML) und prädikative (z. B. PROLOG) Sprache. Hinzu kommen Anwendungsprogramme für den Unterricht in anderen Fächern.

- *Benutzungsoberfläche:* Eine leistungsstarke Benutzungsoberfläche, die eine Bedienung auf unterschiedlichen Niveaus (von grafisch bis kommandobezogen) ermöglicht, ist unverzichtbar. Sie muss so gestaltet sein, dass die Schüler abgestuft mit möglichst wenigen Details und Spezialeffekten des Betriebssystems und der Hardware konfrontiert werden, damit sie sich auf die Inhalte konzentrieren können. Besonders im Anfangsunterricht der Informatik und bei der Verwendung des Systems in anderen Fächern wird sonst viel Zeit mit Erläuterungen zum reinen Umgang mit dem System verwendet. Das System sollte ohne einen eigenständigen Lehrgang benutzt werden können. Diese Anforderung schließt Systeme, mit denen man nur über Kommandosprachen kommuniziert, praktisch aus.
Die gleichen Anforderungen gelten auch für Softwaresysteme, wie Editoren, Datenbanksysteme oder Übersetzer, die zudem über eine deutsche Benutzungsanleitung verfügen müssen.

- *Datensicherung:* Damit die oftmals vorkommenden manuellen Fehler bei der Datenspeicherung nicht zum Verlust von Arbeitsergebnissen führen, sollte für das System ein Datensicherungskonzept auf Magnetband oder Wechselplatte vorhanden sein, das es erlaubt, beschädigte oder zerstörte Datensammlungen rasch wieder zu rekonstruieren.
Auch hier ist ein Mehrbenutzersystem oder eine Server-Lösung dem Einbenutzersystem überlegen.

- *Peripherie:* Für je etwa sechs Arbeitsplätze ist ein zentraler Drucker vorzusehen, der von allen vorhandenen Arbeitsplätzen durch Hintergrunddrucken angesprochen werden kann. Können die Drucker über Schalter immer nur jeweils einem Rechnersystem zugeordnet werden, so ist etwa die doppelte Menge von Druckern einzuplanen.
Weitere Geräte, die nach Bedarf erforderlich sind, sind Schnittstellen für externe Geräte zum Messen, Steuern oder Regeln (z. B. Ansteuerung eines Roboters, Messwerterfassung) und ein Grafik- oder Multimedia-System.

- *Netzanschluss:* Kooperation mit anderen Schulen und Informationsbeschaffung aus entfernt liegenden Datenbanken werden verstärkt den Unterricht beeinflussen. Dieser Nutzung muss aber ein sinnvolles, auf die Aufgaben der Schule ausgerichtetes Konzept zugrunde liegen, an dem sich die Anbindung an Rechnernetze zu orientieren hat. Weiterhin sind Sicherheitsmaßnahmen vorzusehen.

Benutzer gleichzeitig arbeiten und wie schnell Speicherinhalte gegen andere ausgetauscht werden können.

Zur Beurteilung der Rechenleistung eines Computers verwendet man *Bewertungsprogramme.* Dies sind Programme zur Lösung einer bestimmten Aufgabe, welche auf den zu bewertenden Computern ausgeführt werden.

Um eine möglichst objektive Leistungsbewertung zu entwickeln, haben sich 1988 vier Herstellerfirmen zur „System Performance Evaluation Cooperative", Abk. **SPEC,** zusammengeschlossen, der mittlerweile die meisten größeren Firmen der Datenverarbeitung angehören. Die SPEC-Benchmarks bestehen aus speziellen Programmen für bestimmte Aufgaben, oder sie werden aus typischen Anwendungsprogrammen zusammengestellt. Man lässt die Programme auf einer Referenzmaschine (bisher meist eine VAX 11/780, ↑ MIPS) und auf der zu testenden Maschine laufen und misst das Verhältnis der Laufzeiten. Es gibt zur Zeit verschiedene von SPEC genormte Mengen von Bewertungsprogrammen; z. B. misst man mit dem SPECint92-Wert vor allem die Leistung der ganzzahligen Arithmetik einschließlich der logischen Operationen.

Bezeichner (engl. *identifier*): Ein Bezeichner ist eine Zeichenfolge, die zur eindeutigen Identifizierung eines Objektes in einem Programm dient. Bezeichner sind z. B. Namen für Variablen, Konstanten, Marken, Datentypen oder Prozeduren. Meist müssen sie eine genau festgelegte Form haben (↑ Backus-Naur-Form). Im Allgemeinen darf ein Bezeichner aber nicht den gleichen Namen haben wie eines der ↑ Schlüsselwörter der zugrunde liegenden Programmiersprache (z. B. sind n und i in PASCAL zulässige Bezeichner, if oder begin jedoch nicht). Ein Bezeichner darf innerhalb einer Programmeinheit, z. B. innerhalb einer Prozedur oder eines ↑ Blocks, nur einmal deklariert werden und besitzt die festgelegte Bedeutung nur innerhalb dieser Programmeinheit. Oft ist es aber sinnvoll, einen Bezeichner zu *überladen,* ihm also mehrere, von der jeweiligen Umgebung abhängige Bedeutungen zu geben; dies lassen aber nur wenige Sprachen zu (↑ Ada).

bidirektional: Eigenschaft einer Datenübertragungsleitung, Signale in beiden Richtungen übertragen zu können. Bei der *unidirektionalen* Datenübertragung erfolgt die Übertragung immer nur in einer Richtung.

Bildschirm *(Monitor):* Ausgabegerät, welches den Zustand oder die Ausgabe eines Computers sichtbar macht. Die Anzeige erfolgt elektronisch durch eine Kathodenstrahlröhre (Bildröhre) oder, vor allem bei transportablen Rechnern, durch eine Flüssigkeitskristallanzeige (LCD-Anzeige) mit geringerem Stromverbrauch.

Man unterscheidet alphanumerische und grafische Bildschirme. *Alphanumerische Bildschirme* können meist 24 Zeilen anzeigen, wobei jede Zeile bis zu 80 alphanumerische Zeichen enthält. *Grafikfähige Bildschirme* können neben Zeichen auch Zeichnungen und Bilder darstellen, entweder zweifarbig (schwarzweiß mit Grauabstufungen oder schwarzgrün) oder mehrfarbig (↑ grafisches Terminal). Alphanumerische Bildschirme lassen sich häufig durch Ergänzung von Hardwarekomponenten (Steckkarten) zu grafikfähigen Bildschirmen erweitern. Bekannt sind die *EGA-Karte* (EGA Abk. für **E**nhanced **G**raphics **A**dapter) sowie ihre Nachfolgerinnen, die *VGA-Karte* und die *XVGA-Karte* mit noch höherer Auflösung, und auch die *Hercules-Karte.*

Bildschirme werden meist in Verbindung mit Tastaturen eingesetzt und

Bildschirmtext

dann als ↑Datensichtstation oder Terminal bezeichnet, wobei alle Eingaben unmittelbar auf dem Bildschirm angezeigt werden. Ein blinkendes Zeichen auf dem Bildschirm, der **Cursor,** markiert hierbei die nächste Schreibposition bzw. die Stelle, an der Veränderungen erfolgen können oder Reaktionen des Benutzers erwartet werden.

Bildschirmtext (Abk. Btx): Informationssystem, das durch die Deutsche Telekom AG betrieben wird und von dem prinzipiell jede Person Informationen abrufen kann.

Das System ist mittlerweile in den Dienst ↑T-Online der Telekom aufgenommen worden.

Die drei Stützen des Btx-Systems sind Telefonnetz, zentraler Btx-Computer und als Endgerät beim Benutzer ein Personalcomputer. Der Zentralrechner befindet sich in der Btx-Zentrale in Ulm, wo alle Informationen und die Daten der Teilnehmer gespeichert sind. Von hier aus bestehen sternförmig Verbindungen zu den Btx-Vermittlungsstellen, die auf regionaler Ebene als Zentralen für die Nahbereichsvermittlungsstellen fungieren, welche fast in jedem Ortsnetz den Btx-Anschluss ermöglichen. Externe Rechner sind über Datex-P (↑Datex-Netze) angeschlossen.

Als Nutzer benötigt man einen Telefonanschluss, ein Modem und einen Computer. Über Menüs kann aus einer Vielzahl von Informationen und Angeboten ausgewählt werden.

binär (engl. *binary*): Ein Element heißt binär, wenn es nur zwei sich gegenseitig ausschließende Zustände annehmen kann. Diese Zustände werden oft mit 0 und 1 (seltener mit O und L) bezeichnet. Beispiele für binäre Elemente sind Glühlampen (an oder aus), Schalter (offen oder geschlossen), Magnetkerne (rechts- oder linksmagnetisiert) und ↑Flipflops. Eine Vereinbarung muss darüber getroffen werden, welchem der beiden möglichen Zustände der binäre Wert 0 und welchem der binäre Wert 1 zugeordnet wird.

Ein binäres ↑Stellenwertsystem verfügt nur über zwei Ziffern. Bekanntestes binäres Stellenwertsystem ist das ↑Dualsystem.

Binärcode: Ein ↑Code, bei dem der Zeichenvorrat der Bildmenge nur aus zwei verschiedenen Zeichen, z. B. 0 und 1, besteht. Wichtige Binärcodes sind der ↑BCD-Code, der ↑Aiken-Code und der ↑Exzess-3-Code.

binärer Baum: Ein binärer Baum ist ein geordneter ↑Baum, in dem jeder Knoten höchstens zwei Söhne besitzt (Abb. 1).

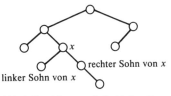

Abb. 1: Bezeichnungen beim binären Baum

Beispiel:
Früheres Gesellschaftsspiel „Zwanzig Fragen": Ein Spieler S denkt sich einen Gegenstand. Alle anderen müssen durch maximal 20 gezielte Fragen an diesen Spieler den Gegenstand erraten. Die Fragen dürfen nur mit ja oder nein beantwortet werden. Die erste Frage und die je nach Antwort in Betracht kommenden weiteren Fragen lassen sich als binärer Baum darstellen (Abb. 2). In den Blättern stehen die Gegenstände, die man durch die Fragen unterscheiden kann. Also kann man bis zu $2^{20} = 1\,048\,576$ verschiedene Gegenstände erraten, sofern man immer die gleichen Fragen stellt. Durch Verwendung neuer Fragen ist eine sehr große Variation möglich.

binäres Suchen

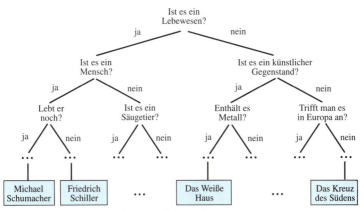

Abb. 2: Binärer Baum zum Spiel „Zwanzig Fragen"

Binäre Bäume treten in der Informatik oft auf. Dabei stellt sich die Frage, wie viele verschiedene binäre Bäume es mit n Knoten gibt. Es sei $A(n)$ die Anzahl der binären Bäume mit n Knoten, dann gilt z. B.: $A(1) = 1$, $A(2) = 2$, $A(3) = 5$, $A(4) = 15$, wie man durch Ausprobieren zeigt. Allgemein ist

$$A(n) = \frac{(2n)!}{n!(n+1)!}$$

Die Funktion wächst exponentiell mit n.
Zur Implementierung ↑Baumdurchlauf.

binäres Suchen: Bezeichnung für ein schnelles Verfahren zum Suchen von Elementen in einem aufsteigend oder absteigend sortierten linearen ↑Feld durch fortgesetztes Halbieren des Bereichs, in dem sich das gesuchte Element noch befinden kann.
Sei a ein Feld mit den Feldelementen $a[1], a[2], ..., a[n]$. a sei aufsteigend geordnet, also

$$a[1] \leq a[2] \leq ... \leq a[n], n \geq 1.$$

k sei das gesuchte Element (↑Schlüssel). Um festzustellen, ob k in a vorkommt, vergleicht man zunächst k mit dem mittleren Element von a, also mit $a[n/2]$ für gerades n. Entweder ist $k = a[n/2]$, und die Suche ist erfolgreich beendet, oder man wendet das Verfahren für $k < a[n/2]$ auf das Teilfeld $a[1], ..., a[n/2-1]$ sowie für $k > a[n/2]$ auf $a[n/2+1], ..., a[n]$ rekursiv (↑Rekursion) an, bis der gesuchte Schlüssel k gefunden oder das Teilfeld einelementig geworden ist.
Für ungerades n ist das Verfahren leicht zu modifizieren.

Beispiel: Suche der Zahl 12.

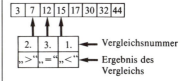

Das Programmstück in Prog. 1 (S. 64) beschreibt den Algorithmus für die binäre Suche in einem Feld ganzer Zahlen. Die Laufzeit des Algorithmus in Abhängigkeit von n beträgt $O(\log_2 n)$. Man benötigt beispielsweise höchstens 20 rekursive Aufrufe, um ein Element in einer Million geordneter Zahlen zu suchen.

Bindelader 64

```
var q: integer; a: array [1..n] of integer;
function binsuch (i, j, k: integer): boolean;
var m: integer;
begin
   if j < i then binsuch := false else
   begin
      m := (i + j) div 2;
      if k < a[m] then binsuch := binsuch (i, m − 1, k) else
         if k > a[m] then binsuch := binsuch (m + 1, j, k) else binsuch := true
   end
end;
:
:..binsuch (1, n, q)...
```

Prog. 1: Binäre Suche in einem Feld ganzer Zahlen

Bindelader: Kombination aus ↑Binder und ↑Lader, der die zur Ausführung des Programms erforderlichen ↑Objektcodes bindet und direkt zur Ausführung in den Hauptspeicher lädt. Das erzeugte Maschinenprogramm wird also nicht in einer Datei gespeichert, sondern direkt ausgeführt. Dadurch wird die Zeit zum Schreiben und Einlesen des Maschinenprogramms eingespart.

Binder (engl. *linker* oder *linkage editor*): Bei der Erstellung von Programmen sind nur selten alle zur Ausführung des Programms erforderlichen ↑Prozeduren und ↑Funktionen auch in diesem Programm definiert. Vielmehr werden in der Regel eine Anzahl von ↑Standardprozeduren und -funktionen verwendet. Diese sind häufig schon in übersetzter Form vorhanden. Das Gleiche gilt für ↑Module oder Programmstücke, die getrennt erstellt und übersetzt wurden.

Die Aufgabe des Binders besteht darin, die Objektcodes verschiedener Programme zu einem Programm zusammenzufassen und dabei die Adressen der sonstigen und der Standardprozeduren in den einzelnen Objektcodes einzusetzen.

Beispiel:
Es liegen zwei übersetzte Programme (hier in Assembler) vor, die zu einem gebunden werden sollen.

Objektcode 1 (mit relativen Adressen):

0: start	load	zeit
1:	call	write
:		
20:	jp	ende

Objektcode 2 (mit relativen Adressen):

0: write	store	10
:		
10:	defw	0
11: zeit	defs	4
12: ende		

Objektcode nach dem Binden:

0:	load	32
1:	call	21
:		
20:	jp	33
21:	store	31
:		
31:	defw	0
32:	defs	4
33:	...	

Bindungsbereich

Höhere Programmiersprachen bieten eine große Zahl von Standardprozeduren an, deren Objektcodes i. A. in speziellen ↑Programmbibliotheken verwaltet werden. Aufgabe eines Binders ist es daher auch, die für ein Programm erforderlichen Objektcodes aus den Bibliotheken zu holen.

Bindung: In Sprachen wie ↑LISP, ↑PROLOG oder ↑SMALLTALK-80 werden Variablen als Bezeichner verwendet, die mit irgendeinem Objekt identifiziert werden können, wobei ein Bezeichner zu verschiedenen Zeitpunkten mit vollständig verschiedenen Objekten verbunden sein kann. Eine solche Identifizierung nennt man Bindung. Ergibt sich diese Identifizierung bereits eindeutig aus dem Programmtext, so spricht man von *statischer Bindung;* erfolgt sie dagegen erst zur Laufzeit des Programms in Abhängigkeit von der jeweiligen aktuellen Situation, so liegt eine *dynamische Bindung* vor.

Beispiel:
PASCAL ist eine Programmiersprache mit statischer Bindung. Man betrachte dazu das Programmfragment in Abb. 1. Die Pfeile geben an, an welches deklarierte Objekt der jeweilige Bezeichner im statischen Fall gebunden ist (schwarze Pfeile). Die blauen Pfeile zeigen zum Vergleich den dynamischen Fall: Der Rumpf von g wird durch die ↑Kopierregel in f eingesetzt. Der Zugriff auf x innerhalb von g richtet sich nun nach dem aktuellen Bindungsbereich von x, dem x in f.

Dialekte von Sprachen unterscheiden sich oft in der Form der Bindung von Variablen, was zu schwer auffindbaren Fehlern beim Übergang zu einem anderen Sprachdialekt führen kann (↑Variable).

Bindungsbereich: Der Bindungsbereich eines ↑Bezeichners umfasst alle Stellen im Programm, an denen das

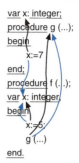

Abb. 1: Statische (schwarze Pfeile) und dynamische Bindung (blaue Pfeile)

zum Bezeichner gehörende Objekt unter der vereinbarten Bedeutung existiert. In blockorientierten Sprachen ist dies der ↑Block, in dem der Bezeichner deklariert wurde (einschließlich aller Unterblöcke). Der Bindungsbereich formaler Parameter entspricht dem Rumpf der Funktion oder Prozedur. Durch erneute Deklaration kann ein Bezeichner für ein anderes Objekt verwendet werden. Das zuvor deklarierte Objekt ist dann nicht sichtbar, obwohl es weiterhin existiert. Den Bindungsbereich abzüglich aller Bindungsbereiche, in denen der gleiche Bezeichner neu vereinbart wurde, nennt man ↑Gültigkeitsbereich.

Der Bindungsbereich spielt eine wichtige Rolle in Formeln der Logik und in speziellen Kalkülen. Außerhalb des Bindungsbereichs heißen Variablen „frei" oder „ungebunden" und können beliebig interpretiert werden.

Dem Bindungsbereich entspricht im Programm die *Lebensdauer* einer Variablen. Mit der Deklaration von Variablen werden im Speicher bestimmte Plätze für diese Variablen reserviert. Das Zeitintervall, in dem ein Speicherplatz für eine Variable fest reserviert ist, bezeichnet man dann als Lebensdauer der Variablen. Die Lebensdauer ist identisch mit der Zeit der Abarbei-

bit   66

tung der Prozedur oder des Blocks, in dem eine Variable deklariert wird. Bei ↑Prozessen, ↑Koroutinen oder ↑Modulen verlängert sich die Lebensdauer; hier leben Variablen nach Abarbeitung der entsprechenden Programmeinheit weiter und besitzen bei ihrem erneuten Aufruf die früheren Werte.

bit (Abk. für engl. **b**asic **i**ndissoluble information unit): In der ↑Informationstheorie Bezeichnung einer Einheit für den Informationsgehalt einer ↑Nachricht. Zur Darstellung von n bit in einer digitalen Rechenanlage benötigt man mindestens n ↑Bit.

Bit (Abk. für engl. **b**inary dig**it**): Bezeichnung für die kleinste Darstellungseinheit von Daten in binärer Zahlendarstellung. Ein Bit kann die binären Werte Null und Eins annehmen. Zur Darstellung verwendet man die Zeichen 0 und 1 (seltener O und L). Die Zusammenfassung von acht Bit heißt ↑Byte.

Block: Programmeinheit in imperativen Programmiersprachen, die aus einer Folge von ↑Deklarationen und einer Folge von ↑Anweisungen besteht. Blöcke dienen vorwiegend der klaren Strukturierung eines Programms. In vielen Programmiersprachen wird ein Block mit begin und end geklammert:

begin
   ⟨Deklarationen⟩;
   ⟨Anweisungen⟩
end

Sämtliche ↑Bezeichner, die in den ⟨Deklarationen⟩ vereinbart werden, sind nur der zum Block gehörenden Folge von ⟨Anweisungen⟩ mit ihrer definierten Bedeutung bekannt (↑Bindungsbereich). Bezeichner, welche in einer Programmeinheit, die den Block umfasst, vereinbart wurden und nicht in einer Deklaration im Block umdefiniert wurden, können ebenfalls in den ⟨Anweisungen⟩ benutzt werden. Ein

Programmierer kann also einerseits solche ↑globalen Variablen verwenden, muss aber andererseits nicht darauf achten, welche Bezeichner außerhalb des Blockes benutzt werden.

In imperativen Programmiersprachen wird ein Block als eine spezielle Anweisung aufgefasst. Dadurch kann man mehrere Blöcke ineinander verschachteln *(Blockschachtelung)*. Sprachen mit dieser Eigenschaft werden auch als *blockorientierte Programmiersprachen* bezeichnet.

Beispiel:

begin (∗Block 1∗)
  var x, y: integer;
  ...
  begin (∗Block 2∗)
    var x: real;
    ...
    x := 3.14∗y;...
  end;
  ...
  begin (∗Block 3∗)
    var y: boolean;
    ...
    if y then x := x + 2;...
  end;
  ...
end;

In der Zuweisung im Block 2 werden y als integer-Variable und x als real-Variable, in der if-Anweisung in Block 3 werden x als integer-Variable und y als boolean-Variable und im Block 1 außerhalb der Blöcke 2 und 3 werden x und y als integer-Variablen verwendet (↑Namenskonflikt).

Die durch Schachtelung entstehende Blockstruktur spiegelt den Aufbau eines Programms wider. Man veranschaulicht sich die Blockstruktur durch eine baumartige Darstellung (Abb. 1), durch eine mengenorientierte, grafische Zeichnung (Abb. 2) oder durch Einrücken im Programmtext, wie dies in obigem Beispiel bereits realisiert ist.

Abb. 1: Baumartige Darstellung einer Blockstruktur

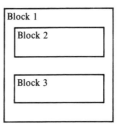

Abb. 2: Mengenorientierte Darstellung einer Blockstruktur

Schließlich lässt sich die Blockstruktur verwenden, um den Speicherplatz besser auszunutzen. Da mit der Beendigung eines Blockes alle dort deklarierten Variablen unbekannt werden („sterben"), steht der von ihnen belegte Speicherplatz für neu zu eröffnende Blöcke zur Verfügung.

Bei Prozeduraufrufen wird wesentlich auf das Blockkonzept zurückgegriffen (↑Kopierregel). Neben der statischen Blockschachtelung wird zur Laufzeit auch eine dynamische Blockschachtelung aufgebaut (↑Inkarnation).

boolean ['buːlɪən]: Vordefinierter ↑Datentyp in vielen Programmiersprachen. Variablen vom Typ boolean können die Werte false (dt. falsch) und true (dt. wahr) annehmen. Zum Datentyp boolean gehören stets die üblichen ↑booleschen Funktionen, z. B. NICHT, UND, ODER. Diese werden meist in Operatorschreibweise durch not, and, or usw. dargestellt.

Da die Werte von ↑Bedingungen vom Typ boolean sind, existiert dieser Datentyp in allen Programmiersprachen (manchmal als bool oder logical bezeichnet), auch wenn er in einigen (veralteten) Sprachen nicht in ↑Deklarationen zugelassen wird.

boolesche Algebra ['buːlʃə-]: 1854 von George Boole (1815–64) entwickelte mathematische Struktur. Eine Menge M mit zwei Verknüpfungen $\cdot$ und $+$ heißt boolesche Algebra, wenn für alle $x, y, z \in M$ gilt:

(1) $x \cdot (y \cdot z) = (x \cdot y) \cdot z$;
(2) $x + (y + z) = (x + y) + z$;
(3) $x \cdot y = y \cdot x$;
(4) $x + y = y + x$;
(5) $x \cdot (x + y) = x$;
(6) $x + (x \cdot y) = x$;
(7) $x \cdot (y + z) = (x \cdot y) + (x \cdot z)$;
(8) $x + (y \cdot z) = (x + y) \cdot (x + z)$;
(9) es gibt ein Element $0 \in M$ mit $0 \cdot x = 0$ und $0 + x = x$ für alle $x \in M$;
(10) es gibt ein Element $1 \in M$ mit $1 \cdot x = x$ und $1 + x = 1$ für alle $x \in M$;
(11) zu jedem $x \in M$ existiert genau ein $y \in M$ mit $x \cdot y = 0$ und $x + y = 1$.

(1) und (2) besagen, dass die Verknüpfungen $\cdot$ und $+$ assoziativ, also von der Klammerung unabhängig sind; (3) und (4) besagen, dass beide Verknüpfungen kommutativ, also von der Reihenfolge der Operanden unabhängig sind. Die Regeln (5) und (6) heißen *Verschmelzungsgesetze* oder *Absorptionsgesetze*. Die Regeln (7) und (8) sind *Distributivgesetze*. Die Elemente 0 und 1 in (9) und (10) sind *neutrale Elemente* bezüglich $+$ bzw. $\cdot$; Regel (11) besagt, dass zu jedem Element ein *komplementäres Element* existiert.

Beispiel:
Wählt man als Menge M die Potenzmenge (Menge aller Teilmengen) einer Menge X und identifiziert die Operationen $\cdot$, $+$ mit der Durchschnittsbildung bzw. Vereinigung zweier Mengen von M, setzt man ferner $0 = \emptyset$ und

$1 = X$, so ist M eine boolesche Algebra. Es gilt sogar: Jede endliche boolesche Algebra besitzt 2^n Elemente für ein geeignetes $n \in \mathbb{N}$ und ist isomorph zur Potenzmenge von $\{1, 2, ..., n\}$.

Die grundlegenden Schaltungen in Computern folgen den Gesetzen der booleschen Algebra. Ein wichtiges Anwendungsgebiet der booleschen Algebra ist daher die ↑Schaltalgebra.

boolesche Funktion ['buːlʃə-]: Eine boolesche Funktion ist eine Abbildung $f: \{0,1\}^n \to \{0,1\}$, wobei $\{0,1\}^n$ die Menge aller n-Tupel über $\{0, 1\}$ ist.

Das Funktionsverhalten stellt man im Allgemeinen durch eine Wertetabelle folgender Form dar:

$x_1\ x_2\ ...\ x_n$	$f(x_1, x_2, ..., x_n)$
0 0 ... 0	1
0 0 ... 1	0
⋮	⋮
1 1 ... 1	1

Die linke Seite der Tabelle enthält alle 2^n verschiedenen Belegungen der Variablen $x_1, ..., x_n$ mit 0 bzw. 1, die rechte Seite den zugehörigen Funktionswert. Oft auftretende boolesche Funktionen sind die ↑NOT-Funktion, die ↑UND-Funktion und die ↑ODER-Funktion. Jede andere boolesche Funktion lässt sich mithilfe dieser Grundfunktionen darstellen.

Beispiel:
Die Funktion g, die durch folgende Wertetabelle definiert ist,

x_1	x_2	x_3	$g(x_1, x_2, x_3)$
0	0	0	1
0	0	1	1
0	1	0	0
0	1	1	0
1	0	0	1
1	0	1	0
1	1	0	0
1	1	1	1

lässt sich durch die Gleichung

$$g(x_1, x_2, x_3) = (\bar{x}_1 \cdot \bar{x}_2) + (\bar{x}_2 \cdot \bar{x}_3) + (x_1 \cdot x_2 \cdot x_3)$$

beschreiben, wobei

$\bar{x}$ für NOT (x)
$x \cdot y$ für UND (x, y)
$x + y$ für ODER (x, y)

steht.

Eine Verallgemeinerung der booleschen Funktionen bilden die *Schaltfunktionen* $f: \{0,1\}^n \to \{0,1\}^m$, die durch ↑kombinatorische Schaltwerke realisiert werden. Eine Schaltfunktion kann durch m boolesche Funktionen $f_1, ..., f_m: \{0,1\}^n \to \{0,1\}$ dargestellt werden, wobei f_i die i-te Komponente von f ist.

Bootstrapping ['buːtstræpɪŋ]:
1. Verfahren bei Inbetriebnahme von Computern: ↑Lader.
2. Schrittweises Verfahren zur Implementierung von Übersetzern: Bei jedem Schritt wird ein mächtigeres Softwarewerkzeug unter Verwendung des im vorhergehenden Schritt entstandenen Werkzeugs erzeugt.

Branch-and-bound-Verfahren ['brɑːntʃ ənd baʊnd-]: Methode zur Bestimmung einer optimalen Lösung eines Problems durch Verzweigen und Begrenzen, die aus dem ↑Backtracking-Verfahren abgeleitet ist. Das Verfahren liefert keine Näherungen, wie sie bei ↑Heuristiken üblich sind, sondern ein Optimum.

Ein Optimierungsproblem wird dabei nach gewissen Regeln schrittweise in Teilprobleme zerlegt. Die einzelnen Teilprobleme bilden einen ↑Baum. Jedem Knoten innerhalb des Baumes wird ein Wert zugeordnet, der eine Schranke für den Wert der Zielfunktion des Optimierungsproblems darstellt. Es werden nun zunächst diejenigen Zweige bearbeitet, die den größt-

Branch-and-bound-Verfahren

möglichen Zielfunktionswert erwarten lassen. Nach Bearbeitung eines Zweiges werden alle diejenigen Zweige desselben Teilbaums vom Gesamtbaum entfernt, deren Schranke unterhalb des bereits bekannten besten Wertes der Zielfunktion liegt.

Beispiel:
Betrachten wir das ↑Problem des Handlungsreisenden. Gegeben sind n Städte $s_1, \ldots, s_n$ und eine Entfernungstabelle, die alle Abstände d_{ij} = „Entfernung der Stadt s_i von der Stadt s_j" enthält, wobei wir hier $d_{ii} = \infty$ setzen. s_1 sei die Stadt, in der der Handlungsreisende seine Reise beginnt. Die zu minimierende Zielfunktion ist die Länge des Rundweges.

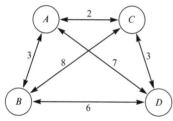

Abb. 1: Rundreiseproblem P_0

Um das Branch-and-bound-Verfahren anwenden zu können, benötigt man eine untere Schranke für die Zielfunktion: Da jede Stadt auf genau einem Weg betreten werden muss, kann man als untere Schranke für einen optimalen Rundweg die Summe der Längen des kürzesten Ankunftsweges jeder Stadt wählen, also:

$$d_{\text{in}} = \sum_{i=1}^{n} \min\{d_{ji} \mid j = 1, \ldots, n\}$$

Andererseits ist jede Rundreise auch durch die Summe der Längen des kürzesten Abgangsweges jeder Stadt nach unten beschränkt:

$$d_{\text{out}} = \sum_{i=1}^{n} \min\{d_{ij} \mid j = 1, \ldots, n\}$$

Als untere Schranke verwenden wir daher:

$$d = \max\{d_{\text{in}}, d_{\text{out}}\}.$$

Als Anwendung betrachte man das Rundreiseproblem P_0 in Abb. 1 mit den vier Städten A, B, C, D und der Entfernungstabelle:

P_0	A	B	C	D
A	∞	3	2	7
B	3	∞	8	6
C	2	8	∞	3
D	7	6	3	∞

Als untere Schranke erhalten wir

$$d = d_{\text{in}} = d_{\text{out}} = 10.$$

Die Länge der kürzesten Rundreise beträgt daher mindestens 10.

Ein Branch-and-bound-Verfahren beruht auf folgenden Überlegungen: Die Stadt A kann man entweder über B, C oder D verlassen. Man erhält so die drei Teilprobleme P_1, P_2 und P_3 mit neuen Entfernungstabellen und zugehörigen unteren Schranken. Die Tabelle für P_1 ergibt sich z. B., indem man die nicht gewählten Wege $A \to C$ und $A \to D$ auf ∞ setzt. Da B nur einmal über $A \to B$ betreten werden darf, setzt man alle übrigen Zugänge $C \to B$ und $D \to B$ ebenfalls auf ∞, ferner noch $B \to A$, weil man diesen Weg ja schon in umgekehrter Richtung benutzt hat. Die Tabellen für P_2 und P_3 erhält man analog:

P_1	A	B	C	D
A	∞	3	∞	∞
B	∞	∞	8	6
C	2	∞	∞	3
D	7	∞	3	∞

Für P_1 gilt: $d = 14$.

Breitendurchlauf

P_2	A	B	C	D
A	∞	∞	2	∞
B	3	∞	∞	6
C	∞	8	∞	3
D	7	6	∞	∞

Für P_2 gilt: $d = 14$.

P_3	A	B	C	D
A	∞	∞	∞	7
B	3	∞	8	∞
C	2	8	∞	∞
D	∞	6	3	∞

Für P_3 gilt: $d = 18$.

Da P_1 die kleinste untere Schranke besitzt, setzt man bei P_1 fort, weil man sich hier einen größeren Erfolg verspricht. Man kann in P_1 von B den Weg zu C oder zu D wählen. Analog zu oben erhält man folgende Entfernungstabellen und untere Schranken:

P_{11}	A	B	C	D
A	∞	3	∞	∞
B	∞	∞	8	∞
C	2	∞	∞	3
D	7	∞	∞	∞

Für P_{11} gilt: $d = 20$.

P_{12}	A	B	C	D
A	∞	3	∞	∞
B	∞	∞	∞	6
C	2	∞	∞	∞
D	7	∞	3	∞

Für P_{12} gilt: $d = 14$.

Aus P_{12} erhält man unmittelbar eine kürzeste Rundreise $A \to B \to D \to C \to A$ der Länge 14. Für P_2 und P_3 gelten die unteren Schranken $d = 14$ und $d = 18$; sie können daher keine kürzeren Rundreisen ergeben.

Abb. 2 zeigt die untersuchten Teilprobleme mit den zugehörigen unteren Schranken. Durch das Branch-and-bound-Verfahren musste in diesem Beispiel nur jeweils eines der Teilprobleme weiter verfolgt werden.

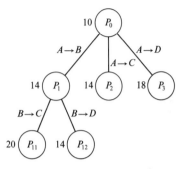

Optimale Lösung: $A \to B \to D \to C \to A$.
Länge: 14

Abb. 2: Teilprobleme des Rundreiseproblems aus Abbildung 1 von S. 69

Die Leistungsfähigkeit des Branch-and-bound-Verfahrens hängt entscheidend von der Geschwindigkeit und Genauigkeit ab, mit der die Schranken berechnet werden. Ist die Genauigkeit gering, müssen im schlimmsten Falle trotzdem alle Teilprobleme bearbeitet werden.

Breitendurchlauf (engl. *breadth-first-search*, Abk. BFS): Verfahren zum Durchlaufen eines Graphen, bei dem (wie beim ↑Tiefendurchlauf) jeder Knoten genau einmal besucht wird. Der Name rührt daher, dass das Verfahren zunächst in die Breite und erst dann in die Tiefe des Graphen führt. Das heißt: Alle Knoten des Graphen gelten zunächst als „nicht besucht". Man wählt einen beliebigen Knoten als „besucht" aus und iteriert folgendes Vorgehen, bis alle Knoten als „besucht" markiert sind: Man geht von dem Knoten, an dem man sich befindet, zuerst zu allen noch nicht besuchten Nachbarknoten, markiert diese als „besucht" und bearbeitet dann nacheinander alle diese Nachbarknoten. So

Breitendurchlauf

```
const n = ...;
var besucht: array [1..n] of 0..n;
    u, v, w, i: 1..n;
begin
  for i := 1 to n do besucht [i] := 0;
  while „es gibt ein u mit besucht [u] = 0" do
  begin
    besucht [u] := 1; write (u); i := 1;
    while „es gibt Knoten v und w mit v ∈ N(w) und besucht [w] = i und
          besucht [v] = 0" do
    begin
      for all „w mit besucht [w] = i" do
      begin
        for all „v ∈ N(w) mit besucht [v] = 0" do
        begin write (v); besucht [v] := i + 1 end
      end;
      i := i + 1
    end
  end
end.
```
i gibt die Entfernung der gerade betrachteten Knoten v vom Startknoten u an.

Prog. 1: Breitendurchlauf

bewegt man sich vom Anfangsknoten aus durch den Graphen. (Man beachte: Der Graph ist in der Praxis oft ein Baum.)
Sei $G = (V, E)$ ein Graph mit der Knotenmenge $V = \{1, 2, ..., n\}$ und der Kantenmenge E. Für jeden Knoten v bezeichne $N(v)$ die Menge der Knoten, die mit v durch eine Kante verbunden sind (Nachbarn von v). Der Algorithmus Prog. 1 realisiert dann den Breitendurchlauf.
Eine mögliche Ausgabe des Algorithmus für den Graphen aus Abb. 1 ist:

1 2 4 6 9 3 7 8 5 10

Eine andere Möglichkeit lautet:

7 9 4 5 2 10 1 8 6 3

Welche Ausgabe der Algorithmus im konkreten Fall liefert, hängt von der Realisierung der in Anführungszeichen enthaltenen nichtdeterministischen Programmteile ab.

Beispiel:

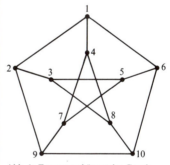

Abb. 1: Zusammenhängender Graph

Gibt man zusätzlich noch die beim Durchlaufen des Graphen benutzten Kanten aus, so bestimmt der Algorithmus einen Spannbaum (↑Graph). Die besucht-Werte geben dann für jeden Knoten das Niveau (↑Baum) im zugehörigen Baum an.

Browsing

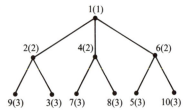

Abb. 2: Spannbaum zum Graphen aus Abb. 1

Abb. 2 zeigt den Spannbaum zum Graphen aus Abb. 1, der sich beim ersten Durchlauf ergibt. Der besucht-Wert ist für jeden Knoten in Klammern notiert.

Der Algorithmus kann leicht auf gerichtete Graphen übertragen und zur Lösung weiterer Probleme modifiziert werden. Die Laufzeit des Algorithmus hat bei geschickter Implementierung (z. B. durch Adjazenzlisten) die ↑Ordnung $O(n+|E|)$.

Browsing [brauziŋ]: Bezeichnung für ein überblickartiges Durchblättern oder das flüchtige Durchsehen von Dateien, Programmen und Systemkomponenten am Bildschirm. Ein Programm, das diese Tätigkeit unterstützt, nennt man *Browser*. Browser haben eine besondere Bedeutung beim Durchstöbern von Informationen in Netzen, z. B. im ↑Internet.

Bubblesort [ˈbʌblsɔːt]: Bezeichnung für ein einfaches Verfahren zum Sortieren eines linearen ↑Feldes.

Beim Durchlaufen des Feldes vertauscht man fortwährend zwei benachbarte Elemente, wenn sie nicht in der korrekten Reihenfolge stehen. Dies wiederholt man so lange, bis die Folge sortiert ist.

Schreibt man das Feld von unten nach oben auf, dann kann man das Verfahren mit dem Aufsteigen von Blasen (engl. bubbles) in einem Sprudelglas vergleichen: Größere Blasen (= Elemente des Feldes) steigen so lange auf, bis sie durch eine noch größere Blase aufgehalten werden, die ihrerseits weiter aufsteigt.

Beispiel:
Die Folge 54, 80, 11, 91, 17, 23, 58, 28 soll sortiert werden. Die Folge ist zur Veranschaulichung senkrecht aufgetragen:

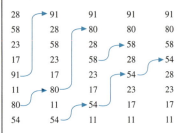

Zuerst steigt also die „Blase" 80 auf, bis sie auf 91 trifft, die ganz bis oben aufsteigt. Dann wiederholt sich dies mit den „Blasen" 80, 58 und 54.

Im folgenden Programmstück für Bubblesort kann man statt integer jeden anderen geordneten ↑Datentyp verwenden:

```
var a: array [1..n] of integer;
    i, j: integer;
for j := n − 1 downto 1 do
    for i := 1 to j do
        if a[i] > a[i+1] then
            „vertausche a[i] mit a[i+1]";
```

Bubblesort sollte nur für kleine Felder ($n < 50$) verwendet werden, da seine Laufzeit quadratisch von n abhängt, also die Ordnung $O(n^2)$ hat. Schnellere Sortierverfahren sind z. B. ↑Heapsort, ↑Quicksort oder ↑Sortieren durch Verschmelzen.

Bucketsort [ˈbʌkɪtsɔːt] (zu englisch bucket „Eimer", „Behälter"):
1. Bezeichnung für ein schnelles Verfahren zum Sortieren von Zahlenfolgen, bei denen vorher feststeht, dass

Bucketsort

jede der möglichen Zahlen zwischen einem festen Minimalwert und einem festen Maximalwert liegt.
Für jede der möglichen Zahlen wird ein eigener Behälter vorgesehen. Nachdem jedes Element der Zahlenfolge in seinem Behälter abgelegt ist, werden die Behälter der Reihe nach ausgegeben.

Beispiel: Sortieren einer Zahlenfolge

Eingabe:

4 1 6 5 2 4 5

Anlegen von Buckets:

Belegen der Buckets mit den Eingabedaten:

1	2		4 4	5 5	6
1	2	3	4	5	6

Entleerung und Ausgabe der Buckets der Reihe nach:

1 2 4 4 5 5 6

Der folgende Algorithmus formalisiert das beschriebene Verfahren:

```
const min = ...;
    (* kleinste mögliche Zahl *)
      max = ...;
    (* größte mögliche Zahl *)
var bucket: array [min .. max]
                        of integer;
    i, x: min .. max;
begin
  for i := min to max
                  do bucket [i] := 0;
  while not eof do
  begin
    read (x);
    bucket [x] := bucket [x] + 1
  end;
  for i := min to max do
  for j := 1 to bucket [i] do write (i)
end.
```

Die Laufzeit des Bucketsort-Algorithmus hat für n Zahlen, von denen keine kleiner als min oder größer als max ist, größenordnungsmäßig die ↑Ordnung $O(n+(\max-\min))$. Der zusätzlich benötigte Speicherplatz hat die Ordnung $O(\max-\min)$. Wegen des zusätzlich erforderlichen Speicherplatzes eignet sich dieses Verfahren nur, wenn die Differenz max−min relativ klein oder von gleicher Größenordnung wie n ist. In anderen Fällen empfiehlt sich z. B. die Verwendung von ↑Quicksort oder ↑Heapsort.

2. Bezeichnung für ein schnelles Verfahren zum Sortieren von Wörtern gleicher Länge über einem ↑Alphabet. Gegeben seien n Wörter $w_1, ..., w_n$ jeweils der Länge k über dem Alphabet $A = \{a_1, ..., a_m\}$. Um sie zu sortieren, legt man für jedes Zeichen a_i des Alphabets einen Behälter $B[a_i]$ an. Nun legt man die Wörter $w_1, ..., w_n$ zunächst entsprechend ihres letzten Zeichens in einen Behälter, anschließend entsprechend des vorletzten Zeichens usw., wobei die relative Reihenfolge in jedem Schritt beibehalten werden muss. Nach insgesamt k Sortiervorgängen sind die Wörter sortiert.

Weil Bucketsort ein stabiles Sortierverfahren ist, werden die durch die Zwischenschritte erreichten Vorsortierungen durch nachfolgende Sortierschritte nicht zerstört.

Beispiel:
Sei $A = \{a, b, c, d\}$. Zu sortieren sind die $n = 5$ Wörter

cba, bbc, cbd, abc, abd.

1. Schritt: Sortierung nach dem letzten Zeichen:

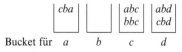

Bucket für a b c d

Ergebnis: *cba, bbc, abc, abd*

Bundesdatenschutzgesetz

2. Schritt: Sortierung nach dem mittleren Zeichen:

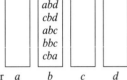

Bucket für   a   b   c   d

Ergebnis: cba, bbc, abc, cbd, abd

3. Schritt: Sortierung nach dem ersten Zeichen:

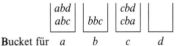

Bucket für   a   b   c   d

Ergebnis: abc, abd, bbc, cba, cbd

Damit ist die Folge lexikographisch sortiert.

Dieser Algorithmus arbeitet mit einer Laufzeit der Ordnung $O(k(m+n))$. Bei geschickter Implementierung kann man die Laufzeit des Algorithmus auf $O(kn+m)$ senken, wenn man bei jedem Sortiervorgang jeweils nur so viele Buckets verwendet, wie für den aktuellen Schritt tatsächlich benötigt werden.

Bundesdatenschutzgesetz (Abk. BDSG): Das Bundesdatenschutzgesetz, das am 1. Januar 1978 in Kraft trat und am 20. 12. 1990 völlig neu gefasst wurde, beschreibt in der Bundesrepublik Deutschland die Vorschriften für die Zulässigkeit der Verarbeitung personenbezogener Daten; dabei wird unterschieden nach

- Datenverarbeitung bei öffentlichen Stellen,
- Datenverarbeitung nichtöffentlicher Stellen und öffentlich-rechtlicher Wettbewerbsunternehmen (z. B. der Wasserversorgungsunternehmen).

In den jeweiligen Abschnitten des Gesetzes sind unter anderem die Anwendungsbereiche Straf- und Bußgeldbestimmungen sowie die Handhabung der Grundrechte der Betroffenen, d. h. derjenigen Personen, deren personenbezogene Daten zu schützen sind, aufgeführt:

- Recht auf Auskunft
- Recht auf Berichtigung von Daten
- Recht auf Sperrung von Daten
- Recht auf Löschung von Daten
  Um personenbezogene Daten sicher zu schützen, empfiehlt das Gesetz eine Reihe von Maßnahmen wie Zugangskontrolle, Übermittlungskontrolle, Datenträgerkontrolle, Eingabekontrolle u. a.
- Haftung
  Bei unzulässiger oder unrichtiger automatisierter Datenverarbeitung ist nach BDSG und einigen Landesgesetzen unabhängig vom Verschulden Schadensersatz zu leisten.

Ferner beschreibt das Bundesdatenschutzgesetz die Aufgaben des *Bundesbeauftragten für den Datenschutz,* der in erster Linie als Kontrollinstanz für die öffentliche Datenverarbeitung dienen soll und von jedem Bürger in Anspruch genommen werden kann. Er wird vom Bundestag für die Amtszeit von fünf Jahren gewählt. Der Sicherheitsbereich (Polizei, Geheimdienste, Bundeswehr, ...) ist hierbei ausgeklammert. Für die nichtöffentliche Datenverarbeitung sind unter bestimmten Voraussetzungen so genannte *betriebliche Datenschutzbeauftragte* zu ernennen. Auf Landesebene können über das Bundesdatenschutzgesetz hinaus zusätzlich Landesdatenschutzgesetze die Vorschriften für die öffentliche Datenverarbeitung regeln.

Einen wichtigen Einschnitt für die Weiterentwicklung des Datenschutzgesetzes bildete das Urteil des Bundesverfassungsgerichts (BVG) zum 1. Volkszählungsgesetz 1983. In der Urteilsbegründung machte das BVG

Bundesdatenschutzgesetz

grundsätzliche Aussagen zur Freiheit der Persönlichkeit und entwickelte daraus das *Recht auf informationelle Selbstbestimmung,* das durch das Urteil Verfassungsrang erhalten hat. Es soll verhindern, dass die Menschen sich einschüchtern lassen und ihr Handeln danach ausrichten, was andere von ihnen wissen und über sie verbreiten könnten.

Datenschutz in der Schule: Interpretiert man die obige Entscheidung des Bundesverfassungsgerichts, so ist der Gesetzgeber auch gefordert, Regeln für die Erhebung und Verarbeitung von Schülerdaten zu formulieren. Dies ist bisher nur in einigen Bundesländern geschehen.

In Berlin, welches im Folgenden beispielhaft betrachtet wird, gibt es bisher lediglich Ausführungsvorschriften, also Verwaltungsvorschriften ohne Rechtssatzqualität.

Grundfragen der manuellen und automatischen Datenverarbeitung

Hauptziel der Ausführungsvorschriften ist es, den Umfang und die Speicherungsdauer der erhobenen und verwendeten Daten ebenso auf das unbedingt erforderliche Maß zu beschränken wie den Kreis der Personen, die auf diese Daten zugreifen dürfen. Es soll also insbesondere nicht jeder (auch nicht jeder Lehrer) alles über jeden Schüler erfahren können. Erfasste Informationen sind zu löschen, sobald sie nicht mehr benötigt werden. Zuständig für die Einhaltung dieser Grundsätze ist die Lehrkraft, in deren Verantwortung die Datensammlung steht, also z. B. der Klassenlehrer.

Automatische Datenverarbeitung

Es muss technisch (nicht nur per Dienstanweisung) sichergestellt werden, dass auf bestimmte Daten nur Personen zugreifen dürfen, die diese Informationen auch bisher schon in manueller Form nutzen durften.

Für besonders sensitive Daten wie Zensuren werden schärfere Ansichten (etwa vom Berliner Datenschutzbeauftragten) vertreten: Es widerspreche dem informationellen Selbstbestimmungsrecht der Schüler, wenn diese Daten länger als unbedingt erforderlich gespeichert werden. Solange der Gesetzgeber keine abschließende Regelung dieser Frage getroffen hat, gilt folgender Grundsatz: Zensuren dürfen nur kurzzeitig zum Zwecke der Zeugniserteilung gespeichert werden und sind sofort nach Ausdruck des Zeugnisses zu löschen.

Private Datenverarbeitung durch Lehrer

Immer mehr Lehrer wollen zur Vor- und Nachbereitung des Unterrichts auch in ihrer Wohnung Schülerdaten auf einem privaten Computer verarbeiten. Dieser Trend birgt erhebliche Risiken, etwa die Gefahr einer unbefugten Einsichtnahme Dritter (z. B. Familienangehöriger) in Klassenarbeiten oder Zensurenlisten.

In Berlin darf jeder Lehrer mit Zustimmung des Schulleiters Schülerdaten auf einem privaten Computer verarbeiten, wenn er schriftlich zugesichert hat, dem Berliner Datenschutzbeauftragten die Wahrnehmung seiner Kontrollaufgaben zu ermöglichen (Zutritt zur Privatwohnung). Auf diese Weise wird Transparenz auch bei häuslicher Verarbeitung von Schülerdaten hergestellt und damit eine Kernforderung des Bundesverfassungsgerichts erfüllt.

Schuldatenschutzbeauftragter

Sobald in der Schule personenbezogene Daten maschinell verarbeitet werden, ist vom Schulleiter ein Schuldatenschutzbeauftragter zu bestellen. Seine Aufgaben entsprechen denen des betrieblichen Datenschutzbeauftragten in der Privatwirtschaft. Insbesondere hat er eine interne Dateienübersicht zu führen, welcher Lehrer

Bus

unter welcher Privatanschrift Schülerdaten verarbeitet.

Bus: Sammelleitung zur ↑Datenübertragung zwischen mehreren Funktionseinheiten einer Rechenanlage.

Ein Weg, die Funktionseinheiten einer Rechenanlage miteinander zu verbinden, besteht darin, jedes Gerät mit jedem anderen Gerät z. B. durch Kabel, Lichtwellenleiter, Laser- oder Infrarotlichtstrecken direkt zu verbinden, sofern zwischen beiden Geräten ein Nachrichtenaustausch möglich sein soll (Abb. 1). Dies ist in der Praxis zu aufwendig.

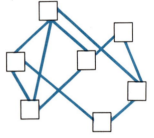

Abb. 1: Konfiguration von Funktionseinheiten, bei der jedes Gerät mit mehreren Geräten direkt verbunden ist

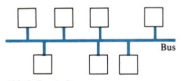

Abb. 2: Busstruktur

Bei der Busstruktur benötigt man nur eine Übertragungsleitung, an die alle Geräte angeschlossen sind und über die die Kommunikation aller Geräte abgewickelt wird (Abb. 2). Dies erfordert aber eine aufwendigere Verwaltung: Da prinzipiell alle angeschlossenen Geräte Nachrichten senden und empfangen können, dürfen

1. nicht gleichzeitig verschiedene Geräte Nachrichten senden,
2. nur solche Geräte auf Empfang geschaltet sein, für die die momentan gesendeten Nachrichten bestimmt sind.

Die Verwaltung des Busses wird häufig durch einen eigenen *Buscontroller,* im Allgemeinen einen selbstständigen ↑Mikrocomputer, übernommen.

Die Busstruktur wird häufig als **Datenbus** oder als **Adressbus** eingesetzt. Der Datenbus dient der Datenübertragung zwischen Funktionseinheiten; er arbeitet meist ↑bidirektional. Über den Adressbus werden Adresssignale meist unidirektional von einem Prozessor an Speicher- oder Peripheriegeräte gesendet. Die Breite (Anzahl der gleichzeitig übertragbaren Bits) beträgt bei Datenbussen in Kleincomputern meist 16 oder 32 Bit, bei Adressbussen 20 bis 32 Bit.

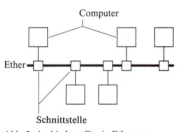

Abb. 3: Architektur für ein Ethernet

Ein sehr weit verbreitetes Rechnernetz, das auf einer busartigen Struktur basiert, ist das **Ethernet,** das Ende der 1970er-Jahre von der Firma Xerox entwickelt wurde. Übertragungsmedium beim Ethernet ist ein etwa fingerdickes Koaxialkabel. Alle Computer eines Netzwerkes werden über *Schnittstellen* an dieses Kabel angeschlossen (Abb. 3). Die Datenübertragungsrate im Ethernet beträgt 10 Mbps (= 10 Millionen Bits pro Sekunde).

Das Ethernet besitzt keinen zentralen Controller, vielmehr werden die Auswahl eines Senders sowie die korrekte Übermittlung der Daten von den angeschlossenen Computern bzw. ihren Steuereinheiten nach einem bestimmten Schema (↑Protokoll) selbst vorgenommen.

Busy-Beaver-Funktion [ˈbɪzɪ ˈbiːvə-] (engl. busy beaver „fleißiger Biber"): Eine spezielle nichtberechenbare Funktion (↑berechenbare Funktion), die die Undurchschaubarkeit der Arbeitsweise von ↑Turingmaschinen und somit von einfach aussehenden Algorithmen zeigt.

Man betrachte alle Turingmaschinen, die das zweielementige Bandalphabet $\{b, |\}$ besitzen und deren Zustandsmenge Q aus den ersten $|Q|$ natürlichen Zahlen besteht. b bezeichnet das Leerzeichen. Wenn eine Turingmaschine auf das leere Wort angesetzt wird, dann steht anfangs b auf jedem Feld des Bandes. Für jede Zahl n gibt es nur endlich viele solcher Turingmaschinen, die genau n Zustände enthalten. Für eine solche Turingmaschine T sei

$$e(T) = \begin{cases} \text{Anzahl der Zeichen } „|", \\ \text{die auf dem Band ste-} \\ \text{hen, wenn } T \text{ angesetzt} \\ \text{auf das leere Wort ange-} \\ \text{halten hat,} \\ 0, \text{ falls } T \text{ angesetzt auf das} \\ \text{leere Wort nicht anhält.} \end{cases}$$

Definiert wird die Busy-Beaver-Funktion $bb \colon \mathbb{N}_0 \to \mathbb{N}_0$ dann durch

$bb(0) = 0$,
$bb(n) = \text{Max } \{e(T) \mid T \text{ besitzt genau } n \text{ Zustände}\}$ für $n > 0$.

$bb(n)$ gibt also die maximale Anzahl von Strichen „$|$" an, die eine anhaltende Turingmaschine mit n Zuständen und dem Bandalphabet $\{b, |\}$ auf das anfangs leere Band schreiben kann.

Der Name der Funktion stammt von der Vorstellung her, dass man jeden Strich mit einem Holzstamm identifiziert, den ein Biber für seinen Dammbau heranschleppt; gesucht wird der fleißigste Biber. bb heißt auch *Rado-Funktion* (nach T. Rado, 1962).

Man kennt die exakten Funktionswerte von bb nur bis $n = 4$:

n	0	1	2	3	4	5
$bb(n)$	0	1	4	6	13	$\geq 4\,098$

Die Turingmaschine mit 5 Zuständen, die 4098 Striche schreibt, legt dabei 47176870 Schritte (Zustandsübergänge) zurück, bevor sie stoppt (siehe Beispiel 3).

Bemerkung: Der Busy-Beaver-Funktion liegt eine modifizierte Definition der Turingmaschine zugrunde. δ ist hier eine Abbildung von $Q \times I$ in $Q \times I \times \{r, l, s\}$, d.h. die Bewegungen „rechts" ($= r$) und „links" ($= l$) werden unmittelbar nach dem Drucken eines Zeichens aus I ausgeführt, und anstelle der Endzustände tritt das Zeichen s. Wird eine Zeile, in der s steht, erreicht, dann stoppt die Turingmaschine nach dem Drucken.

Im Folgenden einige Beispiele dafür, dass die Busy-Beaver-Funktion nicht berechenbar ist.

Beispiele:
1. Die folgende Turingmaschine mit drei Zuständen erzeugt $bb(3) = 6$ Striche. Der Anfangszustand ist der Zustand 1:

q	a	$\delta(q,a)$		
1	b	2	$|$	r
1	$|$	3	$|$	l
2	b	3	$|$	r
2	$|$	1	$|$	s
3	b	1	$|$	l
3	$|$	2	b	l

Byte

Die Maschine stoppt nach 11 Schritten.

2. Die folgende Turingmaschine mit vier Zuständen erzeugt $bb(4) = 13$ Striche. Der Anfangszustand ist der Zustand 1:

q	a	$\delta(q,a)$
1	b	2 | r
1	|	3 b r
2	b	1 | l
2	|	1 | r
3	b	1 | s
3	|	4 | r
4	b	4 | l
4	|	2 b l

Die Maschine stoppt nach 96 Schritten.

3. Die folgende Turingmaschine mit fünf Zuständen erzeugt 4 098 Striche. Von allen bekannten Turingmaschinen mit fünf Zuständen erzeugt sie die meisten Striche.

q	a	$\delta(q,a)$
1	b	2 | l
1	|	3 | r
2	b	3 | l
2	|	2 | l
3	b	4 | l
3	|	5 b r
4	b	1 | r
4	|	4 | r
5	b	1 | s
5	|	1 b r

Die Maschine stoppt nach 47 176 870 Schritten.

4. Die folgende Turingmaschine mit fünf Zuständen verhält sich ganz gegensätzlich zur Busy-Beaver-Turingmaschine. Sie stoppt nach 187 Schritten, ohne dass am Ende ein einziger Strich auf dem Band steht (Anfangszustand 1):

q	a	$\delta(q,a)$
1	b	2 b r
1	|	1 b l
2	b	3 b r
2	|	1 b s
3	b	4 | r
3	|	5 | l
4	b	1 | l
4	|	4 b l
5	b	3 | r
5	|	5 | r

Byte [bait]: Bezeichnung für die Zusammenfassung von acht ↑ Bit zu einer Einheit, meist auch die Zusammenfassung von acht elementaren Speicherelementen für je ein Bit zu einer Speicherzelle. Ein Byte gliedert sich in zwei *Tetraden (Halbbytes)* zu je vier Bit.

Häufig sind mit einem Byte noch ein oder zwei ↑ Prüfbits verbunden. Es gibt verschiedene Arten der Speicherung von Daten in einer Speicherzelle der Größe 1 Byte.

Ungepackte Speicherung einer ganzen Zahl: Jede Dezimalziffer wird durch ein Byte dargestellt. Die linke Tetrade des rechten Bytes enthält das Vorzeichen der Zahl. Im EBCDI-Code stehen die Tetraden 1111 oder 1100 für das Pluszeichen und die Tetrade 1101 für das Minuszeichen. Die linken Tetraden der übrigen Bytes tragen keine Information.

Beispiel:

37 |X|X|X|X|0|0|1|1| |1|1|1|1|0|1|1|1|
−37 |X|X|X|X|0|0|1|1| |1|1|0|1|0|1|1|1|

Gepackte Speicherung einer ganzen Zahl: Jede Dezimalziffer wird in einer Tetrade dargestellt. Das Vorzeichen der Zahl befindet sich in der letzten Tetrade hinter der letzten Ziffer. Die gepackte Darstellung einer Zahl benötigt nur etwa halb so viel Speicherplatz wie die ungepackte.

Beispiel:

Speicherung von Zeichen:
1. (↑ASCII-Code) Ziffern, Buchstaben und Sonderzeichen werden nummeriert. Die Dualdarstellung ihrer Ordnungsnummer wird im Byte dargestellt.
2. (↑EBCDI-Code) Die Zeichen werden in Gruppen eingeteilt. Die erste Tetrade kennzeichnet die Gruppe eines Zeichens. Innerhalb der Gruppe werden die Zeichen durchnummeriert. Die zweite Tetrade beinhaltet die Dualdarstellung der Nummer des Zeichens.

Das Byte ist auch ein Maß für die Speicherkapazität einer Rechenanlage. Die Kapazität misst man nach der Anzahl der **KByte** (Abk. **KB**), **MByte** (Abk. **MB**), **GByte** (Abk. **GB**) oder **TByte** (Abk. **TB**) des Speichers (Vorsatzzeichen K = Kilo, M = Mega, G = Giga, T = Tera). Die Buchstaben K, M, G bzw. T repräsentieren jedoch nicht wie im Dezimalsystem 10^3, 10^6, 10^9 bzw. 10^{12}, sondern die Zahlen

$$2^{10} = 1\,024,$$
$$2^{20} = 1\,048\,576,$$
$$2^{30} = 1\,073\,741\,824,$$
$$2^{40} = 1\,099\,511\,627\,776.$$

C: Programmiersprache mit Eigenschaften und Sprachelementen aus assemblerähnlichen und höheren Programmiersprachen. Die Bedeutung von C liegt in der Verbreitung des Betriebssystems ↑UNIX, das auf der Sprache C basiert. In C sind Elemente höherer Programmiersprachen wie Prozeduren, Blöcke, Schleifen und Datentypen vereinigt mit assemblerähnlichen Konstrukten (z. B. Register, Inkrement- und Dekrement-Operatoren), jedoch zeichnet sich C durch eine weitgehend maschinenunabhängige Programmierung aus. Der Sprachumfang ist vergleichsweise gering; daher werden in C-Programmen fast immer ↑Standardprozeduren aus verschiedenen Bibliotheken benutzt.

Eine Erweiterung hat C 1986 durch objektorientierte Ergänzungen (↑objektorientierte Programmierung) erfahren. Diese neue Sprache heißt **C++**. (++ ist der Erhöhungsoperator von C, daher resultieren die beiden Pluszeichen.) Wesentliche Merkmale von C++ gegenüber C sind:
- weitgehende ↑Kompatibilität von Programmen in C;
- strengeres Typkonzept, insbesondere genauere Überprüfung von Variablen und Operatoren auf typkonforme Verwendung;
- Ergänzung von Sprachelementen zur Datenabstraktion und zur Bildung von ↑Modulen.

Die wichtigste Neuerung ist das *Klassenkonzept:* Datentypen, also Wertemengen zusammen mit den darauf erlaubten Operationen, definiert man durch eine Klassendeklaration. Hinzu kommt das Vererbungskonzept.

Als Lehr- und Ausbildungssprachen sind C und C++ nur beschränkt geeignet. In der Praxis sind sie jedoch weit verbreitet.

call by name [ˈkɔː baɪ ˈnɛɪm]: Aufruf durch *Namensparameter.* Wird für einen Parameter in einer Prozedur die Übergabeart „call by name" angegeben, so wird beim Aufruf der Prozedur nur der Text des aktuellen Parameters übergeben. Hierdurch wird jede Verwendung des formalen Parameters im Prozedurrumpf durch den aktuellen Parameter textuell ersetzt. Im Gegensatz zu ↑call by value wird der Parame-

call by reference 80

ter nicht nur einmal beim Prozeduraufruf ausgewertet, sondern jedes Mal bei Benutzung des formalen Parameters im Prozedurrumpf.

Beispiel:

```
var x, y: integer;
procedure p (name a, b, c: integer);
begin
   b := b + 1;
   c := c + a
end;
begin
   x := 2; y := 3;
   p(x + y, x, x);
   (* Durch diesen Aufruf werden
   die Anweisungen
      x := x + 1;
      x := x + (x + y)
   ausgeführt, d. h. danach
   ist x = 9 und y = 3 *)
end
```

Ein Beispiel, das die Unterschiede zwischen call by name, call by value und call by reference demonstriert, ist unter ↑ Parameterübergabe angegeben.

Die Übergabe mit call by name soll nicht dazu führen, dass eine globale Variable durch die textuelle Ersetzung mit einer lokalen Variablen gleichen Namens identifiziert wird. Daher werden, um solchen ↑ Namenskonflikten vorzubeugen, zuvor alle lokalen Variablen systemintern umbenannt. So wird sichergestellt, dass die aktuellen Parameter beim textuellen Ersetzen stets zu globalen Variablen führen.

call by reference [ˈkɔːl baɪ ˈrɛfərəns]: Aufruf durch *Referenzparameter.* Gängige Form der ↑ Parameterübergabe in imperativen Programmiersprachen, wobei die ↑ Prozedur unmittelbar mit den aktuellen Parametern arbeitet und nicht nur mit Kopien der Werte wie bei ↑ call by value, indem ein ↑ Zeiger („Referenz") auf jeden aktuellen Parameter übergeben wird. Es werden

bei dieser Parameterübergabe folgende Operationen durchgeführt:

Zunächst wird innerhalb des Prozedurrumpfes eine ↑ lokale Variable mit dem Namen des formalen Parameters und vom Typ „Zeiger auf den Parametertyp" vereinbart. Anschließend wird der aktuelle Parameter ausgewertet (dieser kann ein Ausdruck sein), und die Speicheradresse des Ergebnisses wird der neuen Zeigervariablen zugewiesen. Wird der formale Parameter im Prozedurrumpf verwendet, so wird dieser immer ersetzt durch die Speicheradresse (bei ↑ Zuweisungen) bzw. den Wert an der Speicheradresse (in ↑ Ausdrücken). Veränderungen von Referenzparametern haben daher Auswirkungen auf die übergebenen aktuellen Parameter. Diese ↑ Seiteneffekte sind bei Prozeduren häufig erwünscht.

Referenzparameter muss man durch einen speziellen Zusatz als solche kenntlich machen. In PASCAL verwendet man das Schlüsselwort var vor dem formalen Parameter. In anderen Sprachen treten ref oder „↑" u. a. auf. Die meisten Programmiersprachen erlauben allerdings keine Ausdrücke, sondern nur Variablen als aktuelle Parameter bei call by reference.

Beispiel:

```
procedure p (ref a, b, c: integer);
begin
   b := b + 1;
   c := c + a
end;
begin
   x := 2; y := 3;
   p(x + y, x, x)
   (* Nun ist x = 8 und y = 3 *)
end
```

call by value [ˈkɔːl baɪ ˈvæljuː]: Aufruf durch *Wertparameter.* Übergabeart für ↑ Parameter einer ↑ Prozedur, bei

call by value-result

der beim Proceduraufruf nur der Wert des aktuellen Parameters übergeben wird. Dadurch werden die Variablen außerhalb der Prozedur oder Funktion vor Veränderung durch den Rumpf geschützt und die Wirkungen der Prozedur klar von ihrer Umgebung getrennt. Es werden bei der ↑Parameterübergabe folgende Operationen nacheinander durchgeführt:
1. Innerhalb des Prozedurrumpfes wird eine ↑lokale Variable mit dem Namen und Typ des entsprechenden formalen Parameters vereinbart.
2. Der aktuelle Parameter wird ausgewertet (dieser kann ein Ausdruck sein) und das Ergebnis der neuen lokalen Variablen zugewiesen.
Wird der formale Parameter im Prozedurrumpf verwendet, so ist damit immer die lokale Variable gemeint.

Beispiel:

```
procedure p (value a, b, c: integer);
begin
  b := b + 1;
  c := c + a
end;
begin
  x := 2; y := 3;
  p(x + y, x, x)
  (* Nun ist x = 2 und y = 3 *)
end
```

Da nur die Werte übergeben werden, liefert die Prozedur p keine Ergebnisse (x, y bleiben unverändert).

Die Übergabe mit call by value verhindert unerwünschte ↑Seiteneffekte. Sie sollte – wo immer möglich – gegenüber anderen Übergabearten bevorzugt werden, insbesondere bei Funktionen. Sie ist die Standardübergabe in funktionalen, aber auch in vielen imperativen ↑Programmiersprachen.
call by value-result [ˈkɔːl baɪ ˈvæljuːrɪˈzʌlt]: Kombination der Übergabearten ↑call by value und ↑call by ref-

erence. Beim ↑Aufruf der Prozedur werden der Wert des aktuellen Parameters und die ↑Adresse, unter welcher er im Speicher steht, übergeben. Diese Adresse wird jedoch erst nach der Abarbeitung der Prozedur verwendet.
Bei der ↑Parameterübergabe werden folgende Operationen durchgeführt: Zunächst wird innerhalb des Prozedurrumpfes eine lokale Variable mit dem Namen und Typ des entsprechenden formalen Parameters vereinbart. Anschließend wird der aktuelle Parameter ausgewertet (dieser kann ein Ausdruck sein) und das Ergebnis der neuen Variablen zugewiesen. Wird der formale Parameter im Prozedurrumpf verwendet, so ist damit immer die lokale Variable gemeint. Nach Abarbeitung der Prozedur werden die Werte der lokalen Variablen mithilfe der übergebenen Adresse den entsprechenden aktuellen Parametern zugewiesen.
Der Sinn dieser Art der Parameterübergabe ist die Verringerung von Fehlerquellen, wenn man Prozeduren oder Funktionen mit ↑globalen Variablen oder mit ↑Seiteneffekten verwendet. Folgendes Beispiel zeigt, dass die Verwendung der gleichen Variable an verschiedenen Parameterpositionen zu neuen Problemen führt.

Beispiel:

```
procedure p (value-result a, b, c:
                                integer);
begin
  b := b + 1;
  c := c + a
end;
begin
  x := 2; y := 3;
  p(x + y, x, x)
  (* Nun ist x = 3 oder x = 7, je
     nach der Reihenfolge, in der
     den aktuellen Parametern
```

case 82

die Ergebnisse zugewiesen
werden∗)
end

Die Übergabe mit call by value-result
wird z. B. in der Programmiersprache
↑Ada verwendet.

case [kɛɪs]: *Fallunterscheidung,* durch
die in Abhängigkeit vom Wert eines
Ausdrucks eine Anweisung ausgewählt
wird. Die allgemeine Form einer case-
Anweisung, wie sie z. B. in der Programmiersprache ↑Ada verwendet
wird, findet man in Abb. 1.
Jede ⟨auswahl i⟩ ist eine endliche Menge von Werten des gleichen Datentyps
wie ⟨ausdruck⟩.
Bei Abarbeitung der case-Anweisung
wird zunächst ⟨ausdruck⟩ ausgewertet.
Ist der Wert in ⟨auswahl 1⟩, so wird
⟨anweisungsfolge 1⟩ ausgeführt, ist
der Wert in ⟨auswahl 2⟩, so wird die
⟨anweisungsfolge 2⟩ ausgeführt usw.
Ist er in keiner der angegebenen Aus-
wahlen, so wird ⟨anweisungsfolge⟩
ausgeführt.
In einigen anderen imperativen Programmiersprachen ist die case-Anweisung in abgewandelter Form realisiert.
In funktionalen Programmiersprachen
steht häufig ein case-Ausdruck zur
Verfügung, der die gleiche syntaktische Form wie die case-Anweisung
besitzt, aber mit dem Unterschied,
dass anstelle der Anweisungsfolgen
Ausdrücke stehen.
Jede case-Anweisung kann durch eine
Folge von if-Anweisungen simuliert

werden. Der Vorteil einer case-Anweisung ist u. a. die Möglichkeit, diese
Anweisung in ein effizienteres ↑Ma-
schinenprogramm zu übersetzen, indem ↑Felder mit Adressen als Komponenten verwendet werden.

Centronics-Schnittstelle: Schnittstelle für die Datenübertragung zwischen Computer und Peripheriegerät,
die erstmalig von der Firma Centronics angegeben und eingesetzt wurde.
Obwohl diese Schnittstelle im Gegensatz zu anderen (z. B. ↑V.24) nicht normiert ist, hatte sie sich bei kleineren
Computern zu einem Standard entwickelt. Sie wurde in diesem Bereich
überwiegend zur Verbindung von
Computern und Druckern eingesetzt.
Neuere Rechner sind meist mit der
wesentlich leistungsfähigeren ↑SCSI-
Schnittstelle ausgestattet.

char *(character)* [kɛə (kærɪktə)]: In
vielen Programmiersprachen vordefinierter Datentyp, dessen Wertebereich
eine endliche geordnete Menge von
Zeichen ist. Zur Wertemenge gehören
mindestens die Großbuchstaben A bis
Z, die Ziffern 0 bis 9 und das Leerzeichen *(Blank).* Meist enthält die Wertemenge auch Kleinbuchstaben und
Sonderzeichen (z. B. /, $, "). Ein Ele-
ment des Typs char schließt man in einigen Programmiersprachen in ganze
oder halbe Anführungszeichen ein.

Beispiele:
Konstanten des Typs char lauten
'A', '$', ':', 'a' oder "A", "$", ":", "a".

```
case ⟨ausdruck⟩ is
  when ⟨auswahl 1⟩ => ⟨anweisungsfolge 1⟩
  when ⟨auswahl 2⟩ => ⟨anweisungsfolge 2⟩
  . . .
  when others => ⟨anweisungsfolge⟩
end case;
```

Abb. 1: Allgemeine Form einer case-Anweisung

Das Anführungszeichen selbst stellt man durch Verdoppelung dar, also '''' bzw. " " " ".

Mit dem Datentyp char kann man in Programmen manche Codierung sparen. Sei W der Wertebereich zu char. Ein Text lässt sich auf einfache Weise verschlüsseln, indem der Benutzer eine bijektive Abbildung $v: W \to W$ vorgibt und jedes Zeichen x durch $v(x)$ ersetzt wird. Dies leistet folgendes PASCAL-artige Programm, das allerdings nur korrekt arbeitet, wenn v vollständig eingegeben wird und $v(\%) = \%$ ist:

```
var c, d: char;
    v, w: array [char] of char;
...
(* v wird als Folge der Paare (x, v(x))
   eingegeben, das Ende bilde das
   Zeichen %. In w wird die inverse
   Relation gespeichert. *)
read (c);
while not (c = '%') do
    begin read(d);
    v[c] := d; w[d] := c;
    read(c) end;
v['%'] := '%';
...
(* Nun wird der Text buchstaben-
   weise eingelesen und ausgege-
   ben; das Ende bilde wieder das
   Zeichen %. *)
read (c);
while not (c = '%') do
    begin write(v[c]); read(c) end;
write(c);
...
```

Beispiel:

Wird die Folge von Zeichen

a b b r c t d 4 e z ... 9 s %

eingegeben, so werden das Feld

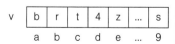

und das hierzu inverse Feld w aufgebaut. Der danach folgende Text, z. B.

b a d 9 e %

wird in

r b 4 s z %

umgewandelt, woraus mittels w der ursprüngliche Text zurückgewonnen werden kann. Durch Modifizierung dieser Methode lassen sich einfache Verschlüsselungsverfahren entwickeln (↑Kryptographie).

In den meisten Programmiersprachen sind mit dem Typ char zwei Standardfunktionen (in ↑PASCAL z. B. ord und chr) verbunden. Die erste ordnet jedem char-Wert eine natürliche Zahl zu. Diese entspricht dem Code des Zeichens in der Rechenanlage. Arbeitet diese beispielsweise mit dem ↑ASCII-Code, so liefert der Aufruf ord('A') den Wert 65, der Aufruf ord('7') den Wert 55.

Die zweite Funktion ordnet umgekehrt jeder Zahl eines Zahlenbereiches einen char-Wert, also ein Zeichen zu. Angenommen, die zugrunde liegende Rechenanlage arbeitet wieder im ASCII-Code, so liefert chr(65) den Wert 'A' und chr(55) den Wert '7'.

Werte oder Variablen vom Typ char lassen sich mit den üblichen Vergleichsoperatoren $<$, $>$, $\leq$, $\geq$, $=$, $\neq$ vergleichen.

charakteristische Funktion: Sei M eine Teilmenge der Grundmenge A ($M \subseteq A$). Dann ist die charakteristische Funktion χ_M von M bezüglich A die Funktion, die jedem $x \in M$ den Wert 1 und jedem $x \in A \setminus M$ den Wert 0 zuordnet:

$$\chi_M : A \to \{0, 1\},$$
$$\chi_M(x) = \begin{cases} 1, & \text{falls } x \in M, \\ 0, & \text{falls } x \in A \setminus M. \end{cases}$$

Die charakteristische Funktion stellt einen Zusammenhang zwischen Funk-

Chip

tionen und Mengen her. Z. B. kann die ↑ Entscheidbarkeit von Mengen über deren charakteristische Funktion definiert werden. Es gilt nämlich: Eine Menge M ist *entscheidbar,* wenn ihre charakteristische Funktion χ_M berechenbar ist.

Chip [tʃɪp]: Bezeichnung für ein Plättchen aus dem Halbleitermaterial Silizium, auf dem ↑ integrierte Schaltungen untergebracht sind. Die Größe gegenwärtig hergestellter Chips liegt zwischen 3×3 mm² und 20×20 mm². Häufig verwendet man den Begriff auch zur Bezeichnung fertiger, d. h. im Gehäuse befindlicher integrierter Schaltungen.

Der Abstand zwischen einzelnen Bauelementen bzw. Leitungen eines Chips lag im Jahre 1990 bei $2\,\mu m = {}^2/_{1\,000}$ mm. Er ist inzwischen auf $0{,}3\,\mu m$ verringert worden, wodurch bis zu einer Million Transistoren auf einem Chip realisiert werden können bzw. ein Chip bis zu 64 Millionen Bit an Speicherkapazität enthalten kann.

Chomsky-Hierarchie [ˈtʃɔmskɪ-] (nach dem amerikanischen Sprachwissenschaftler A. Noam Chomsky, * 1928, der diese Hierarchie 1959 aufstellte): Die (allgemeinen) Chomsky-Grammatiken und ihre Einschränkungen unterscheiden sich in ihrer *generativen Mächtigkeit* (Leistungsfähigkeit): Eingeschränkte Grammatiktypen können nur eingeschränkte Klassen von ↑ Sprachen erzeugen. Diese Beziehungen gibt die Chomsky-Hierarchie wieder. Seien
CH-0: die Menge der Sprachen, die durch ↑ Grammatiken (ohne Einschränkungen) erzeugt werden,
CS oder CH-1: die Menge der Sprachen, die durch ↑ kontextsensitive Grammatiken erzeugt werden,
CF oder CH-2: die Menge der Sprachen, die durch ↑ kontextfreie Grammatiken erzeugt werden,

RL bzw. LL oder CH-3: die Menge der Sprachen, die durch ↑ rechtslineare Grammatiken bzw. ↑ linkslineare Grammatiken erzeugt werden.
Dann gilt:

$$RL = LL \underset{+}{\subseteq} CF \underset{+}{\subseteq} CS \underset{+}{\subseteq} CH\text{-}0.$$

Diese Chomsky-Hierarchie lässt sich durch die Einbindung der verschiedenen Modelle von erkennenden ↑ Automaten vervollständigen. Seien
TM: die Menge der Sprachen, die von ↑ Turingmaschinen akzeptiert werden,
NLBA: die Menge der Sprachen, die durch nichtdeterministische ↑ linear beschränkte Automaten akzeptiert werden,
NPDA bzw. DPDA: die Menge der Sprachen, die von nichtdeterministischen bzw. deterministischen ↑ Kellerautomaten akzeptiert werden,
EA: die Menge der Sprachen, die durch ↑ endliche Automaten akzeptiert werden.

Ferner seien
Reg: die Menge der Sprachen, die durch ↑ reguläre Ausdrücke beschrieben werden können,
Ent: die Menge der entscheidbaren Sprachen (↑ entscheidbare Mengen),
Auf: die Menge der aufzählbaren Sprachen (↑ aufzählbar).

$$CH\text{-}0 = TM = Auf$$
$$|$$
$$Ent$$
$$|$$
$$CS = NLBA$$
$$|$$
$$CF = NPDA$$
$$|$$
$$DPDA$$
$$|$$
$$RL = LL = Reg = EA$$

Abb. 1: Chomsky-Hierarchie

Die vollständige Chomsky-Hierarchie zeigt Abb. 1. Hierbei steht

B
| für A ⊂ B, d. h. A ist echt in B
A enthalten.

Die mengentheoretische Darstellung ist in Abb. 2 angegeben.

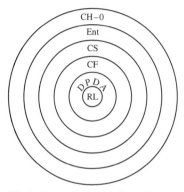

Abb. 2: Mengentheoretische Darstellung der Chomsky-Hierarchie

Für die Praxis sind Teilklassen der kontextsensitiven Sprachen von Bedeutung. Programmiersprachen z. B. sind hier einzuordnen, wobei der wesentliche Teil ihrer Syntax in DPDA liegt.

Wenn man neue Grammatiktypen oder andere Konzepte zur Definition von Sprachen einführt, dann versucht man, die hierdurch erzeugte Sprachklasse in die Chomsky-Hierarchie einzuordnen. Auf diese Weise erhält man eine Vorstellung, wie mächtig das eingeführte Konzept ist und mit welchen Techniken man die ↑syntaktische Analyse oder andere Aufgaben lösen kann.

churchsche These [tʃɔːtʃ-] (nach dem amerikanischen Logiker Alonzo Church, 1903–95): 1936 formulierte A. Church die folgende These:

Jede im intuitiven Sinne berechenbare Funktion ist turingberechenbar.

Anschaulich besagt dies, dass man zu jedem in irgendeiner Form aufgeschriebenen algorithmischen Verfahren eine Turingmaschine konstruieren kann, die die gleiche Funktion berechnet. „Im intuitiven Sinne" bedeutet dabei, dass das Verfahren von einer „genügend großen" Zahl von Menschen als berechenbar anerkannt wird. Die churchsche These bestimmt also im weitesten Sinne die Grenzen der Automatisierbarkeit: Maschinell lösbar sind nur diejenigen Probleme, zu denen man ein algorithmisches Verfahren und prinzipiell auch eine Turingmaschine angeben kann.

Da bisher alle Versuche gescheitert sind, die churchsche These zu widerlegen, wird sie heute allgemein anerkannt. Man ist sogar so sehr von ihrer Gültigkeit überzeugt, dass mathematische Beweise, die sich auf sie berufen, akzeptiert werden.

Client-Server-Architektur: Bis in die 70er-Jahre bestand ein Rechnersystem in der Regel aus einem Zentralrechner, an den eine bestimmte Zahl von Endgeräten, meist Lesegeräte, Drucker und Bildschirm mit Tastatur angeschlossen waren. Die Verarbeitung fand ausschließlich im Zentralrechner statt. Eine solche Struktur wurde als *Master-Slave-System* bezeichnet. Der Zentralrechner erwies sich schon bald als Engpass, der dadurch überwunden werden konnte, dass in die Endgeräte immer mehr Verarbeitungsvorgänge verlagert wurden. Seit den 1980er-Jahren sind die Endgeräte selbst Rechner, die einfache Aufgaben wie Texterstellung, Ausführung von Programmen oder die Unterstützung der Abläufe an einem Büroarbeitsplatz übernehmen, während der Zentralrechner für seltener benötigte oder sehr umfangreiche

Client-Server-Architektur

Aufgaben wie das Übersetzen von Programmen oder die Verwaltung von ↑Datenbanken zuständig bleibt. Die Endgeräte werden zu „Kunden" (engl. *clients*), denen der Zentralrechner gewisse Dienste anbietet (engl. *server*). Es entstand die sternförmige Client-Server-Struktur (Abb. 1).

In Rechnernetzen sind die einzelnen Rechner meist nicht mit bestimmten Kunden verbunden, sondern ihre Dienste können von allen Rechnern, die in das Netz eingebunden sind, genutzt werden. Es entstehen dann Systeme wie in Abb. 2. Hierbei übernehmen die Server meist auch die Kommunikationsdienste. Das gesamte Netz kann man daher als eine Client-Server-Architektur auffassen, in der jeder als Kunde auf die Dienste, die auf den Servern des Netzes vorhanden sind, zugreifen kann.

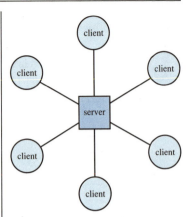

Abb. 1: Sternförmige Client-Server-Struktur

Eine Client-Server-Architektur ist damit nicht auf Rechner beschränkt. Vielmehr bilden auch Betriebssysteme

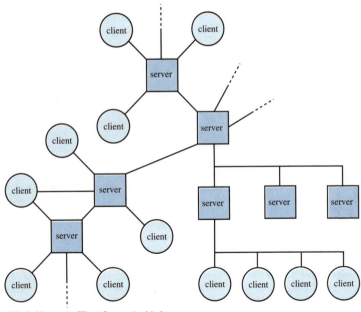

Abb. 2: Vernetzte Client-Server-Architektur

mit den gerade laufenden Prozessen als Kunden und den vom System angebotenen Leistungen als Servern eine solche Architektur. Speziell das System ↑UNIX stellt eine solche Architektur dar.

Cliquenproblem [ˈklɪkən-]: Gegeben seien ein ungerichteter ↑Graph mit n Knoten und eine natürliche Zahl k. Gibt es k Knoten in dem Graphen, die alle paarweise durch je eine Kante verbunden sind?

Formal: Sei $G = (V, E)$ ein Graph und $k \in \mathbb{N}$. Gibt es eine Teilmenge $V' \subseteq V$ mit k Elementen, sodass für alle $v, w \in V'$ mit $v \neq w$ gilt, dass $\{v, w\} \in E$ ist? Ein Teilgraph mit k Knoten, die alle untereinander verbunden sind, heißt k-*Clique*.

Beispiele:
Der Graph in Abb. 1 enthält zwei 3-Cliquen, bestehend aus den Knoten 1, 2, 7 bzw. 4, 6, 7.

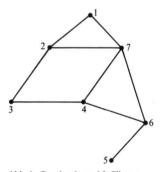

Abb. 1: Graph mit zwei 3-Cliquen

Der Graph in Abb. 2 enthält eine 5-Clique mit den Knoten 3, 4, 5, 7 und 8 sowie zusätzlich mehrere 3-Cliquen, z. B. 1, 2, 3 oder 7, 8, 10.

Das Cliquenproblem wie auch das ↑Färbungsproblem muss man häufig im Zusammenhang mit Termin- oder Raumplanungen (z. B. bei der Erstellung des Stundenplans) lösen.

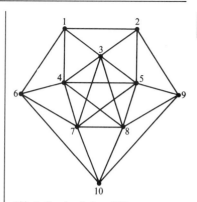

Abb. 2: Graph mit einer 5-Clique

Ein einfacher Algorithmus zur Lösung des Cliquenproblems überprüft alle Teilmengen V' der Größe k, ob sie eine k-Clique bilden. Da es 2^n verschiedene Teilmengen gibt, benötigt dieser Algorithmus zur Lösung des Cliquenproblems $O(2^n)$ Schritte (↑Ordnung). Es wird allgemein angenommen, dass es keinen wesentlich schnelleren Algorithmus gibt, da das Cliquenproblem ↑NP-vollständig ist.

COBOL (Abk. für engl. **co**mmon **b**usiness **o**riented **l**anguage): Imperative Programmiersprache für die kommerzielle Datenverarbeitung.

COBOL wurde Ende der 1950er-Jahre speziell für Anwendungen im kaufmännischen Bereich entwickelt und hat dort eine starke Verbreitung gefunden. An der Entwicklung war wesentlich Grace Hopper (*1906) beteiligt. Durch die einfache Syntax von COBOL mit häufiger Verwendung von englischen Wörtern ist die Sprache leicht erlernbar. Wenn dagegen die Programmierung komplexer Datenmanipulationen oder ↑Simulationen im Vordergrund steht, erfordert die Programmierung in COBOL erheblichen Aufwand, weil wichtige Konzepte der Informatik (z. B. Prozedur- oder

Code

Modulkonzept, Rekursion, allgemeine Datenstrukturen) fehlen.

Code [ko:t]:

1. Ein in eine Maschinensprache übersetztes Programm (↑Codegenerator, ↑Code-Optimierung).

2. Wenn $f:A \rightarrow B$ eine Abbildungsvorschrift ist, dann nennt man die Menge $\{f(a) \mid a \in A\}$ einen Code. Fasst man A als Menge von Programmen einer höheren Sprache, B als Menge von Maschinenprogrammen und f als Übersetzung auf, so spricht man von einem „Code" für in Maschinensprache übersetzte Programme.

3. Abbildungsvorschrift, die jedem Zeichen eines Zeichenvorrats *(Urbildmenge)* eindeutig ein Zeichen oder eine Zeichenfolge aus einem möglicherweise anderen Zeichenvorrat *(Bildmenge)* zuordnet. Die meisten in der Praxis verwendeten Codes sind *umkehrbar eindeutig,* d. h., zwei verschiedenen Zeichenfolgen über der Urbildmenge werden stets zwei verschiedene Zeichenfolgen über der Bildmenge zugeordnet.

Mathematisch gesprochen ist ein Code eine (injektive) ↑berechenbare Funktion $f:A \rightarrow B$. Dabei ist A die Urbildmenge, B die Bildmenge. Jedes Element, das als Bild eines Elements $a \in A$ auftreten kann (d. h. jedes $b \in f(A)$), heißt Codewort des Codes f. Für umkehrbar eindeutige Codes muss zusätzlich gelten:

Sind $a_1, ..., a_n \in A$, $a'_1, ..., a'_m \in A$ und sind die beiden Zeichenfolgen $a_1 a_2 ... a_n$ und $a'_1 a'_2 ... a'_m$ verschieden, dann sind auch die beiden Zeichenfolgen $f(a_1) f(a_2) ... f(a_n)$ und $f(a'_1) f(a'_2) ... f(a'_m)$ verschieden.

Erfüllt ein Code die ↑Fano-Bedingung, so ist er umkehrbar eindeutig.

Beispiel:
Jedes Alphabet $A = \{a_1, ..., a_k\}$ kann man auf mehrere Arten umkehrbar eindeutig in Zeichenfolgen über einem zweielementigen Alphabet, z. B. $\{0, 1\}$, codieren, z. B. mit der Abbildung $f:A \rightarrow \{0, 1\}^*$ mit

$$f(a_i) = \underbrace{0\,1\,...\,1}_{i\text{-mal}} = 0\,1^i \quad \text{für } 1 \le i \le k.$$

In der Praxis nimmt man jedoch irgendeine umkehrbar eindeutige Funktion $g:A \rightarrow \{0, 1\}^m$ mit $m = \log_2(k)$, d. h. jedes Zeichen a_i wird auf eine Folge der Länge m abgebildet *(Blockcode)*. Ein Beispiel hierfür ist der ↑ASCII-Code, bei dem das Alphabet A aus $k = 128$ Elementen besteht und jede codierte 0–1-Folge die Länge $\log_2 128 = 7$ besitzt.

Den Vorgang des Übersetzens eines Zeichens oder einer Zeichenfolge der Urbildmenge in die Bildmenge bezeichnet man als *Codierung* oder *Verschlüsselung;* der umgekehrte Vorgang heißt *Decodierung* oder *Entschlüsselung.*

In technischen Systemen dienen Codes vorwiegend der Darstellung von ↑Nachrichten. Die Bildmenge ist daher fast ausschließlich zweielementig. Beispiele hierfür sind ASCII-Code, ↑EBCDI-Code und der ↑Binärcode. Während diese Codes, deren Bilder aus Zeichenfolgen gleicher Länge bestehen, umkehrbar eindeutig sind, ist

a	· –	p	· – – ·
b	– · · ·	q	– – · –
c	– · – ·	r	· – ·
d	– · ·	s	· · ·
e	·	t	–
f	· · – ·	u	· · –
g	– – ·	v	· · · –
h	· · · ·	w	· – –
i	· ·	x	– · · –
j	· – – –	y	– · – –
k	– · –	z	– – · ·
l	· – · ·	ch	– – – –
m	– –	ä	· – · –
n	– ·	ö	– – – ·
o	– – –	ü	· · – –

Abb. 1: Morsecode

Code-Optimierung

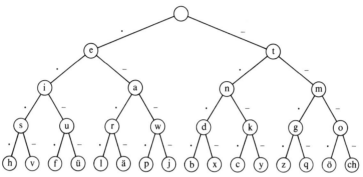

Abb. 2: Der Morsecode als Baum

der Morsecode (Abb. 1 und 2), der nach der Häufigkeit des Auftretens von Buchstaben in der englischen Sprache entwickelt wurde, nicht umkehrbar eindeutig (zum Beispiel werden „ee" und „i" auf die gleiche Zeichenfolge „.." abgebildet); hier wird die Decodierung durch zusätzliche Pausen sichergestellt.

In kommerziellen, militärischen und anderen Bereichen werden Codes oft zur Klassifikation oder zur geheimen Übermittlung von Nachrichten verwendet (↑Kryptographie).

Codegenerator [ˈkoːt-]: Der Teil eines Übersetzers, der nach erfolgter Analyse aus einer internen Darstellung das ↑Zielprogramm erzeugt.

Beispiel:
Zu übersetzen sei die folgende Anweisung der Sprache ↑PASCAL

while n ≥ 0 do n := n − 1.

Die der Code-Erzeugung vorausgehenden Phasen der Übersetzung erzeugen eine Baumstruktur wie in Abb. 1.

Der Codegenerator erzeugt hieraus die Befehlsfolge in Prog. 1 (S. 90).

Die Zielsprache ist hier eine Assemblersprache; Kommentare wurden – durch Semikolon getrennt – hinzugefügt, um den Code besser lesen zu können. Man erkennt, dass man den dritten Befehl der Folge (load n) weglassen kann, ohne die Bedeutung zu ändern. Automatisch erzeugter Code kann also oft noch verbessert werden (↑Code-Optimierung).

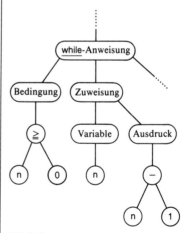

Abb. 1: Baumstruktur einer Anweisung

Code-Optimierung [ˈkoːt-]: Zur Code-Optimierung dienen Verfahren, welche ein Programm in ein gleichwertiges Programm (↑Äquivalenz) um-

```
wmarke: load n        ; Lade Speicherzelle n in Akkumulator
        jneg emarke   ; Falls Akkumulator negativ, springe nach emarke
        load n        ; Lade Speicherzelle n in Akkumulator
        subconst 1    ; Subtrahiere 1 vom Akkumulator
        store n       ; Speichere Akkumulator in Speicherzelle n
        jump wmarke   ; Springe nach wmarke
emarke: ...
```

Prog. 1: Übersetztes Programmstück

wandeln, das weniger Speicherplatz und/oder weniger Rechenzeit bei der Ausführung benötigt.

Beispiel:
Der folgende ↑PASCAL-Programmteil mit ganzzahligen Variablen m und n

```
n := 0;
if n = 0 then n := n + 1;
while m > 0 do m := m - 1;
```

kann zu dem Programmteil

```
n := 1;
if m > 0 then m := 0;
```

optimiert werden, der die gleiche Bedeutung hat, aber weniger Rechenzeit benötigt.

Bei Übersetzern wird die Code-Optimierung in der Regel im ↑Zielprogramm, also nach der Codegenerierung, durchgeführt. Die Wirkung einer Code-Optimierung ist davon abhängig, wie effizient das zu optimierende Programm geschrieben ist (↑Compiler-Compiler, ↑Makrobefehl).

Codierer: Schaltung, die Eingangssignale ↑binär verschlüsselt (↑Code). Codierer sind ↑kombinatorische Schaltwerke, die Schaltfunktionen

$f: \{0, 1\}^m \to \{0, 1\}^n$

realisieren (↑boolesche Funktion), wobei f nur auf Argumente der Form $(x_1, x_2, ..., x_m)$, für die genau ein $x_i = 1$ ist, angewendet wird. Spezialfälle von Codierern sind die 1-in-n-Codierer, die $m = 2^n$ Eingangs- und n Ausgangsleitungen besitzen. Eine 1 auf der i-ten Eingangsleitung führt zur Dualdarstellung von i am Ausgang.

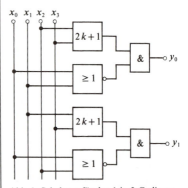

Abb. 1: Schaltung für den 1-in-2-Codierer

Beispiel:
Der 1-in-2-Codierer, dargestellt durch Übergangsgleichung und -tabelle.

Übergangstabelle:

Eingangsleitungen	Ausgänge
x_0 x_1 x_2 x_3	y_0 y_1
1 0 0 0	0 0
0 1 0 0	0 1
0 0 1 0	1 0
0 0 0 1	1 1

Übergangsgleichung:

$$y_0 = (x_2 \oplus x_3)\,\overline{(x_0 + x_1)}$$
$$y_1 = (x_1 \oplus x_3)\,\overline{(x_0 + x_2)}$$

Abb. 1 zeigt die zugehörige Schaltung. (Zu den Schaltzeichen ↑UND-Funktion, ↑NOR-Funktion und ↑Exklusiv-ODER-Funktion.)

COMAL (Abk. für engl. **com**mon **al**gorithmic **l**anguage): Eine imperative Programmiersprache, die Konzepte von ↑BASIC und ↑PASCAL miteinander vereinigt. COMAL wurde 1973 in Dänemark für schulische Ausbildungszwecke entworfen und 1979 als COMAL-80 standardisiert. Aus BASIC stammen die leichte Erlernbarkeit und die interaktive Arbeitsweise, aus PASCAL die Strukturierung der Programme durch Prozeduren, Funktionen und Kontrollstrukturen.

Ein COMAL-Programm ähnelt einem BASIC-Programm: Jede Programmzeile besitzt eine Nummer, input- und print-Befehle können zur Ein- und Ausgabe von Daten verwendet werden, Variablen können, müssen aber nicht deklariert werden. Als Datentypen werden in COMAL integer, real und Zeichenketten zur Verfügung gestellt. Bezeichner stehen für real-Variable; wird # bzw. $ angefügt, so handelt es sich um eine ganzzahlige bzw. Zeichenketten-Variable. Daten können als ↑Felder strukturiert werden. Die Feldgrenzen dürfen eingelesen werden. Weiterhin werden in COMAL Kontrollstrukturen wie if- und case-Anweisung, repeat-, while- und Zählschleifen zur Verfügung gestellt.

Beispiel:
Die while-Schleife zum Ausdrucken der Zahlen von 1 bis 99 sieht in COMAL folgendermaßen aus:

```
100 i := 1
110 while i < 100 do
120   print i
130   i := i + 1
140 endwhile
```

Um Programme zu strukturieren, kann man in COMAL Prozeduren und Funktionen vereinbaren, die einen beliebigen Namen und eine beliebige Zahl von ↑Parametern besitzen können. Rekursion ist zugelassen. Lokale Variablen können definiert werden.

Der Vorteil von COMAL liegt in der interaktiven Arbeitsweise, die Anfängern den Umgang mit einem Übersetzer erspart und eine schnellere Programmerstellung ermöglicht.

Für die *Schule* ist COMAL trotz mancher Nachteile, z. B. des fehlenden Typkonzepts, eine akzeptable Alternative zu PASCAL.

Compiler-Compiler [kɔmˈpaɪlər kɔmˈpaɪlər] *(Compilergenerator, Übersetzergenerator):* Ein Compiler-Compiler ist ein Programm, dem die Beschreibungen für zwei Programmiersprachen *A* und *B* eingegeben werden und das anschließend einen Übersetzer von der Sprache *A* in die Sprache *B* ausgibt (Abb. 1).

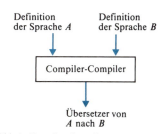

Abb. 1: Compiler-Compiler

In heutigen Compiler-Compilern findet man dieses Prinzip nur teilweise realisiert, denn in der Regel kann man ihnen keine Definition der Programmiersprache eingeben. Vielmehr werden die einzelnen Phasen eines Übersetzers (↑lexikalische Analyse, ↑syntaktische Analyse, ↑semantische Analyse, Codegenerierung) formal exakt beschrieben. Aus diesen Spezifikationen werden dann die entsprechenden Teile des Übersetzers erzeugt (Scanner, Parser usw.) und zum Schluss zu einem kompletten Übersetzer zusammengefügt.

Zur Spezifikation der lexikalischen Analyse werden häufig ↑reguläre Ausdrücke verwendet, d. h., die Form der elementaren Objekte *(Token)* wie ↑Bezeichner, Zahlen, Zeichenketten usw. wird durch je einen regulären Ausdruck beschrieben, aus dem man über ↑endliche Automaten zu einem Programm gelangt, welches aus der Folge von Eingabezeichen die Folge der zugehörigen Token erstellt und erste Tabellen für die weitere Verarbeitung aufbaut (*Scanner*-Programm).

Die syntaktische Analyse wird in der Regel durch ↑kontextfreie Grammatiken spezifiziert. Zur Spezifikation der semantischen Analyse und der Code-Erzeugung existieren verschiedene Ansätze, die davon abhängig sind, wie die Semantik der Programmiersprache beschrieben wird.

Computer [kɔmˈpjuːtər; nach engl. to compute „berechnen"] *(Rechner, Rechenanlage, Digitalrechner, Datenverarbeitungsanlage):* Universell einsetzbares, programmgesteuertes Gerät zur automatischen Verarbeitung von Daten.

Zur Entwicklung der Computer siehe Geschichte der ↑Informatik.

Arbeitsweise eines Computers: Ein Computer nimmt Eingabewerte (Zahlen, Wörter, elektrische Impulse usw.) entgegen und wandelt sie nach bestimmten Regeln in Ausgabewerte um. Ein- und Ausgabe können auch abwechselnd ablaufen, d. h., der Computer liest einen Teil der Eingabe, liefert dann eine Ausgabe, liest wieder einen Teil der Eingabe usw. Die Regeln, nach denen die Eingaben eingelesen, Daten verarbeitet und Ausgaben erzeugt werden, werden durch ein ↑Programm festgelegt. Programme bestehen aus einer Folge von einfachen Arbeitsschritten (↑Anweisungen) oder Problembeschreibungen, die vom Computer interpretiert und schrittweise nachvollzogen bzw. verwertet werden (Abb. 1).

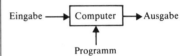

Abb. 1: Arbeitsweise eines Computers

Beispiele:
1. Addieren zweier zweistelliger Zahlen. Abb. 2 zeigt Eingabe, Ausgabe und Programm.

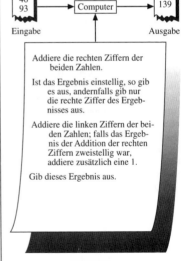

Abb. 2: Addition zweier zweistelliger Zahlen

Computer

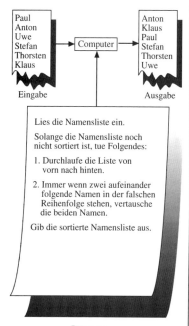

Abb. 3: Sortieren von Vornamen

Abb. 4: Primzahltest

Man erkennt, dass das umgangssprachlich geschriebene Programm keine eindeutige Handlungsvorschrift ist († Algorithmus). Zum Beispiel ist nicht klar, zu welchem Wert die zusätzliche 1 addiert wird und in welcher Reihenfolge die nacheinander ausgegebenen Ergebnisse in der Ausgabe angezeigt oder ausgedruckt werden. Für Computer verwendet man daher † Programmiersprachen.

2. Sortieren von Vornamen in alphabetischer Reihenfolge. Abb. 3 zeigt Eingabe, Ausgabe und Programm.
Die Eingabe ist eine beliebige Liste von Namen. Das Programm schreibt genau vor, wie aus der Eingabeliste die sortierte Ausgabeliste zu erzeugen ist.
3. Überprüfung, ob eine natürliche Zahl eine Primzahl ist (Abb. 4).

Alle Programme eines Computers fasst man unter dem Oberbegriff † Software zusammen.

Programmiersprachen bestehen aus genau festgelegten (meist an die englische Sprache angelehnten) Wörtern und Regeln, wie diese Wörter in Programmen verwendet werden dürfen *(Syntax)* und welche Bedeutung sie haben *(Semantik)*. In der Programmiersprache † PASCAL formuliert man das Programm aus Beispiel 3 wie in Prog. 1 (S. 94) dargestellt. Das Kleingedruckte ist Kommentar, der das Programm lesbarer machen soll, vom Computer aber überlesen wird.

Trotz des aus menschlicher Sicht sehr einfachen Aufbaus sind die Sprachelemente von Programmiersprachen zu komplex, um direkt von einem Computer verstanden und interpretiert zu werden:

Computer   94

```
program prim (input, output);
```
Beginn eines Programms mit dem Namen prim.

```
var i, n: integer
```
Es wird vereinbart, dass die Buchstaben i und n im Programm Variable für ganze Zahlen sind.

```
begin
```
Hier beginnt das eigentliche Programm.

```
read(n);
```
n erhält als Wert die Zahl, die eingegeben wurde (in Bsp. 3, Abb. 4, die Zahl 117).

```
i:= 2;
```
i erhält den Wert 2.

```
while (n mod i) + 0 and i < n do i:= i + 1;
```
Solange (engl. *while*) der Rest, der bei der Division von n durch i entsteht (dieser Rest wird durch n mod i bezeichnet), ungleich 0 ist und gleichzeitig der Wert von i noch kleiner ist als der Wert von n, erhöhe fortwährend den Wert von i um 1. Man testet also für $i = 2, 3, 4, \ldots, n-1$, ob i die Zahl n ohne Rest teilt; man bricht jedoch ab, wenn ein erstes i gefunden wird, das teilt, oder wenn $i \geq n$ ist (z. B. für die Eingabe $n = 1$).

```
if i = n then write ('Eingabewert ist Primzahl')
         else write ('Eingabewert ist keine Primzahl');
```
Falls (engl. *if*) der Wert von i gleich dem Wert von n ist, so liefere als Ausgabe den Text „Eingabewert ist Primzahl", im anderen Fall (engl. *else*), also falls der Wert von i ungleich dem Wert von n ist, so liefere als Ausgabe den Text „Eingabewert ist keine Primzahl".

```
end.
```
Das Programm ist beendet.

Prog. 1: In PASCAL formuliertes Programm aus Beispiel 3

a) Die Befehle, die ein Computer direkt ausführen kann, sind wesentlich primitiver als die Anweisungen einer Programmiersprache (↑ Befehlsvorrat). So können viele Computer beispielsweise Zahlen nur addieren; Multiplikation, Division usw. müssen auf die Addition zurückgeführt werden (↑ Multiplizierwerk).

b) Als elektronisches Gerät arbeitet ein Computer intern nur mit zwei Zuständen, die man sich als „Strom fließt/Strom fließt nicht", „Schalter offen/Schalter geschlossen" oder einfach als 0 und 1 veranschaulichen kann. Alle Daten und Programme werden in der heutigen Technologie als Folgen von 0 und 1 verschlüsselt.

Bevor daher ein Computer ein Programm ausführen kann, muss es in eine Folge einfacher, dem Computer verständlicher Befehle (dargestellt als Folge von 0 und 1) übersetzt werden. Diese Arbeit übernimmt ein anderes Programm, der ↑ Übersetzer (Abb. 5). Für jede Programmiersprache benötigt man einen eigenen Übersetzer.

Wenn ein Hersteller einen Computer gefertigt hat, d. h. die mechanischen und elektronischen Bauteile (die ↑ Hardware) produziert und zusammengeschaltet hat, so ist der Computer noch nicht betriebsbereit. Ein Computer weiß z. B. noch nicht, wo (d. h. über welche Geräte) und wann er Eingaben entgegennehmen soll, was er mit Programmen machen soll, in welcher Reihenfolge mehrere Programme abzuarbeiten sind, wohin Ergebnisse gehören usw. Diese Fähigkeiten werden ihm

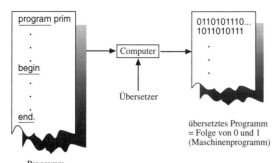

Abb. 5: Wirkungsweise eines Übersetzerprogramms

durch das ↑Betriebssystem mitgegeben.

Aufbau eines Computers: Ein Computer besteht aus einem oder mehreren Eingabegeräten, einer Zentraleinheit (mit Speicher), einem oder mehreren Ausgabegeräten sowie externem Speicher (Abb. 6).

Über die Eingabegeräte wird der Computer mit Programmen und Daten versorgt, über die Ausgabegeräte liefert er die berechneten Resultate ab. Typische Eingabegeräte sind ↑Tastatur, ↑Maus und ↑Scanner, aber auch Sensoren wie Feuermelder, Mikrofone und Kameras; typische Ausgabegeräte sind ↑Drucker, ↑Bildschirm, ↑Plotter oder zu steuernde Geräte wie Weichen, Motoren, Ventile usw.

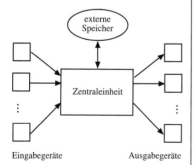

Abb. 6: Grober Aufbau eines Computers

Die ↑Zentraleinheit ist die Schaltzentrale eines Computers. In ihrem Innern werden Programme ausgeführt. Die Zentraleinheit besteht aus einem oder mehreren ↑Prozessoren und einem Speicher, dem ↑Hauptspeicher oder Arbeitsspeicher.

Man ergänzt die Zentraleinheit meist um externe (außerhalb befindliche) Speicher, die zwar langsamer arbeiten, aber sehr viel mehr Informationen speichern können und geeignet sind, Programme und Daten dauerhaft aufzubewahren. Typische externe Speichereinheiten sind ↑Magnetplattenspeicher, Disketten, CD-ROMs und Bildplatten (↑optischer Speicher).

Die Prozessoren sind die aktiven Elemente eines Computers. Sie interpretieren Programme, führen Berechnungen durch, steuern die externen Speicher und die Ein-/Ausgabegeräte und verwalten die Kommunikation mit anderen Rechnern.

Konfigurierung von Rechnern: Computer werden intern wie extern unterschiedlich ausgelegt und miteinander verbunden. Der interne Aufbau wird durch die ↑Rechnerarchitektur beschrieben; hier wird das Zusammenspiel der einzelnen Komponenten (z. B. Anzahl, Verknüpfung und Aufgaben der Prozessoren, Speicher,

Ein-/Ausgabeschnittstellen, Parallelität) festgelegt. Hat man früher Rechnersysteme bevorzugt, die von einem sehr schnellen (und meist auch sehr teuren) Großrechner beherrscht wurden *(Zentralisierung),* so überwiegt seit 1980 der Trend zur *Dezentralisierung,* also zur Vernetzung vieler kleiner, sehr leistungsfähiger Computer. Dieses Umdenken wurde einerseits durch die Entwicklung sehr schneller, aber preiswerter Personalcomputer und Arbeitsplatzstationen bewirkt, andererseits durch den Wunsch der Kunden, Informationen dort schnell verfügbar zu haben, wo sie benötigt werden. Computer werden daher über ↑ Rechnernetze miteinander zusammengeschaltet. Solche Netze erleichtern den Datenaustausch und erhöhen zugleich die Leistungsfähigkeit durch Verteilung von Aufgaben und paralleles Verarbeiten. Für viele Aufgaben im Bereich des Höchstleistungsrechnens werden heute wieder verstärkt Großrechnersysteme entwickelt.

Zur Konfigurierung gehört schließlich noch die Auswahl und Vernetzung aller Rechnerkomponenten und Datenübertragungsgeräte für eine bestimmte Anwendung beim Kunden. Diese Zusammenstellung nimmt entweder der Kunde selbst vor oder lässt sie (oft mit Rechnerunterstützung) vom Vertrieb eines Rechnerherstellers oder von einem Softwarehaus vornehmen.

Klassifikation von Computern: Eine Möglichkeit der Unterteilung von Computern ist die nach ihrer Leistungsfähigkeit in der Reihenfolge ↑ Heimcomputer, ↑ Personalcomputer, ↑ Arbeitsplatzstation und ↑ Großrechner. Die Leistung wird heute meist durch ↑ Bewertungsprogramme gemessen. Eine andere Klassifikation ergibt sich aus der Rechnerarchitektur (sequenzielle, verteilte und parallel arbeitende Systeme) und aus dem Typ der verwendeten ↑ Mikroprozessoren. Schließlich sind der Einsatzbereich (↑ Prozessdatenverarbeitung) und die Verarbeitungsart (↑ Digitalrechner, ↑ Analogrechner, ↑ Hybridrechner) von Bedeutung.

Computergrafik *(grafische Datenverarbeitung):* Disziplin innerhalb der Informatik, die sich mit der Erfassung, Speicherung, Verarbeitung und Ausgabe grafischer Darstellungen befasst.
Seit dem Aufkommen hochauflösender ↑ grafischer Terminals hat die grafische Datenverarbeitung zunehmend an Bedeutung gewonnen. Wichtige Anwendungsbereiche sind u. a.
- ↑ computerunterstütztes Entwerfen,
- medizinische Anwendungen,
- Simulationen sowie
- Trick- und Spielfilme (z. B. „Jurassic Park" oder „Terminator II").

Eine große Bedeutung besitzt die Computergrafik bei der Gestaltung einer ↑ Benutzungsoberfläche.
In allen obigen Anwendungsbereichen müssen durch Computergrafiksysteme eine Reihe von Grundfunktionen bereitgestellt werden, darunter vor allem:
- Transformationen von Objekten (z. B. Vergrößern, Verschieben) und Koordinatensystemen,
- Darstellung von zweidimensionalen Objekten,
- Darstellung von dreidimensionalen Objekten, z. B. durch Verdecken von nicht sichtbaren Kanten und Flächen, Veränderung von Beobachtungspunkten, perspektivische Darstellung,
- Verfahren der ↑ algorithmischen Geometrie.

Ein Problem im Bereich der grafischen Datenverarbeitung ist häufig die hohe Abhängigkeit der Programme von der ↑ Hardware, d. h. von der Arbeitsweise und den technischen Details der grafischen Ein- und Ausgabegeräte. Daher wurde das anwendungs- und hard-

computerunterstütztes Entwerfen

wareunabhängige Graphische Kernsystem (Abk. **GKS**) entwickelt, das seit 1982 den Status eines internationalen Normenentwurfs erhalten hat und in vielen Ländern auch als nationaler Standard übernommen wurde. Mittlerweile ist auch die dreidimensionale Erweiterung von GKS genormt.

Computer Literacy [kɔmˈpjuːtə ˈlɪtərəsɪ] *(Computergrundbildung):* Computer Literacy umfasst die Kenntnis über Computer und deren Verwendungsmöglichkeiten sowie die Fähigkeit, Computer zur Bewältigung von Aufgaben im Beruf, im häuslichen Bereich, in der Gestaltung der Freizeit usw. einzusetzen. Hierfür sind Grundkenntnisse in Informatik erforderlich.

In immer stärkerem Maße wird von jedem Einzelnen erwartet, dass er mit Computern umgehen und Anwendungsprogramme aufgabengerecht einsetzen kann. Computer Literacy drückt daher zugleich die Forderung aus, dass der Umgang mit Computern und deren gezielte Nutzung zu einer zentralen Kulturtechnik wie Lesen, Schreiben und Rechnen wird.

In der *Schule* wird Computer Literacy vor allem im Rahmen der ↑ informationstechnischen Grundbildung in der Sekundarstufe I vermittelt.

computerunterstützter Unterricht (Abk. CUU; engl. *computer-assisted instruction,* Abk. CAI): Oberbegriff für alle Anwendungen von Datenverarbeitungsanlagen, die der Vermittlung, Einübung, Prüfung und Bewertung von Wissen, Kenntnissen und Fähigkeiten dienen.

Programmsysteme für den computerunterstützten Unterricht arbeiten dialogorientiert und sind sowohl für die Unterstützung der herkömmlichen Ausbildung als auch für das Selbststudium gedacht. Der zu vermittelnde Stoff wird hierzu in Lehreinheiten unterteilt. Innerhalb einer Lehreinheit

kann der Lernende sein Arbeitstempo selbst bestimmen.

CUU soll den Lehrer nicht ersetzen; vielmehr sollen CUU-Programme gezielt eingesetzt werden, um den Lernerfolg zu erhöhen und um schwer darstellbare Sachverhalte zu veranschaulichen. Dies betrifft besonders den Informatikunterricht, bei dem die Darstellung dynamischer Sachverhalte (z. B. ↑ Suchen, ↑ Sortieren, Operationen auf ↑ Bäumen) mit Kreide und Tafel häufig an ihre Grenzen stößt.

Für Lerneinheiten und Kurse, die in programmierter Form vorliegen, hat sich der Begriff *Courseware* eingebürgert. Wird der Unterricht über größere Entfernungen durchgeführt (z. B. für kranke Jugendliche), so spricht man von *Teleteaching.*

Um Programmeinheiten für Lernzwecke zu erstellen, verwendet man oft *Autorensysteme.* Dies sind Programmsysteme, mit denen man den zu vermittelnden Text sowie Zeichnungen, Bilder und Bewegungsvorgänge erfasst und abspeichert. Die Darstellung und den Ablauf der Lernsequenzen übernimmt dann (auf Grundlage der Vorgaben des Autors) das Autorensystem.

Die meisten Programmsysteme haben sich als wenig flexibel herausgestellt, oder sie erfordern viel Zeit bei der Erstellung. Mit Methoden der künstlichen Intelligenz entwickelt man derzeit ↑ Tutorsysteme.

computerunterstütztes Entwerfen (engl. *computer-aided design,* Abk. CAD): Unterstützung von Konstruktionsprozessen durch Datenverarbeitungsanlagen.

Der Konstrukteur, der an einem CAD-System arbeitet, verwendet Tastatur, ↑ Maus und ↑ Lichtgriffel anstelle von Zirkel, Lineal und Bleistift; als Zeichenbrett dienen ihm Bildschirm, spezielle Grafiktabletts und ↑ Plotter.

4 SD Informatik

CP/M

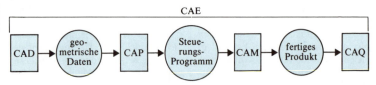

Abb. 1: Stadien und Resultate der computerunterstützten Ingenieurtätigkeit (CAE)

CAD-Systeme sind u. a. ein unentbehrliches Hilfsmittel beim Entwurf von Mikroprozessoren und ↑ integrierten Schaltungen.

Ein CAD-System besteht aus zwei großen Komponenten: dem *Grafiksystem*, in dem alle Funktionen zur Erstellung und Verarbeitung von Zeichnungen angelegt sind, und dem *Informationssystem*, das z. B. Berechnungsformeln, Konstruktionsrichtlinien und gesetzliche Vorschriften, aber auch bereits konstruierte Objekte enthält.

Häufig werden die mit einem CAD-System erstellten Zeichnungen von einem nachgeschalteten System in Steuerungsinformationen für Werkzeugmaschinen (↑ NC-Maschine) umgesetzt, die das entworfene Objekt dann automatisch herstellen. Diese Systeme fasst man unter dem Begriff *computerunterstützte Arbeitsvorbereitung* (engl. computer-aided production planning, Abk. **CAP**) zusammen. Die Fertigung des Objekts mithilfe einer computergesteuerten Werkzeugmaschine bezeichnet man als *computerunterstütztes Produzieren* oder *computerunterstützte Fertigung* (engl. computer-aided manufacturing, Abk. **CAM**). Die maschinelle Qualitätsüberprüfung des fertigen Produkts (Vergleich der Soll- mit den Istmaßen, Analyse der Differenzen) nennt man *computerunterstützte Qualitätskontrolle* (engl. computer-aided quality control, Abk. **CAQ**). Alle diese Verfahren fasst man unter dem Oberbegriff *computerunterstützte Ingenieurtätigkeit* (engl. computer-aided engineering, Abk. **CAE**) zusammen.

Abb. 1 zeigt die einzelnen Stadien der computerunterstützten Ingenieurtätigkeit und die Resultate der jeweiligen Arbeitsgänge. Fügt man auch die betriebswirtschaftlichen Aspekte durch eine gemeinsame Datenbasis hinzu, so spricht man von *computerintegrierter Fertigung* (engl. computer-integrated manufacturing, Abk. **CIM**).

CP/M (Abk. für engl. Control-Program for Microcomputers): Veraltetes Betriebssystem für Mikrocomputer mit 8-Bit-Prozessoren, das 1973 von G. Kildall entwickelt wurde.

CP/M ist ein Betriebssystem für *einen* Benutzer und ermöglicht zu jedem Zeitpunkt die Ausführung nur eines Programmes. Grundsätzlich ist CP/M nach folgendem Schema aufgebaut:

Benutzer- und Standard-Programme (abgelegt auf Magnetplatte)
Kommandointerpreter CCP
Datei-Verwaltung BDOS
Basis-Ein-/Ausgabe-System BIOS
Hardware des Computers

CP/M ist bei älteren Mikrocomputern noch anzutreffen, weil es für viele verschiedene Mikrocomputertypen mit den Mikroprozessoren 8080 oder Z80 zur Verfügung steht beziehungsweise leicht angepasst werden kann. Da 8-Bit-Prozessoren mehr und mehr von 16- und 32-Bit-Prozessoren verdrängt wurden, geht die Verbreitung von CP/M ständig zurück (↑ MS-DOS).

Crosscompiler: Ein ↑ Übersetzer, der auf einem Rechner A ein Zielprogramm für einen anderen Rechner B erzeugt.

Crosscompiler werden beispielsweise dann verwendet, wenn für einen Computer mit einem neuen ↑ Befehlsvorrat Programme in einer höheren Programmiersprache geschrieben werden sollen. Existiert für diese Sprache schon ein Übersetzer auf einem anderen Computer, so kann man durch Änderung des ↑ Codegenerators aus diesem Übersetzer einen Crosscompiler für den neuen Computer erzeugen.

Crossreferenztabelle (engl. *cross reference table*): Tabelle, die jeden ↑ Bezeichner eines Programms zusammen mit einem Verweis auf die Positionen seines Vorkommens enthält. Sie spielt eine wichtige Rolle bei der Organisation von Objekten etwa für Datenbanken, Übersetzer und Sprachuntersuchungen sowie bei der Fehlersuche.

Damenproblem: Bezeichnung für eine im Jahre 1850 von Carl Friedrich Gauss (1777–1855) gestellte Aufgabe: Man finde eine Stellung für acht Damen auf einem Schachbrett, sodass keine zwei Damen sich gegenseitig schlagen können.

Abb. 1 zeigt die erlaubten Schlagrichtungen einer Dame im Schachspiel.

Die Damen sind also so zu platzieren, dass jede Zeile, jede Spalte und jede Diagonale des Schachbretts höchstens eine Dame enthält. Abb. 2 zeigt eine mögliche Lösung des Problems. Insgesamt gibt es 92 Lösungen für ein 8 × 8-Brett, von denen viele durch Drehung oder Spiegelung ineinander überführt werden können.

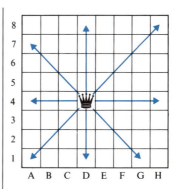

Abb. 1: Schlagrichtungen einer Dame im Schachspiel

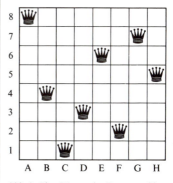

Abb. 2: Eine Lösung des Damenproblems

Das Damenproblem gilt als Standardbeispiel für Probleme, deren Lösung nach dem ↑ Backtracking-Verfahren abläuft:

Man geht davon aus, dass in jeder Zeile des Schachbretts genau eine Dame stehen muss. Daher beginnt man mit der Platzierung der Damen in der linken unteren Ecke auf dem Feld A1. Die nächste Dame platziert man in der zweiten Zeile so weit nach links wie möglich, aber unschlagbar für die erste Dame, also auf dem Feld C2. Die dritte Dame setzt man in die dritte Zeile soweit links wie möglich, aber un-

Damenproblem

schlagbar für die erste und die zweite Dame, usw. Schließlich erreicht man eine Situation, in der man keine Dame mehr setzen kann, aber noch nicht alle Damen platziert hat *(Sackgasse)*. Die zuletzt gesetzte Dame verschiebt man in der gleichen Zeile nach rechts auf den nächstmöglichen Standort und probiert von dieser Situation aus weiter, bis man eine Lösung hat (Abb. 3–5).

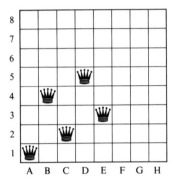

Abb. 3: Sackgasse bei der Lösung des Damenproblems: In die 6. Zeile kann keine Dame mehr gesetzt werden

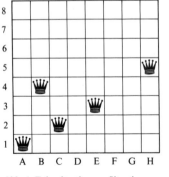

Abb. 4: Folgesituation zur Situation in Abb. 3, die ebenfalls eine Sackgasse ist

Die beschriebene Vorgehensweise setzt man wie folgt in einen rekursiven Algorithmus um:

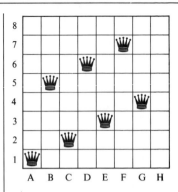

Abb. 5: Folgesituation zur Situation in Abb. 3, die auch eine Sackgasse ist: In die 8. Zeile kann man keine Dame mehr setzen

Eine Dame ist korrekt platziert, wenn auf der durch sie abgedeckten Zeile i, Spalte, steigenden Diagonale und fallenden Diagonale keine weitere Dame steht. Trifft dies zu, geht man rekursiv zur nächsten Zeile $(i+1)$ über.

Dies führt zu folgendem PASCAL-artigen Programm mit der rekursiven Prozedur setze (i), die eine Dame in die i-te Zeile (an eine Spaltenposition j) zu platzieren versucht unter der Annahme, dass in die Zeilen 1, 2, ..., $i-1$ bereits $(i-1)$ Damen korrekt gesetzt wurden:

```
var zeile: array [1..8] of integer;
    spalte: array [1..8] of boolean;
    steidiag: array [-7..7] of boolean;
    falldiag: array [2..16] of boolean;
    k: integer;
procedure setze (i: integer);
var j: integer;
begin
  for j := 1 to 8 do
    if spalte [j] and falldiag [i+j]
       and steidiag [i-j] then
    begin
      zeile [i] := j;
      spalte [j] := false;
      falldiag [i+j] := false;
      steidiag [i-j] := false;
```

Damenproblem

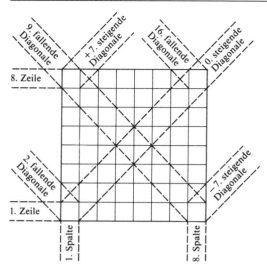

Abb. 6: Nummerierung der Zeilen, Spalten und Diagonalen beim Programm zum Damenproblem

```
        if i < 8 then setze (i+1) else
           (* Lösung gefunden,
              gebe „zeile" aus *);
        spalte [j] := true;
        falldiag [i+j] := true;
        steidiag [i−j] := true
      end
  end;
  begin
    for k := 1 to 8 do spalte [k] := true;
    for k := 2 to 16 do
           falldiag [k] := true;
    for k := −7 to 7 do
           steidiag [k] := true;
    setze (1)
  end.
```

Abb. 6 zeigt die verwendete Nummerierung der Zeilen, Spalten und Diagonalen.

Der Algorithmus kann durch Änderung der Konstanten (ersetze 8, 7, 16 durch n, $n-1$, $2*n$) zur Lösung des Damenproblems auch für beliebige $n \times n$-Bretter verwendet werden.

Man kann dann die Funktion

$f_D: \mathbb{N}_0 \to \mathbb{N}_0$ mit
$f_D(n)$ = Anzahl der Lösungen des Damenproblems auf einem $n \times n$-Brett

berechnen. Hierfür fügt man eine (globale) Variable hinzu, die anfangs auf 0 gesetzt, im else-Zweig von „Lösung gefunden" um 1 erhöht und am Ende ausgegeben wird. Für kleinere Werte ist die Funktion f_D bekannt:

n	0	1	2	3	4	5	6	7
$f_D(n)$	0	1	0	0	2	10	4	40

n	8	9	10	11
$f_D(n)$	92	352	724	2680

n	12	13	14
$f_D(n)$	14200	73712	365596

Vorsicht beim Berechnen dieser Funktion mit dem rekursiven Verfahren: Die Laufzeit wächst exponentiell mit

Datei

n, und schon für $n = 11$ kann ein Personalcomputer mehrere Tage oder Wochen mit der Rechnung beschäftigt sein.

Datei (engl. *file*): Bezeichnung für eine nach bestimmten Gesichtspunkten zusammengestellte Menge von Daten. Eine Datei besteht aus einer Folge von gleichartig aufgebauten ↑ Datensätzen; jeder Datensatz setzt sich im Allgemeinen aus mehreren unterschiedlichen Komponenten, den Feldern, zusammen. Als Datentyp wird eine Datei z. B. als ↑ File bezeichnet.

Fast alle Daten werden auf externen Speichern (z. B. ↑ Magnetbandspeicher, ↑ Magnetplattenspeicher, Disketten) in Dateien abgelegt; die Verwaltung der Dateien führt im Allgemeinen die Dateiverwaltung des Betriebssystems durch. Je nach dem Aufbau der ↑ Datenträger und den verschiedenen Zugriffsarten unterscheidet man im Wesentlichen drei Arten von *Dateiorganisationen,* die sequenzielle, die direkte und die indexsequenzielle.

In **sequenziellen Dateien** sind die Daten fortlaufend in der Reihenfolge ihrer Eingabe gespeichert und können nur in dieser Reihenfolge wieder abgerufen werden (Abb. 1). Dateien auf Magnetbandspeichern können der Zugriffsart wegen nur sequenziell organisiert werden.

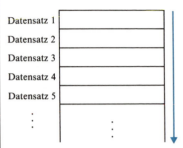

Abb. 1: Sequenzielle Datei
(Ein- und Ausgabe nur in der Reihenfolge des blauen Pfeils)

Bei **direkten Dateien** erfolgt der Zugriff über einen Schlüssel, aus dem mit einer Tabelle oder mithilfe eines Algorithmus (↑ Hash-Verfahren, ↑ B-Baum) die ↑ Adresse des zu diesem Schlüssel gehörenden Datensatzes bestimmt wird (Abb. 2). Der Algorithmus ist Teil der Dateidefinition.

Eine Mischform aus sequenzieller und direkter Dateiorganisation bilden **indexsequenzielle Dateien.** Eine Folge von Datensätzen, die sequenziell nach

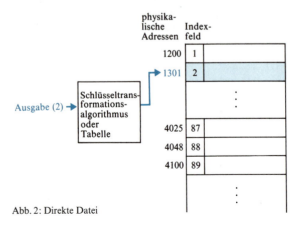

Abb. 2: Direkte Datei

Dateiverwaltung

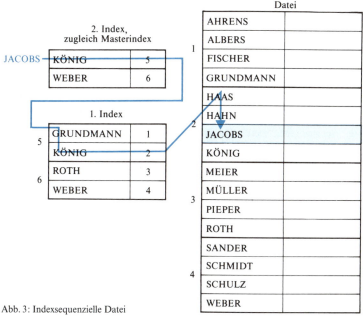

Abb. 3: Indexsequenzielle Datei

einem Merkmal geordnet ist, wird in gleich große Einheiten unterteilt, die unter einem *Index* zusammengefasst werden. Als Index dient jeweils das größte (bzgl. der Ordnung) in der Einheit vorkommende Merkmal. Innerhalb einer Einheit können die Datensätze nur sequentiell durchlaufen werden. Die Größe einer Einheit richtet sich gewöhnlich nach der Größe eines physikalischen Blockes der Speichereinheit. Mehrere Indizes (z. B. so viele, wie ein physikalischer Block aufnehmen kann) werden wieder unter einem Index zusammengefasst usw. Die Indizes der letzten Stufe *(Masterindex)* befinden sich i. A. im Hauptspeicher.
Abb. 3 zeigt eine indexsequenzielle Datei. Die Datensätze sind nach Namen sortiert. Der blaue Pfeil markiert den Suchpfad beim Zugriff auf den Namen „JACOBS".

Am verbreitetsten ist die indexsequenzielle Organisation bei Magnetplattenspeichern. Man vergibt hier für jeden Block einer Spur, für jede Spur eines Zylinders und für jeden Zylinder eines Plattenstapels einen Index. Einen Block jeder Spur reserviert man für die Aufnahme der Indizes der übrigen Blöcke der Spur. Ebenso speichert eine Spur jedes Zylinders die Indizes der übrigen Spuren des Zylinders.
Eine Datei, die während der Laufzeit eines Programms erstellt, jedoch bis zum Ende wieder gelöscht wird, heißt *temporäre Datei.*
Dateiverwaltung (engl. *file management*): Komponente eines ↑Betriebssystems, die den Speicherplatz auf Tertiärspeichern (↑Speicherhierarchie) verwaltet.
Zu den Aufgaben der Dateiverwaltung gehören u. a.:

Datenautobahn

- Lokalisierung von ↑ Dateien, die von Benutzern der Rechenanlage angefordert werden;
- Zuweisung von Speicherplatz an Programme, die neue Dateien anlegen möchten;
- Übersicht über die Dateien der einzelnen Benutzer sowie die im System insgesamt vorhandenen und zurzeit montierten ↑ Datenträger.

Zur Wahrnehmung dieser Aufgaben legt die Dateiverwaltung zu jeder Datei eine Tabelle (den **Dateideskriptor**) an, die alle notwendigen Informationen über die Datei enthält.

Alle Dateideskriptoren sind in einem **Katalog** (engl. *directory*) gespeichert. Jeder Datenträger, unabhängig davon, ob er zur Zeit montiert ist oder nicht, enthält ebenfalls eine Tabelle (den **Datenträgerdeskriptor**), in der die Informationen zur Beschreibung des Datenträgers gesammelt sind. Auch alle Datenträgerdeskriptoren sind in einem Katalog zusammengestellt.

Sowohl in der ↑ Kommandosprache einer Rechenanlage als auch in ↑ Programmiersprachen gibt es eine Reihe von Anweisungen für Dateien, an deren Ausführung die Dateiverwaltung unmittelbar beteiligt ist, zum Beispiel das Anlegen, Löschen, Öffnen (engl. *open*) und Schließen (engl. *close*) von Dateien.

Datenautobahn (engl. *information highway*): Deutsche Übertragung der in den USA geprägten Bezeichnung für leistungsfähige breitbandige Hochgeschwindigkeitsnetze (auf der Basis von Lichtwellen), mit deren Hilfe

- Informationsaustausch und Datenübertragungen von jedem Rechner auf der Erde zu jedem anderen ermöglicht werden sollen (z. B. über das World Wide Web),
- Kommunikation zwischen Menschen fast unbegrenzt stattfinden kann (die Welt als „globales Dorf"),
- irgendwo auf der Erde vorhandene Rechner- und Dienstleistungen fast ohne Zeitverlust genutzt werden können (engl. *resource sharing*).

Zu den Möglichkeiten, die mit Datenautobahnen erreichbar sind, zählen das interaktive Fernsehen, bei dem die Meinungen der Zuschauer unmittelbar über Rückkanäle in die Sendung eingehen, das digitale Fernsehen, bei dem u. a. jeder sein eigenes Fernsehprogramm zusammenstellen kann, Video on demand, bei dem man jederzeit gegen Gebühren Spielfilme anfordern kann, oder Videokonferenzen, die Geschäftsreisen ersetzen (Datenmobilität statt menschlicher Mobilität).

Die bisherigen Datenübertragungswege werden für diese Anforderungen nicht ausreichen, sodass leistungsfähigere Netze verlegt und die Übertragungen mit neuen Techniken verwaltet werden müssen. Teilnehmerendgeräte für diese Datenautobahnen sind entweder die bisherigen TV-Geräte, die durch ein mit Rechnerkapazität ausgestattetes technisches Zusatzgerät *(Set-Top-Box)* nachgerüstet werden, Personalcomputer oder künftig multistandardfähige oder Internet-Terminals, welche durch den Anschluss an das neue Telekommunikationsnetz rückkanalfähig werden und so den beidseitigen Austausch von Ton, Bild und Daten ermöglichen.

Datenbank *(Datenbanksystem,* engl. *data base system):* System zur Beschreibung, Speicherung und Wiedergewinnung von umfangreichen Datenmengen, die von mehreren Anwendungsprogrammen benutzt werden. Eine Datenbank ist meist Bestandteil eines umfassenden ↑ Informationssystems, das die Daten von der Datenbank anfordert, auswertet, nach Anwendungskriterien verarbeitet und Daten an die Datenbank zum Speichern abgibt.

Datenbank

Datenbanken sind von zentraler Bedeutung für die Datenverarbeitung. Zum einen können viele verschiedene Programme mit dem gleichen Datenbestand arbeiten, und die Programme können gewartet und verändert werden, ohne dass die Daten ebenfalls neu organisiert werden müssen. Zum anderen werden die Anwendungen unabhängiger von dem Aufbau und der Struktur der Datenbestände, da man Daten mithilfe ihrer Beschreibung erweitern, neu interpretieren und für andersartige Anwendungen einsetzen kann. Ihre Verwendung muss in manchen Bereichen jedoch strengen Kontrollen unterliegen (↑ Datenschutz).

In den 1960er-Jahren beherrschte vorwiegend eine verarbeitungsorientierte Sicht die Entwicklung von Anwendungssystemen. Die Programme benutzen Eingabedaten aus ↑ Dateien und liefern Ausgabedaten, die ihrerseits in Dateien abgespeichert werden und nachfolgenden Programmen als Eingabedaten dienen. Die Dateien sind in Form und Inhalt speziell auf die beteiligten Programme abgestimmt. Abb. 1 zeigt die allgemeine Struktur von Anwendungssystemen aus verarbeitungsorientierter Sicht.

Dieses Konzept hat einige gravierende Nachteile:

a) Viele Daten sind gleichzeitig in mehreren Dateien gespeichert (↑ Redundanz). Dadurch wird zusätzlich Speicherplatz benötigt und die Aktualisierung der Daten erschwert. So muss eine Änderung in allen Dateien gleichzeitig durchgeführt werden. Wird hierbei irrtümlich (z. B. durch einen Schreibfehler) in einer Datei etwas falsch geändert, so ist die gesamte Datenmenge inkorrekt *(inkonsistent)*.

b) Bei jedem Programmablauf ist immer der gesamte Inhalt der bearbeiteten Dateien beteiligt (auch die nicht benötigten Daten).

Beispiel:
Eine Datei für ein Personalverwaltungssystem bestehe aus Datensätzen der Form

| Pers.-Nr. | Name | Adresse | Chef | Eintrittsdatum | Abteilung |

Ein Gehaltsabrechnungsprogramm kann sich derselben Datei bedienen, benötigt dann aber nur die blau markierten Felder. Trotzdem muss das Vorhandensein der anderen Felder programmtechnisch berücksichtigt werden. Dabei kann es auch zu Datenschutzproblemen kommen, etwa wenn nicht benötigte Felder als vertraulich eingestuft sind.

c) Der Aufbau einer Datei muss jedem Programm, das diese Datei benutzt, bekannt sein. Änderungen der Dateistruktur erfordern gleichzeitig Änderungen in allen beteiligten Programmen.

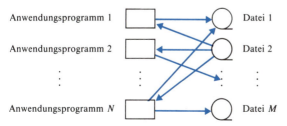

Abb. 1: Verarbeitungsorientierte Sicht eines Anwendungssystems

Datenbank

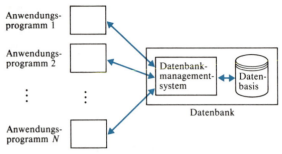

Abb. 2: Struktur eines auf einer Datenbank aufbauenden Anwendungssystems

d) Maßnahmen zum Schutz von Daten (z. B. vor unbefugtem Zugriff) müssen in allen Programmen des Anwendungssystems einzeln realisiert werden.

Die Lösung dieser Probleme bildet das Konzept der Datenbank, in der alle Daten des Anwendungssystems zusammengefasst und nach einheitlichen Regeln abgespeichert werden *(Datenintegration)*. Der Zugriff der Anwendungsprogramme zu den Daten ist nur mit genau definierten Operationen möglich; er erfolgt stets über ein Kontrollprogramm. Kontrollprogramm und Datenspeicher bilden zusammen die Datenbank. Das Kontrollprogramm nennt man **Datenbankmanagementsystem (DBMS)**, den Datenspeicher **Datenbasis**.

Abb. 2 zeigt die allgemeine Struktur eines auf einer Datenbank aufbauenden Anwendungssystems.

Die Vorteile einer Datenbank sind vor allem:

1) *Verminderung der Datenredundanz und schnellere Aktualisierung der Daten:* Jedes Datum wird nur einmal in der Datenbank gespeichert.

2) *Einhaltung der Datenintegrität:* Die Zentralisierung der Kontrolle erlaubt eine einfachere Überprüfung der Daten auf Korrektheit und Vollständigkeit *(Datenkonsistenz)*. Bei Veränderung der Daten werden notwendige Folgeänderungen automatisch vorgenommen, sodass der Datenbestand möglichst keine sich widersprechenden Informationen enthält.

3) *Verbesserter Schutz der Daten vor unberechtigtem Zugriff:* Grundsätzlich fördert der einheitliche kontrollierte Zugang aller Anwender zur Datenbasis die Einhaltung von Datenschutzvorschriften. Durch die Integration und Zentralisierung der Daten verbunden mit der Möglichkeit, auf jedes beliebige Datum in Sekundenschnelle zugreifen und Querbeziehungen zwischen Daten herstellen zu können, entstehen neue Einsatzbereiche, aber auch neue Datenschutzprobleme.

4) *Datenunabhängigkeit:* Die Änderung der physikalischen Organisation der Daten erfordert i. A. keine Änderung der Anwendungsprogramme.

Datenbanksysteme sind z.B. IMS, UDS, INGRES, ORACLE, dBase, DB 2, ADABAS. Jede Datenbank baut auf einem ↑ Datenmodell auf, in dem die konkreten Anwendungen beschrieben werden müssen (↑ Datenbankentwurf). Für Anfragen und Beschreibungen verwendet man ↑ Datenbanksprachen.

Befinden sich Datenbasis und Datenbankmanagementsystem oder Teile davon auf verschiedenen Rechnern

Datenbankentwurf

eines Rechnernetzes, so spricht man von einer **verteilten Datenbank**. Die Datenbasen der einzelnen Rechner bilden dann einen **Datenverbund**. Das verteilte Datenbanksystem sorgt dafür, dass der Benutzer mit allen (für ihn zugänglichen) Daten arbeiten kann, ohne dass er merkt, auf welchem Rechner die jeweiligen Daten liegen. Alle über das ↑Internet zusammengeschlossenen Rechner bilden eine verteilte Datenbank, allerdings ohne Schutzmechanismen und Verfahren zum Abgleichen.

Datenbankentwurf: Planung, Strukturierung und Analyse des Nutzens von einzurichtenden ↑Datenbanken.

Das zentrale Ziel einer Datenbank, die Integration von Daten und die Datenunabhängigkeit der Anwendungsprogramme, setzt voraus, dass sich alle Anwendungsprogramme auf eine einheitliche Beschreibung der Daten einigen. Um dieser Aufgabe nachzukommen, wurde im Jahre 1975 das **3-Schema-Konzept** vorgeschlagen. Die Beschreibung der Daten einer Datenbank erfolgt nach diesem Konzept auf drei verschiedenen Ebenen, die jeweils durch eine andere Sichtweise geprägt sind. Zu deren Formalisierung dienen Schemata. Ein **Schema** ist eine in einer ↑Datenbanksprache abgefasste Definition der in einer Datenbank zugelassenen Datenstrukturen und baut auf einem ↑Datenmodell auf:

1) Auf der konzeptionellen Ebene steht die logische Gesamtstruktur der Daten, ihrer Eigenschaften und ihrer Beziehungen untereinander im Vordergrund. Die Beschreibung der konzeptionellen Ebene erfolgt durch das *konzeptionelle Schema*. Es berücksichtigt weder die physikalische implementierungsabhängige Organisation der Daten noch die Wünsche von Anwendungsprogrammen.

2) Auf der internen Ebene werden alle implementierungsabhängigen Eigenschaften der Daten (z. B. ihre Darstellung, ihre physikalische Organisation, die Zugriffsart etwa mit einem Hash-Verfahren oder einem ↑B-Baum) durch ein *internes Schema* definiert. Von der Sorgfalt bei der Erstellung des internen Schemas hängt wesentlich die Leistungsfähigkeit des Datenbanksystems ab, denn die Berücksichtigung z. B. schneller maschinenabhängiger Funktionen für bestimmte Zugriffe oder Datendarstellungen steigert die Effizienz des Systems.

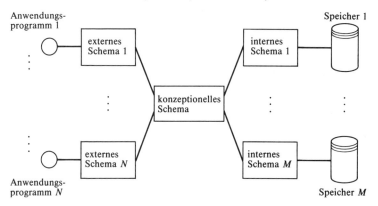

Abb. 1: 3-Schema-Konzept bei Datenbanksystemen

3) Die Datenbank aus Sicht jedes Anwendungsprogramms wird auf der externen Ebene berücksichtigt und jeweils durch ein *externes Schema* beschrieben, das die für das Anwendungsprogramm wichtigen Daten der Datenbank in der Weise definiert, wie sie das Programm als Eingabe erwartet.
Abb. 1 auf S. 107 zeigt eine grafische Darstellung des 3-Schema-Konzeptes.

Datenbanksprache: Zusammenfassende Bezeichnung für Datenbeschreibungssprache und Datenmanipulationssprache in einer ↑ Datenbank.

Datenbeschreibungssprachen dienen zur Darstellung von Schemata (↑ Datenbankentwurf), **Datenmanipulationssprachen** zur Formulierung von Anfragen, Eingaben, Änderungen und Löschungen in Datenbanken. Bei Letzteren unterscheidet man navigierende und deskriptive Datenmanipulationssprachen.

Bei den *navigierenden Sprachen* ist anzugeben, wie eine Menge von Daten aus der Datenbank gebildet werden soll (Beispiel: „Gesucht ist der Mitarbeiter mit der kleinsten Personalnummer und dann jeweils jeder Zehnte."). Navigierende Sprachen sind häufig in höhere Programmiersprachen eingebettet. Sie erlauben das Stöbern im Datenbestand (↑ Browsing).

Deskriptive Sprachen sind meist dialogorientiert und dienen zur Beschreibung der Eigenschaften der gesuchten Daten (Beispiel: „Gesucht sind alle Mitarbeiter von Abteilung 3-1 mit einem Gehalt über DM 3 000,-."). Ein typischer Vertreter ist die Sprache ↑ SQL. Der Benutzer muss die Eigenschaften der gesuchten Daten kennen und angeben; er erhält dann eine Liste aller Daten, die diese Eigenschaften besitzen.

Bei grafikorientierten Systemen (z. B. dem World Wide Web; ↑ Internet) tritt die Sprache in den Hintergrund. Man navigiert hier in der Datenbank durch die Auswahl von Suchpfaden und -kommandos.

Datenerfassung (engl. *data recording*): Bezeichnung für alle Arbeitsvorgänge, mit denen anfallende Daten in eine maschinenlesbare Form gebracht und auf ↑ Datenträgern gespeichert werden.
Maschinen, die Daten auf Datenträger aufbringen, heißen *Datenerfassungsgeräte*. Das bisher übliche Eintippen über Tastaturen wird zunehmend von der automatischen Erfassung mithilfe von Klarschriftlesern (↑ Klarschriftbeleg) oder Markierungslesern (↑ Markierungsbeleg) verdrängt. Für Zeichnungen und Bilder gibt es optische Lesegeräte (↑ Scanner).

Datenfernverarbeitung (englisch *remote data processing, teleprocessing*): Form der Datenverarbeitung, bei der Eingabe, Verarbeitung und Ausgabe von Daten räumlich beliebig weit voneinander entfernt durchgeführt werden können.
Man unterscheidet Offline- und Online-Datenfernverarbeitung (↑ Online). Bei der **Offline-Datenfernverarbeitung** sind die Datenein- und -ausgabegeräte nicht unmittelbar über Leitungen mit der Rechenanlage verbunden. Die Daten werden zunächst auf ↑ Datenträgern zwischengespeichert, die zwischen Ein- bzw. Ausgabegerät und Rechenanlage hin und her transportiert werden. Bei der **Online-Datenfernverarbeitung** sind Ein-/Ausgabegeräte und Rechenanlage direkt über Leitungswege miteinander verbunden.
Ein typisches Anwendungsbeispiel sind Buchungs- und Reservierungssysteme von Flug- oder Hotelgesellschaften. Die Eingabegeräte (z. B. für Buchungswünsche) und die Ausgabegeräte (z. B. für Buchungsbestätigungen) befinden sich in Reisebüros, die sich

räumlich weit entfernt vom Buchungsrechner befinden. Jedes Büro steht jedoch in Online-Verbindung zum Rechner, in dem alle Buchungen gespeichert werden.

Datenflussplan (engl. *data flow chart*): Genormte Methode (DIN 66001) zur grafischen Darstellung des Datenflusses in Systemen.

Die für Datenflusspläne vorgesehenen Darstellungsmittel enthalten Sinnbilder für ↑ Datenträger (z. B. ↑ Lochkarte, ↑ Magnetplattenspeicher) und für eine Reihe von Verarbeitungsprozessen. Datenflusspläne werden häufig gleichzeitig mit ↑ Programmablaufplänen erstellt.

Die wichtigsten Sinnbilder sind:

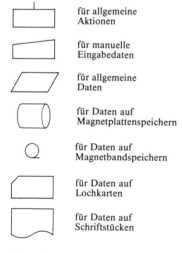

für allgemeine Aktionen

für manuelle Eingabedaten

für allgemeine Daten

für Daten auf Magnetplattenspeichern

für Daten auf Magnetbandspeichern

für Daten auf Lochkarten

für Daten auf Schriftstücken

Beispiel:
Verschmelzen zweier sortierter ↑ Dateien, die sich auf zwei ↑ Magnetbandspeichern befinden, auf ein drittes Magnetband, anschließend Berechnung einer Menge von Durchschnittswerten und Abspeicherung auf einer Magnetplatte. Den Datenflussplan zeigt Abb. 1.

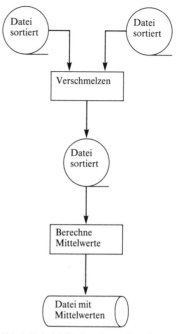

Abb. 1: Beispiel für einen Datenflussplan

Datenmodell: Exakte Beschreibung von Daten, deren Beziehungen untereinander und ihren Eigenschaften. Ein hierzu geeignetes formales Verfahren führt zum ↑ Entity-Relationship-Modell.

Die Mehrzahl der ↑ Datenbanken basiert auf einem der folgenden drei Modelle: dem **hierarchischen Datenmodell**, dem **Netzwerkdatenmodell** oder dem **relationalen Datenmodell**. Seit 1991 gibt es auch **objektorientierte Datenbanken**. Die dem hierarchischen Datenmodell zugrunde liegende Struktur ist der ↑ Baum (Abb. 1, S. 110). Hierarchiemodelle lassen sich einfach und effizient auf physikalische Speicherungsstrukturen (z. B. ↑ lineare Listen) abbilden.

Das hierarchische Datenmodell hat je-

Datenmodell

Abb. 1: Struktur eines hierarchischen Datenmodells

doch den Nachteil, dass sich die „reale Welt" häufig nicht in einer Hierarchie darstellen lässt. Beispielsweise ist ein Mitarbeiter oft in mehreren Projekten tätig, und ein Projekt wird meist von mehreren Abteilungen bearbeitet. Die Darstellung dieser Beziehungen führt zum Netzwerkdatenmodell, dem ein ↑Graph zugrunde liegt (Abb. 2). Netzwerke lassen sich nicht so einfach wie Bäume auf den physikalischen Speichern (z. B. Magnetplatten) abbilden.

Das relationale Datenmodell beruht auf der Struktur „Tabelle" (Abb. 3). Eine Tabelle beschreibt eine ↑Relation. Jede Zeile einer Tabelle nennt man *Tupel*. Alle Informationen einer Datenbank, also sowohl die Objekte wie auch ihre Beziehungen, werden auf die gleiche Art durch Tabellen dargestellt. Beziehungen zwischen Objekten sind vorhanden, wenn ein Wert (z. B. die Personalnummer) in mehreren Relationen vorkommt (Beispiel: „Wie lauten die Namen der Mitarbeiter von Abteilung 3–1?").

Die Darstellung von Objekten im relationalen Datenmodell ist einfach und übersichtlich. Tabellen (Relationen) können leicht in physikalische Speicherstrukturen abgebildet werden (z. B. Relation → Datei, Tupel → Datensatz). Die Durchführung von Abfragen ist jedoch relativ aufwendig, denn die Relationen unterstützen keinen schnellen Suchalgorithmus: Entweder müssen die einzelnen Tupel sequenziell nach einem Merkmal durchsucht werden, oder der Algorithmus muss effizienzsteigernde Hilfsdatenstrukturen selbst erzeugen.

Neben diesen drei gebräuchlichen Datenmodellen werden zurzeit weitere semantische Datenmodelle für die kon-

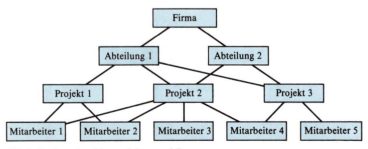

Abb. 2: Struktur eines Netzwerkdatenmodells

Relation „Mitarbeiter"

Personal-nummer	Name	Gehalt
1427	Meier	3 217,33
8219	Schmidt	1 425,87
2624	Müller	2 438,21
⋮	⋮	⋮

Relation „Mitarbeiter in Abteilung"

Personalnummer	Abteilung
1427	3 – 1
8219	2 – 2
2624	3 – 1
⋮	⋮

Abb. 3: Struktur eines relationalen Datenmodells

zeptionelle Ebene (↑ Datenbankentwurf) erarbeitet, um die Beziehungen, die in der realen Welt herrschen, ihre Bedeutungen, ihre Abhängigkeiten und vieles mehr genauer darstellen zu können.
Die Objekte in der ↑ objektorientierten Programmierung bilden ein recht allgemeines Datenmodell, das „Methoden", „Vererbung" und Kommunikationsmöglichkeiten enthält. Hierbei können auch Interaktionen, die zwischen den Objekten existieren, erfasst werden. Die Verwaltung hierauf aufbauender objektorientierter Datenbanken wird dadurch sehr komplex.
Datensatz (engl. *record*): Eine Ansammlung von Daten, die in elementarer Beziehung zueinander stehen oder gemeinsame Merkmale haben. Ein Datensatz kann aus mehreren *Datenfeldern* bestehen. Man unterscheidet physikalische und logische Datensätze. Ein **physikalischer Datensatz** ist die kleinste Datenmenge, die ein (meist externes) Speichermedium (z. B. ↑ Magnetplattenspeicher) zu verarbeiten gestattet. Ein **logischer Datensatz** ist die kleinste logisch in sich abgeschlossene Datenmenge (z. B. Daten eines Mitarbeiters in einer Personalkartei; Abb. 1). Ein physikalischer Datensatz kann mehrere logische Datensätze enthalten und umgekehrt. Eine Folge von Datensätzen bildet eine ↑ Datei.

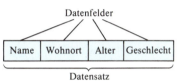

Abb. 1: Beispiel für einen logischen Datensatz

Datenschutz: Schutz der Person vor missbräuchlicher Verwendung seiner personenbezogenen, in einer Datenverarbeitungsanlage gespeicherten Daten (zur Sicherung der Daten vor Verlust u. Ä. ↑ Datensicherung).
Durch die fortschreitende Technisierung ist es möglich geworden, große Datenmengen auf relativ kleinem Raum unterzubringen und gezielt Auswertungen vorzunehmen. So steht der wachsenden Bedeutung von Informationssystemen und Datenbanken in Wirtschaft und Verwaltung mit ihren enormen Datenbeständen die Frage gegenüber, wie sich diese Datenbestände vor Missbrauch schützen lassen (↑ Bundesdatenschutzgesetz). Hierbei geht es nicht nur um die Daten, die unmittelbar zu einer Person gespeichert werden *(personenbezogene Daten),* sondern auch um die Daten, die aus einem anonymisierten Datenbestand

Datensicherung

(z. B. statistische Daten) durch geschickte Auswertung bzgl. einer bestimmten Person ermittelt werden können *(personenbeziehbare Daten).*

Beispiel:
Wohnt man in einem Dorf mit 5000 Einwohnern und weiß anhand der Daten der Volkszählung, dass dort 10 Ärzte wohnen, mit welchem Verkehrsmittel der eigene Hausarzt täglich zu seiner Praxis fährt und wie weit sie von seiner Wohnung entfernt ist, so kann man ihn unter den 10 Ärzten möglicherweise eindeutig identifizieren und sein Gehalt, seinen Familienstand (geschieden?) und andere persönliche Daten ermitteln, obwohl die Daten ursprünglich anonym erhoben worden sind *(Reanonymisierung).*

Die drei wichtigsten Stichworte, die im Zusammenhang mit dem Datenschutz immer wieder genannt werden, sind *Vertraulichkeit, Verfügbarkeit* und *Integrität* der Daten. Um diese Eigenschaften sicherzustellen, werden in verstärktem Maße Methoden der ↑Kryptographie erprobt. Als Erstes ist jedoch aus Sicht des Datenschutzes zu fragen, ob Daten überhaupt erhoben werden dürfen oder sollten. Erst dann ist die Frage zu stellen, wie Daten gegen Missbrauch zu schützen sind.

Besondere Aufmerksamkeit wird dem Datenschutz gewidmet, seit Institutionen Daten untereinander elektronisch austauschen. Hierbei gehen in der Regel der Anlass der Datenerhebung und das Umfeld, in dem die Daten zu interpretieren sind, verloren.

Beispiel:
Eine Firma speichert über einen Kunden, dass er zahlungssäumig ist, weil der Kunde die gelieferten Produkte beanstandet hat. Gehen diese Daten dann in zentrale Auskunftsdateien, so wird dem Kunden möglicherweise ein Kredit verweigert, weil die Bank, die solche Daten erhalten hat, den Grund der säumigen Zahlungsweise nicht kennt und daher der Kunde als nicht kreditwürdig gilt.

Auszutauschende Daten müssen daher auf ein notwendiges Minimum beschränkt werden, und jeder Einzelne muss die über ihn gespeicherten Daten erhalten und gegebenenfalls korrigieren können.

Datensicherung: Sammelbezeichnung für alle technischen und organisatorischen Maßnahmen, die die Daten und Programme der einzelnen Benutzer wechselseitig vor unzulässigen Zugriffen schützen und gegen Zerstörung durch Fehlfunktionen der Rechenanlage oder Fehlbedienungen des Benutzers absichern sowie zugleich Anforderungen des ↑Datenschutzes gewährleisten.

Bei der Sicherung von Daten und Programmen unterscheidet man zwischen *Subjekten* und *Objekten*. Subjekte sind die aktiven Elemente. Sie begehren den Zugriff zu Objekten.

Beispiele:
a) Ein Programm, das gerade ausgeführt wird, ist ein Subjekt, das Zugriff zu Objekten, wie Speicherzellen oder ↑Dateien, sucht.
b) Ein Benutzer einer Rechenanlage, der sich ein Programm auf einem Bildschirm zeigen lässt, ist Subjekt. Programm und Bildschirm sind Objekte.

Die Rolle eines Elementes, Subjekt oder Objekt zu sein, ist nicht dauerhaft festgelegt, sondern kann sich zeitlich ändern.

Beispiel:
Bevor ein Programm zum Subjekt wird, ist es Objekt des Ladeprogramms (↑Lader), das das Programm in den ↑Hauptspeicher transportiert.

In welcher Weise Subjekte Objekte

Datensichtstation

	Objekte							
	Dateien			Speicherzellen		Geräte		
Subjekte	D1	D2	...	S1	S2	...	G1	G2	...
Benutzer 1	LS	L		L			S	L	
Benutzer 2	ALS	S		LS	K			L	
Benutzer 3	A	K		KL	S		S		
⋮									
Benutzer n	A			S	S				

A = Ausführen
K = Kopieren
L = Lesen
S = Schreiben

Abb. 1: Zugriffsmatrix

manipulieren dürfen, wird durch *Zugriffsrechte* geregelt. Mögliche Manipulationen von Objekten sind z. B.: Lesen eines Objekts, Schreiben (teilweise Ersetzung oder Ergänzung eines Objekts), Ausführen eines Objekts (Programm). Welche Zugriffsrechte welche Subjekte auf welche Objekte haben, kann man in einer *Zugriffsmatrix* festlegen (Abb. 1).
Zeilenweise eingetragene Subjekte (hier Benutzer) werden zu spaltenweise eingetragenen Objekten in Beziehung gesetzt. Jeder Eintrag beschreibt die erlaubten Zugriffsrechte des entsprechenden Benutzers auf das zugehörige Objekt. Das Betriebssystem überprüft bei jeder Zugriffsoperation die Berechtigung. Erst danach kann der Zugriff erfolgen.
In der Praxis wird meist nur ein eingeschränktes Konzept realisiert: Jeder Benutzer kann für jede seiner eigenen Dateien festlegen, ob er sie allen fremden oder keinem fremden Benutzer zugänglich macht. Hierbei kann er den Zugriff auf irgendeine Kombination von Lesen, Schreiben und Ausführen beschränken. Die meisten Rechenanlagen erlauben es zusätzlich, eine Datei mit einem ↑ Passwort zu versehen.

Das einfachste und gebräuchlichste Verfahren zur Sicherung von Daten gegen Fehlfunktionen des Systems oder Fehlbedienungen des Benutzers ist die *Sicherungskopie* (engl. *backup*). In regelmäßigen Zeitabständen (täglich, wöchentlich) werden alle in dieser Zeit geänderten Dateien gesichert, d. h. auf eine andere Speichereinheit, meist ein Magnetband, kopiert. Zusätzlich werden Veränderungen, die zwischen zwei Sicherungszeitpunkten erfolgen, täglich in knapper Form aufgezeichnet. Wird eine Datei versehentlich zerstört, so steht immer noch eine frühere Version der Datei zur Verfügung, und man kann sogar eine auf den Vorabend datierte Version wiederherstellen (engl. *restore*).
Gegen Fehlfunktionen des Betriebssystems kann sich ein Benutzer kaum schützen. Eine große Gefahr geht in diesem Zusammenhang von Computerviren (↑ Virus) aus. Eine andere Gefahr besteht darin, dass Außenstehende über ein Rechnernetz in den Computer eindringen. Hiergegen werden Systeme zur Abschottung eingesetzt (engl. *firewalls*).

Datensichtstation *(Terminal):* Eine Datensichtstation besteht aus einer

Datenstruktur

↑Tastatur, einem ↑Bildschirm und meist einer ↑Maus. Auf der Tastatur eingegebene Daten werden unmittelbar auf dem Bildschirm angezeigt. Häufig ist eine Datensichtstation direkt mit einem ↑Drucker verbunden, auf den mit einer Tastatureingabe der gesamte Bildschirminhalt als Bildschirmabdruck ausgegeben werden kann *(Hardcopy)*.

Spezielle Datensichtstationen gestatten auch die Ausgabe grafischer Darstellungen (↑grafische Terminals). Bei diesen können Eingaben oftmals auch über einen ↑Lichtgriffel erfolgen.

Datenstruktur (engl. *data structure*):
1. Die Bezeichnung wird oft gleichbedeutend mit ↑Datentyp verwendet.
2. Im engeren Sinne versteht man unter Datenstrukturen den Aufbau von Wertebereichen aus elementaren, d. h. nicht weiter zerlegbaren Wertebereichen mithilfe von *Konstruktoren*. Elementare Wertebereiche sind in der Regel die ganzen Zahlen $\mathbb{Z}$ (↑integer), die reellen Zahlen $\mathbb{R}$ (↑real), die Menge der Wahrheitswerte (↑boolean), die Menge der Zeichen (↑char) und selbst definierte endliche Mengen (↑Aufzählungstypen). Folgende sechs Konstruktoren werden üblicherweise verwendet:

Restriktion: Übergang zu einer (endlichen oder unendlichen) Teilmenge eines bereits definierten Datentyps. Der allgemeinste Fall der Restriktion erfolgt durch Angabe eines Prädikats (↑Logik), also einer Abbildung

$$P : M \to \{\underline{true}, \underline{false}\}.$$

Schematisch definiert man eine Restriktion eines Datentyps D durch

$$\underline{type}\ D' \equiv D\ \{x\ |\ P(x)\}.$$

Die Wertemenge von D' ist die Menge aller x vom Typ D, die das Prädikat P erfüllen, das heißt, für die gilt $P(x) = \underline{true}$.

In dieser Allgemeinheit ist die Restriktion in Programmiersprachen meist nicht zugelassen. Häufig vorgesehen, z. B. in PASCAL (↑Unterbereich), ist die Restriktion durch Intervallbildung: Man schränkt den Grunddatentyp D auf ein zusammenhängendes Intervall ein und definiert

$$\underline{type}\ D' \equiv D\ [a..b].$$

D muss hier ein linear geordneter Datentyp sein. Die Wertemenge von D' ist die Menge aller $x \in D$ mit $a \leq x \leq b$. Die für D geltende Ordnung überträgt sich auf D'. Standardbeispiel ist der Index-Datentyp bei Arrays (↑Feld).

Aggregation: Zusammensetzen von mehreren (möglicherweise verschiedenen) Datentypen $D_1, ..., D_n$ zu einem n-Tupel. Schematisch definiert man

$$\underline{type}\ D \equiv (D_1, ..., D_n).$$

$D_1, ..., D_n$ sind die *Komponenten* von D. Mathematisch gesprochen handelt es sich um das kartesische Produkt von Wertebereichen. In Programmiersprachen ist die Aggregation meist realisiert durch das ↑Feld (<u>array</u> [...] <u>of</u> ...) und den ↑Record (<u>record</u> ... <u>end</u>).

Beispiele:
a) Die Datenstruktur (der Datentyp)

$$\underline{type}\ feld = \underline{array}\ [1..n]\ \underline{of}\ \underline{integer}$$

entsteht durch Aggregation aus dem Datentyp <u>integer</u>. Der Wertebereich von feld ist

$$\underbrace{\mathbb{Z} \times \mathbb{Z} \times ... \times \mathbb{Z}}_{n\text{-mal}} = \mathbb{Z}^n$$

b) Die Datenstruktur (der Datentyp)

$$\underline{type}\ verbund = \underline{record}$$
$$\qquad f : feld;$$
$$\qquad x : \underline{real}$$
$$\underline{end}$$

entsteht durch Aggregation aus dem Datentyp feld und dem Datentyp <u>real</u>.

Datenstruktur

Der Wertebereich von verbund ist

$\mathbb{Z}^n \times \mathbb{R}$

Generalisation: Vereinigung von disjunkten Datentypen zu einem neuen Datentyp. Man definiert schematisch

type $D \equiv D_1 | D_2 | ... | D_n$

wobei $D_i \cap D_j = \emptyset$ für alle $1 \leq i < j \leq n$ gilt. $D_1, ..., D_n$ sind die *Varianten* von D.

Beispiel:
Die Datenstruktur

type varverbund =
    record
        case auswahl: boolean of
            false: (f: feld);
            true: (c: char)
    end;

entsteht durch Generalisation aus den Datentypen feld und char. Der Wertebereich von varverbund ist

$\underbrace{\text{integer} \times ... \times \text{integer}}_{n\text{-mal}} \stackrel{.}{\cup} \text{char}$

In Abhängigkeit des Wertes von auswahl wird genau eine Alternative ausgewählt („$\stackrel{.}{\cup}$" bezeichnet die disjunkte Vereinigung).

Rekursion: Übergang zu abzählbar unendlichen Wertebereichen, deren Elemente gleichartig aus einfacheren Elementen des Wertebereichs aufgebaut sind. Wie bei der Definition rekursiver Funktionen muss man auch hier darauf achten, dass ein *terminales* (oder auch *atomares*, d. h. nicht weiter zerlegbares) Element explizit festgelegt wird, auf das sich jedes andere Element der Datenstruktur in endlich vielen Schritten abstützt. Schematisch definiert man

type $D \equiv \Delta | D'$.

Hierbei ist Δ der terminale (atomare) Datentyp, D' bezeichnet irgendeinen Typ, in dessen Definition wieder D vorkommt. D entsteht hier also durch Generalisation von Δ und D'.

Beispiel:
Ein nichtleerer Text ist entweder ein einzelnes Zeichen, oder er besteht aus einem einzelnen Zeichen, dem ein Text folgt. Man definiert daher

type Text $\equiv$ char | (char, Text).

Text ist hier also die Generalisation eines elementaren und eines aggregierten Typs. Text beschreibt alle folgenden Datentypen der Form

char, (char, char), (char, (char, char)), (char, (char, (char, char))), ...

d. h. bis auf die Klammerung alle nichtleeren Zeichenfolgen über char.

In imperativen Programmiersprachen werden rekursive Datenstrukturen oft durch ↑Zeiger simuliert *(Geflechte).* Beispiele für rekursive Datenstrukturen sind file, die ↑lineare Liste, der ↑Baum usw. (↑LISP).

Beispiel:
Die Datenstruktur

type knoten =
    record
        info: integer;
        rechts, links: ↑knoten
    end

entsteht durch Rekursion aus dem Datentyp integer. Der Wertebereich von knoten ist die Menge aller binären Bäume, deren Knoten integer-Werte enthalten. Die schematische Definition lautet:

type $B \equiv$ integer | (B, integer, B).

Potenzmengenbildung: Bildung der Menge aller Teilmengen eines Wertebereichs. Ist D' ein Datentyp, so definiert man schematisch type $D \equiv \Pi(D')$ und erhält den Datentyp D, dessen Elemente jeweils Teilmengen der Wertemenge von D' sind.

Datenstruktur

In PASCAL lautet der Konstruktor set of.

Beispiel:
Die Datenstruktur

type potmenge = set of integer

besitzt als Wertebereich die Menge aller Teilmengen der ganzen Zahlen.
Bildung von Funktionsräumen: In der Mathematik geht man oft zu Mengen von Abbildungen über. Gegeben seien zwei Datentypen D' und D''. Man definiert schematisch

type D ≡ [D' → D'']

und erhält den Datentyp D, dessen Wertemenge die Menge aller Abbildungen $f: D' \to D''$ ist. Variablen vom Typ D können solche Funktionen f als Werte annehmen. Da Funktionen in einer Programmiersprache als Texte (Algorithmen) formuliert werden, handelt es sich bei diesen Objekten anschaulich um Programmstücke.

Beispiel:
Sei der Typ boolfunk definiert durch

type boolfunk ≡
[(integer, integer) → boolean].

Der Wertebereich von boolfunk ist die Menge aller Funktionen, die als Argument ein Paar von ganzen Zahlen besitzen und als Ergebnis einen Wahrheitswert liefern. Zu boolfunk gehören die Vergleichsoperationen =, ≠, ≤ usw. In Programmiersprachen, die solche Konstruktionen erlauben, ist folgende Sequenz möglich, die die Ausgabe true liefert:

var f, g: boolfunk;
f := ≤ ;
g := f;
write (g(2,5))

Vor allem in funktionalen Programmiersprachen wie ↑ ML ist die Bildung von Funktionenräumen im beschriebenen Umfang möglich. In den meisten anderen Programmiersprachen kann man nur konstante Abbildungen definieren (function, procedure).

Beispiele:
Tabelle 1 zeigt weitere Beispiele für

Datenstruktur	Wertebereich
array [1..10] of real	$\mathbb{R}^{10}$, d.h. Menge der 10-Tupel über $\mathbb{R}$
record zähler: integer; nenner: nat end	$\mathbb{Z} \times \mathbb{N}_0$ Dieser Wertebereich kann für die rationalen Zahlen verwendet werden.

record
  case art: 1..3 of
  1: (i: integer);
  2: (r: real);
  3: (q: record zähler: integer;
            nenner: nat
      end)
end
	Der zugehörige Wertebereich ist die Vereinigung der disjunkten Mengen $\mathbb{Z}$, $\mathbb{R}$ und $\mathbb{Z} \times \mathbb{N}_0$. In Abhängigkeit des Wertes von art wird genau eine dieser Mengen ausgewählt.

set of 1..5	$2^{\{1,2,3,4,5\}}$, Menge aller Teilmengen der Menge $\{1, 2, 3, 4, 5\}$.
function (integer, real) integer	$\{f \mid f: \mathbb{Z} \times \mathbb{R} \to \mathbb{Z}\}$

Tab. 1: Beispiele für Datenstrukturen in PASCAL-ähnlicher Notation

Datenstruktur

Datenstrukturen in PASCAL-ähnlicher Notation und die zugehörigen Wertebereiche.

Um auf die einzelnen Datenelemente, aus denen eine Datenstruktur gebildet wurde, zugreifen zu können, ist jedem Konstruktor ein umgekehrt wirkender **Selektor** zugeordnet.

Beispiel:
In PASCAL gehören zum Konstruktor <u>array</u> der Selektor „[ ]", zum Konstruktor <u>record</u> der Selektor „." und zum Konstruktor <u>file</u> die Selektoren reset, get usw.
Mittels a[i] selektiert man also aus dem Feld a die Komponente mit dem Index i. Der Ausdruck x.y selektiert die

mathematisches Strukturierungsprinzip	Datenstrukturkonzept	algorithmischer Konstruktor
atomare Werte $1, 2, \sqrt{3}, \frac{1}{6}, \text{'q'} \ldots$	elementare Datentypen <u>integer</u>, <u>real</u>,...	Zuweisung $a := b$
homogenes kartesisches Produkt $\underbrace{M \times M \times \ldots \times M}_{n\text{-mal}}$	<u>array</u> [1..n] <u>of</u> T	Zählschleife <u>for</u> $i := 1$ <u>to</u> n <u>do</u> S
heterogenes kartesisches Produkt $M_1 \times M_2 \times \ldots \times M_n$	Record <u>record</u> $s_1:T_1; s_2:T_2;\ldots; s_n:T_n$ <u>end</u>	Sequenz von Anweisungen $S_1; S_2; \ldots; S_n$
Disjunkte Vereinigung $M_1 \cup M_2 \cup \ldots \cup M_n$	varianter Record a) $n = 2$. <u>record</u> <u>case</u> b:boolean <u>of</u> <u>true</u>:$(s_1:T_1;\ldots; s_p:T_p)$; <u>false</u>:$(s_1':T_1;\ldots; s_q':T_q)$ <u>end</u> b) $n > 2$. <u>record</u> <u>case</u> s:T <u>of</u> c_1:(...);...; c_n:(...) <u>end</u>	Bedingte Anweisung a) if-Anweisung <u>if</u> b <u>then</u> S_1 <u>else</u> S_2 b) case-Anweisung <u>case</u> s <u>of</u> $c_1:S_1;\ldots; c_n:S_n$ <u>end</u>
Bildung endlicher Folgen $M^* = \bigcup_{i=0}^{\infty} M^i$	File <u>file</u> <u>of</u> T	bedingte Schleife <u>while</u> b <u>do</u> S oder <u>repeat</u> S <u>until</u> b
Rekursion $M = f(M)$	rekursive Datenstruktur	rekursive Funktionen und rekursive Prozeduren

Tab. 2: Zusammenhang zwischen Datenstrukturen und Anweisungen

Datenträger 118

Komponente y aus dem Verbund x. Durch get(f) selektiert man aus dem ↑File f die Komponente, die unmittelbar auf diejenige folgt, die unter dem Sichtfenster steht.

Datenstrukturen kann man als spezielle Datentypen auffassen, die als Operationen nur den Zugriff auf Unterstrukturen, den Test auf Zugehörigkeit zu einer Unterstruktur und die Zusammensetzung von Daten der Unterstrukturen zu einem Element der gegebenen Datenstruktur erlauben. Datenstrukturen beschreiben somit die Gebilde, auf denen die meisten ↑Algorithmen arbeiten. Problemlösungen setzen neben den Algorithmen die sorgfältige Entwicklung geeigneter Datenstrukturen voraus. In vielen Anwendungen, z. B. im kommerziellen Bereich, spielen Datenstrukturen die wichtigste Rolle in der Programmierung.

Zwischen den Konstruktionsprinzipien von Datenstrukturen und den Prinzipien, nach denen Anweisungen aufgebaut sind, besteht ein enger Zusammenhang. Tabelle 2 (S. 117) zeigt jeweils in der ersten Spalte das abstrakte mathematische Strukturierungsprinzip, in der zweiten Spalte das zugehörige Datenstrukturkonzept und in der dritten Spalte den algorithmischen Konstruktor, den man in der Regel benutzt, um mit den Daten der Datenstruktur zu arbeiten.

Datenträger (engl. *data medium*): Maschinenlesbares Medium zur dauerhaften Speicherung von Daten. Die wichtigsten Datenträger sind ↑Magnetbandspeicher, ↑Magnetplattenspeicher, ↑Magnettrommelspeicher und CD-ROM (↑optischer Speicher). Den Hauptspeicher zählt man nicht zu den Datenträgern, da er nicht für eine dauerhafte Speicherung vorgesehen ist.

Datentyp *(Rechenstruktur; engl. data type):* Die Zusammenfassung von Wertebereichen und Operationen zu einer Einheit. Der Datentyp ist ein grundlegender Begriff in der Informatik. Liegt der Schwerpunkt auf den Eigenschaften, die die Operationen und Wertebereiche besitzen, dann spricht man von **abstrakten Datentypen;** steht dagegen die Darstellung in einer Programmiersprache im Vordergrund, so handelt es sich um **konkrete Datentypen.** Datentypen, deren Operationen auf solche beschränkt sind, die nur den Aufbau der Wertebereiche betreffen (Zugriffsoperationen, Zusammensetzungsoperationen, Elementbeziehungen), bezeichnet man als ↑Datenstrukturen, jedoch verbindet man mit Datenstrukturen oft auch weitere Operationen wie Löschen, Verändern, Aneinanderfügen usw.

Datentypen baut man gemäß dem in Abb. 1 dargestellten Schema auf. Konkrete Datentypen besitzen meist keine Axiome, abstrakte Datentypen enthalten keinen Implementierungsteil.

Konkrete Datentypen kann man in vielen höheren Programmiersprachen formulieren. Das entsprechende Programmstück bezeichnet man als ↑Modul. Die Bezeichnung ist in verschiedenen Programmiersprachen unterschiedlich, z. B. heißt es „Klasse" in ↑SIMULA, „Modul" in ↑MODULA-2 und „Paket" in ↑Ada. Fügt man noch Vererbung und Nachrichtenaustausch hinzu, so kann man auch Objekte als konkrete Datentypen auffassen (↑objektorientierte Programmierung).

Als Schlüsselworte für Datentypen verwendet man oft:

⟨Schlüsselwort 1⟩:
    class, structure, module, package;
⟨Schlüsselwort 2⟩:
    begin (wie bei Blöcken), body;
⟨abschließendes Schlüsselwort⟩:
    end, end structure, end package.

Datentyp

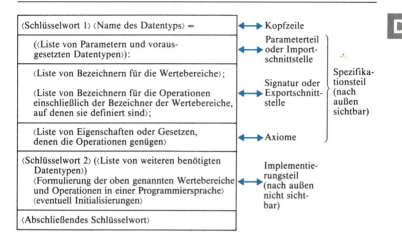

Abb. 1: Aufbau von Datentypen

Übliche Beispiele für Datentypen sind die Standarddatentypen ↑integer, ↑real, ↑boolean und ↑char und zusammengesetzte Strukturen wie der längenbeschränkte ↑Keller, die Schlange und die Menge der Teilmengen („Potenzmenge") zu einer Menge. Im Folgenden werden die Begriffe an den Datentypen boolean und „längenbeschränkter Keller" erläutert.

Beispiel 1: Der Datentyp boolean.
Dieser Datentyp besitzt den Wertebereich {true, false}. Hierauf sind die Operationen not, and, or, equiv, impl und die Fallunterscheidung ifthenelse definiert. Der Datentyp boolean ist in Prog. 1 (S. 120) als abstrakter Datentyp formuliert. Er ist folgendermaßen zu lesen:
Der Datentyp boolean 1 besitzt einen Wertebereich mode, der hier durch den Bezeichner w benannt wird. Es sind auf w gewisse Operationen zugelassen, und zwar
- die nullstellige Operation true, d. h., es gibt in w eine Konstante mit Namen true,
- die einstellige Operation not (die logische ↑NOT-Funktion),
- die zweistelligen Operationen and (logische ↑UND-Funktion), or (logische ↑ODER-Funktion), equiv (↑Äquivalenz oder Gleichheit von Werten) und impl (logische Folgerung ⇒, auch ↑Implikation genannt),
- die dreistellige Operation ifthenelse; statt ifthenelse (a, b, c) schreibt man üblicherweise if a then b else c.

Durch mode und functions wird die so genannte *Signatur* vorgestellt, die Liste der Bezeichner für Wertebereiche und Operationen. Der Bezeichner w soll für den Wertebereich „Wahrheitswerte" stehen. Mit den Operationen wird stets ihre *Stelligkeit* angegeben.

functions (w, w) w qrs

bedeutet: Es wird eine Operation (Funktion) qrs eingeführt, die zwei Argumente aus dem zu w gehörenden Wertebereich besitzt und deren Ergebnis wiederum ein Element aus dem zu w gehörenden Wertebereich ist.
Im Anschluss an die Signatur folgen

Datentyp 120

D

```
structure boolean 1 = ( ):
   mode w;
   functions ( ) w true,
             (w) w not,
             (w, w) w and, or, equiv, impl,
             (w, w, w) w ifthenelse;
   laws ASS: and (and (x, y), z) = and (x, and (y, z)),
      KOMM: and (x, y) = and (y, x),
        NEG: not (not (x)) = x,
       ODER: or (x, y) = not (and (not (x), not (y))),
       ÄQUI: equiv (x, y) = or (and (x, y), and (not (x), not (y))),
       IMPL: impl (x, y) = or (not (x), y),
        IF1: ifthenelse (true, y, z) = y,
        IF2: ifthenelse (not(true), y, z) = z,
         EX: and (x, not (x)) = not(true)
end structure
```

Prog. 1: Datentyp boolean

die *Axiome* oder *Gesetze,* hier eingeleitet durch das Schlüsselwort laws. Jedem Gesetz wird eine Abkürzung als Name gegeben, hier durch Großbuchstaben dargestellt. Das Gesetz ASS beschreibt die Assoziativität der Operation and, KOMM deren Kommutativität, NEG die Tatsache, dass die doppelte Negation wieder das Argument liefert, und EX den gegenseitigen Ausschluss von einem Argument und seiner Negation. Die Gesetze ODER, ÄQUI, IMPL, IF1 und IF2 definieren die übrigen Operationen mithilfe von true, not und and.

Der Parameterteil entfällt, was durch das Klammerpaar vor dem ersten Doppelpunkt angezeigt wird; ebenso fehlt der Implementierungsteil.

boolean 1 spiegelt nur die Struktur eines konkreten Datentyps wider. Definiert wurde nur das Verhalten der Operationen zueinander, nicht aber ihre konkreten Werte für konkrete Argumente.

Jeder Wertebereich mit Operationen der angegebenen Stelligkeit, die die

Gesetze erfüllen, heißt *Modell* des abstrakten Datentyps. In der Regel möchte man die Signatur und die Gesetze so wählen, dass es im Wesentlichen nur ein einziges Modell für den abstrakten Datentyp gibt.

Für boolean 1 ist dies nicht der Fall, vielmehr besitzt boolean 1 unendlich viele Modelle, z. B. die beiden folgenden:

Modell 1:
Der Wertebereich von w sei die einelementige Menge $M_1 = \{0\}$. Es stehe true für das Element 0. Die Operationen können nur auf eine Weise gewählt werden, z. B.

and (0, 0) = 0, impl (0, 0) = 0,
ifthenelse (0, 0, 0) = 0.

Alle Gesetze sind erfüllt, auch die Gesetze IF1 und IF2, da true und not(true) sowie y und z zusammenfallen.

Modell 2:
Man wähle als Wertebereich für w die Menge {true, false} der Wahrheitswerte und setze false = not(true). Die Operationen definiere man wie üblich

Datentyp

auf der Menge der Wahrheitswerte ($\uparrow$ boolean). Dann sind die Gesetze erfüllt ($\uparrow$ boolesche Algebra).

Offenbar hat nur das Modell 2 die Eigenschaften, die man von einem Datentyp mit dem Namen „boolean" erwarten würde. Der Verfasser eines Datentyps sollte also die Gesetze so formulieren, dass (im Wesentlichen) nur noch ein einziges Modell seines Datentyps übrig bleibt, und zwar das, welches er beim Entwurf beabsichtigt hat. Ein abstrakter Datentyp heißt **monomorph**, wenn er im Wesentlichen nur ein Modell besitzt, anderenfalls heißt er **polymorph**. (Genauer: das Modell muss aus endlich vielen Konstanten mit den Operationen „erzeugbar" sein.)

Beispiel 2:
Der Datentyp „längenbeschränkter Keller".
Dieser Datentyp ist wie eine Groschenbox aufgebaut (vgl. Abb. 2 und 3 im Kasten auf S. 122).

In einem Keller können Elemente, die vom gleichen Datentyp sind, übereinander gelegt werden („push"). Man kann jeweils nur das oberste Element („top") des Kellers entfernen („pop"). Die maximale Höhe max des Kellers und der Datentyp Δ (griech. Buchstabe Delta), den die Elemente des Kellers besitzen, werden als Parameter übergeben. Weiterhin muss man die Anzahl der Elemente im Keller („length") kennen, und man muss feststellen können, ob der Keller leer („isempty") oder voll („isfull") ist.
Abstrakter Datentyp: In Prog. 2 wird ein abstrakter Datentyp LBK definiert, der einen Datentyp Δ und eine natürliche Zahl max, die größer als 0 sein muss, verwendet. Weiterhin werden die Datentypen boolean und nat (natürliche Zahlen mit den üblichen Operationen $+, -, \ldots$ und den Konstanten $0, 1, 2, \ldots$) als bekannt vorausgesetzt (based on). (Eigentlich hätte man „structure Δ" statt „mode Δ" schreiben müssen; da wir aber von dem Da-

---

```
structure LBK = (mode Δ, nat max: max > 0,
                   based on boolean, based on nat):
    mode lbs Δ;
    functions ( )lbs Δ empty,
              (lbs Δ) boolean isempty, isfull,
              (lbs Δ) Δ top,
              (lbs Δ) lbs Δ pop,
              (lbs Δ, Δ) lbs Δ push,
              (lbs Δ) nat length;
    laws LEER: (x = empty) ⇔ isempty(x),
         VOLL: (length(x) = max) ⇔ isfull(x),
         LIFO: not isfull(x) ⇒ pop (push(x, d)) = x,
         KON: not isempty(x) ⇒ push (pop(x), top(x)) = x,
         OBEN: not isfull(x) ⇒ top (push(x, d)) = d,
         ANZ: not isfull(x) ⇒ length (push(x, d)) = length(x) + 1,
         ANZ0: length (empty) = 0
end structure
```

Prog. 2: Abstrakter Datentyp „längenbeschränkter Keller"

Datentyp

Eine **Groschenbox** kann Geldstücke aufnehmen, die man in umgekehrter Reihenfolge wieder herausziehen kann (Abb. 2).

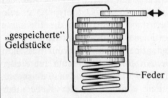

Abb. 2: Groschenbox

Für den Benutzer bleibt das Innenleben der Groschenbox verborgen. Von außen sieht man die Groschenbox nur wie in Abb. 3.

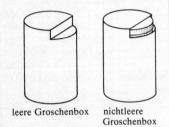

leere Groschenbox   nichtleere Groschenbox

Abb. 3: Außenansicht der Groschenbox

Eine Groschenbox ist entweder leer oder nicht leer. Man kann ein Geldstück hinzufügen, sofern die Groschenbox nicht voll ist, oder man kann das oberste Geldstück entfernen, sofern die Groschenbox nicht leer ist. Der konkrete Datentyp „Groschenbox" besitzt also die Operationen des längenbeschränkten Kellers:
- Abfragen: leer?, voll? (engl. *empty?, full?*)
- Hinzufügen (engl. *push*)
- Oberstes Geldstück entnehmen (engl. *pop*)

tentyp Δ für den Datentyp LBK nur den Wertebereich, also die Datenstruktur der Elemente von Δ, und nicht die zugehörigen Operationen benötigen, genügt es, mode Δ zu verwenden.) Damit ist der Parameterteil beendet, und es werden anschließend die zu LBK gehörenden Bezeichner für die Wertebereiche (hier nur ein Wertebereich für den Keller, bezeichnet durch lbs Δ) und für die Operationen aufgelistet. Bei den Operationen (functions) muss jeweils die Stelligkeit angegeben werden. (lbs Δ) nat length bedeutet also, dass es eine Funktion length vom Wertebereich, der durch lbs Δ bezeichnet ist, in die natürlichen Zahlen gibt; anschaulich soll length jedem Keller seine Länge, d.h. die Anzahl seiner Elemente, zuordnen. Analog bezeichnet (lbs Δ, Δ) lbs Δ push eine Funktion, die jedem Keller x aus lbs Δ und jedem Element d aus Δ einen neuen Keller zuordnet (und zwar den Keller, der aus x entsteht, wenn man d auf x legt). empty bezeichnet den leeren Keller.

Das Schlüsselwort laws leitet die Gesetze ein. Der leere Keller soll der einzige Keller sein, für den isempty den Wahrheitswert true besitzt; statt isempty(x) = true schreibt man bei booleschen Ausdrücken dann nur isempty(x). Der Keller ist voll, wenn die Anzahl seiner Elemente gleich der Maximalzahl max ist. Das Gesetz LIFO (Abk. für engl. **last in, first out**) beschreibt die Arbeitsweise des Kellers: Das zuletzt hinzugefügte Element d wird mittels pop wieder entfernt. Das Gesetz KON besagt: Wenn man das oberste Element top(x) wieder auf den um ein Element verringerten Keller pop(x) legt, so erhält man den ursprünglichen Keller x zurück, sofern x nicht leer war. Das in einen Keller zuletzt hineingelegte Element d ist stets sein oberstes Element (Gesetz OBEN).

Datentyp

Die Gesetze ANZ und ANZ0 definieren die Funktion length.

Dieser abstrakte Datentyp ist (fast) monomorph. Zum Beispiel beschreibt length tatsächlich die Anzahl der Elemente eines Kellers, denn aus ANZ folgt:

$$length(x) = length(push(x, d)) - 1,$$

und aus LIFO erhält man dann:

$$length(pop(push(x, d))) =$$
$$length(x) = length(push(x, d)) - 1,$$

d. h.

$$length(pop(y)) = length(y) - 1$$

für jeden nichtleeren Keller y.

LBK ist aber nur fast monomorph, da die Fehlerfälle nicht geregelt sind. Man überlässt diese i. A. der Implementierung, da sonst die Datentypen außerordentlich kompliziert werden.

Konkreter Datentyp: Der konkrete Datentyp „längenbeschränkter Keller" (über einem Datentyp Δ) unterscheidet sich vom abstrakten Datentyp dadurch, dass nun alle Objekte, also Keller und Kellerelemente, sowie die darauf definierten Operationen in einer Programmiersprache realisiert werden (Prog. 3). Hierbei achte man auf Vollständigkeit, d. h., es dürfen keine undefinierten Fälle (z. B. Fehlerfälle) übrig bleiben.

Einen Keller implementiert man meist als spezielle ↑lineare Liste, als ↑Datei mit direktem Zugriff oder als eindimensionales ↑Feld. Wir wählen das Feld. Ein Index t (genauer: eine Variable t vom Indextyp des Feldes, aller-

```
structure LBK = (mode Δ, nat max: max > 0):
    mode lbs Δ;
    functions ( ) lbs Δ empty,
              (lbs Δ) boolean isempty, isfull,
              (lbs Δ) Δ top,
              (lbs Δ) lbs Δ pop,
              (lbs Δ, Δ) lbs Δ push,
              (lbs Δ) nat length;
    begin (* Implementierungsteil, PASCAL-ähnlich formuliert *)
        var s: array [1 .. max] of Δ;
            t: 0 .. max;
        procedure empty; begin t := 0 end;
        function isempty: boolean; begin isempty := (t = 0) end;
        function isfull: boolean; begin isfull := (t = max) end;
        function top: Δ;
            begin if isempty then „Fehlerabbruch" else top := s[t] end;
        procedure pop;
            begin if isempty then „Fehlerabbruch" else t := t − 1 end;
        procedure push (d: Δ);
            begin if isfull then „Fehlerabbruch"
                else begin t := t + 1; s[t] := d end end;
        function length: integer; begin length := t end
    end
end structure
```

Prog. 3: Konkreter Datentyp „längenbeschränkter Keller"

Datentyp 124

dings erweitert um den Wert 0 zur Erkennung des leeren Kellers) weist stets auf das oberste Element des Kellers. Die Operationen von LBK ergeben sich dann zwangsläufig.

Da wir uns hier in einer konkreten Programmiersprache befinden, kann der Verweis „based on ...“ entfallen. Ein Keller, der aus den Elementen $d_1, d_2, ..., d_k$ in dieser Reihenfolge besteht, wird im Feld s in den ersten k Komponenten abgelegt; es ist dann $t = k$, und es gilt $s[i] = d_i$ für $i = 1, 2, ..., k$. Die Operation pop kann einfach durch Herunterzählen von t realisiert werden; das zu entfernende Element braucht nicht gelöscht zu werden, da nur die ersten t Komponenten von s betrachtet werden und da beim Erhöhen von t, also bei einer push-Operation, die früher gespeicherten Elemente überschrieben werden. Die verschiedenen Fälle für „Fehlerabbruch“ müssen noch gesondert programmiert werden.

Wie setzt man einen solchen konkreten Datentyp in der Programmierung ein? Eine wichtige Möglichkeit ist: Man erzeugt ein Exemplar (↑Inkarnation, ↑Instanz) des konkreten Datentyps und kann die Operationen unmittelbar verwenden.

Beispiel:
Man betrachte das Spiegeln einer einzulesenden Folge von 1 000 Zeichen. Diese Zeichen werden der Reihe nach in einem Keller abgelegt, und anschließend wird der Keller ausgelesen. Beim Erzeugen eines Exemplars muss man die Parameter angeben: char für Δ und 1 000 für max.

var Keller: LBK; i: 1..1 000; d: char;
...
new Keller (char, 1 000);
  (∗Hierdurch wird ein Exemplar
   unter dem Namen „Keller“
   erzeugt∗)

Keller.empty;
for i := 1 to 1 000 do
begin read (d); Keller.push(d) end;
for i := 1 to 1 000 do
begin write (Keller.top); Keller.pop
end;
...

In Programmiersprachen wie Ada und SIMULA können die Exemplare von konkreten Datentypen untereinander kommunizieren; sie können Daten austauschen und sich gegenseitig aktivieren. Dadurch kann man zusätzlich Prozesse realisieren. Dies ist aber nur als Hilfslösung anzusehen, da die Prozesskommunikation bisher nur aufwendig in Form von Gesetzen im abstrakten Datentyp beschrieben werden kann.

Datentypen schaffen größere beherrschbare Einheiten in der Programmierung. Die Import-/Exportteile definieren eine klare Schnittstelle, die Gesetze beschreiben die Eigenschaften, die für die Anwendung wesentlich sind, und sie erhöhen die Sicherheit im Umgang mit schwer überschaubaren Strukturen. Der Implementierungsteil bleibt vor dem Benutzer verborgen; er kann unabhängig vom sonstigen Programm erstellt, verändert oder ausgetauscht werden. Ein abstrakter Datentyp kann als „Blackbox mit Gebrauchsanleitung“ aufgefasst werden. Datentypen fördern das Baukastenprinzip und modulartiges Vorgehen, wie es sich in den Ingenieurwissenschaften bewährt hat. Eine besondere Bedeutung besitzt hierbei die Normung von Schnittstellen, die durch das Konzept der Datentypen stark erleichtert wird.

Zugleich wird es möglich, mit mathematischen Methoden zu beweisen, dass ein abstrakter Datentyp ein vorgegebenes Problem löst. Beweist man zusätzlich, dass eine gegebene Implementierung den abstrakten Datentyp korrekt realisiert, so erhält man einen Nachweis für die Korrektheit von Programmteilen. Ein solches Vorgehen ist dem ↑Testen stets vorzuziehen.

Datenübertragung (engl. *data transmission*): Transport von Daten zwischen zwei oder mehreren räumlich beliebig weit voneinander entfernten Geräten (Datenstationen).

Von **Datenfernübertragung** (Abk. DFÜ) spricht man, wenn die beteiligten Datenstationen mehr als etwa einen Kilometer voneinander entfernt sind. Die zur Datenfernübertragung eingesetzten Verfahren unterscheiden sich meist wesentlich von denen, die zur Übertragung zwischen an einem Ort befindlichen Geräten verwendet werden.

Die allgemeine Situation bei der Datenübertragung zeigt Abb. 1: Zwei Datenstationen sind über einen Datenübertragungsweg verbunden. Jede Datenstation besteht aus einer *Datenendeinrichtung* und einer *Datenübertragungseinrichtung,* die über eine genormte ↑Schnittstelle miteinander verbunden sind.

Bekannte Schnittstellen sind V.24, SCSI und Centronics. Der Übergang zu öffentlichen Netzen erfolgt über die X.25-Schnittstelle.

Datenendeinrichtung: Eine Datenendeinrichtung besteht aus einer *Fernbetriebseinheit* und einem *Datenendgerät.* Die Fernbetriebseinheit hat folgende, teilweise auch von der Datenübertragungseinrichtung wahrgenommene Aufgaben:
- Schritttakterzeugung;
- Synchronisation;
- Einhaltung des gleichen Schritttaktes bei zwei Datenstationen während der Datenübertragung;
- Parallelserienumsetzung;
- Datensicherung und Fehlerschutz;
- Steuerung und Koordinierung der Datenübertragung: Festlegung, welche Datenstation sendet und empfängt und wann die Übertragung beendet ist.

Das Datenendgerät enthält eine oder mehrere der folgenden Funktionseinheiten: Eingabe-, Ausgabe-, Rechen-, Steuerwerk, Speicher.

Datenübertragungseinrichtung: Datenübertragungseinrichtungen verbinden (meist öffentliche) Übertragungswege über genormte Schnittstellen mit Datenendeinrichtungen. Sie bestehen aus folgenden Funktionseinheiten:
- *Signalumsetzer:* Anpassung zu sendender Daten an die Eigenschaften des Übertragungsweges und Umwandlung empfangener Signale in

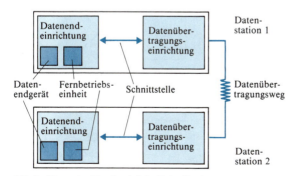

Abb. 1: Allgemeine Situation bei der Datenübertragung

Datenübertragung

eine für die Schnittstelle vorgeschriebene Form.
- *Anschalteinheit:* Auf- und Abbau von Datenverbindungen, z. B. durch Anwahl einer Datenstation.
- *Synchronisiereinheit:* Erzeugung und Einhaltung eines konstanten Sende- und Empfangstaktes.
- *Fehlerschutzeinheit:* Erkennung und Behebung von Übertragungsfehlern.

↑Modem und ↑Akustikkoppler sind Beispiele für Datenübertragungseinrichtungen zur Datenübertragung über das Telefonnetz.

Betriebsarten: Man unterscheidet im Wesentlichen die folgenden, auch gemischt vorkommenden Betriebsarten:
- *serielle und parallele Betriebsarten:* Bei der seriellen Übertragung (Abb. 2) werden die einzelnen Bits eines Datenelements (z. B. eines Bytes) einzeln nacheinander über eine Leistung übertragen, bei der parallelen Betriebsweise (Abb. 3) werden alle Bits gleichzeitig über jeweils eine Leitung transportiert;
- *Simplex-, Halbduplex- und Duplex-Betriebsarten:* Im Simplexbetrieb (Abb. 4) kann ein System nur senden und das andere nur empfangen, im Halbduplexbetrieb (Abb. 5) kann jedes System senden und empfangen, aber nicht beides gleichzeitig, im Duplexbetrieb (Abb. 6) können beide Systeme nach Belieben senden und empfangen,
- *synchrone und asynchrone Betriebsarten:* Im Synchronbetrieb werden alle Zeichen einer Sendefolge nach einem festen Zeitschema zwischen Sender und Empfänger ausgetauscht. Das Zeitschema kann durch einen gemeinsamen Taktgeber (Abb. 7) oder Synchronisierungszeichen innerhalb der Sendefolge erfolgen. Beim Asynchronbetrieb werden die Zeichen einer Sendefolge zu zufälligen Zeitpunkten gesendet. Damit der Empfänger Sendungen erkennen kann, versieht der Sender Nachrichten mit Anfangs- und Endesymbolen (↑Start-Stopp-Betrieb).

Abb. 2: Serielle Betriebsart

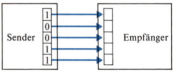

Abb. 3: Parallele Betriebsart

Abb. 4: Simplex-Betriebsart

Abb. 5: Halbduplex-Betriebsart

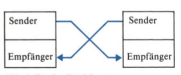

Abb. 6: Duplex-Betriebsart

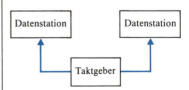

Abb. 7: Synchrone Betriebsart

Datenübertragungsverfahren: Bevor zwei Datenstationen Daten austauschen können, müssen zahlreiche Vereinbarungen nicht nur über technische Aspekte, z. B. verwendete ↑Codes, Betriebsart, Übertragungsgeschwindigkeit usw., sondern insbesondere auch über den algorithmischen Ablauf der Übertragung getroffen werden, z. B. welche Station wann und wie lange sendet, wie empfangene Daten quittiert werden, was bei Übertragungsfehlern zu geschehen hat usw.

Die Festlegung dieses algorithmischen Ablaufs bezeichnet man als *Übertragungsprozedur* oder *Kommunikationsprotokoll* (↑Protokoll).

Protokollhierarchie: Die Betriebssysteme verschiedener Rechenanlagen können meist keine Daten untereinander austauschen. Gerade dies muss aber beim Aufbau und Betrieb von Rechnernetzen sichergestellt werden. Alle Rechenanlagen müssen daher eine standardisierte Kommunikationsbasis besitzen. Die erwähnten Übertragungsprozeduren sind für diese Zwecke zwar geeignet, aber zu schwerfällig, zu maschinennah und wenig benutzerfreundlich. Im Jahre 1979 entwickelte die ↑ISO einen Vorschlag für ein *Schichtenmodell* (Abb. 8).

Jedes am Rechnernetz beteiligte Rechnersystem besteht aus sieben Schichten. Die Prozesse einer Schicht bilden eine Kommunikationsprotokollebene und werden nur durch Prozesse der unmittelbar darunter liegenden Schicht realisiert.

Die gestrichelten Pfeile in Abb. 8 zeigen den logischen Kommunikationsfluss zwischen Prozessen einer Schicht auf verschiedenen Rechenanlagen. Die durchgezogenen Pfeile markieren den tatsächlichen Kommunikationsfluss. Die blauen Pfeile zeigen den logischen und tatsächlichen Kommunikationsfluss von zwei Prozessen auf Schicht 5.

Die Protokolle für die zur Kommunikation zwischen den Prozessen einer Schicht erforderlichen Verfahren bilden eine Protokollhierarchie mit nach oben zunehmendem Leistungsumfang.

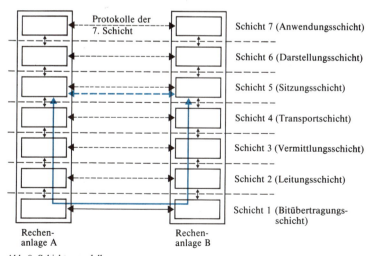

Abb. 8: Schichtenmodell

Datenübertragungsrate

Die auf allen Rechnern eines Rechnernetzes eingerichtete Protokollhierarchie bewirkt eine einheitliche Sichtweise und eine standardisierte Abwicklung aller Kommunikationsvorgänge. Die Schichten 1 bis 3 werden normalerweise von den öffentlichen Datenübertragungswegen angeboten und fallen dann in die Zuständigkeit der Telekom-Verwaltungen. Für die konkrete Gestaltung dieser Schichten gibt es seit 1976 die Empfehlung **X.25.**

Datenübertragungswege: Man unterscheidet *Standleitungen,* bei denen eine Verbindung über einen längeren Zeitraum besteht und fest geschaltet ist, und *Wählleitungen,* bei denen eine Datenstation eine andere durch Anwahl erreichen kann.

Für die Datenübertragung stellt die Deutsche Telekom als der größte Anbieter im Wesentlichen drei verschiedene Übertragungswege zur Verfügung, die unter dem Namen *Datel-Dienste* zusammengefasst sind: das *Fernsprechnetz,* das *Fernschreibnetz (Telex-Netz)* und das ↑ *Datex-Netz.* Alle erwähnten Netze lassen nur Wählverbindungen zu.

Im Fernsprechnetz werden Daten üblicherweise mit einer Datenübertragungsrate von 9 600, 14 400 oder 28 800 Bit/s übertragen. Die Bitfehlerwahrscheinlichkeit liegt bei etwa $5 \cdot 10^{-5}$ bis $2 \cdot 10^{-4}$ (d. h., auf 5 000 bis 20 000 übertragene Bits kommt im Mittel ein Fehler, der sich aufgrund der Verwendung fehlerkorrigierender Codes kaum auswirkt).

Im Fernschreibnetz arbeitet man mit der sehr niedrigen Übertragungsrate von 50 Bit/s (Bitfehlerwahrscheinlichkeit etwa 10^{-5} bis 10^{-6}).

Das Datex-Netz erlaubt Übertragungsraten von im Normalfall bis zu 56 600 Bit/s. Die Bitfehlerwahrscheinlichkeiten liegen je nach Übertragungsrate zwischen 10^{-6} und 10^{-5}.

In Zukunft werden die unterschiedlichen Netze durch das einheitliche ↑ ISDN abgelöst.

Datenübertragungsrate: Maß für die Geschwindigkeit, mit der Daten zwischen zwei Datenstationen übertragen werden. Die Datenübertragungsrate ist die Zahl der innerhalb einer Sekunde übertragenen Bits. Die Maßeinheit für die Datenübertragungsrate ist das **bps** (Abk. für engl. **b**its **p**er **s**econd).

Bei der Übertragung binärer Signale gilt: 1 bps = 1 ↑ Baud.

Datex-Netze: Netze der Deutschen Telekom zur Übertragung digitaler Daten. Die Übertragungsraten liegen meist zwischen 9 600 bit/s und 64 Kbit/s. Man unterscheidet:

Datex-L: Netz für die Leitungsvermittlung. Der Sender wählt den Empfänger an und tauscht Daten aus. Während des Datenaustauschs wird die Verbindung stabil aufrechterhalten (synchroner Datenaustausch).

Datex-P: Paketvermittelter Dienst. Die Sendedaten werden in *Pakete,* kleine Einheiten der Länge 128 Byte, zerlegt, mit der Empfängeranschrift versehen und einzeln zum Empfänger geschickt. Jeder Rechner im Netz gibt die Pakete an einen Rechner weiter, der in der richtigen Richtung liegt und zu dem die Verbindung gerade frei ist. So erreichen die Pakete schließlich den Empfänger, wobei sie nicht alle auf dem gleichen Weg und in der richtigen Reihenfolge eintreffen. Beim Empfänger werden sie dann sortiert und angezeigt. Diese Art der asynchronen Datenübermittlung nutzt ein Netz in der Regel besser aus, als dies durch Wahlleitungen geschieht.

Datex-J: Netz für „Jedermann". Hier handelt es sich im Wesentlichen um den ehemaligen ↑ Bildschirmtext, worüber auch ein Datenaustausch zwischen Computern möglich ist. Für dieses Netz kann man Suchhilfen nach Anbietern, Sachgebieten oder Schlagwörtern nutzen.

Datex-M: Öffentliches Hochgeschwindigkeitsnetz im Übertragungsbereich von bis zu 140 Megabit/s. Die unternehmensinterne Datenkommunikation kann unmittelbar angeschlossen oder mitversorgt werden.
Auf den Netzen sind die Dienste der Telekom verfügbar. Zurzeit ist ↑T-Online der wichtigste; weitere folgen mit dem Ausbau des ↑ISDN.

Datum: Kleinstes unteilbares Element des Wertebereichs eines Datentyps.
In der Informatik verwendet man den Begriff des Datums häufig sehr viel umfassender als spezielles ↑Signal bzw. als ↑Nachricht oder Teil einer Nachricht, die für sich interpretierbar und so dargestellt ist, dass sie maschinell verarbeitet werden kann.

Beispiele:
1. *Ein-* und *Ausgabedaten:* Ein Programm löst i. A. nicht nur eines, sondern viele gleichartige Probleme. Die Eingabedaten bestimmen das konkrete Problem; die Ausgabedaten liefern die Lösung dazu.
2. *Aktive* und *passive Daten:* Aktive Daten (z. B. Programmbefehle) kontrollieren und steuern den Verarbeitungsprozess, passive Daten (z. B. Eingabedaten) werden dem Verarbeitungsprozess unterworfen.
3. *Numerische* und *alphanumerische Daten:* Numerische Daten setzen sich aus Ziffern und bestimmten Sonderzeichen (wie Vorzeichen + und −) zusammen, alphanumerische Daten bestehen aus beliebigen Zeichen des Zeichenvorrats (Ziffern, Buchstaben, Sonderzeichen).

Daten werden zu ↑Datensätzen, ↑Datenstrukturen und ↑Datenbanken zusammengefügt; zu ihrer Beschreibung verwendet man ↑Datenmodelle.

5 SD Informatik

Debugging [ˈdiːˈbʌgɪŋ] *(Fehlerverfolgung und -beseitigung):* Während und nach der Erstellung von Programmen müssen mögliche Fehler erkannt, lokalisiert und beseitigt werden. Diesen Vorgang nennt man Debugging.

> Das Wort **Debugging** geht zurück auf den schon für das 19. Jh. in Amerika dokumentierten Gebrauch des engl. Wortes *bug* (dt. Wanze; Insekt, Käfer) für Fehler in einem technischen System. Zur Verbreitung in der Informatik trug wahrscheinlich folgende Begebenheit bei: Am 9. 9. 1947 fiel der von dem Team um Howard H. Aiken entwickelte Rechner MARK II aus. Bei der Fehlersuche entdeckten die Forscher in einem Relais eine tote Motte, die die Ursache des Fehlers war. Sie wurde zusammen mit einer Notiz „ordnungsgemäß" im Logbuch des MARK II festgehalten.
> Von diesem Zeitpunkt an wurde zunächst in dem Team und dann in immer größerem Kreis das Beheben von Hard- und Softwarefehlern als Debugging bezeichnet.
> Das Logbuch des MARK II mit der eingeklebten Motte kann noch heute im National Museum of American History in Washington, D. C., besichtigt werden.

Eine übliche Methode ist das ↑Testen von Programmen durch Protokollierung der Programmausführung. Diese Tätigkeit unterstützt ein Dienstprogramm, das als **Debugger** bezeichnet wird. Der Debugger verfolgt Schritt für Schritt die Ausführung des zu testenden Programms (↑Ablaufprotokoll). Der Programmablauf kann durch den Programmierer angehalten werden, um mithilfe des Debuggers an

Decodierer

den Haltepunkten Inhalte von Variablen, Registern und Speicherzellen anzuzeigen. An jedem Haltepunkt (engl. *breakpoint*) kann der Programmierer angeben, bei welchen Adressen der Debugger das nächste Mal automatisch die Programmausführung unterbrechen soll.

Decodierer (engl. *decoder*): Schaltung, die ↑binär verschlüsselte Eingangssignale entschlüsselt (Umkehrung des ↑Codierers).

Decodierer sind kombinatorische Schaltwerke, die Schaltfunktionen

$$f:\{0,1\}^n \to \{0,1\}^m$$

realisieren (↑boolesche Funktion), wobei nur Funktionswerte der Form $(y_1, y_2, ..., y_m)$, für die genau ein $y_i = 1$ ist, vorkommen.

Spezialfälle von Decodierern sind die *n*-aus-1-Decodierer, die *n* Eingangs- und $m = 2^n$ Ausgangsleitungen besitzen. Liegt auf den Eingangsleitungen die Dualdarstellung der Zahl *i* an, so führt die *i*-te Ausgangsleitung eine 1.

Beispiel: 2-aus-1-Decodierer (Abb. 1)

Übergangstabelle:

x_0	x_1	y_0	y_1	y_2	y_3
0	0	1	0	0	0
0	1	0	1	0	0
1	0	0	0	1	0
1	1	0	0	0	1

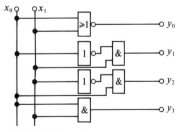

Abb. 1: Schaltung eines 2-aus-1-Decodierers

Übergangsgleichung:

$$y_0 = \overline{x_0 + x_1}$$
$$y_1 = \overline{x_0} x_1$$
$$y_2 = x_0 \overline{x_1}$$
$$y_3 = x_0 x_1$$

Deklaration *(Vereinbarung):* Festlegung, welche Bedeutung ein ↑Bezeichner in einem nachfolgenden Programmtext besitzt.

Im Gegensatz zu Anweisungen lassen Deklarationen den Programmzustand (Werte der Variablen, Inhalt der Ein- und Ausgabedateien) unverändert. Sie geben an, wie bestimmte Bezeichner bei der Ausführung der nachfolgenden Programmteile behandelt werden sollen und dürfen.

Nachfolgend sind einige Deklarationen aufgelistet, die in den üblichen Programmiersprachen vorkommen können:

1. *Deklaration von ↑Konstanten:* Ein Bezeichner wird mit einem festen Wert identifiziert. Im nachfolgenden Programmtext ist mit diesem Bezeichner immer der deklarierte Wert gemeint. Der Bezeichner darf nicht auf der linken Seite von ↑Zuweisungen auftreten, da sein Wert nicht verändert werden darf.

Beispiel:

<u>const</u> pi = 3.14159265

2. *Deklaration von ↑Datentypen bzw. Datenstrukturen:* Ein Bezeichner wird mit einem Datentyp identifiziert.

Beispiel:

<u>type</u> textzeile = <u>array</u> [1..80] <u>of</u> char

3. *Deklaration von Variablen:* Ein Bezeichner wird mit einer Variablen eines bestimmten Datentyps identifiziert und zugleich wird bei der Ausführung des Programms genügend Platz im Speicher für die Werte dieser Variablen reserviert. Im nachfolgenden Pro-

Determinismus

grammtext ist bei Verwendung dieses Bezeichners immer die ↑Adresse des reservierten Speicherplatzes bzw. der in diesem Speicherplatz stehende Wert gemeint.

4. *Deklaration von ↑Prozeduren:* Ein Bezeichner wird mit einer Prozedur identifiziert, d. h. kommt im nachfolgenden Programmtext dieser Bezeichner vor, so ist der ↑Aufruf der Prozedur gemeint.

Deklarationen gelten nur für den jeweiligen Block oder das Modul, in dem sie stehen (↑Bindungsbereich).

In manchen Programmiersprachen (z. B. BASIC, FORTRAN) sind *implizite Deklarationen* zugelassen. D. h.: Ein bisher nicht vereinbarter Bezeichner gilt als deklariert, wenn er erstmals vorkommt. Implizite Deklarationen liegen auch vor, wenn man Programmteile mit ↑Marken versieht.

Determiniertheit: Einen ↑Algorithmus kann man als Abbildung von der Menge der möglichen Eingabewerte in die Menge der möglichen Ausgabewerte auffassen. Ist diese Abbildung eine Funktion, d. h. bildet sie jeden möglichen Eingabewert auf höchstens einen Ausgabewert ab, so nennt man den Algorithmus *determiniert.* Die Situation, dass in einem Algorithmus dabei zu einem Eingabewert gar keinen Ausgabewert liefert, tritt ein, wenn der Algorithmus auf den Eingabewert nicht terminiert, also in eine Endlosschleife gerät.

Vom Begriff Determiniertheit ist der Begriff ↑Determinismus zu unterscheiden. Deterministische Algorithmen sind immer auch determiniert. Die Umkehrung gilt jedoch nicht.

Eine Erweiterung des üblichen Algorithmenbegriffs bilden die *nichtdeterminierten Algorithmen.* Sie können bei gleichen Eingaben und Startbedingungen unterschiedliche Ergebnisse liefern. Nichtdeterminierte Algorithmen berechnen daher zu einem gegebenen Problem nicht notwendigerweise die korrekte Lösung. Häufig nimmt man diese Eigenschaft aber in Kauf, wenn zum Beispiel ein exakter (determinierter) Algorithmus zu aufwendig wäre oder eine hohe Laufzeit hätte. Man verlangt dann aber von dem nichtdeterminierten Algorithmus, dass er nicht „zu oft" (d. h. mit geringer Wahrscheinlichkeit) eine falsche Lösung ausgibt. Die ↑stochastischen Algorithmen beispielsweise fallen meist unter diesen Algorithmenbegriff.

Determinismus:

1. Ein ↑Algorithmus oder ↑Programm wird durch eine Maschine schrittweise abgearbeitet. Der Algorithmus heißt *deterministisch,* wenn es zu jeder Programmsituation höchstens eine nachfolgende Situation geben kann, wenn also zu jedem Zeitpunkt der Folgeschritt eindeutig bestimmt ist. Programme in den meisten Programmiersprachen sind stets deterministisch.

Ein deterministischer Algorithmus ist stets determiniert (↑Determiniertheit). Die Umkehrung gilt jedoch nicht. Es gibt determinierte Algorithmen, die nichtdeterministisch sind: Beim Sortierverfahren ↑Quicksort kann man z. B. das Element x, nach dem das Feld aufgeteilt wird, beliebig (nichtdeterministisch) auswählen, das Verfahren liefert aber unabhängig hiervon zu jeder Eingabe immer genau eine Ausgabe, die sortierte Folge. Quicksort ist also trotz des nichtdeterministischen Anteils determiniert.

Das folgende Beispiel zeigt die Unterschiede im Einzelnen. Hierzu definieren wir folgendes Konstrukt:

$$(a_1 \mid a_2 \mid ... \mid a_n).$$

$a_1, a_2, ..., a_n$ sind beliebige Anweisungen. Das Konstrukt besagt, dass willkürlich eine der Anweisungen a_i ausgeführt werden darf.

Dezimalsystem 132

Beispiel:
Verschiedene Algorithmen zur Bestimmung des größten gemeinsamen Teilers ggT (a, b) zweier natürlicher Zahlen $a, b \in \mathbb{N}_0$.
a) deterministisch.

```
function ggt(a,b: integer): integer;
begin
    if b = 0 then ggt := a else
        if a < b then ggt := ggt(b,a)
                 else ggt := ggt(a − b,b)
end;
```

b) nichtdeterministisch, aber determiniert.

```
function ggt(a,b: integer): integer;
begin
    (ggt := ggt(b,a) |
    if b = 0 then ggt := a |
    if a ≥ b then ggt := ggt(a − b,b))
end;
```

Bei diesem Algorithmus kann im Rumpf der Funktion nichtdeterministisch zwischen drei Alternativen gewählt werden. Da aber in jedem Fall nur gültige ggT-Gesetze angewendet werden können, berechnet das Programm den ggT zweier Zahlen a und b. Die Laufzeit des Programms kann allerdings größer sein als im deterministischen Fall, wenn häufig unnötigerweise bei Auswahl der ersten Alternative die Parameter a und b vertauscht werden.
c) nichtdeterministisch und nichtdeterminiert.

```
function g(a,b: integer): integer;
begin
    (g := g(b,a) |
    if b = 0 then g := a |
    if a ≥ b then g := g(a − b,b) |
    g := − 1)
end;
```

Bei diesem Algorithmus kann im Rumpf der Funktion nichtdeterministisch zwischen vier Alternativen ge-

wählt werden. Wird bei festem a und b immer jeweils nur eine der ersten drei Möglichkeiten durchlaufen, so berechnet die Funktion wie in Beispiel b) den ggT von a und b korrekt. Wird einmal die letzte Alternative ausgewählt, so liefert die Funktion unabhängig von den Werten von a und b den Wert -1, d. h. ein falsches Ergebnis. Bei gleicher Eingabe a und b kann die Funktion g also unterschiedliche Werte berechnen. Sie ist nicht determiniert.
Die ↑ stochastischen Algorithmen sind ein weiteres Beispiel für nichtdeterministische (und meist auch nichtdeterminierte) Algorithmen.

Viele Probleme der Praxis lassen sich durch nichtdeterministische Algorithmen knapper und klarer lösen als durch deterministische. Da jedoch Computer deterministisch arbeiten, müssen letztlich deterministische Algorithmen entwickelt werden. Der Zusammenhang zwischen deterministischen und nichtdeterministischen Algorithmen in Bezug auf ihre Laufzeit und den benötigten Speicherplatz gehört zu den schwierigsten Fragestellungen der Informatik (↑ NP-vollständig). Weiterhin ist der Nichtdeterminismus ein wichtiges Konzept bei Korrektheitsbeweisen (↑ Semantik), bei der Klassifizierung von Grammatiken und Maschinen (↑ Chomsky-Hierarchie, ↑ endlicher Automat) und bei der Beschreibung von ↑ Prozessen.
2. Ein ↑ Automat ist deterministisch, wenn es zu jeder Konfiguration höchstens eine Folgekonfiguration gibt. Er ist nichtdeterministisch, wenn es Konfigurationen gibt, in denen der Automat willkürlich in eine von mehreren möglichen Folgekonfigurationen wechseln kann.

Dezimalsystem *(Zehnersystem):* Das ↑ Stellenwertsystem zur Basis 10.

Diagonalisierung

D-Flipflop: Bezeichnung für ein ↑Flipflop mit einem Informations- und einem Takteingang.
Schaltzeichen:

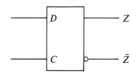

Ein Signal auf der D-Leitung erscheint um eine Taktzeit verzögert am Ausgang Z.
Das logische Verhalten zeigt folgende Übergangstabelle:

D	Z	Z'	
0	0	0	Z' ist der
0	1	0	Folge-
1	0	1	zustand
1	1	1	von Z.

Die Übergangsgleichung des D-Flipflops lautet: $Z' = D$.

Diagonalisierung: Mathematisches Beweisverfahren, das auf den Mathematiker Georg Cantor (1845–1918) zurückgeht. Unter Anwendung dieses Verfahrens gelang es Cantor zu zeigen, dass die reellen Zahlen *nicht abzählbar* sind, d. h., dass man die reellen Zahlen nicht eindeutig auf die natürlichen Zahlen abbilden kann (↑aufzählbar).
In der theoretischen Informatik wird eine Reihe wichtiger Sätze mithilfe der Diagonalisierung bewiesen, insbesondere die Unentscheidbarkeit des ↑Halteproblems für Turingmaschinen oder die Existenz nichtberechenbarer Funktionen.
Der Name stammt daher, dass der Widerspruch in der Diagonalen der Tabelle 1, die aus den Werten $f_s(w_t)$ für $s = 0, 1, 2, ...$ und $t = 0, 1, 2, ...$ besteht, hergestellt wird.

Beispiel:
Es wird mithilfe der Diagonalisierung gezeigt, dass die Menge aller totalen Funktionen $f: \mathbb{N} \to \mathbb{N}$ nicht abzählbar ist.
Behauptung: Die Menge aller totalen Funktionen $f: \mathbb{N} \to \mathbb{N}$ ist nicht abzählbar.
Beweis durch Widerspruch: Hierzu nimmt man an, man könne die Funktionen abzählen, und leitet aus dieser Annahme einen Widerspruch ab, wodurch die Annahme als falsch nachgewiesen ist.
Sei also die Menge aller totalen Funktionen $f: \mathbb{N} \to \mathbb{N}$ abzählbar, und sei $f_1, f_2, f_3, ...$ eine solche Abzählung. Diese Abzählung ordnet jeder natürlichen Zahl i eine Funktion f_i zu. In dieser Abzählung kommen alle totalen Funktionen $f: \mathbb{N} \to \mathbb{N}$ mindestens einmal vor. Dann definiere eine neue Funktion

$\bar{f}: \mathbb{N} \to \mathbb{N}$
$\bar{f}(n) = f_n(n) + 1$.

	w_0	w_1	w_2	w_3	...	
f_0	$f_0(w_0)$	$f_0(w_1)$	$f_0(w_2)$	$f_0(w_3)$	...	$\bar{f}(w_0) = f_0(w_0)a \ne f_0(w_0)$
f_1	$f_1(w_1)$	$f_1(w_1)$	$f_1(w_2)$	$f_1(w_3)$	...	$\bar{f}(w_1) = f_1(w_1)a \ne f_1(w_1)$
f_2	$f_2(w_2)$	$f_2(w_2)$	$f_2(w_2)$	$f_2(w_3)$	...	$\bar{f}(w_2) = f_2(w_2)a \ne f_2(w_2)$
⋮	⋮	⋮	⋮	⋮	⋮	⋮
						usw.

Tab. 1: Diagonalisierung; $\bar{f}$ ist nicht berechenbar

Dialekt 134

Auch $\bar{f}$ muss in dieser Abzählung vorkommen, denn $\bar{f}$ ist eine totale Funktion von $\mathbb{N}$ nach $\mathbb{N}$. Folglich muss es einen Index k geben, sodass

$$\bar{f} = f_k$$

ist, d. h.

$$\bar{f}(n) = f_k(n) \text{ für alle } n \in \mathbb{N}.$$

Diese Gleichung gilt auch für $k \in \mathbb{N}$ selbst, also

$$\bar{f}(k) = f_k(k).$$

Andererseits hatten wir oben definiert, dass

$$\bar{f}(k) = f_k(k) + 1$$

ist.

Es können nicht beide Gleichungen gelten. Da unsere Argumentation aber fehlerfrei war, muss also die Annahme bereits falsch gewesen sein. Damit ist die Behauptung bewiesen.

Dialekt: Abwandlung oder erweiterte Version einer Programmiersprache, deren Abweichungen nicht so gravierend sind, dass man von einer neuen Programmiersprache sprechen kann. Dialekte können auf unterschiedliche Weise entstehen:

1. Reichen die Sprachkonzepte für wichtige Anwendungen nicht aus, dann fügt man entsprechende Sprachelemente zu einer Sprache hinzu und ändert bestehende Konstrukte ab.

2. Zu einer Programmiersprache werden in der Regel viele Übersetzer erstellt. Diese unterscheiden sich stets in einer großen Zahl von Einzelheiten. Jeder Übersetzer akzeptiert daher eine andere Sprache, die einen Dialekt der vorgegebenen Programmiersprache darstellt.

Für den Benutzer sind Dialekte in der Regel unerwünscht, da gegebenenfalls Programme nicht auf andere Datenverarbeitungssysteme übertragbar sind (↑ Portabilität).

Didaktik der Informatik: Unter Didaktik versteht man allgemein die Unterrichtslehre, die Kunst des Lehrens oder die Wissenschaft von der Methodik des Unterrichtens, wobei die Didaktik eines speziellen Fachgebiets (hier der Informatik) ihren Forschungsschwerpunkt vor allem in der Theorie der Lehr- bzw. Bildungsinhalte, ihrer Struktur, Auswahl und Zusammensetzung sieht. Die Fachdidaktik stellt einen Bezug zwischen einer Fachwissenschaft und der Lebenswelt her; sie macht die von der Fachwissenschaft gewonnenen Erkenntnisse für die Schule und allgemein für Aus-, Fort- und Weiterbildung von Kindern, Jugendlichen und Erwachsenen verfügbar. Dabei versucht sie, die zentrale Fragestellung

Was soll wann, wie und mit welchem Ziel gelehrt werden?

zu beantworten. Im Einzelnen gehören zu diesem Prozess folgende Aufgaben:

- Definition der Ziele des Fachunterrichts,
- Entwicklung von Konzepten zur Methodik und zur Organisation des Unterrichts sowie zur Leistungsüberprüfung,
- Festlegung, welche Ideen, Methoden und Erkenntnisse der Fachwissenschaft im Unterricht vermittelt werden sollen,
- Reihung der Unterrichtsinhalte zu Lehrplänen und ihre fortlaufende Aktualisierung hinsichtlich neuester fachwissenschaftlicher und didaktischer Erkenntnisse.

Eine Fachdidaktik ist keine in sich ruhende Wissenschaft, vielmehr strahlen eine Reihe anderer Wissenschaften (z. B. Psychologie) und Institutionen (z. B. Schule selbst, als Behörde betrachtet) auf sie aus. Abb. 1 zeigt die Einbettung der Didaktik der Informatik in einen Kreis unterschiedlicher

Didaktik der Informatik

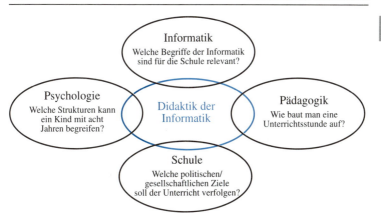

Abb. 1: Einbettung der Didaktik der Informatik

Wissenschaften und Institutionen sowie eine typische Fragestellung aus dem jeweiligen Bereich.

Der Informatikunterricht in der Schule hat seit seiner Einführung Anfang der 1970er-Jahre bereits mehrere Wechsel in seinen Lernzielen und damit verbunden in den didaktischen Ansätzen vollzogen.

Bei dem bis etwa 1976 in den Schulen vertretenen *hardwareorientierten Ansatz* wurde die Informatik als technische Disziplin gesehen, deren Forschungsgegenstand der Computer, als technisches Gerät betrachtet, war. Die schaltalgebraischen Grundlagen (↑ Schaltalgebra), ihre Realisierung sowie die prinzipielle Arbeitsweise von Computern standen im Vordergrund. Algorithmen wurden mit ↑ Programmablaufplänen dargestellt, in ↑ BASIC oder Maschinen- und ↑ Assemblersprachen formuliert und auf ↑ Mikroprozessoren oder Modellrechnern ausgeführt. Höhere ↑ Programmiersprachen wurden nur vereinzelt verwendet. Es überwogen Anwendungen aus der Mathematik (Numerik).

Seit etwa 1977 überwiegt in der Schule der *algorithmenorientierte Ansatz*. Hierbei wird die Informatik als Wissenschaft gesehen, die Methoden zum Entwurf und zur Spezifikation von Algorithmen bereitstellt, die Programmierung unterstützt und Techniken zur Darstellung und Realisierung von Problemlösungen sowie zur Analyse und ↑ Verifikation von Programmen erarbeitet. Höhere Programmiersprachen dominieren. Hardwarebezogene Konzepte treten in den Hintergrund, weil diese dem ingenieurmäßigen Bereich zugeordnet sind. Der Computer wird also weniger als Forschungsobjekt denn als Werkzeug betrachtet.

Mittlerweile scheint auch dieser Ansatz überholt. Sein Nachteil besteht darin, dass der Begriff des Algorithmus überwiegend im imperativen Sinne interpretiert wird und andere Darstellungen (etwa prädikative, funktionale) vernachlässigt werden. Ferner werden die Probleme und Grenzen der Algorithmisierbarkeit im theoretischen (↑ Berechenbarkeit, Verifikation), im praktischen (Entwicklung unüberschaubar großer Programme) und im gesellschaftlichen Sinne (Sicherheit von Softwaresystemen) nicht hinreichend herausgestellt. Grob gesprochen betont dieser Ansatz die Machbarkeit gegenüber der Nichtmachbarkeit und gegenüber alternativen menschengerechten Realisierungen.

digital: Eigenschaft eines Elements, nur diskrete, d. h. nicht stetig veränderbare Werte einer festen, endlichen Wertmenge annehmen zu können. Daten werden in ↑Digitalrechnern durch diskrete Zustände von Schaltelementen dargestellt und durch Zählvorgänge miteinander verknüpft. Der Begriff wird meist im Gegensatz zu ↑analog verwendet. Ein digitales Zeichen gehört zu einem endlichen Zeichenvorrat mit gut unterscheidbaren Elementen. Der Übergang von einem digitalen Zeichen zu einem anderen geschieht sprungartig. Im Gegensatz hierzu können analoge Signale kontinuierlich ineinander übergehen.

Digitalrechner (oft synonym für *Computer* verwendet): Ein Digitalrechner verarbeitet ↑digitale Werte, die in der Regel durch zwei diskrete, strikt unterscheidbare ↑Signale dargestellt werden. Alle Daten und Programme werden rechnerintern als Folgen von 0 und 1 verschlüsselt (↑Code). Eingaben werden von den Eingabegeräten in die digitale Darstellung übersetzt, umgekehrt wandeln die Ausgabegeräte alle Ausgaben von der digitalen Darstellung in lesbare Form um. Ein Digitalrechner besteht aus der Zusammenschaltung einfacher Funktionseinheiten. Elementare Grundbausteine sind ↑Flipflops zur Realisierung von Speichern und UND-Gatter (↑Gatter, ↑UND-Funktion) bzw. NOT-Gatter (↑NOT-Funktion) zur Realisierung von Schalt- und Steuerfunktionen.

Diodenlogik (Abk. DL): Bezeichnung für eine ↑Schaltkreisfamilie, bei der die ↑Gatter durch Dioden und Widerstände realisiert sind. Abb. 1 zeigt ein UND-Gatter (↑UND-Funktion).

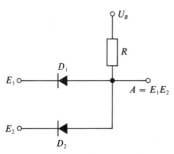

Abb. 1: UND-Gatter in Diodenlogik

Sind beide Eingänge E_1 und E_2 in Abb. 1 mit der Betriebsspannung U_B verbunden, d. h. „logisch 1", so liegt am Ausgang A ebenfalls die Spannung U_B. Ist einer der Eingänge auf 0 Volt („logisch 0"), führt der Ausgang 0 Volt, da die entsprechende Diode leitet.

Dioden-Transistor-Logik (Abk. DTL): Bezeichnung für eine ↑Schaltkreisfamilie, bei der die ↑Gatter durch Transistoren, Dioden und Widerstände realisiert sind. Die ↑UND-Funktion und die ↑ODER-Funktion werden durch Dioden, die ↑NOT-Funktion wird durch Transistoren ausgeführt. Ein NAND-Gatter besteht aus einem Diodennetzwerk und einem Verstärker, der gleichzeitig die Funktion des NOT-Gatters übernimmt.

Disassembler ['dɪsˈəsɛmblər]: Programm, welches ein Maschinenprogramm in ein Assemblerprogramm übersetzt, wobei die beiden Programme die gleiche Bedeutung haben sollen. Dies ist jedoch nicht immer möglich, weil in Maschinenprogrammen kein Unterschied im Aufbau zwischen Daten und Befehlen besteht.

Disassembler dienen der Fehlersuche und der Wartung von Maschinenprogrammen. Hat man einen Fehler eingegrenzt, so kann das zu untersuchende Programmstück in lesbare Form gebracht werden.

disjunktive Normalform: Bezeichnung für eine standardisierte Darstellung von ↑booleschen Funktionen durch boolesche Ausdrücke.

Beispiel:
Gegeben sei folgende boolesche Funktion:

	x	y	z	$f(x,y,z)$
1)	0	0	0	1
2)	0	0	1	0
3)	0	1	0	0
4)	0	1	1	1
5)	1	0	0	1
6)	1	0	1	0
7)	1	1	0	1
8)	1	1	1	0

Die disjunktive Normalform von f erhält man folgendermaßen: Jeder Klammerausdruck wird gebildet aus den Argumenten x, y, z einer Zeile der Wertetabelle, an der der Funktionswert von f gleich 1 ist. Die Argumente werden mit der ↑UND-Funktion verknüpft, wobei die Argumente, die den Wert 0 besitzen, negiert werden. Aus der Tabelle von f folgt (man beachte $\bar{0} = 1$ und $\bar{1} = 0$):

Zeile 1: $f(0,0,0) = 1$
liefert den Klammerausdruck
$(x^0 \cdot y^0 \cdot z^0) = (\bar{x} \cdot \bar{y} \cdot \bar{z}) = (\bar{x}\bar{y}\bar{z})$

Zeile 4: $f(0,1,1) = 1$
liefert den Klammerausdruck
$(x^0 \cdot y^1 \cdot z^1) = (\bar{x} \cdot y \cdot z) = (\bar{x}yz)$

Zeile 5: $f(1,0,0) = 1$
liefert den Klammerausdruck
$(x^1 \cdot y^0 \cdot z^0) = (x \cdot \bar{y} \cdot \bar{z}) = (x\bar{y}\bar{z})$

Zeile 7: $f(1,1,0) = 1$
liefert den Klammerausdruck
$(x^1 \cdot y^1 \cdot z^0) = (x \cdot y \cdot \bar{z}) = (xy\bar{z})$

Den Punkt und die Klammern kann man weglassen. So erhält man die disjunktive Normalform von f:

$f(x,y,z) = \bar{x}\bar{y}\bar{z} + \bar{x}yz + x\bar{y}\bar{z} + xy\bar{z}$.

Formale Darstellung: Für eine Variable x bezeichne x^1 die Variable selbst und x^0 ihre Negation $\bar{x}$. Eine boolesche Funktion $f: \{0,1\}^n \to \{0,1\}$ mit n Variablen $x_1, x_2, ..., x_n$ kann man dann stets in der folgenden disjunktiven Normalform darstellen:

$f(x_1, ..., x_n)$
$= (x_1^{a_{11}} \cdot x_2^{a_{21}} \cdot ... \cdot x_n^{a_{n1}})$
$+ (x_1^{a_{12}} \cdot x_2^{a_{22}} \cdot ... \cdot x_n^{a_{n2}}) + ...$
$+ (x_1^{a_{1k}} \cdot x_2^{a_{2k}} \cdot ... \cdot x_n^{a_{nk}})$.

k ist gleich der Zahl der Stellen, an denen f den Wert 1 hat, und für alle $i \in \{1, ..., k\}$ gilt $f(a_{1i}, a_{2i}, ..., a_{ni}) = 1$.

Eine andere Standarddarstellung für boolesche Ausdrücke ist die ↑konjunktive Normalform.

Diskette (engl. *floppy disk*): Speichermedium, das vorwiegend bei Heimcomputern und Personalcomputern verwendet wird und in Form und Funktionsweise einem ↑Magnetplattenspeicher ähnelt. Eine Diskette ist eine früher 8 oder 5¼ (Minidisk), heute 3½ Zoll große, mit einer magnetisierbaren Schicht versehene flexible Plastikscheibe, die sich in einem quadra-

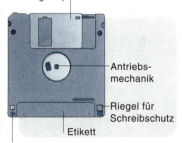

Verschluss für Lese-/Schreiböffnung (gibt beim Einlegen in das Gerät den Zugriff zur darunter liegenden Öffnung frei)

Antriebsmechanik

Riegel für Schreibschutz

Etikett

Öffnung zur Kennzeichnung besonders hoher Aufzeichnungsdichte

Abb. 1: Diskette

tischen festen Umschlag befindet (Abb. 1, S. 137). Der Umschlag besitzt eine Aussparung, die einen Teil der Plattenoberfläche für den Lese-/Schreibkopf des Diskettenlaufwerks freilegt. Die Platte wird in das Laufwerk geschoben und rotiert beim Betrieb in der Schutzhülle. Die Speicherkapazität einer Diskette beträgt bis zu 2 MByte, die mittlere Zugriffszeit 50 bis 100 ms. Die Umdrehungszahl liegt bei 6 Umdrehungen pro Sekunde.

Divide-and-conquer-Verfahren [dɪ-'vaɪd ənd 'kɒŋkə -] *(Teile-und-herrsche-Verfahren):* Bezeichnung für ein algorithmisches Lösungsverfahren, das sich in die beiden folgenden Schritte gliedert:
Divide: Das Problem wird in zwei oder mehr möglichst gleich große Teilprobleme derselben Art wie das Originalproblem aufgespalten, die unabhängig voneinander gelöst werden.
Conquer: Die Lösungen der Teilprobleme werden zu einer Lösung des Gesamtproblems zusammengefügt.
Die durch den Divide-Schritt entstandenen Teilprobleme teilt man erneut, bis schließlich so einfache Teilprobleme entstehen, dass man sie unmittelbar lösen kann. Da das Originalproblem im Divide-Schritt auf Probleme der gleichen Art zurückgeführt wird, eignet sich für die Programmierung dieses Verfahrens die ↑Rekursion.

Beispiel:
↑Quicksort ist ein typisches Divide-and-conquer-Verfahren. Der Divide-Schritt teilt das zu sortierende Feld (Abb. 1) in einen Teil, dessen Elemente alle kleiner oder gleich einem speziellen vorher gewählten Mittenelement (hier blau hinterlegt) sind, und in einen Teil, dessen Elemente alle größer oder gleich dem Mittenelement sind. Der Conquer-Schritt verknüpft zwei zu sortierende Felder.
Abb. 1 zeigt die Schritte zur Sortierung der Zahlenfolge 7 3 2 6 1 5 9 4 3 als ↑Baum. Jeder Knoten ist links mit der Zahlenfolge vor dem zugehörigen Divide-Schritt, rechts mit der Zahlenfolge nach dem zugehörigen Conquer-Schritt markiert.

Man kann Divide-and-conquer-Verfahren meist recht genau hinsichtlich ihrer ↑Komplexität analysieren. Sei $T(n)$ die Anzahl der Schritte, die ein Divide-and-conquer-Verfahren benötigt, welches eine Folge der Länge n in genau zwei gleich große Teile zerlegt. Wenn die Anzahl der benötigten Schritte beim Zerlegen und beim Conquer-Schritt jeweils proportional zu n ist, dann ergibt sich folgende Gleichung für T mit einer Konstanten c:

$$T(n) = 2 \cdot T\left(\frac{n}{2}\right) + c \cdot n.$$

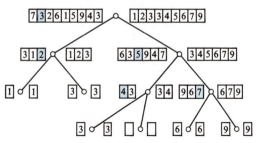

Abb. 1: Sortierverfahren Quicksort

Dividierwerk

Diese Gleichung hat die Lösung
$$T(n) = c \cdot n \cdot \log_2(n) + d \cdot n$$
mit einer beliebigen Konstanten d. Ein Algorithmus besitzt dann also eine ↑Laufzeit der ↑Ordnung $O(n \cdot \log_2 n)$. Ein Beispiel hierfür ist das ↑Sortieren durch Verschmelzen.

Dividierwerk: Die Division zweier Zahlen wird wie bei der üblichen Papier-und-Bleistift-Methode durch wiederholte Subtraktion und Stellenverschiebung realisiert. Dividiert werden nur die Beträge der Zahlen; die Bestimmung des Vorzeichens des Quotienten geschieht getrennt von der Berechnung. Der Quotient zweier n-stelliger ganzer Zahlen kann höchstens n Stellen lang sein.

Der folgende Algorithmus realisiert die ganzzahlige Division zweier ganzer im ↑Dualsystem dargestellter Zahlen x und y. Die Variablen werden hierbei als Bezeichner für ↑Register aufgefasst. Zwei Register p und q können zu einem Doppelregister pq aneinander gehängt werden.

Eingabe: Zwei nichtnegative Dualzahlen $x = x_{n-1}\ldots x_0$ und $y = y_{n-1}\ldots y_0$ ($x_i, y_i \in \{0,1\}$).

Ausgabe: Der Quotient $q = x \div y$ (ganzzahliger Anteil) und der Rest r, wobei gilt: $x = q \cdot y + r$ und $0 \le r < y$.

Methode:

```
if y = 0 then „Fehlerabbruch:
                Division durch 0"
else
begin
  r := 0;
  for i := 1 to n do
  begin
    „Schiebe Doppelregister rx
    um eine Stelle nach links,
    wobei rechts eine Null nach-
    geschoben wird";
    if r ≥ y then
    begin
      r := r − y;
      x₀ := 1 (* die rechteste
               Stelle des Registers x
               wird auf 1 gesetzt *)
    end
  end;
  write (x, r)
end;
```

Beispiel: $x = 1010$, $y = 0011$

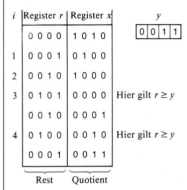

Ergebnis: $10 : 3 = 3$ Rest 1

Abb. 1 (S. 140 oben) zeigt das Blockschaltbild eines Dividierwerkes, das nach dem obigen Algorithmus arbeitet.

Die Division zweier Zahlen in ↑Gleitpunktdarstellung $z_1 = m_1 \cdot b^{e_1}$ und $z_2 = m_2 \cdot b^{e_2}$ erfolgt nach der Formel
$$\frac{z_1}{z_2} = \frac{m_1}{m_2} \cdot b^{e_1 - e_2}.$$

Die Subtraktion der Exponenten kann mithilfe eines ↑Subtrahierwerkes realisiert werden. Zur Division von m_1 und m_2 verwendet man den obigen Algorithmus in etwas abgewandelter Form. Vor der Division von m_1 und m_2 müssen die Mantissen durch Multiplikation in ganze Zahlen umgewandelt werden.

Auf den genauen Algorithmus verzichten wir hier. Wir weisen darauf hin, dass bei der Division Rundungsfehler

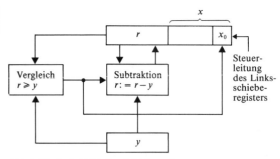

Abb. 1: Blockschaltbild eines Dividierwerks

auftreten. So liefert 10 dividiert durch 3 das Ergebnis $0{,}1101 \cdot 2^2 = 3\frac{1}{4}$ bei vierstelliger Mantisse.
Dies ist bei numerischen Algorithmen zu beachten.

DOS (Abk. für engl. **d**isc **o**perating **s**ystem):
1. Teilsystem eines Betriebssystems, das alle Operationen der angeschlossenen ↑ Magnetplattenspeicher startet und kontrolliert. Das DOS erhält seine Aufgaben vom Prozessor mitgeteilt und führt diese dann selbstständig aus.
2. Bezeichnung eines älteren Betriebssystems für ↑ Personalcomputer. Viele Kommandos dieses Betriebssystems beziehen sich auf die ↑ Dateiverwaltung auf Disketten oder Magnetplattenspeichern (↑ MS-DOS).

Drucker (engl. *printer*): Gerät zur Ausgabe von Daten, Grafiken und Programmen auf Papier. Unterschiedliche Anforderungen an die Geschwindigkeit, die Druckqualität und den Zeichensatz haben zu einer Reihe verschiedener Druckertypen geführt. Abb. 1 unten zeigt die wichtigsten Unterscheidungskriterien.

Typendrucker: Man spricht von Typendruckern, wenn für jedes druckbare Zeichen ein Typenträger vorgesehen ist. Typendrucker haben einen

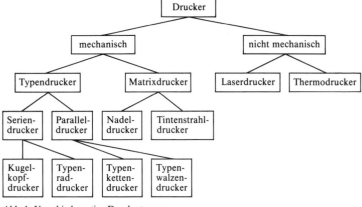

Abb. 1: Verschiedenartige Druckertypen

Drucker

vom Typenträger bestimmten festen Zeichensatz. Der Wechsel eines Zeichensatzes kann nur durch Austausch der Typenträger erfolgen.

Seriendrucker (Zeichendrucker) bringen die Zeichen wie bei einer Schreibmaschine nacheinander zu Papier, *Paralleldrucker (Schnelldrucker, Zeilendrucker)* drucken jeweils eine ganze Zeile in einem Arbeitsgang. Die Druckgeschwindigkeit liegt bei 10 bis 50 Zeichen bzw. Zeilen/s.

Abb. 2: Typenrad eines Typenraddruckers

Bei Seriendruckern sind das ältere und mechanisch aufwendigere Kugelkopfsystem und das einfachere Typenradsystem (Abb. 2) weit verbreitet. Paralleldrucker können als Typenkettendrucker und als Typenwalzendrucker realisiert sein.

Bei Typenkettendruckern werden rotierende Ketten verwendet, wobei jedes Kettenglied eine Type, d. h. ein Zeichen, trägt. Für jede Druckposition einer Druckzeile ist ein Hammer vorgesehen, der genau in dem Moment anschlägt, wenn das Kettenglied mit dem richtigen Zeichen an ihm vorbeiläuft (Abb. 3).

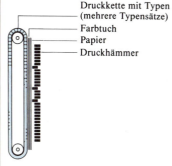

Abb. 3: Schema eines Kettendruckers

Typenwalzendrucker *(Trommeldrucker)* besitzen eine rotierende Walze, deren Umfang je Druckposition alle Zeichen des Zeichensatzes trägt. Wie

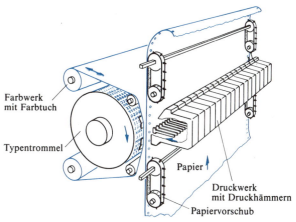

Abb. 4: Typenwalzendrucker

Drucker 142

beim Typenkettendrucker schlägt auch beim Typenwalzendrucker ein für jede Druckposition vorgesehener Hammer genau dann an, wenn das richtige Zeichen an ihm vorbeiläuft (Abb. 4, S. 141). Mit einer Walzenumdrehung wird also eine Druckzeile vollständig gedruckt.

Matrixdrucker: Bei Matrixdruckern wird jedes Zeichen aus einzelnen Punkten einer Matrix zusammengesetzt, deren Größe meist 5 × 7 oder 7 × 9 Punkte beträgt (Abb. 5).

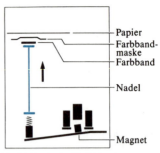

Abb. 6: Prinzip des Nadeldruckers

Abb. 5: Darstellung der Ziffer 1 bei einem 5 × 7-Matrixdrucker

Werden die Zeichen durch einzelne Nadeln erzeugt, die entsprechend dem auszudruckenden Zeichen aus dem Druckkopf hervorschnellen und das Farbband auf das Papier drücken, so spricht man von *Nadeldruckern* (Abb. 6).

Bei *Tintenstrahldruckern* entfällt das Farbband. Statt dessen sind die Nadeln der Matrix als feine Röhrchen ausgebildet, durch die je nach zu druckendem Zeichen Tinte auf das Papier gespritzt wird (Abb. 7).

Tintenstrahldrucker arbeiten sehr leise, können als Mehrfarbdrucker ausgebildet sein und haben im Vergleich zu Nadeldruckern meist ein besseres Schriftbild, da die ausgespritzte Tinte geringfügig verläuft, wodurch das für Nadeldrucker typische Punktraster verschwindet.

Die Druckgeschwindigkeit von Nadel- und Tintenstrahldruckern liegt zwischen 30 und 400 Zeichen/s. Aufgrund der vielen Variationsmöglichkeiten des Punkterasters können mit Matrixdru-

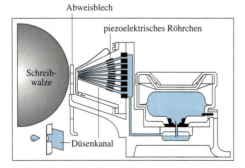

Abb. 7: Prinzip des Tintenstrahldruckers

ckern viele verschiedene Schriftarten und auch Symbole und Sonderzeichen dargestellt werden.
Laserdrucker: Bei Laserdruckern werden die Zeichen durch einen Laserstrahl erzeugt und elektrofotografisch auf das Papier aufgebracht. Ihre Funktionsweise ist vergleichbar mit der eines Kopierers (Abb. 8).

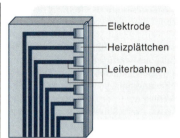

Abb. 9: Druckkopf eines Thermodruckers

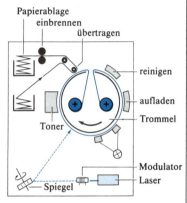

Abb. 8: Schema eines Laserdruckers

Die Druckgeschwindigkeit von Laserdruckern beträgt bis zu 200 000 Zeichen/min. Wegen der guten Steuerbarkeit des Laserstrahls können Laserdrucker sowohl beliebige Zeichen ausgeben als auch grafische Darstellungen zeichnen. Ihr Nachteil ist ihr höherer Preis, Vorteile sind ihre hohe Druckgeschwindigkeit und die hervorragende Druckqualität.

Thermodrucker: Thermodrucker arbeiten mit temperaturempfindlichem Spezialpapier. Durch gezielte Wärmeeinwirkung, bei der das Papier seine Farbe ändert, können Zeichen dargestellt werden (Abb. 9).

Die Leistungsfähigkeit von Thermodruckern entspricht in etwa der von Matrixdruckern. Wegen des relativ hohen Preises des Druckerpapiers werden Thermodrucker aber nur bei sehr kleinen Rechenanlagen (meist im Taschenrechnerformat) eingesetzt.

Ein Maß für die Druckqualität von Druckern, bei denen die Ausgabe auf einem Punktraster beruht (z. B. Matrix- und Laserdrucker) ist die Zahl der Punkte, die der Drucker pro Inch (= 2,54 cm) anzeigen kann (**dpi** Abk. für engl. **d**ots **p**er **i**nch). Je höher diese Zahl ist, desto höher ist auch die Auflösung des Druckers. Handelsübliche Drucker besitzen 300 bis 2 400 dpi.

Die mechanischen Drucker werden im Allgemeinen mit *Endlospapier* betrieben, das eine Breite von meist 80 oder 132 Druckstellen hat. Beide Ränder des Papiers sind in kurzen Abständen gelocht. In die Löcher greifen Zahnräder des Druckers *(Traktoren)*, welche den Vorschub des in Zickzackstapeln gefalteten Endlospapiers besorgen.

Dualsystem *(Binärsystem, Zweiersystem)*: Bezeichnung für ein ↑Stellenwertsystem zur Basis 2, das über einen Vorrat von zwei Ziffern (0 und 1) verfügt. Der Stellenwert einer Ziffer steigt von rechts nach links in Potenzen zur Basis 2 an.

Beispiel:
Die Dualzahl 10110 hat die Dezimaldarstellung

$$1 \cdot 2^4 + 0 \cdot 2^3 + 1 \cdot 2^2 + 1 \cdot 2^1 + 0 \cdot 2^0 =$$
$$16\ +\ 0\ +\ 4\ +\ 2\ +\ 0\ = 22.$$

Das Dualsystem ist die Basis der digitalen Datenverarbeitungsanlagen, da die elementaren Schalt- und Speicherelemente nur über zwei mögliche Zustände verfügen. Zur Codierung von Zahlen bieten sich in Datenverarbeitungsanlagen zwei verschiedene Formen an: das reine Dualsystem und das dualverschlüsselte Dezimalsystem (↑ BCD-Code).

Dummy [ˈdʌmɪ] (dt. Attrappe, Strohmann): Platzhalter für einen Programmteil, für ein Modul oder für Daten, der nach außen die Eigenschaften des Originals vortäuscht.

Dummys werden häufig beim Entwickeln und ↑ Testen von Programmen eingesetzt, wenn noch nicht alle vom Programm benötigten Komponenten fertig gestellt sind.

Dump [dʌmp] *(Speicherabzug, Speicherauszug):* Das Sichtbarmachen oder das Sichern eines zusammenhängenden Teils des Speichers (dies können der ↑ Hauptspeicher oder auch Teile anderer Speichermedien sein wie z. B. ↑ Magnetplattenspeicher). Das Sichtbarmachen kann dabei durch Ausgabe auf einen Drucker oder durch eine Datensichtstation erfolgen. Speicherabzüge werden beim ↑ Testen von Programmen benutzt. In manchen Betriebssystemen wird bei einem Laufzeitfehler automatisch ein Dump erzeugt, um die Untersuchung des Fehlers zu erleichtern.

duplex: Kennzeichnung für einen Datenübertragungskanal, bei dem beide Datenendeinrichtungen gleichzeitig Daten senden und empfangen können (↑ Datenübertragung). Ein Beispiel für einen Duplexkanal ist das Telefon (↑ simplex, ↑ halbduplex, ↑ multiplex).

Durchsatz: Anzahl der pro Zeiteinheit vollständig bearbeiteten ↑ Aufträge.

Sei *t* das Zeitintervall der Beobachtung und *n* die Zahl der in *t* vollständig bearbeiteten Aufträge. Der Durchsatz *D* ist definiert durch

$$D = \frac{n}{t}.$$

Ein häufig angestrebtes Ziel beim Betrieb von Rechenanlagen, speziell im Stapelbetrieb (↑ Betriebsart), besteht in der Maximierung des Durchsatzes. Eine mögliche Maßnahme hierzu bildet der Mehrprogrammbetrieb.

dyadisch *(zweistellig):* Häufige Bezeichnung für die Zweistelligkeit von ↑ Operatoren in Programmiersprachen, also für die Eigenschaft dieser Operatoren, zwei Argumente zu benötigen.

Beispiele für dyadische Operatoren sind Addition und Subtraktion +, − (nicht zu verwechseln mit den gleich bezeichneten ↑ monadischen Operatoren + und −), die Multiplikation oder die Restbildung mod. Dyadische Operatoren werden meist zwischen die Operanden geschrieben (↑ Infixnotation).

E

EBCDI-Code (EBCDI Abk. für engl. extended binary coded decimal interchange): Erweiterter ↑ BCD-Code zur Darstellung von Ziffern, Buchstaben und Sonderzeichen.

Dieser Code benutzt zur Darstellung eines Zeichens ein ↑ Byte. Die erste Tetrade heißt auch *Zonenteil,* die zweite Tetrade *Ziffernteil.* Die darstellbaren Zeichen sind in Gruppen eingeteilt, die erste Tetrade kennzeichnet die Gruppe eines Zeichens. Innerhalb einer Gruppe werden die Zeichen durchnummeriert. Die zweite Tetrade enthält die Dualdarstellung der Nummer des Zeichens. Die Codierungsvorschrift ist auf S. 145 dargestellt. Es gibt zwei Möglichkeiten, Zahlen mit dem EBCDI-Code darzustellen:

EBCDI-Code

Codierungsvorschrift beim EBCDI-Code

Zonenteil

 Ziffernteil →

Spalte / Zeile	0	1	2	3	4	5	6	7	8	9	10	11	12	13	14	15
0	NUL				⌴	&	–									0
1						/			a	j			A	J		1
2									b	k	s		B	K	S	2
3									c	l	t		C	L	T	3
4	PF	RES	BYP	PN					d	m	u		D	M	U	4
5	HT	NL	LF	RS					e	n	v		E	N	V	5
6	LC	BS	EOB	UC					f	o	w		F	O	W	6
7	DEL	IL	PRE	EOT					g	p	x		G	P	X	7
8									h	q	y		H	Q	Y	8
9									i	r	z		I	R	Z	9
10			SM		¢	!	∧	:								
11					.	$	,	#								
12					<	*	%	O								
13					(	)	–	'								
14					+	;	>	=								
15					|	¬	?	"								

Bedeutung der Steuerzeichen:

Zeichen	Bedeutung	Zeichen	Bedeutung
NUL	Nil (Füllzeichen)	LF	Zeilenvorschub
PF	Stanzer Aus	EOB	Blockende
HT	Horizontaltabulator	PRE	Bedeutungsänderung der beiden Folgezeichen
LC	Kleinbuchstaben		
DEL	Löschen	PN	Stanzer Ein
RES	Sonderfolgenende	RS	Leser Stop
NL	Zeilenvorschub mit Wagenrücklauf	UC	Großbuchstaben
		EOT	Ende der Übertragung
BS	Rückwärtsschritt	SM	Betriebsartenänderung
IL	Leerlauf	⌴	Zwischenraum

Editor

Bei der *ungepackten Darstellung* wird jede Ziffer einer Zahl gemäß dem EBCDI-Code in ein Byte verschlüsselt. Das Vorzeichen der Zahl wird im Zonenteil der letzten Ziffer festgehalten. Dabei gilt: Das Vorzeichen „+" wird durch die Tetrade 1100, das Vorzeichen „–" durch die Tetrade 1101 dargestellt.

Beispiel:
a) Darstellung der Zahl −359.

b) Darstellung der Zahl +24.

Bei der *gepackten Darstellung* wird jede Ziffer einer Zahl unter Vernachlässigung des Zonenteils gemäß dem EBCDI-Code in eine Tetrade verschlüsselt.
Das Vorzeichen wird in der letzten Tetrade festgehalten.

Beispiel:
a) Darstellung der Zahl −359.

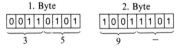

b) Darstellung der Zahl +24.

1. Byte	2. Byte
0 0 1 0 0 1 0 0	1 1 0 0 × × × ×
⎵ ⎵	⎵
2 4	+

Für die gepackte Darstellung benötigt man durchschnittlich nur halb so viel Speicherplatz wie für die ungepackte Darstellung.

Editor: Komponente eines Datenverarbeitungssystems zum Bearbeiten von Texten und/oder Grafiken im Dialog. Mit einem Editor können Texte bzw. Grafiken erstellt, verändert, gelöscht, durchsucht und auf vielfältige Art manipuliert werden. Editoren gehören mittlerweile zu fast allen Anwendungssystemen. Das Zusammenwirken verschiedener Editoren kann zu aufwendigen Prozessen führen (↑ Multimedia-System).
Ein Editor erhält die zu bearbeitenden Objekte von einer Datei und/oder einem Eingabegerät (meist von der Tastatur oder einem ↑ Scanner) und liefert die erstellten oder überarbeiteten Objekte an eine Datei und/oder ein Ausgabegerät (Bildschirm, Drucker, Telefonadapter usw.). Während der Bearbeitung werden die Objekte in der Form, wie sie zurzeit im Editor vorhanden sind, die Art und der Stand der Bearbeitung (z. B. Einfügen, Justieren, Ersetzen) ausschnittsweise am Bildschirm angezeigt (Abb. 1a).
Während Editoren früher alle ihre Funktionen zur Eingabe, Ausgabe, Darstellung usw. selbst realisierten, nutzen sie heutzutage die Funktionen, die das Betriebssystem hierfür bereitstellt, vor allem die Dateiverwaltung. Editoren sind folglich auf das Betriebssystem „aufgesetzt" (Abb. 1 b).
Ein benutzerfreundlich geschriebener Editor hat wesentlichen Einfluss auf die Nutzung von Computern (↑ Benutzerfreundlichkeit, ↑ Benutzungsoberfläche).
Bei der Auswahl eines Editors für die *Schule* sollte berücksichtigt werden,
- dass die Funktionalität klein ist und vom Benutzer ggf. durch Definition eigener Makrobefehle selbstständig erweitert und an seine Bedürfnisse angepasst werden kann oder

Editor

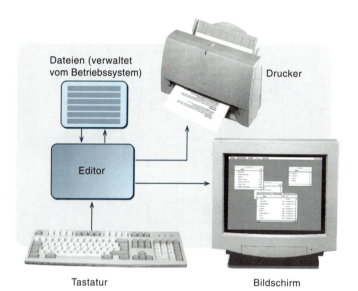

Abb. 1 a: Beziehungen des Editors zu anderen Geräten

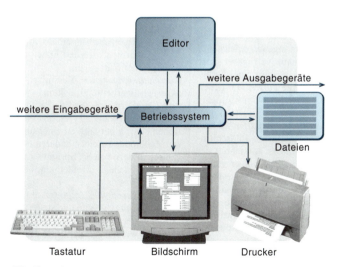

Abb. 1 b: Auf das Betriebssystem „aufgesetzter" Editor

Editor

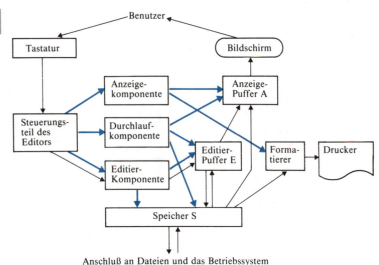

Abb. 2: Aufbau eines Editors (schwarze Pfeile: hier fließen Daten, blaue Pfeile: hier fließen Kontrollinformationen)

- dass weniger wichtige Funktionen je nach Grad der Einarbeitung der Schüler erst Zug um Zug in die Menüs aufgenommen werden.

Ein Editor legt die zu bearbeitenden Objekte in einem eigenen Speicher S ab. Darüber hinaus verfügt er über mindestens zwei weitere Speicherbereiche, so genannte *Puffer,* von denen einer als Hilfsspeicher beim Einfügen, Verschieben, Löschen, Ersetzen von Objekten dient *(Editierpuffer E)* und der andere den aktuellen Bildschirminhalt enthält, also den Ausschnitt des Speichers S, den der Benutzer gerade sieht *(Anzeigepuffer A)*. In der Regel sind diese Puffer mehrfach vorhanden, sodass der Benutzer mehrere Ausschnitte von S gleichzeitig bearbeiten kann. Die aktuelle Arbeitsposition wird durch den *Cursor* angezeigt.

Das Grundprinzip der Funktionsweise eines Editors ist in Abb. 2 wiedergegeben. Ein Editor enthält mindestens die folgenden Teile mit den aufgelisteten Funktionen:

Editierkomponente: Überschreiben, Einfügen, Löschen, Ersetzen, Kopieren und Verschieben innerhalb von S, Einkopieren von externen Dateien in den Speicher S.

Durchlaufkomponente: Verändert die aktuellen Bearbeitungspositionen in A und E und erneuert die Inhalte von A und E entsprechend. Typische Operationen sind: Übergang zu einer anderen Zeile oder zu einer anderen Seite (Durchblättern von S), Sprung an eine markierte Stelle, Auffinden eines speziellen Textes usw.

Anzeigekomponente: Zeigt den aktuellen Ausschnitt von S an und steuert die Ausgabe der Daten auf den Drucker. Zugleich werden Zusatzinformationen auf den Bildschirm gebracht, z. B. welche Operationen die Editierkomponente gerade durchführt und welche als Nächste zugelassen sind. Weiterhin kann man sich die Druckausgabe vorab auf dem Bildschirm ansehen.

Fast alle Editoren besitzen zusätzliche Funktionen, insbesondere:

- Unterbrechung und Abbruch der laufenden Operation,
- Sicherung von *S* auf Disketten oder Platten (*Back-up*-Kopien),
- Rückgängigmachen der letzten Operationen *(Undo),*
- Hilfefunktionen, mit denen sich der Benutzer jederzeit zurechtfinden kann und die ihn auf irreparable Fehlermöglichkeiten rechtzeitig hinweisen,
- Zusammenfassen von Befehlsfolgen zu einem ↑ Makrobefehl,
- Ein- und Ausgabe von Dokumenten, die von anderen Editoren erstellt wurden oder weiter bearbeitet werden können,
- Zusammenfügen von Texten, Grafiken und Bildern zu einem einheitlichen Dokument.

Heute findet man am häufigsten Text-, Grafik- und integrierte Editoren. Im Folgenden werden die *Texteditoren* behandelt, da sie ohne weitere Spezialkenntnisse erläutert werden können. Man unterteilt sie in

- zeilenorientierte,
- folgenorientierte,
- bildschirmorientierte,
- strukturbezogene und
- syntaxorientierte Editoren.

Diese Unterteilung spiegelt die geschichtliche Entwicklung der (interaktiven) Editoren wider. Die Einführung der Maus, die erweiterten Speichermöglichkeiten und die Einbeziehung von Grafik (↑ grafisches Terminal) haben zu integrierten Text-Grafik-Editoren geführt, die mehrere Dokumente gleichzeitig bearbeiten und anzeigen können.

Zeilenorientierte Editoren sind veraltet und werden nicht mehr weiterentwi-

ckelt. Der Text ist in Zeilen aufgeteilt, die durchnummeriert sind. Der Editor bearbeitet stets nur eine Zeile einer vorgegebenen maximalen Länge (z. B. 80 = Anzahl der Spalten einer Lochkarte oder 132 = maximale Zeichenzahl einer Druckzeile).

Folgenorientierte Editoren *(zeichenstromorientierte Editoren)* fassen den gesamten Text als eine Folge von Zeichen auf. Zur Strukturierung können in den Text spezielle Symbole für „nächste Seite", „Ende einer Zeile" und für Markierungen von Textteilen oder für die Steuerung von Ausgabegeräten (z. B. „Unterstreiche die nächsten *n* Zeichen", „Schreibe gesperrt", „Fettdruck" für die Steuerung eines Druckers oder Bildschirms) eingestreut werden. Solche speziellen Symbole erlauben dann Editorbefehle, wie „nächste Zeile", „nächste Seite", „springe zur mit *x* markierten Stelle".

Bildschirmorientierte Editoren fassen den Text als einen Quadranten in der Ebene auf, der mit Zeichen gefüllt ist. Das oberste Zeichen in der linken Ecke gibt den Koordinatenursprung an, von dem aus sich der Quadrant nach unten und rechts beliebig weit erstreckt (Abb. 3).

Der Quadrant ist *parkettiert,* d. h., er besteht aus einer zweidimensionalen unendlichen Folge von kleinen Quad-

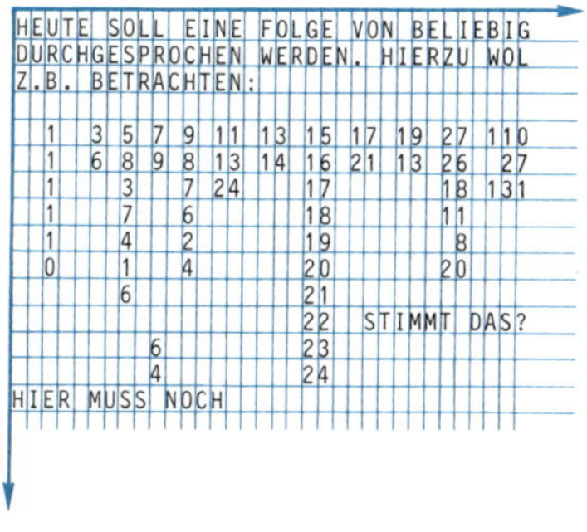

Abb. 3: Text als zweidimensionale Struktur

Editor

raten, in denen jeweils ein Zeichen stehen kann. Auf dem Bildschirm erscheint stets nur ein rechteckiger Ausschnitt des Quadranten. Diesen Ausschnitt bezeichnet man als *Fenster* (engl. *window*), in dem sich im Allgemeinen auch der Cursor befindet. Mit dem Editor kann man nur den Teil des Textes direkt bearbeiten, der im Fenster sichtbar ist. Typische Funktionen sind:

- Bewege das Fenster um x Einheiten nach rechts, links, oben oder unten über den Text.
- „Rolle" das Fenster über den Text in einer Richtung. Man rückt hierzu das Fenster genau um die angegebene Höhe bzw. Breite des Fensters weiter (engl. *scrolling*).
- Markiere rechteckige Bereiche, so genannte *Blöcke,* durch Fixieren des oberen linken und unteren rechten Punktes.
- Einfügen, Verändern, Ersetzen, Verschieben, Kopieren, Löschen und weitere Operationen beziehen sich sowohl auf einzelne Zeichen als auch auf ganze Blöcke.

Der Benutzer kann mehrere Fenster öffnen und sich gleichzeitig über verschiedene Ausschnitte des Textquadranten informieren. Diese Fenster lässt man sich nebeneinander oder wie einen Stoß Papier etwas versetzt übereinander anzeigen, wobei unten liegende Fenster durch darüber liegende verdeckt werden (↑ Fenstertechnik).

Der zu erstellende oder aufzuarbeitende Text besitzt meist eine innere Struktur. Beispielsweise kann man ein Buch, das aus dem Inhaltsverzeichnis, aus drei Kapiteln mit mehreren Paragraphen, aus einem Literaturverzeichnis, aus einer Kurzbeschreibung verwendeter Begriffe (Glossar) und einem Stichwortverzeichnis besteht, durch einen ↑ Baum darstellen (Abb. 4).

Ein **strukturbezogener Editor** bietet Befehle an, die sich auf eine vorgegebene Struktur des Textes beziehen. Der Editierbefehl „Exchange (§ 2.1, § 2.2)" würde z. B. die Paragraphen 2.1 und 2.2 miteinander vertauschen, der Befehl „Insert H as § 3.3" würde den Text H als Paragraph 3.3 einfügen. Beim Erstellen, Einfügen und Ersetzen von Text muss zuvor stets angegeben werden, in welchem Teil der Struktur man sich gerade befindet. Editierbefehle wie Löschen, Kopieren, Sortieren, Ersetzen usw. beziehen sich dann jeweils auf ganze Teile des Textes.

Beispiel:
Abb. 5 zeigt einen konkreten Brief, der

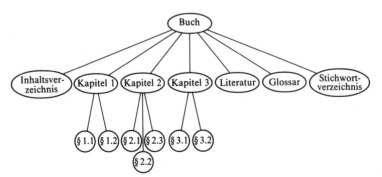

Abb. 4: Darstellung eines Buches als Baum

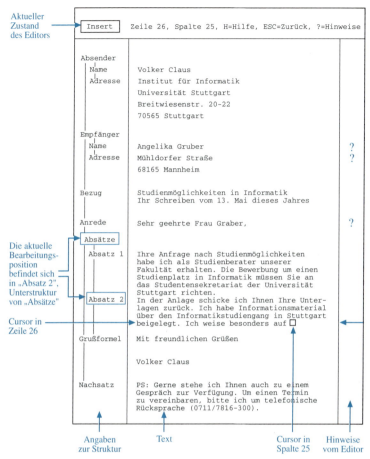

Abb. 5: Aktueller Bearbeitungszustand eines Textes in einem strukturbezogenen Editor

von einem strukturbezogenen Editor gerade bearbeitet wird. Die linke Spalte vom „Absender" hinunter bis zum „Nachsatz" zeigt die baumartige Struktur des Briefes. Der Cursor befindet sich in Absatz 2. Die oberste Zeile gibt den Zustand des Editors wieder: Es wird gerade Text eingefügt (Insert); der Cursor befindet sich in Zeile 26, Spalte 25.

Durch Drücken der Taste H werden Hilfen gegeben (z. B. welche Befehle gerade möglich sind), die Taste ESC (Escape) führt zum Editormenü zurück, und die Taste „?" erläutert die Hinweise in der letzten Spalte. Bei diesem Beispiel wurde bereits angenommen, dass der Editor weitere Strukturinformationen aufnehmen kann, und zwar:

Effizienz 152

- In „Anrede" und „Empfänger. Name" muss ein gleiches Wort vorkommen.
- In „Adresse" kommen in zwei verschiedenen Zeilen Zahlen vor (Postleitzahl und Hausnummer).

Durch **?** in der letzten Spalte von Abb. 5 macht der Editor darauf aufmerksam, dass hier die Struktur verletzt ist (die beiden Namen Graber/Gruber sind verschieden, und es fehlt eine Hausnummer).

Ein strukturbezogener Editor benötigt zusätzliche Befehle, um die Struktur erkennen und verwalten zu können. Zum Ersten muss die Struktur definiert werden können. Hierzu kann man ↑ kontextfreie Grammatiken oder Formalismen, wie sie bei der Beschreibung von Datenbanken anfallen (↑ Datenmodell), verwenden. Zum Zweiten beziehen sich viele Befehle auf die aktuellen Unterstrukturen. Zum Beispiel muss der Löschbefehl „Delete" die aktuelle Unterstruktur löschen; hierzu fährt man den Cursor in den linken Teil „Angaben zur Struktur" und löscht durch „Delete" die Unterstruktur, in der sich der Cursor befindet. Man muss auch Teile des Textes als Unterstruktur markieren können. Zum Dritten muss man den Text strukturbezogen durchlaufen können. Während die strukturbezogenen Editoren den Text in Teilstrukturen aufteilen und entsprechend bearbeiten können, analysieren **syntaxorientierte Editoren** den Text auf seine syntaktische Struktur hin. Will man z. B. ein Programm in der Sprache ↑ PASCAL editieren, so kann der Editor auf fehlende Schlüsselwörter oder falsche Schachtelungen hinweisen, die sonst erst der Übersetzer findet.

Editoren sind die zentrale Komponente in umfassenden Systemen zur ↑ Textverarbeitung. Das reine Editieren wird bei solchen Systemen durch

weitere Funktionen ergänzt. Bekanntestes Textsystem für Kleinrechner ist *MS-Word,* das auf einem bildschirmorientierten Editor beruht und eine Fülle von mächtigen Funktionen besitzt.

Die Ausgabe auf den Drucker oder eine ↑ Datensichtstation erfolgt oft nicht durch den Editor, sondern durch ein Formatierungsprogramm. Mithilfe dieses **Formatierers** kann man den Text in allen Einzelheiten aufbereiten: Man kann die Größe und Form der Zeichen angeben, man kann selbstdefinierte Zeichensätze benutzen (man denke an arabische oder chinesische Zeichen oder an mathematische Symbole wie

$$\sum_{i=1}^{n}, \int_{a}^{b},$$

usw.), oder man kann Einrückungen, Beginn einer neuen Seite, Seitennummerierung usw. vorschreiben. Um einen Formatierer zu steuern, werden in den Text spezielle Markierungszeichen vom Editor eingefügt (↑ PostScript). Formatierer und Bildschirmausgabe des Editors sollten stets aufeinander abgestimmt sein (**WYSIWYG** Abk. für engl. what you see is what you get, d. h., der Bildschirm zeigt immer die gültige Form eines Dokumentes).

Durch Einfügen von Bildern und durch spezielle Programme, mit denen man Seiten beliebig gestalten kann, wird der Editor zu einem „Verlagsprogramm". Man spricht dann vom **Desktop-Publishing** (Abk. **DTP**), also dem Erstellen von veröffentlichungsreifen Druckschriften am Bildschirm.

Effizienz: Ein Algorithmus heißt effizient, wenn er ein vorgegebenes Problem mit möglichst geringem Aufwand an ↑ Betriebsmitteln löst. In der Praxis interessiert man sich meist für die benötigte Laufzeit (bzw. für die Anzahl der auszuführenden Operationen), für die Größe des Speichers oder für die Zahl der Zugriffe auf Hintergrundspeicher. Die ↑Komplexitätstheorie untersucht die ↑Ordnung der ↑Laufzeit und des Speicherbedarfs von Algorithmen, Programmen und Problemen in Abhängigkeit von der Länge der Eingabe. Als Probleme, die man nicht effizient lösen kann, gelten die ↑NP-vollständigen Probleme.

Eiffel: Relativ „schlanke" objektorientierte Programmiersprache mit wenigen, aber sehr leistungsfähigen Konzepten, die 1985 von dem amerikanischen Wissenschaftler B. Meyer entwickelt wurde.

Eiffel ist aber nicht nur eine Programmiersprache, sondern lässt sich auch als Software-Entwurfsmethode auffassen, die den Entwickler sowohl bei der Programmierung als auch während des gesamten Software-Entwicklungsprozesses in allen Phasen des Softwarelebenszyklus (↑Software-Engineering) von der Problemanalyse bis zur Wartung unterstützt. Das Eiffel-System umfasst daher nicht nur die Sprache Eiffel, sondern auch eine Klassenbibliothek und ein Entwicklungssystem, in dem der Benutzer Software objektorientiert produzieren kann.

Das Entwurfsziel von Eiffel steht unter der Maxime, die Qualität von Softwaresystemen weiter zu verbessern und die Produktivität des Entwicklungsprozesses zu erhöhen. Von den vielen Faktoren, die Softwarequalität und Produktivität beeinflussen, konzentriert sich Eiffel vor allem auf die folgenden vier Elemente, zu deren Verbesserung es Konzepte bereitstellt:

• *Zuverlässigkeit* (engl. *reliability*). Hierfür stellt Eiffel Konzepte wie die strenge Typisierung (↑typisierte Programmiersprache), disziplinierte vom Benutzer zu steuernde Reaktionen des Systems auf Laufzeitfeh-

ler oder Zusicherungen zur Verfügung.

• *Erweiterbarkeit* (engl. *extendibility*). Hierfür gibt es die starke Kapselung der Daten in Objekten, die einen kompletten Austausch von Definitionen durch neue erlaubt, und die Möglichkeit, Software evolutionär durch Ergänzung von Unterklassen zu entwickeln.

• *Wiederverwendbarkeit* (engl. *reusability*). (Re-)Konfigurieren statt Programmieren, indem man auf vorliegende Softwaremodule und -pakete zurückgreift.

• *Portabilität*. Eiffel-Software ist bei voller ↑Kompatibilität mit nur geringem Aufwand an unterschiedliche Systeme anpassbar.

Das grundlegende Konzept, mit dem Eiffel diese Ziele zu erreichen sucht, ist der objektorientierte Entwurf (↑objektorientierte Programmierung), definiert als „Herstellung von Softwaresystemen durch strukturierte Zusammenstellung von Klassen", die als Implementierungen abstrakter ↑Datentypen verstanden werden. Die beiden zentralen Beziehungen zwischen den Klassen sind die Vererbungsrelation (engl. *inheritance relation*) und die Kundenrelation (engl. *client relation*), die etwas darüber aussagen, welche Objekte von welchen anderen Objekten „bedient" werden, indem sie auf deren Zustand zugreifen oder deren Methoden aufrufen.

Klassendefinition: Eine *Klasse* ist eine Zusammenstellung von *Features,* der charakteristischen Merkmale der Objekte der Klasse. Es gibt zwei Typen von Features: *Attribute,* d. h. Datenobjekte, und Methoden, in Eiffel als *Routinen* bezeichnet. Der Forderung nach maximaler Datenkapselung *(Geheimnisprinzip)* folgend, können die Features nach außen sichtbar und für alle oder ausgewählte andere Klassen zu-

Eiffel

greifbar oder aber geheim gehalten werden.

Beispiel:
Es wird eine Klasse von Bankkonten mit den typischen Merkmalen wie Kontoinhaber, Kontostand, Kreditrahmen als Attributen und Einzahlen, Abheben, Eröffnen als Routinen definiert:

class Konto
feature
  Inhaber: Person;
  Kontonr: integer;
  Kontostand: real;
  Kreditrahmen: real is 1 000.00;
  eröffnen (p: Person; n: integer;
           Kredit: real) is
  require
    Kredit > 0.0;
    n > 0;
  do
    Inhaber: = p;
    Kontonr: = n;
    Kontostand: = 0.00
  end;
  einzahlen (Betrag: real) is
  require
    Betrag > 0.0
  do
    add(Betrag)
    ensure Kontostand =
      old Kontostand + Betrag
  end;
  abheben (Betrag: real) is
  require
    Betrag > 0.0;
    Betrag ≤ Kontostand
      + Kreditrahmen
  do
    add(−Betrag)
    ensure Kontostand =
      old Kontostand − Betrag
  end;
  überzogen: boolean is
  do
    Result: = Kontostand < 0.0
  end;

feature {none}
  add (Betrag: real) is
  do
    Kontostand: =
      Kontostand + Betrag
  end;
invariant
  Kontostand ≥ − Kreditrahmen
end.

Zur Erläuterung: Die Klasse enthält zwei Feature-Definitionen. Die erste zu Beginn ohne weiteres Kennzeichen sorgt dafür, dass alle nachfolgenden Definitionen für die Außenwelt sichtbar sind, also von allen anderen Klassen angesprochen, geändert bzw. aufgerufen werden können. Die Feature-Definition am Ende mit dem Parameter none macht alle nachfolgenden Definitionen (hier nur die Prozedur add) privat. Diese können nicht von außerhalb der Klasse aufgerufen werden.

In der öffentlichen Feature-Klausel werden die vier Attribute Inhaber, Kontostand, Kontonr, Kreditrahmen definiert. Inhaber, Kontonr, Kontostand sind Variablen, Kreditrahmen ist eine Konstante, die durch die Klausel is als festen Wert die Zahl 1000.00 erhält. Inhaber kann als Wert Objekte der Klasse Person annehmen, die hier nicht definiert ist. Die beiden anderen Attribute sind vom Typ real.

In Eiffel existieren die üblichen elementaren Datentypen integer, real, double (real mit doppelter Genauigkeit), charakter und boolean, aber keine Aufzählungstypen. Weitere vordefinierte Typen sind ↑ Felder und ↑ lineare Listen, jedoch keine varianten ↑ Records.

Im Beispiel werden ferner vier Routinen definiert: die drei Prozeduren eröffnen, einzahlen, abheben und die Funktion überzogen. Bei Funktionen wird die Rückgabe des Funktions-

Eiffel

ergebnisses durch die besondere Variable Result realisiert.

Zur Konstruktion von Programmstücken stehen in Eiffel die üblichen Konstruktoren zur Verfügung wie die ↑ bedingte Anweisung (if), jedoch keine Fallunterscheidung (case), und die Schleife in der Form

from ⟨Initialisierungsteil⟩
until ⟨Abbruchbedingung⟩
loop ⟨Schleifenrumpf⟩
end.

Zusicherungen (engl. *assertions*): Neben den Features werden in der Klasse Konto gewisse Bedingungen mit require, ensure und invariant definiert. Solche Zusicherungen haben im Wesentlichen die Form boolescher Ausdrücke und können in drei verschiedenen Ausprägungen verwendet werden:

- Als *Vorbedingungen* (engl. *preconditions*) mittels require. Sie legen fest, welche Bedingungen vor Ausführung der jeweiligen Prozedur oder Funktion gelten müssen. In obigem Beispiel muss also ein Nutzer der Prozedur abheben gewährleisten, dass der abgehobene Betrag positiv ist und das Kreditlimit durch die Abhebung nicht überschritten wird. (Dabei symbolisiert das Semikolon ein logisches UND.)
- Als *Nachbedingungen* (engl. *postconditions*) mittels ensure, die nach Ausführung der jeweiligen Prozedur oder Funktion gelten müssen. In obigem Beispiel muss also ein Nutzer der Prozedur abheben gewährleisten, dass der Kontostand nach Abhebung dem alten Kontostand abzüglich des abgehobenen Betrags entspricht.
- Als *Invarianten* mittels invariant, denen ein Objekt einer Klasse zu allen Zeitpunkten genügen muss, an denen es einen stabilen Zustand be-

sitzt, also insbesondere nach der Erzeugung des Objekts, nach Zugriff und Änderung eines Attributs und nach jeder Ausführung einer nach außen sichtbaren Prozedur oder Funktion. Im Beispiel muss also die Invariante

Kontostand $\geq$ − Kreditrahmen

immer dann gelten, wenn eine der Prozeduren eröffnen, einzahlen, abheben, überzogen beendet ist oder ein Zugriff auf die variablen Attribute Inhaber, Kontonr oder Kontostand erfolgt ist.

Hinter den drei Formen von Zusicherungen steckt folgende Theorie (engl. *design by contract*): Auftraggeber (derjenige, der eine Routine aufruft) und Auftragnehmer (Routine, die aufgerufen wird) vereinbaren einen Vertrag, in dem sie ihre jeweiligen Aufgaben und die gewünschten Ergebnisse exakt festhalten.

Vererbung (engl. *inheritance*): Durch den Vererbungsmechanismus kann man zu gegebenen Klassen Unterklassen bilden, die alle Eigenschaften der zugehörigen Oberklassen übernehmen.

Eine weitere Konstruktion von Eiffel, die den Entwickler vor allem in den frühen Phasen beim Entwurf eines Softwareprodukts unterstützt, ist die *verzögerte Klasse* (engl. *deferred class*). Man darf eine Klasse definieren, ohne bereits alle Routinen ausprogrammieren zu müssen; erforderlich ist nur die Ankündigung, dass eine Routine einen gewissen Namen und bestimmte Parameter besitzt und ggf. gewisse Zusicherungen erfüllt. Die Programmierung kann man dann bis zur Implementierung der Unterklasse aufschieben.

In Eiffel sind weitere Konzepte wie generische Klassen, die Ausnahme-/Fehlerbehandlung und die Bindung von Objekten an Variablen vorhanden.

eindeutige Grammatik

In der letzten Zeit wird der Einsatz von Eiffel in der Ausbildung an *Schulen* und Hochschulen diskutiert. Zum einen ist Eiffel durch seine strengen, relativ gut überschaubaren Konzepte leicht erlernbar. Zum anderen scheint die objektorientierte Denkweise der Denkweise des Menschen nahe zu kommen, sodass hier besonders bei Anfängern schnell Lernerfolge zu erzielen sind.

eindeutige Grammatik (engl. *unambiguous grammar*): Eine ↑ kontextfreie Grammatik *G* heißt *eindeutig*, wenn es für jedes Wort in der von *G* erzeugten Sprache nur genau einen ↑ Ableitungsbaum gibt. Dies ist gleichbedeutend damit, dass es für jedes Wort der Sprache nur genau eine ↑ Rechtsableitung bzw. Linksableitung gibt. Gibt es mindestens ein ableitbares Wort, für das es zwei verschiedene Ableitungsbäume gibt, so heißt *G mehrdeutig*.

Der Aufbau von Sätzen einer natürlichen Sprache wird von der Grammatik der Sprache bestimmt. Hierbei kann es zu Unklarheiten bei der Interpretation der Bedeutung von Sätzen kommen. Zum Beispiel kann nach der Grammatik der deutschen Sprache in dem Satz

„Das Kind lobt die Mutter"

sowohl „das Kind" als auch „die Mutter" das Subjekt sein. In diesem Beispiel ist die Syntax nicht eindeutig.

Beispiel:
Zu dem Satz „Das Kind lobt die Mutter" kann man zwei verschiedene Ableitungsbäume (Abb. 1 und 2) bilden.

Solche Situationen sind in der Programmierung unerwünscht, weil der Übersetzer einem Programm dann keine eindeutige Bedeutung zuordnen kann. Daher verwendet man zur Beschreibung von Programmiersprachen eindeutige Grammatiken.

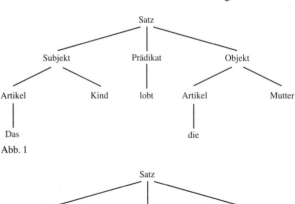

Abb. 1

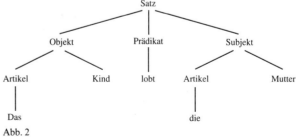

Abb. 2

Eingabe (engl. *input*): Vorgang, durch den Programme, Programmsysteme oder Datenverarbeitungsanlagen mit Werten (z. B. Daten, Programmen) versorgt werden. Zu den typischen Eingabegeräten einer Rechenanlage zählen ↑Tastatur, ↑Maus und ↑Scanner. In Zukunft werden vermutlich Spracheingabegeräte hinzukommen.

ELAN (Abk. für engl. elementary language): Imperative Programmiersprache, die in den 1970er-Jahren als Ausbildungssprache entwickelt wurde mit dem Ziel, die Anwender zur ↑strukturierten Programmierung hinzuführen. Mittlerweile ist ELAN jedoch durch die zahlreichen Weiterentwicklungen von ↑PASCAL zurückgedrängt worden.
Das wesentliche Konzept in ELAN ist das Prinzip der *schrittweisen Verfeinerung*. Während bei anderen imperativen Programmiersprachen die schrittweise Verfeinerung vor dem Programmieren erfolgt und sich häufig nicht mehr im endgültigen Programm widerspiegelt, ist bei ELAN die schrittweise Verfeinerung Bestandteil der Sprache. Dies erleichtert zum einen die Programmentwicklung, zum anderen lassen sich fertige ELAN-Programme leichter verstehen, weil der Programmentwicklungsprozess im endgültigen Programm dokumentiert ist.

elektronische Post (engl. *electronic mail*, Abk. *e-mail*): Das Versenden von Dokumenten auf elektronischem Wege zwischen zwei Datenendgeräten (↑Datenübertragung). Diese Endgeräte können sich an verschiedenen Rechenanlagen in verschiedenen Rechnernetzen befinden, wobei ein Informationsaustausch in Bruchteilen von Sekunden über große Entfernungen möglich ist. Das Datenendgerät des Empfängers ist in der Regel mit einem Speicher ausgestattet, in dem die Dokumente abgelegt werden (Briefkasten, engl. *mailbox*); gleichzeitig (bzw. beim nächsten Einschalten des Gerätes) erfolgt eine Mitteilung an den Benutzer, dass Post eingegangen ist. Der Benutzer kann den elektronischen Brief dann lesen, in seinem Rechnersystem archivieren oder sich ausdrucken lassen.
Fast alle wissenschaftlichen Einrichtungen, zahlreiche Schulen und viele Industrieunternehmen sind weltweit an das ↑Internet angeschlossen und können den dort zur Verfügung stehenden Dienst für elektronische Post nutzen.
Mit der zunehmenden Nutzung der elektronischen Post sind neue Fragen zu klären.
a) *Datensicherung:* Wie unterbindet man das Mitlesen durch Anzapfen der Übertragungsleitungen? Wie sichert man seinen Speicher gegen unberechtigtes Kopieren?
b) *Anonymität:* In heutigen Postsystemen kann man Briefe verschicken und zum Teil auch empfangen (postlagernd), ohne seinen Namen nennen zu müssen und ohne dass die Nachrichtenübermittlung bekannt wird. Eine solche Anonymität ist bei den gegenwärtigen elektronischen Postsystemen nur zum Teil gewährleistet.
c) *Authentizität:* Wie kann man es einem elektronischen Brief ansehen, dass er tatsächlich von einem bestimmten Absender stammt und nicht gefälscht wurde (Problem der elektronisch sicheren Unterschrift)?
Diese Probleme treten auch bei der Nutzung von ↑T-Online auf.
Mit der zunehmenden Verbreitung der elektronischen Post an den *Schulen* wird der Dienst auch mehr und mehr innerhalb des Unterrichts eingesetzt. Zum einen kann er als erster Einstieg in die modernen Kommunikationstechniken dienen. Zum anderen kann

emittergekoppelte Logik   158

er den Fachunterricht auflockern, dort zu neuen Lernmethoden führen oder andere Lerninhalte betonen. Auch schulübergreifende Projekte in der Informatik wie in anderen Fächern werden erleichtert.

Beispiele:
Positive Erfahrungen wurden bisher in folgenden Bereichen gesammelt:
1. Im Fremdsprachenunterricht können sich die Jugendlichen unmittelbar mit Gleichaltrigen in der jeweiligen Fremdsprache über aktuelle Probleme des Alltags unterhalten, die in traditionellen Schulbüchern kaum vermittelt werden. Die Sprache, in der die Texte bei der elektronischen Post verfasst werden, besitzt dabei jedoch oft, anders als bei Briefen oder Telefaxen, nicht den Charakter geschriebener, sondern gesprochener Sprache, verbunden mit Lerneffekten in umgangssprachlichen Redewendungen.
2. In den Naturwissenschaften können Datensammlungen ausgetauscht werden. Möglich ist z. B. das gegenseitige Abfragen von Messwerten (etwa über Luftschadstoffe).
3. In der Informatik selbst kann man schul- oder sogar länderübergreifende Projekte durchführen. Möglich ist damit z. B. die gemeinsame Erstellung eines Softwareprodukts an einer deutschen und einer englischen Schule. Über das Internet werden mittels elektronischer Post alle Dokumente der beiden Gruppen, wie Anforderungsdefinition, Spezifikation, Zwischenberichte, Quelltexte der Programme usw., ausgetauscht und untereinander abgestimmt.

emittergekoppelte Logik (engl. *emitter-coupled logic,* Abk. ECL): Bezeichnung für eine ↑ Schaltkreisfamilie, bei der die ↑ Gatter durch Transistoren und Widerstände realisiert sind. Durch besondere Schaltungstechniken werden sehr kurze Schaltzeiten von unter 5 Nanosekunden ($= 5 \cdot 10^{-9}$ s) erreicht.

Emulation (dt. Nachbildung): Beim Wechsel einer Rechenanlage müssen alle vorhandenen Programme auf der neuen Anlage weiterhin funktionsfähig sein. Die Anpassung und Abarbeitung des ↑ Befehlsvorrates einer Rechenanlage *A* in einer anderen Rechenanlage *B* heißt *Emulation.*
Hierbei verhält sich die Rechenanlage *B* so, als ob sie gleich *A* wäre. Die Emulation spart gegenüber der ↑ Simulation mithilfe eines Programmsystems viel Rechenzeit.

endlicher Automat (engl. *finite automaton* oder *sequential machine*): Mathematisches Modell für ↑ Automaten, die Informationen Zeichen für Zeichen einlesen, das eingelesene Zeichen sofort verarbeiten und eine Ausgabe erzeugen. Ein endlicher Automat besitzt eine endliche Menge von Zuständen und keinen zusätzlichen Speicher. Mithilfe der Zustände kann er Informationen über die bereits eingelesene Eingabe zusammenfassen; die Zustände bestimmen seine Reaktion auf Eingabezeichen.
Mit endlichen Automaten kann man Vorgänge beschreiben, die sich auf Tabellen stützen, z. B. Addieren, die Steuerung von Kaffeeautomaten oder Fahrstühlen.
Die Multiplikation von Zahlen kann man dagegen nicht mit endlichen Automaten beschreiben, da hier zu viele Zwischenrechnungen durchgeführt und deren Ergebnisse zwischengespeichert werden müssen. Das Gleiche gilt für den Vergleich von Zeichenketten, da diese beliebig lang sein und dann nicht mehr in einem beschränkten Speicher zwischengespeichert werden können. Viele Probleme der Informatik lassen sich jedoch durch dieses sehr einfache Automatenmodell beschrei-

endlicher Automat

ben († Entscheidungstabellen, † lexikalische Analyse, Zustandsdiagramme in Betriebssystemen).

Beispiel 1:
Man kann das Steuerungssystem eines Fahrstuhls als endlichen Automaten darstellen: Durch Drücken eines Knopfes teilt der Benutzer der Steuereinheit einen Beförderungswunsch mit und macht auf diese Weise eine Eingabe in das System. Die Steuereinheit merkt sich nur, in welchem Stockwerk sich der Fahrstuhlkorb gerade befindet, in welche Richtung er gerade fährt (aufwärts oder abwärts) und welche Beförderungswünsche noch nicht abgearbeitet worden sind. Die Ausgabe der Steuereinheit sind Signale an den Motor, der den Korb in die gewünschte Richtung bewegt. Einzelheiten sind dem Modell S. 160 und 161 zu entnehmen.

Ein endlicher Automat enthält eine Eingabeeinheit, eine Steuereinheit und eine Ausgabeeinheit: Die Eingabeeinheit besteht aus einem Eingabeband, auf dem die eingegebenen Zeichen stehen, und einem Lesekopf, die Ausgabeeinheit aus einem Ausgabeband und einem Schreibkopf. Ist der Automat im Zustand q und befindet sich unter dem Lesekopf das Zeichen x, so finden folgende Operationen statt:
- der Schreibkopf schreibt ein Zeichen auf das Ausgabeband,
- das Eingabeband wird um ein Zeichen nach links verschoben,
- die Steuereinheit bewirkt eine Zustandsänderung in einen vom Eingabezeichen x und dem alten Zustand q abhängigen Zustand q' (Abb. 1).

Mathematisch definiert man den endlichen Automaten A als Sechstupel $A = (I, O, Q, \delta, q_0, F)$, für das gilt: I bzw. O sind das Ein- bzw. Ausgabealphabet, Q ist eine endliche nichtleere Menge von Zuständen,

$$\delta: Q \times I \to 2^{Q \times O}$$

ordnet (nichtdeterministisch) jedem Zustand q und jedem Eingabezeichen x eine Menge $\delta(q, x) \subseteq Q \times O$ zu, die die möglichen Kombinationen aus Folgezustand und Ausgabezeichen angibt. $q_0 \in Q$ ist der Anfangszustand, und $F \subseteq Q$ ist eine Menge von Endzuständen.

Wird jedem Paar (q, x) *genau ein* Paar (q', y) durch δ zugeordnet, so erhält man einen deterministischen endlichen Automaten. In diesem Fall ist δ eine Abbildung

$$\delta: Q \times I \to Q \times O,$$

die *Übergangsfunktion*.

Zur Veranschaulichung stellt man endliche Automaten auf die folgende Weise grafisch dar:
1. Zustände werden als Kreise dargestellt;
2. vom Zustand q wird ein Pfeil zum Zustand q' mit der Markierung x/y gezeichnet, wenn $(q', y) \in \delta(q, x)$ ist;

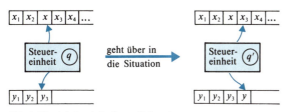

Abb. 1: Ein Arbeitsschritt des endlichen Automaten

endlicher Automat

Modell eines endlichen Automaten

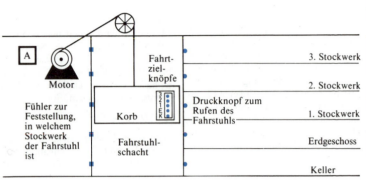

Abb. I: Vereinfachtes Modell eines Aufzugs

A bezeichnet die Steuereinheit, den endlichen Automaten, der mit allen Fühlern, Druckknöpfen und den Fahrtzielknöpfen im Inneren des Fahrstuhlkorbs verbunden ist. Die Ausgabesignale von A steuern den Motor. Das Schema für A ist in der Abb. II angegeben.

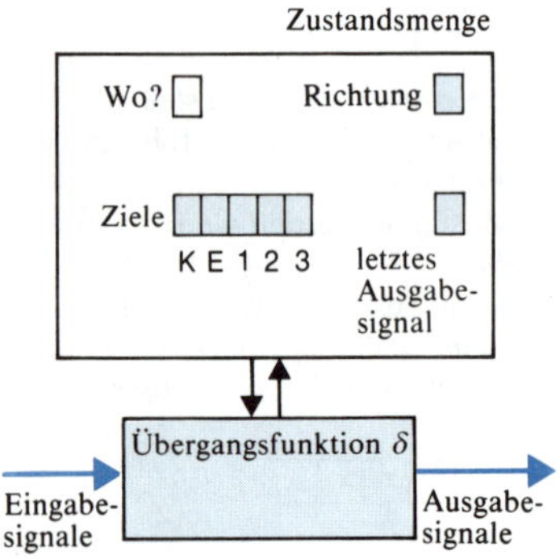

Abb. II: Steuereinheit A als endlicher Automat

Der endliche Automat ist beschrieben durch die Menge der Eingabesignale, die Menge der Ausgabesignale, die Menge der Zustände, den Anfangszustand und die Übergangsfunktion. Eingabesignale sind:

$I = \{$FüK, FüE, Fü1, Fü2, Fü3, /,
ZK, ZE, Z1, Z2, Z3,
RK, RE, R1, R2, R3$\}$;

hierbei bedeuten:

FüK: Fühler im Keller schickt das Signal, dass der Fahrstuhl im Kellergeschoss ist.
FüE, Fü1, Fü2, Fü3 analog für die übrigen Stockwerke.
ZK: Im Inneren des Fahrstuhls wurde der Knopf „Keller" gedrückt.
ZE, Z1, Z2, Z3 analog für die übrigen Stockwerke.
RK: Der Fahrstuhl wird zum Kellergeschoss von außen gerufen.
RE, R1, R2, R3 analog für die übrigen Stockwerke.
/: Kein aktuelles Eingabesignal.

Die Menge der Ausgabesignale lautet

$O = \{$aufw, abw, stopp, türauf,
türzu, warten, fehler$\}$;

endlicher Automat

hierbei bedeuten:

aufw: Der Motor zieht den Fahrstuhlkorb aufwärts.

abw: Der Motor bewegt den Fahrstuhlkorb abwärts.

stopp: Motor hält an.

türauf: Die Fahrstuhltür öffnet sich.

türzu: Die Fahrstuhltür wird geschlossen.

warten: Alle Geräte bleiben in Ruhe.

fehler: Es ist ein Fehler aufgetreten.

Die Menge der Zustände lautet

$$Q = \{K, E, 1, 2, 3\} \times \{auf, ab\} \times \{ja, nein\}^5 \times O;$$

der Zustand

$$q = (E, auf,$$
$$(ja, nein, nein, nein, ja),$$
$$aufw)$$

bedeutet z. B.: Der Fahrstuhl befindet sich im Erdgeschoss (E), seine Fahrtrichtung ist aufwärts (auf), es sind noch die Fahrtziele „Keller" und „3. Stockwerk" zu bearbeiten („ja" in den Komponenten 1 und 5), und das letzte Ausgabesignal war aufw. Q besitzt $5 \cdot 2 \cdot 2^5 \cdot 7 = 2\,240$ Elemente.

Der Anfangszustand des Automaten (der Fahrstuhl sei anfangs im Keller) ist:

$$q_0 = (K, auf,$$
$$(nein, nein, nein, nein, nein),$$
$$warten).$$

Die Übergangsfunktion

$$\delta : Q \times I \to Q \times O,$$

die jedem Zustand und jedem Eingabesignal einen Folgezustand und ein Ausgabesignal zuordnet, kann man als große Tabelle aufschreiben, die aus

$$|Q| \cdot |I| = 2\,240 \cdot 16 = 35\,840 \text{ Zeilen}$$

besteht. Ein Ausschnitt ist unten abgebildet.

In der Praxis muss das Automatenmodell wesentlich verfeinert werden. Es ist die Zeit einzubeziehen, das Beschleunigen und Bremsen des Fahrstuhls ist zu beachten, der Fehlerfall muss vom System analysiert werden (z. B. ob Alarm auszulösen ist) usw. Als Menge von Endzuständen kann man die Zustände, in denen das Zeichen „fehler" auftritt, wählen.

Ausschnitt aus der Tabelle der Übergangsfunktion δ

Zustand q	Eingabesignal x	Folgezustand q'	Ausgabesignal y
⋮	⋮	⋮	⋮
(E, ab, (ja, nein, ja, nein, nein), abw)	FüK	(K, ab, (ja, nein, ja, nein, nein), stopp)	stopp
(K, ab, (ja, nein, ja, nein, nein), stopp)	/	(K, ab, (nein, nein, ja, nein, nein), türauf)	türauf
(K, ab, (nein, nein, ja, nein, nein), türauf)	/	(K, auf, (nein, nein, ja, nein, nein), türzu)	türzu
(K, auf, (nein, nein, ja, nein, nein), türzu)	/	(K, auf, (nein, nein, ja, nein, nein), aufw)	aufw
⋮	⋮	⋮	⋮
(E, ab, (ja, nein, ja, nein, nein), abw)	Fü1	(E, ab, (ja, nein, ja, nein, nein), fehler)	fehler
(E, ab, (ja, nein, ja, nein, nein), abw)	R3	(E, ab, (ja, nein, ja, nein, ja), abw)	abw
⋮	⋮	⋮	⋮
(E, ab, (nein, nein, nein, nein, nein), warten)	R2	(E, auf, (nein, nein, nein, ja, nein), aufw)	aufw
(E, ab, (nein, nein, nein, nein, nein), warten)	RE	(E, ab, (nein, nein, nein, nein, nein), türauf)	türauf
⋮	⋮	⋮	⋮

endlicher Automat

3. der Startzustand wird durch einen zusätzlichen Pfeil oder das Wort Start angegeben, und die Endzustände werden durch doppelte Kreise markiert.

Beispiel 2:
Ein Getränkeautomat liefert Limonade zum Preis von 25 Pfennig. Es können Groschen und 5-Pfennig-Stücke eingeworfen werden. Wird zu viel Geld eingeworfen, so gibt der Automat Wechselgeld zurück.
Dieser Getränkeautomat kann durch einen endlichen Automaten beschrieben werden. Die möglichen Eingaben sind die Zeichen F (= 5 Pfennig) und G (= Groschen), die möglichen Ausgaben sind N (= nichts, solange noch nicht genügend Geld eingeworfen wurde), L (= Limonade, wenn der eingeworfene Betrag genau 25 Pfennig ist) und W (= Limonade mit Wechselgeld, wenn mehr als 25 Pfennig eingeworfen wurden). Es gilt also:

I = {F, G}, O = {N, L, W}.

Abb. 2 zeigt den Automaten. Der Automat besitzt fünf Zustände

Q = {0, 5, 10, 15, 20},

die anzeigen, wieviel Geld eingeworfen wurde. Jede Eingabe F oder G führt zum Wechsel des Automaten in einen neuen Zustand, der wiederum die Summe des eingeworfenen Geldes anzeigt. Sobald mindestens 25 Pfennig bezahlt sind, wechselt der Automat in den Zustand 0 und gibt nur ein Getränk (vom Zustand 15 oder 20) oder ein Getränk und das Wechselgeld (immer genau ein 5-Pfennig-Stück) aus (vom Zustand 20). Anfangs- und Endzustand ist der Zustand 0.

Eine *Konfiguration,* die augenblickliche Gesamtsituation des Automaten, wird beschrieben durch die noch nicht gelesene Eingabe w, den Zustand q des Automaten und die bereits erfolgte

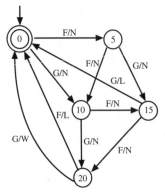

Abb. 2: Getränkeautomat

Ausgabe v, also durch ein Tripel (w, q, v). w und v sind hierbei Wörter, also Elemente von I^* bzw. O^* († Alphabet). Eine *Folgerelation* wird beschrieben durch

$$(xw, q, v) \vdash (w, q', vy)$$

für zwei Konfigurationen (xw, q, v) und (w, q', vy) mit

$$x \in I, w \in I^*, \ q, q' \in Q, y \in O, v \in O^*,$$

wenn gilt:

$$(q', y) \in \delta(q, x).$$

Diese Relation definiert einen Berechnungsschritt des Automaten. Erhält man durch die Hintereinanderausführung mehrerer Berechnungsschritte aus (uw, q, v) die Konfiguration (w, q', vv') (mit $u, w \in I^*, v, v' \in O^*$), so schreibt man:

$$(uw, q, v) \vdash^* (w, q', vv').$$

Der Automat startet in der Anfangskonfiguration (w, q_0, ε), d.h., w ist das Eingabewort, der Automat befindet sich im Anfangszustand q_0, und das Ausgabeband ist leer (ε bezeichnet das leere Wort). Der Automat stoppt, wenn das Eingabewort vollständig gelesen wurde. Die vom Automaten A

endlicher Automat

definierte Übersetzung ist die Menge

$$T(A) = \{(w,v) \mid (w,q_0,\varepsilon) \vdash^* (\varepsilon,q,v) \\ \text{mit } q \in F\}.$$

Bei Anwendungen tritt häufig der Fall auf, dass man anstelle eines einzelnen Zeichens in jedem Schritt ein Wort ausgeben muss. Man erweitert daher die Übergangsfunktion δ zu einer Abbildung

$$\delta: Q \times I \to 2^{Q \times O^*},$$

wobei jede Menge $\delta(q,x)$ endlich sein muss. Die so abgeänderten Automaten nennt man *verallgemeinerte endliche Automaten* (engl. *generalized sequential machine*, Abk. *gsm*) oder *endliche Übersetzer*.

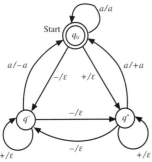

Abb. 3: Verallgemeinerter Automat zur Übersetzung arithmetischer Ausdrücke für die Variable a in solche ohne überflüssige $(+/-)$-Zeichen

Beispiel 3:
Für den in Abb. 3 dargestellten verallgemeinerten Automaten ist:

$$I = \{a, +, -\} = O,$$
$$Q = \{q_0, q^-, q^+\},$$
$$F = Q.$$

Dieser Automat prüft nicht, ob der Buchstabe a mehrmals aufeinander folgt; er zieht nur mehrere aufeinander folgende Operationszeichen „$+$" und „$-$" zu einem Zeichen zusammen.

Ein Spezialfall sind die *erkennenden endlichen Automaten*, die *endlichen Akzeptoren*. Bei diesen entfällt das Ausgabeband. Es werden alle Eingabewörter w akzeptiert, die den Automaten vom Anfangszustand q_0 in einen Endzustand überführen.
Ein erkennender endlicher Automat $A = (I, Q, \delta, q_0, F)$ akzeptiert also die Sprache

$$L(A) = \{w \in I^* \mid (w,q_0) \vdash^* (\varepsilon,q) \\ \text{mit } q \in F\}.$$

Die endlichen Akzeptoren erkennen genau die ↑regulären Sprachen (↑Chomsky-Hierarchie). Weiter gilt: Zu jedem nichtdeterministischen endlichen Akzeptor A kann man einen deterministischen endlichen Akzeptor B konstruieren, der die gleiche Sprache akzeptiert, d.h. $L(A) = L(B)$. Wenn A k Zustände besitzt, so enthält B bis zu 2^k Zustände. Als Zustandsmenge von B kann man die Potenzmenge der Zustandsmenge von A wählen.

Beispiel 4:
Abb. 4 (S. 164) zeigt einen verallgemeinerten Automaten zur Übersetzung des Morsecodes (↑Code) in Buchstaben. ⊔ steht für „Zwischenraum", also für die kurze Pause, die zwischen zwei Zeichen erfolgen muss; ε bezeichnet das leere Wort („keine Ausgabe"); q_0 ist der Anfangs- und Endzustand.

Beispiel 5:
Der Akzeptor in Abb. 5 (S. 164) erkennt, ob in einer eingegebenen Folge von Nullen und Einsen die Teilfolge 00110 enthalten ist. Dieses Beispiel lässt sich leicht verallgemeinern: Man kann zu jedem Wort $v \in I^*$ einen endlichen Akzeptor (mit $|v|+1$ Zuständen) konstruieren, der für jedes eingegebene Wort $w \in I^*$ genau dann in den Endzustand geht, wenn v als Teilwort in w enthalten ist. Dies wird bei der Suche nach Wörtern oder Buchsta-

Endlosschleife

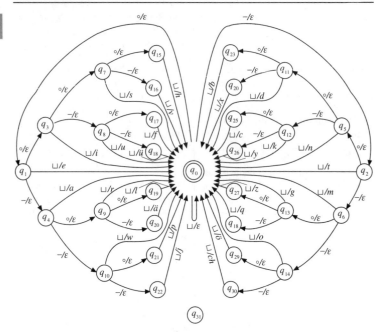

Abb. 4: Verallgemeinerter Automat zur Übersetzung des Morsecodes in lesbare Zeichen. Alle nicht eingezeichneten Pfeile sollen nach q_{31} führen (dies ist ein „Fang"-Zustand, der nicht mehr verlassen werden kann)

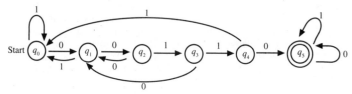

Abb. 5: Erkennung der Teilfolge 00110

benfolgen in Texten angewandt, wodurch eine schnelle Suche möglich ist (einfache *Mustererkennung*, z. B. in einem Editor).

Endlosschleife: ↑Schleife, deren Ausführung nie abbricht. Die Ursache liegt häufig in einer fehlerhaften Abbruchbedingung.

Entity-Relationship-Modell [ˈentɪtɪ-rɪˈleɪʃnʃɪp -] (Abk. ER-Modell): Allgemeines Modell zur Beschreibung von Daten und Objekten sowie ihrer Beziehungen zueinander, das vielen Anwendungen zugrunde liegt.

Eine zentrale Voraussetzung für den Einsatz von Programmsystemen besteht fast immer darin, dass ein Ausschnitt der realen Welt so genau wie möglich im Rechner repräsentiert wird. Das Entity-Relationship-Modell

Entity-Relationship-Modell

geht davon aus, dass sich die zu modellierende Welt aus genau abgrenzbaren Exemplaren von Personen, Begriffen usw., den *Entitäten* (engl. *entities*), zusammensetzt und dass zwischen diesen Exemplaren Beziehungen (engl. *relationships*) bestehen. Entitys und Relationships werden noch durch weitere Größen, *Attribute* genannt, charakterisiert. Zur Modellierung müssen daher zunächst die Entitys definiert werden; anschließend werden die Zusammenhänge zwischen ihnen festgelegt. Man verwendet Rechtecke für Entitys, Karos für Relationships und Ovale für Attribute; Attribute werden durch gestrichelte, Relationships durch durchgezogene Linien angebunden.

Beispiel:
Abb. 1 und (in erweiterter Form) auch Abb. 2 zeigen ER-Modelle eines Flugdienstes. So ist ein Passagier durch die Attribute Name, Adresse und Telefonnummer gekennzeichnet. Durch eine Buchung in einem Reisebüro (eindeutig identifiziert durch eine Nummer) wird zwischen Passagier und einem konkreten Abflug (bestimmt durch Datum und Flugnummer) eine Beziehung „gebucht für" hergestellt.

Attribute sind die beobachtbaren Eigenschaften der Entitys. In der realen Welt mag es neben den im Modell erfassten Attributen noch weitere Eigenschaften geben, die jedoch hier nicht

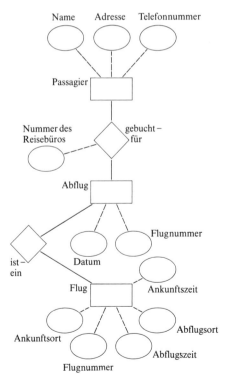

Abb. 1: Ein einfaches ER-Modell für den Luftdienst

entscheidbare Menge

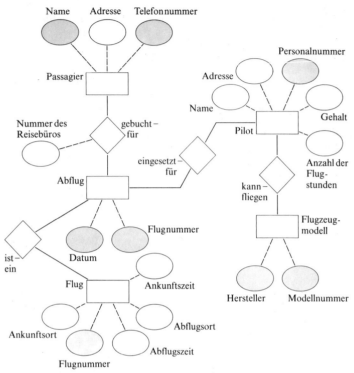

Abb. 2: Erweitertes ER-Modell aus Abb. 1

verwendet werden können. Jede konkrete Entity ist also eindeutig durch die Werte aller ihrer Attribute charakterisiert. Analog ist jede konkrete Beziehung eindeutig durch die beteiligten Entitys und die Beziehungsattribute festgelegt. Häufig tritt der Fall auf, dass nicht alle Attribute benötigt werden, um eine Entity eindeutig festzulegen. Die Kombination dieser Attribute nennt man *Schlüssel*. Unter allen möglichen Schlüsseln wählt man einen *Primärschlüssel* aus. Unter diesem kann man fortan alle Daten eindeutig referenzieren. Der Primärschlüssel ist meist eine speziell eingeführte Nummer, z. B. die Flugnummer.

Hat man eine Situation als ER-Modell dargestellt, dann kann man es in der Regel recht einfach in ein ↑Datenmodell für eine Datenbank übertragen, wobei das relationale Modell durch das ER-Modell bevorzugt wird. Der Zugriff auf Daten z. B. in Datenbanken erfolgt oft über Schlüssel. In Abb. 2 sind sie grau hervorgehoben.

entscheidbare Menge *(rekursive Menge):* Anschaulich bezeichnet man eine Menge M als entscheidbar, wenn man für beliebige Objekte maschinell feststellen kann, ob sie zu M gehören oder nicht. Präziser definiert man:
Eine Menge M von Wörtern über einem ↑Alphabet A, d. h. eine formale

↑Sprache $M \subseteq A^*$, heißt entscheidbar, wenn es einen ↑Algorithmus gibt, der die folgenden Bedingungen erfüllt:

a) Der Algorithmus hält für jedes Wort $w \in A^*$ an, d. h., er liefert nach endlich vielen Schritten ein Ergebnis,

b) der Algorithmus stellt für jedes Wort $w \in A^*$ fest, ob $w \in M$ oder $w \notin M$ ist.

Eine Menge M ist also genau dann entscheidbar, wenn ihre ↑charakteristische Funktion

$$\chi_M(w) = \begin{cases} 0, \text{ falls } w \in A^* \backslash M, \\ 1, \text{ falls } w \in M, \end{cases}$$

eine ↑berechenbare Funktion ist.

Die bei der Programmierung beteiligten Mengen müssen immer entscheidbar sein.

Die entscheidbaren Sprachen (Mengen) sind eine echte Teilmenge der ↑aufzählbaren Mengen und eine echte Obermenge der kontextsensitiven Sprachen (↑Chomsky-Hierarchie). Eine Menge $M \subseteq A^*$ ist entscheidbar genau dann, wenn M und $A^* \backslash M$ aufzählbare Mengen sind.

Beispiel:
Nicht entscheidbare Mengen sind:
1. Die Menge

$$\{G \mid G \text{ ist Grammatik}, L(G) = \emptyset\},$$

d. h., die Menge der ↑Grammatiken, deren erzeugte Sprache leer ist, ist nicht entscheidbar (↑Leerheitsproblem).
2. Die Menge

$$\{R \mid R \subseteq A^* \times A^*, \\ \text{PKP hat für } R \text{ eine Lösung}\},$$

d. h., die Menge der Relationen über A mit $|A| \geq 2$, deren ↑postsches Korrespondenzproblem lösbar ist, ist nicht entscheidbar.
3. P und Q bezeichnen im Folgenden Programme in einer beliebigen Pro-

grammiersprache. f_P bzw. f_Q bezeichnen die von P und Q berechneten Funktionen. Dann sind folgende Mengen nicht entscheidbar:

a) $\{P \mid f_P = \text{const}\}$.

b) $\{P \mid f_P = f_Q\}$,

c) $\{P \mid f_P(x) = f_Q(x)$ für mindestens eine Eingabe $x\}$.

Die Beispiele 1 und 3 kann man mit dem *Satz von Rice* (1953) beweisen: Sei E irgendeine nichttriviale Eigenschaft, die von mindestens einer, aber nicht von allen ↑berechenbaren Funktionen erfüllt wird. Die Menge

$$\{P \mid f_P \text{ erfüllt die Eigenschaft } E\}$$

ist nicht entscheidbar.

Die Aufgabe, zu einem Programmtext P zu entscheiden, ob die berechnete Funktion f_P eine bestimmte nichttriviale Eigenschaft hat, ist also algorithmisch nicht lösbar.

Entscheidbarkeit: Bezeichnung für die algorithmische Lösbarkeit eines Problems. Ein Problem oder eine Fragestellung heißen für eine Klasse K entscheidbar, wenn es einen ↑Algorithmus gibt, der für jedes Element aus K feststellt, ob die Frage für dieses Element mit „ja" oder mit „nein" zu beantworten ist.

Die Entscheidbarkeit bezieht sich meist auf Mengen (↑entscheidbare Menge).

Entscheidbare Probleme sind z. B. das ↑Wortproblem für die ↑kontextsensitiven Grammatiken oder das ↑Leerheitsproblem für die ↑kontextfreien Grammatiken, nicht aber für allgemeine Grammatiken. Unentscheidbare Probleme sind z. B. das ↑postsche Korrespondenzproblem und das ↑Halteproblem für Turingmaschinen.

Um zu beweisen, dass ein Problem entscheidbar ist, führt man es in der Regel auf ein anderes, bereits als ent-

Entscheidungstabelle

scheidbar erkanntes Problem zurück (↑ Reduktion), oder man gibt einen Lösungsalgorithmus an.

Entscheidungstabelle (engl. *decision table*): Konstrukt zur übersichtlichen und wartungsfreundlichen Darstellung verschachtelter bedingter Anweisungen.

Entscheidungstabellen bestehen aus einem Entscheidungsteil und einem Aktionsteil, denen eine Werte- bzw. eine Funktionsmatrix zugeordnet sind. Die allgemeine Form einer Entscheidungstabelle zeigt die Abb. 1.

Jedes b_i ist eine Bedingung, und jeder Wert w_{ij} kann eines der Zeichen „T" (für true), „F" (für false) oder „ – " (für „beliebig") sein. Jedes a_i ist eine Anweisung, und jedes f_{ij} kann eines der Zeichen „X" (für „Ausführung") oder „ · " (für „Nicht-Ausführung") sein.

Bedingungen   Wertematrix

Abb. 1: Allgemeine Form einer Entscheidungstabelle

Eine Entscheidungstabelle wird folgendermaßen interpretiert: Man wertet alle Bedingungen $b_1, b_2, \ldots b_n$ aus und erhält eine Spalte von Werten

$$\begin{pmatrix} w(b_1) \\ \vdots \\ w(b_n) \end{pmatrix}$$

Man prüft nun, ob diese Spalte mit der j-ten Spalte der Wertematrix übereinstimmt, wobei man den Wert „ – " als „beliebig" deutet, d. h., man prüft, ob für $i = 1, \ldots n$ gilt: $w_{ij} = -$ oder $w(b_i) = w_{ij}$.

Wenn es eine solche Spalte j gibt, dann geht man zur gleichen Spalte j in der Funktionsmatrix über und führt (für $i = 1, 2, \ldots p$) nacheinander genau die Aktionen a_i aus, für die $f_{ij} = X$ gilt.

Beispiel:
Es seien x, y, z, u, v Variablen vom Typ integer.

u = v	T	T	F
v = 2	F	T	–
x := x + 1	X	X	·
y := y + x	X	X	·
z := z − 2	·	X	X

Fall 1: u und v haben beide den Wert 3. Dann ist u = v wahr und v = 2 falsch. Die Bedingungen werden also zu $\begin{pmatrix} \text{T} \\ \text{F} \end{pmatrix}$ ausgewertet. Dieser Vektor ist identisch mit der ersten Spalte der Wertematrix; es werden daher die Aktionen x := x + 1 und y := y + x ausgeführt, da in deren Zeilen in der ersten Spalte jeweils ein „X" steht.

Fall 2: u hat den Wert 3 und v den Wert 2. Dann ist u = v falsch und v = 2 wahr. Die Auswertung der Bedingungen liefert $\begin{pmatrix} \text{F} \\ \text{T} \end{pmatrix}$. Dieser Vektor wird von der letzten Spalte der Wertematrix überdeckt; es wird die Aktion z := z − 2 ausgeführt, da in ihrer Zeile in der letzten Spalte ein „X" steht.

Entscheidungstabellen setzt man gerne dort ein, wo der Programmfluss durch umfangreiche Bedingungen gesteuert wird, also z. B. in Unterprogrammen, die umfangreiche Benutzereingaben verwalten. Entsprechende Probleme findet man oft bei betriebswirtschaftlichen Anwendungen.

EPROM (Abk. für engl. *erasable programmable read only memory*): Eine Speichereinheit, die den Speicherinhalt auch bei Stromausfall behält und die nur unter sehr speziellen Umständen gelöscht und dann neu beschrieben werden kann. Ein EPROM verbindet mit gewissen Einschränkungen die Vorteile eines ↑RAM und eines ↑PROM.

Erfüllbarkeitsproblem (engl. *satisfiability problem*): Gegeben sei ein boolescher Ausdruck (↑Schaltalgebra). Das Erfüllbarkeitsproblem ist die Frage, ob es eine Belegung der Variablen des Ausdrucks mit den Werten $\underline{\text{true}}$ und $\underline{\text{false}}$ gibt, sodass der ganze Ausdruck den Wert $\underline{\text{true}}$ annimmt.

Beispiele:
1. Man betrachte ein konstruiertes Problem, das von folgenden logischen Aussagen ausgeht:
a) Jeder, der ein wahrhafter Musiker ist, hat ein absolutes Gehör.
b) Niemand ist ein wahrhafter Musiker, wenn er seine Zuhörer nicht begeistern kann.
c) Niemand, der nicht richtig singen kann, kann seine Zuhörer begeistern oder hat ein absolutes Gehör.
d) Niemand, außer einem wahrhaften Musiker, kann eine Sinfonie schreiben oder richtig singen.

Durch jede dieser Aussagen ist eine Gruppe von Menschen beschrieben. Zur ersten Gruppe gehören z. B. alle die Personen, die entweder keine wahrhaften Musiker sind, oder sie sind wahrhafte Musiker und besitzen dann folglich ein absolutes Gehör. Zur zweiten Gruppe gehören die Personen, die entweder gar keine wahrhaften Musi-

ker sind oder als wahrhafte Musiker ihre Zuhörer begeistern können, usw. Gibt es dann Personen, für die alle vier Aussagen gelten? Diese Fragestellung führt auf ein Erfüllbarkeitsproblem. Dazu müssen die Aussagen in boolesche Ausdrücke überführt werden. Man definiert zur Abkürzung die Variablen G, M, Z, S, R wie folgt:

G: „ein absolutes Gehör besitzen",
M: „ein wahrhafter Musiker sein",
Z: „seine Zuhörer begeistern können",
S: „eine Sinfonie schreiben können",
R: „richtig singen können".

Mit diesen Definitionen lassen sich die vier Aussagen in folgende boolesche Ausdrücke übersetzen:

$$M \Rightarrow G,$$
$$\overline{Z} \Rightarrow \overline{M},$$
$$\overline{R} \Rightarrow \overline{Z} \vee \overline{G},$$
$$S \vee R \Rightarrow M.$$

Berücksichtigt man, dass eine ↑Implikation der Form $X \Rightarrow Y$ gleichbedeutend ist mit dem Ausdruck $\overline{X} \vee Y$, so kann man statt der obigen Ausdrücke auch schreiben:

$$\overline{M} \vee G,$$
$$Z \vee \overline{M},$$
$$R \vee \overline{Z} \vee \overline{G},$$
$$\overline{S} \vee \overline{R} \vee M.$$

Für Personen, die zu allen vier Gruppen gehören, müssen alle Ausdrücke gleichzeitig wahr sein. Man muss also folgendes Erfüllbarkeitsproblem lösen:

$$(\overline{M} \vee G) \wedge (Z \vee \overline{M}) \wedge$$
$$(R \vee \overline{Z} \vee \overline{G}) \wedge (\overline{S} \vee \overline{R} \vee M).$$

Diesen Ausdruck kann man erfüllen, wenn man $G = Z = R = M = \underline{\text{true}}$ setzt. Zur gesuchten Gruppe von $\overline{\text{Personen}}$, für die alle Aussagen gelten, gehören also diejenigen, die ein absolutes Gehör besitzen, ihre Zuhörer begeistern können, richtig singen können und wahrhafte Musiker sind.

2. Der folgende boolesche Ausdruck ist nicht erfüllbar. Bei jeder Variablenbelegung ist der Wert des Ausdrucks false:

$$x_1 \wedge (\bar{x}_1 \vee x_2) \wedge (\bar{x}_3 \vee \bar{x}_2) \wedge x_3.$$

Ein Algorithmus, der alle Kombinationen von Belegungen überprüft, um festzustellen, ob der Ausdruck erfüllbar ist, benötigt größenordnungsmäßig $O(2^n)$ Schritte († Ordnung), wobei n gleich der Zahl der Variablen des Ausdrucks ist (also $n = 5$ in Beispiel 1, $n = 3$ in Beispiel 2).

Bisher ist weder ein Algorithmus bekannt, der das Problem in Polynomialzeit löst, also von der Ordnung $O(p(n))$ für ein Polynom p ist, noch weiß man, ob es solch einen Algorithmus überhaupt gibt.

Im Jahre 1971 bewies der amerikanische Mathematiker Stephen A. Cook erstmalig, dass das Erfüllbarkeitsproblem † NP-vollständig ist.

Ergonomie: Wissenschaftliche Disziplin, die sich mit den Leistungsmöglichkeiten des arbeitenden Menschen und mit der Anpassung der Arbeitsmittel und der Arbeitsumgebungen an die Eigenschaften und Bedürfnisse des Menschen beschäftigt.

In der Informatik unterscheidet man im Zusammenhang mit der Entwicklung von dialogorientierten Systemen zwischen Hardware- und Software-Ergonomie.

Die *Hardware-Ergonomie* befasst sich mit der Anpassung der Arbeitsgeräte (Bildschirmtechnik, Tastatur usw.) und Gestaltung der Arbeitsumgebung (Tisch- und Stuhlgestaltung, Arbeitsbeleuchtung usw.) an die körperlichen und psychologischen Eigenschaften des Menschen. Die *Software-Ergonomie* entwickelt Kriterien und Methoden zur Gestaltung interaktiver Programmsysteme und † Benutzungsoberflächen, die den Bedürfnissen der Benutzer nach einer ausgeglichenen Verteilung der geistigen, körperlichen und sozialen Beanspruchungen weitgehend entgegenkommt.

Die Analyse und Gestaltung von Computerarbeitsplätzen unter ergonomischen Gesichtspunkten erfordert eine intensive Zusammenarbeit der Informatik mit verschiedenen anderen wissenschaftlichen Disziplinen, z. B. mit Medizin, Psychologie und Arbeitssoziologie.

Bei der Auswahl von Rechnersystemen und Software für die *Schule* ist besonders auf Software-Ergonomie zu achten. Die Systeme müssen so gestaltet sein, dass sie möglichst leicht erlernt werden können. Insbesondere darf die Einarbeitung in das System keinen zu hohen Stellenwert erlangen und den eigentlichen Lerninhalt in den Hintergrund drängen († Bewertungskriterien); denn die Systeme sollten nur Hilfsmittel sein, um Inhalte der Informatik zu vermitteln.

euklidischer Algorithmus: Von Euklid (etwa 300 v. Chr.) angegebenes Verfahren zur Bestimmung des größten gemeinsamen Teilers (ggT) zweier natürlicher Zahlen a und b. Der euklidische Algorithmus lautet:

```
Eingabe:  natürliche Zahlen a, b
Ausgabe:  ggT (a, b)
Methode:  repeat
            r := a mod b;
            a := b;
            b := r
          until r = 0;
          write (a);
```

Der euklidische Algorithmus wird beendet, sobald der Rest $r = 0$ auftritt. Der letzte von null verschiedene Rest ist der größte gemeinsame Teiler von a und b. Das Verfahren arbeitet in der

Zeit $O(\log_2(a+b))$, sofern die Modulo-Operation für alle Argumente in konstanter Zeit ausgeführt wird. Eine rekursive Version findet man unter ↑ Determinismus.

EUMEL (Abk. für Extendable Multi User Microprocessor ELAN-System): Ein 1978 entwickeltes Betriebssystem für Kleinrechner, das speziell für den Schul- und Ausbildungsbereich konzipiert wurde und in den 1980er-Jahren eine gewisse Verbreitung erlangt hatte.

In Verbindung mit der ebenfalls für die Ausbildung entwickelten Programmiersprache ↑ ELAN eignete sich EUMEL für Anwendungen in der Informatikausbildung, im Fachunterricht und in der Schulverwaltung. Hierfür stellte es eine Reihe von Anwendungsprogrammen zur Verfügung.

EVA-Prinzip: Die Ausführung einer Tätigkeit gliedert sich oft in die drei Phasen Eingabe, Verarbeitung und Ausgabe (Abk. EVA). Die Eingabewerte legen die Art der Verarbeitung fest. Die Ergebnisse der Verarbeitung bilden die Ausgabewerte.

Das EVA-Prinzip spiegelt sich in der Struktur einer Rechenanlage wider: Eingabewerte werden durch spezielle Eingabegeräte entgegengenommen, die Verarbeitung der Eingabewerte geschieht im Wesentlichen in der Zentraleinheit, Resultate werden durch spezielle Ausgabegeräte an die Außenwelt abgegeben (↑ Von-Neumann-Rechner).

Exklusiv-ODER-Funktion *(Antivalenz):* Boolesche Funktion mit folgendem Funktionsverhalten:

x	y	$x \otimes y$
0	0	0
0	1	1
1	0	1
1	1	0

Schaltzeichen:

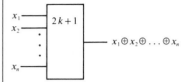

Der Eintrag $2k+1$ bedeutet, dass der Ausgang des Schaltkreises genau dann logisch 1 ist, wenn eine ungerade Zahl von Eingängen 1 führt.

Älteres Schaltzeichen:

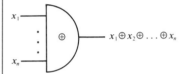

Mit den Operationen $\oplus$ als Addition und $\cdot$ (↑ UND-Funktion) als Multiplikation wird die Menge $\{0, 1\}$ zu einem algebraischen Körper.

Expertensystem: Programmsystem, das Wissen über ein spezielles Gebiet speichert, aus dem Wissen Schlussfolgerungen zieht und zu konkreten Problemen des Gebietes Lösungen anbietet (↑ künstliche Intelligenz). Expertensysteme, häufig auch als *Systeme der fünften Generation* bezeichnet (Geschichte der ↑ Informatik), sind in der Lage,

- große Mengen auch diffusen, vagen und unformalisierten Wissens in problembezogener Weise zu repräsentieren,
- aus dem vorhandenen Wissen auf logischem und/oder heuristischem Wege Schlussfolgerungen zu ziehen und neues Wissen zu gewinnen,
- zu konkreten vorgegebenen Problemen im Dialog mit dem Benutzer Lösungen zu finden und den Lösungsweg zu erläutern.

Expertensystem

Zur Bewältigung dieser Aufgaben verfügen Expertensysteme meist über eine Struktur gemäß Abb. 1.

Die Wissensveränderungskomponente unterstützt die erstmalige Erstellung und die fortlaufende Aktualisierung der Wissensbasis. Die Wissensbasis enthält das gesamte Expertenwissen. Sie besteht mindestens aus *Fakten* und *Regeln*. Die Aufbereitung von Wissen für die maschinelle Verarbeitung sowie die Pflege der Wissensbasis bezeichnet man als *Wissensingenieurwesen* (engl. *knowledge engineering*). Die Entwicklung eines Expertensystems empfiehlt sich, wenn ein System umfangreiches, möglichst formalisierbares Wissen (wie z. B. Fakten, logische Schlusstechniken, Bewertungskriterien) auf einem relativ eng begrenzten Fachgebiet verwalten soll und dieses Wissen effizient in einer Rechenanlage dargestellt werden kann oder wenn das Expertensystem Problemstellungen bearbeiten soll, für die es noch kein akzeptiertes oder wirtschaftlich realisierbares algorithmisches Lösungsverfahren gibt.

Typische Anwendungsgebiete von Expertensystemen liegen im Bereich der Medizin, Biologie und Chemie, aber auch im Bankwesen, bei Wartungs- und Reparaturdiensten oder im Spiel (z. B. Schachspiel).

Beispiel:
Eines der ersten Expertensysteme war das in den 1970er-Jahren an der Stanford University, Kalifornien, entwickelte **MYCIN,** das einen Arzt bei der Diagnose und Therapie von Infektionskrankheiten, insbesondere des Blutes, unterstützt. Das Programm stellt dem Arzt Fragen über den Patienten, erläutert seine Schlüsse und bewertet die vorgeschlagenen Diagnosen und die Therapie. Da in der Medizin häufig mit vagem, d. h. mit nicht sicherem Wissen der Form „Wenn der Patient unter der Krankheit A leidet, so ist die Therapie B für gewöhnlich geeignet" gearbeitet wird, kann in MYCIN jedem Wissenselement eine Wahrscheinlichkeit zugeordnet werden. Sie legt fest, mit welcher Sicher-

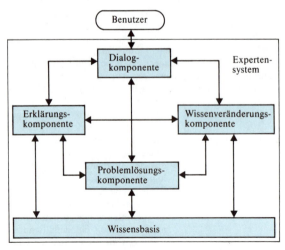

Abb. 1: Struktur eines Expertensystems

Fano-Bedingung

heit das entsprechende Wissen zutrifft. Der schließlich von MYCIN abgegebene Diagnose- und Therapievorschlag ist ebenfalls mit einer Wahrscheinlichkeit versehen und ermöglicht so dem Arzt eine Bewertung der Risiken des Vorschlags.

Der Wunsch, Expertensysteme zu konstruieren, hat auch zur Entwicklung und zum Einsatz neuer ↑Programmiersprachen geführt, in denen die neuartigen Probleme (z. B. Wissensdarstellung, logische Schlusstechniken) adäquat formuliert werden können. Eine dieser Programmiersprachen ist ↑PROLOG.

Exzess-3-Code *(Drei-Exzess-Code, Stibitz-Code):* Der Exzess-3-Code ist ein Tetradencode (↑BCD-Code). Den Dezimalziffern 0 bis 9 wird nach folgender Tabelle jeweils eine Tetrade (↑Byte) zugeordnet:

Dezimal-ziffer	Binär-code	Dezimal-ziffer	Binär-code
0	0011	5	1000
1	0100	6	1001
2	0101	7	1010
3	0110	8	1011
4	0111	9	1100

Beispiel:
Die Dezimalzahl 197 hat die Darstellung 0100 1100 1010.

Der Name „Exzess-3" rührt daher, dass die Ziffer jeder Tetrade um 3 größer ist als die zur Tetrade gehörende Dualzahl (↑Dualsystem).
Der Exzess-3-Code ist wie der ↑Aiken-Code ein ↑Komplementärcode.

F

Fakultät: Funktion auf den natürlichen Zahlen, die das Produkt der ersten *n* Zahlen angibt. Man verwendet hierfür ein nachgestelltes Ausrufezeichen und spricht *n*! als „*n* Fakultät":

$$n! = \begin{cases} 1 & \text{für } n = 0, \\ 1 \cdot 2 \cdot \ldots \cdot n & \text{für } n > 0. \end{cases}$$

Die Bedeutung der Fakultätsfunktion wird bei Anordnungsproblemen ersichtlich: Muss man dabei zur Lösung einer Fragestellung alle möglichen Anordnungen, in die *n* Objekte gebracht werden können, untersuchen, so erfordert dies mindestens *n*! Schritte, da es jeweils genau *n*! verschiedene Anordnungen gibt.

Fano-Bedingung (nach Robert Mario Fano, * 1917, der 1961 eine statistische Theorie der Nachrichtenübertragung begründete): Bedingung für die Decodierbarkeit eines Codes. Ein Code erfüllt die Fano-Bedingung, wenn kein Wort aus dem Code der Anfang eines anderen Wortes desselben Codes ist.

Beispiele:
1. In der üblichen Darstellung des Morsecodes gilt:

$$e = \cdot, \, i = \cdot\cdot, \, s = \cdot\cdot\cdot,$$
$$n = - \cdot, \, r = \cdot - \cdot$$

Dann lautet die Codierung der Wörter „seen" und „eier" jeweils

$$\cdot\cdot\cdot\cdot\cdot - \cdot.$$

Der Morsecode erfüllt so nicht die Fano-Bedingung. Daher benötigt man zur Decodierung noch ein zusätzliches Zeichen, den Zwischenraum („Pause"); ↑Code.
2. Gegeben sei der folgende Code:

a = 0, b = 10, c = 11.

Dieser Code erfüllt die Fano-Bedingung. Eine einwandfreie Decodierung beispielsweise der Zeichenfolge

10	11	10	11	0	0	10	11
b	c	b	c	a	a	b	c

ist damit gesichert.

Färbungsproblem: Ein ungerichteter ↑Graph heißt k-färbbar, wenn man die Knoten des Graphen so mit k verschiedenen Farben belegen kann, dass zwei durch eine Kante verbundene Knoten unterschiedliche Farben besitzen. Das Färbungsproblem ist die Frage, ob ein gegebener Graph k-färbbar ist (für eine vorgegebene natürliche Zahl k).

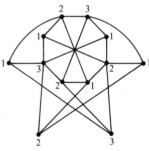

Abb. 1: Graph mit einer 3-Färbung

Beispiele:
Abb. 1 zeigt einen Graphen und eine 3-Färbung. Zur Färbung des Graphen in Abb. 2 benötigt man mindestens 4 Farben.
(Die einzelnen Farben sind jeweils durch unterschiedliche Nummern gekennzeichnet.)

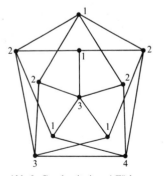

Abb. 2: Graph mit einer 4-Färbung

Das Färbungsproblem wie auch das ↑Cliquenproblem muss man häufig im Zusammenhang mit Termin- oder Raumplanungen (z. B. beim Stundenplanproblem) lösen.

Beispiele:
1. Die Arbeit im Bundestag wird in erheblichem Umfang von Ausschüssen wahrgenommen, in denen die Abgeordneten mitarbeiten. Die meisten Abgeordneten gehören verschiedenen Ausschüssen an. Jeder Ausschuss tagt jede Woche genau einmal. Ist ein Abgeordneter Mitglied in zwei verschiedenen Ausschüssen, so dürfen diese nicht zur gleichen Zeit stattfinden. Kommt man mit k verschiedenen Sitzungsterminen aus?
Diese Aufgabenstellung modelliert man durch einen Konfliktgraphen. Jeder Ausschuss wird durch einen Knoten dargestellt. Zwei Knoten werden genau dann durch eine Kante verbunden, wenn es einen Abgeordneten gibt, der in beiden Ausschüssen vertreten ist. Um nun festzustellen, ob man mit k Sitzungsterminen auskommt, muss man prüfen, ob der Graph k-färbbar ist. Gelingt dies, so können die Ausschüsse, die zu Knoten gleicher Farbe gehören, zum gleichen Termin tagen. Abb. 1 lässt sich als Konfliktgraph von 12 Ausschüssen interpretieren. Hier genügen 3 Termine pro Woche, um die Ausschüsse konferieren zu lassen.
2. Gegeben sei ein Mobilfunknetz mit n Sende-/Empfangseinrichtungen (Abb. 3). Jede Einrichtung besitzt eine Reichweite, die hier als kreisförmig angenommen wird. Der zugehörige Graph bestehe aus den n Einrichtungen als Knoten. Zwei Knoten i und j werden durch eine (ungerichtete) Kante verbunden, falls sich die Reichweiten von i und j überlappen (Abb. 4). Dem Mobilfunknetz mögen k Sendefrequenzen zur Verfügung stehen. Ein

Fehlertoleranz

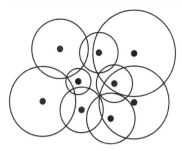

Abb. 3: Sender mit kreisförmigen Reichweiten

störungsfreier Betrieb ist genau dann gewährleistet, wenn der Graph k-färbbar ist. (Dieses Beispiel ist idealisiert. In der Praxis gibt es Sende-Reichweiten und größere Stör-Reichweiten, die i. A. nicht kreisförmig sind, und Sendefrequenzen benachbarter Einrichtungen dürfen sich um gewisse Werte nicht unterscheiden.)

Abb. 4: Zu Abb. 3 gehöriger Graph. Dieser Graph ist 4-färbbar

Das (Optimierungs-)Färbungsproblem fragt nach dem minimalen k, sodass ein Graph k-färbbar ist. Dieses Problem ist ↑NP-vollständig.

Fehler (engl. *error*): Ermittlung oder Ausgabe eines falschen Ergebnisses. Man unterscheidet Hardware- und Softwarefehler. *Hardwarefehler* beruhen auf einer fehlerhaften Funktion elektronischer Bauelemente, die durch Staub, Hitze, Betriebsspannungsschwankungen u. a. hervorgerufen werden können, oder sie treten bei gestörten Leitungen oder defekten Geräten auf. Solche Fehler lösen während des laufenden Betriebs eine ↑Unterbrechung aus. *Softwarefehler* (auch *logische Fehler* genannt) basieren auf falschen Anweisungsfolgen innerhalb eines Programms. Derartige Fehler können durch ↑Testen entdeckt werden. Vorzuziehen sind jedoch Methoden der ↑Verifikation. Das Aufspüren und Beseitigen von Softwarefehlern bezeichnet man als ↑Debugging.

Für die Erkennung von Fehlern sind spezielle Hardware-Einrichtungen und Mikroprogramme zuständig, für ihre Analyse und Behebung haben das ↑Betriebssystem oder das ↑Laufzeitsystem zu sorgen (↑Laufzeitfehler, ↑Prüfbit, ↑Hamming-Abstand, ↑Fehlertoleranz).

Fehlertoleranz (engl. *fault tolerance*): Eigenschaft eines Systems, auch dann noch korrekt zu arbeiten, wenn einige seiner Komponenten fehlerhaft sind. Auf Hardware-Ebene erreicht man Fehlertoleranz z. B. durch die Bereitstellung mehrerer identischer Geräte. Die gleichartigen Geräte warten, bis ein Gerät fehlerhaft arbeitet, und übernehmen dann dessen Aufgaben (passive ↑Redundanz), oder alle Geräte bearbeiten das gleiche Problem, und es wird dasjenige Resultat weiterverwendet, das von der Mehrzahl der Geräte geliefert wurde (aktive Redundanz), das Resultat wird also durch *Voting* (von engl. to vote „abstimmen") erreicht.

Beispiel:
Die Steuerungscomputer in den Airbus-Flugzeugen sowie im amerikanischen Raumgleiter Spaceshuttle sind aus Sicherheitsgründen mehrfach vorhanden und arbeiten nach dem Prinzip der aktiven Redundanz.

Auf Software-Ebene kann durch geeignete Fehlerbehandlung und -korrektur Fehlertoleranz erreicht werden (↑Fehler).

Feld 176

Fehlertoleranz ist unverzichtbar bei allen Systemen, die Prozesse unmittelbar überwachen, z. B. in der Medizin, bei der Flugüberwachung oder bei der Fertigungssteuerung. Dies gilt auch für ↑ verteilte Systeme, bei denen Fehler schwer zu lokalisieren sind und wegen der räumlichen Entfernungen oft erst nach längerer Zeit behoben werden können.

Feld (*Reihung;* engl. *array*): Endliche Aneinanderreihung von gleichartigen Elementen, wobei auf die Komponenten mithilfe eines Index zugegriffen wird. Felder sind eine Realisierung des Konstruktors „Aggregation" (↑ Datenstruktur). Es gibt sie in den meisten Programmiersprachen. Das Schlüsselwort lautet meist array oder manchmal DIMENSION (DIM).

Der Datentyp Feld wird häufig wie folgt vereinbart (↑ Deklaration):

type arraytyp = array [I] of grundtyp

I ist der *Index* des Feldes. Der Index ist ein Datentyp mit endlich vielen Elementen, meist ein ↑ Aufzählungstyp, auch Unterbereich genannt. Hat der Datentyp des Index n Elemente, so besteht jede Variable vom Datentyp arraytyp aus n Komponenten des Datentyps grundtyp. Auf die einzelnen Komponenten einer Feldvariablen kann man zugreifen, indem man einen festen Wert des Datentyps I angibt.

Beispiel:

type vektor = array [1 .. 10]
          of integer;
    matrix = array [1 .. 10,1 .. 10]
          of integer; ...
var a: matrix; v: vektor; i: 1 .. 10;
    ...
v[2] := 3;
(∗ Setze 2. Komponente von v
    auf den Wert 3 ∗)
a[i,1]:= v[i];
(∗ Setze Matrixelement in Zeile i

und Spalte 1 auf die
i-te Komponente von v ∗)

Verwendet man als Index kartesische Produkte von Unterbereichen, so spricht man auch von der *Dimension* eines Feldes: Besteht der Index nur aus einem Unterbereich, so wird das Feld als eindimensional bezeichnet. Ist der Index das kartesische Produkt aus N Unterbereichen, so heißt das Feld N-dimensional. Jedes N-dimensionale Feld kann durch die Speicherabbildungsfunktion (↑ Adressfunktion) umkehrbar eindeutig auf ein eindimensionales Feld abgebildet werden.

Felder bezeichnet man oft auch als *Tabellen.*

Beispiel:
Die Multiplikationstabelle für das kleine Einmaleins ist nichts anderes als ein Feld, das man durch Wiederholung der Addition aufbauen kann:

var mult: array [1 .. 10,1 .. 10]
          of 1 .. 100;
    i,j: 1 .. 10;
begin
    for i:= 1 to 10 do mult[i,1]:= i;
    for j:= 2 to 10 do
        for i:= 1 to 10 do
        mult[i,j]:= mult[i,j − 1] + i;
        ...
end

Einfache Codierungen und Verschlüsselungen (↑ Kryptographie) lassen sich ebenfalls mithilfe von Feldern beschreiben. Ein Beispiel findet sich unter ↑ char.

In ↑ Maschinensprachen besitzen Felder eine große Bedeutung, da der zugrunde liegende Speicher ein eindimensionales Feld von Speicherzellen ist, auf die über den Index Adresse zugegriffen wird.

Fenstertechnik *(Window-Technik):* Durch die Fenstertechnik wird der Bildschirm in verschiedene Rechtecke, so genannte *Fenster* (engl. *windows*) aufgeteilt. Jedem einzelnen Anwenderprogramm bzw. jedem Prozess wird ein Fenster fest zugeordnet. Alle Zeichenfolgen, die normalerweise auf den gesamten Bildschirm ausgegeben würden, erscheinen in dem zugeordneten Fenster. Die richtige Verteilung der Zeichen auf die einzelnen Fenster im Bildschirm besorgt ein Programm im Betriebssystem, der *Window-Manager*. Der Benutzer kann i. A. Anzahl, Größe und Position der einzelnen Fenster selbst festlegen und nachträglich verändern. Fenster lassen sich übereinander legen; der Bildschirm ähnelt so einem Schreibtisch mit verschiedenen Schriftstücken. Einige Rechnerhersteller bieten bereits seit Beginn der 1980er-Jahre Betriebssysteme mit ausgereifter Fenstertechnik an, spätestens seit Beginn der 90er-Jahre haben diese Systeme zumeist in Gestalt weniger leistungsfähiger Nachfolgeentwicklungen eine weite Verbreitung erlangt. Rechnersysteme ohne Fenstertechnik trifft man außer in speziellen Einsatzbereichen kaum noch an. In der Regel wird ein ↑ grafisches Terminal benötigt.

Festpunktdarstellung *(Festkommadarstellung):* Zahldarstellung, bei der jede Zahl als Ziffernfolge dargestellt wird, in der ein gedachter, d. h. aus der Ziffernfolge nicht erkennbarer Dezimalpunkt an einer bestimmten festen Stelle steht. Im angelsächsischen Bereich verwendet man den Dezimalpunkt statt des Dezimalkommas. Eine Variable X vom Typ real fixed decimal (5,2) kann als Werte Dezimalzahlen annehmen, deren Betrag aus genau 5 Dezimalziffern (einschließlich führender Nullen) besteht und die genau 2 Ziffern nach dem Dezimalpunkt besitzen, z. B. die Zahlen 372.08 oder -820.11. Allgemein wird die Ziffernfolge $+a_n a_{n-1} \ldots a_1$, die einer Variab-

len der Festpunktdarstellung real fixed decimal (n,m) zugeordnet ist, als die Zahl $+a_n \ldots a_1 \cdot 10^{-m}$ aufgefasst.

Arithmetische Operationen werden oft fehlerhaft, wenn die verwendeten Variablen eine unterschiedliche Genauigkeit besitzen; dies kann bei Additionen und Subtraktionen in der Festpunktdarstellung nicht geschehen. Statt der Basis 10 (decimal) können auch andere ↑ Stellenwertsysteme verwendet werden.

Ein Vorteil der Festpunktdarstellung besteht darin, dass für reelle Zahlen anstelle der Gleitpunktoperationen (↑ Gleitpunktdarstellung) die wesentlich schnelleren Festpunktbefehle des Computers benutzt werden können.

FIFO-Speicher (FIFO Abk. für engl. first in first out): Datenstruktur, aus der Daten in genau der Reihenfolge ausgelesen werden müssen, in der sie eingegeben worden sind: Was zuerst hereinkommt, kommt auch zuerst heraus. Dem FIFO-Speicher entspricht die Datenstruktur ↑ Schlange.

File [faɪl]:
1. ↑ Datei.
2. ↑ Datentyp in Programmiersprachen, der Dateien als Wertebereich hat und zusätzlich über Operationen wie get, put, eof, reset, rewrite verfügt. Im Folgenden soll der Datentyp file in ↑ PASCAL erläutert werden, der sich an sequenziellen Dateien orientiert. Der Wertebereich besteht aus einer endlichen Folge von Elementen; diese haben alle den gleichen Datentyp. Ein file kann leer sein, also kein Element enthalten.

Ein File kann man sich als Magnetband vorstellen, das in einzelne Zellen unterteilt ist. Jede Zelle kann genau ein Folgenglied aufnehmen. Die Bearbeitung einer Zelle des Magnetbandes ist nur dann möglich, wenn sich die Zelle unter dem Lese-/Schreibkopf befindet. Der Lese-/Schreibkopf wirkt wie ein

File

Sichtfenster, das zu jedem Zeitpunkt nur immer genau eine Zelle zeigt (Abb. 1).

Abb. 1: Magnetband als Modell eines Files

Das Lesen und Bearbeiten eines sequenziellen Files erfolgt schrittweise in einer Richtung. Befindet sich zur Zeit das n-te Folgenglied im Sichtfenster, so erscheint nach dessen Bearbeitung stets das $(n+1)$-te Folgenglied im Fenster.

In PASCAL deklariert man eine file-Variable in der Form

   var f: file of T.

T ist irgendein Datentyp. Er legt den Typ der Folgenglieder, der Filekomponenten, fest.

   var z: file of integer;

definiert z. B. ein File vom Typ integer. Die Komponenten dieses Files sind ganze Zahlen.

Bei der Deklaration einer file-Variablen wird automatisch eine *Puffervariable* f↑ mit vereinbart. f↑ hat den Datentyp T, also den Typ der Filekomponenten. f↑ besitzt immer den Wert der Komponente, die sich gerade unter dem Sichtfenster befindet (Abb. 2).

Das Erreichen des File-Endes kann mithilfe der Standardfunktion eof abgeprüft werden. eof(f) hat den Wert true, falls das Sichtfenster hinter dem rechten Ende des Files f steht (Abb. 3).

Abb. 3: Erreichen des File-Endes

Zur Bearbeitung des Files f stehen die folgenden weiteren Standardprozeduren zur Verfügung:

reset(f): setzt das Sichtfenster auf das erste Element des Files f. Die Puffervariable f↑ erhält den Wert dieses ersten Fileelements, sofern f nicht leer ist. Ist f leer, so liefert der Aufruf von eof(f) den Wert true, und die Puffervariable ist undefiniert.

get(f): verschiebt das Sichtfenster um eine Zelle nach rechts und weist der Puffervariablen f↑ den Inhalt der Zelle zu (Abb. 4). Falls das File-Ende von f erreicht ist, hat f↑ einen undefinierten Wert. Der Aufruf eof(f) liefert dann den Wert true. get(f) darf nur aufgerufen werden, wenn eof(f) = false gilt.

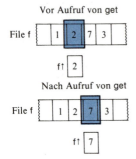

Abb. 4: Wirkung von get(f)

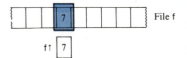

Abb. 2: Puffervariable f↑

rewrite(f): löscht den gesamten File-Inhalt, liefert also ein leeres File. Der Aufruf eof(f) liefert anschließend den Wert true. f↑ ist danach undefiniert.

put(f): fügt den Wert von f↑ am Ende des Files f an und setzt das Sichtfenster um eine Position weiter. f↑ hat danach einen undefinierten Wert (Abb. 5). put darf nur aufgerufen werden, falls eof(f) = true gilt. Nach dem Aufruf gilt weiterhin eof(f) = true.

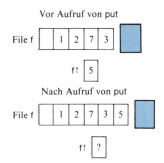

Abb. 5: Wirkung von put(f)

Weitere Standardprozeduren für den lesenden und schreibenden Zugriff auf Files sind read und write, bei denen die explizite Verwendung der Puffervariablen entfällt.

read(f, x): ist gleichbedeutend mit dem Programmstück

x := f↑; get(f).

write(f, x): ist gleichbedeutend mit

f↑ := x; put(f).

Finitheit: Bezeichnung für die charakteristische Eigenschaft eines ↑Algorithmus, dass er zu jedem Zeitpunkt (vor, während und – falls er endet – nach seiner Abarbeitung) nur einen endlichen Bereich verändert hat. Man unterscheidet *statische* und *dynamische Finitheit*. Jeder Algorithmus muss *statisch finit* sein, d. h., er wird durch einen endlich langen Text beschrieben. Ein Algorithmus heißt *dynamisch finit*, wenn die von ihm verwendeten Objekte und Strukturen zu jedem Zeitpunkt endlich bleiben. In der Praxis verwendbare Algorithmen müssen dynamisch finit sein.

Firmware ['fə:mwɛə]: Bei mikroprogrammierbaren (↑Mikroprogrammierung) Rechenanlagen bezeichnet die Firmware die Menge aller in einem Prozessor realisierten Mikroprogramme, die den ↑Befehlsvorrat des Prozessors bestimmen. Der Begriff „Firmware" drückt aus, dass die Mikroprogramme zwar prinzipiell verändert werden können, jedoch im Allgemeinen über einen längeren Zeitraum fest (engl. firm) bleiben. Änderungen nimmt i. A. nur der Hersteller von Computern vor (↑Emulation).

Fixpunkt: Sei $f: M \to M$ eine Funktion. Jedes Element $x \in M$, das unter f auf sich selbst abgebildet wird, d. h. für das gilt $f(x) = x$, heißt Fixpunkt von f.

Beispiel:
Es sei $f: \mathbb{N}_0 \to \mathbb{N}_0$ gegeben durch $f(x) =$ Summe der Teiler von x (aber ohne x selbst).
f besitzt Fixpunkte, z. B. 6 und 28:

$$f(6) = 1 + 2 + 3 = 6,$$
$$f(28) = 1 + 2 + 4 + 7 + 14 = 28.$$

Die Fixpunkte von f sind gerade die vollkommenen Zahlen.

In der Informatik werden Fixpunkte verwendet, um die Bedeutung (↑Semantik) von rekursiv dargestellten Funktions- und Prozedurdeklarationen festzulegen.
Man kann mit Fixpunkten auch Sprachen definieren. Für einen deterministischen verallgemeinerten ↑endlichen Automaten (Abk. dgsm) A mit gleichem Ein- und Ausgabealphabet I sei $f_A: I^* \to I^*$ die von A berechnete (partielle) Abbildung mit

$f_A(u) = v \Leftrightarrow A$ erzeugt bei Eingabe von u die Ausgabe v und befindet sich am Ende in einem Endzustand.

Flaggenproblem

Die Fixpunktsprache von A lautet dann

$$\text{Fix}(A) = \{u \in I^* \mid f_A(u) = u\}.$$

Für die Fixpunktsprachen von dgsms ist das ↑Leerheitsproblem bereits unentscheidbar, und jede ↑aufzählbare Menge ist homomorphes Bild einer solchen Fixpunktsprache.

Flaggenproblem (nach dem niederländischen Wissenschaftler E. W. Dijkstra): Einfaches Problem, zu dessen Lösung eine Reihe typischer Denkweisen der Informatik erforderlich ist. Im Informatikunterricht kann es vor allem zum Einstieg in Überlegungen zur Effizienz von Algorithmen genutzt werden.

Gegeben sind eine Folge von n Fächern und ebenso viele Steine:

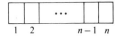

Jedes Fach enthält einen Stein, der entweder rot, weiß oder blau ist. Ein Roboter wird vor der Fächerreihe aufgestellt. Er soll programmiert werden, die Steine so umzuordnen, dass zuerst (an der linken Seite) die roten, dann die weißen und zuletzt die blauen Steine in den Fächern liegen.

Der Name „Flaggenproblem" rührt daher, dass die Farbenfolge der Steine im geordneten Zustand mit der niederländischen Nationalflagge (rot/weiß/blau) übereinstimmt.

Der Roboter kann den Inhalt zweier bestimmter Fächer, die nicht nebeneinander liegen müssen, vertauschen, und er kann die Farbe des Steins melden, der sich in einem bestimmten Fach befindet.

Da die Ausführung dieser beiden Operationen viel Zeit benötigt, soll ein Algorithmus entworfen werden, der die beiden Operationen so wenig wie möglich verwendet; genauer

1) die Operation „Farbe bestimmen" darf für jedes Fach höchstens einmal angewendet werden;
2) die Zahl der Vertauschungsoperationen soll im Mittel möglichst gering sein.

Man definiert drei Markierungen r, w und b, die jeweils angeben, welchen Teilbereich der Fächerreihe der Roboter schon sortiert hat. Abb. 1 zeigt die Anfangssituation, Abb. 2 einen Zwischenschritt des Sortierverfahrens.

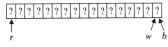

Abb. 1: Anfangssituation

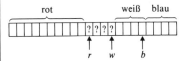

Abb. 2: Zwischenschritt des Sortierverfahrens

Der linke Bereich enthält nur rote, der zweite von rechts nur weiße und der rechte nur blaue Steine. In dem mit ? markierten Bereich sind die Steine noch ungeordnet. r zeigt auf den von links gesehen ersten nicht roten, w auf den von rechts gesehen ersten nicht weißen (w aber nie rechts von b) und b auf den von rechts gesehen ersten nicht blauen Stein.

Die Endsituation zeigt Abb. 3.

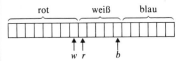

Abb. 3: Endsituation beim Flaggenproblem

Man kann den ?-Bereich von links nach rechts oder von rechts nach links durchsuchen. Welche Auswirkungen hat dies auf die Zahl der Vertauschungsoperationen, die ja möglichst gering sein sollte? Während man im ersten Fall bei n Fächern durchschnittlich n Vertauschungen durchführt, wie man selbst nachprüfen kann, kommt man bei der Methode im zweiten Fall mit $2/3\, n$ Vertauschungen aus. Die letztere Methode ist für den Algorithmus also vorzuziehen.

Flanke: Bezeichnung für den Wechsel von einem Signalwert zu einem anderen. Der Wechsel von einem niedrigeren zu einem höheren Signalwert heißt *ansteigende Flanke,* der umgekehrte Wechsel *abfallende Flanke* (Abb. 1).

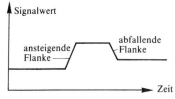

Abb. 1: Flanken

Form und Steilheit der Flanken sind wichtig für das korrekte Schaltverhalten von elektronischen Bauelementen wie Dioden, Transistoren, ↑Flipflops usw. (↑JK-Flipflop).

Flipflop *(bistabile Kippschaltung):* Bezeichnung für eine (rückgekoppelte) Schaltung, die zwei stabile Zustände besitzt. Der Wechsel von einem Zustand in den anderen kann nur durch äußere Einflüsse veranlasst werden. Die Aufforderung an das Flipflop, seinen Zustand zu ändern, ergeht über mindestens einen Eingang, der Zustand des Flipflops wird an mindestens einem Ausgang bereitgestellt (↑RS-Flipflop, Abb. 2). Das Flipflop ist ein Speicherglied für ein ↑Bit.
Unterschiedliche Anforderungen an das Verhalten von Flipflops haben zur Entwicklung von ↑T-Flipflops, ↑D-Flipflops und ↑JK-Flipflops geführt.

FORTH [fɔːθ]: Programmiersprache zur interaktiven Arbeitsweise, deren zentrale Datenstruktur ein ↑Keller ist. Jedes FORTH-Programm besteht aus Anweisungen zur Manipulation dieses Kellers. Alle eingegebenen Werte werden nacheinander auf den Keller gelegt und können durch entsprechende Befehle verarbeitet werden.
FORTH kann wegen seines einfachen Aufbaus auf vielen Mikrocomputern eingesetzt werden. FORTH hat für die *Schule* keine, im Übrigen nur eine geringe Bedeutung erlangt.

FORTRAN (Kurzwort aus engl. **for**mula **tran**slator): Imperative Programmiersprache für naturwissenschaftliche und ingenieurmäßige Anwendungen. FORTRAN wurde Ende der 1950er-Jahre entwickelt. Beim Entwurf der Sprache stand die schnelle Ausführbarkeit der Programme im Vordergrund. Daher hat das ursprüngliche FORTRAN einen recht einfachen Aufbau und bietet wenig Strukturierungsmöglichkeiten zugunsten einer schnellen Programmausführung.
FORTRAN wurde seit 1958 ständig weiterentwickelt; FORTRAN 77 gilt als wichtiger Standard; aktuell ist Fortran 95 (klein geschrieben, um anzuzeigen, dass inzwischen auch Kleinbuchstaben zulässig sind).
Die grundlegende Anweisung ist die ↑Zuweisung (Symbol „=") mit automatischer Typanpassung. Variablen können über eine DATA-Anweisung initialisiert werden. Zur Ein- und Ausgabe von Daten besitzt FORTRAN sehr mächtige Anweisungen, in denen der Benutzer das Format der Daten festlegen und Aktionen für den Fehlerfall oder für das Dateiende angeben kann.
Der Programmablauf wird durch

Sprünge, if-Anweisungen und Zählschleifen gesteuert. Weil man in FORTRAN Programme zeilenorientiert schreibt, kann man einzelnen Stellen im Programm eine Zeilennummer als Marke zuordnen, die als Sprungziel dient.

Die einzigen Strukturierungsmöglichkeiten von Programmen sind Prozeduren und Funktionen.

FORTRAN erlaubt vielfältige Freiheiten in der Gestaltung von Programmen, die ein hohes Maß an Disziplin vom Programmierer verlangen. Aber durch die einfache Struktur von FORTRAN-Programmen sind diese auf herkömmlichen Computern in schnell ausführbare Zielprogramme übersetzbar, weshalb FORTRAN in Bereichen, wo große numerische Datenmengen zu verarbeiten sind, eine starke Verbreitung gefunden hat. Dazu tragen auch die vielen technisch-wissenschaftlichen Programmsysteme bei, die in FORTRAN geschrieben sind.

Fragmentierung: Ungeordnete Zergliederung eines Speichers in Bereiche, die von Programmen oder Daten belegt oder nicht belegt sind. Zur Fragmentierung kommt es vor allem bei der Verwendung dynamischer Datenstrukturen, wenn während des Programmlaufs fortwährend Datenobjekte erzeugt und gelöscht werden. Die Kontrolle und Verwaltung belegter und unbelegter Bereiche des Speichers ist Aufgabe der Freispeicherverwaltung.

Freispeicherverwaltung: Die Kontrolle und Verwaltung von mit Programmen oder Daten belegten und unbelegten Bereichen des Speichers ist Aufgabe der Freispeicherverwaltung. Bei der Verwendung dynamischer Datenstrukturen (z. B. Bäume und Listen) und in der ↑objektorientierten Programmierung kommt es während des Programmlaufs zu häufigem Löschen und Erzeugen von Datenobjekten. Beim Löschen wird ein zusammenhängender Speicherblock von der Größe des gelöschten Objekts frei, zum Erzeugen eines Objekts muss ein freier zusammenhängender Bereich von mindestens der Größe des Objekts bereitgestellt werden. Man betrachte die folgende einfache Speicherstruktur (Abb. 1).

0	1	0	1	0	1	1	0
g_1	g_2	g_3	g_4	g_5	g_6	g_7	g_8

Abb. 1: Schema einer Speicherstruktur

0 kennzeichnet einen Speicherblock als frei, 1 als belegt. g_i gibt die Länge des zugehörigen Blocks an.

Die Freispeicherverwaltung verfügt über eine Liste, in der die freien Blöcke verzeichnet sind (*Freispeicherliste*, Abb. 2). Frei werdende Blöcke werden hier eingehängt (z. B. an das Ende angefügt oder innerhalb der Liste einsortiert). Der jeweils benötigte Speicherplatz wird bereitgestellt, indem ein Block genügender Größe aus der Liste entfernt wird. Liegen freie Blöcke im Speicher nebeneinander, so muss dies erkannt werden, und die Blöcke müssen zu einem Block verschmolzen werden.

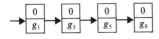

Abb. 2: Lineare Liste der freien Blöcke

Fordert ein Programm g Speicherplätze zur Erzeugung eines Objekts an, so gibt es im Allgemeinen mehrere freie Blöcke mit $g \leq g_i$.

Für die Zuweisung eines geeigneten freien Bereichs an das Programm kommen verschiedene Algorithmen infrage:

Funktion

First-fit-Algorithmus: Das Programm erhält den ersten Block in der Liste zugewiesen, für den $g \leq g_i$ gilt.

Best-fit-Algorithmus: Die Liste der freien Blöcke sollte für diesen Fall nach deren Länge sortiert sein. Das Programm erhält den am besten passenden Block, also den Block kleinster Größe zugewiesen, für den $g \leq g_i$ gilt. In beiden Fällen wird dem Programm natürlich nur der effektiv erforderliche Speicherbereich zugewiesen. Den unbelegten Rest der Länge $g_i - g$ belässt man in der Liste der freien Blöcke.

Für die Praxis eignet sich der First-fit-Algorithmus besser, da der Best-fit-Algorithmus die Bildung kleiner nutzloser freier Blöcke *(Fragmente)* fördert. Die ↑ Fragmentierung kann zur Folge haben, dass für eine Anforderung der Länge g kein ausreichend großer Block zur Verfügung steht, obwohl alle freien Blöcke zusammen mehr als g Speicherplätze umfassen. In diesem Fall ist es notwendig, den belegten und den freien Speicherbereich so umzuordnen, dass die freien Blöcke im Speicher aufeinander folgen. Diesen Vorgang nennt man *Kompaktifizierung* oder *Speicherbereinigung,* im Amerikanischen *garbage collection* (dt. Müllsammlung), weil zugleich nicht mehr benötigte Blöcke („Müll") aufgesammelt werden.

Algorithmen zur Speicherbereinigung benötigen quadratischen Aufwand $O(n^2)$, wobei n die Zahl aller Speicherplätze bezeichnet. Man kommt mit $O(n \cdot \log n)$ aus, wenn der Speicherbereinigungsalgorithmus noch über hinreichend viel Platz für Zwischenspeicherungen verfügen kann. In der Praxis sollte man daher frühzeitig den Speicher bereinigen, um Zeitverluste zu vermeiden.

Funktion:

1. *(Abbildung)* Eindeutige Zuordnung der Elemente einer Menge A zu den Elementen einer Menge B. Jedem Element von A darf höchstens ein Element von B zugeordnet sein, verschiedenen Elementen von A kann aber dasselbe Element von B zugeordnet sein. Von einer Funktion im engeren Sinne spricht man in der Mathematik, wenn B ein Zahlenbereich ist (also $\mathbb{N}$, $\mathbb{Z}$, $\mathbb{R}$ usw.).

Ist f eine Funktion, so schreibt man

$$f : A \to B$$

und sagt: f ist eine Funktion von A nach B. A heißt *Urbildbereich.* Dabei braucht nicht jedem Element von A ein Element von B zugeordnet zu sein. Ist einem Element $a \in A$ kein Element $b \in B$ zugeordnet, so sagt man: f ist für a nicht definiert.

Wenn es Elemente gibt, für die f nicht definiert ist, dann heißt f *partiell,* andernfalls *total.* Die Menge derjenigen Elemente von A, für die f definiert ist, heißt *Definitionsmenge* oder *Definitionsbereich* (engl. *domain*) und wird mit $D(f)$, $Dom(f)$ oder $Domain(f)$ bezeichnet. B ist der *Wertebereich* (die *Wertemenge*) oder *Bildbereich* (die *Bildmenge,* engl. *codomain*) von f und wird mit $B(f)$ oder $Codomain(f)$ bezeichnet.

Ordnet die Funktion f dem Element $a \in A$ das Element $b \in B$ zu, so heißt b das *Bild von a unter der Funktion f,* und man schreibt

$$f : a \to b \text{ oder } f(a) = b.$$

Eine Funktion $f : A \to B$ ist *injektiv* oder *eineindeutig,* wenn zwei verschiedene Elemente von $D(f) \subseteq A$ immer zwei verschiedene Bilder haben, wenn also für $x_1 \neq x_2$ $(x_1, x_2 \in D(f) \subseteq A)$ stets $f(x_1) \neq f(x_2)$ gilt. Eine Funktion $f : A \to B$ heißt *surjektiv,* wenn jedes Element von B als Bild vorkommt, wenn also zu jedem $b \in B$ ein $a \in A$ mit $f(a) = b$ existiert. Eine Funktion $f : A \to B$ heißt *bijektiv (umkehrbar ein-*

deutig), wenn sie sowohl injektiv als auch surjektiv ist. In diesem Fall gibt es eine eindeutig bestimmte Funktion

$$f^{-1}: B \to A,$$

die durch

$$f^{-1}(b) = a \Leftrightarrow f(a) = b$$

für alle $b \in B$ definiert ist. f^{-1} heißt *Umkehrfunktion* von f oder *inverse Funktion* zu f.

In der Informatik beschäftigt man sich überwiegend mit Funktionen, zu denen es einen Algorithmus gibt, der für ein Argument des Definitionsbereichs der Funktion in endlich vielen Schritten das zugehörige Bild erzeugt (↑berechenbare Funktionen). Setzt man den Algorithmus in ein ↑Programm einer Programmiersprache um, so sagt man: *Das Programm berechnet die Funktion.* Die Funktion, die einem Programm P zugeordnet ist, bezeichnet man mit f_P. Die Vorschrift, welche einen Programmtext P auf die Funktion f_P abbildet, ist ihrerseits eine Funktion

$F: \{\text{Menge aller Programmtexte}\}$
$\to \{\text{Menge der berechenbaren Funktionen}\}$
$P \to f_P$

F ist eine surjektive Funktion, denn zu jeder berechenbaren Funktion f gibt es nach Definition ein Programm P, das diese Funktion berechnet, für das also $f = f_P$ gilt. F ist aber nicht injektiv, denn zwei verschiedene Programme können die gleiche Funktion berechnen.

Beispiele:

1. Gegeben sei das Programm P:

```
P: var n,s: integer;
   read(n); s := 0;
   while n ≠ 0 do
      begin
        s := s + n;
        n := n − 1
      end;
   write(s).
```

Die von P berechnete Funktion f_P ist:

$$f_P: \mathbb{Z} \to \mathbb{N}_0$$

$$f_P(n) = \begin{cases} \sum_{i=0}^{n} i, & \text{falls } n \geq 0, \\ \text{undefiniert} & \text{sonst.} \end{cases}$$

Der Urbildbereich von f_P ist die Menge $\mathbb{Z}$. Der Definitionsbereich von f_P sind die nichtnegativen Zahlen $\mathbb{N}_0 \subseteq \mathbb{Z}$. Für Eingabewerte $n < 0$ ist die while-Schleife eine ↑Endlosschleife. P liefert dann keine Ausgabe, und f_P ist für jedes $n < 0$ nicht definiert. f_P ist also eine partielle Funktion. Der Bildbereich von f_P ist

$$\left\{ \sum_{i=0}^{n} i \mid n \geq 0 \right\} = \{\tfrac{1}{2} n \cdot (n+1) \mid n \geq 0\}.$$

2. Das folgende Programm P' berechnet eine Funktion $f_{P'}$, deren Definitionsbereich die ganze Menge $\mathbb{Z}$ ist. Auf der Menge $\mathbb{N}_0$ stimmt f_P mit $f_{P'}$ überein. Für $n < 0$ gilt $f_{P'}(n) = 0$. $f_{P'}$ ist also eine totale Funktion.

```
P': var n,s: integer;
    read(n); s := 0;
    while n > 0 do
       begin
         s := s + n;
         n := n − 1
       end;
    write(s).
```

Die von P' berechnete Funktion $f_{P'}$ ist:

$$f_{P'}: \mathbb{Z} \to \mathbb{N}_0$$

$$f_{P'}(n) = \begin{cases} \sum_{i=0}^{n} i, & \text{falls } n \geq 0, \\ 0 & \text{sonst.} \end{cases}$$

3. Das Programm P'' ist verschieden von dem Programm P', berechnet jedoch die gleiche Funktion wie P':

```
P'': var i,s,n: integer;
     read(n); s := 0;
     for i := 1 to n do s := s+i;
     write(s).
```

Es gilt $f_{P'} = f_{P''}$.

In den obigen Beispielen waren der Urbild- und der Bildbereich der Funktion stets Zahlenmengen. Im allgemeinen Fall sind Urbild- und Bildbereich von berechenbaren Funktionen Wörter über einem endlichen ↑ Alphabet.
2. Funktionsprozedur (↑ Prozedur).

Fuzzy-Menge [ˈfʌzi-] (engl. *fuzzy set*; 1965 von Lotfi A. Zadeh eingeführter Begriff): Verallgemeinerung des Mengenbegriffs mit dem Ziel, unscharfe Konzepte zu beschreiben.

Im Alltag verwenden wir viele unscharfe Begriffe wie „groß", „weit entfernt" u. Ä. Oft weiß man nicht, ob ein beobachteter Wert einem Begriff zuzuordnen ist oder nicht. Manche werden den Wert „1,80 Meter" für die Größe eines Menschen als „groß" einstufen, andere nicht; 7 °C werden viele, aber nicht alle als „kalt" bezeichnen, und fast alle werden einen 3 Jahre alten Menschen als „jung" ansehen. Menschen müssen beobachtete Werte dauernd „schwammig definierten" Begriffen zuordnen, da sie hieran ihre Handlungen orientieren (z. B.: „wenn es diesig ist, dann fahre langsam"). Diese Unschärfe soll durch die Fuzzy-Mengen formal erfasst und der Verarbeitung durch Rechner zugänglich gemacht werden. Fuzzy-Mengen werden deshalb dort eingesetzt, wo menschliches Wissen dargestellt, beachtet oder verarbeitet werden soll (↑ künstliche Intelligenz).

Eine Fuzzy-Menge F ordnet Werten aus einer Grundmenge Ω einen „Grad der Zugehörigkeit" zur Menge F zu. Dieser Grad wird als eine Zahl aus dem reellen Intervall [0,1] von 0 bis 1 beschrieben: Wird einem Wert m aus Ω die Zahl 0 zugeordnet, so gehört m sicher nicht zur Menge F, wird m die Zahl 1 zugeordnet, so gehört m sicher zur Menge F.

Beispiel:
Man betrachte Abb. 1. Dort ist der Begriff „groß" bzgl. der Größe von Menschen dargestellt. Betrachtet werden die ganzen Zahlen von 140 bis 240 (Größe in cm), also $\Omega = \{140, 141, 142, ..., 240\}$. Unterhalb von 150 cm wird man Menschen nicht mehr als groß bezeichnen; oberhalb von 220 cm wird man bereits von „riesig" sprechen. Dagegen wollen wir Größen von 185 bis 205 cm auf jeden Fall als groß bezeichnen. In Abb. 1 wird der Wert 180 cm auf die Zahl 0,7 abgebildet; dies bedeutet: 180 cm kann man mit dem Grad 0,7 als groß ansehen.

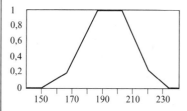

Abb. 1: Das Konzept „groß" kann als Abbildung der Größe in das Intervall [0,1] dargestellt werden

Auf Fuzzy-Mengen kann man die üblichen Mengenoperationen Vereinigung, Durchschnitt und Komplement definieren. Für Vereinigung und Durchschnitt überlagert man die beiden Graphen zweier Fuzzy-Mengen F und F'. Dann bildet man einen neuen Graphen, indem man bei Durchschnittsbildung für jeden x-Wert das Minimum und bei Vereinigung das Maximum der Funktionswerte der beiden Graphen bestimmt. Die beiden neuen Graphen repräsentieren dann die Fuzzy-Mengen $F \cap F'$ bzw. $F \cup F'$.

Den Graphen für das Komplement von F erhält man, indem man für jeden x-Wert den zugehörigen Funktionswert von 1 abzieht.

Beispiel:
Abb. 2 zeigt den Graphen für die Fuzzy-Menge „nicht groß".

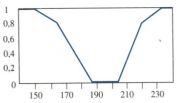

Abb. 2: Die Fuzzy-Menge „nicht groß"; sie entsteht aus Abb. 1 durch Komplementbildung

In Abb. 3 wird durch eine Fuzzy-Menge beschrieben, dass jemand ungefähr 170 cm groß ist, aber auf jeden Fall nicht größer als 185 cm und nicht kleiner als 160 cm.
Abb. 4 zeigt die Durchschnittsbildung.

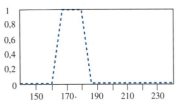

Abb. 3: Die Fuzzy-Menge für „jemand ist etwa 170 cm groß, aber sicher nicht über 185 und sicher nicht unter 160 cm"

Man kann nun auf der Basis der Fuzzy-Mengen einen Kalkül definieren, in dem solche Regeln und andere Aussagen formuliert und ausgewertet sowie notwendige Schlüsse gezogen werden können. Auf diese *Fuzzy-Logik* gehen wir hier nicht näher ein.
Mit unscharfen Mengen verlässt man den Bereich der „harten Programmie-

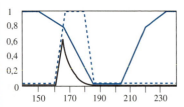

Abb. 4: Die Fuzzy-Menge für „jemand ist etwa 170 cm groß, aber sicher nicht über 185 und sicher nicht unter 160 cm, aber er ist nicht groß". Blau ist die Fuzzy-Menge aus Abb. 2, gestrichelt blau die aus Abb. 3 eingetragen, um die Durchschnittsbildung zu veranschaulichen

rung". Hier entsteht eine neue Teildisziplin der Informatik, das ↑Softcomputing.

Gatter *(Schaltglied, Verknüpfungsglied):* Kleinstes unteilbares Schaltelement zur Verarbeitung ↑binärer Signale. Wichtig sind *UND-Gatter, ODER-Gatter, NOT-Gatter, NAND-Gatter* und *NOR-Gatter.*

genetischer Algorithmus: Algorithmus, der Strategien aus der Evolutionstheorie nachahmt, um zu einem Problem eine möglichst gute Lösung zu finden. Bei dieser ↑Heuristik formuliert man die Lösungen eines Problems als „Chromosomen", aufgebaut aus einer Folge oder Menge von elementaren Bausteinen („Genen"); eine Menge solcher Chromosomen, eventuell erweitert um zusätzliche Attribute, heißt „Population". Ausgehend von irgendeiner Anfangspopulation erzeugt man durch „biologische Vererbungsmechanismen" neue Chromosomen, bewertet diese mithilfe einer vorgegebenen Bewertungsfunktion μ („Fitnessfunktion") und lässt gewisse Chromosomen „überleben". Durch

genetischer Algorithmus

Wiederholung entsteht dann eine Folge von Populationen, in denen man hofft, eine besonders gute Lösung für das gegebene Problem zu entdecken. Als Vererbungsmechanismen verwendet man zumeist Kombinationen folgender Strategien:

Reproduktion: Ein Chromosom wird unverändert an die nächste Population vererbt.

Mutation: Ein oder mehrere Gene eines Chromosoms werden bei der Vererbung zufällig abgeändert.

Inversion: Umdrehen eines Teilstücks eines Chromosoms und Vererbung des so modifizierten Chromosoms an die nächste Population.

Crossover: Teilen zweier Chromosomen und Vererbung des über Kreuz zusammengesetzten Chromosoms. Hierbei muss man darauf achten, dass die Ergebnisse der Neukombination wieder gültige Chromosomen sind.

Blockung: Zusammenfassen bestimmter Gene zu einer Einheit, deren Teile bei der weiteren Vererbung bei einer Inversion oder einem Crossover nicht mehr getrennt werden dürfen.

Entblockung: Aufhebung einer Blockung.

Selektion: Die bezüglich der Bewertungsfunktion besten Chromosomen überleben und/oder werden bei der Vererbung bevorzugt.

In Abb. 1 a und b (S. 188 und 189) werden diese Grundoperationen am Beispiel von Chromosomen, die aus 12 Genen bestehen, demonstriert. Ein genetischer Grundalgorithmus, der eine Population in eine andere überführt, ist in Abb. 2 (S. 189) ausformuliert. In der Regel erzeugt man nicht „zufällig", sondern bevorzugt Chromosomen entsprechend ihrer Bewertungsfunktion. Es gibt sehr viele Varianten von genetischen Algorithmen. Zur Realisierung des Algorithmus müssen Zufallszahlen, der Test auf gleiche

Teilwörter und Wahrscheinlichkeitsverteilungen als Funktionen vorhanden sein.

Durch dieses Verfahren werden
- die bisher besten Elemente weitergereicht (sofern $e \neq 0$),
- sowohl kleine, als auch große Veränderungen in Chromosomen vorgenommen,
- stets genügend viele Chromosomen vorrätig gehalten, die durch Neukombination völlig neue Lösungen ermöglichen (große Sprünge im Lösungsraum sind jetzt möglich).

Historisch gesehen spricht man von genetischen Algorithmen nur, wenn die Codierung über der Menge $\{0,1\}$ erfolgt, wenn die Chromosomen also Folgen aus Nullen und Einsen sind, und wenn das Crossover der wesentliche Operator ist. Lässt man dagegen als Chromosomen eine Folge von reellen Werten zu und dominiert im Algorithmus die Mutation, so spricht man von *Evolutionsstrategien.* Diese beiden Heuristiken zusammen mit anderen Vorgehensweisen, die man der Natur abgeschaut hat, fasst man unter dem Oberbegriff *naturanaloge Verfahren* zusammen. Über ihre Leistungsfähigkeit kann man bisher nur experimentelle Aussagen machen; man zählt solche kaum fassbaren Verfahren zum ↑Softcomputing.

An einem sehr einfachen Beispiel soll die Wirkungsweise eines genetischen Algorithmus gezeigt werden. Praktische Probleme sind viel schwieriger, da die Lösungen möglichst geeignet als Chromosomen codiert werden müssen, wobei bisher keine Techniken bekannt sind, wie zu einem Problem eine möglichst gute Codierung gefunden werden kann.

Beispiel:
Durch einen genetischen Algorithmus sollen Werte $x, y, z \in \mathbb{Z}$ bestimmt wer-

genetischer Algorithmus

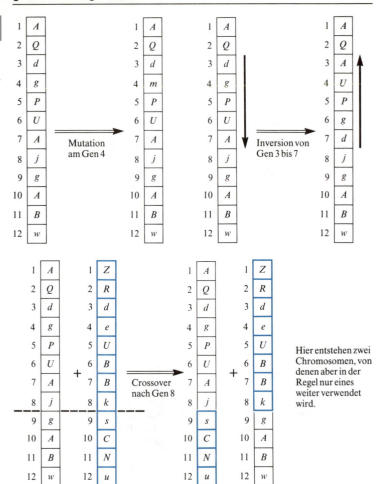

Abb. 1 a: Illustration der genetischen Grundoperationen Mutation, Inversion und Crossover

den, sodass die Bewertungsfunktion

$$\mu(x, y, z) = |x-y| + |y-z| + |z-x|$$

minimal wird. Offenbar ist dies gerade für $x = y = z$ der Fall. Als Individuen für die Populationen wählt man die Tripel (x, y, z), die zugleich als Chromosomen dienen (genau dieser Fall einer direkten Codierung ist bei praktischen Problemen selten).

Man startet mit einer Population von zufällig gewählten Individuen (hier fünf Individuen). Die Chromosomen

genetischer Algorithmus

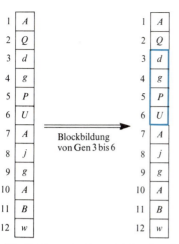

Ab jetzt darf keine Inversion und kein Crossover quer durch den Block stattfinden.

Entblockung macht diesen Vorgang rückgängig.

Abb. 1 b: Illustration der genetischen Grundoperation Blockbildung

```
Lies eine Zahl m ( = Zahl der Iterationen);
lies eine Zahl n ( = Größe der Population);
lies positive Zahlen a,b,c,d,e,f,g (mit a+b+c+d+e ≥ n);
lege eine Menge X aus n Chromosomen nach irgendeinem Verfahren an;
for i = 1 to m do
begin Y := ∅;
    füge a verschiedene zufällig ausgewählte Elemente von X zu Y;
    erzeuge zufällig b Chromosomen aus Elementen von X mittels Mutation
       und füge sie zu Y hinzu;
    erzeuge zufällig c Chromosomen aus Elementen von X mittels Inversion
       und füge sie zu Y hinzu;
    erzeuge d Chromosomen aus d zufällig gewählten Paaren von
       Elementen von X mittels Crossover und füge sie zu Y hinzu;
    bewerte die Chromosomen von X mittels der Bewertungsfunktion µ
       und füge die e bestbewerteten Elemente von X zu Y hinzu;
    teste, welche linearen Teilstücke in vielen bezüglich µ gut
       bewerteten Chromosomen gemeinsam enthalten sind, und blocke
       diese Teilstücke in bis zu f Elementen von Y;
    entblocke einen Block in bis zu g Elementen von Y;
    entferne nach einem vorgegebenen Verfahren so viele Elemente aus Y,
       bis nur noch n übrig bleiben;
    X := Y
end;
gib die bezüglich µ besten Chromosomen von X aus.
```

Abb. 2: Ein möglicher genetischer Grundalgorithmus

Geräteverwaltung

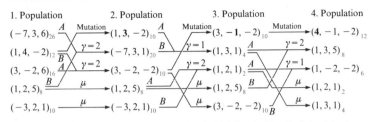

Abb. 3: Entwicklung der ersten Population über drei Schritte. Im Durchschnitt sinkt der Wert der Bewertungsfunktion μ (blaue Zahlen), auch wenn er zwischenzeitlich wieder steigen kann. Die Chromosomen, die die bezüglich μ kleinsten Werte besitzen, müssen selektiert werden

(x, y, z) der ersten Population seien:

$(-7,3,6), (1,4,-2), (3,-2,6),$
$(1,2,5), (-3,2,1).$

Diese Population kann sich nun evolutionär entwickeln. Hierbei wählen wir als Vererbungsmechanismen nur Mutation, Crossover und Selektion.

Die Zeugung eines neuen Individuums mittels Crossover verläuft hier folgendermaßen: Man bestimmt zufällig zwei Individuen A und B. Anschließend wählt man (ebenfalls zufällig) eine Crossover-Zahl $\gamma \in \{1,2\}$. Die Chromosomen des neuen Individuums seien dann die ersten γ Komponenten des Chromosoms von A und die letzten $3 - \gamma$ Komponenten des Chromosoms von B. Mutationen werden hier wie folgt gebildet: Eine zufällig gewählte Komponente kann sich bei der Übertragung um 1 vergrößern oder vermindern. Zur Selektion: Wenn es mehrere Individuen mit gleichem μ-Wert gibt, so wird unter diesen zufällig die benötigte Anzahl ausgewählt.

In Abb. 3 sind die ersten drei Evolutionsschritte aufgelistet. Der blaue hintere Index zeigt den Wert der Bewertungsfunktion μ für das zugehörige Chromosom an. Mutationen sind fett gedruckt; beim Crossover ist angegeben, welches Chromosom A und welches B ist und wie der Wert von γ jeweils lautet. Man erkennt, dass immer mehr Individuen mit immer kleinerem μ-Wert entstehen. Nach einigen weiteren Schritten wird es vermutlich bereits Individuen geben, die das Minimum der Bewertungsfunktion erreichen, bei denen also alle drei Komponenten gleich sind.

Geräteverwaltung: Computer und Großrechner in einem Rechnernetz können im Allgemeinen auf viele verschiedene *Ein-/Ausgabegeräte* (Abk. *EA-Geräte*) zugreifen, die sich in der Arbeitsgeschwindigkeit, der verwendeten Codierung der Daten, den erlaubten Operationen und den möglichen Fehlern unterscheiden. Die zweckmäßige Berücksichtigung aller dieser gerätespezifischen Eigenschaften ist Aufgabe der Geräteverwaltung, die als Komponente des Betriebssystems selbst aus einer Vielzahl verschiedener Teilkomponenten zusammengesetzt ist.

Struktur eines EA-Systems: Angenommen, alle externen Geräte sind direkt mit der Zentraleinheit verbunden. Wenn ein laufendes Programm eine Ausgabe drucken möchte, dann überträgt die Zentraleinheit diese Ausgabe zeichenweise an einen Drucker und wartet jeweils auf die Bestätigung, dass das Zeichen gedruckt worden ist. Da die Zentraleinheit mehr als 1 000-mal

Geräteverwaltung

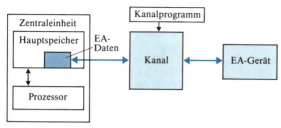

Abb. 1: Schema eines EA-Systems

schneller arbeitet als der Drucker, ist sie die meiste Zeit unbeschäftigt.
Rechenanlagen besitzen daher häufig mehrere EA-Prozessoren (↑Prozessor), so genannte *Kanäle,* die der Zentraleinheit die Bedienung der externen Geräte abnehmen. Jeder Kanal ist eine selbstständig arbeitende Rechenanlage, die mit der Zentraleinheit verbunden ist und von ihr mit Aufträgen versorgt wird (Abb. 1).
Will ein Benutzerprogramm eine EA-Operation durchführen, so sendet die Zentraleinheit dem Kanal
- den Typ des Gerätes, auf dem die EA-Operation ausgeführt werden soll,
- die ↑Adresse eines Kanalprogramms,
- Anfangsadresse und Länge des Hauptspeicherbereichs, der die auszugebenden Daten enthält bzw. in den die einzulesenden Daten transportiert werden sollen.

Das *Kanalprogramm,* das in den Hauptspeicher des Kanals geladen und ausgeführt wird, erledigt folgende Aufgaben:
- Auswahl und Start eines geeigneten EA-Gerätes,
- Anpassung an den Code des EA-Gerätes; die Spezifikation des Codes und weitere Informationen enthält eine spezielle Datei, der *Gerätetreiber* oder kurz *Treiber,*
- Zugriff auf den Hauptspeicher der Zentraleinheit,
- Durchführung sonstiger Steuerfunktionen.

Mit der Übergabe des Auftrags an den Kanal arbeitet dieser völlig selbstständig und parallel zur Zentraleinheit.

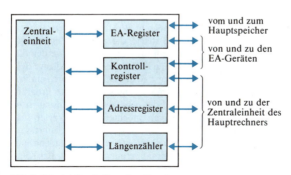

Abb. 2: Prinzipieller Aufbau eines Kanals

Geräteverwaltung

Den prinzipiellen Aufbau eines Kanals zeigt Abb. 2 (S. 191).
Das EA-Register dient als Zwischenspeicher für zu übertragende Daten. Das Kontrollregister spezifiziert das angesprochene Gerät. Zusätzlich kann es Fehlerinformationen über den Kanal und das EA-Gerät enthalten. Das Adressregister enthält die Hauptspeicheradresse des nächsten zu übertragenden Datums. Der Längenzähler enthält die Anzahl der noch zu übertragenden Daten. Erreicht er den Wert 0, ist die EA-Operation beendet. Gleichzeitig wird das Kontrollregister mit einer entsprechenden Kontrollinformation belegt.
Es gibt zwei verschiedene Arten von Kanälen, *Multiplexkanäle* (↑ Multiplexer) und *Selektorkanäle*.
Multiplexkanäle versorgen gleichzeitig eine Gruppe von relativ langsamen Geräten. Von der Geräteseite her besteht jedoch der Eindruck, dass der Kanal nur das eine Gerät bedient.
Selektorkanäle versorgen nur eines der angeschlossenen (meist schnellen) Geräte und bleiben während des ganzen EA-Vorgangs exklusiv mit dem Gerät verbunden. Zwischen Kanal und Gerät befinden sich noch *Gerätesteuerungen,* die die Befehle des Kanals in Steuersignale, z. B. zum Starten eines Motors oder zum Schalten eines ↑ Relais, umsetzen. Je nach Gerät können auch mehrere Geräte von einer Gerätesteuerung versorgt und verwaltet werden.
Abb. 3 zeigt die Gesamtstruktur der Geräteverwaltung.

Pufferungstechniken: Die bisherigen Darstellungen gehen davon aus, dass mit jeder EA-Anforderung durch ein Benutzerprogramm der gesamte obige Ablauf, also Übertragung von Kontrollinformationen, Start des Kanalprogramms usw., durchlaufen wird. Stattdessen ist es vorteilhafter, mehrere EA-Vorgänge zusammenzufassen und EA-Operationen „auf Vorrat" durchzuführen. Dadurch entfallen viele zeitaufwendige Einzelkontakte zu den Geräten. Diese Technik nennt man *Pufferung*. Ausgabedaten eines Programms werden nicht direkt zum Gerät übertragen, sondern in einem *Puffer,* der Teil des Hauptspeichers ist, abgelegt. Ist der Puffer voll, werden die Daten als Block zum Gerät gesendet. Die Eingabepufferung wird analog behandelt. Die Größe des Puffers entspricht im Allgemeinen der Größe physikalischer Datenblöcke des betreffenden Gerätes: beim ↑ Drucker eine Zeile oder eine Seite, beim ↑ Magnetplattenspeicher ein Sektor usw.

Spooling: In Rechenanlagen gibt es EA-Geräte, die von mehreren Programmen gemeinsam benutzt werden können (z. B. Magnetplattenspeicher), und solche, die zu einer Zeit nur von einem Programm benutzt werden dürfen (z. B. Drucker). Die exklusive Belegung z. B. des Druckers durch ein Programm zwingt daher andere Programme, die ebenfalls Druckausgaben erledigen möchten, zum Warten. Die Lösung dieses Problems führt zum *Spooling* (nach engl. simultaneous peripheral operations on line). Bei Kleinrechnern spricht man gelegentlich vereinfachend vom „Drucken im Hinter-

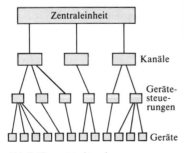

Abb. 3: Gesamtstruktur der Geräteverwaltung

grund". Anstatt Ausgaben direkt zum nicht gemeinsam benutzbaren Ausgabegerät zu senden, werden sie zunächst auf einem Magnetplattenspeicher in einer Spoolausgabedatei gesammelt und nach Beendigung des Programms von einem speziellen Spoolprogramm, das Teil des Betriebssystems ist, ausgegeben. Mit Eingaben wird analog verfahren.

Gleitpunktdarstellung *(Gleitkommadarstellung;* engl. *floating point representation):* Methode zur näherungsweisen Darstellung von reellen Zahlen auf Rechenanlagen. Die Verwendung von Punkten statt Kommas geht auf die englische Dezimaldarstellung zurück.

Bei der Gleitpunktdarstellung werden Zahlen z in der Form

$$z = m \cdot b^e \quad \text{mit} \quad b, e \in \mathbb{Z}$$

dargestellt. Die *Mantisse m* gibt den Zahlenwert an, der *Exponent e* charakterisiert die Größenordnung der Zahl. *b* heißt *Basis*. In der Praxis wählt man für *b* meist eine der Zahlen 2, 10 oder 16 (↑Stellenwertsystem). Um die Zahl z eindeutig darzustellen, normalisiert man die Mantisse durch die Forderung

$$\frac{1}{b} \leq m < 1 \quad \text{für} \quad m \neq 0$$

(Normalisierung).

Beispiel:
Die Zahl 12,25 besitzt folgende normalisierte Gleitpunktdarstellungen:

$b = 2:\quad 0.110001 \cdot 2^4$,
$b = 10:\quad 0.1225 \cdot 10^2$,
$b = 16:\quad 0.C4 \cdot 16^1$.

Bei der Darstellung in einer Rechenanlage reserviert man einen festen Teil einer Folge von Speicherzellen für die Mantisse und den Rest für den Exponenten (der Wert von *b* braucht nicht gespeichert zu werden, da alle Rechnungen mit der gleichen Basis ausgeführt werden). Verwendet man zur Speicherung einer Zahl 32 Bit, dann kann man zum Beispiel die ersten 26 Bit für die Mantisse m und die letzten 6 Bit für den Exponenten e verwenden (Abb. 1).

Diese interne Rechnerdarstellung von Gleitpunktzahlen berücksichtigt noch keine negativen Zahlen und keine negativen Exponenten. Negative Zahlen stellt man durch das Komplement der Mantisse m dar, sodass das links stehende Bit das Vorzeichen anzeigt (↑Komplementdarstellung). Genauso kann man bei negativen Exponenten verfahren, jedoch ist es üblich, stattdessen vom gespeicherten Exponenten stets eine feste Zahl q abzuziehen. Steht im Exponententeil eine Zahl x, so wird diese als $x - q$ aufgefasst. In unserem Beispiel wählt man $q = 32$ und muss daher die Zahl 36 anstelle der Zahl 4 in den Exponententeil schreiben.

Multiplikation und Division zweier Gleitpunktzahlen $z_1 = m_1 \cdot b^{e_1}$ und $z_2 = m_2 \cdot b^{e_2}$ werden realisiert durch

Abb. 1: Speicherung der Zahl 12,25 in einer Speicherzelle mit 32 Bit (26 Bit für die Mantisse und 6 Bit für den Exponenten)

$$z_1 \cdot z_2 = m_1 \cdot m_2 \cdot b^{e_1 + e_2}$$

und

$$\frac{z_1}{z_2} = \frac{m_1}{m_2} \cdot b^{e_1 - e_2}$$

Nach Ausführung der Operation muss normalisiert werden.
Bei der *Gleitpunktaddition* von $z_1 = m_1 \cdot b^{e_1}$ und $z_2 = m_2 \cdot b^{e_2}$ ist zunächst eine Exponentenangleichung des kleineren an den größeren erforderlich. Sei $e_1 > e_2$. Durch Stellenverschiebung wandelt man z_2 um in

$$z_2' = \frac{m_2}{b^{e_1 - e_2}} \cdot b^{e_1}$$

und addiert anschließend die Mantissen von z_1 und z_2', d. h.

$$\begin{aligned}z_1 + z_2 &= z_1 + z_2' \\ &= m_1 \cdot b^{e_1} + \frac{m_2}{b^{e_1 - e_2}} \cdot b^{e_1} \\ &= \left(m_1 + \frac{m_2}{b^{e_1 - e_2}}\right) \cdot b^{e_1} \\ &= m \cdot b^{e_1}\end{aligned}$$

Die Summe $m \cdot b^{e_1}$ ist gegebenenfalls anschließend zu normalisieren.
Die Subtraktion realisiert man durch Addition des Komplements, wobei nur die Mantisse zu komplementieren ist.
Im Rechner sind feste Genauigkeiten (↑Rechengenauigkeit) durch die Stellenzahl von Mantisse und Exponent vorgegeben. Dadurch kommt es bei der Gleitpunktrechnung zu Rechenfehlern durch *Auslöschung* von Stellen (↑Rundung, ↑Festpunktdarstellung).
Solche Fehler können das Ergebnis einer Rechnung stark verfälschen.

Beispiel:
Es sei $b = 10$, und die Mantisse sei auf 4 Stellen begrenzt. Dann erhält man

$$\begin{array}{r} 0.1000 \cdot 10^3 \\ + 0.1000 \cdot 10^{-2} \\ \hline 0.1000 \cdot 10^3 \end{array}$$

da beim Ausgleichen der Exponenten die zweite Zahl in $0.000 \cdot 10^3$ umgewandelt wird.

globale Variable: In einem ↑Block bzw. einer ↑Prozedur wird eine ↑Variable als global bezeichnet, wenn sie außerhalb deklariert worden ist und gleichzeitig innerhalb des Blocks bzw. der Prozedur gültig ist (↑Gültigkeitsbereich).

Beispiel:

```
begin
  var x,y: integer
  ...
  begin
    var z: integer;
    (* An dieser Stelle sind
       x und y globale Variablen,
       z jedoch nicht *)
    ...
  end
end;
```

Globale Variablen sind meist für ↑Seiteneffekte und damit für schwer zu entdeckende Fehler verantwortlich; sie sollten daher in der Programmierung nur sehr sparsam verwendet werden. Bei Prozeduren sind nach Möglichkeit alle von außen benötigten Größen als Parameter im Kopf der Prozedur anzugeben.
Analog nennt man einen ↑Bezeichner global, wenn er außerhalb definiert und innerhalb der Programmeinheit benutzt wird *(globaler Bezeichner)*.

Gödelnummerierung (nach Kurt Gödel, 1906–78): Effektive Codierung von Wörtern und von ↑Funktionen durch natürliche Zahlen.
Eine Gödelnummerierung (bezüglich eines ↑Alphabets A) ist eine Abbildung $G: A^* \to \mathbb{N}_0$ mit folgenden Eigenschaften:
a) Sie ist injektiv,
b) sie ist eine ↑berechenbare Funktion,
c) ihre Umkehrung ist ebenfalls berechenbar, d. h., man kann algorithmisch

für jedes $n \in \mathbb{N}_0$ das $x \in A^*$ bestimmen, für das $G(x) = n$ ist. Falls das x nicht existiert, liefert der Algorithmus eine entsprechende Meldung.

$G(x)$ heißt auch *Gödelnummer* des Wortes $x \in A^*$.

Beispiel:
Sei $A = \{a_1, ..., a_r\}$ ein Alphabet mit r Elementen. Ordnet man jedem Buchstaben a_i die Dualdarstellung von i, bin(i), mit log(r) Stellen zu, so erhält man eine Gödelnummerierung für die Wörter über A wie folgt:
Für $w = b_1 b_2 ... b_k$ setzt man

$$G(w) = \text{bin}(b_1) \circ \text{bin}(b_2) \circ ... \circ \text{bin}(b_k)$$

(interpretiert als Dualzahl). Dabei bedeutet „$\circ$" die ↑Konkatenation, nicht die Multiplikation.
Seien z. B. $A = \{a, b, c\}$, bin(a) = 01, bin(b) = 10, bin(c) = 11. Dann ist

$$G(acbba) = 0111101001 = 489.$$

Mit diesem Verfahren lassen sich Maschinen (z. B. ↑Turingmaschinen, ↑Registermaschinen) oder Programme codieren, die im Wesentlichen durch die Angabe der Zustandsübergangsfunktion δ festgelegt sind. Dieses kann in Form einer endlichen Tabelle geschehen, die durch ein (endliches) Wort beschrieben wird. Auf diese Weise erhält man eine effektive Aufzählung aller berechenbaren Funktionen, woraus man leicht die Existenz ↑universeller Turingmaschinen folgert.
Jedem syntaktisch korrekten Programm P kann man ebenfalls eine Gödelnummer $G(P)$ zuordnen. Auf diese Weise kann man Problemstellungen für Programme in Problemstellungen für natürliche Zahlen übertragen.

GOTO [ˈgoʊtuː]: Sprachelement in imperativen Programmiersprachen für einen unbedingten ↑Sprung.

grafisches Terminal (*Bitmap-Terminal* [ˈbɪtˈmæp-]): ↑Datensichtstation

mit hochauflösendem Bildschirm. Der Bildschirm wird auch als *Bitmap-Display* bezeichnet.
Der grafikfähige Bildschirm besteht aus einer Matrix von mindestens 600 mal 800 einzelnen Rasterpunkten, *Pixel* genannt. So kann man ein Bild im Computer punktweise erstellen und es dann auf dem Bildschirm darstellen, wobei jedem Bit im Speicher ein Pixel zugeordnet wird (Bit = 1 ⇔ Pixel leuchtet auf). Durch eine aufwendige hochgradig parallele Ansteuerung kann man den Speicherinhalt bis zu 100-mal pro Sekunde ausgeben, wodurch sehr detaillierte Formen und Bewegungen sichtbar gemacht werden können. Bei Farbbildschirmen wird jeder Rasterpunkt mit drei Farbpixeln besetzt, wodurch sich gegenüber dem Schwarzweißbildschirm eine etwas geringere Auflösung ergibt.
Ein Bitmap-Terminal besitzt im Vergleich zu herkömmlichen Terminals viel mehr Darstellungsmöglichkeiten. Aus diesem Grund werden sie bei Fenstersystemen, bei modernen Programmierumgebungen, in der Büroautomation sowie bei technischen Entwurfsverfahren (↑computerunterstütztes Entwerfen) eingesetzt. Auch im Bereich der Personalcomputer verdrängen sie die zeichenorientierten Bildschirme, bei Arbeitsplatzstationen gehören sie zur Standardausstattung.

Grammatik (engl. *grammar*): Damit sich zwei Menschen miteinander verständigen können, müssen sie eine gemeinsame Sprache sprechen. Sie müssen wissen, nach welchen Regeln die Sprache aufgebaut ist und was die einzelnen Zeichen (in der Schriftsprache) bzw. Laute (in der gesprochenen Sprache) bedeuten. Die zulässige Form der Sätze einer Sprache nennt man ↑Syntax, die Bedeutung der Sätze wird durch die ↑Semantik beschrieben. Zur Festlegung der Syntax einer Sprache

Grammatik

verwendet man Grammatiken. Eine Grammatik ist eine Menge von Regeln, die bestimmen, welche Sätze (= Folgen irgendwelcher Zeichen oder Laute) zur Sprache gehören und welche nicht. Für natürliche Sprachen (z. B. Deutsch, Englisch) ist eine präzise Festlegung der Syntax sehr aufwendig. Für den Umgang mit Computern wurden ↑ Programmiersprachen entwickelt, deren Syntax durch Grammatiken definiert wird.

Eine Grammatik für eine Sprache definiert man durch Angabe von vier Bestandteilen:

1. *Eine Menge von Terminalsymbolen.*
Terminalsymbole sind alle Zeichen oder Zeichenfolgen, die zur Sprache gehören. Jeder Satz der Sprache ist dann eine Folge von Terminalsymbolen.

Beispiele:
Terminalsymbole der deutschen Sprache in diesem Sinne sind alle deutschen Wörter, also z. B.

Auto, der, die, das, Haus, laufen, schreiben, geschrieben, Textes, Duden, waren.

Terminalsymbole in der Programmiersprache ↑ PASCAL sind u. a.

begin, end, :=, ; , integer, var, =.

2. *Eine Menge von Nichtterminalsymbolen.*
Nichtterminalsymbole, manchmal auch *Variablen* genannt, sind Zeichen oder Zeichenfolgen, die grammatikalische Konstrukte repräsentieren. Jedes Konstrukt lässt sich wieder in andere Konstrukte oder Terminalsymbole zerlegen. Bei Programmiersprachen setzt man Nichtterminalsymbole gern in spitze Klammern.

Beispiele:
Nichtterminalsymbole der deutschen Sprache sind u. a.

Satz, Nebensatz, Subjekt, Prädikat, Objekt, Artikel.

Nichtterminalsymbole in der Programmiersprache PASCAL sind u. a.

⟨Programm⟩, ⟨Typdefinition⟩, ⟨Prozedurvereinbarung⟩, ⟨Anweisung⟩.

3. *Eine Menge von Grammatikregeln.*
Eine *Regel* legt fest, wie man aus bereits bekannten Konstrukten oder Sätzen neue Konstrukte oder Sätze erhält.

Beispiele:
Eine Regel der deutschen Sprache ist etwa

„Verbindet man zwei Sätze *S* und *T* durch die Zeichenfolge ', und ', so erhält man wieder einen Satz".

Z. B. ist für *S* = „das Auto ist rot" und *T* = „es regnet" auch „*S*, und *T*" = „das Auto ist rot, und es regnet" ein Satz.

Eine Regel in der Programmiersprache PASCAL lautet:

„Wenn *S* eine Anweisung und *B* eine Bedingung ist, so ist auch die Zeichenfolge 'repeat *S* until *B*' eine Anweisung."

Regeln schreibt man im Allgemeinen nicht wie oben umgangssprachlich, sondern in der folgenden exakten Form auf:

$$(X_1 X_2 \ldots X_n, Y_1 Y_2 \ldots Y_m)$$

oder

$$X_1 X_2 \ldots X_n \rightarrow Y_1 Y_2 \ldots Y_m.$$

$X_1, \ldots, X_n, Y_1, \ldots, Y_m$ sind dabei Terminal- oder Nichtterminalsymbole.

Beispiele:
Die obige Regel für die deutsche Sprache notiert man so:

(⟨Satz⟩, ⟨Satz⟩, und ⟨Satz⟩)

oder

⟨Satz⟩ → ⟨Satz⟩, und ⟨Satz⟩

Die Regel für PASCAL schreibt man entsprechend als

(⟨Anweisung⟩, repeat ⟨Anweisung⟩
           until ⟨Bedingung⟩))

oder

⟨Anweisung⟩ → repeat
    ⟨Anweisung⟩ until ⟨Bedingung⟩

4. *Ein Startsymbol* oder *Axiom*.
Das Startsymbol ist ein ausgewähltes Nichtterminalsymbol, gewissermaßen das allgemeinste Konstrukt der Sprache. In PASCAL ist das Nichtterminalsymbol ⟨Programm⟩ das Startsymbol.

Grammatiken wurden in dieser Form im Jahre 1959 von dem amerikanischen Wissenschaftler Avram Noam Chomsky (* 1928) eingeführt. Man spricht daher von *Chomsky-Grammatiken*. Sie sind bei der Definition von Programmiersprachen und bei der Beschreibung von Beziehungen zwischen Daten von großer Bedeutung.
Formal definiert man eine (Chomsky-)Grammatik G als ein Viertupel $G = (N, T, P, S)$, für das gilt:
(1) N ist eine endliche, nichtleere Menge von Zeichen, den *Nichtterminalsymbolen*,
(2) T ist eine endliche, nichtleere Menge von Zeichen oder Zeichenfolgen, den *Terminalsymbolen*. N und T sind disjunkt, d. h. $N \cap T = \emptyset$,
(3) S ist ein Element von N und heißt *Startsymbol* oder *Axiom*,
(4) P ist eine endliche Menge von Paaren der Form (p, q) bzw. $p \rightarrow q$, wobei gilt: p und q sind Wörter (↑Alphabet; die Bezeichnung „Satz" verwendet man nicht), die jeweils aus der Aneinanderreihung endlich vieler, nicht notwendig verschiedener Terminal- und Nichtterminalsymbole entstanden sind, d. h. $p, q \in (N \cup T)^*$, und p muss

mindestens ein Nichtterminalsymbol enthalten. P wird *Produktionssystem* oder *Regelsystem,* die Elemente von P werden *Produktionen, Produktionsregeln, Ersetzungsregeln* oder *Regeln* genannt.

Beispiele:
1. Die folgende Grammatik $G_1 = (N_1, T_1, P_1, S_1)$ definiert einen kleinen Auszug der deutschen Sprache. Sei

$N_1 = \{$ ⟨Satz⟩, ⟨Subjekt⟩, ⟨Prädikat⟩,
      ⟨Objekt⟩, ⟨Artikel⟩, ⟨Substantiv⟩$\}$,
$T_1 = \{$die, Maus, Katze, jagt, beißt$\}$
$P_1 = \{$(⟨Satz⟩,
      ⟨Subjekt⟩ ⟨Prädikat⟩ ⟨Objekt⟩),
    (⟨Subjekt⟩, ⟨Artikel⟩ ⟨Substantiv⟩),
    (⟨Objekt⟩, ⟨Artikel⟩ ⟨Substantiv⟩),
    (⟨Prädikat⟩, jagt),
    (⟨Prädikat⟩, beißt),
    (⟨Artikel⟩, die),
    (⟨Substantiv⟩, Maus),
    (⟨Substantiv⟩, Katze)$\}$,
$S_1 = $ ⟨Satz⟩.

Die erste Regel besagt beispielsweise, dass das Konstrukt ⟨Satz⟩ aus einem Subjekt, einem Prädikat und einem Objekt (in dieser Reihenfolge) besteht. Die beiden letzten Regeln definieren die Wörter „Katze" und „Maus" als Substantive.
2. Das folgende System ist eine Grammatik:

$$G_2 = (N_2, T_2, P_2, S_2)$$

mit

$N_2 = \{S_2, A\}, T_2 = \{a, b, c, d\}$,
$P_2 = \{(S_2, aAbc), (A, aAb),$
     $(aAb, d)\}$.

Die syntaktisch korrekten Wörter gewinnt man, indem man ständig in einem Wort ein Teilwort, das mit der linken Seite einer Produktion übereinstimmt, durch die rechte Seite dieser Produktion ersetzt.
Genauer: Sei G eine Grammatik. Dann ist ein *Ableitungsschritt von G*

Grammatik

wie folgt definiert: Sei x ein Wort, das aus Terminal- und Nichtterminalsymbolen von G gebildet ist, $x \in (N \cup T)^*$, und sei (p,q) eine Regel aus dem Produktionssystem von G, wobei p als Teilwort von x auftritt; x ist also darstellbar als $x = x'px''$ mit $x', x'' \in (N \cup T)^*$. Dann ist das Ergebnis der Anwendung von (p,q) auf x (im Kontext $x'...x''$) das Wort y, das entsteht, indem man aus x das Teilwort p herausnimmt und an seine Stelle das Wort q einsetzt, d.h. $y = x'qx''$. Man schreibt dann

$$x \xrightarrow[(p,q)]{} y$$

bzw. $x \rightarrow y$ oder $x \Rightarrow y$, wenn die konkrete Regel nicht interessiert, und sagt: x ist ableitbar nach y durch Anwendung der Regel (p,q).

Auf ein Wort x_0 können nacheinander mehrere Ableitungsschritte angewendet werden, d.h., es kann eine Folge von Wörtern $x_1, x_2, ..., x_n$ geben, sodass gilt:

$x_0 \rightarrow x_1, x_1 \rightarrow x_2, ..., x_{n-1} \rightarrow x_n$ ($n \geq 0$).

Man sagt in diesem Fall „x_0 ist *ableitbar* nach x_n bezüglich G" und schreibt

$x_0 \xrightarrow{*}_G x_n$ oder $x_0 \xrightarrow{*} x_n$ bzw. $x_0 \Rightarrow {}^* x_n$.

Die Folge

$x_0 \rightarrow x_1 \rightarrow x_2 \rightarrow ... \rightarrow x_{n-1} \rightarrow x_n$

heißt *Ableitung* (der Länge n) von x_0 nach x_n bezüglich G.

Hiermit lässt sich nun jeder Grammatik $G = (N, T, P, S)$ eine (formale) Sprache zuordnen: Die *von G erzeugte Sprache $L(G)$* ist die Menge aller Wörter, die aus dem Startsymbol ableitbar sind und nur aus Terminalsymbolen bestehen. Also:

$L(G) = \{w \in T^* \mid S \xrightarrow{*} w \text{ bezüglich } G\}$.

Beispiele:
1. Sei G_1 die Grammatik aus obigem Beispiel. Das Wort (der Satz) „die Katze jagt die Maus" ist aus dem Startsymbol ⟨Satz⟩ ableitbar. Eine Ableitung hierfür ist z. B.

⟨Satz⟩ → ⟨Subjekt⟩ ⟨Prädikat⟩ ⟨Objekt⟩ →
⟨Artikel⟩ ⟨Substantiv⟩ ⟨Prädikat⟩ ⟨Objekt⟩ →
⟨Artikel⟩ Katze ⟨Prädikat⟩ ⟨Objekt⟩ →
⟨Artikel⟩ Katze jagt ⟨Objekt⟩ →
⟨Artikel⟩ Katze jagt ⟨Artikel⟩ ⟨Substantiv⟩ →
die Katze jagt ⟨Artikel⟩ ⟨Substantiv⟩ →
die Katze jagt die ⟨Substantiv⟩ →
die Katze jagt die Maus.

Die durch G_1 erzeugte Sprache ist

$L(G_1) = \{$die Maus jagt die Katze,
die Maus jagt die Maus,
die Maus beißt die Katze,
die Maus beißt die Maus,
die Katze beißt die Maus,
die Katze beißt die Katze,
die Katze jagt die Maus,
die Katze jagt die Katze$\}$

2. Sei G_2 die Grammatik aus Beispiel 2 auf S. 197. Das Wort $daAbc$ ist ableitbar nach ddc durch Anwendung der Regel (aAb,d), also: $daAbc \rightarrow ddc$.

Abb. 1: Ableitungsbaum für die Ableitung des Satzes „die Katze jagt die Maus"

$S \to aAbc \to aaAbbc \to adbc$ ist eine Ableitung von S nach $adbc$ bezüglich G_2. Das Wort $adbc$ ist also ein Wort aus der von G_2 erzeugten Sprache, denn $adbc$ besteht nur aus Terminalsymbolen von G_2. Die von G_2 erzeugte Sprache besteht aus allen Wörtern w, die folgendermaßen aufgebaut sind:

$$w = \underbrace{aa...a}_{n\text{-mal}}\ d\ \underbrace{bb...b}_{n\text{-mal}}\ c \quad (n \geq 0),$$

d. h.: $L(G_2) = \{a^n d b^n c \mid n \geq 0\}$.

Grammatiken ordnet man, je nachdem, welche Form die Produktionsregeln haben, in verschiedene Klassen ein: Man unterscheidet kontextfreie, kontextsensitive und reguläre Grammatiken.

Die wichtigste Klasse für Anwendungen bilden die kontextfreien Grammatiken, die in der Regel für die Definition der Syntax von Programmiersprachen verwendet werden. Zur Darstellung von kontextfreien Grammatiken hat man eine Reihe von Formalismen entwickelt, von denen ↑Syntaxdiagramme und die ↑Backus-Naur-Form die wichtigsten sind. Zur grafischen Darstellung von Ableitungen kontextfreier Grammatiken verwendet man z. B. ↑Ableitungsbäume.

Beispiel:
Den Ableitungsbaum für den Satz „die Katze jagt die Maus" (vgl. obiges Beispiel 1) zeigt Abb. 1 (S. 198).

Durch Einschränkungen oder Abwandlungen des Ableitungsbegriffs sind in den letzten Jahrzehnten viele Typen von Grammatiken entstanden, auf die hier nicht eingegangen wird.

Graph: Anschauliches mathematisches Modell zur Beschreibung von Objekten, die untereinander in gewis-

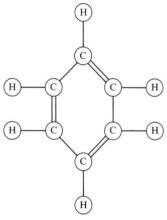

Abb. 1: Strukturformel für Benzol

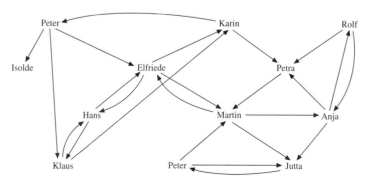

Abb. 2: Bekanntschaftsbeziehungen ($X \to Y$ bedeutet „X kennt Y")

Graph

sen Beziehungen stehen. Beispiele sind Verkehrsnetze, chemische Strukturformeln oder Bekanntschaftsbeziehungen (Abb. 1 und 2, S. 199).

Ein Graph besteht aus einer Menge von Punkten („Knoten") und einer Menge von Linien („Kanten"), die diese Punkte verbinden. Man unterscheidet zwischen ungerichteten und gerichteten Graphen oder *Digraphen* (nach engl. *directed graph*). Mathematisch heißt $G = (V, E)$ ein *ungerichteter Graph*, wenn gilt:

(i) V ist eine endliche nichtleere Menge, die Menge der *Knoten*;

(ii) E ist eine Menge von ein- oder zweielementigen Teilmengen von V.

Ein Paar $\{u, v\} \in E$ heißt *Kante*, u und v sind dann *adjazent*. Ein Element $\{a\} \in E$ heißt *Schlinge*.

Die anschauliche Darstellung des ungerichteten Graphen $G = (V, E)$ mit $V = \{a, b, c, d\}$ und $E = \{\{a, c\}, \{a, d\}, \{b, d\}, \{b\}, \{c, d\}\}$ zeigt Abb. 3.

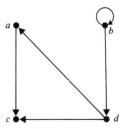

Abb. 4: Darstellung eines gerichteten Graphen (Digraph)

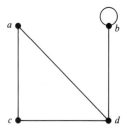

Abb. 3: Darstellung eines ungerichteten Graphen

Bei *gerichteten Graphen* verlangt man, dass die Elemente von E geordnet sind, also E eine Teilmenge von $V \times V$ ist. Die gerichtete Kante von u nach v notiert man durch (u, v). Der Digraph $G' = (V', E')$ mit $V' = \{a, b, c, d\}$ und $E' = \{(a, c), (d, a), (b, d), (b, b), (d, c)\}$ ist in Abb. 4 anschaulich dargestellt.

Bei diesen Definitionen kann es zwischen zwei Knoten u und v höchstens eine ungerichtete Kante oder höchstens eine von u nach v und höchstens eine von v nach u gerichtete Kante geben. Will man mehrere Kanten zwischen Knoten zulassen (vgl. Abb. 1), dann muss man die Definitionen geeignet erweitern.

Graphen wurden 1736 erstmals von Leonhard Euler (1707–83) bei der Lösung des ↑Königsberger Brückenproblems benutzt. In der Informatik spielen Graphen eine zentrale Rolle bei der Beschreibung von allgemeinen ↑Datenstrukturen oder Beziehungen zwischen Daten (↑Entity-Relationship-Modell) sowie ↑Petrinetzen und ↑Rechnernetzen.

Eine Implementierung von Graphen sieht vor, dass die Knoten beginnend bei 1 fortlaufend nummeriert werden. Die Kantenbeziehungen werden durch eine 0-1-Matrix, die *Adjazenzmatrix*, dargestellt. Bei n Knoten definiert man die $n \times n$-Adjazenzmatrix A durch

$$A(i,j) = \begin{cases} 1, \text{ falls } \{i,j\} \in E \text{ im} \\ \quad \text{ungerichteten} \\ \quad \text{Graphen bzw.} \\ \quad (i,j) \in E \text{ im} \\ \quad \text{gerichteten} \\ \quad \text{Graphen,} \\ 0, \text{ sonst.} \end{cases}$$

Eine Adjazenzmatrix A zu G (Abb. 3) bzw. A' zu G' (Abb. 4) lautet beispielsweise:

$$A = \begin{pmatrix} 0 & 0 & 1 & 1 \\ 0 & 1 & 0 & 1 \\ 1 & 0 & 0 & 1 \\ 1 & 1 & 1 & 0 \end{pmatrix}, A' = \begin{pmatrix} 0 & 0 & 1 & 0 \\ 0 & 1 & 0 & 1 \\ 0 & 0 & 0 & 0 \\ 1 & 0 & 1 & 0 \end{pmatrix}.$$

Offensichtlich ist die Adjazenzmatrix eines ungerichteten Graphen immer symmetrisch, d. h. $A(i,j) = A(j,i)$ für alle $i,j \in \{1, ..., n\}$.

Da Adjazenzmatrizen recht speicherintensiv sind – man benötigt für n Knoten unabhängig von der Zahl der Kanten stets n^2 Speicherplätze – werden in der Praxis listenartige Datenstrukturen bevorzugt. Hier benötigt man größenordnungsmäßig nur so viele Speicherplätze, wie die Summe von Knoten- und Kantenzahl ausmacht. Die Knoten werden hierbei in irgendeiner Reihenfolge verkettet; an jedem Knoten hängt eine Liste von Verweisen auf die adjazenten Knoten. Abb. 5 zeigt eine *Adjazenzlistendarstellung* des Graphen aus Abb. 4.

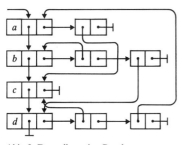

Abb. 5: Darstellung des Graphen von Abb. 4 (Adjazenzlistendarstellung)

Aneinander gehängte benachbarte Kanten bezeichnet man als *Weg*. Genauer: Sei $G = (V, E)$ ein Digraph; $(v_0, v_1, ..., v_n)$ heißt Weg der Länge n, wenn $(v_{i-1}, v_i) \in E$ für $i = 1, ..., n$ gilt. Der Weg heißt *Kreis*, wenn $v_0 = v_n$ ist. Der Weg heißt *doppelpunktfrei*, wenn $v_i \ne v_j$ für $i \ne j$ gilt. Die Bezeichnung rührt daher, dass auf einem nicht doppelpunktfreien Weg $(v_0, ..., v_n)$ ein Punkt (= Knoten) doppelt vorkommt, z. B. $(v_0, ..., v..., v..., v_n)$. Ein Kreis $(v_0, ..., v_n)$ heißt *Zyklus*, wenn $(v_1, ..., v_n)$ doppelpunktfrei ist. Diese Definitionen kann man sinngemäß auf ungerichtete Graphen übertragen.

In der Informatik spielen die *zyklenfreien Graphen* eine besondere Rolle, weil mit ihnen hierarchische Beziehungen und Erzeugungs- und Berechnungsverfahren beschrieben werden können (↑Baum, ↑Liste). Weiterhin sind die untersuchten Graphen meist *zusammenhängend*, d. h., im ungerichteten Fall sind je zwei Knoten durch einen Weg verbunden; ein gerichteter Graph heißt zusammenhängend, wenn es seine ungerichtete Version ist (d. h., ersetze alle $u \rightarrow v$ durch $u \text{—} v$).

Zum systematischen Durchlaufen eines Graphen verwendet man den ↑Breitendurchlauf oder den ↑Tiefendurchlauf.

In der Praxis sind die Kanten eines Graphen häufig mit einem Kostenwert versehen, der beispielsweise die Kosten einer Leitung zwischen Knoten (Rechnern) eines Rechnernetzes angibt. Man sucht dann einen Spannbaum, bei dem die Summe der Kosten seiner Kanten möglichst gering ist (↑Spannbaumproblem).

Sei $G = (V, E)$ ein ungerichteter und zusammenhängender Graph. Ein *Spannbaum* $B = (V, E')$ ist ein Baum, der die gleiche Knotenmenge besitzt wie G und dessen Kantenmenge E' eine Teilmenge der Kantenmenge E von G ist. Einen Spannbaum erhält man aus G, indem man fortlaufend solange geeignete Kanten entfernt, bis ein Baum entsteht. Abb. 6 und Abb. 7 (S. 202) zeigen zwei mögliche Spannbäume des Graphen aus Abb. 3.

Ist der zugrunde liegende Graph G nicht zusammenhängend, so bildet man für jede Komponente einen Spannbaum. Alle Spannbäume zusam-

Großrechner

Abb. 6: Möglicher Spannbaum des Graphen aus Abb. 3

Abb. 7: Möglicher Spannbaum des Graphen aus Abb. 3

men bilden dann einen *spannenden Wald*.

Man kann sehr allgemeine Probleme mit Graphen formulieren; zu vielen lassen sich aber keine schnellen Algorithmen angeben (↑ Problem des Handlungsreisenden).

Großrechner (engl. *main frame*): Für vielfältige Zwecke einsetzbare Computer der oberen Leistungsklasse. Sie werden vorwiegend von Rechenzentren betrieben. Tagsüber können sie aufgrund ihrer hohen Rechenleistung sehr viele Benutzer gleichzeitig bedienen; nachts führen sie sehr rechenintensive Arbeiten durch wie Lohn- und Gehaltsabrechnungen, das Aktualisieren von Datenbanken, Produktionsplanungen oder technische Berechnungen (z. B. Wettervorhersage, Optimierungen an Fahrzeugen, Konstruktion von Makromolekülen, Simulationen).

Großrechner, die unterstützende Aufgaben wie Datenbankverwaltung, Finanzberechnungen, Reisebuchungen u. Ä. ausführen, werden allmählich durch Rechnernetze, in denen viele Arbeitsplatzstationen, File Server und PCs zusammengefasst sind, ersetzt, dagegen werden sie vermehrt beim wissenschaftlich-technischen Höchstleistungsrechnen benötigt. Umgangssprachlich werden sie oft als *Supercomputer* bezeichnet.

Gültigkeitsbereich (*Sichtbarkeitsbereich;* engl. *scope*): Jedem ↑ Bezeichner, der in einem Programm verwendet wird, wird ein Bereich zugeordnet, in dem das zu ihm gehörende Objekt (Variable, Konstante, Prozedur, Marke usw.) angesprochen und benutzt werden kann, in dem das Objekt, wie man auch sagt, *gültig* ist. Dieser Gültigkeitsbereich umfasst alle Stellen des Programms, an denen der Bezeichner unter seiner vereinbarten Bedeutung (↑ Deklaration) bekannt ist. In blockorientierten Programmiersprachen entspricht der Gültigkeitsbereich dem ↑ Block, in dem der Bezeichner deklariert wurde, jedoch abzüglich aller Unterblöcke, in denen der Bezeichner neu deklariert wurde. In solchen Unterblöcken ist der betrachtete Bezeichner nicht „sichtbar", da in Blöcken stets die eigenen Deklarationen Vorrang vor den in äußeren Blöcken getroffenen Vereinbarungen besitzen und der Bezeichner durch eine Neudeklaration „überschattet" wird (↑ Bindungsbereich, ↑ globale Variable).

Halbaddierer (engl. *half adder*): Der Halbaddierer berechnet aus zwei ↑ binären Ziffern ihre Summe:

$$0+0 = 0$$
$$0+1 = 1$$
$$1+0 = 1$$
$$1+1 = 10$$

Da das Ergebnis der Summe zweistellig sein kann, benötigt man zu dessen Darstellung zwei binäre Ziffern, von denen man die linke als Übertrag u und die rechte als Summe s (modulo 2) bezeichnet. Die Funktionstabelle des Halbaddierers lautet:

a	b	u	s
0	0	0	0
0	1	0	1
1	0	0	1
1	1	1	0

In ↑disjunktive Normalform überführt, erhält man die folgenden beiden Gleichungen:

$s = a\bar{b} + \bar{a}b$
$u = ab$

Hieraus folgt die Gatterschaltung eines Halbaddierers gemäß Abb. 1.

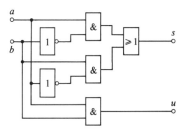

Abb. 1: Gatterschaltung eines Halbaddierers

Halbaddierer werden im Von-Neumann-Addierwerk benutzt. Da man z. B. im ↑Paralleladdierwerk nicht nur zwei Ziffern, sondern zusätzlich noch den Übertrag von der vorherigen Stelle addieren muss, eignet sich der Halbaddierer hier als Grundelement nur beschränkt. In der Praxis realisiert man Additionsschaltungen meist mit ↑Volladdierern.

halbduplex: Bezeichnung für einen Datenübertragungskanal, bei dem die eine Datenendeinrichtung als Sender und die andere als Empfänger verwendet werden kann (↑Datenübertragung).

Im Halbduplexbetrieb kann eine Datenendeinrichtung nicht gleichzeitig Sende- und Empfangsfunktionen übernehmen. Vielmehr verfügen beide Endeinrichtungen über Umschalter, mit denen sie je nach Bedarf auf Sendung oder Empfang geschaltet werden können. Beispiel für einen Halbduplexkanal sind viele Sprechfunkgeräte.

Halbleiterspeicher (engl. *semiconductor memory*): Beim Halbleiterspeicher sind die Speicherelemente durch ↑Flipflops in Halbleitertechnologie, also durch Transistoren, Kondensatoren und Widerstände realisiert (↑Transistor-Transistor-Logik).

Nach der Form der technischen Realisierung von Halbleiterspeichern unterscheidet man im Wesentlichen *bipolare Speicher* und *MOS-Speicher* (↑MOS-Logik). Bipolare Speicher sind schneller (Zugriffszeit: 30 bis 100 Nanosekunden), haben aber einen höheren Stromverbrauch und damit eine größere Wärmeabgabe und können nicht so hoch integriert werden. MOS-Speicher sind langsamer, verbrauchen weniger Strom und können sehr hoch integriert werden. ↑Chips, auf denen Halbleiterspeicher mit einer Kapazität von 1 MBit (in MOS-Technologie) aufgebracht sind, gehören seit 1987 zum Standard. Der 64 MBit-Chip ist seit 1996 verfügbar.

Wegen der geringen Zugriffszeit werden Halbleiterspeicher vorwiegend in ↑Hauptspeichern eingesetzt.

Halteproblem: Das Halteproblem ist eines der wichtigsten Entscheidbarkeitsprobleme (↑Entscheidbarkeit). Es fragt nach einem Algorithmus, der zu jedem Programm, Automaten oder Computer feststellen kann, ob sie für gewisse oder für alle Eingaben anhalten oder nicht. Von besonderem Interesse ist die Klasse der ↑Turingmaschinen:

Das Halteproblem für Turingmaschinen ist nicht entscheidbar, d. h., es gibt

Halteproblem

keinen Algorithmus, der für alle Turingmaschinen und für alle möglichen Eingaben entscheidet, ob die Turingmaschine für diese Eingabe anhält oder nicht. Dieser Satz schließt nicht aus, dass man für spezielle Turingmaschinen entscheiden kann, ob sie halten. Er besagt lediglich, dass es kein

---

Beweis der Unentscheidbarkeit des Halteproblems

Der Beweis, dass das Halteproblem unentscheidbar ist, basiert auf der Tatsache, dass jede Turingmaschine T eindeutig durch einen Text B_T beschrieben werden kann, z. B. durch das zeilenweise Hintereinanderschreiben der Zustandsübergangsfunktion oder durch ↑ Gödelnummerierung und dass man die Arbeitsweise von T simulieren kann, wenn man B_T kennt (↑ universelle Turingmaschine). Wir nehmen nun an, es gäbe eine Turingmaschine U, die zu jeder Turingmaschine T und zu jedem Wort W, also zur Eingabe (B_T, W) feststellt, ob T angesetzt auf das Wort W nach endlich vielen Schritten anhält oder nicht:

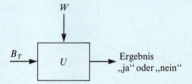

Dann kann man hieraus folgende Turingmaschine V konstruieren:

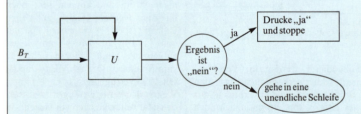

Gibt man in diese Maschine V die eigene Beschreibung B_V ein, dann gilt:

V hält bei Eingabe B_V an
⇔ U liefert bei Eingabe (B_V, B_V) das Ergebnis „nein"
⇔ V angesetzt auf die Eingabe B_V hält nicht an.

Die Maschine V hält also bei der Eingabe B_V genau dann an, wenn sie nicht anhält. Dies ist ein Widerspruch. Folglich kann es die angenommene Turingmaschine U nicht geben, d. h., das Halteproblem ist algorithmisch nicht lösbar, also unentscheidbar.

Abb. 1: Beweis der Unentscheidbarkeit des Halteproblems

Schulgerechter Beweis der Unentscheidbarkeit des Halteproblems

Der Beweis, dass Endlosschleifen in Programmen im Allgemeinen nicht erkannt werden können, erfolgt durch Widerspruch, d. h., man nimmt an, es gäbe solch eine Funktion und leitet daraus einen Widerspruch ab, der die Annahme widerlegt.

Wir nehmen also an, es gibt eine Funktionsprozedur T, die als Parameter den Text eines beliebigen Programms P ohne read- und write-Anweisungen (also ohne Ein- und Ausgabe) erhält, das Programm untersucht und entscheidet, ob P eine Endlosschleife enthält oder nicht. T realisiert somit die Funktion

τ:{P | P ist ein Programm ohne Ein- und Ausgabe} $\to$ {true, false}   mit

$$\tau(P) = \begin{cases} \text{true, falls P keine Endlosschleife enthält,} \\ \text{false sonst.} \end{cases}$$

In PASCAL hat T etwa die Form

function T (P: text): boolean; begin ... end.

Wie T genau aussieht, wissen wir nicht; es ist für den Beweis unwichtig. Auch die Einschränkung, dass T nur für Programme ohne Ein- und Ausgabe arbeitet, ist nicht von Bedeutung; denn wenn wir für diese eingeschränkten Programme schon keine gesuchte Funktion T finden können, dann gibt es erst recht keine, die für alle Programme das Gewünschte leistet.

Nun definieren wir ein neues Programm R wie folgt:

program R;
function T(P: text): boolean; begin ... end;
begin while T(R) do ; end.

R erscheint auf den ersten Blick recht sinnlos, ermöglicht aber die Herleitung des gewünschten Widerspruchs. R besitzt keine Eingabe und keine Ausgabe. Wir dürfen also T auf R anwenden, was in der while-Schleife geschieht. Bei Ausführung des Programms können nun zwei Situationen auftreten:

1. Fall: R wird gestartet und endet nach endlich vielen Schritten. Dann muss in der while-Schleife T(R) offenbar den Wert false geliefert haben, denn sonst wäre die Schleife eine Endlosschleife. T(R) = false bedeutet aber nach Definition von T, dass R eine Endlosschleife enthält, die wiederum nur die while-Schleife sein kann. Diese beiden Aussagen widersprechen sich.

2. Fall: R wird gestartet und endet nicht, besitzt also eine Endlosschleife; dies muss die while-Schleife sein, und es muss T(R) = true sein. T(R) = true bedeutet aber nach Definition von T, dass R keine Endlosschleife enthält. Diese beiden Aussagen widersprechen sich auch.

Beide Überlegungen haben somit zum Widerspruch geführt. Weil die Folgerungen aber im Übrigen korrekt sind, muss die Ursache des Widerspruchs in der Annahme stecken, dass die Funktion T existiert. Also gibt es T nicht und allgemein auch kein Programm, das andere Programme daraufhin überprüft, ob sie Endlosschleifen enthalten oder nicht.

Abb. 2: Schulgerechter Beweis der Unentscheidbarkeit des Halteproblems

Hamming-Abstand

allgemeines Verfahren für *alle* Turingmaschinen gibt. Das Halteproblem bleibt unentscheidbar, wenn man die Eingabe fest vorgibt, z. B. stets das leere Wort. Die Unentscheidbarkeit des Halteproblems beweist man mithilfe eines Widerspruchs, den man durch ↑Diagonalisierung erzeugt; der Beweis ist recht kurz (Abb. 1, S. 204).

Für die *Schule* ist je nach Vorkenntnissen der Schüler und vorliegender Unterrichtssituation auch ein Beweis geeignet, der ohne Turingmaschinen auskommt und über Programme in ↑PASCAL argumentiert. Auch hinter diesem Beweis verbirgt sich ein Diagonalisierungsschluss (Abb. 2, S. 205).

Da Programme und Turingmaschinen im Wesentlichen das Gleiche leisten (↑churchsche These), folgt aus diesem Satz:

Es gibt kein automatisches Verfahren, mit dem man für jedes Programm entscheiden kann, ob es eine ↑Endlosschleife enthält oder nicht. Diese Tatsache ist für die Informatik sehr gravierend. Sie besagt gleichzeitig, dass man die Korrektheit eines Programms, also die Eigenschaft, auf Eingabewerte immer mit den gewünschten Ausgabewerten zu antworten, nicht automatisch überprüfen kann. Um die Korrektheit eines Programms zu beweisen, werden daher immer eine gewisse „Handarbeit" und Intuition im Einzelfall nötig sein, wobei der Computer unterstützende Dienste leisten kann.

Weitere unentscheidbare Probleme, die man auf das Halteproblem zurückführt, sind z. B. das allgemeine ↑Wortproblem, das ↑Leerheitsproblem und das ↑postsche Korrespondenzproblem.

Hamming-Abstand ['hæmɪŋ-] (nach R. W. Hamming, 1950): Vergleicht man zwei gleich lange, aber verschiedene Wörter eines ↑Codes Stelle für Stelle, so nennt man die Anzahl der unterschiedlichen Stellen den Hamming-Abstand dieser Wörter.

Beispiel:

Im ↑ASCII-Code werden die Buchstaben A, B, C, O, X folgendermaßen codiert:

A	0	1	0	0	0	0	0	1
B	0	1	0	0	0	0	1	0
C	0	1	0	0	0	0	1	1
O	0	1	0	0	1	1	1	1
X	0	1	0	1	1	0	0	0

Die folgende Tabelle gibt den Hamming-Abstand dieser Buchstaben im ASCII-Code an:

	A	B	C	O	X
A	0	2	1	3	3
B	2	0	1	3	3
C	1	1	0	2	4
O	3	3	2	0	4
X	3	3	4	4	0

Die beiden Wörter *AX* und *XA* haben den Hamming-Abstand 6:

AX	0100000101011000
XA	0101100001000001

Der Hamming-Abstand eines Codes ist der kleinste auftretende Hamming-Abstand verschiedener gleich langer Codewörter. Der Hamming-Abstand des ASCII-Codes ist 1, weil z. B. die Buchstaben *A* und *C* den Hamming-Abstand 1 haben.

Der Hamming-Abstand ist eine Maßzahl für die Störsicherheit eines Codes bei der ↑Datenübertragung. Hat nämlich ein Code den Hamming-Abstand d, so können alle Übertragungsfehler erkannt werden, die weniger als d Bits betreffen, und überdies können Fehler, die weniger als $d/2$ Bits betreffen, automatisch korrigiert werden, indem man zum empfangenen Codewort das nächstliegende sucht.

Beispiel:
Der folgende Code besitzt den Hamming-Abstand 3:

A	0 0 0 0 0
B	0 0 1 1 1
D	1 1 1 0 0
G	1 1 0 1 1.

Es können alle Fehler, die nur ein Bit eines Zeichens betreffen, korrigiert werden; Fehler, die zwei Bit betreffen, können noch erkannt werden. Die folgende gestörte Nachricht kann zumindest teilweise rekonstruiert werden:

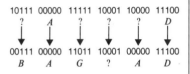

Nur im vierten Zeichen hat ein Übertragungsfehler mehr als ein Bit verfälscht. Das gesendete Zeichen bleibt unbekannt.

Durch das Hinzufügen von ↑Prüfbits erhöht man den Hamming-Abstand eines Codes und reduziert damit seine Fehleranfälligkeit. Zugleich werden die Prüfbits im Rechner automatisch ausgewertet, und bei auftretenden Fehlern können die ursprünglichen Daten manchmal rekonstruiert werden.

Hardware [ˈhaːdwɛə]: Die Menge aller technischen Geräte einer Rechenanlage.

Zur Hardware zählen u. a. die Speicher, die Zentraleinheit, die Drucker, weitere Ein- und Ausgabegeräte (z. B. Bildschirm, Tastatur, Maus) und die Verbindungsleitungen.

Die Vorsilbe hard (dt. hart) verdeutlicht, dass es sich bei der Hardware um die physikalisch materiellen Teile und damit um unveränderbare Komponenten einer Rechenanlage handelt.

Das andere wichtige Element einer Rechenanlage ist die ↑Software, die auf der Hardware ausgeführt wird. Die ↑Firmware steht zwischen den Geräten und den Programmen.

Hash-Verfahren [hæʃ-] (*gestreute Speicherung*): Das Hash-Verfahren ist ein Speicherungs- und Suchverfahren, bei dem die Adressen von ↑Datensätzen aus den zugehörigen ↑Schlüsseln errechnet werden. Das Verfahren eignet sich auch für die Speicherung auf Massenspeichern, und es ist dem ↑B-Baum dann vorzuziehen, wenn Daten nur eingefügt, aber nur relativ selten oder gar nicht gelöscht werden. Formal definiert man eine Hash-Funktion $h: K \rightarrow A$ von der Menge K der Schlüssel in die Menge A der Adressen. h sollte durch möglichst einfache arithmetische Operationen realisierbar sein. Die Suche nach einem Datensatz mit dem Schlüssel k beschränkt sich dann auf die Berechnung von $h(k)$.

Beispiel:
Sei die Schlüsselmenge
$K_1 = \{$JANUAR, FEBRUAR,
MAERZ, APRIL, MAI,
JUNI, JULI, AUGUST,
SEPTEMBER, OKTOBER,
NOVEMBER, DEZEMBER$\}$,
$A = \{0, 1, 2, ..., 16\}$.
Die Abbildung
$f: \{A, B, C, ..., Z\} \rightarrow \{1, 2, 3, ..., 26\}$
möge jedem Buchstaben seine Position im Alphabet zuordnen. Die Hash-Funktion
$$h_1: K_1 \rightarrow A$$
bildet nun die Schlüssel aus K_1 auf Adressen ab; sie sei definiert durch
$h_1(k) = (f(1.\text{Buchstabe von } k) +$
$f(2. \text{Buchstabe von } k)) \bmod 17$
Man erhält dann die in Tab. 1, Spalte 2 angegebenen Funktionswerte (Adres-

Hash-Verfahren

sen). Man sieht, dass hierbei verschiedene Schlüssel $k \in K_1$ auf gleiche Adressen $h_1(k) \in A$ abgebildet werden, z. B. die Schlüssel MAI und JULI. Man spricht von einer *Kollision*. h_1 besitzt mehrere Kollisionen. Hätte man dagegen $h_2: K_1 \to A$ mit

$$h_2(k) = (f(2.\text{Buchstabe von } k) + f(3.\text{Buchstabe von } k)) \bmod 17$$

als Hash-Funktion gewählt, dann würde nur eine Kollision auftreten; die Hash-Funktion

$$h_3(k) = (2 \cdot f(1.\text{Buchstabe von } k) + 2 \cdot f(2.\text{Buchstabe von } k) + f(3.\text{Buchstabe von } k)) \bmod 17$$

ist kollisionsfrei (Tab. 1).

k	$h_1(k)$	$h_2(k)$	$h_3(k)$
JANUAR	11	15	2
FEBRUAR	11	7	7
MAERZ	14	6	16
APRIL	0	0	1
MAI	14	10	3
JUNI	14	1	8
JULI	14	16	6
AUGUST	5	11	0
SEPTEMBER	7	4	13
OKTOBER	9	14	4
NOVEMBER	12	3	12
DEZEMBER	9	14	10

Tab. 1: Werte dreier Hash-Funktionen für K_1

In der Praxis hat man meist eine sehr große Schlüsselmenge K gegeben, z. B. die Menge aller Namen, die aus höchstens 20 Buchstaben bestehen. Von diesen Namen erwartet man eine bestimmte Anzahl a in einer konkreten Anwendung, z. B. 300 000 Namen für eine Einwohnermeldekartei einer Großstadt. Dann wählt man eine Adressmenge A mit $|A| > a$, z. B. $A = \{0, 1, ..., 350000\}$, und eine Hash-Funktion $h: K \to A$. Zunächst ist der Datenspeicher, der zu den Adressen aus A gehört, frei; schrittweise werden nun die einzelnen Schlüssel $k_1, k_2, ...$ im Datenspeicher unter den Adressen $h(k_1), h(k_2), ...$ abgelegt. Hierbei treten häufig Kollisionen auf, d. h. Schlüssel k_i und k_j mit $h(k_i) = h(k_j)$, die aufgelöst werden müssen.

Der Entwurf einer Hash-Funktion und der zugrunde liegenden Datenstruktur gliedert sich daher in zwei Teilprobleme:

1) Bestimmung der Hash-Funktion h, die einfach zu berechnen ist und die die Menge der Schlüssel K möglichst gleichmäßig und zufällig auf die Menge der Adressen A abbildet,

2) Festlegung einer Strategie zur Behandlung von Kollisionen.

Zu 1): Ein einfacher und guter Ansatz zur Bestimmung einer Hash-Funktion für $A = \{0, 1, ..., p-1\}$ ist

$$h(k) = k \bmod p.$$

Falls k nicht numerisch ist, muss k geeignet umgewandelt werden, vgl. obiges Beispiel.

Zu 2): Die einfachste Möglichkeit, Kollisionen zu behandeln, besteht darin, Datenobjekte mit gleichen Hash-Funktionswerten in einer ↑linearen Liste zu verketten.

Dieses Verfahren heißt *direkte Verkettung*. Um den Schlüssel k zu finden, berechnet man $h(k)$ und durchsucht dann die zu $h(k)$ gehörende Liste, wie es selbsterklärend in Abb. 1 dargestellt ist.

Gängige Kollisionsverfahren, die keinen „Überlaufbereich" für lineare Listen verwenden, sondern nur den vorgegebenen Adressraum A benutzen dürfen, sind die lineare und die quadratische Verschiebung.

Lineare Verschiebung: Falls $h(k)$ bereits durch einen anderen Schlüssel besetzt ist, versuche k in den Adressen $h(k)+c, \ h(k)+2c, \ h(k)+3c, \ ...$ un-

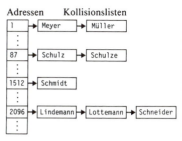

Abb. 1: Direkte Verkettung bei Kollisionen

terzubringen (c ist eine Konstante, die teilerfremd zur Zahl p sein sollte).

Quadratische Verschiebung: Probiere bei einer Kollision nacheinander für die Werte $i = 1, 2, 3, \ldots$, ob $h(k) + i^2$ noch frei ist.

Beispiel:
Wir betrachten erneut die Menge K_1 der Monatsnamen, die Adressmenge $A = \{0, 1, \ldots, 16\}$ und die Hash-Funktion h_1. Wir wählen die lineare Kollisionsstrategie mit $c = 2$. Die Schlüssel (= Monatsnamen) sollen in der Reihenfolge JANUAR, FEBRUAR, MAERZ usw. in den Datenspeicher mit den Adressen 0 bis 16 eingetragen werden. JANUAR wird bei der Adresse $h_1(\text{JANUAR}) = 11$ abgelegt. Da $h_1(\text{FEBRUAR})$ ebenfalls 11 ist, wird FEBRUAR um $c = 2$ Positionen im Speicher verschoben und somit unter der Adresse 13 eingetragen. Weitere Kollisionen treten für MAI, JUNI und JULI auf, wobei JULI dreimal um 2 Positionen verschoben werden muss, da die jeweiligen Speicherzellen bereits belegt sind. Das Einfügen von JULI zeigt Abb. 2. Die endgültige Tabelle möge der Leser selbst erstellen.

Die quadratische Kollisionsstrategie führt zur Hash-Tabelle der Abb. 3.

Theoretische Untersuchungen und praktische Messungen haben ergeben, dass der durch A gegebene Speicher

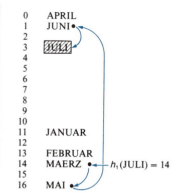

Abb. 2: Einfügen von JULI

0	APRIL
1	JUNI
2	
3	
4	
5	AUGUST
6	JULI
7	SEPTEMBER
8	
9	OKTOBER
10	DEZEMBER
11	JANUAR
12	FEBRUAR
13	NOVEMBER
14	MAERZ
15	MAI
16	

Abb. 3: Tabelle bei quadratischer Kollisionsstrategie

nur bis zu 80 % gefüllt werden sollte. Man muss dann beim Suchen im Durchschnitt mit höchstens 3 Kollisionen rechnen. Bei mehr als 80 % steigt die Zahl der Kollisionen und damit die Zugriffszeit rasch an.

Hauptspeicher *(Arbeitsspeicher; engl. core, main memory, main store, primary memory):* Bezeichnung für den ↑Speicher, der die gerade auszuführenden Programme oder Programmteile und die benötigten Daten enthält. Der Hauptspeicher ist eine Kompo-

Heapsort

nente der ↑Zentraleinheit. Seine Leistungsfähigkeit und Größe bestimmen in wesentlichem Maße die Leistungsfähigkeit der gesamten Rechenanlage. Daher realisiert man den Hauptspeicher im Allgemeinen als ↑Halbleiterspeicher. Die Speicherkapazität des Hauptspeichers beträgt zz. (1996) meist zwischen 8 und 64 MByte; sie wird durch den adressierbaren Speicherbereich bestimmt, der im ↑Befehlsformat festgelegt ist.

Heapsort ['hi:psɔ:t]: Schnelles internes Sortierverfahren (↑Sortieren) mit garantiertem $O(n \cdot \log n)$-Verhalten.

Heapsort wird in zwei Phasen durchgeführt: 1) Aufbau des Heaps und 2) Ausgabe des Heaps in sortierter Reihenfolge.

1) *Aufbau des Heaps*

Die zu sortierende Folge wird schichtweise in einen ↑binären Baum eingetragen. Die Knoteninhalte werden anschließend so vertauscht, dass sich das größte Element jedes Teilbaumes in dessen Wurzel befindet. Das größte Element der gesamten Folge steht dann in der Wurzel des Baumes. Ein Baum mit dieser Eigenschaft heißt *Heap* (dt. Haufen).

Beispiel:

Die Folge 57, 16, 62, 30, 80, 7, 21, 78, 41 wird als binärer Baum aufgeschrieben (Abb. 1).

Die Heap-Eigenschaft wird hergestellt, indem ausgehend von den Blättern jeder Knoteninhalt, der kleiner als mindestens einer der Knoteninhalte seiner direkten Nachfolgeknoten ist, durch Vertauschen (mit dem größeren der Inhalte der Nachfolgeknoten) nach unten „absinkt": Zunächst die Zahl 30, dann die Zahl 16, anschließend die Zahl 57 (Abb. 2 bis 4).

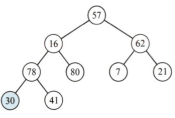

Abb. 2: Absinken der Zahl 30

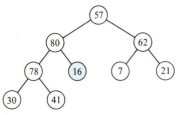

Abb. 3: Absinken der Zahl 16

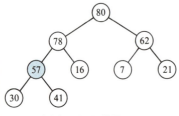

Abb. 4: Absinken der Zahl 57

Das Absinken kann (wie etwa bei der Zahl 57 in Abb. 4) über mehrere Schichten erfolgen.

2) *Ausgeben des Heaps*

In der Wurzel eines Heaps steht das größte Element der Folge. Man gibt es

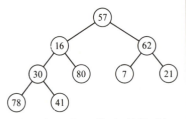

Abb. 1: Binärer Baum für eine Zahlenfolge

aus und setzt das am weitesten rechts in der untersten Schicht stehende Element an seine Stelle. Anschließend stellt man die Heap-Eigenschaft wieder her, indem man das Wurzelelement „absinken" lässt. Dieses Verfahren wiederholt man, bis der Baum leer ist. Die entfernten Elemente ergeben in dieser Reihenfolge die sortierte Folge.

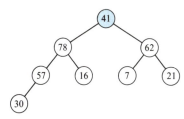

Abb. 5: Entfernen der Zahl 80 und Einfügen der Zahl 41

Beispiel:
In obigem Beispiel entfernt man zunächst die Zahl 80 und fügt stattdessen die Zahl 41 ein (Abb. 5). Anschließend lässt man die Zahl 41 absinken (Abb. 6). Im nächsten Durchgang entfernt man 78, fügt an ihre Stelle 30 ein und lässt 30 absinken usw. Auf diese Weise werden nacheinander 80, 78, 62, 57, ... entfernt.

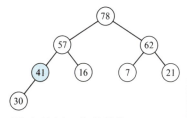

Abb. 6: Absinken der Zahl 41

Heapsort kann sehr gut mit ↑Feldern implementiert werden.
Man kann zeigen, dass der Aufbau des Heaps in $O(n)$ Schritten (↑Ordnung) erfolgen kann. Das Absinken eines Elementes von der Wurzel benötigt im ungünstigsten Fall $O(\log_2 n)$ Schritte. Insgesamt ist Heapsort daher ein garantiertes $O(n \cdot \log_2 n)$-Verfahren, das keinen zusätzlichen Speicherplatz benötigt. Experimentelle Messungen haben jedoch ergeben, dass ↑Quicksort im Mittel schneller arbeitet als Heapsort, obwohl Quicksort im schlechtesten Fall $O(n^2)$ Schritte braucht. Eine neuere Variante von Heapsort, das *Bottom-up-Heapsort,* ist jedoch bereits für $n \geq 400$ schneller als Quicksort, sofern der Vergleich zweier Elemente deutlich mehr Zeit als jede andere elementare Operation (z. B. Wertzuweisung) benötigt.
Heapsort wird auch verwendet, um externe Sortierverfahren wie das ↑Sortieren durch Verschmelzen zu beschleunigen.

Heimcomputer (engl. *home computer*): Besonders klein ausgelegte Rechner, die für den täglichen Bedarf i. A. ausreichen. Sie werden meist für Spiele eingesetzt. Ihr häuslicher Anwendungsbereich umfasst aber mehr, z. B. die Verwaltung des Haushaltsbudgets, Speichern einer Adresskartei, einfache Lernprogramme für Fremdsprachen, Steuerung von Modelleisenbahnen oder der Heizungsanlage. Heimcomputer besitzen einen Mikroprozessor, einen Speicher, ein einfaches Betriebssystem und Anschlussmöglichkeiten an Diskettenlaufwerke, Tonbandkassetten, ↑Modems und Fernsehgeräte oder Bildschirme. Heimcomputer wurden in den 1970er- und 80er-Jahren hergestellt; sie wurden inzwischen von ↑Personalcomputern verdrängt.

Heuristik [zu griech. heurískein „finden", „entdecken"]: Lehre von den möglichst erfolgreich arbeitenden Lösungsverfahren; methodische Anleitung zur Gewinnung neuer Erkenntnisse. In der Informatik: Bezeichnung für ein Lösungsverfahren, das nicht auf wissenschaftlich gesicherten Erkenntnissen, sondern auf Hypothesen, Analogien oder Erfahrungen aufbaut. Die Güte solcher Verfahren ist deshalb nicht beweisbar, sondern kann nur durch wiederholte Experimente an typischen Problemstellungen geschätzt werden.

Hexadezimalsystem *(Sedezimalsystem):* ↑Stellenwertsystem zur Basis 16.

Hintergrundprogramm (engl. *background program*): Programm, das ohne Eingriffsmöglichkeiten des Benutzers abläuft und immer dann bearbeitet wird, wenn für den Dialog gerade keine Rechenleistung erbracht werden muss (z. B. weil auf Eingaben eines Benutzers gewartet wird) oder der Rechner aus anderen Gründen untätig ist. Das gegebenenfalls im Dialog ausgeführte Programm bezeichnet man entsprechend als *Vordergrundprogramm*. Oftmals kann man Programme aus dem Hintergrund in den Vordergrund holen, Eingaben vornehmen oder zwischenzeitlich erfolgte Ausgaben ansehen und die Programme wieder in den Hintergrund verlagern (*Taskswitching*, ↑Betriebsart).

Typisch ist das „Drucken im Hintergrund": Nachdem man den Rechner angewiesen hat, eine Datei auszudrucken, wird ein entsprechendes Hintergrundprogramm gestartet, das den Datei-Inhalt an den Drucker sendet, während der Benutzer (im Vordergrund) unbeeinträchtigt weiterarbeiten kann (*Spooling*, ↑Geräteverwaltung).

Eine Datenverarbeitungsanlage, auf der Programme im Hintergrund ablaufen können, besitzt eine bessere ↑Auslastung als andere Computer.

Hybridrechner: Rechenanlage, die analoge (↑Analogrechner) und digitale Rechnerbausteine (↑Digitalrechner) in sich vereint. Zwischen beiden Funktionseinheiten existiert eine Koppelelektronik, die im Wesentlichen die Umwandlung ↑analoger Signale in digitale und umgekehrt vornimmt. Hybridrechner werden z. B. zur Lösung von Differenzialgleichungen und zur ↑Simulation eingesetzt. Hierbei kann man die analogen Rechnerbausteine vorteilhaft zur Berechnung guter Näherungslösungen einsetzen, die von den digitalen Bausteinen weiterverarbeitet werden.

Hypertext-System: System zur Speicherung und inhaltlichen Verknüpfung von Textdokumenten durch hierarchische und/oder Verweisstrukturen.

Hypertext-Systeme sind seit Ende der 1980er-Jahre kommerziell verfügbar. Sie entstanden aus dem Wunsch, im Rechner gespeicherte Texte, also wenig strukturierte lineare Folgen von Buchstaben, wie sie von einem ↑Editor erzeugt werden, aufzubereiten, inhaltlich zu strukturieren und Beziehungen innerhalb von Texten sowie zwischen Texten in unterschiedlichen Dateien herzustellen. Ausgangspunkt für mögliche Beziehungen zwischen mehreren Texten sind z. B. gemeinsame Stichwörter, verwandte Sachgebiete, Assoziationen, zum Verständnis erforderliche Hilfsinformationen, vertiefende Erläuterungen usw.

Während Hypertext-Systeme sich in erster Linie auf die Verknüpfung von Texten beschränken, spricht man allgemein von *Hypermedia-Systemen*, wenn neben Texten auch Bilder, Töne, Musik, Filmsequenzen, Sprachanmerkungen, Geräusche usw. einbezogen werden können. Hypermedia-Systeme in diesem Sinne sind also ↑Multimedia-Systeme, bei denen die Informationen zusätzlich durch eine Verweisstruktur miteinander verknüpft sind. Solche Systeme sind unverzichtbar für

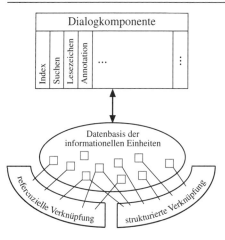

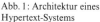

Abb. 1: Architektur eines Hypertext-Systems

die Benutzung vieler ↑Informationssysteme und das ↑Internet.
Die grundlegende Architektur eines Hypertext-Systems zeigt Abb. 1.
Die Datenbasis des Systems besteht aus den so genannten *informationellen Einheiten*. Dies sind kleine, in sich abgeschlossene Bruchstücke von Informationen mit möglichst einheitlicher Struktur oder Gestaltung. Um sie aus den ursprünglich linearen Texten zu gewinnen, muss man die Texte so zerkleinern, dass sie isoliert noch verständlich sind und sich andererseits gut in den Kontext, realisiert durch die Verknüpfungsstruktur, einbetten.
Zwischen den informationellen Einheiten in der Datenbasis bestehen *referenzielle* und gegebenenfalls *strukturierte,* insbesondere hierarchische *Verknüpfungen*. Die referenziellen Verknüpfungen realisieren Verweise zwischen Einheiten, die in irgendeiner Beziehung zueinander stehen. Mathematisch bilden die informationellen Einheiten zusammen mit ihren referenziellen Verknüpfungen einen gerichteten ↑Graphen.
Aus Gründen der Übersichtlichkeit werden die informationellen Einheiten häufig noch hierarchisch strukturiert. In diesem Fall ist der Datenraum baumartig in Teilgebiete zusammenhängenden Inhalts unterteilt. Referenzielle Verknüpfungen existieren dann nur innerhalb eines Teilgebiets. Der ungeordnete Wechsel zwischen den Teilgebieten ist nur noch durch Rückverfolgen der Baumstruktur möglich.
Eine Datenbasis mit ihren referenziellen und hierarchischen Verknüpfungen hat also allgemein die Form aus Abb. 2 (S. 214).
Die Dialogkomponente ist der wichtigste Baustein eines Hypertext-Systems. Typische Funktionen sind:
- Aufstellen eines Index und Sprung zu ausgewählten Indexpunkten;
- Suchfunktionen nach Schlüssel- und Schlagwörtern;
- geführte Rundreise (engl. *guided tour*) durch die Datenbasis, um sich einen Überblick zu verschaffen;
- Lesezeichen, d. h. Markierungen gewisser informationeller Einheiten, zu denen man fortan nach Belieben zurückspringen kann;
- Annotationen (Anmerkungen), d. h. die elektronische Realisierung des An-den-Rand-Schreibens bei Bü-

Hypertext-System

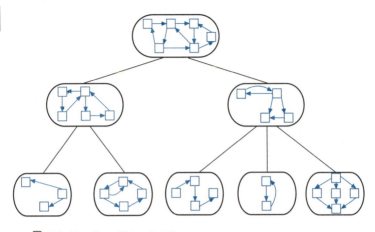

○ Teilgebiete (hierarchisch verknüpft)
☐ informationelle Einheit (referenziell verknüpft)

Abb. 2: Allgemeine Verweisstruktur

chern; Anmerkungen werden dauerhaft in der Datenbasis festgehalten;
- Ergänzen der Datenbasis um weitere informationelle Einheiten;
- Hinzufügen oder Ändern der referenziellen oder hierarchischen Struktur;
- Exportieren von informationellen Einheiten oder Teilen aus dem Hypertext-Dokument in andere Dokumente, z. B. die Übernahme eines PASCAL-Programms aus einem Lehrtext in einen PASCAL-Übersetzer mit anschließender Ausführung.

Beispiel:
Abb. 3 zeigt einen Ausschnitt aus einem Dokument eines Hypertext-Systems. Der dort abgebildete Text ist eine informationelle Einheit. Alle unterstrichenen Wörter besitzen Verweise zu anderen Texten: Klickt man mit der Maus auf eines dieser Wörter, so erfolgt ein Sprung zu einer anderen informationellen Einheit, die sofort auf dem Bildschirm angezeigt wird. Die Funktionen am oberen und unteren Bildrand ermöglichen neben einer Speicherung der Dokumente oder einzelner Ausschnitte auf Dateien auch das Navigieren durch die hierarchische Struktur der Dokumente.

Hypertext-Systeme, die auf dem Modell der Karteikarten beruhen, führen zu den so genannten *Hypercard-Systemen*. Bei ihnen sind alle informationellen Einheiten auf elektronischen Karteikarten erfasst. Diese Karteikarten können nach Belieben multimediale Informationen (Texte, Bilder, Geräusche usw.) aufnehmen. Sie können zu *Stapeln* zusammengefasst werden.
Ferner enthalten sie *Schaltflächen*, auch *Knöpfe* (engl. *buttons*) genannt, bestimmte, besonders gekennzeichnete Bereiche des Bildschirms, an die ein Programm gebunden ist, das durch einen Mausklick auf die Schaltfläche gestartet wird. Im einfachsten Fall

Abb. 3: Ansicht eines Hypertext-Systems, und zwar des verbreiteten WWW-Browsers Netscape

führt das Programm nur einen Sprung entlang der Verknüpfungsstruktur zu einer anderen Karte aus, die dann auf dem Bildschirm erscheint. Im allgemeinen Fall können die Programme beliebige Funktionen realisieren und komplexe Abläufe auf dem Bildschirm generieren, z. B. bewegte Bilder. Die Programme sind in einer einfachen strukturierten Programmiersprache

if 216

geschrieben und können interaktiv beliebig geändert und an unterschiedliche Bedürfnisse angepasst werden. Für die *Schule* eignen sich Hypercard-Systeme zum Einstieg in die Informatik, weil sie fundamentale kognitive Prozesse unterstützen und der natürlichen Denkweise sehr nahe kommen.

if: Grundlegendes Sprachelement der Programmierung für die Alternative und die Verzweigung.

Im mathematischen Sinne handelt es sich um einen dreistelligen Operator der Gestalt:

if x then a else b

$$= \begin{cases} a, & \text{falls } x \text{ den Wahrheitswert} \\ & \text{true besitzt,} \\ b, & \text{falls } x \text{ den Wahrheitswert} \\ & \text{false besitzt.} \end{cases}$$

Was als a und b zugelassen wird, hängt von den verwendeten Programmiersprachen bzw. Kalkülen ab.

1. Die if-Anweisung (oder *bedingte Anweisung*) ermöglicht es, in imperativen Programmiersprachen Anweisungen in Abhängigkeit von den Werten boolescher Ausdrücke (↑ Schaltalgebra) auszuführen oder zu überspringen. Die allgemeine Form einer if-Anweisung (wie z. B. in der Programmiersprache ↑ Ada) lautet:

if ⟨bedingung 1⟩ then
  ⟨anweisungsfolge 1⟩
elsif ⟨bedingung 2⟩ then
  ⟨anweisungsfolge 2⟩
elsif ⟨bedingung 3⟩ then
  ⟨anweisungsfolge 3⟩
elsif
  ...
else
  ⟨anweisungsfolge⟩
end if;

Falls ⟨bedingung 1⟩ erfüllt ist, so wird ⟨anweisungsfolge 1⟩ ausgeführt, falls ⟨bedingung 1⟩ nicht, wohl aber ⟨bedingung 2⟩ erfüllt ist, so wird ⟨anweisungsfolge 2⟩ ausgeführt usw. Sind alle angegebenen Bedingungen nicht erfüllt, so wird dann die ⟨anweisungsfolge⟩ ausgeführt. Diese bedingte Anweisung realisiert bereits die Fallunterscheidung (↑ case).

In anderen imperativen Programmiersprachen ist nur die Alternative realisiert, zum Beispiel in ↑ PASCAL, wo die elsif-Teile nicht erlaubt sind und man wahlweise den else-Teil weglassen kann.

Beispiel:

if x ≥ 0 then absolut:= x
    else absolut:= −x;

2. Funktionale und einige imperative Programmiersprachen bieten die Möglichkeit, mittels if-then-else *bedingte Ausdrücke* zu formulieren, bei denen das Ergebnis direkt vom Wert eines booleschen Ausdruckes abhängt. Deren allgemeine Form lautet

if ⟨boolescher ausdruck⟩
  then ⟨ausdruck 1⟩
  else ⟨ausdruck 2⟩

Ist ⟨boolescher ausdruck⟩ erfüllt, dann ist das Ergebnis der Wert von ⟨ausdruck 1⟩, sonst ist es der Wert von ⟨ausdruck 2⟩.

Beispiele:
In imperativen Sprachen:

if x ≥ 0 then x else −x.

In funktionalen Sprachen:

fac(n) ≡
if n = 0 then 1 else n∗fac(n − 1)

Implikation (engl. *implication, inclusion*): Zweistellige ↑ boolesche Funktion mit dem folgenden Funktionsverhalten:

x	y	$x \Rightarrow y$
0	0	1
0	1	1
1	0	0
1	1	1

Es gilt die Beziehung

$$(x \Rightarrow y) \equiv (\bar{x} + y).$$

Infixnotation: Schreibweise zweistelliger Verknüpfungen $f : D \times D \to W$ für zwei Operanden $x, y \in D$ in der Form xfy.

Beispiel:
f sei die Addition von ganzen Zahlen, $f : \mathbb{Z} \times \mathbb{Z} \to \mathbb{Z}$. Statt $+(4,5)$ schreibt man $4+5$.

Treten in einem ↑Ausdruck mehrere zweistellige Verknüpfungen auf, so benötigt man bei der Infixnotation eine Vorschrift, die die eindeutige Auswertungsreihenfolge der Teilausdrücke regelt (Punkt-vor-Strich-Regel, Klammerung).

Beispiel:
Der Ausdruck $2 + 3 * 4 + 5$ erlaubt z. B. die folgenden Auswertungsmöglichkeiten:

a) $*(+(2,3), +(4,5)) = 45$,
b) $+(+(2, *(3,4)),5) = 19$,
c) $+(2, *(3, +(4,5))) = 29$.

Will man in Infixnotation unter Benutzung der Punkt-vor-Strich-Regel den Fall c) ausdrücken, so klammert man $2 + 3 * (4 + 5)$.

Im Gegensatz zur Infixnotation ist die Auswertungsreihenfolge bei der ↑Präfixnotation und der ↑Postfixnotation eindeutig; Klammerungen und Vorrangregeln sind dort überflüssig. Daher arbeitet man in der Informatik häufig mit Präfix- und Postfixdarstellungen.

Informatik (engl. *computer science*): Wissenschaft von der systematischen Darstellung, Speicherung, Verarbeitung und Übertragung von Informationen, besonders der automatischen Verarbeitung mithilfe von ↑Digitalrechnern (↑Computer).

Informatik wurde in der Vergangenheit zunächst als Spezialgebiet innerhalb anderer wissenschaftlicher Disziplinen betrieben. Spätestens seit 1960 kann sie jedoch nicht mehr nur als Ansammlung von aus anderen Wissenschaften (z. B. Logik, Mathematik, Elektrotechnik) entliehenen Methoden und Regeln aufgefasst werden; vielmehr hat sich die Informatik zu einem zusammenhängenden, theoretisch fundierten Gebäude, also zu einer neuen Grundlagenwissenschaft entwickelt, die auf andere Wissenschaften ausstrahlt.

Heute stellt sich die Informatik in vielen Teilbereichen als eine Ingenieurwissenschaft dar, die (anstelle der Grundbegriffe „Materie" und „Energie") ↑Daten, den „Rohstoff" für Informationen, modelliert, aufbereitet, speichert, verarbeitet und überträgt. Die schnell wachsende Bedeutung der Informatik, verbunden mit dem großen Bedarf an Fachleuten auf diesem Gebiet, hat in den USA Ende der 1950er-, in Deutschland Ende der 1960er-Jahre zur Einrichtung des Studiengangs Informatik an Universitäten und Fachhochschulen geführt.

Informatik in der Schule: Bereits Anfang der 1970er-Jahre wurde in der Bundesrepublik Deutschland gefordert, Informatik auch als Schulfach an allgemein bildenden Schulen einzuführen. Die damaligen Begründungen lassen sich auf vier Grundaussagen zurückführen:

• Informatikunterricht dient der Entmystifizierung des „allmächtigen" Computers.
• Der überall geplante Einsatz der Datenverarbeitung bedingt Grundkenntnisse bei allen Bürgern.

Informatik

- Die Denkweisen der Informatik sind universell verwendbar.
- Die durch die Datenverarbeitung gegebenen technologischen Neuerungen beeinflussen das Gesellschaftsgefüge und müssen von allen Bürgern und Bürgerinnen bewältigt werden.

Die *Gesellschaft für Informatik e. V.*, die Vereinigung der Informatiker und Informatikerinnen Deutschlands, nannte 1976 als Lernziele des Informatikunterrichts die Fähigkeiten,
- algorithmische Lösungen von Problemen systematisch zu finden und diese als ↑ Programm zu formulieren,
- das Gelernte auf praxisorientierte Probleme anzuwenden,
- die Auswirkungen der Datenverarbeitung auf die Gesellschaft zu erkennen und
- das Gelernte durch Erarbeitung theoretischer oder technischer Grundlagen der Informatik zu vertiefen.

Bis heute sind diese Lernziele zwar in vielfältiger Hinsicht geändert, erweitert und an aktuelle Gegebenheiten angepasst worden, die obigen Ziele sind aber weiterhin Teil der in der Schule angestrebten informatischen Bildung. Informatik ist in der *Sekundarstufe II* derzeit in allen Bundesländern als eigenständiges Fach vertreten.

Eine Einführung von Informatik als eigenständiges Fach im Pflichtbereich der *Sekundarstufe I* ist derzeit nicht vorgesehen, doch gibt es Arbeitsgruppen im Wahlpflichtbereich, die aber nur interessierte Schüler erreichen. In fast allen Bundesländern wird eine ↑ informationstechnische Grundbildung durch Eingliederung in vorhandene Fächer vermittelt, jedoch hat dies nur wenig mit Informatik zu tun.

Zentrale Begriffe der Informatik: Ein zentraler Begriff der Informatik ist der ↑ Algorithmus sowie dessen konkrete Ausformulierung als Programm. Man beschränkt sich aber in der Informatik nicht auf die reine Programmierarbeit, sondern untersucht ganz allgemein die Struktur von Algorithmen, von zu verarbeitenden Daten (↑ Datenstruktur) sowie von Sprachen, mit denen Algorithmen, Daten, Prozesse und Programme angemessen formuliert werden können (↑ Programmiersprache). In der *Schule* spielen fundamentale Ideen eine wichtige Rolle (↑ Didaktik der Informatik, ↑ Methoden der Informatik).

Aufbau der Informatik: Gemäß der unterschiedlichen Schwerpunkte unterscheidet man die theoretische, die praktische, die technische und die angewandte Informatik, ferner die gesellschaftlichen Auswirkungen der Informatik und die Didaktik der Informatik. Theoretische, praktische und technische Informatik fasst man oft unter dem Oberbegriff *Kerninformatik* zusammen.

Theoretische Informatik:
Sowohl für die Formulierung und Untersuchung von Sprachen und Algorithmen als auch für die Rechnerkonstruktion spielen Methoden und Modelle aus der Mathematik und aus der Logik eine wesentliche Rolle. Während aber in der Mathematik überwiegend statische Strukturen betrachtet werden, prägt in der Informatik der dynamische Ablauf von ↑ Prozessen die Denkweise. Beispiele für Teilgebiete der theoretischen Informatik sind effiziente Algorithmen, die Theorie der formalen Sprachen, die Automaten- und Schaltwerktheorie (↑ Automat), die ↑ Komplexitätstheorie und die ↑ Semantik.

Praktische Informatik:
Algorithmen lassen sich zwar prinzipiell rechnerunabhängig formulieren; um sie aber auf Rechenanlagen bear-

Informatik

beiten zu lassen, muss eine umfangreiche Software zur Verfügung stehen. Die praktische Informatik entwickelt Methoden, um Programmsysteme erstellen zu können, und konkrete Entwicklungsumgebungen und Softwarewerkzeuge zur Unterstützung von Programmierern und Anwendern. Beispiele für Teilgebiete der praktischen Informatik sind Programmiermethodik (↑Software-Engineering), Programmiersprachen, Übersetzerbau, ↑Informationssysteme, ↑Betriebssysteme, ↑verteilte Systeme, Dialogsysteme, ↑Simulation und ↑künstliche Intelligenz.

Technische Informatik:
In der technischen Informatik befasst man sich mit dem funktionellen Aufbau von Computern, ihrer Vernetzung und Konfigurierung und den zugehörigen Geräten sowie mit dem logischen Entwurf von Rechnern, Geräten und Schaltungen (↑Hardware). Beispiele für Teilgebiete der technischen Informatik sind die ↑Rechnerarchitektur, Rechnerorganisation, Datenfernübertragung, Netze, ↑Prozessdatenverarbeitung und VLSI-Entwurf (↑Integrationsstufe).

Angewandte Informatik:
Unter angewandter Informatik fasst man Anwendungen von Informatikmethoden und -systemen in anderen Wissenschaften zusammen, etwa betriebliche Informationssysteme, CIM oder neue Strukturen in der Verwaltung. Da durch den Einsatz von Computern die Arbeitsbedingungen, Organisationsformen und Herstellungsverfahren stark beeinflusst oder sogar neu gestaltet werden, zählen zur angewandten Informatik auch Forschungsbereiche, die über die hier dargestellte engere Wissenschaft Informatik hinausgehen. Neben Fragen der Mensch-Maschine-Kommunikation, Akzeptanz, ↑Ergonomie und Technikbewer-

tung setzen sie zugleich umfangreiche Kenntnisse der jeweiligen Anwendungswissenschaft voraus. Beispiele für Gebiete aus der angewandten Informatik sind die ↑Wirtschaftsinformatik, die Rechtsinformatik und die medizinische Informatik.

Gesellschaftliche Auswirkungen der Informatik: Dieser Aspekt der Informatik, der sich zugleich mit dem großen Bereich der Technikfolgenabschätzung auseinander setzt, behandelt die Auswirkungen der Informatik auf gesellschaftliche Entwicklungen, insbesondere auf die Arbeitswelt, das Rechtssystem und die Kultur. Ähnlich wie bei der Entwicklung mechanischer Maschinen wird auch der Computer als Instrument der Rationalisierung eingesetzt, woraus sich für die Betroffenen schwer wiegende soziale Folgen (Wandel von Arbeitsplätzen und beruflichen Anforderungen) ergeben. Die schnelle Verfügbarkeit personenbezogener Daten und die Konzentration von Informationen in Datenbanken können zu einer Einschränkung der Rechte des Einzelnen und der Entstehung neuer Abhängigkeiten bzw. Machtverhältnisse (↑Datenschutz) führen. Aufgrund seiner Arbeitsgeschwindigkeit kann man sehr komplexe Probleme bearbeiten; zugleich werden aber Computersysteme für den Menschen undurchschaubar, was zur Abhängigkeit von Spezialisten führt und neue Risiken hervorbringen kann.

Geschichte der Informatik: Schon früh haben die Menschen begonnen, mechanische Abläufe exakt zu formulieren (z. B. ↑euklidischer Algorithmus). Aber erst im 17. Jahrhundert konnten funktionsfähige Maschinen zur Durchführung der Grundrechenarten konstruiert werden. Einzelne Stationen dieser Entwicklung verliefen wie folgt:

Informatik   220

Altertum – Mittelalter: Verwendung des *Abakus* (Brett mit verschiebbaren Kugeln) als Rechenhilfsmittel.

9. Jh.: Der persische Mathematiker und Astronom Al-Charismi schreibt das Lehrbuch „Kitab al jabr w'almuqabala" („Regeln der Wiedereinsetzung und Reduktion"). Das Wort Algorithmus geht auf seinen Namen zurück.

1623: Wilhelm Schickardt (1592 bis 1635) konstruiert für seinen Freund Johannes Kepler (1571–1630) eine Maschine für Addition und Subtraktion.

1641: Blaise Pascal (1623–62) konstruiert eine Maschine, mit der man sechsstellige Zahlen addieren und subtrahieren kann.

1674: Gottfried Wilhelm Leibniz (1646–1716) konstruiert mit Staffelwalzen die erste Rechenmaschine für die vier Grundrechenarten. Er befasst sich auch mit der binären Darstellung von Zahlen.

1774: Philipp Matthäus Hahn (1739 bis 1790) entwickelt eine mechanische Rechenmaschine, die erstmals zuverlässig arbeitet.

1834 bis 1846 und ab Mitte der 1850er-Jahre baut Charles Babbage (1792–1871) eine Maschine, die „Analytical Engine", bei der die Reihenfolge der einzelnen Rechenoperationen durch nacheinander eingegebene Lochkarten gesteuert wird. Die Maschine soll einen Zahlenspeicher, ein Rechenwerk, eine Steuereinheit und einen Programmspeicher besitzen. Ein Demonstrationsmodell von 1832 und ein Nachbau (1992) der „Difference Engine", die Funktionstafeln berechnen konnte, wiesen nach, dass die feinmechanische Präzision Mitte des 19. Jahrhunderts gerade ausgereicht hätte, um die viele Tonnen schwere Maschine herzustellen. Auf die Arbeiten von Babbage stieß man aber erst wieder, als die modernen Rechner bereits konzipiert waren.

Die Mathematikerin Ada Augusta Byron, Gräfin von Lovelace (1815 bis 1852), schrieb das erste Demonstrationsprogramm für die programmgesteuerte Rechenmaschine und gilt daher als erste Programmiererin der Welt. Nach ihr wurde die Programmiersprache ↑Ada benannt.

ab 1850 etwa wird das Thomas-Arithmomètre von Thomas de Colmar (1785–1870) in Serie produziert, das dieser zuerst 1820 hatte patentieren lassen.

1886: Hermann Hollerith (1860 bis 1929) entwickelt in den USA elektrisch arbeitende Zählmaschinen für Lochkarten, mit denen die statistischen Auswertungen der Volkszählungen vorgenommen werden. Später werden Druck- und Stanzeinheiten angeschlossen; es werden Stecktafeln entwickelt, mit deren Hilfe man spezielle Arbeitsprogramme auswählen kann.

1934: Konrad Zuse (1910–95) beginnt mit der Planung einer programmgesteuerten Rechenmaschine. Sie verwendet das binäre Zahlensystem und die halblogarithmische Zahlendarstellung.

1938: Zuses mechanische Anlage Z 1 ist fertig.

1941: Die elektromechanische Anlage Z 3 von Zuse ist fertig. Dies ist der erste funktionsfähige programmgesteuerte Rechenautomat. Das Programm wird mit Lochstreifen eingegeben. Die Anlage verfügt über 2 000 Relais und eine Speicherkapazität von 64 Worten à 22 Bit. Multiplikationszeit: etwa 3 s.

1943: In England entsteht COLOSSOS, der erste funktionstüchtige elektronische Rechenautomat.

221   **Informatik**

1944: Howard H. Aiken (1900–73) erstellt in Zusammenarbeit mit der Harvard Universität und der Firma IBM die teilweise programmgesteuerte Rechenanlage MARK I. Additionszeit: $\frac{1}{3}$ s, Multiplikationszeit: 6 s.

1946: J. Presper Eckert (*1919) und John W. Mauchly (1907–80) stellen die ENIAC (Abk. für engl. Electrical Numerical Integrator and Calculator) fertig. Dies ist der erste vollelektronische Rechner (18 000 Elektronenröhren). Multiplikationszeit: 3 ms.

1946–52: Auf der Grundlage der Ideen John von Neumanns (1903 bis 1957) (↑ Von-Neumann-Rechner) und anderer Wissenschaftler wie Herman H. Goldstine (*1913) und Arthur W. Burks (*1915) am Institute for Advanced Study in Princeton (N. J.) werden weitere Computer in Universitätslabors entwickelt („Pionierzeit").

1949: Maurice V. Wilkes (*1913) an der Universität von Manchester stellt mit der EDSAC (Abk. für engl. Electronic Delay Storage Automatic Calculator) den ersten universellen Digitalrechner mit gespeichertem Programm fertig.

ab 1950: Industrielle Rechnerentwicklung und Produktion.

Ende der 1960er-Jahre: Prägung des Wortes „Informatik" durch die Firma SEL AG (heute Alcatel-SEL). Durch den damaligen Bundesforschungsminister G. Stoltenberg, der den Begriff „Informatik" in einer Reihe seiner politischen Reden verwendete, wurde er in der breiten Öffentlichkeit publik gemacht.

Die Entwicklung der Datenverarbeitungsanlagen wird seitdem in *Generationen* gezählt, wobei jede Generation durch die verwendete Schaltkreistechnologie charakterisiert ist:

1. Generation (bis Ende der 1950er-Jahre): Elektronenröhren als Schaltelemente (Geschwindigkeit: etwa 1 000 Additionen/s);

2. Generation (bis Ende der 1960er-Jahre): Halbleiterschaltkreise: Transistoren, Dioden (Geschwindigkeit: etwa 10 000 Additionen/s);

3. Generation (seit Mitte der 1960er-Jahre): teilweise integrierte Schaltkreise (Geschwindigkeit: etwa 500 000 Additionen/s);

4. Generation (seit Anfang der 1970er-Jahre): überwiegend hochintegrierte Schaltkreise (Geschwindigkeit: etwa 10 Mio. Additionen/s);

5. Generation (seit Anfang der 1980er-Jahre): höchstintegrierte Schaltkreise; mehrere Prozessoren auf einem Chip (↑ Mikroprozessoren).

Parallel zur Entwicklung der Hardware verläuft die Entwicklung von Programmier- und Betriebshilfen sowie Betriebssystemen ebenfalls in Generationen:

1. Generation: Programmierung im Maschinencode;

2. Generation: Entwicklung der ersten problemorientierten Programmiersprachen wie ↑ FORTRAN (ab 1956), ↑ ALGOL 60 (ab 1958) und ↑ COBOL (1960); Einsatz der ersten Mehrprogrammbetriebssysteme;

3. Generation: Entwicklung und Einsatz von Betriebssystemen mit Dialogbetrieb und Datenbanken; Methoden der ↑ strukturierten Programmierung, Entwicklung geeigneter Sprachen wie PASCAL;

4. Generation: ↑ verteilte Systeme (↑ Rechnernetze), hohe Kommunikationsfähigkeit, gute Arbeits- und Programmierumgebungen, ↑ objektorientierte Programmierung (zumindest in Ansätzen), Programmgeneratoren zur Erzeugung umfangreicher Programme aus relativ wenigen Angaben;

Information

5. Generation (für die 1990er-Jahre): Wissensverarbeitung, automatisches Schlussfolgern, ↑ Parallelverarbeitung.

Information: Energie, Materie und Information stellen die drei wichtigsten Grundbegriffe der Natur- und Ingenieurwissenschaften dar. Für die Informatik als Wissenschaft von der systematischen Verarbeitung von Informationen sollte der Begriff „Information" von zentraler Bedeutung sein; dennoch ist er bisher kaum präzisiert worden. Tatsächlich verarbeiten die „informationsverarbeitenden" Systeme, mit denen sich die Informatik befasst, nur Daten, aber keine Informationen, weil nicht die Systeme, sondern nur die Nutzer entscheiden können, ob die Daten für sie Informationen sind oder nicht.

Über Information lässt sich dennoch manches aussagen: Sie

- wird dargestellt (durch Signale, Zeichen, Nachrichten, Sprache ...),
- wird verarbeitet (Eingabe, Ausgabe, Übermittlung, Speicherung, Klassifizierung, Auffinden, Umwandeln in andere Darstellungen, algorithmisch Verknüpfen usw.),
- hat Eigenschaften, z. B.:
  1. Information benötigt keinen fixierten Träger (d. h. Information ist unabhängig vom Ort, sie ist beliebig oft kopierbar, sie kennt keine Originale).
  2. Information unterliegt keinem physikalischen Alterungsprozess.
  3. Information ist fast beliebig kombinierbar. Man kann daher einer Information nicht ansehen, ob ihre Teile zueinander gehören (z. B. ob der Text des Nachrichtensprechers tatsächlich zu den gesendeten Bildern gehört; Manipulationen sind beliebig möglich).
  4. Information lässt sich stark komprimieren, aber auch inhaltsleer auswalzen.

5. Information kann Information verarbeiten (↑ Halteproblem).
6. Auch Bruchstücke und Verfälschungen einer Information gelten als Information, d. h., Information lässt sich prinzipiell analysieren, weiterdenken, vervollständigen oder sonst wie weiterverarbeiten (unvollständige, unsichere, vage Information, ↑ Softcomputing).

Information ist also ein äußerst komplexer Begriff. Man interessiert sich daher für Schematisierungen. Eine grobe Einteilung ist im Folgenden angegeben:

Eine Information besteht aus mindestens drei Teilen:

- einem syntaktischen Teil, der die zulässige Struktur beschreibt,
- einem semantischen Teil, der die Bedeutung der (syntaktisch dargestellten) Information angibt,
- einem pragmatischen Teil, aus dem sich der Zweck der Information und die erhofften Handlungen des Empfängers einer Information tragenden Nachricht ergeben.

Sichtbar ist der syntaktische Teil, der semantische Teil ergibt sich meist indirekt aus der Verarbeitung der Information, und der pragmatische Anteil bleibt in der Regel verborgen.

Für die Darstellung von Information verwendet man ↑ Signale, ↑ Daten oder ↑ Nachrichten.

Information ist weiterhin eng mit Kommunikation verwandt. In Abhängigkeit von einem Ziel bildet sich die gewünschte Information im Verlauf einer Kommunikation heraus. Als Beispiel denke man an Abläufe in Büros, in denen Informationen gesammelt, aufbereitet, weitergegeben und zur Steuerung von Produktionsstätten, Verkehrssystemen oder Firmen verwendet werden. In diesem allgemeinen Sinne sind wir noch weit von einer

informationstechnische Grundbildung

Klärung des Begriffs „Information" entfernt.

So gibt man sich mit einer eingeschränkten Beschreibung des Informationsbegriffes zufrieden: *Information* umfasst eine Nachricht zusammen mit ihrer Bedeutung für den Empfänger. Diese Bedeutung kann darin bestehen, dass ein Mensch der Nachricht einen Sinn gibt, sie kann indirekt aus der Art der weiteren Verarbeitung der Nachricht geschlossen werden, oder man kann sie aus der Nachricht selbst erschließen (↑Semantik, ↑Spezifikation). Als Maß für die Information einer Nachricht kann man die Länge des kürzesten Textes wählen, der zu ihrer Beschreibung notwendig ist *(Beschreibungskomplexität).*

Informationssystem: System zur Speicherung, Wiedergewinnung (engl. *information retrieval*), Verknüpfung und Auswertung von Informationen. Ein Informationssystem besteht aus einer Datenverarbeitungsanlage, einem Datenbanksystem (einschließlich des anwendungsspezifischen Wissens) und den Auswertungsprogrammen. Informationssysteme, deren vorrangige Aufgabe nur die Speicherung und schnelle und gezielte Bereitstellung gesuchter Informationen umfasst, bezeichnet man als *Informationswiedergewinnungssysteme.* Sie werden z. B. bei der Polizei verwendet, um etwa in Sekundenschnelle zu erfahren, ob ein Auto mit eingegebenem Kennzeichen als gestohlen gemeldet ist.

Handelt es sich bei den verarbeiteten Informationen um Merkmale von Dokumenten (z. B. Titel, Autoren, Schlagwörter von Büchern, Zeitschriftenartikeln usw.), so spricht man einschränkend von *Dokumentationssystemen.* Dokumentationssysteme werden z. B. in Bibliotheken eingesetzt.

Für Fragen der Umwelt, der Verkehrsplanung und der (Kommunal-)Politik

gewinnen Informationssysteme an Bedeutung, die genaue Ausschnitte der Erdoberfläche (Kataster, Vermessung, Versorgungsleitungen usw.) enthalten und auf Anfragen (Umweltbelastung, Auswirkungen von Baumaßnahmen ...) antworten können. Man bezeichnet sie als *Geoinformationssysteme.*

Einen Spezialfall bilden die *Managementinformationssysteme* (Abk. MIS), in denen alle Größen und Kenndaten gespeichert sind, die zur optimalen Führung eines Unternehmens notwendig und sinnvoll sind.

Zur Zeit werden Informationssysteme entwickelt, die auf Fragen, deren Antworten nicht direkt gespeichert sind, sondern aus der gespeicherten Information erst gefolgert werden müssen, ebenfalls reagieren können *(deduktive Datenbanken).*

informationstechnische Grundbildung (Abk. ITG): Die Informatik als eigenständiges Fach im Pflichtbereich der *Sekundarstufe I* an allgemein bildenden Schulen ist derzeit nicht vorgesehen. Dagegen wird meist in Klassenstufe 8 eine *informations- und kommunikationstechnische* oder *-technologische Grundbildung* (Abk. IKG bzw. ITG) durch Eingliederung in vorhandene Fächer eingeführt. Die informatischen Anteile sind hierbei sehr gering, da weniger das Verständnis für informative Konzepte und Methoden vermittelt werden soll als die Fähigkeit zur Nutzung des Computers und moderner Medien für unterschiedliche Zwecke.

In einem Rahmenkonzept der Bund-Länder-Kommission für Bildungsplanung werden die folgenden Aufgaben der informationstechnischen Grundbildung genannt:

1. Aufarbeitung und Einordnung der individuellen Erfahrungen mit Informationstechniken,

Informationstheorie 224

2. Vermittlung von Grundstrukturen und Grundbegriffen, die für die Informationstechniken von Bedeutung sind,
3. Einführung in die Handhabung eines Computers und dessen Peripherie,
4. Vermittlung von Kenntnissen über die Einsatzmöglichkeiten und die Kontrolle der Informationstechniken,
5. Einführung in die Darstellung von Problemlösungen in algorithmischer Form,
6. Gewinnung eines Einblicks in die Entwicklung der elektronischen Datenverarbeitung,
7. Schaffung des Bewusstseins für die sozialen und wirtschaftlichen Auswirkungen, die mit der Verbreitung der Mikroelektronik verbunden sind,
8. Darstellung der Chancen und Risiken der Informationstechniken sowie Aufbau eines rationalen Verhältnisses zu diesen,
9. Einführung in Probleme des Persönlichkeits- und Datenschutzes.

Ein Problem dieses Konzepts besteht darin, dass sich einige der oben genannten Aufgaben, zum Beispiel 2., 3. und 5., derzeit nicht in andere Unterrichtsfächer integrieren lassen, da es keine adäquaten Unterrichtsfächer hierfür gibt.

Die Bundesländer besitzen unterschiedliche Modelle für die Durchführung der ITG, z. B. Einbindung in ein anderes Fach *(Leitfach),* Verteilung auf mehrere Fächer, blockartige Durchführung oder projektartiges Vorgehen.

Informationstheorie: Eine 1948 von dem amerikanischen Mathematiker Claude E. Shannon (*1916) begründete mathematische Theorie, die Probleme der Speicherung und Übertragung von ↑ Informationen behandelt.

Initialisierung: Herstellung eines ganz bestimmten Startzustandes eines ↑ Computers, eines ↑ Programms, einer ↑ Prozedur oder eines ↑ Objekts.

Bei Computern erfolgt die Initialisierung durch das Einschalten *(Kaltstart)* oder durch Eingabe des Befehls zum Neustarten *(Warmstart)* ohne vorheriges Ausschalten. Bei Programmen und sonstigen Software-Einheiten sind alle Variablen vor der ersten Verwendung mit Anfangswerten zu belegen (zu „initialisieren"), um einen korrekten Ablauf des Programms zu gewährleisten, da in imperativen Programmiersprachen jeder Variablen bei ihrer Deklaration ein bestimmter Bereich im Speicher zugeordnet ist. Vergisst man nun, den Variablen Anfangswerte zuzuweisen, so wird mit den zufällig im Speicher stehenden Daten gearbeitet, was zu undurchschaubaren Fehlern führt.

In vielen Programmiersprachen gibt es jedoch für die meisten Objekte *Voreinstellungen* (engl. *default values),* d. h. alle Variablen werden zum Zeitpunkt der Deklaration automatisch initialisiert, z. B. erhalten ganzzahlige Variablen den Anfangswert 0, Variablen vom Typ ↑ boolean den Wert false usw.

Inkarnation (Verkörperung; bei ↑ Datentypen und ↑ Objekten spricht man meist von ↑ *Instanz*): Unter der Inkarnation einer ↑ Prozedur P versteht man den Block, der einen ↑ Aufruf von P nach der ↑ Kopierregel ersetzt. An der Aufrufstelle nimmt hierdurch die Prozedur konkrete Gestalt an, während sie in der Prozedurdeklaration nur als Schema vorliegt. Bei rekursiven Prozeduren können bei der Abarbeitung des Programms mehrere ineinander geschachtelte Inkarnationen der gleichen Prozedur vorliegen.

Die Bezeichnungen „Inkarnation" und „Instanz" werden in gleicher Weise auch für ↑ Module und Objekte ver-

Inkarnation

wendet. Sie sind überall dort sinnvoll, wo im Programm nur ein „Rahmen" definiert wird, der bei der Ausführung des Programms unverändert oder in abgewandelter Form an anderen Stellen im Programm einzufügen und abzuarbeiten ist bzw. als Baustein erzeugt wird und dann selbstständig weiter existiert.

In der Praxis legt man entweder vollständige Kopien der Prozeduren beziehungsweise Module an, oder man verwendet – falls dies möglich ist – eine kellerartige ↑Speicherverwaltung der ↑lokalen Variablen (↑Kopierregel).

Beispiel:
Im Folgenden wird der Mechanismus der Erzeugung von Inkarnationen demonstriert. Gegeben sind zwei Prozeduren, die sich gegenseitig aufrufen (Abb. 1). Die zusätzlich eingeführten lokalen Variablen y und z sollen die Behandlung der im Rumpf vereinbarten Variablen zeigen. Eine Variable b wird durch ↑call by reference übergeben (↑Parameterübergabe). Die Prozeduren berechnen, ob eine ganze Zahl gerade bzw. ungerade ist. Die Prozeduren sind in ↑PASCAL formuliert (ohne forward-Deklaration).

```
...
var n: integer; istgerade: boolean;
procedure GERADE (x: integer; var b: boolean);
var y: integer;
begin if x > 0 then begin y: = x – 1; UNGERADE (y, b) end
      else if x < 0 then begin y: = x + 1; UNGERADE (y, b) end
            else b: = true
end;
procedure UNGERADE (x: integer; var b: boolean);
var z: integer;
begin if x > 0 then begin z: = x – 1; GERADE (z, b) end
      else if x < 0 then begin z: = x + 1; GERADE (z, b) end
            else b: = false
end;
...
```

Abb. 1: Mechanismus zur Erzeugung von Inkarnationen

```
n := 4;
```

```
var x: integer; b: ↑boolean;
x := n; b := istgerade;

    var y: integer;
    begin if x > 0 then begin y := x – 1; UNGERADE (y,b↑) end
          else if x < 0 then begin y := x + 1; UNGERADE (y,b↑) end
                else b↑:= true
    end
```

Abb. 2: Situation nach dem ersten Aufruf von GERADE

n := 4;

1. Inkarnation von GERADE

```
var x: integer; b: ↑boolean;
x := n; b := ↑istgerade;
var y: integer;
begin if x > 0 then
    begin y := x − 1;
```

1. Inkarnation von UNGERADE

```
var x: integer; b1: ↑boolean;
x := y; b1 := ↑b;
var y: integer;
begin if x > 0 then
    begin y := x − 1;
```

2. Inkarnation von GERADE

```
var x: integer; b2: ↑boolean;
x := y; b2 := ↑b1;
var y: integer;
begin if x > 0 then
    begin y := x − 1;
```

2. Inkarnation von UNGERADE

```
var x: integer; b3: ↑boolean;
x := y; b3 := ↑b2;
var z: integer;
begin if x > 0 then
    begin z := x − 1;
```

3. Inkarnation von GERADE

```
var x: integer; b4: ↑boolean;
x := z; b4 := ↑b3;
var y: integer;
begin if x > 0 then begin z := x + 1; UNGERADE (y, b4↑) end
    else if x < 0 then begin y := x + 1; UNGERADE (y, b4↑) end
    else b4↑ := true
end
```

```
end
else if x < 0 then begin z := x + 1; GERADE (z, b3↑) end
else b3↑ := false
end
```

```
end
else if x < 0 then begin y := x + 1; UNGERADE (y, b2↑) end
else b2↑ := true
end
```

```
end
else if x < 0 then begin z := x + 1; GERADE (z, b1↑) end
else b1↑ := false
end
```

```
end
else if x < 0 then begin y := x + 1; UNGERADE (y, b↑) end
else b↑ := true
end;
```

Abb. 2: Inkarnationen von GERADE und UNGERADE

Im weiteren Verlauf des Programms mögen die Anweisungen

n:= 4; GERADE (n, istgerade);

stehen. Entsprechend der Kopierregel wird der Prozeduraufruf GERADE durch eine Inkarnation von GERADE ersetzt (Abb. 2, S. 225); die Blockstruktur wird hier durch die beiden Kästen sichtbar gemacht. Der äußere realisiert die Parameterübergabe, der innere (gestrichelte) den Prozedurrumpf.

Man beachte, dass b im Rumpf durch b↑ ersetzt werden muss, da die Parameterübergabe durch call by reference erfolgt.

Die erste Inkarnation von GERADE wird nun ausgeführt. Man trifft dann auf den Aufruf UNGERADE(y, b↑). Dieser Aufruf wird entsprechend der Kopierregel ersetzt. Hierbei muss man die neu einzuführende Variable b in b1 umbenennen, da ein ↑Namenskonflikt vorliegt. Anschließend wird die erste Inkarnation von UNGERADE ausgeführt, wobei man auf den Aufruf GERADE(z, b1↑) trifft, der nach der Kopierregel ersetzt wird, usw. Das Ergebnis des wiederholten Einsetzens ist für n = 4 im Kasten links dargestellt. istgerade erhält also den Wert <u>true</u>.

In der Praxis werden nur die in den Inkarnationen deklarierten Variablen in einem Keller bei jedem Aufruf neu angelegt, zusammen mit der Stelle, an der im Programm bzw. Prozedurrumpf später weiterzuarbeiten ist (↑Rückkehradresse).

inkrementeller Übersetzer: Ein gewöhnlicher ↑Übersetzer liest das ↑Quellprogramm ein, analysiert es und gibt das übersetzte ↑Zielprogramm aus. Führt ein Programmierer nun einige Änderungen an seinem Quellprogramm durch, so muss er stets das gesamte Programm erneut übersetzen lassen. Dies kostet beim Entwickeln und Testen großer Programme viel Zeit.

Dieser Nachteil wird mit einem inkrementellen Übersetzer vermieden: Ein inkrementeller Übersetzer hat immer das Quellprogramm und das Zielprogramm gleichzeitig im Hauptspeicher. Wird das Quellprogramm verändert, dann ändert der inkrementelle Übersetzer gleichzeitig das Zielprogramm geeignet ab. Die mehrfache Übersetzung von nicht veränderten Programmteilen entfällt. Auch das Testen des Quellprogramms wird erleichtert, da man es jederzeit ausführen kann, sofern es syntaktisch korrekt ist. Der Nachteil von inkrementellen Übersetzern ist, dass ihre Erstellung einen erheblichen Mehraufwand bedeutet und sie einen größeren Arbeitsspeicher benötigen als herkömmliche Übersetzer. Ein inkrementeller Übersetzer gehört zusammen mit einem Editor für Quellprogramme, mit Möglichkeiten zur Fehlerbeseitigung und mit weiteren Softwarewerkzeugen zur *Programmierumgebung* der Quellsprache.

Instanz *(Ausprägung, Exemplar):* Konkretes Objekt, das aus einer Klassenbeschreibung oder einem Schema gewonnen wurde (↑objektorientierte Programmierung). Die Beschreibung einer Klasse von Objekten gibt die Struktur vor; alle Objekte, die nach dieser Struktur aufgebaut sind, sind Instanzen der Klasse. Im einfachsten Fall kann eine solche Beschreibung eine Typdeklaration sein:

<u>type</u> datum =
    <u>record</u> tag: 1 .. 31;
           monat: 1 .. 12;
           jahr: integer
    <u>end</u>;

und eine Instanz von datum ein konkretes Tripel

(28,9,1958).

integer 228

Im Allgemeinen spezifiziert die Klassenbeschreibung, aus welchen Teilen eine Struktur zusammengesetzt ist, und reserviert diverse Positionen für beliebig komplexe Bereiche, z. B. Datentypen, Funktionen oder Kommunikationskanäle. Die Instanzen entstehen hieraus, indem konkrete Werte, z. B. Elemente des Wertebereichs des Datentyps, konkrete Prozeduren oder Kanäle, in die zugehörigen Positionen eingesetzt werden. Diesen Vorgang, bei dem erstmalig Werte in die Positionen eingefügt werden und ein eigenständiges Objekt entsteht, bezeichnet man als *Instanziierung*.

Beim Einsetzen von modifizierten Prozedurrümpfen spricht man von ↑Inkarnation.

integer ['ıntıdʒə]: In vielen Programmiersprachen Bezeichnung für den ↑Datentyp der ganzen Zahlen mit den Operationen „+", „−", „*", „div" (ganzzahlige Division), „mod" (Rest bei ganzzahliger Division) und Absolutbetrag. Variablen vom Typ integer können als Werte theoretisch jede ganze Zahl annehmen. Da Computer jedoch eine beschränkte Speicherkapazität haben, wird der Wertebereich in der Praxis stark eingeschränkt, z. B. auf den Bereich $-2^{15}+1 = -32\,767$ bis $2^{15}-1 = +32\,767$, wenn jede Zahl durch zwei ↑Byte dargestellt wird, bzw. von $-2^{31}+1 = -2\,147\,483\,647$ bis $2^{31}-1 = 2\,147\,483\,647$ bei Darstellung durch vier Byte.

Integrationsstufe: Man teilt ↑integrierte Schaltungen in verschiedene Integrationsstufen ein, die sich in der Anzahl der ↑Gatter unterscheiden, die auf einem ↑Chip untergebracht sind:

SSI (engl. small scale integration) bis zu 12 Gatter pro Chip,

MSI (engl. medium scale integration) 12 bis 100 Gatter pro Chip,

LSI (engl. large scale integration) 100 bis 500 Gatter pro Chip,

VLSI (engl. very large scale integration) mehr als 500 Gatter pro Chip.

Seither hat man keine neuen Integrationsstufen mehr eingeführt. Man spricht nunmehr grundsätzlich von VLSI-Schaltkreisen, wenn es sich um Schaltkreise handelt, deren Integration sich nahe der zur Zeit erreichbaren Höchstintegration (einige Millionen Bauelemente pro Chip) bewegt.

Die Möglichkeit, im Rahmen der VLSI mehrere ↑Prozessoren auf einem Chip unterzubringen, führt zu neuen Disziplinen innerhalb der Informatik, z. B. zur Entwicklung von Algorithmen für VLSI (↑paralleler Algorithmus), von VLSI-Schaltungen usw.

integrierte Schaltung (engl. *integrated circuit*, Abk. IC): Schaltung, deren Bauelemente (Transistoren, Dioden, Widerstände) auf ein Siliziumplättchen (↑Chip) aufgebracht sind. Integrierte Schaltungen werden heute in zwei prinzipiell verschiedenen Technologien hergestellt, in der *bipolaren Technologie* und der *MOS-Technologie* (MOS Abk. für engl. metal oxide semiconductor). Bipolare Schaltungen sind sehr schnell, verbrauchen jedoch viel Energie und lassen keinen so hohen Integrationsgrad zu. MOS-Schaltungen sind langsamer, haben aber einen niedrigen Stromverbrauch und können hoch integriert werden. Je nach der Zahl der Bauelemente, die auf einem Chip enthalten sind, unterteilt man integrierte Schaltungen nach ↑Integrationsstufen.

Speicherchips mit einer Kapazität von 64 KBit (↑Bit, ↑Byte) werden seit 1984 angeboten, Chips mit einer Kapazität von 1 MBit sind seit 1987 verfügbar (↑Halbleiterspeicher), Ende 1997 will man 256 MBit-Speicherchips auf den Markt bringen.

Eine wichtige Rolle spielen integrierte Schaltungen, die speziell für gewisse

Internet

Anwendungsbereiche (z. B. Waschmaschinenprogramm, Benzineinspritzung, Fahrkartenautomaten, Telefonkarten usw.) entworfen und produziert werden, **CIC** (Abk. für engl. *customized integrated circuit*) oder häufiger **ASIC** (Abk. für engl. *application specific integrated circuit* „anwendungsspezifische integrierte Schaltung") genannt. Diese sind – einmal entworfen – in der Herstellung relativ preiswert.

Internet: Größtes weltumspannendes ↑ Rechnernetz, in dem viele Einzelnetze miteinander verbunden sind.

Das Internet ist aus dem *ARPA-Netz* entstanden, das 1969 in den Vereinigten Staaten aufgebaut worden ist. Gefördert von der Abteilung Advanced Research Projects Agency (Abk. **ARPA**) des Verteidigungsministeriums der USA, diente es zunächst lange Zeit experimentellen und theoretischen Untersuchungen auf dem Gebiet der Rechnernetze. Seit etwa 1975 muss sich das System finanziell selbst tragen.

Die Nutzer waren zunächst Universitäten und Forschungseinrichtungen, später kamen Computerfirmen hinzu. Mittlerweile sind auch mittelständische Betriebe angeschlossen und wickeln ihre weltweite Kommunikation über das Internet ab. Dies betrifft vor allem Firmen, die im weitesten Sinne mit Informationen handeln, also Buch- und Zeitungsverlage, Fernsehsender, Auskunfteien usw.

1996 wurde die Zahl der angeschlossenen Rechner auf etwa 6 Millionen, die Zahl der Nutzer auf etwa 70 Millionen geschätzt.

Als problematisch gilt, dass kaum Sicherheitsvorkehrungen getroffen sind; daher müssen die Benutzer für den Schutz vor fremdem Zugriff oder Zerstörung sorgen. Hierfür werden Abschottungssysteme (engl. *firewalls*) angeboten.

Das Internet ist ein heterogenes Rechnernetz. Es ist hierarchisch organisiert. Jeder angeschlossene Rechner besitzt eine Adresse der Form

⟨Rechnername⟩.
  ⟨Arbeitsgruppe⟩.⟨Abteilung⟩.
    ⟨Institut⟩.⟨Länderkürzel⟩

z. B.

rom.uni-paderborn.de

oder

legolas.informatik.uni-oldenburg.de

Das Internet bietet folgende Kommunikationsdienste an:

Elektronische Post (engl. *electronic mail,* Abk. *e-mail*): Jeder Nutzer kann an jeden anderen eine Mitteilung beliebiger Länge senden, die auf dessen Rechner oft schon nach wenigen Sekunden angezeigt wird. Hierzu spezifiziert er den Adressaten häufig in der Form

⟨Name⟩@⟨Arbeitsgruppe⟩.
  ⟨Abteilung⟩.⟨Institut⟩.
    ⟨Länderkürzel⟩

Diskussionsgruppen (engl. *news groups*): Eine Diskussionsgruppe ist anschaulich ein öffentliches elektronisches schwarzes Brett, das jeder Benutzer lesen und an das jeder einen Beitrag heften kann. Einige dieser Diskussionsgruppen werden durch einen Moderator verwaltet, der alle eingehenden Beiträge sichtet, ggf. kommentiert oder ablehnt.

Dateiübertragung (engl. *file transfer*): Jeder Nutzer des Internet kann von jedem anderen angeschlossenen Rechner alle freigegebenen Dateien auf seinen eigenen Rechner kopieren (engl. *downloading*). Auf einigen Internet-Rechnern sind mittlerweile umfangreiche Archive von allgemein zugänglichen Dokumenten oder Software (engl. *shareware*) vorhanden.

Interpreter 230

Datenfernverarbeitung (engl. *remote login*): Zugang zu einem entfernt liegenden Rechner; jeder Benutzer kann mit jedem anderen Rechner des Internet, für den er eine Zugriffsberechtigung besitzt, einen Dialog beginnen (sich „einloggen") und dort interaktiv Aufträge ausführen.

Online-Diskussion (engl. *internet relay chat,* Abk. IRC): Im IRC-Dienst, der etwa dem CB-Funk ähnelt, allerdings alle angeschlossenen Rechner weltweit umfasst, gibt es mehrere Kanäle, über die sich Benutzer unterhalten können und auf die sich ein Benutzer nach Belieben aufschalten kann. Es ist also eine Realzeitunterhaltung zwischen angeschlossenen Benutzern möglich. Man kann jederzeit den Kanal wechseln und sich an anderen Diskussionen beteiligen.

World Wide Web (Abk. **WWW,** dt. etwa „weltumspannendes Geflecht"): Während die oben genannten Dienste nicht immer besonders benutzungsfreundlich sind und meist noch eine Reihe zusätzlicher Kenntnisse des speziellen Systems erfordern, orientiert sich das World Wide Web an der modernen grafischen ↑ Benutzungsoberfläche mit ↑ Fenstertechnik, die durch eine ↑ Maus bedient wird.

Das WWW ist aus Benutzersicht ein Hypermedia-System, mit dem man auf multimediale Daten (Texte, Bilder, Töne, Filme usw.) zugreifen kann. Grundlage ist der *Browser.* Mit diesem kann man weltweit die kaum überschaubaren Angebotspaletten durchsuchen, ein Vorgang, den man als *Netsurfing* (dt. im Netz surfen) bezeichnet. Verbreitete Browser sind *Mosaic* und *Netscape.*

Alle Daten müssen in einem speziellen Format, der **HTML** (Abk. für engl. hypertext markup language), gespeichert sein, aus dem der Browser die Bildschirmdarstellung der Information

erzeugt. HTML-Dateien bestehen aus der Rohinformation, ergänzt um allerlei Steuerzeichen und Formatierungskommandos, die den grafischen Aufbau der Daten beschreiben (Bilder, Schriftgröße, Piktogramme usw.). Jedes Dokument, auf das auf diese Weise zugegriffen werden kann, ist durch eine eindeutige Adresse im Internet identifiziert, der **URL** (Abk. für engl. uniform resource locator). Sie besteht aus der schon oben vorgestellten Adresse des Rechners, gefolgt vom Zugriffspfad im Dateiverzeichnis, z. B.

http://
www.informatik. uni-oldenburg.de/
abteilungsinfo/fachbereich.html

für ein Dokument, das die Struktur des Fachbereichs Informatik der Universität Oldenburg zeigt.

Das WWW ist der zurzeit am meisten beachtete Dienst des Internet. Für den Benutzer ergibt sich das Problem, die Informationsflut zu bewältigen, zwischen wichtigen und unwichtigen Informationen zu unterscheiden und gesuchte Informationen im Internet zu lokalisieren.

Interpreter [ɪntər'pre:tər, engl. ɪn-'tə:prɪtə]: Ein Programm, welches ein Programm einer anderen Programmiersprache nach den notwendigen syntaktischen Überprüfungen sofort ausführt. Interpreter werden vor allem für Programmiersprachen mit einer Ausrichtung zum Dialogbetrieb eingesetzt, wie z. B. ↑ APL, ↑ BASIC, ↑ LISP oder ↑ PROLOG.

Im Gegensatz zu einem ↑ Übersetzer muss das ↑ Quellprogramm nicht erst in eine andere Programmiersprache übersetzt werden, sondern der Interpreter analysiert nacheinander jede Anweisung und Deklaration des Quellprogramms und führt diese unmittelbar aus. Der Vorteil von Interpretern ist, dass einzelne Anweisungen, Deklarationen oder Werte von Variablen im Quellprogramm geändert werden können und das Programm mit diesen Änderungen direkt ausführbar ist. Dies erleichtert das Testen von Programmen wesentlich, und man kann relativ schnell erste lauffähige Programmversionen *(Prototypen)* erstellen. Der Nachteil von Interpretern ist die wesentlich längere Rechenzeit bei der Ausführung von Programmen. ↑ Inkrementelle Übersetzer vereinigen die Vorteile eines Interpreters (leichte Abänderbarkeit und Testbarkeit von Programmen) mit denen eines Übersetzers (schnelle Ausführung).

Intranet: Bezeichnung für ein Rechnernetz in einem Unternehmen, welches die internen Dienste und Systeme mit dem außerhalb liegenden Netz (vor allem mit dem ↑ Internet) verknüpft. Hierdurch werden eine gewisse Integration und eine einheitliche Benutzungsoberfläche erreicht; zugleich erhöht sich die Sicherheit gegen Eingriffe von außen.

ISDN (Abk. für engl. **i**ntegrated **s**ervices **d**igital **n**etwork „Dienste integrierendes digitales Fernmeldenetz"): Ein ↑ digital arbeitendes Datennetz, das eine Vielzahl von Kommunikationsdiensten mit hoher Übertragungsgeschwindigkeit zwischen standardisierten Benutzer-Netz-Schnittstellen ermöglicht. Die Deutsche Telekom AG, die bisher für die Einrichtung in der Bundesrepublik Deutschland zuständig ist (Posthoheit), wird ab 1. 1. 1998 durch andere Anbieter Konkurrenz bekommen, da dann in der EU die Sprach- und Netzmonopole fallen sollen.

Fernmeldedienste wurden bisher über Übertragungswege unterschiedlicher Technologie abgewickelt. Dabei benötigte man für jeden Dienst ein anderes Datenendgerät. Im Rahmen von ISDN werden alle diese Dienste schrittweise integriert, d. h., alle Dienste benutzen den gleichen Übertragungsweg. Als Zwischenschritt auf diesem Weg ist ↑ T-Online anzusehen. Als Endgerät ist eine *multifunktionale* Arbeitsstation vorgesehen, mit der man alle Kommunikationsleistungen, also die Übertragung von Sprache, Text und Bildern, auf einheitliche Weise in Anspruch nehmen kann. Hierfür sind in Zukunft *Lichtwellenleiter* erforderlich. Diese erlauben hohe Datenübertragungsraten (bis zu 100 GByte/s) und sind sehr störsicher.

Gegenüber der früheren Technik (bis 1987) werden alle Nachrichten digital übertragen. Für das Telefonieren werden die Sprachsignale mit 64 KBit/s, also 2^{16} Bit pro Sekunde digitalisiert; da gleichzeitig in zwei Richtungen gesprochen wird und zugleich Steuerinformationen (Hörer aufgelegt, Weitervermittlung, Gebührenanzeige usw.) zu übertragen sind, werden zur Zeit zwei ↑ bidirektionale Kanäle, einen mit 64 KBit/s und einen mit 16 KBit/s, für das Telefonieren zur Verfügung gestellt. Stereohörfunk wird mit 2 MBit/s (also 2×2^{20} Bit pro Sekunde), Fernsehbilder werden mit 140 MBit/s digitalisiert. Fasst man mehrere Signale zu einem „Summensignal" zusammen, weil man Texte, Sprache, Musik und Bilder gleichzeitig übertragen möchte, so erreicht man Übertragungsraten von 500 MBit/s, die in einem künftigen **IBFN** (Abk. für **I**ntegriertes **B**reitband-**F**ernmelde**n**etz) zu verarbeiten sind *(Breitbandkommunikation).* Die flächendeckende Einführung von IBFN wird voraussichtlich bis zum Jahre 2020 dauern.

Die Umstellungen auf ISDN und später auf IBFN bedeuten einen Eingriff in alle menschlichen Lebensbereiche, dem sich kaum jemand entziehen kann. Über die Chancen und Gefah-

ISO

ren dieser Umstellung wird sehr kontrovers diskutiert. Die Warnungen vor möglichen Folgen sind ernst zu nehmen; ihre Entkräftung ist jedoch kein technisches Problem, sondern erfordert politische, gesellschaftliche und juristische Anstrengungen.

ISO (Abk. für engl. International Organization for Standardization): Dachorganisation von über 50 nationalen Normenausschüssen mit Sitz in Genf. Die Aufgabe der ISO ist es, die von den einzelnen Ländern vorgeschlagenen Standardisierungen abzustimmen und zu vereinheitlichen. Die von der ISO festgelegten Richtlinien werden an die nationalen Normenausschüsse (z. B. in Deutschland **DIN**, Abk. für Deutsches Institut für Normung, in den USA **ANSI,** Abk. für American National Standards Institute) als Empfehlungen weitergegeben und von den jeweiligen Ländern direkt oder in veränderter Form übernommen. Die Festlegung eines international einheitlichen Standards erleichtert den Handel und den Informationsaustausch zwischen den Ländern.

Zwei Beispiele für Standardisierungsempfehlungen der ISO sind ein 7-Bit-Code, dessen amerikanische Norm der ↑ASCII-Code ist, und die Protokollhierarchie bei der ↑Datenübertragung.

Iteration:

1. *(Repetition)* Das wiederholte Durchlaufen von Anweisungen oder die wiederholte Anwendung einer Funktion. Bekannte Darstellungen von Iterationen aus dem Bereich der Mathematik sind die Summen- und Produktoperatoren Σ und Π. Iterationen werden meist als ↑Schleifen programmiert; Sprachelemente sind for, while, repeat. Iterationen sind spezielle Formen der ↑Rekursion.

2. ↑Konkatenation.

3. ↑Jackson-Methode.

Jackson-Methode [dʒæksn-]: Von M. A. Jackson 1975 vorgeschlagene Methode zum Entwurf von Programmen, bei der mithilfe von grafischen Darstellungsmitteln (vergleichbar den ↑Struktogrammen) zunächst die Datenstrukturen beschrieben werden. Ein Programm kann anschließend relativ leicht aus der grafischen Darstellung der Datenstrukturen abgeleitet werden. Als Darstellungsmittel für die Datenstrukturen stehen drei Grundfiguren zur Verfügung (Abb. 1–3), denen im Folgenden jeweils rechts die entsprechenden analogen Struktogramme gegenübergestellt sind. Die Grundfiguren beschreiben nichts anderes als die Aggregation, die Generalisation und eine einfache Form der Rekursion (↑Datenstruktur); sie nutzen aus Sicht der Informatik die in höheren Programmiersprachen gegebenen Möglichkeiten also nur unvollkommen aus.

Abb. 1: Sequenz

Die in Abb. 1 dargestellte Figur *(Sequenz)* bedeutet, dass die Struktur A aus drei aufeinander folgenden Strukturen B, C und D besteht. Zur Bearbeitung dieser Datenstruktur verwendet man drei Anweisungen, von denen die erste die Struktur B, die zweite die Struktur C und die dritte die Struktur D behandelt.

Die in Abb. 2 dargestellte Figur *(Auswahl, Selektion)* bedeutet, dass die Struktur A entweder aus der Struktur

Jackson-Methode

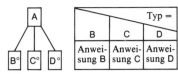

Abb. 2: Auswahl oder Selektion

B oder aus der Struktur C oder aus der Struktur D besteht. Das Symbol „°" in der rechten oberen Ecke unterscheidet die Selektion von der Sequenz. Zur Bearbeitung verwendet man eine case-Anweisung, in der entsprechend dem Aufbau von A je eine Anweisung zur Bearbeitung der Strukturen B, C und D aufgeführt ist.

Abb. 3: Iteration

Die in Abb. 3 dargestellte Figur *(Iteration)* bedeutet, dass die Struktur A aus einer beliebig langen Folge von Strukturen B besteht. Das Symbol „*" in der rechten oberen Ecke unterscheidet die Iteration von der Selektion und der Sequenz. Zur Bearbeitung dieser Datenstruktur verwendet man eine ↑Schleife, deren Rumpf ein Element der Struktur B behandelt.

Beispiel:
Es soll eine Eingabedatei, die ganze Zahlen enthält, ausgedruckt werden, wobei in jeder Zeile eine Zahl stehen soll und jeweils nach 50 Zeilen eine neue Seite begonnen wird. Bei jedem Seitenvorschub werden ein Titel und die Seitenzahl in die erste Zeile der neuen Seite gedruckt. Das zugehörige Jackson-Diagramm zeigt Abb. 4. Dieses Diagramm liefert unmittelbar die

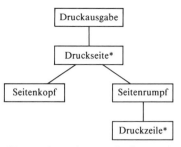

Abb. 4: Jackson-Diagramm für den Ausdruck einer Eingabedatei

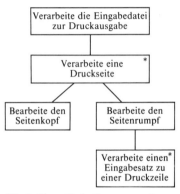

Abb. 5: Hierarchische Programmstruktur für die Druckausgabe

hierarchische Struktur eines Programms (Abb. 5).
Abb. 5 lässt sich leicht in ein Struktogramm umwandeln (Abb. 6, S. 234). Hieraus kann man unmittelbar ein Programm in irgendeiner Programmiersprache (z. B. COBOL) ableiten.

Das auf den oben genannten Prinzipien aufbauende *Jackson Structured Programming* (Abk. JSP) wurde von Jackson 1983 auf miteinander kommunizierende Systemteile (↑Prozess) ausgeweitet. In die Jackson-Methode wurden mittlerweile auch Elemente der ↑objektorientierten Programmierung integriert.

Verarbeite die Eingabedatei zur Druckausgabe:

Bearbeite den Seitenrumpf:

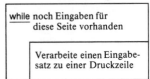

Abb. 6: Struktogramm für die Programmstruktur aus Abb. 5

JK-Flipflop: Flipflop, das die Eigenschaften eines ↑ RS-Flipflops und eines ↑ T-Flipflops verbindet (Abb. 1). Es verfügt über zwei Informationseingänge J und K und einen Takteingang C (↑ Takt).

Falls an J und K verschiedene Signale anliegen, so verhält sich das JK-Flipflop wie ein RS-Flipflop. Für $J = K = 1$ verhält sich das JK-Flipflop wie ein T-Flipflop.

Das exakte logische Verhalten zeigt folgende Übergangstabelle (Z = gespeicherter Zustand, Z' = Folgezustand nach einem Taktimpuls):

J	K	Z	Z'
0	0	0	0
0	0	1	1
0	1	0	0
0	1	1	0
1	0	0	1
1	0	1	1
1	1	0	1
1	1	1	0

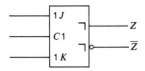

Abb. 1: Schaltzeichen für ein JK-Flipflop

Die Übergangsgleichung des JK-Flipflops lautet $Z' = \overline{K}Z + J\overline{Z}$.

Technisch betrachtet besteht ein JK-Flipflop aus zwei zusammengeschalteten Flipflops (*Master* und *Slave*), von denen das eine mit der ansteigenden, das andere mit der abfallenden ↑ Flanke des Taktimpulses Eingangssignale auf den Ausgang schaltet. Daher nennt man das JK-Flipflop *Master-Slave-Flipflop*. Haupteinsatzgebiete sind ↑ Zähler und ↑ Schieberegister.

Joystick ['dʒɔɪstɪk] *(Steuerknüppel):* Gerät, das besonders bei Computerspielen zur Bewegung und Veränderung von Darstellungselementen der Bildschirmfläche verwendet wird. Im Allgemeinen können mit einem Joystick vier verschiedene Richtungen angesteuert werden: waagerecht, senkrecht und beide Diagonalen.

K

Kassensysteme: Handelsbetriebe haben seit etwa 1980 auf integrierte Erfassungs-, Verarbeitungs- und Informationssysteme umgestellt, die alle Verkaufsvorgänge elektronisch abwickeln, überwachen und planen. Die benötigten Daten werden im Wesentlichen an der Stelle erfasst, wo der Verkauf stattfindet; man spricht daher auch von **POS-Systemen** (POS Abk. für engl. **p**oint **o**f **s**ale). Zusätzlich entstehen Daten bei Reklamationen, bei Bestellungen und bei der Inventur. Die Daten werden direkt einem Computersystem zugeführt, welches alle routinemäßigen Vorgänge des Handelsbetriebes erledigt, also Erstellen gut lesbarer Kassenbons, Bestandsveränderungen, Auslösen von Bestellungen, Abrechnungen usw. Die Datenerfassung selbst geschieht mithilfe von Lesepistolen oder fest eingebauten Leseschlitzen.

Um Kassensysteme in standardisierter Weise durchgängig vom Hersteller über den Zwischenhandel bis zum Verbraucher nutzen zu können, müssen die Artikel bei der Herstellung mit einer genormten automationsgerechten Kennzeichnung versehen werden. Für die europäischen Staaten wurde 1977 die *Europäische Artikelnummerierung* (Abk. **EAN**) beschlossen, die aus 13 Ziffern besteht:

LL HHHHH AAAAA P

Zwei Ziffern (LL) bezeichnen das Herstellungsland (z. B. 40 bis 43 für die Bundesrepublik Deutschland oder 76 für die Schweiz), fünf Ziffern den Hersteller (diese Zahl wird in jedem Land von einer Gemeinschaftseinrichtung der Industrie zugeteilt) und fünf Ziffern den Artikel (diese bestimmt der Hersteller). Die letzte Ziffer ist eine Prüfziffer. EAN wird als Zahl und als *Strichcode* (engl. *barcode*) auf den Artikeln angebracht (Abb. 1).

Abb. 1: Strichcode

Kassensysteme ermöglichen zugleich umfangreiche Analysen über Kunden und Angestellte. Um Missbrauch auszuschließen, bedarf es gesetzlicher Regelungen (↑Datenschutz) und Betriebsvereinbarungen.

Keller *(Stapel;* engl. *stack):* Folge von Elementen eines gegebenen ↑Datentyps mit eingeschränkten Einfüge- und Entnahmeoperationen.

Einen Datentyp über einem Datentyp *T* bezeichnet man als *Keller, Stack* oder *Stapel* (Abb. 1, S. 236), wenn die Einträge der Datenstruktur als Folge organisiert sind, wenn immer nur das letzte Element der Folge sichtbar ist und wenn es nur zwei Zugriffsoperationen gibt, von denen die eine ein Element von *T* an das Ende der Folge anfügt und die andere das letzte Element der Folge entfernt und als Ergebnis liefert. Die Einfügeoperation nennt man *push*, die Entnahmeoperation *pop* und die Funktion, die das letzte Element liefert, *top*.

Beispiel:

T sei die Menge der natürlichen Zahlen. Der Keller sei zu Beginn leer. Tab. 1 zeigt eine Folge von Push- und Pop-Operationen und ihre Wirkung.

Operation	Keller	Ausgabe
–	⟨ ⟩	–
push(1)	⟨1⟩	–
push(3)	⟨1, 3⟩	–
pop	⟨1⟩	3
push(2)	⟨1, 2⟩	–
push(4)	⟨1, 2, 4⟩	–
pop	⟨1, 2⟩	4
pop	⟨1⟩	2

Tab. 1: Keller für natürliche Zahlen

Das Prinzip, dass stets das zuletzt eingefügte Element eines Kellers als Erstes wieder entfernt werden muss, bezeichnet man als *LIFO-Prinzip* (LIFO Abk. für engl. **l**ast **i**n **f**irst **o**ut). Der Keller heißt daher auch *LIFO-Speicher.*

Bei der syntaktischen Analyse und beim Bau von Übersetzern spielen

Keller 236

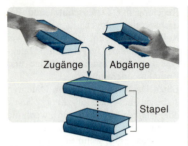

Abb. 1: Prinzip eines Kellers (Stapels)

Keller eine wichtige Rolle. Sie sind von zentraler Bedeutung bei der Realisierung von ↑Rekursionen (↑Kopierregel). In der Praxis implementiert man Keller als eindimensionale ↑Felder (Abb. 2) oder ↑lineare Listen (Abb. 3). Häufig benötigt man mehrere Keller gleichen Datentyps, so genannte *homogene Keller*. In diesem Fall legt man ein Feld an, das alle Keller der Reihe nach aufnimmt (Abb. 4).

Falls die Anzahl der Elemente eines

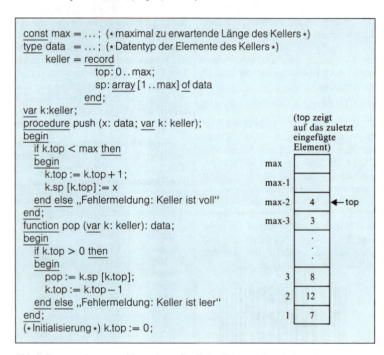

Abb. 2: Datenstrukturen und Prozeduren für die Realisierung eines Kellers als eindimensionales Feld in der Programmiersprache PASCAL

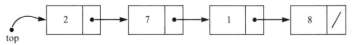

Abb. 3: Realisierung eines Kellers als lineare Liste

Kellerautomat

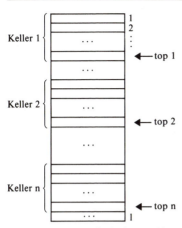

Abb. 4: Homogene Keller in einem Feld

Kellers vorher nicht abgeschätzt werden kann, wird er als lineare Liste implementiert (Abb. 3 und 5).

Zum abstrakten Datentyp „längenbeschränkter Keller" ↑Datentyp.
Computer besitzen hardwaremäßig eingebaute Keller, mit deren Hilfe Unterprogrammaufrufe und ↑Unterbrechungen leicht realisiert werden können (↑Mikroprozessor).

Kellerautomat (engl. *pushdown automaton*): Ein Kellerautomat ist ein um einen ↑Keller erweiterter ↑endlicher Automat. Mithilfe des Kellers kann sich der Automat beliebig viele Zeichen merken und Zustandsübergänge in Abhängigkeit von dem zuletzt gemerkten Zeichen machen. Dabei werden entweder neue Zeichen oben auf den Keller gelegt, oder das oberste Zeichen wird vom Keller heruntergenommen und „vergessen".
Kellerautomaten werden für die Lösung von Aufgaben verwendet, die sich mit kontextfreien Grammatiken

```
type data = …;
     element = record
                  info: data;
                  vorg, nachf: ↑element
               end;
     keller = record
                  anfang, top: ↑element
               end;
var K:keller;
procedure push (x: data; var k: keller);
var p: ↑element;
begin
   new(p); p↑.info := x; p↑.nachf: = k.top; k.top := p
end;
function pop (var k: keller): data;
begin
   if k.top = nil then „Fehler: Keller ist leer" else
   begin
      pop := k.top↑.info; k.top := k.top↑.nachf
   end
end;
(*Initialisierung*) K.top := nil;
```

Abb. 5: Datenstruktur sowie Push- und Pop-Operationen eines Kellers als lineare Liste

beschreiben lassen, z. B. für die Abarbeitung von ↑Rekursion und ↑Unterbrechungen sowie für die ↑syntaktische Analyse von Programmiersprachen.

Die Arbeitsweise eines Kellerautomaten erläutern wir an der Erkennung von korrekt geklammerten arithmetischen Ausdrücken über einer festen Menge von Bezeichnern für Variablen (↑kontextfreie Grammatik): Auf dem Eingabeband steht der zu prüfende arithmetische Ausdruck, der Lesekopf steht auf dem ersten Zeichen des Ausdrucks. Im untersten Feld des Kellerbandes befindet sich stets das Grundsymbol Z_0, das das Ende des Kellers anzeigt. Der Lese-/Schreibkopf des Kellerbandes steht auf dem Grundsymbol Z_0. Das Kellerband ist ansonsten leer. Der Automat beginnt seine Tätigkeit im Startzustand q_0 (Abb. 1).

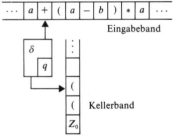

Abb. 1: Kellerautomat für korrekt geklammerte arithmetische Ausdrücke

Der Ausdruck wird nun Zeichen für Zeichen abgearbeitet. Dabei wird die Korrektheit der Teilausdrücke zwischen den Klammern mithilfe der endlichen Kontrolle des Automaten überprüft: Jeder Operator (+, −, *, ÷) muss zwischen zwei Operanden (Variablenbezeichner oder geklammerter Ausdruck) stehen. Wird eine „Klammer auf" gelesen, so wird diese oben auf den Keller geschrieben. Wird eine „Klammer zu" gelesen, so ist die zuletzt geöffnete Klammer, die oben auf dem Keller steht, dadurch abgearbeitet. Sie wird gelöscht. Wenn der arithmetische Ausdruck auf diese Weise vollständig abgearbeitet worden ist, sollte der Keller bis auf das Grundsymbol Z_0 leer sein. In diesem Fall wird die Eingabe akzeptiert. Anderenfalls (falls noch Klammern im Keller sind oder das Grundsymbol Z_0 mit gelesener „Klammer zu" erreicht wird) lag ein Fehler vor.

Kellerautomaten und kontextfreie Grammatiken stehen in einer engen Beziehung: Was man mit kontextfreien Grammatiken darstellen kann, kann man mit nichtdeterministischen Kellerautomaten analysieren und umgekehrt (↑Chomsky-Hierarchie). Formal ist ein (nichtdeterministischer) Kellerautomat ein 8-Tupel

$$A = (I, O, Q, \delta, q_0, F, \Gamma, Z_0),$$

wobei die ersten 6 Komponenten wie bei ↑Automaten üblich definiert sind (I: Eingabealphabet, O: Ausgabealphabet, Q: Zustandsmenge, δ: endliche Zustandsübergangsrelation

$$\delta \subset (Q \times (I \cup \{\varepsilon\}) \times \Gamma) \times (Q \times \Gamma^* \times O^*),$$

q_0: Anfangszustand, F: Menge der Endzustände). Zusätzlich bezeichnet Γ eine nichtleere endliche Zeichenmenge (das Kelleralphabet) und Z_0 das Grundsymbol des Kellers, $Z_0 \in \Gamma$. Das Grundsymbol Z_0 darf während der Berechnung des Automaten nicht gelöscht werden und auch nicht an anderer Stelle auf den Keller geschrieben werden.

Eine *Konfiguration* des Kellerautomaten A ist ein 4-Tupel (q, x, β, y), wobei $q \in Q$ den aktuellen Zustand des Automaten, $x \in I^*$ die noch nicht gelesene restliche Eingabe, $\beta \in \Gamma^*$ den Inhalt des Kellerbandes (der Keller wird von oben nach unten gelesen) und

Kellerautomat

$y \in O^*$ die bisherige Ausgabe bezeichnen.

Gegeben seien zwei Konfigurationen $K_1 = (q_1, ax, Z\gamma, y)$, $K_2 = (q_2, x, \beta\gamma, yz)$ mit $q_1, q_2 \in Q$, $a \in I \cup \{\varepsilon\}$, $x \in I^*$, $Z \in \Gamma$, $\beta, \gamma \in \Gamma^*$, $y, z \in O^*$. K_2 ist eine Nachfolgekonfiguration von K_1, in Zeichen ausgedrückt:

$$(q_1, ax, Z\gamma, y) \vdash (q_2, x, \beta\gamma, yz),$$

wenn gilt: $(q_1, a, Z, q_2, \beta, z) \in \delta$. Das Löschen auf dem Keller geschieht, wenn β das leere Wort ε ist. Falls $a = \varepsilon$ ist, wird nicht vom Eingabeband gelesen. Diese Relation $\vdash$ beschreibt einen Berechnungsschritt des Automaten. Man beachte, dass es zu einer Konfiguration mehrere Folgekonfigurationen geben kann. Mit $\vdash^*$ bezeichnet man die Hintereinanderausführung endlich vieler Berechnungsschritte.

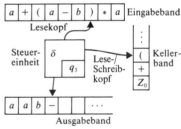

Abb. 2: Kellerautomat mit der Konfiguration $(q_3,)*a, (+Z_0, aab-)$

Beispiel:
Der Kellerautomat von Abb. 2 befindet sich in der Konfiguration $(q_3,)*a, (+Z_0, aab-)$.
Wenn $(q_3,),(,q_4,\varepsilon,\varepsilon) \in \delta$ ist, dann erhält man als nächste Konfiguration $(q_4, *a, +Z_0, aab-)$, vgl. Abb. 3.

Jeder Kellerautomat startet in der Anfangskonfiguration $(q_0, x, Z_0, \varepsilon)$, wobei $x \in I^*$ das Eingabewort ist. Die vom Automaten A definierte Übersetzung τ

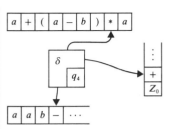

Abb. 3: Kellerautomat mit der Konfiguration $(q_4, *a, +Z_0, aab-)$

ist die Menge aller Wortpaare (x, y), sodass A bei Eingabe des Wortes $x \in I^*$ in einen Endzustand $q \in F$ gelangen kann und dabei das Wort $y \in O^*$ ausgibt, d. h.:

$$\tau(A) = \{(x, y) \mid (q_0, x, Z_0, \varepsilon) \vdash^* (q, \varepsilon, \gamma, y) \\ \text{mit } q \in F, \gamma \in \Gamma^* \cdot \{Z_0\}, \\ x \in I^*, y \in O^*\}.$$

Bei *erkennenden Automaten* lässt man das Ausgabealphabet und die Ausgabekomponente innerhalb der Konfigurationen weg. Die vom *erkennenden Kellerautomaten* A akzeptierte Sprache ist dann

$$L(A) = \{x \mid (q_0, x, Z_0) \vdash^* (q, \varepsilon, \gamma) \\ \text{mit } q \in F, \gamma \in \Gamma^* \cdot \{Z_0\}, x \in I^*\}.$$

Wenn es zu jeder Konfiguration höchstens eine Folgekonfiguration gibt, dann nennt man den Kellerautomaten *deterministisch*. Formal: Ein Kellerautomat $(I, O, Q, \delta, q_0, F, \Gamma, Z_0)$ heißt deterministisch, wenn für alle $q \in Q$ und $Z \in \Gamma$ gilt:
(i) Falls $(q, a, Z, q', \beta, z) \in \delta$ für $a \in I \cup \{\varepsilon\}$, $q' \in Q$, $z \in O^*$ und $\beta \in \Gamma^*$, dann sind q', z und β eindeutig bestimmt, das heißt also, aus $(q, a, Z, q'', \beta', z') \in \delta$ folgt $q' = q''$, $\beta = \beta'$, $z = z'$.
(ii) Falls $(q, \varepsilon, Z, q', \beta, z) \in \delta$ ist, dann gibt es kein $a \in I$ mit der Eigenschaft $(q, a, Z, q'', \beta', z') \in \delta$ für irgendwelche $q'' \in Q$, $\beta' \in \Gamma^*$ und $z' \in O^*$.

Deterministische Kellerautomaten sind weniger leistungsfähig als die nichtdeterministischen Kellerautomaten. Da die Syntax von Programmiersprachen kontextfrei ist, führt ein ↑Übersetzer die syntaktische Analyse stets wie ein Kellerautomat durch. Da Übersetzer aber deterministisch arbeiten, muss man sich in der Praxis auf deterministische Kellerautomaten und die von ihnen erkannte Menge von Sprachen einschränken.

Klarschriftbeleg: Datenträger, bei dem die Daten von Hand in einer besonderen Schrift in meist vorgedruckte Felder oder Kästchen eingetragen werden. Die wichtigsten Schrifttypen für Klarschriftbelege sind die *OCR-A-Schrift* und die *OCR-B-Schrift* (OCR Abk. für engl. optical character recognition „optische Zeichenerkennung"). Während die OCR-A-Schrift zur Vereinfachung des maschinellen Lesevorgangs noch stilisiert ist (Abb. 1), wurde die OCR-B-Schrift weitgehend an die üblichen Zeichenformen angepasst.

```
ABCDEFGHIJKLM
NOPQRSTUVWXYZ
0123456789
•¬:;=+/$*"&|
'-{}%?ЯЧН
ÜÑÄØÖÆß£¥
```

Abb. 1: OCR-A-Schrift

Klarschriftbelege werden in *Klarschriftlesern* auf photoelektrischem Wege abgetastet und in die rechnerinterne Darstellung übersetzt. Hierbei kann man die Fehlerquote bei der Zeichenerkennung einheitlich geschriebener Texte unter 1 ‰ drücken.

Klasse: Kollektion von Objekten, die mindestens ein gemeinsames Merkmal aufweisen.

In der ↑objektorientierten Programmierung bezeichnet eine Klasse alle Objekte, die die gleiche Struktur besitzen, die insbesondere über gleiche Methoden verfügen.

Allgemein verwendet man den Begriff Klasse zur schematischen Zusammenfassung von Objekten (↑SIMULA, ↑SMALLTALK-80, ↑EIFFEL). Die Objekte, die zu einer Klasse gehören, bezeichnet man als ↑Instanzen der Klasse.

kombinatorisches Schaltwerk: Logisches ↑Schaltwerk, dessen Ausgabe nur von der momentan anliegenden Eingabe abhängt. Kombinatorische Schaltwerke verfügen über keinerlei Speichermöglichkeiten.

Man unterscheidet zwei Typen von kombinatorischen Schaltwerken, die *Verzweigungsschaltwerke* und die *Gatterschaltwerke*.

Das Verhalten eines Verzweigungsschaltwerkes wird durch Schalter bestimmt, die direkt im Verbraucherstromkreis liegen und diesen je nach Stellung der Schalter schließen oder unterbrechen. (z. B. ↑Relais). Sie spielen in modernen Digitalrechnern nur noch eine unbedeutende Rolle.

In Gatterschaltwerken (↑Gatter) werden die Werte 0 und 1 durch unterschiedliche Spannungsniveaus dargestellt, die sich an den Anschlüssen des Schaltwerks einstellen können. Sie werden durch die Zusammenschaltung einfacher Grundgatter aufgebaut. Die gebräuchlichsten sind UND-Gatter, ODER-Gatter, NAND-Gatter, NOR-Gatter und NOT-Gatter.

In der Praxis realisiert man Gatterschaltwerke mittels elektronischer Bauelemente wie Dioden, Transistoren und Widerstände (↑Dioden-Transistor-Logik, ↑Transistor-Transistor-Logik, ↑Widerstand-Transistor-Logik, ↑Diodenlogik, ↑emittergekoppelte Logik).

Fügt man Speicherelemente hinzu, so spricht man von einem *sequenziellen Schaltwerk,* dessen formales Modell ein ↑endlicher Automat ist. Der kombinatorische Teil des Schaltwerks entspricht dann der Übergangsfunktion δ.

Kommandosprache (engl. *command language, job control language*): Bezeichnung für die ↑Schnittstelle zwischen ↑Betriebssystem und Benutzer: In der Kommandosprache formuliert man ↑Aufträge an eine Rechenanlage. Dem Verwendungszweck entsprechend ist der Sprachumfang von Kommandosprachen relativ gering. Die Syntax ist relativ einfach. Anweisungen, so genannte *Kommandos,* haben üblicherweise die Form

⟨Aktionswort⟩ ⟨Parameterliste⟩,

wobei die Parameter häufig weggelassen werden können und dann vom System automatisch durch Standardwerte ersetzt werden. Schleifen und Variablen gibt es meist nicht.

Die meisten Kommandosprachen enthalten unter anderem folgende Kommandos:
a) Identifizierung des Benutzers und seines Auftrags (Aktionswörter: login, job, ...);
b) Angabe der benötigten ↑Betriebsmittel, z. B. Speicher (Aktionswort: jobparm, ...);
c) Ausführung von Programmen (Aktionswörter: exec, run, ...);
d) Bearbeitung von ↑Dateien, z. B. Anlegen, Löschen, Lesen, Schreiben, Verschieben, Kopieren (Aktionswörter: new, delete, read, write, copy, ...);
e) Ausgabe von Dateien (Aktionswörter: print, punch, ...);
f) Definition von *Kommandoprozeduren,* d. h. Zusammenfassung häufig benötigter Kommandofolgen (↑Makrobefehl) (Aktionswort: proc, ...);
g) Beendigung eines Auftrags (Aktionswörter: logout, end, ...).

Beispiel:
Kommandofolge im Betriebssystem BS 2000 der Firma Siemens zur Übersetzung und Ausführung eines Programms in der Programmiersprache PASCAL:

(1) /logon projekt, mueller, ‚super', time = 10
(2) /sysfile sysdta = ggt
(3) /sysfile syslst = ggt.list
(4) /exec pascal
(5) /sysfile sysdta = (syscmd)
(6) /sysfile tasklib = pascal.rts
(7) /exec *
(8) 15 38
(9) /eof
(10) /step
(11) /sysfile syslst = (primary)
(12) /print ggt.list, form = dina3, erase
(13) /logoff

Erläuterungen zu (1) bis (9): Der Schrägstrich „/" unterscheidet Kommandos von anderen Eingaben an das System.
(1) Der Benutzer mit dem Namen mueller möchte unter der Benutzerkennung projekt rechnen. Die Kenntnis des Passwortes super berechtigt ihn dazu. Der time-Parameter gibt an, dass mit einer maximalen Rechenzeit von 10 Sekunden gerechnet wird. Danach wird automatisch abgebrochen.
(2) Das zu übersetzende Programm steht in der Datei ggt.
(3) Die Ausgaben des Übersetzers und des Programmablaufs werden auf die Datei ggt.list geschrieben.
(4) Aufruf des PASCAL-Übersetzers.
(5) Von nun an werden Daten nicht mehr aus der Datei ggt gelesen, sondern von der Stelle, von der auch die Kommandos kommen.
(6) Das ↑Laufzeitsystem für den anschließend folgenden Aufruf des ↑Bindeladers steht auf der Datei pascal.rts.
(7) Aufruf des Bindeladers, der das so-

Kommunikation

eben übersetzte PASCAL-Programm bindet und ausführt.
(8) Die Daten folgen unmittelbar auf Kommandos, wie in (5) spezifiziert.
(9) eof (Abk. für engl. end of file): Kennzeichnung des Endes der Dateneingabe.

Kommunikation: Vermittlung und Austausch von ↑Information, meist an einem Ziel oder Zweck orientiert. Vor allem im beruflichen Bereich und in der Unterhaltung wird die Kommunikation heute durch technische Systeme geprägt wie Medien (Rundfunk, Fernsehen, Funktelefone), Bibliothekssysteme, Bürosysteme und elektronischen Informationsaustausch. Die Realisierung, Überwachung und Steuerung solcher technischer Systeme geschieht meist mithilfe der Software von Computern, wodurch die Resultate und Methoden der Informatik eine zentrale Rolle in der modernen Kommunikation spielen.

Zur Präzisierung des Kommunikationsbegriffs sind u. a. folgende Punkte wesentlich:
- eine Vereinbarung über den gemeinsam benutzten Zeichenvorrat, in der Regel auf sprachlicher Grundlage,
- das Übertragungsverfahren, einschließlich der Codierung und Decodierung,
- Einbettung der Information in ein Umfeld (Allgemeinwissen, vorliegende Situation, Ausbildungsniveau der Gesprächspartner usw.),
- Strategie der Kommunikation, um ein bestimmtes Ziel zu erreichen.

Aus technischer Sicht ist das Übertragungsmodell von Bedeutung. Meist legt man fünf Stationen für die Übertragung einer Information fest: Sender, Codierung, Übertragungsmedium *(Kanal)*, Decodierung und Empfänger. Abb. 1 zeigt dieses Schema.

Man unterscheidet verschiedene Formen und Ebenen der Kommunikation:
Formen: Die Informationen fließen in nur einer *(unidirektional)*, in zwei *(bidirektional)* oder in viele Richtungen; sie können gezielt an einen Empfänger (wie im Gespräch zweier Personen), an festgelegte Empfänger (wie bei einem Vortrag oder bei der Einladung zu einer Sitzung) oder anonym an beliebig viele angeschlossene Empfänger (wie bei Funk und Fernsehen) gerichtet sein.

Ebenen: Kommunikation kann sich auf einer rein physikalischen Ebene, auf den darüber liegenden Schichten des ISO-Schichtenmodells (↑Datenübertragung) oder auf einer semantischen Ebene abspielen.

Der Austausch von Informationen (bzw. Nachrichten) spielt bei der ↑Nebenläufigkeit, bei ↑Prozessen und in der ↑objektorientierten Programmierung eine wichtige Rolle.

Kompatibilität: Eigenschaft von verschiedenen Hardware- oder Softwarekomponenten, gegeneinander austauschbar zu sein oder gemeinsam zu

Sender	Codierung	Kanal	Decodierung	Empfänger
(z. B. Mensch)	(z. B. in Schall durch die Stimmbänder)	(z. B. Luft, die Schallwellen überträgt)	(z. B. durch das Ohr und das Gehirn)	(z. B. ein anderer Mensch)

Abb. 1: Modell für die Übertragung von Information

Komplementdarstellung

einem System zusammengesetzt werden zu können. Speziell unterscheidet man Daten-, Programm- und Anlagenkompatibilität.

Datenkompatibilität ist gegeben, wenn zwei Komponenten die gleichen ↑ Datenträger, Datencodierungen und Datenübertragungskanäle verwenden. Anderenfalls lässt sie sich häufig durch Konvertierungsprogramme oder -geräte erreichen. Solche Umwandlungen erfolgen beispielsweise, wenn Daten eines Textsystems von einem anderen weiterbearbeitet werden sollen. Kompatible Programme müssen das gleiche beobachtbare Verhalten aufweisen. Die *Programmkompatibilität* ist oft von Bedeutung, wenn eine Rechenanlage gewechselt wird. Hierbei muss die neue Anlage alle Befehle auf die gleiche Weise ausführen wie die alte (↑ Aufwärtskompatibilität, ↑ Crosscompiler, ↑ Emulation). Liefert der Hersteller solche Programme und arbeiten sie korrekt, so spricht man auch von der Kompatibilität von Datenverarbeitungsanlagen.

Komplement:
1. *Negation* (↑ boolesche Algebra).
Ein Spezialfall ist die Negation in Potenzmengen: Sei $A \subseteq M$ eine Teilmenge der Menge M, dann ist das Komplement $\bar{A} \subseteq M$ (genauer: das Komplement von A relativ zu M) definiert durch

$$\bar{A} = \{m \in M \mid m \notin A\}.$$

2. Das Komplement einer Folge von Nullen und Einsen erhält man, indem man jede 0 durch 1 und jede 1 durch 0 ersetzt.
3. Bei der Darstellung ganzer Zahlen zur Basis b (↑ Stellenwertsystem) unterscheidet man zwischen dem *b-Komplement* und dem *(b − 1)-Komplement* einer Zahl. Das *b*-Komplement der Zahl z ist definiert als die Zahl $\bar{z}$, für die $z + \bar{z} = b^n$ ist (n ist die Länge der Dar-

stellung von z). Das $(b-1)$-Komplement von z ist diejenige Zahl $\bar{z}$, für die $z + \bar{z} = b^n - 1$ ist.

Das *Eins-Komplement* erhält man bei Binärzahlen, indem man Stelle für Stelle 1 durch 0 und 0 durch 1 ersetzt. Das *Zwei-Komplement* erhält man, indem man zunächst das Eins-Komplement bildet und zum Ergebnis 1 addiert.

Beispiel:
$b = 2, n = 4, z = 1011$.
a) Eins-Komplement von z:
$\bar{z} = 0100$;
b) Zwei-Komplement von z:
$\bar{z} = 0101$.

Die Subtraktion zweier Zahlen a und b realisiert man durch die Addition von a mit dem Zwei-Komplement von b (↑ Subtrahierwerk, ↑ Komplementdarstellung).

Komplementärcode: Ein Tetradencode (↑ BCD-Code) heißt Komplementärcode, wenn mit einer Tetrade $t = t_1 t_2 t_3 t_4$ (mit $t_i \in \{0, 1\}$ für jedes $i = 1, 2, 3, 4$), die eine Dezimalziffer darstellt, auch das Komplement $\bar{t} = \bar{t}_1 \bar{t}_2 \bar{t}_3 \bar{t}_4$ (wobei $\bar{0} = 1$ und $\bar{1} = 0$ ist) wieder eine Dezimalziffer darstellt. Komplementärcodes haben günstige Eigenschaften bezüglich der technischen Realisierung der Dezimalarithmetik. Die bekanntesten Komplementärcodes sind der ↑ Aiken-Code und der ↑ Exzess-3-Code.

Komplementdarstellung: Methode zur Dualdarstellung (↑ Dualsystem) ganzer Zahlen.

Da die Speicherzellen einer Rechenanlage eine feste Länge (z. B. 8 Bit = 1 Byte) haben, können nur endlich viele verschiedene Zahlen dargestellt werden (z. B. die Zahlen 0 bis $2^8 - 1 = 255$). Um auch negative Zahlen verarbeiten zu können, hat man bei der Komplementdarstellung folgende Konvention vereinbart:

Sei n die Länge einer Speicherzelle. Von den 2^n verschiedenen Zuständen der Speicherzelle definiert man die Zustände

$$0, 1, ..., 2^{n-1}-1$$

als Darstellungen für positive Zahlen und die Zustände

$$2^{n-1}, 2^{n-1}+1, ..., 2^n-1$$

als Darstellungen für die negativen ganzen Zahlen

$$-2^{n-1}, -2^{n-1}+1, ..., -1.$$

Die Bezeichnung „Komplementdarstellung" rührt daher, dass man durch Bildung des Zwei-Komplements (↑Komplement) aus der Zahldarstellung von x die Zahldarstellung von $-x$ erhält. Ob eine Zahl negativ oder nichtnegativ ist, erkennt man am ersten Bit der Zahldarstellung: Bei nichtnegativen Zahlen ist es 0, bei negativen 1.

Beispiel: $n = 8$.
Darstellbare Zahlen: -128 bis 127.
Größte darstellbare Zahl:

0 1 1 1 1 1 1 1 = 127;

kleinste darstellbare Zahl:

1 0 0 0 0 0 0 0 = -128;

weitere Zahlen:

1 1 1 1 1 1 1 1 = -1;
0 1 1 0 0 0 0 1 = 97;
1 0 0 1 1 1 1 1 = -97.

Formal bezeichnet eine binäre Folge $a_{n-1}a_{n-2}...a_1a_0$ in Komplementdarstellung die Zahl

$$-a_{n-1}2^{n-1} + \sum_{i=0}^{n-2} a_i 2^i.$$

Komplexität (engl. *complexity*): Die Komplexität eines ↑Algorithmus bzw. einer ↑berechenbaren Funktion ist der zur Berechnung erforderliche Aufwand an Betriebsmitteln („Rechenaufwand") wie Speicherplatz, Rechenzeit, benötigten Geräten usw. (↑Komplexitätstheorie, ↑NP-vollständig).

Damit die Untersuchung des Rechenaufwandes unabhängig von speziellen Computern ist, wird ein formales Berechnungsmodell zugrunde gelegt. Übliche Modelle sind ↑Turingmaschinen (mit mehreren Bändern), ↑Registermaschinen (oft als parallele Maschinen) und ↑kombinatorische Schaltwerke. Die Komplexität eines Algorithmus ist der erforderliche Rechenaufwand bei einer konkreten Realisierung des Algorithmus innerhalb des Berechnungsmodells. Die Komplexität einer Funktion bzw. eines Problems ist die Komplexität des bestmöglichen Algorithmus der Menge aller Algorithmen, die die Funktion berechnen oder das Problem lösen. Der Rechenaufwand wird in Abhängigkeit von der Länge der Eingabe gemessen.

Für die Messung des Rechenaufwandes wird ein *Komplexitätsmaß* festgelegt. Meist werden die *Laufzeit* und der für die Berechnung zusätzliche *Speicherplatzbedarf* bzw. die Anzahl der Gatter eines Schaltwerkes untersucht.

Platzbedarf und Laufzeit werden in der Regel als Funktionen $g: \mathbb{N} \to \mathbb{N}$ angegeben, wobei Eingaben gleicher Länge zusammengefasst werden. Im Allgemeinen ist man aber nicht an den genauen Werten von $g(n)$ für $n \in \mathbb{N}$ interessiert, sondern nur an dem qualitativen Verlauf, der ↑Ordnung von g. Meist lassen sich Laufzeit und Speicherplatzbedarf nicht gleichzeitig minimieren; Algorithmen mit möglichst guter Laufzeit haben meist einen hohen Speicherplatzbedarf und umgekehrt (engl. *time-space-trade-off*).

Man unterscheidet das Komplexitätsverhalten von Algorithmen im schlimmsten Fall (engl. *worst case complexity*) und im Mittel (engl. *aver-*

Komplexitätsklassen

age case complexity). Die *Worst-Case-Komplexität* ist die maximale Laufzeit bzw. der maximale Speicherplatzbedarf für eine Eingabe der Länge n; man greift also für jede Eingabelänge n diejenige Eingabe heraus, für die der Algorithmus die längste Laufzeit bzw. den größten Speicherplatzbedarf hat. Oft lässt sich eine Wahrscheinlichkeitsverteilung angeben, die die Häufigkeit der verschiedenen Eingabewerte beschreibt.

Die *Average-Case-Komplexität* ist dann das gemäß der Wahrscheinlichkeitsverteilung gewichtete Mittel der Laufzeit bzw. des Speicherplatzbedarfs eines Algorithmus für alle Eingaben der Länge n.

Beispiel:
Gegeben sei der folgende in PASCAL formulierte Algorithmus, der testet, ob die Eingabe $n \in \mathbb{N}$ eine Primzahl ist, indem er prüft, ob n durch irgendeine der Zahlen $2, 3, 4, 5, ..., [\sqrt{n}\,]$ teilbar ist. $[x]$ bezeichnet hier die größte ganze Zahl, die kleiner oder gleich x ist.

```
var i,n, wurzel: integer;
    primzahl: boolean;
read(n); wurzel := trunc(sqr(n));
i := 2; primzahl := true;
while primzahl and i ≤ wurzel do
begin
    primzahl := (n mod i) ≠ 0;
    i := i + 1
end;
if primzahl then write ('n ist Primzahl')
    else write ('n ist keine Primzahl');
```

Mit geeigneten Konstanten C_1, C_2, C_3, C_4 gilt: Die Laufzeit des Algorithmus im schlimmsten Fall (Worst-Case-Komplexität) beträgt

$$t(n) = C_1 + C_2 \cdot ([\sqrt{n}\,] - 1).$$

C_1 gibt die Zeit an, die zur Ausführung der Anweisungen außerhalb der while-Schleife benötigt wird. C_2 steht

für die Zeit, die die Anweisungen innerhalb der while-Schleife (einschließlich der Abfragen im Schleifenkopf) benötigen. Die Schleife wird bei Eingabe von n höchstens $([\sqrt{n}\,] - 1)$-mal durchlaufen, bis festgestellt ist, ob n Primzahl ist oder nicht.

Der Speicherplatzbedarf s des Algorithmus im schlimmsten Fall in Abhängigkeit von $n \in \mathbb{N}$ ist

$$s(n) = C_3 \cdot ([\log_2 n] + 1) + C_4,$$

denn zur Darstellung der Zahl n werden $([\log_2 n] + 1)$ Bit benötigt.

Die so berechneten Funktionen für Laufzeit und Speicherplatzbedarf beziehen sich jeweils noch auf die Zahl $n \in \mathbb{N}$. Für Komplexitätsuntersuchungen muss man die Funktionen aber auf die Länge der Eingabe, d. h. auf die Länge von n umrechnen. Im Dezimalsystem benötigt man zur Darstellung der Zahl n

$$l_{10}(n) = [\log_{10} n] + 1$$

Ziffern, im Dualsystem

$$l_2(n) = [\log_2 n] + 1$$

Bit. Da $\log_2(n) = \log_{10}(n) \cdot \log_2(10)$ ist, unterscheiden sich die beiden Längenfunktionen l_2 und l_{10} nur um eine Konstante. Rechnet man die Formeln für t und s auf die Länge von n (z. B. im Dualsystem) um, so erhält man

$$t(l_2(n)) = C_1 + C_2([\sqrt{2^{l_2(n)-1}}\,] - 1),$$
$$s(l_2(n)) = C_3 \cdot l_2(n) + C_4.$$

t und s sind dann von der Ordnung

$$t(l_2(n)) = O(2^{\frac{1}{2} \cdot l_2(n)}) \text{ bzw.}$$
$$s(l_2(n)) = O(l_2(n)).$$

Der obige Algorithmus benötigt daher im schlimmsten Fall exponentielle Laufzeit und linearen Speicher.

Komplexitätsklassen: Klassifikation von Funktionen nach dem Aufwand an Zeit oder Platz, der zu ihrer Berechnung höchstens erforderlich ist.

Komplexitätsklassen

Wer ein Programm einsetzt, möchte stets wissen, wie schnell es arbeitet, welchen Speicherplatz es beansprucht und welche sonstigen Betriebsmittel es braucht. Der jeweilige Aufwand für Zeit, Platz und Ressourcen ist von der Eingabe abhängig; meist bezieht man ihn auf die Länge der Eingabe (also auf die Anzahl der eingelesenen Zeichen, die Zahl der ↑Bytes), manchmal auch auf andere Parameter wie die Anzahl der vorliegenden Objekte beim Sortieren oder die Zahl der Knoten und Kanten bei ↑Graphen. Weiterhin möchte man wissen, ob es eventuell schnellere oder Platz sparendere Programme gibt, die die gleiche Aufgabe erledigen.

Um diese Fragen präzisieren zu können, abstrahieren wir ein wenig: Ein Programm ist die sprachliche Darstellung eines ↑Algorithmus, und ein Algorithmus berechnet eine Funktion (↑berechenbare Funktion). Ein Algorithmus besteht aus elementaren ↑Anweisungen (Zuweisungen, Sprünge, Aufrufe), deren Abarbeitungsreihenfolge durch Kontrollstrukturen (Sequenz, if, Schleifen usw.) bestimmt wird und deren Speicherplatz sich aus den Deklarationen und den durchzuführenden ↑Aufrufen von Prozeduren, Modulen oder sonstigen Objekten ergibt.

Wir betrachten im Folgenden nur Algorithmen, die für alle Eingaben anhalten, deren berechnete Funktion also total ist. Dann kann man die Laufzeit des Algorithmus A für eine Eingabe w definieren als die Anzahl der elementaren Anweisungen und Ausdrucksberechnungen (d. h. der Auswertungen der Bedingungen in Kontrollstrukturen), die A bei Eingabe von w ausführt. Eingaben gleicher Länge fasst man hierbei zusammen und legt daher die *Laufzeit* t_A: $\mathbb{N}_0 \to \mathbb{N}_0$ von A grob wie folgt fest:

$t_A(n)$ = maximale Anzahl der elementaren Anweisungen und Ausdrucksberechnungen, die der Algorithmus A bei einer Eingabe, die die Länge n besitzt, ausführt.

Beispiele:
1. Der Algorithmus zur Addition (↑Addierwerk) zweier $n/2$-stelliger Dualzahlen, deren Eingabelänge zusammen also n ist, benötigt $t_A(n) = c_1 \cdot n + c_2$ Operationen für geeignete Konstanten c_1 und c_2. Also kann man die Addition in einer Zeit proportional zur Länge der Eingabe ausführen.

2. Der Algorithmus zur Multiplikation zweier $n/2$-stelliger Dualzahlen erfordert $t_A(n) = c_1 \cdot n^2 + c_2 \cdot n + c_3$ Operationen für geeignete Konstanten c_1, c_2 und c_3. Die Multiplikationsfunktion kann also stets in quadratischer Zeit (bezogen auf die Länge der Eingabe) berechnet werden.

3. Um n Zahlen mit dem Verfahren ↑Heapsort zu sortieren, braucht man

$$t_A(n) = c_1 \cdot n \cdot \log_2(n) + c_2 \cdot n + c_3$$

Operationen mit geeigneten Konstanten c_1, c_2 und c_3.

4. Um eine Clique aus k Knoten in einem Graphen mit n Knoten zu finden, benötigt ein systematisches Probierverfahren, das alle k-elementigen Teilmengen der Knoten durchprüft, höchstens $t_A(n) = c_1 \cdot n^2 \cdot 2^n + c_2$ Operationen mit geeigneten Konstanten c_1 und c_2 (↑Cliquenproblem).

In diesen Beispielen haben wir die Konstanten nicht beachtet. Sie mögen in der Praxis im Einzelfall sehr wichtig sein, jedoch ist die Abhängigkeit von n entscheidend. Sie besagt beispielsweise: Will man zwei n-stellige Zahlen genauso schnell addieren wie zwei $n/2$-stellige Zahlen, dann muss man einen doppelt so schnellen Computer verwenden; bei der Multiplikation da-

Komplexitätsklassen

gegen braucht man wegen der quadratischen Abhängigkeit schon einen viermal schnelleren.

Weiterhin genügt es, nur das am stärksten wachsende Glied zu betrachten. Das heißt: Uns interessiert grundsätzlich nur die ↑Ordnung der Laufzeit, also nur der Anteil, der das Wachstum der Laufzeit entscheidend bestimmt. Beispielsweise kann man zu $c_1 \cdot n^2 + c_2 \cdot n + c_3$ stets eine Konstante c' finden, sodass für alle $n \geq 1$ gilt:

$$c_1 \cdot n^2 + c_2 \cdot n + c_3 \leq c' \cdot n^2 = O(n^2).$$

Nun gehen wir zu berechenbaren Funktionen $f: X \rightarrow Y$ für zwei Mengen X und Y über. Ihre Laufzeit $t_f: \mathbb{N}_0 \rightarrow \mathbb{N}_0$ könnte man für jedes n als das Minimum definieren, welches Algorithmen, die f berechnen, an Laufzeit benötigen, d. h. für alle n:

$t_f(n) := \text{Min}\{t_A(n) \mid A \text{ ist ein Algorithmus, der } f \text{ berechnet}\}$.

A sei ein Algorithmus, der eine totale Funktion $f: X \rightarrow Y$ berechnet. Für jedes $k \in \mathbb{N}_0$ konstruieren wir folgenden Algorithmus A_k, der für die Eingaben der Länge k sofort das Ergebnis $f(w)$ ausgibt und sich für alle anderen Eingaben wie A verhält. Sei w die Eingabe:

A_k: <u>if</u> $|w| = k$ <u>then</u> Ergebnis ist $f(w)$
          <u>else</u> verarbeitete w wie A.

Der Algorithmus A_k muss die endliche Menge der Paare

$\{(w, f(w)) \mid w \in X, |w| = k\}$

enthalten. A_k testet zunächst, ob die Eingabe w genau die Länge k besitzt und kehrt an den Anfang der Eingabe zurück. Hierfür benötigt er $2k+3$ Schritte. Dann verhält er sich entweder wie A, oder er ermittelt durch eine baumartig organisierte Fallunterscheidung direkt das Ergebnis $f(w)$, wofür er einschließlich der Ausgabe höchstens $k+2+m_k$ Schritte braucht mit

$m_k = \text{Max}\{|f(w)| \mid |w| = k\}$.

Also gilt für die Laufzeit von A_k:

$$t_{A_k}(n) \leq \begin{cases} 3k+5+m_k, & \text{falls } n = k \\ 2k+3+t_A(n), & \text{falls } n \neq k \end{cases}$$

Man definiere nun die Laufzeit der Funktion f als das Minimum an jeder Stelle n über alle Algorithmen A_f, die f berechnen. Dann erhält man:

$t_f(n) = \text{Min}\{t_{A_f}(n) \mid A_f \text{ berechnet } f\}$
$\qquad \leq \text{Min}\{t_{A_k}(n) \mid k \geq 0\}$
$\qquad \leq t_{A_n}(n) \leq 3n+5+m_n$.

Man erhält also das unsinnige Ergebnis, dass die Laufzeit jeder Funktion im Wesentlichen durch die Summe aus der Länge der Eingabe und der Länge der Ausgabe beschränkt ist. Daher muss man die Laufzeit anders festlegen.

Abb. 1

Komplexitätsklassen

Hieraus lässt sich aber ein unsinniges Ergebnis herleiten (Abb. 1, S. 247).

Daher führt man Komplexitätsklassen **DTIME** für die Laufzeit und **DSPACE** für den Speicherplatz ein. Das „D" steht für deterministisch. Vorgegeben seien zwei Funktionen s und t über den natürlichen Zahlen, $s, t: \mathbb{N}_0 \to \mathbb{N}_0$. Für totale berechenbare Funktionen $f: X \to Y$ definieren wir:

f liegt in DTIME(t) genau dann, wenn es einen Algorithmus A gibt, der die Funktion f berechnet und dessen Laufzeit t_A von der Ordnung t ist, also $t_A \in O(t)$.

f liegt in DSPACE(s) genau dann, wenn es eine Konstante c und einen Algorithmus gibt, der die Funktion f berechnet und der für jedes Eingabewort $w \in A^*$, das die Länge $|w| = n$ besitzt, höchstens $c \cdot s(n)$ Speicherzellen (gemessen in Bytes) verwendet. (Falls $s(n)$ kleiner als n ist, muss man die Eingabe getrennt behandeln.)

Konstanten spielen keine Rolle, folglich gilt für alle positiven rationalen Zahlen c:

DTIME(t) = DTIME($c \cdot t$) und
DSPACE(s) = DSPACE($c \cdot s$).

Da man zum Betrachten von k Speicherzellen mindestens k Anweisungen ausführen muss, gilt:

DSPACE(t) $\subseteq$ DTIME(t).

Aus den Definitionen folgt weiterhin: Wenn für Funktionen t_1, t_2, s_1 und s_2 für alle $n \in \mathbb{N}_0$ stets $t_1(n) \leq t_2(n)$ und $s_1(n) \leq s_2(n)$ gilt, dann ist

DTIME(t_1) $\subseteq$ DTIME(t_2) und
DSPACE(s_1) $\subseteq$ DSPACE(s_2).

Die Funktionen t und s gibt man meist als arithmetische Ausdrücke an: Man schreibt also kurz n^2 für die Funktion t, die für alle $n \in \mathbb{N}_0$ durch $t(n) = n^2$ definiert ist. Es gilt daher z. B.:

DTIME(n) $\subseteq$ DTIME($n \cdot \log_2(n)$)
$\subseteq$ DTIME(n^2)
$\subseteq$ DTIME(2^n).

Beispiele:
1. Die Addition add: $\mathbb{N}_0 \times \mathbb{N}_0 \to \mathbb{N}_0$ kann in Zeit und Platz proportional zur Länge der Eingabe ausgeführt werden, d. h. add $\in$ DTIME(n) und add $\in$ DSPACE(n).
2. Multiplikation mult: $\mathbb{N}_0 \times \mathbb{N}_0 \to \mathbb{N}_0$. Es gilt mult $\in$ DTIME(n^2). Der Algorithmus unter ↑Multiplizierwerk zeigt, dass man im Wesentlichen mit n Speicherzellen auskommt, das heißt also mult $\in$ DSPACE(n). Man hat zeigen können, dass die Multiplikation bereits in der Klasse

DTIME($n \cdot \log_2(n) \cdot \log_2(\log_2(n))$)

liegt, allerdings ist der zugehörige Algorithmus für die tägliche Praxis ungeeignet. Man vermutet, dass die Multiplikation nicht in der Klasse DTIME(n) liegt, doch konnte dies bisher nicht bewiesen werden.
3. Das Sortieren sort: $(A^*)^n \to (A^*)^n$ von n Wörtern oder Zahlen kann in $O(n \cdot \log_2(n))$ Schritten durchgeführt werden, d. h.:

sort $\in$ DTIME($n \cdot \log_2(n)$).

(Hier bezieht sich die Abhängigkeit auf die Anzahl der Wörter und nicht auf die Eingabelänge. Mit ↑Bucketsort kann man für einen Spezialfall sogar in linearer Zeit sortieren.)

Lässt man in den Definitionen der Klassen nichtdeterministische Algorithmen zu (zu deren Laufzeiten und Speicherplatzbedarf ↑Nichtdeterminismus), so erhält man die Klassen **NTIME** und **NSPACE**.
Auch bei diesen Klassen spielen Konstanten keine Rolle. Da der Nichtdeterminismus das allgemeinere Konzept ist, folgt:

Komplexitätsklassen

$\text{DTIME}(t) \subseteq \text{NTIME}(t)$,
$\text{DSPACE}(s) \subseteq \text{NSPACE}(s)$,
$\text{NSPACE}(t) \subseteq \text{NTIME}(t)$ sowie
$\text{DTIME}(g) \subseteq \text{DTIME}(h)$ und
$\text{DSPACE}(g) \subseteq \text{DSPACE}(h)$
für zwei Funktionen g und h mit
$g(n) \leq h(n)$ für alle $n \in \mathbb{N}_0$.

Beispiel:
Die Lösung des Cliquenproblems lässt sich als Funktion cliq von der Menge der Graphen und der natürlichen Zahlen in die Menge der Wahrheitswerte {wahr, falsch} schreiben:

cliq$(G,k) = $ "wahr" genau dann, wenn es eine Clique mit k Knoten im Graphen G gibt.

Es gilt cliq $\in \text{DTIME}(n^2 \cdot 2^n)$. Nichtdeterministisch rät man einfach eine k-elementige Teilmenge der Knotenmenge und überprüft diese in höchstens $k^2 (\leq n^2)$ Schritten auf die Vollständigkeit der Verknüpfung, das heißt: cliq $\in \text{NTIME}(n^2)$.

Wir betrachten nun $\text{DTIME}(p)$, wobei p ein Polynom ist, also eine Funktion $p: \mathbb{N}_0 \to \mathbb{N}_0$ der Form

$$p(n) = a_k n^k + a_{k-1} n^{k-1} + \ldots + a_1 n + a_0$$
mit $a_k \neq 0$.

Die natürliche Zahl k heißt *Grad des Polynoms*. Man definiert die Klassen **P** und **NP** der *polynomiell zeitbeschränkten Funktionen* durch

$$\mathbf{P} = \bigcup_{k=0}^{\infty} \text{DTIME}(n^k)$$

und analog:

$$\mathbf{NP} = \bigcup_{k=0}^{\infty} \text{NTIME}(n^k)$$

Man beachte, dass **P** echte Teilmenge von $\text{DTIME}(2^n)$ ist.
Offenbar ist **P** $\subseteq$ **NP**. Die Klasse **P** gilt als besonders wichtig, weil alle Funktionen, die in der Praxis Verwendung finden, hierin liegen sollten. Von vielen

Funktionen aus der Praxis weiß man aber nur, dass sie in **NP** liegen, wie z. B. das Cliquenproblem, aber man weiß bisher nicht, ob sie auch in **P** sind, d. h. deterministisch in polynomieller Zeit berechnet werden können. Es ist ein zentrales, bisher ungelöstes Problem der theoretischen Informatik, ob **P** = **NP** ist (↑NP-vollständig).
Mengen und Funktionen sind über die ↑charakteristische Funktion miteinander verknüpft. Man sagt, eine Menge M liege in der Klasse $\text{DTIME}(g)$, wenn die charakteristische Funktion von M in $\text{DTIME}(g)$ liegt; analog für alle anderen Komplexitätsklassen.
Hiermit ist die Grundlage gelegt, um Algorithmen, Funktionen und Mengen bezüglich des Aufwands einordnen und miteinander vergleichen zu können. Außerordentlich schwierig ist hierbei der Nachweis, dass eine Funktion *nicht* in einer bestimmten Klasse liegt. Z. B. ist bis heute unbekannt, ob die Multiplikation in $\text{DTIME}(n)$ oder das Cliquenproblem in **P** liegen oder nicht. Die Komplexitätsklassen geben einen vertieften Einblick in die Struktur von Berechnungen.
Einige bekannte Sätze lauten umgangssprachlich:
Platzhierarchiesatz: Wenn eine Funktion s_2 deutlich stärker als die Funktion s_1 wächst, dann ist $\text{DSPACE}(s_2)$ echt größer als $\text{DSPACE}(s_1)$.
Zeithierarchiesatz: Wenn eine Funktion t_2 deutlich stärker als die Funktion $t_1 \cdot \log_2(t_1)$ wächst, dann gilt: Die Klasse $\text{DTIME}(t_2)$ ist echt größer als $\text{DTIME}(t_1)$. Man vermutet, dass dieser Satz in schwächerer Form (wie der Platzhierarchiesatz) gilt, hat aber noch keinen Beweis gefunden:
Satz von Savitch (1970):
$\text{NSPACE}(s) \subseteq \text{DSPACE}(s \cdot s)$.
Satz von Immermann und Szelepcényi (1988): $\text{NSPACE}(s)$ ist gegen Komplement abgeschlossen, d. h., wenn

eine Menge L in NSPACE(s) liegt, dann auch ihr ↑Komplement $\bar{L}$.
Die beiden Klassen DSPACE(n) und NSPACE(n) beschreiben genau die von deterministischen bzw. nichtdeterministischen ↑linear beschränkten Automaten berechneten Funktionen. Diese kann man durch kontextsensitive Sprachen charakterisieren. Aus dem obigen Satz folgt nun, dass kontextsensitive Sprachen gegen Komplementbildung abgeschlossen sind.

Gut untersucht ist die Klasse **CF** der von ↑kontextfreien Grammatiken erzeugten Sprachen. Für sie gilt:

$$\mathbf{CF} \subseteq \text{DTIME}(n^3) \text{ und}$$
$$\mathbf{CF} \subseteq \text{NTIME}(n).$$

Es wird vermutet, ist aber nicht bewiesen, dass **CF** in DTIME($n^2 \cdot \log_2(n)$) enthalten ist.

Anmerkung: Für die exakten formalen Definitionen der Komplexitätsklassen legt man ein Maschinenmodell zugrunde, in der Regel eine Mehrbandturingmaschine oder eine ↑Registermaschine.

Komplexitätstheorie: Forschungszweig der theoretischen Informatik. Die Komplexitätstheorie untersucht die ↑Komplexität von Funktionen und Algorithmen, d.h., sie befasst sich mit dem für Berechnungen notwendigen Aufwand an Zeit oder Speicherplatz und insbesondere mit der Einteilung von Problemen in ↑Komplexitätsklassen (↑NP-vollständig).

Kompressionsalgorithmus: Algorithmus, der die in ↑Bytes gemessene Größe einer Datei ohne wesentlichen Informationsverlust reduziert, indem er gewisse ↑Redundanzen, also Teile der Datei, die wenig, gar keine oder immer die gleiche Information enthalten, eliminiert oder in sehr knapper Form darstellt.

Mit der zunehmenden Einbindung aller Rechner in ein globales Rechnernetz, wie z.B. das ↑Internet, erhöht sich auch der Datenaustausch zwischen den Rechnern ständig. Um die Belastung der Speicher und der Kommunikationswege gering zu halten, benötigt man leistungsfähige Methoden zur *Datenkompression*.

Zur Zeit gibt es eine Vielzahl von Verfahren für unterschiedliche Typen von Daten:
- für Textdateien z.B. das Huffman-Verfahren,
- für Bilder z.B. das JPEG-Verfahren (JPEG Abk. für engl. **J**oint **P**hotographic **E**xperts **G**roup) oder das GIF-Verfahren (GIF Abk. für engl. **G**raphical **I**nterface),
- für Filme z.B. das MPEG-Verfahren (MPEG Abk. für engl. **M**oving **P**ictures **E**xperts **G**roup),
- für Töne z.B. das ADPCM-Verfahren (ADPCM Abk. für engl. **A**daptive **D**elta **P**ulse **C**ode **M**odulation).

Die Verfahren unterscheiden sich neben ihrem Einsatzwzeck vor allem in der *Kompressionsrate,* also dem Quotienten aus Größe der ursprünglichen Datei und Größe der komprimierten Datei, sowie der Genauigkeit, also der Informationsmenge, die beim Komprimieren unwiederbringlich verloren geht.

Textkompression mit dem Huffman-Verfahren: Während traditionelle Codes für jedes Zeichen ein gleich langes Codewort z.B. mit acht Bit vorsehen, besteht die Idee von D. A. Huffman darin, unterschiedlich lange Codewörter zu verwenden. Zeichen, die in den zu codierenden Texten häufig vorkommen, erhalten kürzere Codewörter als Zeichen, die nur selten vorkommen. Durch Übergang von einem Code mit gleich langen Codewörtern (etwa dem ASCII-Code) zu einem Huffman-Code erreicht man eine Textkompression.

Kompressionsalgorithmus

Beispiel:
Gegeben sei ein Text, der nur aus den Zeichen a, b und c besteht. a komme mit Häufigkeit 50%, b und c jeweils mit Häufigkeit 25% im Text vor. Traditionell codiert man a, b und c durch zwei Bits, z. B.

$$a = 00,\ b = 01,\ c = 10.$$

Ein Text mit 100 Zeichen beansprucht 200 Bits. Wählt man jedoch z. B.

$$a = 0,\ b = 10,\ c = 11,$$

so kommt man mit 150 Bits aus, denn die 50% a's, die im Text vorkommen, benötigen jetzt nur noch ein Bit. Beim Übergang zu einem Code mit verschieden langen Codierungen muss man jedoch, um eine eindeutige Decodierung zu ermöglichen, die ↑Fano-Bedingung einhalten; es darf also kein Codewort der Anfang eines anderen Codewortes sein. Oben hätte man folglich nicht $a = 1$ wählen dürfen, weil dann die Codierung von a Anfang der Codierungen von b und c ist und die Decodierung des Codewortes 11 nicht mehr möglich ist (aa oder c?).

Genauer: Seien $A = \{a_1, a_2, ..., a_n\}$ ein Alphabet und $T \in A^*$ ein Text über A. $P = \{p_1, p_2, ..., p_n\}$ sei eine Menge von Häufigkeiten mit $p_1 \geq p_2 \geq ... \geq p_n$, wobei p_i angibt, mit welcher relativen Häufigkeit a_i in T vorkommt. Ist zum Beispiel $p_i = 0{,}3$, so sind 30% aller Zeichen in T das a_i. a_1 kommt also am häufigsten in T vor, a_2 am zweithäufigsten usw.

Einen Huffman-Code erhält man nun nach folgendem Algorithmus: Man greift die beiden seltensten Zeichen heraus, also a_n und a_{n-1}. Diese beiden Zeichen müssen sich in der letzten Bitstelle unterscheiden, a_n erhalte also als letzte Stelle die 0, a_{n-1} die 1. a_n und a_{n-1} werden nun anschaulich zu einem Superzeichen $a_{n,n-1}$ in A verschmolzen, das die Häufigkeit $p_n + p_{n-1}$ zugeordnet bekommt. Man erhält also ein neues Alphabet

$A' = \{a'_1, ..., a'_{n-1}\}$ mit
$a'_1 = a_1, ..., a'_{n-2} = a_{n-2},$
$a'_{n-1} = a_{n,n-1}$

und eine neue Häufigkeitsmenge

$P' = \{p'_1, ..., p'_{n-1}\}$ mit
$p'_1 = p_1, ..., p'_{n-2} = p_{n-2},$
$p'_{n-1} = p_n + p_{n-1}.$

Nun ordnet man A' und P' derart um, dass wie in der Ausgangssituation $p'_1 \geq p'_2 \geq ... \geq p'_{n-1}$ gilt, und wendet das Verfahren erneut an. Schließlich erhält man einen optimalen Huffman-Code, der die Fano-Bedingung erfüllt. Sind $L_1, ..., L_n$ die Längen der Codes in Bits für die Zeichen $a_1, ..., a_n$, so beträgt die Kompressionsrate

$$\frac{[\log_2(n-1)] + 1}{p_1 L_1 + ... + p_n L_n},$$

wobei der Zähler die Zahl der Bits angibt, die man zur Codierung von n Zeichen benötigt, wenn die Codes aller Zeichen gleich lang sind.

Praktisch kann man das Verfahren gut mithilfe eines binären Baumes durchführen, dessen Blätter die Zeichen $a_1, ..., a_n$ bilden.

Praktische Kompressionsalgorithmen verwenden entweder feste Häufigkeitstafeln der Buchstaben der zugrunde liegenden Sprache, oder sie durchlaufen den zu komprimierenden Text vorab, um die konkrete Häufigkeitsverteilung der Zeichen im Text und damit den optimalen Code zu ermitteln. Im ersten Fall kann es bei Texten, bei denen die Häufigkeit der Zeichen erheblich von der Häufigkeitstafel abweicht, statt zu einer Kompression zu einer Verlängerung des codierten Textes kommen. Im zweiten Fall ist die Kompression zwar gesichert, um in diesem Fall aber eine Dekompression zu ermöglichen, muss der gewählte

Code in der komprimierten Version gespeichert werden, wofür zusätzlicher Speicherplatz benötigt wird, der die Kompressionsrate wieder etwas verschlechtert.

Bildkompression mit dem JPEG-Verfahren: JPEG [dʒeɪpɛg] ist ein standardisiertes Kompressionsverfahren für Bilder. Es ist benannt nach einer Arbeitsgruppe der ↑ISO, die diesen Standard definiert hat.

JPEG ist vor allem gedacht für die Kompression von Fotos oder anderen Darstellungen natürlicher, in der Umwelt vorkommender Szenen. Es eignet sich weniger gut für Abbildungen von Zeichnungen, Cartoons oder Schrift.

JPEG komprimiert nicht verlustfrei, d. h., durch eine Kompression gehen Informationen des Bildes verloren. Dadurch erreicht JPEG jedoch eine erheblich größere Kompressionsrate, als sie mit verlustfreien Kompressionsverfahren möglich ist. Der Informationsverlust fällt bei Bildern natürlicher Situationen aber kaum auf, weil JPEG die bekannten Grenzen der menschlichen Wahrnehmung, speziell die mangelnde Fähigkeit des Auges, geringe Farbunterschiede wahrzunehmen, ausnutzt. Mit JPEG komprimierte Bilder sind also vor allem für die spätere Betrachtung durch einen Menschen gedacht; für eine maschinelle Auswertung kann sich der Informationsverlust und die damit verbundene Verfälschung des ursprünglichen Bildes als problematisch erweisen. Hier kann der Anwender eines JPEG-Algorithmus jedoch durch die Wahl gewisser Kompressionsparameter entscheiden, ob er eine besonders hoch komprimierte Datei mit entsprechendem Verlust an Bildqualität benötigt oder ob er weniger an einer maximalen Kompression als an einer weitgehenden Erhaltung der Bildqualität interessiert ist.

Die Kompressionsrate beträgt bei Farbbildern etwa 10:1 bis 20:1 ohne sichtbaren Qualitätsverlust und 30:1 bis 50:1 bei geringfügigem Qualitätsverlust. Ein Farbpixel, für dessen Speicherung ursprünglich 24 Bit (= 2^{24} verschiedene Farb- und Helligkeitsabstufungen) benötigt werden, kann also ohne deutlich sichtbaren Qualitätsverlust auf etwa ein Bit komprimiert werden.

Schwarzweißbilder mit Graustufen können nicht so hoch komprimiert werden, weil das menschliche Auge Helligkeitsunterschiede sehr viel empfindlicher wahrnimmt, als dies bei Farbunterschieden der Fall ist. Hier beträgt die Kompressionsrate ohne sichtbaren Qualitätsverlust etwa 5:1.

Filmkompression mit dem MPEG-Verfahren: MPEG ist benannt nach einer Arbeitsgruppe der ISO, die dieses Verfahren vorgeschlagen hat, das allerdings noch nicht zum Standard erhoben worden ist.

Während das JPEG-Verfahren nur für Standbilder funktioniert, können mit dem MPEG-Verfahren auch Filmsequenzen, bestehend aus digitalen Einzelbildern einschließlich ihrer Vertonung, komprimiert werden. Bild- und Tonsignale werden dabei getrennt komprimiert und erst beim Abspielen nach Dekompression mittels spezieller Zeitmarken wieder synchronisiert. Eine verlustfreie Kompression ist auch bei MPEG nicht möglich.

Die Bildkompression basiert auf der Überlegung, dass sich ein Film von Einzelbild zu Einzelbild jeweils nur wenig verändert. Große Teile, etwa der Hintergrund, bleiben über mehrere Bilder nahezu gleich. Es wird daher das erste Bild der Sequenz komprimiert, und anschließend sind nur die Veränderungen von Einzelbild zu Einzelbild festzuhalten. Auf diese Weise werden Kompressionsraten von etwa

26:1 erzielt. Das maschinelle Erkennen der Unterschiede zwischen zwei Bildern ist jedoch ein sehr zeitaufwendiger Vorgang, der anspruchsvolle mathematische Methoden erfordert.

Konfiguration:

1. Bezeichnung für eine konkrete Zusammenstellung einer Rechenanlage aus einer (oder mehreren) ↑Zentraleinheiten, Ein-/Ausgabegeräten und Speichergeräten sowie deren Vernetzungsstruktur (↑Rechnernetz). Abhängig von den Bedürfnissen der Anwender kann eine Rechenanlage auf viele verschiedene Arten konfiguriert werden, z.B. hinsichtlich einer Maximierung der Rechenleistung oder einer möglichst großen Speicherkapazität.

Auch die Software muss vor ihrer ersten Benutzung konfiguriert werden. Aufgrund der jeweiligen Anforderungen werden verschiedene Programmteile zusammengestellt und zu einem Gesamtsystem verbunden.

Zur grafischen Darstellung der Konfiguration einer Rechenanlage verwendet man *Konfigurationsdiagramme,* für deren Gestaltung es jedoch keine Richtlinien gibt.

2. In der theoretischen Informatik Gesamtzustand eines Automaten.

Königsberger Brückenproblem:

Beispiel für ein Problem, dessen Komplexität sich bei nur geringfügiger Änderung der Aufgabenstellung von Polynomialzeit auf Exponentialzeit erhöht.

Leonhard Euler (1707–83) löste im Jahre 1736 folgendes Problem, das am Anfang der Graphentheorie (↑Graph) steht:

In der Innenstadt von Königsberg vereinen sich der Alte und der Neue Pregel zum Pregelfluss. Im 18. Jahrhundert führten über die Flussläufe sieben Brücken, die das Süd-, Nord-, Ost- und Inselgebiet miteinander verbanden (Abb. 1). Angenommen, man befindet sich auf irgendeinem der Gebiete **N, S, I** oder **O**. Gibt es einen Weg vom Ausgangspunkt, bei dem man jede Brücke genau einmal passiert und schließlich zum Ausgangsort zurückkehrt?

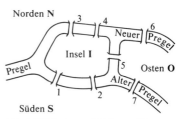

Abb. 1: Königsberger Brückenproblem

Euler zeigte, dass es keinen solchen Weg gibt, indem er das Problem auf ein Graphenproblem zurückführte. Er ersetzte jede Landmasse **N, S, I** oder **O** durch einen Knoten im Graphen und jede Brücke zwischen zwei Gebieten durch eine Kante zwischen den zugehörigen Knoten. Abb. 2 zeigt den entsprechenden Graphen (mit Mehrfachkanten).

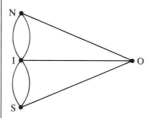

Abb. 2: Graph zum Königsberger Brückenproblem

Auf Graphen übertragen lautet das Königsberger Brückenproblem: Gibt es zu jedem Knoten einen Weg, der jede Kante genau einmal durchläuft und am Ende wieder am Ausgangsknoten ankommt *(eulerscher Kreis)?*

Euler bewies für beliebige Graphen

Königsberger Brückenproblem

```
var zähler: array [1..n] of integer;
„Setze alle Komponenten des Feldes zähler auf 0";
for all „Kanten {x,y} ∈ E" do
begin
    zähler[x] := zähler [x] + 1;
    zähler[y] := zähler [y] + 1;
end;
if „zähler[i] ist für alle i ∈ {1,...,n} eine gerade Zahl" then
    write ('Eulerscher Kreis existiert')
else write ('Eulerscher Kreis existiert nicht');
```

Abb. 3: Programmstück zur Klärung der Frage: Enthält ein Graph einen eulerschen Kreis?

(diese dürfen auch Mehrfachkanten und Schlingen enthalten), dass ein eulerscher Kreis dann und nur dann existiert, wenn der Grad jedes Knotens eine gerade Zahl ist, d. h., wenn an jedem Knoten eine gerade Anzahl von Kanten anliegt (eine Schlinge wird hierbei doppelt gezählt). Der Graph in Abb. 2 erfüllt diese Bedingung nicht. Es folgt also, dass es den gesuchten Rundweg über die Brücken des Pregel nicht gibt.

Der Algorithmus in Abb. 3 stellt fest, ob ein Graph ohne Mehrfachkanten und ohne Schlingen einen eulerschen Kreis enthält. Die Eingabe besteht aus der Knotenmenge $V = \{1, ..., n\}$ und der Kantenmenge E, die eine Teilmenge der Menge aller zweielementigen Teilmengen von E ist. Das Feld zähler enthält für jeden Knoten die Anzahl der anliegenden Kanten.

Die Laufzeit des Algorithmus hängt linear von der Größe des Graphen, d. h. von der Summe aus Knoten- und Kantenzahl, ab; präziser gilt: Die Laufzeit des Algorithmus hat die ↑Ordnung $O(|V| + |E|)$.

Ein dem Königsberger Brückenproblem sehr ähnliches, aber ungleich komplizierteres Problem hat im Jahre 1859 Sir William Rowan Hamilton (1805 bis 1865) eingeführt. Es wird seither *hamiltonsches Problem* genannt. Gege-

ben ist ein Graph. Gibt es einen Weg, der nicht wie beim Königsberger Brückenproblem jede Kante, sondern jeden Knoten genau einmal passiert und schließlich am Ausgangsknoten wieder ankommt? Ein solcher Weg heißt *hamiltonscher Kreis*. Abb. 4 zeigt einen Graphen. Einen hamiltonschen Kreis erhält man, wenn man die Knoten in der Reihenfolge ihrer Nummerierung durchläuft.

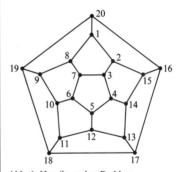

Abb. 4: Hamiltonsches Problem

Für das hamiltonsche Problem sind bisher keine Bedingungen dafür bekannt, wann ein Graph einen hamiltonschen Kreis enthält und wann nicht.

Ein einfacher Algorithmus überprüft alle Permutationen von Knoten daraufhin, ob sie einen hamiltonschen Kreis bilden. Da es $n!$ (↑Fakultät) verschiedene Permutationen von n Knoten gibt, benötigt der Algorithmus größenordnungsmäßig $O(n!)$ Schritte, um eine Lösung zu finden. $O(n!)$ ist größenordnungsmäßig gleich $O((\frac{n}{e})^n)$ mit $e = 2{,}718281\ldots$ Dieser Algorithmus für das hamiltonsche Problem erfordert also exponentielle Laufzeit. Da das hamiltonsche Problem NP-vollständig ist, wird allgemein angenommen, dass es keinen solchen *Polynomialzeitalgorithmus* gibt.

Ein dem hamiltonschen Problem sehr ähnliches Problem ist das ↑Problem des Handlungsreisenden.

konjunktive Normalform: Standardisierte Darstellung von booleschen Funktionen durch boolesche Ausdrücke (↑Schaltalgebra).

Formale Darstellung: Sei $x^0 := \bar{x}$ und $x^1 := x$. Eine boolesche Funktion f in n Variablen stellt man dar durch

$$f(x_1,\ldots,x_n) = (x_1^{\overline{a_{11}}} + x_2^{\overline{a_{21}}} + \ldots + x_n^{\overline{a_{n1}}}) \cdot (x_1^{\overline{a_{12}}} + x_2^{\overline{a_{22}}} + \ldots + x_n^{\overline{a_{n2}}}) \cdot \ldots \cdot (x_1^{\overline{a_{1k}}} + x_2^{\overline{a_{2k}}} + \ldots + x_n^{\overline{a_{nk}}}).$$

Hierbei steht „$+$" für die ↑ODER-Funktion und „$\cdot$" für die ↑UND-Funktion. k ist gleich der Zahl der Nullstellen von f, und für alle $i \in \{1,\ldots,k\}$ gilt $f(a_{1i}, a_{2i},\ldots, a_{ni}) = 0$.

Beispiel:
Gegeben sei folgende boolesche Funktion:

	x	y	z	$f(x,y,z)$
1)	0	0	0	1
2)	0	0	1	0
3)	0	1	0	0
4)	0	1	1	1
5)	1	0	0	1
6)	1	0	1	0
7)	1	1	0	1
8)	1	1	1	0

Konkatenation

Die konjunktive Normalform von f konstruiert man ähnlich wie die ↑disjunktive Normalform, wobei man die Nullstellen von f betrachtet. Man erhält dann:

$$f(x,y,z) = (x+y+\bar{z}) \cdot (x+\bar{y}+z) \cdot (\bar{x}+y+\bar{z}) \cdot (\bar{x}+\bar{y}+\bar{z}).$$

Konjunktive Darstellungen treten zum Beispiel beim ↑Erfüllbarkeitsproblem auf.

Konkatenation *(Verkettung, engl. concatenation):* Fügt man ein Objekt hinter ein anderes oder führt man eine Operation oder Funktion nach einer anderen aus, so bezeichnet man das entstandene gesamte Objekt bzw. die gesamte Operation als Konkatenation der Einzelteile. Speziell wird dies für Wörter und Sprachen im Folgenden erläutert.

Die Konkatenation zweier Wörter x und y ($x \circ y$ oder kurz xy) ist das Wort, das sich durch Hintereinanderschreiben der beiden Wörter ergibt.

Beispiel:
Die Konkatenation der Wörter „BAUM" und „HAUS" ist das Wort „BAUMHAUS".

Ist A ein festes ↑Alphabet, so ist die Konkatenation eine assoziative Verknüpfung in A^*, die das leere Wort ε als Einheit (neutrales Element) besitzt. Es gilt also:

$$x \circ (y \circ z) = xyz = (x \circ y) \circ z$$
$$x \circ \varepsilon = \varepsilon \circ x = x.$$

Eine Menge mit einer Verknüpfung $\circ$, die assoziativ ist und eine Einheit besitzt, bezeichnet man als *Monoid*.

Die Konkatenation ist im Allgemeinen nicht kommutativ:

BAUMHAUS $\neq$ HAUSBAUM.

Sind L und L' (formale) ↑Sprachen über dem Alphabet A, so ist die Konkatenation von L und L' ($L \circ L'$ oder kurz LL') die Sprache

$$\tilde{L} = \{x \circ y \mid x \in L, y \in L'\}.$$

Beispiel:

$L = \{a, ab\}$, $L' = \{b, ba\}$,
$L \circ L' = \{ab, aba, abb, abba\}$

L^n bezeichnet die n-fache Konkatenation von L mit sich selbst:

$L^0 = \{\varepsilon\}$,
$L^1 = L$,
$L^2 = L \circ L$,
...,
$L^n = L \circ L^{n-1}$ ($n \geq 1$),

$$L^* := \bigcup_{n \geq 0} L^n.$$

L^* bezeichnet man als *Iterierte von L* (↑Iteration) oder das *von L erzeugte Untermonoid*.
Für ein Alphabet A ist A^n die Menge der Wörter der Länge n über A, und A^* ist die Menge aller endlichen Wörter über A.
Die Konkatenation und die Untermonoidbildung sind zusammen mit der Vereinigung die drei Grundoperationen bei der Bildung von ↑regulären Mengen.

Konsole: Bei Mehrbenutzersystemen Ein-/Ausgabegerät zur Steuerung der Rechenanlage, dessen Benutzung dem ↑Operateur vorbehalten ist. Die Konsole ist meist eine ↑Datensichtstation, die mit einem Drucker verbunden ist. Über die Konsole kann der Operateur sich über den aktuellen Zustand des Rechners informieren und durch die Eingabe von Steuerkommandos, z. B. zum Starten bestimmter Systemprogramme oder zur Veränderung von Betriebssystemparametern, Einfluss auf die Arbeitsweise der Rechenanlage nehmen.

Konstante (engl. *constant*): Eine Konstante ist charakterisiert durch einen eindeutig festgelegten Bezeichner, einen ↑Datentyp und einen festen Wert aus der Wertemenge des Datentyps. Bezeichner und Wert der Konstanten müssen in den meisten Programmiersprachen explizit vereinbart werden, oder sie sind wie z. B. Zahlen oder Buchstaben vordefiniert. Nach der Deklaration darf einer Konstanten kein Wert mehr (innerhalb des ↑Gültigkeitsbereichs) zugewiesen werden.

Beispiel:
Benutzung einer reellen Konstanten in ↑PASCAL:

    {Deklaration:}
    const pi = 3.1415926;
    ...
    {Verwendung:}
    umfang := 2 * pi * radius;

Hierbei wird der Datentyp von pi, also ↑real, aus der Darstellung des Wertes 3.1415926, einer rationalen Zahl, abgeleitet. Eine Zuweisung der Form pi := ... ist im Gültigkeitsbereich von pi verboten.

kontextfreie Grammatik *(kontextunabhängige Grammatik;* engl. *context-free grammar):* Wichtigster Formalismus für die Beschreibung der Syntax von Programmiersprachen und für die damit zusammenhängenden Begriffe wie Datentyp, Ausdruck, Kontrollstrukturen usw. Gleichwertige Beschreibungen sind die ↑Backus-Naur-Form und die ↑Syntaxdiagramme.
Eine ↑Grammatik $G = (N, T, P, S)$ heißt *kontextfrei,* wenn für alle Regeln (p, q) die linke Seite p ein einzelnes Nichtterminalsymbol ist. Daher resultiert auch die Bezeichnung „kontextfrei": Ein Nichtterminalsymbol wird unabhängig vom Kontext, also unabhängig von den benachbarten Zeichen ersetzt. Hierdurch kann man Ableitungen in kontextfreien Grammatiken stets als Bäume darstellen (↑Ableitungsbaum).

kontextfreie Grammatik

Beispiel:

$G = (N, T, P, S)$ mit
$N = \{S\}$, $T = \{*, +, (,), a\}$,
$P = \{(S, S+S), (S, S*S), (S, (S)), (S, a)\}$

oder anders geschrieben

$P = \{S \to S+S, S \to S*S, S \to (S), S \to a\}$

ist eine kontextfreie Grammatik. Eine Ableitung bezüglich G ist z. B.

$S \to S+S \to S+S*S \to S+(S)*S \to S+(S+S)*S \to \ldots \to a+(a+a)*a$.

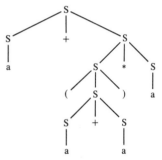

Abb. 1: Ableitungsbaum

Den zugehörigen Ableitungsbaum zeigt Abb. 1. Die von G erzeugte ↑Sprache ist die Menge aller arithmetischen Ausdrücke mit den Verknüpfungssymbolen „+" und „*" und dem Symbol a. Dem Ableitungsbaum entnimmt man auch die Reihenfolge, in der der Ausdruck auszuwerten ist: Man beginnt bei den Blättern mit der Auswertung und bewegt sich in Richtung Wurzel.

Zum Vergleich die Darstellung der obigen kontextfreien Grammatik G in Backus-Naur-Form:

$S ::= S+S \mid S*S \mid (S) \mid a$

Ein zugehöriges Syntaxdiagramm zeigt Abb. 2.

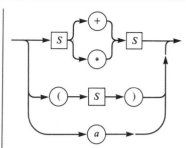

Abb. 2: Syntaxdiagramm für G

Anmerkung: Die Grammatik G ist nicht eindeutig.

Gewisse Sprachen bzw. Sprachstrukturen können von keiner kontextfreien Grammatik erzeugt werden. Hierzu gehört z. B. die Forderung, dass jeder verwendete Bezeichner deklariert sein muss. Man beschreibt dann die Syntax einer Sprache trotzdem durch eine kontextfreie Grammatik und fügt die nichtkontextfreien Forderungen umgangssprachlich hinzu.

Eine formale Sprache, die von einer kontextfreien Grammatik erzeugt werden kann, heißt *kontextfreie Sprache*.

Beispiele:
Typische Beispiele für kontextfreie Sprachen sind klammerartig aufgebaute Sprachen, z. B. für $T = \{(,)\}$:

$L_1 = \{(^n)^n \mid n \geq 1\}$

oder für $T = \{(,), [,]\}$:

$L_2 = \{w \in T^* \mid w = \varepsilon$ oder w ist ein korrekt geklammerter Ausdruck$\}$.

„$(^n$" bedeutet n-mal „Klammer auf".
Eine kontextfreie Grammatik zur Erzeugung von L_1 ist:

$G_1 = (\{S\}, T, P_1, S)$ mit
$P_1 = \{S \to (S), S \to ()\}$.

L_2 wird durch $G_2 = (\{S\}, T, P_2, S)$ mit

$P_2 = \{S \rightarrow S(S)S, S \rightarrow S[S]S,$
$\qquad S \rightarrow (\,), S \rightarrow [\,], S \rightarrow \varepsilon\}$

erzeugt.

Dagegen kann man folgende Sprachen nicht mit einer kontextfreien Grammatik erzeugen:

$L_3 = \{(^n[^m)^n]^m \mid n, m \geq 1\},$
$L_4 = \{a^n b^n c^n \mid n \geq 1\} \subset \{a, b, c\}^*,$
$L_5 = \{vv \mid v \in \{a, b\}^*\}.$

L_3 bis L_5 werden jedoch von kontextsensitiven Grammatiken erzeugt.

Die Menge der kontextfreien Sprachen ist gleich der Menge der von nichtdeterministischen Kellerautomaten erkannten Sprachen (↑Chomsky-Hierarchie).

kontextsensitive Grammatik: Eine ↑Grammatik $G = (N, T, P, S)$ heißt *kontextsensitiv*, wenn alle Produktionsregeln aus P die folgende Form haben:

$(v_1 A v_2, v_1 w v_2).$

Dabei sind v_1 und v_2 Wörter über dem Zeichenvorrat $N \cup T$ (eventuell auch das leere Wort ε), A ist ein Nichtterminalsymbol aus N, und w ist ein nichtleeres Wort über $N \cup T$. Um das leere Wort erzeugen zu können, ist als einzige Ausnahme hiervon auch die Regel (S, ε) zugelassen; dann darf S aber in keiner rechten Seite irgendeiner Regel vorkommen.

Beispiel:
Die Grammatik $G = (N, T, P, S)$ mit

$N = \{S, A, B, A', B'\}, \quad T = \{a, b, c\},$
$P = \{(S, abc), (S, aAbc), (Ab, A'b),$
$\quad (A'b, A'A), (A'A, bA), (Ac, Bbcc),$
$\quad (bB, bB'), (bB', BB'), (BB', Bb),$
$\quad (aB, aaA), (aB, aa)\}$

ist eine kontextsensitive Grammatik, die die Menge aller Wörter $a^n b^n c^n$ mit $n \geq 1$ erzeugt. (Dabei steht x^n für das Wort $\underbrace{xxx \ldots x}_{n\text{-mal}}$.)

Die Menge dieser Wörter kann nicht durch eine kontextfreie Grammatik erzeugt werden.

Die Menge der Sprachen, die sich durch kontextsensitive Grammatiken erzeugen lassen, heißt Menge der *kontextsensitiven Sprachen*. Sie ist gleich der Menge der durch nichtdeterministische linear beschränkte Automaten akzeptierten Sprachen (↑Chomsky-Hierarchie).

Kontextfreie Grammatiken reichen nicht aus, um die ↑Syntax von Programmiersprachen vollständig zu beschreiben. Zum Beispiel kann man durch eine kontextfreie Grammatik nicht erzwingen, dass jede Variable deklariert sein muss. Mit kontextsensitiven Grammatiken ist dies hingegen möglich; allerdings wird die Menge P der Produktionsregeln hierdurch so umfangreich und unübersichtlich, dass man in der Praxis lieber eine kontextfreie Grammatik zugrunde legt und die zusätzlichen syntaktischen Einschränkungen in der Umgangssprache hinzufügt.

Kontrollstruktur (engl. *control structure*): In imperativen Programmiersprachen Bezeichnung für ein Schema, welches die Reihenfolge der Abarbeitung von ↑Anweisungen festlegt. Die einfachste Kontrollstruktur ist die *Sequenz:* In der Anweisung a1; a2 wird zuerst die Anweisung a1 und danach die Anweisung a2 ausgeführt. Weitere Kontrollstrukturen sind ↑bedingte Anweisungen und ↑Schleifen. Eine Sonderrolle hat der ↑Sprung: Er beeinflusst zwar die Abarbeitungsreihenfolge von Anweisungen, jedoch kann man ihm keine „Struktur" zuordnen. Aus diesem Grund versucht man, Sprünge in der ↑strukturierten Programmierung zu vermeiden, weil die Wirkung von Sprüngen schwer zu überschauen ist.

konvexe Hülle

konvexe Hülle: Gegeben seien n Punkte im d-dimensionalen Raum. Gesucht ist die kleinste konvexe Menge, die alle Punkte enthält. Hierbei heißt eine Menge *konvex,* wenn mit je zwei Punkten der Menge auch die Verbindungsstrecke ganz in der Menge liegt. Eine konvexe Menge enthält also weder „Inseln" noch „Halbinseln" (Abb. 1).

Abb. 1: Konvexe und nichtkonvexe Menge

Beispiel:
In der Ebene ($d = 2$) kann man das Problem der konvexen Hülle wie folgt veranschaulichen: Gegeben sei eine Menge von Wasserstellen. Man zäune diese Wasserstellen mit einem möglichst kurzen Zaun ein. Die konvexe Hülle ist dann ein konvexes Vieleck (Abb. 2).

Abb. 2: Konvexe Hülle in der Ebene

In der Ebene kann man das Problem der konvexen Hülle mit einem Algorithmus lösen, der auf dem ↑Divide-and-conquer-Verfahren basiert. Man teilt die Punktemenge $P = \{p_1, ..., p_n\}$ durch eine senkrechte Linie in zwei Hälften. Hierzu sortiert man die Punkte vorab entsprechend ihrer x-Koordinate. Für jede Hälfte berechnet man rekursiv die konvexe Hülle. Anschließend verbindet man die beiden konvexen Hüllen miteinander und erhält die gesuchte konvexe Hülle für alle Punkte (Abb. 3).

1. Schritt: Halbieren der Punktemenge

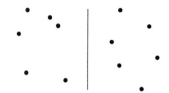

2. Schritt: Berechnung zweier konvexer Hüllen

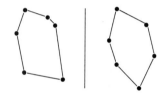

3. Schritt: Verbinden der beiden konvexen Hüllen

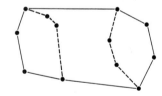

Abb. 3: Rekursive Berechnung der konvexen Hülle

Der Algorithmus sieht folgendermaßen aus:

<u>var</u> P: „nach der x-Koordinate aufsteigend sortierte Folge von Punkten (p₁, ... p_n)";
  k: <u>integer;</u>
<u>if</u> | P | <u>≤ 3 then</u>
    „Berechne die konvexe Hülle H von P direkt"

konvexe Hülle

else k: = [| P |/2];
P$_1$: = (p$_1$, ..., p$_k$);
P$_2$: = (p$_{k+1}$, ..., p$_n$);
„Wende das Verfahren rekursiv auf P$_1$ und P$_2$ an und erhalte zwei konvexe Hüllen H$_1$ und H$_2$";
„Verbinde H$_1$ und H$_2$ und erhalte die gesuchte konvexe Hülle H von P".

$[x]$ bezeichne dabei die größte ganze Zahl kleiner oder gleich x.
Der problematische Schritt in diesem Algorithmus ist das Verbinden zweier konvexer Hüllen zu einer einzigen. Hierzu muss man die beiden Verbindungslinien *(Brücken)* b_1 und b_2 finden (Abb. 4).

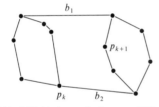

Abb. 4: Verbinden zweier konvexer Hüllen

b_1 und b_2 gewinnt man folgendermaßen: Man startet mit der Kante s zwischen dem rechtesten Punkt der linken konvexen Hülle und dem linkesten Punkt der rechten konvexen Hülle. Dies ist wegen der Sortierung der Punkte gerade die Strecke zwischen p_k und p_{k+1}.
Um die obere Brücke b_1 zu finden, verschiebt man schrittweise den Endpunkt von s in der linken Hülle gegen den Uhrzeigersinn und den Endpunkt von s in der rechten Hülle mit dem Uhrzeigersinn nach folgendem Algorithmus:

{Seien u und v die Endpunkte von s}
u: = p$_k$;
v: = p$_{k+1}$;

while „der auf u gegen den Uhrzeigersinn in der linken Hülle folgende Punkt u' oder der auf v im Uhrzeigersinn in der rechten Hülle folgende Punkt v' liegen oberhalb von s" do
if „die while-Bedingung trifft auf u zu" then u: = u' else
v: = v'.

Die untere Brücke findet man analog.

Beispiel:
Abb. 5 zeigt die vier Schritte, die zur Bestimmung der oberen Brücke erforderlich sind, und die jeweiligen Kanten. s ist die Startkante.

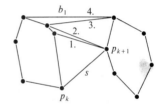

Abb. 5: Bestimmung der oberen Brücke

Bei geeigneter Implementierung benötigt der obige Algorithmus zur Bestimmung der konvexen Hülle von n Punkten $O(n \cdot \log_2 n)$ Schritte. Man kann zeigen, dass diese Schranke optimal ist in dem Sinne, dass es keinen Algorithmus gibt, der das Problem wesentlich schneller löst. Hierzu reduziert (↑ Reduktion) man das Problem der konvexen Hülle auf die Sortierung von Zahlen und beweist, dass ein schnellerer Algorithmus für das Problem der konvexen Hülle einen schnelleren Algorithmus für das ↑ Sortieren liefern würde, was nicht möglich ist.
Es gibt weitere Verfahren, die die konvexe Hülle in $O(n \log n)$ Schritten berechnen. Eines verwendet ↑ Voronoi-Diagramme, da die Punkte, deren Voronoi-Umgebung unendlich groß ist, genau die konvexe Hülle bilden.

Kopierregel

Ein anderes schnelles Verfahren ist der *Graham-Scan* (benannt nach seinem Erfinder), auf den wir hier nicht näher eingehen.

Im allgemeinen Falle kann man die konvexe Hülle von n Punkten im d-dimensionalen Raum in $O(n \cdot \log_2 n + n^{\lceil (d+1)/2 \rceil})$ Schritten bestimmen.

Viele Probleme der ↑algorithmischen Geometrie wie das Problem der konvexen Hülle sind gut geeignet, um in der *Schule* fundamentale Prinzipien und Ideen der Informatik zu vermitteln. Einerseits sind die Probleme anspruchsvoll und erfordern Einsicht in algorithmische Abläufe, andererseits besitzen die Jugendlichen bereits aus dem Mathematikunterricht umfangreiche Vorerfahrungen, die den Einstieg in das Gebiet und seine Begrifflichkeit erleichtern.

Kopierregel: Präzise Formulierung der Bedeutung des ↑Aufrufs einer ↑Prozedur. Hierbei wird der Aufruf $P(a_1, a_2, ..., a_n)$ einer Prozedur P mit den aktuellen ↑Parametern $a_1, a_2, ..., a_n$ ersetzt durch den modifizierten Prozedurrumpf von P. Das Schema zeigt Abb. 1.

BLOCK 1 bezeichnet man auch als ↑Inkarnation der Prozedur P.

Die Bedeutung eines Aufrufs der Form $P(a_1, a_2, ..., a_n)$ wird durch folgende Vorschrift (Kopierregel) wiedergegeben:

1. Der Bezeichner P muss in einer Prozedurdeklaration vereinbart und an der Stelle des Aufrufs bekannt sein (↑Gültigkeitsbereich). Die Prozedurdeklaration muss die Form besitzen:

procedure $P(t_1\, x_1, t_2\, x_2, ..., t_n\, x_n)$; R

Die genaue Prozedurdeklaration ist bei verschiedenen Sprachen unterschiedlich. Wichtig ist: Es muss genau n formale Parameter $x_1, ..., x_n$ geben. Deren ↑Datentypen seien jeweils $t_1, ..., t_n$. R sei der Prozedurrumpf.

2. Wenn diese Prüfungen positiv verlaufen sind, wird $P(a_1, ..., a_n)$ durch BLOCK 1, in dem der modifizierte Rumpf R' als BLOCK 2 geschachtelt ist, ersetzt. BLOCK 1 besitzt meist folgende Gestalt:

begin
 ⟨Deklaration von x_1 mit Typ t_1⟩;
 ⟨Deklaration von x_2 mit Typ t_2⟩; ...
 ⟨Deklaration von x_n mit Typ t_n⟩;
 $x_1 := a_1$; $x_2 := a_2$; ...; $x_n := a_n$;
 BLOCK 2
end

BLOCK 2 ergibt sich aus dem Rumpf R der Prozedur durch folgende Modifikationen: Alle formalen Parameter x_i, deren Übergabe als call by reference vereinbart ist, werden mit einem Wei-

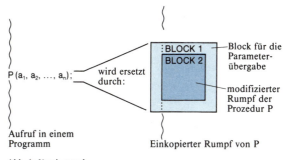

Abb. 1: Kopierregel

Koroutine

terverweis versehen, d.h., solche x_i sind in R überall durch $x_i\uparrow$ zu ersetzen. Für Parameter x_j, deren Übergabe mittels call by value-result erfolgt, muss nach BLOCK 2 noch jeweils eine Wertzuweisung $a_j := x_j$ eingefügt werden.

Abweichend hiervon sind alle Call-by-Name-Parameter x_k überall in R textuell durch a_k zu ersetzen, treten also nicht in BLOCK 1 auf. Genauere Einzelheiten, wie sich BLOCK 1 ergibt, sind unter ↑Parameterübergabe erläutert.

3. Nun wird BLOCK 1 ausgeführt. Hierbei werden mögliche Übergabefehler (z.B. Ungleichheit der Typen von aktuellen und formalen Parametern) erkannt, da dann gewisse Zuweisungen $x_i := a_i$ nicht ausführbar sind.

4. Wurde BLOCK 1 einschließlich BLOCK 2 vollständig abgearbeitet, dann wird BLOCK 1 entfernt, und an seine Stelle tritt nun wieder der ursprüngliche Aufruf $P(a_1, a_2, ..., a_n)$.

5. Eine Sonderbehandlung erfahren ↑globale Variablen, die in der Prozedur P verwendet werden. Der Zugriff erfolgt nicht bezüglich der Aufrufstelle von P, sondern bezüglich der Deklarationsstelle.

Beispiel:
Gegeben sei folgendes Programm:

<u>begin</u>
  <u>var</u> x: <u>integer</u>;
  <u>procedure</u> P(...);
  <u>begin</u>
    ...
    x := 3;
    ...
  <u>end</u>;
  ...
  <u>begin</u>
    <u>var</u> x: <u>real</u>;
    ...
    P(...);
    ...
  <u>end</u>
<u>end</u>

Gemäß den Regeln 1. bis 4. (Einsetzen des Rumpfes von P in die Aufrufstelle) müsste beim Aufruf der Prozedur P die <u>real</u>-Variable x auf den Wert 3 gesetzt werden. Dies ist jedoch nicht der Fall. Der Zugriff auf die globale Variable x in P bezieht sich nicht auf die Aufrufstelle von P, sondern auf die Deklarationsstelle. Den Wert 3 erhält daher die <u>integer</u>-Variable x und nicht die <u>real</u>-Variable x.

Man beachte, dass diese Kopierregel auch für rekursive Prozeduren korrekt arbeitet. Ein anschauliches Beispiel hierzu findet sich in diesem Buch unter ↑Inkarnation.

Die Kopierregel gilt ebenso für den Aufruf von Funktionsprozeduren. In der Praxis wird sie durch eine kellerartige Verwaltung der Parameter der Prozeduraufrufe implementiert.

Koroutine: Prozedur, deren Ausführung an einer beliebigen Stelle unterbrochen und später wieder fortgesetzt werden kann.

Koroutinen verwendet man in einigen Programmiersprachen, um ↑Prozesse zu realisieren.

Der Aufruf einer Prozedur P bewirkt, dass der modifizierte Prozedurrumpf (↑Kopierregel) abgearbeitet wird. Werden dort weitere Prozeduren aufgerufen, dann kann der Rumpf von P erst weiter ausgeführt werden, wenn der jeweilige Prozeduraufruf vollständig abgearbeitet ist.

Bei Koroutinen darf man dagegen in die aufrufende Prozedur zurückkehren, die Abarbeitung erneut unterbrechen und in anderen Koroutinen die Berechnungen fortsetzen. Die ↑Inkarnationen von Koroutinen existieren wie unabhängige Objekte nebeneinander.

Das Koroutinenkonzept wird in der Programmiersprache ↑SIMULA für Simulationen verwendet; es liegt ebenfalls der Sprache ↑MODULA-2 für den Ablauf von Prozessen zugrunde. (↑Ada verwendet statt dessen das Rendezvouskonzept.) Koroutinen gelten wegen der Objekte in der ↑objektorientierten Programmierung mittlerweile als überholt.

Kryptographie: Disziplin, die sich mit der Entwicklung und Bewertung von Verschlüsselungsverfahren *(Kryptosystemen)* zum Schutz (geheimer) Daten vor unbefugten Zugriffen befasst.

Daten werden vor Zugriff meist durch geheim gehaltene Kennwörter *(Passwörter)* geschützt (↑Datensicherung). Dieses Verfahren hat jedoch mehrere gravierende Nachteile:
a) Personen, die mit der Rechenanlage gut vertraut sind, z. B. Wartungs- und Bedienungspersonal, können diesen Schutz relativ leicht umgehen;
b) alle externen, auf Disketten, Magnetbändern usw. gespeicherten Daten unterliegen nicht mehr der Zugriffskontrolle durch die Rechenanlage und müssen physisch, etwa durch Panzerschränke, geschützt werden.
Um diese Nachteile zu vermeiden, wurden Verfahren entwickelt, bei denen die Daten durch Verschlüsselung unlesbar gemacht werden. Unter der Annahme, dass solche Verschlüsselungsverfahren schwer oder gar nicht geknackt werden können, sind die Informationen, die in den Daten enthalten sind, vor unberechtigtem Lesen sicher geschützt.
Formal definiert man Kryptosysteme wie folgt (vgl. Abb. 1 unter ↑Kommunikation):
Man betrachte einen unsicheren Kanal, über den Nachrichten ausgetauscht werden (z. B. eine Telefonleitung, die von einem Unbefugten abgehört wird). Eine unverschlüsselte Nachricht bezeichnet man als *Klartext.* Der Sender der Nachricht verschlüs-

selt den Klartext und sendet den *Schlüsseltext* über den Kanal. Der Empfänger entschlüsselt den Schlüsseltext und erhält die Nachricht wieder im Klartext. Die Verschlüsselung von Nachrichten erfolgt im Allgemeinen über einen *Schlüssel s,* bestimmt durch eine Verschlüsselungsfunktion V_s und eine Entschlüsselungsfunktion E_s. Ist w eine Nachricht im Klartext und c die gleiche Nachricht im Schlüsseltext, so gilt:

$$c = V_s(w),$$
$$w = E_s(c),$$
$$w = E_s(V_s(w)).$$

Die letzte Gleichung besagt, dass durch eine Verschlüsselung, gefolgt von einer Entschlüsselung, die Nachricht erhalten bleibt.
Ein Kryptosystem KS ist ein Tripel $KS = (KT, ST, S)$, wobei KT eine Menge von Klartexten, ST eine Menge von Schlüsseltexten und S eine Menge von Schlüsseln ist. Jeder Schlüssel $s \in S$ bestimmt eine Verschlüsselungsfunktion $V_s : KT \rightarrow ST$ und eine Entschlüsselungsfunktion $E_s : ST \rightarrow KT$.

Beispiel:
Sei $KS = (KT, ST, S)$ ein Kryptosystem, wobei KT und ST die Menge aller Wörter über dem ↑Alphabet

$$\{a, b, ..., z\}$$

und

$$S = \{0, 1, 2, ..., 25\}$$

ist. Sei $s \in S$ ein Schlüssel. Die Verschlüsselungsfunktion V_s bilde jeden Buchstaben eines Wortes $w \in KT$ auf den Buchstaben ab, der s Stellen später im Alphabet steht (modulo 26):

$$V_1(\text{abc}) = \text{bcd},$$
$$V_5(\text{auto}) = \text{fzyt},$$
$$V_0(\text{duden}) = \text{duden},$$
$$V_{25}(\text{computer}) = \text{bnlotsdq}.$$

Kryptographie

Die zu s gehörende Entschlüsselungsfunktion ist $E_s = V_{26-s}$:

$E_{25}(\text{bnlotsdq}) = V_1(\text{bnlotsdq})$
$= \text{computer}$.

Ein gutes Kryptosystem erfüllt folgende Bedingungen:
1) Für jeden Schlüssel $s \in S$ und für jeden Klartext $w \in KT$ sind $V_s(w) = c$ und $E_s(c) = w$ auf einfache Weise zu berechnen.
2) Für jeden Klartext $w \in KT$ hat der Schlüsseltext $c = V_s(w)$ keine wesentlich größere Länge als w selbst (geringe Übertragungszeit von verschlüsselten Nachrichten).
3) Aus einem Schlüsseltext c kann ohne Kenntnis der Entschlüsselungsfunktion E_s nicht oder nur sehr schwer der zugehörige Klartext w gewonnen werden.

Das Kryptosystem *DES* (Abk. für engl. *data encryption standard*), das sich an diesen Zielen orientiert, wurde in den 1970er-Jahren von der Firma IBM entwickelt und 1977 zum Standard in den USA erhoben.

Alle früher entwickelten Kryptosysteme, wie auch das DES, teilen die Eigenschaft, dass sowohl die Verschlüsselungsfunktion als auch die Entschlüsselungsfunktion geheim gehalten werden müssen, da ein Unbefugter in Kenntnis der Verschlüsselungsfunktion auch die Entschlüsselungsfunktion berechnen kann.

Bei den seit 1975 entwickelten *Public-Key-Kryptosystemen (Kryptosysteme mit öffentlichen Schlüsseln)* wird dies bewusst in Kauf genommen. Alle Verschlüsselungsfunktionen werden öffentlich zugänglich gemacht, nur die Entschlüsselungsfunktionen bleiben geheim. Die beiden Funktionen sind allerdings so angelegt, dass ein Unbefugter aus der bekannten Verschlüsselungsfunktion zwar prinzipiell die Entschlüsselungsfunktion berechnen kann, diese Berechnung erfordert jedoch so viel Aufwand, dass sie selbst mit Computerunterstützung nicht in vernünftiger Zeit durchgeführt werden kann.

Der Ablauf sieht dann folgendermaßen aus: Jeder Teilnehmer X gibt in einem Katalog seine Verschlüsselungsfunktion V_X bekannt, die Entschlüsselungsfunktion E_X hält er geheim. Wenn jemand dem Teilnehmer X eine Nachricht w schicken will, so sucht er im Katalog nach V_X, verschlüsselt w und sendet $V_X(w)$. Nur X kann diese Nachricht mit E_X entschlüsseln:

$w = E_X(V_X(w))$.

V_X ist eine *Einwegfunktion* (engl. *one-way function*), deren Umkehrfunktion nur schwer zu ermitteln ist. Einwegfunktionen findet man auch im täglichen Leben.

Beispiel: Die Funktion

F: {Menge aller Namen} → {Menge aller Telefonnummern}

in einer großen Stadt ist praktisch eine Einwegfunktion. F ist für jedes Argument (jeden Namen) leicht durch Nachschlagen im Telefonbuch zu „berechnen". Die Umkehrung von F, also das Problem, zu einer beliebigen Telefonnummer den Teilnehmer zu nennen, ist mit einem Telefonbuch allein kaum zu realisieren.

Soll über einen unsicheren Kanal auch Geschäftsverkehr abgewickelt werden, so müssen nicht nur die Daten verschlüsselt werden, sondern man benötigt auch eine Art *elektronische Unterschrift,* aus der einerseits der Empfänger die Identität des Senders zweifelsfrei ermitteln kann und andererseits der Sender vor dem Fälschen seiner Unterschrift durch den Empfänger geschützt ist (Problem der *Authentifikation*). Beide Forderungen kann man mit Public-Key-Kryptosystemen erfüllen. Der Sender X unterschreibt eine Nachricht w, indem er seine nur ihm bekannte Entschlüsselungsfunktion E_X auf w ansetzt: $u = E_X(w)$. Anschließend verschlüsselt er u mit der Verschlüsselungsfunktion V_Y des Empfängers Y und sendet Y die Nachricht w':

$$w' = V_Y(u) = V_Y(E_X(w)).$$

Y entschlüsselt die Nachricht w' mit der geheimen Entschlüsselungsfunktion E_Y und erhält zunächst die Unterschrift:

$$E_Y(w') = E_Y(V_Y(E_X(w)))$$
$$= E_X(w) = u.$$

Die öffentliche Verschlüsselungsfunktion V_X liefert dann die eigentliche Nachricht

$$w = V_X(u).$$

Das wichtigste Public-Key-Kryptosystem ist das ↑ RSA-System.

künstliche Intelligenz (Abk. KI; engl. *artificial intelligence,* Abk. AI): Forschungsdisziplin der Informatik, in der untersucht wird, wie man intelligentes Verhalten von Computern erfassen und nachvollziehen lassen kann oder wie man allgemein mithilfe von Computern Probleme löst, die Intelligenzleistungen voraussetzen. Die Bezeichnung „künstliche Intelligenz" weckt jedoch oft übertriebene Erwartungen.

Begriffsbestimmung: Der Begriff „artificial intelligence" kam Mitte der 1950er-Jahre in den USA auf. Die Übersetzung von „artificial" als „künstlich" trifft die Bedeutung nur teilweise. „Artificial" bedeutet zugleich „unecht", „erkünstelt", „Schein-". Die Programme, die in der KI entstehen, verhalten sich also für den Betrachter so, *als ob* sie Intelligenz besäßen. Auch das Wort „intelligence" besitzt im Englischen eine weiter gehende Bedeutung als das Wort „Intelligenz" im Deutschen, nämlich denkbezogene Information, Einsicht, Verständnis.

Fragestellungen: In diesem Zusammenhang trifft man häufig auf zwei Thesen, die etwas über die Fähigkeit von Computern aussagen, intelligentes Verhalten zu zeigen. Die *schwache KI-These* klassifiziert den Computer als nützliches Denkwerkzeug, also als Instrument zur Unterstützung menschlicher intellektueller Leistungen. Diese These ist weitgehend akzeptiert. Die *starke KI-These* hingegen besagt, dass der Computer selbst „Geist" und „Verstand" besitzen kann, dass er also menschliche Fähigkeiten wie Denken, Planen, Verstehen, Wissen, Lernen usw. ausführen kann. Vertreter dieser These gehen z. B. davon aus, dass man zukünftig Maschinen konstruieren wird, die intelligenter sind als wir Menschen, dass man sich mit Computern unterhalten kann, dass man sie für ihre Handlungen verantwortlich machen kann usw. Zu den Anhängern dieser These gehören z. B. E. Feigenbaum und M. Minsky, zu ihren Kritikern J. Searle und J. Weizenbaum.

Probleme, die intelligente Lösungen erfordern, sind meist außerordentlich komplex und lassen sich nicht unmittelbar durch einen überschaubaren Algorithmus beschreiben. Standardbeispiele hierfür sind Strategiespiele, insbesondere Dame und Schach, bei denen es eine unüberschaubar große Anzahl von Zugmöglichkeiten gibt, aus denen man eine möglichst optimale auswählen muss. Eine typische Fragestellung in der KI lautet daher: Wie kann man sich in einer unvorstellbar großen Fülle von Lösungsmöglichkeiten zurechtfinden, und mit welchen Fähigkeiten müssen Programme ausgestattet sein, damit sie auf unvorhersehbare Tatbestände und auf Zigmil-

künstliche Intelligenz

liarden von Entscheidungsmöglichkeiten angemessen reagieren? Entscheidend für intelligentes Verhalten ist meist die „Beschränkung auf das Wesentliche". Es müssen daher Ordnungs- und Bewertungsmethoden entwickelt werden, die umfangreiches Datenmaterial auf eine überprüfbare Menge verringern. Solche Methoden, die nicht der Massenverarbeitung (also der Quantität) dienen, sondern sich an einem Ziel orientieren (also die Qualität betonen), stehen im Mittelpunkt der KI.

Teilgebiete der KI:

1. Automatisches Beweisen:
Die Frage, ob ein mathematischer Beweis richtig ist, lässt sich automatisch beantworten (zumindest prinzipiell). Das eigentliche Problem besteht darin, einen Beweis für eine Aussage zu finden. Es wurden daher Programmsysteme entwickelt, die den Mathematiker bei der Beweisführung unterstützen und ihn auf Fehler oder Lücken aufmerksam machen. Mithilfe solcher Systeme kann man z. B. beweisen, ob Programme richtig arbeiten (↑ Semantik, ↑ Verifikation), man kann die Problemlösung bei gewissen Programmiersprachen ermöglichen bzw. beschleunigen (↑ PROLOG), und man kann Widersprüche in Datenbanken aufdecken.

2. ↑ Expertensysteme:
Dies sind Systeme, die Wissen über ein spezielles, eng begrenztes Gebiet speichern, aus diesem Wissen Schlussfolgerungen ziehen können und zu konkreten Problemen des Gebietes Lösungen anbieten.

3. Natürlichsprachliche Kommunikation:
Hierbei geht es um das Erkennen von gesprochener und/oder geschriebener natürlicher Sprache, um die Verarbeitung der darin enthaltenen Information und um die Erzeugung von natürlicher Sprache zur Verständigung mit Menschen. Schon das Erkennen gesprochener Sprache erweist sich als hartnäckiges Problem: Unterschiedliche Redner mit eigenem Sprachstil und speziellen Eigenarten (z. B. Ineinanderziehen von Wörtern beim Sprechen) können zur Zeit noch nicht von einem einheitlichen Spracheingabesystem bedient werden. Um anschließend aus den Wörtern die Bedeutung ermitteln zu können, muss ein Modell der realen Welt vorhanden sein, mit dem die Wörter in Beziehung zu setzen sind.

4. ↑ Mustererkennung:
Als ein Teilbereich sei hier das *Bildverstehen* aufgeführt. Eine Kamera liefert nur eine umfangreiche Menge einzelner Bildpunkte. Diese müssen zu Gebilden zusammengefasst und als einheitliche Objekte erkannt werden. Hierbei gibt es eine Vielzahl von Randbedingungen zu beachten. Zum Beispiel muss in verschiedenen Mengen von Bildpunkten ein Haus von einem Programmsystem wieder erkannt werden, wenn es im Schatten oder unter einer Schneedecke liegt oder wenn es durch andere Objekte wie Autos oder Bäume teilweise verdeckt wird. Die Identifizierung eines Objektes endet aber nicht mit der Ermittlung des geometrischen Gebildes, sondern aufgrund des allgemeinen Wissens muss es als „Haus", als „Auto", als „Baum" o. Ä. erkannt werden. Schließlich muss das Bild noch interpretiert werden. Man muss die Beziehungen zwischen den verschiedenen Objekten entdecken, z. B. dass ein Auto anhält, während ein anderes in die Garage fährt, die neben einem Haus steht usw.
Umgekehrt versucht man, Bilder und Bildsequenzen (Filme) künstlich herzustellen oder neu zusammenzusetzen. Typische Probleme hierbei sind die natürliche Beleuchtung von Gegenstän-

künstliche Intelligenz

den und Personen, die man heute durch Nachverfolgen sehr vieler Lichtstrahlen durch das Bild löst (engl. *raytracing*), und eine möglichst natürliche Bewegung, die derzeit noch auf prinzipielle Schwierigkeiten stößt. Kurze trickfilmartige Bildsequenzen von wenigen Minuten Dauer, wie sie etwa für die amerikanischen Spielfilme „Terminator 2" oder „Jurassic Park" erstellt wurden, benötigen noch viele Stunden Rechenzeit auf einem Großrechner. In den letzten Jahren haben die Begriffe *Cyberspace* und *Virtual Reality* (dt. *virtuelle Realität*, Abk. VR) Aufsehen erregt. Hier wird mithilfe von Computern eine künstliche, aber realistisch aussehende Welt simuliert. Damit der Mensch sich in dieser Scheinwelt bewegen und diese manipulieren kann, erhält er einen speziellen Helm über den Kopf gestülpt, der an einen Computer angeschlossen ist und Augen und Ohren mit Bildern und Geräuschen der künstlichen Welt versorgt. Augen- und Kopfbewegungen werden dem Computer übermittelt, der daraus die neuen Ansichten des künstlichen Raumes errechnet und dem Menschen über die *elektronische Brille,* zwei kleine Bildschirme, zuleitet. Die stereoskopisch eingespielten Bilder vermitteln dem Betrachter das Gefühl von Dreidimensionalität, als befände er sich selbst in der Kunstwelt. Darüber hinaus bekommt die Versuchsperson einen besonderen mit aufwendiger Sensortechnik versehenen *Datenhandschuh,* mit dem Arm- und Fingerbewegungen aufgezeichnet und vom Computer in Bewegungen innerhalb des künstlichen Raumes umgesetzt werden, sodass für die Versuchsperson der Eindruck entsteht, Objekte greifen und manipulieren zu können. Virtuelle Realität bietet eine Vielzahl von Anwendungsmöglichkeiten, die zum Teil bereits realisiert sind:

- Besichtigung von virtuellen Gebäuden, die sich noch in der Planung befinden, oder vom gewünschten Urlaubsort,
- Entwurf von Produkten, ohne dass ein kostspieliges echtes Modell hergestellt werden muss,
- Darstellung von virtuellen Produktionsanlagen zur Prozessoptimierung,
- Ausbildung und Training an virtuellen Objekten.

Der Rechenaufwand zur Simulation des Cyberspace stößt an die Grenzen der Leistungsfähigkeit heutiger Großrechner, daher können schnelle Bewegungen der Versuchsperson bisher meist nur zeitversetzt vom Rechner nachvollzogen werden.

5. Robotik:

Flexibel einsetzbare Handhabungsautomaten (↑Roboter) bestehen meist aus drei Baugruppen:

- Sensoren zur Kommunikation mit der Umgebung, insbesondere zur Aufnahme von Informationen (Photozellen, Kameras, Temperaturfühler, Rauchfühler usw.),
- Effektoren zur Durchführung von Tätigkeiten (Schalter, bewegliche Greifarme, Fahrgestell usw.),
- Prozessoren/Steuereinheiten zur Informationsverarbeitung und zur Steuerung der Effektoren.

Da man nicht alle Zustände und Störfälle vorhersehen kann, muss ein Roboter mit einem Grundwissen über die Umwelt, in der er aufgestellt wird, ausgestattet sein.

Weitere Gebiete der KI entwickeln sich oder spalten sich von den oben genannten ab. Zentrale Fragen betreffen z. B. die Darstellung und Aktualisierung von Wissen, die Gewinnung neuen Wissens aus vorhandenem Wissen oder den Zusammenbau von funktionsfähigen Gesamtsystemen aus einzelnen Komponenten.

Kybernetik (zu griech. kybernētikḗ (téchnē) „Steuermannskunst"): Disziplin, die sich mit der Untersuchung von Steuerungs- und Regelungsvorgängen in Biologie, Technik und Gesellschaft befasst und Modelle zur Darstellung, Umwandlung und Verarbeitung von Informationen entwirft. Alle automatischen Datenverarbeitungsanlagen sind in diesem Sinne kybernetische Maschinen, und die Informatik selbst umfasst die Wissenschaft von den kybernetischen Maschinen und Methoden.

L

Lader (engl. *loader*): Bezeichnung für ein Dienstprogramm des Betriebssystems, welches ausführbare Maschinenprogramme von einem Hintergrundspeicher in den Hauptspeicher transportiert. Der Lader erhält von der ↑Speicherverwaltung des Betriebssystems den Speicherbereich mitgeteilt, in dem das Programm abgelegt werden soll. Der Lader rechnet die im Programm vorkommenden absoluten Adressen (↑Adressierungsarten) in gültige Adressen des betreffenden Speicherbereichs um. Die Tätigkeit des Laders heißt *Laden*.
Eine Mischform zwischen ↑Binder und Lader ist der ↑Bindelader. Eine Sonderform des Laders ist der *Urlader,* der beim Einschalten eines Computers zunächst den eigentlichen Lader in den Hauptspeicher lädt, der dann seinerseits das Betriebssystem lädt. Diese Anfangsphase mit Beteiligung des Urladers nennt man *Bootstrapping* oder kurz *Booting*.

Lambda-Kalkül (engl. *λ-calculus*): Mathematischer Formalismus zur Beschreibung von Funktionen durch Rechenvorschriften.
So wie die ↑Registermaschine bzw. die ↑μ-rekursive Funktion theoretisches Modell der imperativen Programmierung und die Prädikatenlogik theoretisches Modell der prädikativen Programmierung ist, ist der Lambda-Kalkül das theoretische Modell der funktionalen Programmierung.
Der Lambda-Kalkül wurde Mitte der 1930er-Jahre von Alonzo Church (1903–95) entwickelt, um den Begriff der ↑Berechenbarkeit präzise zu formulieren. Der Lambda-Kalkül hat viele Konzepte in Programmiersprachen, vor allem von ↑LISP, beeinflusst.
In der *Schule* spielt der Lambda-Kalkül dann eine Rolle, wenn man sich im Informatikunterricht von der traditionellen Vorgehensweise löst und statt einer imperativen eine funktionale Programmiersprache zugrunde legt. Befasst man sich dann in der Sekundarstufe II mit der Theorie der Berechenbarkeit oder der Theorie der Programmierung, so sollten diese theoretischen Überlegungen ebenfalls funktional auf der Basis des Lambda-Kalküls statt imperativ auf der Basis von Register- oder Turingmaschine vermittelt werden.

Laufzeit:
1. Komplexitätsmaß für Algorithmen, Funktionen und Probleme. Die Laufzeit eines Algorithmus ist die Anzahl der Rechenschritte, die eine Mehrbandturingmaschine für eine Eingabe bis zum Halten benötigt, bzw. die maximale Zahl von Gattern, die auf dem Weg von einer Eingabestelle zu einer Ausgabestelle in einem ↑kombinatorischen Schaltwerk liegen. Die Laufzeit einer Funktion oder eines Problems ist die kleinste Laufzeit, die ein Algorithmus, der diese Funktion berechnet bzw. das Problem löst, besitzt. Die Laufzeit bildet die Basis für die ↑Komplexitätsklassen.
2. Zeit, während derer ein Programm von einem Computer abgearbeitet

269   **Leistung**

wird (oft im Gegensatz zur *Überset-zungszeit,* die den Zeitraum angibt, in dem das Programm übersetzt wird). Vgl. ↑Bindungsbereich, ↑Laufzeitfehler, ↑Laufzeitsystem.

Laufzeitfehler (engl. *runtime error*): Fehler, der sich während der Abarbeitung eines Programms ergibt.
Bei der Übertragung eines Programms in ein Maschinenprogramm kann ein Übersetzer nur bestimmte ↑Fehler im Programm finden (z. B. Verwendung nicht deklarierter Variablen, Verstöße gegen die Syntax), d. h., ein Programm kann weitaus mehr Fehler enthalten, als der Übersetzer feststellen kann. Alle Fehler, die erst während der Ausführung des Programms auftreten, bezeichnet man als Laufzeitfehler. Sie führen meistens dazu, dass das Programm mit einer Fehlermeldung abgebrochen wird. Laufzeitfehler sind oft schwer zu lokalisieren und zu beseitigen.
Beispiele für leicht zu identifizierende Laufzeitfehler sind: Division durch eine Variable, deren aktueller Wert Null ist, Lesen einer ↑Datei, deren Ende erreicht ist, ↑Bereichsüberschreitung, wechselseitiges Warten zweier Prozesse auf die Freigabe von Speicherbereichen, usw.

Laufzeitsystem: Höhere Programmiersprachen bieten zur Programmierung häufig komplexe Ausdrucksmittel an, die nicht direkt in eine kurze Befehlsfolge der Maschinensprache übersetzt werden können (Zugriff auf komplexe ↑Datenstrukturen, rekursive Prozeduren) oder die von Werten abhängen, die erst während der Ausführung des Programms ermittelt werden (z. B. die dynamische ↑Speicherverwaltung). Für die Bearbeitung solcher Operationen werden Prozeduren in der Maschinensprache geschrieben, welche dann vom übersetzten Programm aufgerufen werden. Die Zu-

sammenfassung solcher Prozeduren für einen Übersetzer bezeichnet man als Laufzeitsystem. Dieses wird durch den ↑Binder zum übersetzten Programm hinzugefügt.
Das Laufzeitsystem ist auch verantwortlich für die Ausgabe von ↑Laufzeitfehlern.

Leerheitsproblem: Sei K eine Klasse von ↑Grammatiken oder ↑Automaten. Das Leerheitsproblem für K ist die Frage nach einem ↑Algorithmus, mit dem man für jedes B aus K entscheiden kann, ob die durch B beschriebene Sprache leer ist, d. h. kein einziges Wort enthält, oder nicht.
Das Leerheitsproblem für ↑kontextfreie Grammatiken ist entscheidbar, d. h., es gibt einen Algorithmus, der zu jeder kontextfreien Grammatik G entscheidet, ob $L(G) = \emptyset$ ist oder nicht. Dagegen ist das Leerheitsproblem für allgemeine und für ↑kontextsensitive Grammatiken nicht entscheidbar (↑Entscheidbarkeit).

Leistung (engl. *performance*): Physikalischer Begriff für Arbeit pro Zeit. In der Informatik bezeichnet Leistung meist die Geschwindigkeit, mit der Aufträge von einer Datenverarbeitungsanlage verarbeitet werden. Zur Bewertung der Leistung zieht man geeignete Messgrößen heran, von denen die wichtigsten sind:
Durchsatz: Zahl der pro Zeiteinheit bearbeiteten Befehle oder Aufträge;
Antwortzeit: Zeit, die ein Auftrag vom Zeitpunkt seines Eintreffens bis zum Abgang nach erfolgter Bearbeitung im Datenverarbeitungssystem verbringt;
Verfügbarkeit: Zeit zwischen zwei aufeinander folgenden ↑Fehlern der Rechenanlage.
Zum Vergleich der Leistung unterschiedlicher Rechenanlagen objektiviert man die Messung obiger Größen durch die Verwendung von ↑Bewertungsprogrammen (↑MIPS).

lexikalische Analyse 270

L

lexikalische Analyse: In einem ↑ Übersetzer ist die lexikalische Analyse das Bindeglied zwischen dem ↑ Quellprogramm und dem eigentlichen Übersetzer. Die Syntax einer Programmiersprache wird in der Regel durch eine ↑ kontextfreie Grammatik definiert, wobei die Terminalsymbole (↑ Grammatik) Folgen von mehreren Zeichen sein können (z. B. begin, while, :=). Damit der eigentliche Übersetzer mit der Analyse des syntaktischen Aufbaus der Programme beginnen kann (↑ syntaktische Analyse), wird in der lexikalischen Analyse das Quellprogramm, eine Folge von Zeichen, in eine Folge von Terminalsymbolen, die so genannten *Token,* übersetzt. Ein Token (dt. Zeichen) fasst eine Folge von Zeichen zusammen, die bedeutungsmäßig zusammengehören. Ein Programm, das diese Übersetzung realisiert, nennt man *Scanner.* Ein Scanner liest das Quellprogramm zeichenweise ein und gibt die dazugehörige Tokenfolge aus.

Beispiel:
Ein Scanner für die Programmiersprache ↑ PASCAL übersetzt z. B. den Programmteil

„while n > 0 do n := n − 1;"

in die Tokenfolge

„while" „n" „ > " „0" „do"
„n" „:= " „n" „−" „1" „;"

Die lexikalische Analyse ist im Wesentlichen ein ↑ endlicher Automat, der immer dann ein Token erkennt, wenn er vom Startzustand aus in einen Endzustand gelangt. Die Tokenmenge beschreibt man meist durch ↑ reguläre Ausdrücke. Wegen der Vielzahl möglicher Token wird ein Scanner in der Regel sehr umfangreich.
Bei der lexikalischen Analyse werden zugleich Bezeichner und Konstante er-

kannt. Um die nachfolgenden Phasen des Übersetzers zu vereinfachen (↑ semantische Analyse), wird daher während der lexikalischen Analyse zugleich eine erste Version der ↑ Symboltabelle aufgebaut.

Lichtgriffel (engl. *light pen*): Stift, in dessen Spitze anstelle einer Mine eine lichtempfindliche Zelle (Photozelle) eingebaut ist.
Der Lichtgriffel ist ein Eingabegerät und wird in Verbindung mit einem Bildschirm verwendet, wobei die Photozelle selbst an den Computer angeschlossen ist. Durch Berühren der Bildschirmfläche mit der Griffelspitze können Punkte und Linien gezeichnet oder Bildelemente markiert werden. Lichtgriffel werden vorwiegend beim ↑ computerunterstützten Entwerfen, Eingeben und Zeichnen verwendet.

linear beschränkter Automat (Abk. lba): ↑ Turingmaschine, deren Arbeitsband durch die Länge des Eingabewortes beschränkt ist. Dazu verwendet man zwei spezielle Bandsymbole ¢ und \$, die das linke bzw. rechte Ende des Eingabewortes markieren und die während der Verarbeitung nicht überschrieben und auch nicht übersprungen werden dürfen. Die Menge der von nichtdeterministischen (↑ Determinismus) linear beschränkten Automaten erkannten Sprachen ist gleich der Menge der ↑ kontextsensitiven Sprachen (↑ Chomsky-Hierarchie). Es ist bisher ungeklärt, ob es zu jedem nichtdeterministischen linear beschränkten Automaten einen deterministischen lba gibt, der genau die gleiche Sprache akzeptiert *(lba-Problem).* Diese Frage ist gleichbedeutend mit der Frage, ob die ↑ Komplexitätsklassen DSPACE(n) und NSPACE(n) übereinstimmen.

lineare Liste: Eine endliche Folge von Elementen eines vorgegebenen ↑ Datentyps mit den Operationen „lee-

lineare Liste

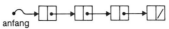

Abb. 1: Einfach verkettete lineare Liste

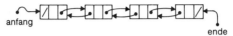

Abb. 2: Doppelt verkettete lineare Liste

re Liste erzeugen", „Element einfügen", „Element entfernen", „Listen verketten" sowie Abfrage- und Suchoperationen. Die lineare Liste ist die wichtigste dynamische Datenstruktur und in vielen modernen Programmiersprachen als Standarddatentyp vorhanden. In den meisten imperativen Programmiersprachen ist sie nicht vordefiniert und muss durch ↑Zeiger umständlich und fehleranfällig simuliert werden. In diesem Fall unterscheidet man zwischen einfach verketteten und doppelt verketteten linearen Listen (Abb. 1 und 2).

Im Folgenden werden einige Operationen präzise ausformuliert, nachdem zuvor die Datenstruktur der linearen Liste deklariert wurde.

a) Datenstruktur für einfach verkettete lineare Listen, deren Elemente vom Datentyp T sind. Dabei bedeutet der senkrechte Pfeil vor einem Datentyp „Zeiger auf ein Element dieses Datentyps", der senkrechte Pfeil nach einer Variablen bezeichnet das Objekt, auf das diese Variable zeigt; liegt kein Zeiger vor, so verwendet man die Konstante nil (↑PASCAL, ↑Zeiger):

```
type element = record
                 inhalt: T;
                 next: ↑element
               end;
var anfang, p, q, r: ↑element;
```

b) Aufbau einer einfach verketteten linearen Liste mit n Elementen, deren Inhalt $t_1, t_2, ..., t_n$ ist:

```
anfang := nil;
for i := n downto 1 do
begin
   new(p);
   p↑.next := anfang;
   p↑.inhalt := t_i;
   anfang := p
end;
```

Hierdurch wird die Liste von hinten nach vorne aufgebaut. Will man umgekehrt vorgehen, so muss man entweder am Ende dieses Programmstücks alle Zeiger der Liste umdrehen oder mit einem zusätzlichen Hilfszeiger arbeiten, der stets auf das letzte Element weist.

c) Durchlaufen einer linearen Liste:

```
p := anfang;
while p ≠ nil do
begin
   „Bearbeite p↑.inhalt";
   p := p↑.next
end;
```

d) Einfügen eines Listenelements mit dem Inhalt t hinter p↑ (Abb. 3 und 4, S. 272):

```
new(q);
q↑.inhalt := t;
q↑.next := p↑.next;
p↑.next := q;
```

e) Einfügen eines Listenelements mit dem Inhalt t vor p↑:

```
new(q);
q↑ := p↑;
p↑.next := q;
p↑.inhalt := t;
```

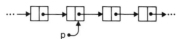

Abb. 3: Situation vor Einfügen des Elements t

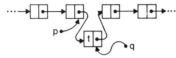

Abb. 4: Situation nach Einfügen des Elements t

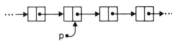

Abb. 5: Situation vor Entfernen des Nachfolgers von p↑

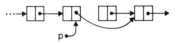

Abb. 6: Situation nach Entfernen des Nachfolgers von p↑

f) Entfernen des Nachfolgers von p↑ (Abb. 5 und 6):

p↑.next := p↑.next↑.next;

g) Entfernen des Elements p↑ selbst (Abb. 5) unter der Voraussetzung, dass p↑ einen Nachfolger besitzt:

p↑ := p↑.next↑;

Spezielle lineare Listen mit besonderen Einfüge- und Löschoperationen sind ↑Keller und ↑Schlangen. Allgemeine Listen erhält man, wenn man als Datentyp T wiederum Listen zulässt (↑LISP, ↑ML). Auf diese Weise kann man mit (linearen) Listen beliebige Graphen und somit beliebige dynamische Datenstrukturen darstellen. Als Beispiel hierzu Adjazenzlistendarstellung in ↑Graph. Zur Verwendung von Listen für die Organisation des Speichers ↑Freispeicherverwaltung.

linguistische Datenverarbeitung *(Computerlinguistik;* engl. *computational linguistics):* Wissenschaft, die sich mit Phänomenen und Strukturen natürlicher Sprachen und ihrer maschinellen Verarbeitung befasst.

Die Computerlinguistik hat ihre Anfänge in der maschinellen Sprachübersetzung der 1950er-Jahre.

In die Computerlinguistik fließen neben den Sprachwissenschaften und der Informatik auch Erkenntnisse aus der Logik, der Psychologie und den Geisteswissenschaften ein. Natürliche Sprachen sind außerordentlich komplexe Gebilde mit einem komplizierten Beziehungsgefüge. Daher wird es noch einige Zeit dauern, bis außer Textmanipulationssystemen und einfachen Übersetzern leistungsfähige Systeme zum elementaren Sprachverstehen und zur automatischen Sprachanalyse verfügbar sind.

linkslineare Grammatik: Eine Grammatik $G = (N, T, P, S)$ heißt linkslinear, wenn alle Produktionsregeln aus P die Form (A, Bw_1) oder (A, w_2) haben. Dabei sind A und B Nichtterminalsymbole aus N und w_1 und w_2 Wörter über dem Terminalalphabet T.

Die Menge der Sprachen, die von linkslinearen Grammatiken erzeugt werden, ist gleich der Menge der von ↑rechtslinearen Grammatiken erzeugten Sprachen sowie gleich der Menge der von ↑endlichen Automaten akzeptierten Sprachen (↑Chomsky-Hierarchie).

LISP (Abk. für engl. list processing language): Applikative Programmiersprache, deren wichtigste Datenstruktur ↑lineare Listen sind. LISP-Programme werden oft durch ↑Interpreter abgearbeitet. Es haben sich im Laufe der Zeit viele Varianten entwickelt (im Ausbildungsbereich ist die Variante **SCHEME** [ski:m] weit verbreitet).

Nachfolgend wird ein einfacher Dialekt eines Teiles der Sprache LISP vorgestellt, der daher nicht auf jedem LISP-Interpreter ablauffähig ist.

Die grundlegenden Objekte von LISP sind Atome: Ein *Atom* kann u. a. eine Zahl (z. B. „1", „134", „9 999"), ein Name (z. B. „A", „HALLO", „SUB") oder das spezielle Objekt mit dem Namen NIL (entspricht dem leeren oder nicht vorhandenen Objekt) sein. Atome sind die kleinsten unteilbaren Bausteine von LISP. Jedes Objekt von LISP ist ein so genannter *s-Ausdruck* („s" steht für „symbolisch"). Ein s-Ausdruck ist entweder ein Atom oder von der Form

(x . y),

wobei x und y wiederum beliebige s-Ausdrücke sein können.

Beispiele für s-Ausdrücke:

345
NIL
(A . 1)
(PLUS . (3 . 4))

Eine für LISP sehr wichtige Art von s-Ausdrücken sind die *Listen:* Eine Liste ist entweder eine Liste der Länge 0 (die leere Liste, bezeichnet durch den Namen NIL) oder ein s-Ausdruck

(x . y),

wobei x ein s-Ausdruck ist und y eine Liste sein muss.

Beispiele für Listen:

NIL
(HALLO . NIL)
(A . (B . NIL))
(HALLO . ((A . (B . NIL))))

Weil in LISP häufig mit Listen gearbeitet wird, gibt es für Listen eine vereinfachte Schreibweise: Für die leere Liste NIL kann man ( ) schreiben, und

(s1 s2 ... sn)

steht für die Liste

(s1 . (s2 . (... (sn . NIL) ...)))

Eine Liste besteht in dieser vereinfachten Schreibweise immer aus einer linken und einer rechten runden Klammer, und zwischen den Klammern sind nacheinander die einzelnen Elemente der Liste aufgeführt.

Beispiele für Listen in vereinfachter Schreibweise:

( )
(HALLO)
(A B)
(HALLO (A B))

Das letzte Beispiel ist eine zweielementige Liste, deren erstes Element das Atom HALLO und deren zweites Element die zweielementige Liste (A B) ist.

Listen können also Listen als Elemente enthalten. Auf diese Weise kann man beliebige ↑Graphen darstellen.

S-Ausdrücke sind nichts anderes als binäre geordnete ↑Bäume, bei denen die Werte (Atome) nur in den Blättern stehen dürfen. Listen ergeben sich als „rechtslastige" Bäume. Um die Ordnung im Baum anzugeben, bezeichnet man den linken Nachfolger eines Knotens im Baum mit car [ka:r], den rechten mit cdr ['kʊdər]. Eine anschauliche Darstellung des s-Ausdrucks (x.y) zeigt Abb. 1.

Abb. 1: Darstellung des s-Ausdrucks (x.y)

Beispiele:
Abb. 2 enthält Gegenüberstellungen von s-Ausdrücken und Baumdarstellungen.

LISP

s-Ausdruck	Baumdarstellung
HALLO	HALLO
(A.(B.NIL))	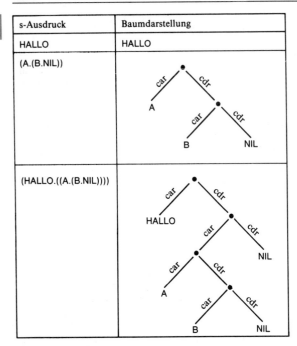
(HALLO.((A.(B.NIL))))	

Abb. 2: s-Ausdrücke und ihre Baumdarstellungen

Die Liste (s1 s2 ... sn) erhält also die Darstellung gemäß Abb. 3. Man lässt die Angaben car und cdr aus Gründen der Übersichtlichkeit weg.

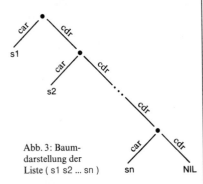

Abb. 3: Baumdarstellung der Liste (s1 s2 ... sn)

Programmieren in LISP bedeutet Manipulieren von s-Ausdrücken und Listen. Da LISP eine applikative Programmiersprache ist, werden solche Manipulationen durch Anwendung von Funktionen beschrieben. Eine Funktionsanwendung wird als Liste geschrieben, wobei das erste Listenelement der Name der Funktion und die restlichen Elemente die aktuellen ↑Parameter sind (↑ Präfixnotation).

Listen werden grundsätzlich als Anwendung einer Funktion interpretiert. (A B C D) bedeutet also: Wende die Funktion A auf B, C und D an.

Möchte man Listen selbst als Parameter benutzen, will man z. B. die Liste

(81 23 36 42 14)

sortieren, so ist dies nicht unmittelbar möglich, da diese Liste als Anwendung der „Funktion" 81 auf die Parameter 23, 36, 42 und 14 aufgefasst wird, was

LISP

also zu einem Fehler führen würde. Es gibt daher in LISP das Sprachelement QUOTE, das besagt: Fasse die folgende Liste nicht als Funktionsanwendung auf.

QUOTE (81 23 36 42 14)

bezeichnet also die Liste, die aus den fünf angegebenen Zahlen besteht. Da QUOTE oft in Programmen vorkommt, kürzt man es durch ' ab.

Zur Manipulation von s-Ausdrücken und Listen stellt LISP die folgenden drei wichtigen Grundfunktionen zur Verfügung (x und y sind dabei beliebige s-Ausdrücke):

```
(CAR   (x . y) ) = x
(CDR   (x . y) ) = y
(CONS  x y)     = (x . y)
```

CAR liefert den linken, CDR den rechten Teil eines s-Ausdrucks, und CONS vereinigt zwei s-Ausdrücke zu einem. Auf Listen angewendet liefert CAR das erste Element, CDR die restliche Liste ohne das erste Element. Mithilfe dieser und weiterer einfacher Grundfunktionen kann man in LISP neue Funktionen definieren.

Eine Funktionsdefinition DE hat im Allgemeinen folgende Form:

```
(DE name (p1 p2 ... pn)
    s-Ausdruck)
```

p1, p2, ..., pn sind die formalen Parameter der Funktion name. Der angegebene s-Ausdruck ist der Rumpf der Funktion. In diesem s-Ausdruck können die formalen Parameter als Platzhalter benutzt werden.

Wenn diese neue Funktion in der Form (name a1 a2 ... an) irgendwo im Programm benutzt wird, dann werden im Rumpf der Funktion name die formalen Parameter pi durch die korrespondierenden aktuellen Parameter ai ersetzt, und der auf diese Weise modifizierte Rumpf wird ausgewertet. Die

↑ Parameterübergabe erfolgt wie im ↑ Lambda-Kalkül, auf den die Sprache LISP zurückgeht, durch ↑ call by name. Faktisch entspricht dies in LISP aber dem ↑ call by value, da die LISP-Variablen keine Speicherplätze sind (ein wesentlicher Unterschied zu imperativen ↑ Programmiersprachen).

Bedingungen bauen auf den Wahrheitswerten auf, die in LISP durch NIL für „falsch" und T für „wahr" bezeichnet werden. Bedingungen baut man aus Grundfunktionen auf.

Beispiel:
Man kann mit der Funktion EQUAL zwei Objekte vergleichen:

```
(EQUAL 3 5) = NIL
(EQUAL 7 7) = T
```

Der bedingte Ausdruck hat die Form:

```
(COND
    (Bedingung1 s-Ausdruck1)
    (Bedingung2 s-Ausdruck2)
    ...
    (BedingungN s-AusdruckN) )
```

Das Ergebnis eines solchen Ausdrucks ist der i-te s-Ausdruck, falls die i-te Bedingung „wahr" und alle vorhergehenden Bedingungen den Wert NIL geliefert haben. Falls alle Bedingungen falsch sind, dann erhält der bedingte Ausdruck den Wert NIL.

Beispiel:
Funktion, welche die Länge einer Liste berechnet:

```
(DE LENGTH (liste)
    (COND
        ((EQUAL liste NIL) 0)
        (T (PLUS (LENGTH
            (CDR liste)) 1))))
```

In der ersten Bedingung wird überprüft, ob die Liste leer ist. Falls dies zutrifft, hat sie die Länge 0. Ist die Liste nicht leer (zweite Bedingung), dann ergibt sich die Länge der Liste dadurch,

Lochkarte

dass man zur Länge der um das erste Element verkürzten Liste 1 hinzuaddiert. Die Funktion ist also rekursiv definiert.

Ein LISP-Programm besteht aus einer Liste von Funktionsdefinitionen und einem Ausdruck, der auf der Basis dieser Funktionsdefinitionen ausgewertet werden soll:

```
((DE funct1 ...)
 (DE funct2 ...)
 ...
 (DE functN ...)
 s-Ausdruck)
```

In den Rümpfen der Funktionen können alle Grundfunktionen und alle selbst definierten Funktionen verwendet werden. Die ↑Rekursion ist somit das entscheidende Prinzip zum Aufbau von Funktionen.

Die gleiche Behandlung von Funktionen und Daten bei LISP erlaubt es, dass Funktionen als aktuelle Parameter verwendet werden und dass Funktionen als Ergebnis einer Funktionsanwendung entstehen können. Da LISP-Programme genauso wie Daten manipuliert werden können, ist LISP besonders geeignet zur Lösung von Problemen, die sich mit der Manipulation von Programmen beschäftigen (↑Übersetzer, ↑Interpreter, ↑Programmgenerator). Außerdem eignet sich LISP für Probleme, bei denen nicht numerische Berechnungen, sondern die Beziehungen und Verarbeitung von Symbolen und Strukturen im Vordergrund stehen. Daher wird LISP seit langem in der ↑künstlichen Intelligenz eingesetzt.

LISP wurde bereits Ende der 1950er-Jahre von John McCarthy entwickelt. Mit der Herstellung von speziellen LISP-Maschinen seit Ende der 1970er-Jahre wird LISP (oder einer der vielen Dialekte) für einen wachsenden Kreis von Anwendern interes- sant. Für die *Schule* wurde 1967 auf der Basis von LISP die Sprache ↑LOGO entwickelt.

Lochkarte: Veralteter Datenträger zur Ein- und Ausgabe von Informationen für digitale Rechenanlagen.

Eine Lochkarte besteht aus Spezialpapier und ist matrixartig in 12 Zeilen und 80 Spalten eingeteilt. Die ersten Lochkarten wurden zur Auswertung der elften amerikanischen Volkszählung im Jahre 1890 von dem amerikanischen Ingenieur Hermann Hollerith (1860–1929) entwickelt und eingesetzt (↑Informatik). Die Abmessungen der Lochkarten entsprechen dem damals im Umlauf befindlichen Ein-Dollar-Schein ($82{,}55 \times 187{,}32$ mm).

Jedes Zeichen wird durch eine bestimmte Lochkombination dargestellt, wobei Ziffern durch ein Loch, Buchstaben und Sonderzeichen durch zwei oder drei Löcher codiert werden. Jede Spalte einer Lochkarte kann ein Zeichen aufnehmen.

Lochstreifen: Datenträger zur Ein- und Ausgabe von Informationen für digitale Rechenanlagen.

Ein Lochstreifen ist ein zwischen 17,5 mm und 25,5 mm breiter Papier- oder Kunststoffstreifen, in dem Zeichen quer zur Längsrichtung durch Löcher codiert werden.

Lochstreifen werden heute in der Datenverarbeitung kaum noch eingesetzt.

Logik: Allgemeine Theorie der folgerichtigen Aussagen und ihrer gültigen Beziehungen; im engeren Sinne Teilgebiet der Mathematik, in dem grundlegende mathematische Fragestellungen, z. B. die Widerspruchsfreiheit mathematischer Theorien, und mathematische Begriffe, z. B. „Beweis", „Definition", präzisiert und behandelt werden. Dazu wird eine Sprache *(Kalkül)* geschaffen, in der man logische Zusammenhänge exakt darstellen kann. Außerdem führt man Regeln ein, mit

Logik

denen man von gegebenen Formeln und Zeichenreihen zu anderen Formeln bzw. Zeichenreihen übergehen kann. Dadurch wird das logische Schließen präzisiert.

Der älteste Zweig der Logik ist die *Aussagenlogik,* in der Variablen und Konstanten durch „und", „oder" bzw. „nicht" verknüpft werden. Die Aussagenlogik entspricht der ↑Schaltalgebra, eine Aussage dem dort angegebenen booleschen Ausdruck.

Ein für die Informatik wichtiges Teilgebiet der Logik ist die *Prädikatenlogik.* Sie dient zur Formalisierung und zum Beweis von Eigenschaften von Programmen (↑Semantik, ↑Verifikation) und bildet mit Erweiterungen bzw. Abwandlungen die Grundlage großer Bereiche der ↑künstlichen Intelligenz. Ferner ist sie das theoretische Modell hinter allen prädikativen Programmiersprachen.

Zur Präzisierung definiert man den *Prädikatenkalkül,* der die korrekten Zeichenreihen zur Darstellung der Eigenschaften beschreibt. Die Wörter, deren Gesamtheit die formale Sprache des Prädikatenkalküls ausmacht, heißen *Formeln.* Die zunächst sinnleere Folge von Symbolen (Buchstaben) einer Formel geht erst durch Interpretation der Zeichen in eine Aussage, ein so genanntes *Prädikat,* über, das wahr oder falsch sein kann.

Beispiel 1:
Eine typische Formel des Prädikatenkalküls ist z. B.:

$$(\exists f)(f(a) = b \wedge (\forall x)(p(x) \Rightarrow f(x) = g(x, f(h(x)))))$$

Die Formel bedeutet in umgangssprachlicher Darstellung:

„*Es gibt* (Kürzel: ∃) eine Funktion f, für die $f(a) = b$ wahr ist, und *für jedes* (Kürzel: ∀) x, für das $p(x)$ wahr ist, ist $f(x) = g(x, f(h(x)))$ wahr."

Eine *Interpretation* dieser Formel ist bestimmt
a) durch eine (nichtleere) Menge M,
b) durch Zuordnung von a und b zu Elementen von M,
c) durch Zuordnung von p zu einem einstelligen Prädikat über M (d. h. einer Abbildung

$$p : M \rightarrow \{\text{wahr, falsch}\}),$$

d) durch Zuordnung von g zu einer zweistelligen Funktion über M

$$g : M \times M \rightarrow M,$$

e) durch Zuordnung von h zu einer einstelligen Funktion über M

$$h : M \rightarrow M.$$

Es folgen zwei Interpretationen der Formel aus Beispiel 1.

Interpretation 1:
M sei die Menge der natürlichen Zahlen $\mathbb{N}_0$, a sei die Zahl 0, b sei die Zahl 1, $p(x)$ sei die Bedingung $x > 0$, $g(x, y)$ sei die Multiplikation $x \cdot y$, und $h(x)$ sei die modifizierte Vorgängerfunktion, also $x - 1$ für $x \geq 1$ und 0 sonst. Die Formel geht mit dieser Interpretation in folgendes Prädikat über:

$$(\exists f)(f(0) = 1 \wedge (\forall x)(x > 0 \Rightarrow f(x) = x \cdot f(x - 1))).$$

Die Fakultätsfunktion $f(x) = x!$ erfüllt dieses Prädikat (↑Fakultät).

Interpretation 2:
M sei $\mathbb{N}_0$, a sei 0, b sei 1, $p(x)$ sei $x > 0$, $g(x, y)$ sei $y + 1$ und $h(x)$ sei x.
Die Formel geht mit dieser Interpretation in folgendes Prädikat über:

$$(\exists f)(f(0) = 1 \wedge (\forall x)(x > 0 \Rightarrow f(x) = f(x) + 1))$$

Dieses Prädikat ist falsch, denn keine Funktion f besitzt die Eigenschaft $f(x) = f(x) + 1$ für alle $x > 0$.

Allgemein definiert man ein *n*-stelliges *Prädikat P* über M als Abbildung

LOGO

$$P: \underbrace{M \times \ldots \times M}_{n\text{-mal}} \to \{\text{wahr, falsch}\}$$

Ein n-stelliges Prädikat heißt *erfüllbar*, wenn es $x_1, \ldots, x_n \in M$ gibt, sodass $P(x_1, \ldots, x_n) = $ wahr ist. Eine Formel heißt erfüllbar, wenn es eine Interpretation gibt, die die Formel zu einem erfüllbaren Prädikat macht. Ein Prädikat heißt *gültig*, wenn für alle $x_1, \ldots, x_n \in M$ $P(x_1, \ldots, x_n) = $ wahr ist. Eine Formel heißt *gültig*, wenn jede Interpretation die Formel zu einem gültigen Prädikat macht. Die Formel aus Beispiel 1 ist zwar erfüllbar (1. Interpretation), aber nicht gültig (2. Interpretation).

Beispiel 2:
Die folgenden Formeln sind gültig ($\bar{p}$ ist die Negation von p):

a) $x = x$
b) $p \lor \bar{p}$
c) $(\forall x)(p(x)) \Rightarrow (\exists x)(p(x))$

Logische Formeln beschreiben Eigenschaften. Formeln kann man daher zur Beschreibung von Problemen verwenden (↑PROLOG). Erweiterungen der Logik beziehen die Zeit ein *(temporale Logik)*.
In der *Schule* spielt die Prädikatenlogik dann eine Rolle, wenn man sich im Informatikunterricht von der traditionellen Vorgehensweise löst und statt einer imperativen nun eine prädikative Programmiersprache zugrunde legt. In der Sekundarstufe II sollten theoretische Überlegungen dann ebenfalls prädikativ auf der Basis der Prädikatenlogik statt imperativ auf der Basis von Register- oder Turingmaschine vermittelt werden.

LOGO: Programmiersprache, die als Einstieg in das Programmieren für Anfänger, insbesondere für Kinder und Jugendliche, konzipiert wurde. LOGO enthält viele Konzepte aus der Sprache ↑LISP. LOGO ist eine interaktive Programmiersprache. Ein Editor und ein einfaches Dateisystem wurden integriert, um Prozeduren erstellen, ablegen und abrufen zu können. Die Listenverarbeitung erlaubt es, mit Datenstrukturen zu arbeiten; hierdurch ist eine Symbolverarbeitung möglich, mit deren Hilfe man auch Programme in LOGO manipulieren kann. Man kann ↑Prozeduren bzw. Funktionen definieren, die in anderen Prozeduren verwendet werden können. Schließlich wurde eine spezielle Grafik, die *Turtle-Grafik* (nach engl. turtle „Schildkröte"), eingeführt, um LOGO-Prozeduren bei geometrischen Fragestellungen einzusetzen und zu veranschaulichen. Der Name stammt daher, dass der Cursor (↑Bildschirm) als eine kleine Schildkröte dargestellt ist, die über den Bildschirm läuft und dabei Striche ziehen kann. In der deutschen Version wird statt dessen ein Igel (daher *Igelgrafik*) bevorzugt.
Die grundlegenden Daten und Datenstrukturen von LOGO sind Zahlen, Wörter und Listen.
Ein Wort ist eine Zeichenfolge, die mit Anführungsstrichen beginnt und kein Leerzeichen enthält.

Beispiele:

"HANS
"OTTO
"STIFT

Zahlen sind Zeichenfolgen, die nur Ziffern und eventuell Sonderzeichen für die übliche Darstellung negativer Zahlen und von Gleitpunktzahlen (↑Gleitpunktdarstellung) enthalten.

Beispiele:

1   4567 -12 2.5 $-32.45E10$

Listen sind geordnete Folgen von Objekten, die durch eckige Klammern begrenzt sind. Insbesondere kann eine Liste als Elemente wiederum Listen enthalten (vgl. ↑lineare Liste).

LOGO

Beispiele:

    [HANS   OTTO   HUGO]
    [[HANS 5]   [HUGO 4]]
    [ ]

Aufrufe von Funktionen werden in LOGO durch Angabe des Funktionsnamens und der zugehörigen aktuellen ↑Parameter geschrieben. Vordefiniert sind in LOGO verschiedene arithmetische Funktionen (die man auch in ↑Infixnotation aufschreiben kann) und Funktionen zur Listenverarbeitung.

Beispiele:

SUM 2 3	= 5
2 * 3	= 6
FIRST [HANS OTTO]	= HANS
BUTFIRST [HANS OTTO]	= [OTTO]

FIRST liefert das erste Element einer Liste, BUTFIRST die Liste ohne ihr erstes Element.

Weiterhin gibt es in LOGO „Befehle" (wie z.B. PRINT), die vergleichbar mit Prozeduren sind („Funktionen" ohne Ergebnis). Programmieren mit einem LOGO-System bedeutet Befehle eingeben. Durch den Befehl TO kann man neue Funktionen oder Prozeduren definieren. ↑Rekursion ist zugelassen.

Beispiel:
Definition einer Funktion, die das zweite Element einer eingegebenen Liste liefert:

    TO ZWEI :LISTE
    OUTPUT FIRST BUTFIRST :LISTE
    END

Zunächst löscht BUTFIRST das erste Element der Parameterliste, worauf FIRST das erste Element der restlichen Liste liefert.
Formale Parameter werden durch einen vorangestellten Doppelpunkt gekennzeichnet. Der Doppelpunkt hat eigentlich die Bedeutung „Wert von" und führt hier zu einer Übergabe

durch ↑call by value. Das Ergebnis einer Funktion wird durch das Wort OUTPUT gekennzeichnet.

Zur Formulierung von ↑Bedingungen gibt es in LOGO Funktionen, die TRUE oder FALSE als Ergebnis haben. Die Standardfunktion EQUALP liefert etwa TRUE als Ergebnis, wenn die beiden Parameterwerte gleich sind. Bedingte Befehle kann man durch die Standardprozedur IF formulieren: Als Parameter muss man eine Bedingung und zwei Listen mit Befehlen (für den TRUE- bzw. FALSE-Fall) angeben.

Beispiel:
Verwendung von IF in einer Funktion zur Berechnung der Länge einer Liste (vgl. ↑LISP):

    TO LAENGE :LISTE
       IF EQUALP :LISTE [ ]
       [OUTPUT 0]
       [OUTPUT 1 +
         LAENGE BUTFIRST :LISTE]
    END

Einige Konzepte wurden aus der imperativen Programmierung übernommen: Sprünge (GO), Zählschleifen (REPEAT), Variablen als „Behälter" für Werte (MAKE).
Ein weiteres Hauptelement von LOGO ist die *Turtle-Grafik,* mit der Zeichnungen durch programmierte Bewegungen der Turtle auf dem Bildschirm erzeugt werden können. Abstrakt ist die Turtle definiert als ein Pfeil, der auf einer bestimmten Position auf dem Bildschirm steht und eine aktuelle Richtung besitzt. In LOGO gibt es Prozeduren zum Verändern von Position und Richtung der Turtle. Z.B. bewegt die Prozedur FORWARD die Turtle um eine anzugebende Strecke in die aktuelle Richtung, BACKWARD in die entgegengesetzte Richtung. Die Prozedur RIGHT dreht die aktuelle Richtung der Turtle um einen

lokale Variable

anzugebenden Winkel nach rechts, die Prozedur LEFT dreht die Turtle nach links. Bei jeder Positionsänderung durch FORWARD und BACKWARD hinterlässt die Turtle einen Strich auf dem zurückgelegten Weg. Durch die Prozeduren PENUP bzw. PENDOWN kann das Zeichnen unterbrochen bzw. fortgesetzt werden.

Beispiele:
Die folgenden LOGO-Befehle zeichnen eine U-förmige Grafik auf dem Bildschirm (Abb. 1):

```
FORWARD 30
RIGHT 90
FORWARD 30
RIGHT 90
FORWARD 30
```

Abb. 1:
U-förmige Grafik

Abb. 2 demonstriert die Verwendung von Prozeduren in anderen Prozeduren *(Baukastenprinzip)*:

```
TO VAU
  LEFT 45
  FORWARD 20
  BACKWARD 20
  RIGHT 90
  FORWARD 20
  BACKWARD 20
  LEFT 45
END
```

Abb. 2:
V-förmige Grafik

Am Ende der Prozedur befindet sich die Turtle in der gleichen Position wie am Anfang (in der Spitze des „V"). Definiere nun (Abb. 3):

```
TO ZWEIG
  FORWARD 30
  VAU
  FORWARD 30
  VAU
  FORWARD 15
  BACKWARD 75
END
```

Abb. 3:
Zweigförmige Grafik

Definiere weiter:

```
TO BUSCH
  LEFT 80
  REPEAT 7 [RIGHT 20 ZWEIG]
  LEFT 60
END
```

Der Befehl BUSCH liefert die Abbildung 4.

lokale Variable: Eine Variable *v* heißt *lokal* bezüglich einer Programmeinheit *A*,
- wenn sie innerhalb von *A* „auf der äußersten Ebene" deklariert ist, das heißt, sie ist nicht nur in Programmeinheiten deklariert, die echt in *A* geschachtelt sind (↑ Schachtelung),

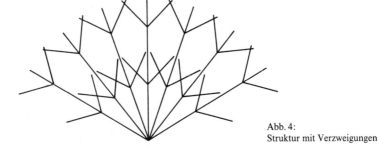

Abb. 4:
Struktur mit Verzweigungen

- wenn sie nur so lange existiert, wie es die Programmeinheit *A* gibt.
- Oft wird zusätzlich verlangt, dass auf *v* nicht direkt von außen zugegriffen werden kann.

Ist die Programmeinheit *A* ein ↑Block oder eine ↑Prozedur, so muss *v* im Kopf der Programmeinheit vereinbart worden sein; nach Abarbeitung des Blocks bzw. der Prozedur wird die Variable wieder vernichtet (↑Bindungsbereich), von außen kann nicht auf sie zugegriffen werden.

Beispiel:

```
begin
  var x,y: integer;
  ...
  begin
    var z: integer;
    (* An dieser Stelle ist z eine lokale Variable, x und y dagegen nicht; x und y sind hier ↑globale Variablen *)
    ...
  end
  ...
  (* Hier sind x und y lokal, z existiert nicht mehr *)
end;
```

Bei rekursiven Prozeduren besitzen die Instanzen P_i der Prozedur (↑Inkarnation) eigene lokale Variablen v_i, die jeweils Instanzen (oder Kopien) der deklarierten Variablen *v* sind; v_i ist dann eine zu P_i lokale Variable, die so lange „lebt", bis P_i abgearbeitet und die Instanz P_i somit aufgelöst ist. Für ↑Koroutinen und allgemein für Prozesse gilt das Gleiche wie für Prozeduren, nur existieren die lokalen Variablen weiter, wenn die Kontrolle an eine andere Programmeinheit abgegeben wird. Sobald der Prozess wieder aktiviert wird, besitzen die lokalen Variablen noch ihren letzten Wert. Daher müssen lokale Variablen beim ersten Aufruf oder beim Erzeugen von Prozessen unbedingt initialisiert werden.

Variablen, die in ↑Modulen und in Objekten der ↑objektorientierten Programmierung deklariert sind, kann man ebenfalls als lokale Variablen bezeichnen, doch ist dies wenig gebräuchlich. Solche Module und Objekte stellen Verfahren und Variablen für andere Programmeinheiten zur Verfügung. Man sagt: Sie *exportieren* Verfahren und Variablen. Manche Variablen können daher von außen angesprochen werden, andere nicht. Diejenigen Variablen, die nicht direkt nach außen sichtbar sind, werden bei Modulen als *private* Variablen bezeichnet. Bei Objekten lässt man auch diese Unterscheidung fallen und nennt alle lokal deklarierten Variablen die *Instanzvariablen* des Objekts.

Magnetbandspeicher (engl. *magnetic tape memory*): Ein Magnetbandspeicher (↑Speicher, ↑Magnetschichtspeicher) ist eine meist etwa 750 m lange und 13 mm breite Kunststofffolie, deren Oberfläche eine magnetisierbare Schicht trägt, auf der die Daten gespeichert werden. Der Aufbau des Magnetbandes und des zugehörigen Aufzeichnungs- und Abspielgerätes entspricht im Wesentlichen dem eines normalen Tonbandgerätes (Abb. 1, S. 282).

Damit das Magnetband bei unregelmäßigen Zugriffen und den dadurch hervorgerufenen schnell wechselnden Spulgeschwindigkeiten nicht zerreißt, werden ständig *Pufferschleifen* aufrechterhalten.

Zur Abspeicherung der Daten wird eine größere Datenmenge (etwa 500 bis 2 000 Bytes) zu einem *Block* zusammengefasst, der dann in einem Ar-

Magnetkartenspeicher 282

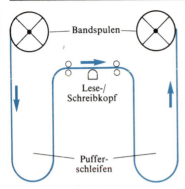

Abb. 1: Magnetbandspeicher

beitsgang vom oder zum Magnetband übertragen wird. Zwischen zwei abgespeicherten Blöcken befindet sich ein unbenutzter Zwischenraum, der groß genug ist, damit das Magnetband nach Lesen/Schreiben des Blocks stoppen und zum Lesen/Schreiben des nächsten Blocks wieder auf seine volle Geschwindigkeit beschleunigt werden kann. Die Anzahl der Daten pro Block bezeichnet man als *Blocklänge*. Der *Blockfaktor* gibt an, wie viele Blöcke gleichzeitig in einem Arbeitsschritt verarbeitet und physikalisch (d. h. auf dem Magnetband) zusammenhängend als ein Block (also ohne Blocklücken) abgespeichert werden (Abb. 2).

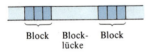

Abb. 2: Abspeicherung in Blöcken (Blockfaktor = 3)

Der Zugriff auf ein gespeichertes Datum beginnt mit dem Aufsuchen des Blocks, der das Datum enthält. Hierfür müssen alle Blöcke zwischen dem augenblicklich betrachteten und dem gesuchten überlesen werden. Die Zugriffszeit kann daher, abhängig von der Stellung des Bandes, zwischen wenigen Sekunden und mehreren Minuten schwanken. Der Einsatz eines Magnetbandspeichers eignet sich nur, wenn die Daten in genau der Reihenfolge verarbeitet werden sollen, in der sie auf dem Magnetband gespeichert sind, vor allem für sequenzielle ↑ Dateien.

Magnetbänder werden oft verwendet, um die augenblickliche Situation eines Rechners zu protokollieren oder um den Inhalt von Speichern zu archivieren *(Sicherungskopie;* engl. *back up).* Dies ist vor allem wichtig, um nach dem Auftreten von Fehlern den früheren Zustand wiederherzustellen (engl. *recovery*).

Auf Kleinrechnern verwendet man heute oftmals Magnetbandkassetten *(Streamer* [striːmɐ]), die etwa zwei- bis viermal so groß sind wie Musikkassetten. Ihre Aufnahmekapazität liegt im 16-GByte-Bereich.

Magnetkartenspeicher (engl. *magnetic card memory*): Ein Magnetkartenspeicher besteht aus einem Magazin, das einige Hundert dünne, etwa 10 cm × 40 cm große Magnetkarten enthält. Ein mechanisch aufwendiger Mechanismus wählt eine Karte aus dem Magazin und transportiert sie auf eine Trommel. Das Lesen und Schreiben erfolgt durch Drehen der Trommel, wobei die Magnetkarte an den Lese-/Schreibköpfen entlanggeführt wird. Die Karte kann beliebig lange auf der rotierenden Trommel verbleiben oder wieder in das Magazin zurücktransportiert werden. Magnetkartenspeicher sind inzwischen durch ↑ Magnetplattenspeicher verdrängt worden.

Magnetkernspeicher: Die in den 1960er-Jahren verbreitete, heute völlig verdrängte Realisierung eines ↑ Hauptspeichers war der Magnetkernspeicher, auch *Ferritkernspeicher* oder kurz *Kernspeicher* genannt. Er ist ein Speicher mit wahlfreiem Zugriff, dessen grundlegende Speicherelemente ringförmige Ferritkerne sind, die durch das elektromagnetische Feld eines stromdurchflossenen Drahtes, auf den die Kerne matrixartig aufgefädelt sind, magnetisiert werden (Abb. 1).

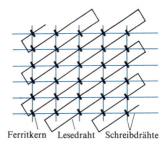

Abb. 1: Magnetkernspeichermatrix

Die Magnetisierung kann zwei mögliche Polarisierungen einnehmen, welche durch die beiden Stromflussrichtungen erreicht werden können. Eine der beiden Magnetisierungsrichtungen bezeichnet man als „logisch 1", die andere als „logisch 0".

Der Zustand eines Kerns wird mithilfe eines dritten Drahtes, des *Lesedrahtes,* gelesen, indem durch die *xy*-Drähte Ströme geschickt werden, die den Kern auf logisch 0 setzen. War der Kern vorher auf logisch 1, so induziert die Änderung der Magnetisierung im Lesedraht einen Stromstoß, war er vorher auf logisch 0, wird im Lesedraht kein Strom induziert. Da das Auslesen den Informationsgehalt eines Kerns zerstört, muss der ursprüngliche Inhalt in einem zweiten Arbeitsgang zurückgeschrieben werden.

Magnetplattenspeicher (engl. *magnetic disk memory*): Ein Magnetplattenspeicher (↑ Speicher, ↑ Magnetschichtspeicher) besteht aus einer oder mehreren übereinander angeordneten Platten, die gemeinsam um eine Achse rotieren (Abb. 1).

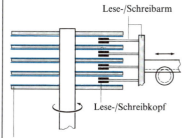

Abb. 1: Magnetplattenspeicher

Die Plattenoberflächen tragen eine magnetisierbare Schicht (Abb. 2), auf der die Daten gespeichert werden können. Jede der Plattenoberflächen enthält mehrere Tausend *Spuren,* die als konzentrische Kreise um die gemeinsame Rotationsachse angeordnet sind. Für jede Plattenoberfläche ist ein Lese-/Schreibkopf vorgesehen.

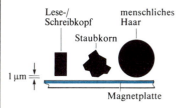

Abb. 2: Abstand eines Lese-/Schreibkopfes bei Magnetplattenspeichern

Alle Lese-/Schreibköpfe sind an einem horizontal beweglichen Arm so befestigt, dass sie bei jeder Stellung des Arms auf Spuren gleicher Spurnummer auf den verschiedenen Plattenoberflächen zeigen. Die Spuren aller Plattenoberflächen zusammen, die sich mit einer Einstellung des Arms erreichen lassen, nennt man *Zylinder.* Die Daten auf einer Spur sind in gleich

Magnetschichtspeicher

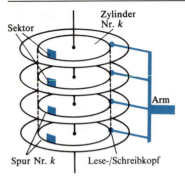

Abb. 3: Zylinder, Spur und Sektor eines Magnetplattenspeichers

große Einheiten zusammengefasst, die jeweils nur als Ganzes adressiert (↑Adresse) und gelesen oder beschrieben werden können. Eine solche Einheit heißt *Sektor* (Abb. 3).

Man unterscheidet Magnetplattenspeicher, deren Plattenstapel fest montiert ist *(Festplatten)*, und solche, deren Plattenstapel durch einen anderen ersetzt werden kann *(Wechselplatten)*.

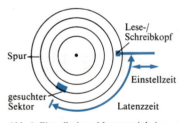

Abb. 4: Einstellzeit und Latenzzeit beim Magnetplattenspeicher

Der Zugriff auf ein Datum beginnt mit der Einstellung des Lese-/Schreibarms auf den entsprechenden Zylinder. Nach Auswahl der gewünschten Plattenoberfläche muss gewartet werden, bis der gesuchte Sektor unter dem Lese-/Schreibkopf hindurchläuft. Die Zugriffszeit (Abb. 4) setzt sich zusammen aus der *Einstellzeit* (Zeit zum Einstellen des Zylinders) und der *Latenzzeit* (Zeit, bis sich der gesuchte Sektoranfang unter dem Lese-/Schreibkopf befindet). Die Zugriffszeit moderner Magnetplattenspeicher beträgt i. Allg. 10 ms, ihre Speicherkapazität bis zu 2 GByte je Plattenoberfläche.

Bei sich um eine Achse drehenden Speichern werden die äußeren Bezirke nicht so gut ausgenutzt wie die inneren. Deshalb beschreibt man die äußeren Bezirke mit einer höheren Geschwindigkeit, wodurch die Kapazität der Platte vergrößert wird.

Festplattenspeicher von heute bis zu 3,2 GByte Kapazität gehören zum Grundumfang jeder Rechenanlage. Zusätzlich setzt man die nach dem gleichen Prinzip arbeitenden ↑Disketten ein.

Magnetschichtspeicher: Oberbegriff für ↑Speicher mit mechanisch bewegten Magnetschichten.

Auf Trägermaterialien (Trommeln, Platten, Folien) werden sehr dünne, höchstens einige Tausendstel Millimeter dicke magnetisierbare Schichten aus Eisenoxid oder Nickel-Kobalt-Legierungen aufgetragen, die an Lese-/Schreibköpfen zum Lesen bzw. Speichern vorbeigeführt werden. Jeder Lese-/Schreibkopf überstreicht hierbei eine *Spur* auf der Schicht; auf dieser Spur kann er hintereinander Binärwerte ablegen. Die *Aufzeichnungsdichte* in Längsrichtung beträgt heute bis zu 5 KBit/mm. Die Spuren müssen gegeneinander einen gewissen Minimalabstand einhalten (Aufzeichnungsdichte in Querrichtung), sodass nur etwa 15 Spuren auf 1 mm Breite passen. Dies ergibt gerade eine Aufzeichnungsdichte von höchstens 80 KBit/mm^2. Diese wird von ↑Magnetplattenspeichern erreicht; ↑Magnetbandspeicher besitzen meist weniger als 500 Bit/mm^2. Die Technik der Magnetschichtspeicher ist sehr gut entwickelt. Da die bewegten mechanischen Teile kaum eine Erhöhung der Arbeitsgeschwindigkeit erlauben, werden Magnetschichtspeicher durch ↑optische Speicher abgelöst werden, für die außerdem eine höhere Aufzeichnungsdichte zu erwarten ist.

Magnetschriftbeleg: Datenträger, bei dem die Daten durch magnetisierbare Schriftzeichen in für den Menschen lesbarer Form dargestellt werden. Die Magnetisierbarkeit der Zeichen erreicht man durch die Verwendung ferrithaltiger Druckfarben bzw. Schreibbänder.

Magnetschriftbelege werden in Magnetschriftlesern auf magnetischem Wege (durch Leseköpfe, die den Tonköpfen eines Tonbandgerätes ähnlich sind) abgetastet und in die rechnerinterne Darstellung übersetzt.

Magnetschriftbelege wurden in vielen Bereichen eingesetzt, hatten jedoch den Nachteil, dass die Magnetschrift nur schwer von Hand aufgebracht werden kann. Für manche Anwendungen bieten sich Strichcodes an, die mit optischen Geräten gelesen werden (↑Kassensysteme).

Magnettrommelspeicher (engl. *magnetic drum memory*): Ein Magnettrommelspeicher (↑Magnetschichtspeicher) ist ein um seine Achse rotierender Zylinder, dessen Manteloberfläche eine magnetisierbare Schicht trägt, auf der die Daten gespeichert werden. Die Manteloberfläche ist in *Spuren* eingeteilt, die parallel zur Rotationsebene verlaufen. Für jede Spur ist ein feststehender Lese-/Schreibkopf vorgesehen. Die Daten einer Spur sind in gleich große Einheiten zusammengefasst, die jeweils nur als Ganzes adressiert (↑Adresse) und gelesen oder beschrieben werden können. Eine solche Einheit heißt *Sektor* (Abb. 1).

Der Zugriff auf ein Datum beginnt mit der Auswahl der betreffenden Spur und des zugehörigen Lese-/Schreibkopfes. Anschließend muss gewartet werden, bis der gesuchte Sektor unter dem Lese-/Schreibkopf hindurchläuft. Die Zugriffszeit besteht im Wesentlichen aus der *Latenzzeit* (Zeit, bis sich der gesuchte Sektoranfang unter dem Lese-/Schreibkopf befindet), die im Mittel ungefähr der Dauer einer halben Trommelumdrehung entspricht. Die Zugriffszeit moderner Magnettrommelspeicher beträgt 5 ms bis 20 ms, ihre Speicherkapazität bis zu 20 GByte.

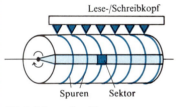

Abb. 1: Schema eines Magnettrommelspeichers

Makroassembler: Assemblersprache (↑Assembler), welche als Pseudobefehle die Vereinbarung und Benutzung von ↑Makrobefehlen zulässt.

Makrobefehl: Wenn in einem Assemblerprogramm (↑Assembler) mehrere Anweisungen, Befehle oder Deklarationen in einer bestimmten Reihenfolge häufig vorkommen, so ist es sinnvoll, diese abkürzend zu einer Einheit, zu einem Makrobefehl, zusammenzufassen. Man muss einem solchen Makrobefehl einen eindeutigen ↑Bezeichner zuordnen. Im Programmtext kann an jeder Stelle dieser Bezeichner eingesetzt werden; er wird bei der so genannten *Makroexpansion* durch die Folge der zugehörigen Anweisungen oder Deklarationen ersetzt. Meist sind Parameter zugelassen. Ein Makrobefehl entspricht also einer sehr einfachen ↑Prozedur.

Marke

Marke (engl. *label*): Eine Marke ist eine mit einem Namen versehene Position in einem Programm. Sie wird verwendet, um bei der Benutzung von ↑Sprüngen das Ziel des Sprunges (die nächste auszuführende Anweisung) anzugeben. In vielen höheren Programmiersprachen müssen die Namen der verwendeten Marken deklariert werden.

Beispiel:
99 ist eine Marke:

    if q = 0 then goto 99;
    n := p/q;
    ...
    99: write ('Fehler in Division');

Bei Programmiersprachen, in denen Deklarationen und Anweisungen in durchnummerierte Zeilen geschrieben werden (z. B. ↑BASIC), gehören Marken zum Grundkonzept der Sprache; hier ist die Zeilennummer nichts anderes als eine Marke. Zeilenorientiert geschriebene Programme lassen sich leicht in eine ↑Maschinensprache übersetzen, in der jeder Befehl eine Marke, nämlich die relative oder absolute ↑Adresse der jeweiligen Speicherzelle, besitzt. Solche Programmiersprachen zwingen die Programmierer, Problemlösungen aus einer maschinenorientierten Sicht in Angriff zu nehmen. Problemorientierte Programmiersprachen schränken daher den Gebrauch von Marken und Sprüngen ein oder verbieten ihn ganz.

Markierungsbeleg: ↑Datenträger, bei dem die Daten von Hand durch Ankreuzen, Strichmarkierungen usw. in vorgedruckte Kästchen eingetragen werden (Abb. 1).
Markierungsbelege werden in *Markierungslesern* auf photoelektronischem Wege abgetastet und in die rechnerinterne Darstellung übertragen. Ein wichtiger Verwendungsbereich für

Abb. 1: Markierungsbeleg (Ausschnitt)

Markierungsbelege sind Meinungsumfragen, bei denen die Fragebögen viele Mehrfachwahlantworten zulassen.

Maschinenprogramm (engl. *machine program*): Programm, welches in einer ↑Maschinensprache formuliert ist. Maschinenprogramme sind die einzigen Programme, die von einem Computer direkt ausgeführt werden können. Programme in anderen Programmiersprachen müssen entweder interpretiert oder in ein Maschinenprogramm übersetzt werden.
Maschinenprogramme sind für Menschen kaum verständlich, da sie aus einer Folge von elementaren, durch Nullen und Einsen dargestellten, ↑Befehlen bestehen. Daher schreibt man Maschinenprogramme im Assemblierer, der zugleich weitere Hilfen beim Anlegen von Speicherbereichen, bei der Definition von Funktionen usw. bietet. ↑Disassembler dienen dazu, Maschinenprogramme lesbarer zu machen.
Anmerkung: Letztlich werden auch die Maschinenbefehle nur interpretativ

287 **Maske**

ausgeführt. Jedem Befehl ist nämlich eine Folge von Mikrobefehlen (↑ Mikroprogrammierung) zugeordnet, die diesen Befehl auf Hardware-Ebene realisieren.

Maschinensprache (engl. *machine code, machine language*): Programmiersprache eines Computers. Programme in dieser Sprache sind im ↑ Binärcode dargestellt, wodurch sie vom Prozessor des Computers direkt ausgeführt werden können (Beispiele für Maschinenbefehle findet man unter ↑ Mikroprozessor). Diese Binärdarstellung ist kaum lesbar. Daher werden Programme, die direkt auf dem Computer ausgeführt werden sollen, meist in einer Assemblersprache geschrieben.

Programme, die in einer anderen Sprache geschrieben sind, muss man in die Maschinensprache übersetzen (↑ Übersetzer) oder von einem ↑ Interpreter verarbeiten lassen. Um die Übersetzung möglichst leicht durchführen zu können, hat man viele Programmiersprachen an der Struktur von Maschinensprachen orientiert; dies betrifft vor allem imperative Programmiersprachen. Maschinensprachen haben daher die Denkweise, wie man Probleme „computergerecht" löst, nachhaltig beeinflusst. Diese Denkweise behindert oft eine eher problemgerechte Lösung. Durch geeignete Systemsoftware und die Entwicklung von ↑ Benutzungsoberflächen versucht man daher, die Maschinensprache und davon beeinflusste Programmsysteme vor dem Benutzer zu verbergen. Insbesondere Anfänger sollten den Zugang zum Computer nicht über dessen Maschinensprache, sondern über problemorientierte Programmiersprachen suchen.

Maske (engl. *mask*): Folge von Zeichen oder Symbolen, die zur Auswahl oder zum Ausblenden von Teilen einer Zeichenfolge verwendet wird. Masken treten vor allem in den folgenden drei Bereichen auf:

1. In der *Druckaufbereitung* legt eine aus einem bestimmten Symbolvorrat gebildete **Druckmaske** fest, in welcher Form Ausgabewerte gedruckt werden sollen (z. B. mit oder ohne führende Nullen, mit Dezimalpunkt oder -komma usw.).

Beispiel:

Maske: DM ␣ ␣ 9 900.00 –
Ausgabewert: – 1,2
Ausdruck: DM ␣ ␣ ␣ 01.20 –

Hierbei ist „9" ein Platzhalter für eine Ziffer mit Nullunterdrückung und „0" ein Platzhalter für eine Ziffer ohne Nullunterdrückung; „ – " zeigt an, dass das Vorzeichen des Ausgabewertes nachgestellt werden soll. „ ␣ " bedeutet Zwischenraum.

2. Zur *Sperrung von Unterbrechungen* dienende **Unterbrechungsmasken** sind Folgen von Bits. Ein gesetztes Bit sperrt ↑ Unterbrechungen von allen Ereignissen, die diesem Bit zugeordnet sind. Mit solch einer Maske können der Computer oder der Benutzer zu jedem Zeitpunkt festlegen, welche Arten von Unterbrechungen den gerade laufenden Prozess stoppen dürfen und welche nicht.

3. Bei der *Bildschirmeingabe* verwendet man zur Interaktion mit einem Programmsystem, speziell zur weitgehenden Vermeidung von Eingabefehlern an Bildschirmgeräten häufig **Bildschirmmasken.** Werte können hierbei nicht an beliebiger Stelle des Bildschirms, sondern nur innerhalb von besonders markierten Feldern eingegeben werden und müssen aus dem für dieses Feld vorgesehenen Wertebereich stammen. Für viele Anwendungen (z. B. in Versicherungen, Banken, Behörden) stellen Bildschirmmasken

eine wichtige ↑Benutzungsoberfläche dar, mit deren Hilfe auch Laien das Programmsystem oder eine Datenbank problemlos bedienen können.

Ein Programm, das die zeitraubende und immer wiederkehrende Programmierung von Masken erheblich verkürzt, bezeichnet man als *Maskengenerator*.

In der maschinennahen Programmierung und im Hardwarebereich werden Masken überall dort verwendet, wo nicht interessierende Teile ausgeblendet werden sollen. Beispiele hierfür sind ↑Assoziativspeicher und spezielle Aufgaben bei der ↑Speicherverwaltung.

Maus (engl. *mouse*): Ein oft auf Rollen gleitendes Eingabegerät, das auf dem Tisch oder einer festen Unterlage (engl. *mousepad*) hin und her bewegt wird, um den Cursor (↑Editor) oder ein anderes Markierungssymbol auf dem Bildschirm zu steuern (Abb. 1). Die Drehbewegung der Kugel oder die optisch abgetasteten Veränderungen erzeugen jeweils in *x*- und *y*-Richtung Impulse, die in entsprechende Bewegungen des Cursors umgerechnet werden. Meist sind an der Maus noch eine oder mehrere Tasten angebracht, mit denen angesteuerte Positionen markiert oder Aktionen ausgelöst werden können. Die Maus wird häufig in Verbindung mit menügesteuerten (↑Menü) Programmen eingesetzt, wobei angezeigte Kommandos zunächst mit der Maus ausgewählt *(Anklicken)* und anschließend durch erneuten oder mehrfachen Tastendruck ausgeführt werden (meist als *Doppelklick* bezeichnet). Die Maus wurde entwickelt, um die Bedienung eines Computers benutzerfreundlicher und tastaturunabhängiger zu gestalten. Sie gehört zur Standardausrüstung von Computern.

Menge (engl. *set*): Spezielle ↑Datenstruktur. Um eine endliche Menge von Elementen eines Datentyps T zu definieren, kann man in manchen Programmiersprachen den Typ

set of T

deklarieren. Variablen dieses Typs besitzen als Werte endliche Mengen von Elementen aus T. Für den Datentyp set of T sind die in Tabelle 1 angegebenen Operationen definiert.

In der Praxis beschränkt man sich aus technischen Gründen meist auf Daten-

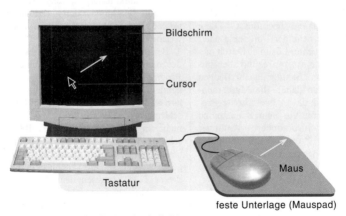

Abb. 1: Steuerung des Cursors durch die Maus

Menü

[ ]	leere Menge;
[t]	Menge, die nur aus einem Element t besteht; t hat den Typ T;
$[t_1, t_2, ..., t_n]$	Menge, die aus den n Elementen $t_1, t_2, ..., t_n$ besteht; $t_1, t_2, ..., t_n$ haben den Typ T;
t <u>in</u> S	liefert den Wert <u>true</u>, falls t in der Menge S enthalten ist, und sonst den Wert <u>false</u>;
$S_1 \cup S_2$	Vereinigung der Mengen S_1 und S_2 (für „$\cup$" schreibt man auch „+");
$S_1 \cap S_2$	Durchschnitt der Mengen S_1 und S_2 (für „$\cap$" schreibt man auch „*");
$S_1 \backslash S_2$	Differenz der Mengen S_1 und S_2: $S_1 \backslash S_2$ enthält alle Elemente, die in S_1, aber nicht in S_2 liegen (für „\" schreibt man auch „−");
card(S)	Anzahl der Elemente der Menge S;
$S_1 \subseteq S_2$	liefert den Wert <u>true</u>, falls die Menge S_1 in der Menge S_2 enthalten ist, und sonst den Wert <u>false</u> (statt „$\subseteq$" schreibt man auch „$\leq$").

Tab. 1: Operationen für die Datenstruktur <u>set</u> <u>of</u> T

typen, die eine feste Anzahl an Elementen besitzen. Doch gibt es auch Programmiersprachen (wie die Sprache SETL), die beliebige endliche Mengen zulassen.

Ein typisches Beispiel zur Verwendung von Mengen ist der Algorithmus von Kruskal (↑ Spannbaumproblem).

Menü (engl. *menu*): Liste von Kommandos, die in der aktuellen Situation am Bildschirm erlaubt sind und dort angezeigt werden. Der Benutzer wählt eines oder mehrere der angezeigten Kommandos aus und legt damit die nächsten Aktionen des Computers fest.

Beispiel:
Abb. 1 zeigt ein Menü innerhalb eines Programms zur Verwaltung von Adressen. Jede Funktion kann durch eine der Tasten E, Ä, S, D, Q angewählt werden.

Diese Menütechnik gilt als veraltet. Heutige Menüs sind wesentlich übersichtlicher, da sie zum einen Klartext enthalten und es zum anderen erlauben, mehrere mögliche Kommandofolgen zu überschauen. Man unterscheidet *Pull-down-Menüs* und *Pop-up-Menüs*:

1. Pull-down-Menü *(Rollladenmenü):*
   Hierbei ordnet man die in der jeweiligen Situation erlaubten Aktionen oder Gruppen von Aktionen in einer Befehlsleiste an (Abb. 2, S. 290). Durch Anklicken (↑ Maus) eines Befehls in dieser Leiste erscheint das gesamte Untermenü, das zu diesem Befehl gehört (Abb. 3, S. 290). Even-

Abb. 1: Menü

Menü

tuell kann man bei Auswahl eines Befehls ein weiteres Untermenü rechts oder links öffnen, falls die Anzahl der möglichen Fortsetzungen sonst schwer überschaubar ist.

2. Pop-up-Menü:
Sind mehrere Fenster (↑Fenstertechnik) auf dem Bildschirm geöffnet, dann reicht ein Pull-down-Menü nicht mehr aus. Stattdessen kann man sich durch Anklicken des jeweiligen Fensters die hierfür erlaubten Aktionen anzeigen lassen (Abb. 4); direkt daneben erscheinen deren Untermenüs dann durch Anklicken des jeweiligen Befehls usw. (Abb. 5). Meist benötigt man hierfür eine Maus mit mehreren Tasten. Dadurch kann man auch übergeordnete Funktionen wie Sichern, Beenden, Vergrößern oder Einblenden als zweites Menü parallel zur Verfügung stellen.

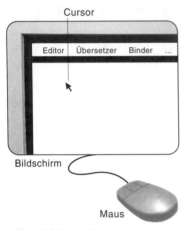

Abb. 2: Befehlsleiste für ein Pull-down-Menü

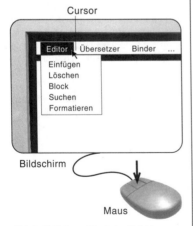

Abb. 3: Pull-down-Menü des Befehls „Editor" aus Abb. 2

Abb. 4: Pop-up-Menü für eine Anwendung (erscheint durch Drücken der Maustaste)

Menüs haben den Vorteil, dass ein Benutzer keine ↑Kommandosprache beherrschen muss, um den Computer zu bedienen. Menütechniken werden daher vor allem in Programmen eingesetzt, mit denen auch Laien arbeiten. Insbesondere erfolgt der Dialog mit dem Betriebssystem meist über Menüs.

Menüs werden heute in den meisten Programmsystemen verwendet. Beispiele sind ↑Editoren, grafische Systeme, Auskunftssysteme und ↑Bildschirmtext. Fortgeschrittene Benutzer empfinden Menüs häufig als lästig, da man keinen Schritt überspringen kann, sondern immer erst die vom

Methoden der Informatik

Abb. 5: Pop-up-Untermenü

Menü vorgeschriebenen Teilschritte durchlaufen muss, bis man die eigentliche Aufgabe bearbeiten kann. Menüs bieten jedoch eine gewisse Sicherheit vor unbeabsichtigten Fehlern und sorgen zugleich für eine zuverlässige Programmausführung.

Methoden der Informatik: Die Informatik hat in ihrer kurzen Geschichte bereits eine Fülle von Methoden hervorgebracht, um Information darzustellen, zu strukturieren, aufzubereiten, zu verarbeiten, zu übertragen, zu speichern und um kleine und große Systeme zu planen, zu entwerfen, zu entwickeln, zu realisieren, zusammenzufügen, zu testen, zu dokumentieren, anzupassen usw. Einige Methoden sind grundsätzlicher Natur und gehen über die Informatik hinaus; man spricht dann von *Philosophien*. Manche Methoden werden gerne durch typische Beispiele charakterisiert; man nennt solche Vorgehensmuster *Paradigmen*. Andere Methoden wiederum sind reine Techniken und beziehen sich auf ganz spezielle Einsatzgebiete. Jede Wissenschaft besitzt eigene Methoden, und die Menge der Methoden legt in der Regel das Wesen und das Selbstverständnis einer Wissenschaft fest. In diesem Sinne ist die Informatik *die* Methodenlehre für den Bereich der Information.

Im Folgenden werden einige zentrale Begriffe zusammengefasst definiert. Nicht berücksichtigt sind hierbei fundamentale Ideen, die unter dem Stichwort ↑Informatik behandelt werden; vgl. auch ↑Didaktik der Informatik.

Philosophie [griech. „Liebe zur Weisheit"]: Gemeint ist hier nicht die Philosophie als Wissenschaft, sondern der mehr umgangssprachliche Begriff von der Aufstellung eigener Lebensregeln, d. h. in der Informatik der Aufstellung von Regeln, wie in den verschiedenen Bereichen vorgegangen werden soll. Diese Grundsätze müssen eine innere Einheit besitzen und in sich widerspruchsfrei sein.

Übergreifende *Philosophien der Programmierung* waren bzw. sind zum Beispiel:

1950 bis 1970: Die Informatik als „Kunst". Man betrachtete den Programmentwicklungsprozess als künstlerische Tätigkeit; entscheidend war meist die individuelle Leistung einzelner Personen. Diese Auffassung führte zu Problemen bei der Erstellung umfangreicher Systeme *(Softwarekrise)*.

1970 bis mindestens 1990: Die ↑strukturierte Programmierung und hiermit verbunden das Arbeiten im Team. Die zu erstellenden Systeme und der Entwurfs-, Entwicklungs-, Wartungs- und Benutzungsprozess sind sinnvoll zu strukturieren und werden an Untergruppen zur weiteren Bearbeitung übergeben. In der Regel ging man von einem Lebenszyklus der Programme aus, der aus relativ gut abgrenzbaren Phasen bestand, die wiederum hierarchisch in sequenzielle und nebenläufige Teile zerlegt werden konnten (↑Software-Engineering). Der Entwurfsprozess betonte die Neuentwicklung des gewünschten Produkts; vom Anwender wurde erwartet, dass er seine Anforderungen zuvor möglichst genau spezifizierte. Die Systemteile wer-

Methoden der Informatik 292

den meist in einen Daten- und einen Prozeduranteil aufgespalten.

Seit 1990: Die ↑ objektorientierte Programmierung. Diese basiert in ihrer reinen Form auf den Begriffen Aktivität (innerhalb von Objekten, dort meist *Methode* genannt), Kommunikation (Austausch von *Nachrichten* zwischen Objekten) und Vererbung (Weitergabe von Deklarationen, meist *Attribute* genannt, zwischen den Objekten). Man stellt sich eine Welt vor, in der ausschließlich Objekte existieren, die sich nach außen einheitlich darstellen und die ihre Aktivitäten stets in eigener Verantwortlichkeit erledigen. Für die Praxis bedeutet dies: Konfigurieren, Ergänzen und Anpassen anstelle von Neuentwickeln. Diese Denkweise betont noch stärker als die strukturierte Programmierung ein ingenieurmäßiges Vorgehen. Zugleich lassen sich mit ihr bisher vernachlässigte Bereiche besser in Angriff nehmen wie die Aktualisierung veralteter Software, die Einbindung existierender Systeme in Weiterentwicklungen oder die Interaktion in verteilten Systemen (↑ Agenten, ↑ Reengineering).

Paradigma: Denkmuster, Musterbeispiel, also ein Beispiel, das typisch für eine Klasse von Beispielen ist und somit auch Bezeichnung für das diesen Beispielen Gemeinsame. In der Informatik bezeichnet das Wort ein übergeordnetes Prinzip, das für eine ganze Teildisziplin typisch ist, das aber nicht klar ausformulierbar ist, sondern sich in Beispielen manifestiert wie dem ↑ Divide-and-conquer-Verfahren sowie den Paradigmen der imperativen, funktionalen, prädikativen oder regelbasierten Programmierung (↑ Programmiersprache).

Prinzip: Der Ursprung, von dem man ausgeht; ein Ausgangspunkt des Denkens oder Handelns, der selbst nicht weiter begründet wird oder werden kann. Ein Prinzip ist etwas Statisches, kaum Verrückbares. Der Begriff wird oft gleichbedeutend mit „Grundsatz" verwendet.

Konzept: Das Zusammengefasste, der Vorsatz oder (im Sinne von Konzeption) das Zusammenfassen. Bedeutung in der Informatik: Bauplan, um zu beginnen, oder in sich stimmiger, gedanklicher Entwurf mit Leitregeln, um eine Aufgabe in Angriff zu nehmen. Im Gegensatz zu Prinzipien besitzen Konzepte eine gewisse Vorläufigkeit und beziehen sich auf eine vorzunehmende Handlung, sind also etwas Austauschbares und Dynamisches. Konzepte legt man z. B. stets zu Beginn der Programmentwicklung fest.

Modell: Abbild von etwas. In der ↑ Logik sind ↑ Modelle mathematische Strukturen, die gegebenen Gesetzen genügen (also: Modell als Beispiel für etwas); in den Naturwissenschaften sind es formale Darstellungen, die Teile der Realität in mehr oder weniger stark vereinfachter Form beschreiben (also: Modell als vereinfachtes Bild von etwas). In der Informatik bilden Modelle die Basis für jede Form der Speicherung, Übertragung, Zerlegung und Verarbeitung (Berechnungsmodell, ↑ Datenmodell, Rechnermodell; Darstellung z. B. als abstrakter oder konkreter ↑ Datentyp).

Methode: Der Weg zu etwas. Bedeutung in der Informatik: systematische zielgerichtete Vorgehensweise sowie planmäßiges Verfahren, welches für eine Vielzahl von Problemen zu einer sinnvollen Lösung führt. In der Praxis versteht man darunter auch eingeübte Fertigkeiten oder formalisierte Abläufe, die sich als zweckmäßig und erfolgreich erwiesen haben. Für eine Methode sind das Ziel und die einzusetzenden Mittel entscheidend.

Technik: Zur Kunst gehörige (handwerkliche) Fertigkeit. Bedeutung in der Informatik: Zusammenfassung von speziellen Hilfsmitteln, Maßnahmen und Verfahren, um ein Ergebnis, meist ein Produkt, zu erhalten. Dieser Begriff wird in einem konkreteren, handwerklicheren Sinne als der Begriff „Methode" verwendet, insbesondere wird er oft im Rahmen der Implementierung und bei der geschickten Nutzung geeigneter Softwarewerkzeuge benutzt.

Mikrocomputer: Zusammenfassung eines ↑ Mikroprozessors, eines ↑ Speichers und einer Steuerung für Peripheriegeräte (↑ Peripherie) zu einer Einheit. Mikrocomputer sind in vielen technischen Geräten eingebaut, z. B. in Videorecordern, Taschenrechnern, Telefonen, Waschautomaten, Motorsteuerungen usw.

Die Bezeichnungen Mikrocomputer und Mikroprozessor werden in zunehmendem Maß synonym verwendet.

Mikroprogrammierung (engl. *microprogramming*): Realisierung von ↑ Befehlen einer Maschinensprache innerhalb der Mikroprogrammeinheit des ↑ Steuerwerks durch eine Folge von Elementaroperationen. Die Operanden sind die Bits der ↑ Register des Steuerwerks, die möglichen Elementarbefehle sind bedingte und unbedingte Sprünge sowie Signale an die mit dem Steuerwerk verbundenen Komponenten Rechenwerk und Speicher sowie weitere an den ↑ Bus angeschlossene Einheiten.

Die Mikroprogrammeinheit lässt sich als „Computer im Computer" auffassen: So wie die Rechenanlage Algorithmen als Programme verarbeitet, führt die Mikroprogrammeinheit Befehle als *Mikroprogramme* aus, das heißt als Folgen von einzelnen *Mikrobefehlen*.

Nach dem von Maurice Vincent Wilkes (* 1913) 1953 vorgeschlagenen Konzept der Mikroprogrammierung besteht eine Mikroprogrammeinheit aus folgenden Teilen:

Mikrobefehlszähler: Der Operationsteil des Befehlsregisters (vgl. Abb. 1 bei ↑ Steuerwerk) verbunden mit dem Mikrobefehlszähler bildet das *Mikrobefehlsadressregister*, das zusammen mit den Bedingungen (s. u.) den auszuführenden Mikrobefehl bestimmt.

Mikrobefehlsadressdecodierer: Dies ist ein n-aus-1-Decodierer (↑ Decodierer), dessen Eingang am n Bit langen Mikrobefehlsadressregister liegt (Abb. 1).

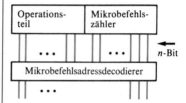

Abb. 1: Mikrobefehlsadressdecodierer

Bedingungsgatter: Abhängig vom Ausgang bestimmter Ereignisse (z. B. Zähler = 0) können die Ausgänge des Mikrobefehlsadressdecodierers mit mehreren Leitungen alternativ verbunden werden (Abb. 2). Bei jeder Belegung des Mikrobefehlsadressregisters und jeder Bedingung liegt auf genau

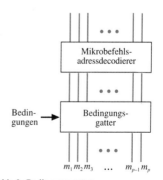

Abb. 2: Bedingungsgatter

einer der Adressleitungen $m_1, \ldots, m_p$ eine 1. Sie bestimmt eindeutig den auszuführenden Mikrobefehl und die Adresse des nächsten Mikrobefehls.

Mikrobefehlsadressmatrix: Ein Signal auf einer Adressleitung m_i überträgt sich auf die mit m_i verbundenen z-Leitungen, die den Mikrobefehlszähler

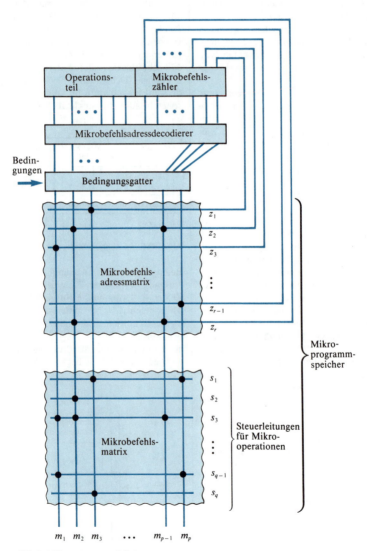

Abb. 3: Mikroprogrammeinheit

neu setzen (vgl. mittlerer Teil in Abb. 3).

Mikrobefehlsmatrix: Ein Signal auf einer Adressleitung m_i überträgt sich auf die mit m_i verbundenen Steuerleitungen s_j und löst dadurch einen Mikrobefehl als Menge von gleichzeitig ablaufenden *Mikrooperationen* aus (vgl. unterer Teil in Abb. 3).

Liegt z. B. dort auf der Adressleitung m_1 eine 1 an, dann werden die Mikrooperationen, die zu den Leitungen s_3 und s_{q-1} gehören, ausgeführt. Solche Mikrooperationen können sein: Lesen eines Registers, Schalten eines Gatters, Kontrollinformation für den Bus, Starten der Addition, Abfragen eines Statusbits usw.

Abb. 3 zeigt die vollständige Mikroprogrammeinheit. Eine feste Anfangsbelegung des Mikrobefehlszählers und der Operationsteil des Maschinenbefehls bestimmen den Mikrobefehl m_i, der seinerseits eine Menge von Mikrooperationen s_j auslöst und über die Leitungen z_k den Folgezustand des Mikrobefehlszählers festlegt, der den nächsten Mikrobefehl bestimmt usw. Auf diese Weise wird ein Maschinenbefehl durch eine Folge von Mikrobefehlen, das zugehörige *Mikroprogramm,* abgearbeitet.

Die bisherige Betrachtung ging von einem festen Mikroprogrammspeicher aus *(statische Mikroprogrammierung).* Legt man den Mikroprogrammspeicher jedoch als Schreib-/Lesespeicher (↑RAM) an, so kann der Benutzer der Rechenanlage den ↑Befehlsvorrat ändern und an eigene Bedürfnisse anpassen *(dynamische Mikroprogrammierung)* oder andere Rechenanlagen emulieren (↑Emulation).

Mikroprozessor (engl. *microprocessor*): Universell verwendbare und frei programmierbare Funktionseinheit, die das vollständige Steuerwerk und Rechenwerk einer Rechenanlage enthält und auf einem oder mehreren integrierten Schaltkreisen (↑Chip) untergebracht ist.

Man unterscheidet Mikroprozessoren vorwiegend hinsichtlich ihrer Arbeitsgeschwindigkeit, ihres ↑Befehlsformats, ihres ↑Befehlsvorrats, ihrer Wortlänge, d. h. der Zahl der gleichzeitig zu verarbeitenden Bits, und der Zahl adressierbarer Speicherzellen. Handelsübliche Mikroprozessoren werden mit Taktraten zwischen 10 und 300 Megahertz (MHz) betrieben. Ihre Arbeitsgeschwindigkeit liegt bei einigen Millionen ↑Befehlen pro Sekunde. Üblich sind Wortlängen von 8, 16, 32 oder 64 Bit sowie ein Hauptspeicheradressraum von 64 KByte (↑Byte) bis 4 GByte. Zu den frühen 8-Bit-Mikroprozessoren der 1970er-Jahre zählen die Prozessoren 8080, 6502 und Z80. 16-Bit-Mikroprozessoren aus den 70er- und 80er-Jahren sind der Intel 8086 und der Motorola 68000 sowie deren Nachfolger 80186 bis 80386 bzw. 68010 bis 68030. Zu den CISC-Prozessoren der frühen 90er-Jahre gehören der Pentium und der 68040, zu den RISC-Prozessoren der SPARC, der Alpha und der PowerPC-Prozessor (↑RISC-Architektur). Eine Übersicht zeigt Tab. 1 auf den folgenden Seiten.

Ursprünglich wurden Mikroprozessoren für die Computertechnik entwickelt. Heute begegnen sie uns überall im täglichen Leben. Beispiele sind: Kraftfahrzeuge (Kraftstoffeinspritzung, Antiblockiersystem, Autopilot), Nachrichtensysteme (Telefon, Fax), Haushaltsgeräte (Waschmaschine, Backofen), Spiel- und Unterhaltungselektronik (Videospiel, Hi-Fi-Anlage), Automaten (Geld-, Parkhausautomat) und elektronisches Geld.

Der Mikroprozessor übernimmt die Aufgaben einer aus zahlreichen elektronischen Bauelementen zusammen-

Tab. 1: Übersicht über verschiedene Mikroprozessoren

	80486 (DX2-66)	Pentium	M 68000	M 68040	
Entwickler	Intel	Intel	Motorola	Motorola	
Hersteller	Intel	Intel	Motorola	Motorola	
Jahr der Einführung	1989	1993	1979	1990	
Maschinencode-Kompatibilität	80×86	80×86	–	$M\,680 \times 0$	
Architektur (auch: Befehlssatz)	CISC	CISC	CISC	CISC, Nanocode in Hardware	
Anzahl Transistoren	1,2 Millionen (HCMOS-IV)	3,3 Millionen ($0,35\,\mu$ BiCMOS)	–	1,2 Millionen (HCMOS)	
auf dem Chip implementierte Einheiten	Cache, FPU	Caches, FPU, MMU	–	Caches, FPU, MMU	
externe Einheiten	–	–	FPU	–	
Datenbusbreite (extern/intern) in Bit	32/32	64/64	16/32	32	
Adressbusbreite in Bit	32	32	32	32	
Taktrate (extern/intern)	66 MHz	133 MHz bis 200 MHz	8 MHz/ 12,5 MHz	25 MHz/50 MHz	
SPECint92	32,2	64,5	–	–	
SPECfp89/92	16,1	56,9	–	–	
Integer-Register (Anzahl/Breite)	6/32 Bit	6/32 Bit	15/32 Bit	16/32 Bit	

SAB-R3000	PowerPC 601/3	PowerPC 620	Alpha 21064	micro-SPARC-II
Mips, USA (Microprocessor without Interlocked Pipeline Stages)	IBM	Apple, Motorola, IBM	DEC	Sun
Siemens	IBM, Motorola	AIM	DEC	Fujitsu
Mitte der 1980er Jahre	1992	1994	1992	1991
–	–	–	(VMS/VAX)	–
RISC	RISC	RISC	RISC	RISC
115 000	1,2 Millionen (CMOS)	7 Millionen (CMOS)	1,68 Millionen (0,5 µ CMOS)	? (0,5 µ CMOS)
Integer-Multiplizierer, Integer-Dividierer, MMU, Cache-Ansteuerung	FPU, MMU, IU, BPU (Branch Processing Unit)	FPU, MMU	Caches, FPU	FPU, MMU, S-Bus-Controller
FPU	–	–	Cache-Controller, MMU	–
32	64	64/128	64 bis 128	32
32	32	40	34	32
50 MHz/ 100 MHz	80 MHz/80 MHz	133 MHz	275 MHz/ 275 MHz	70 MHz
–	62,6	225	170	51
–	72,2	300	290	43
32/32 Bit	32/32 Bit	64/64 Bit	32/64 Bit	–

Übersicht über verschiedene Mikroprozessoren (Fortsetzung)

	80486 (DX2-66)	Pentium	M 68000	M 68040
Floating-Point-Register (Anzahl/Breite)	8/80 Bit	8/80 Bit	–	8/80 Bit
Verarbeitbare Datenformate (siehe Anmerkung)	Byte (8 Bit), Wort (16 Bit), Langwort (32 Bit); Little Endian	Byte (8 Bit), Wort (16 Bit), Langwort (32 Bit)	Byte (8 Bit), Wort (16 Bit), Langwort (32 Bit)	Byte (8 Bit), Wort (16 Bit), Langwort (32 Bit)
1st Level Cache (Code/Daten)	8 KByte	8 KByte/8 KByte	–	4 KByte/4 KByte
2nd Level Cache	256 KByte	512 KByte	–	–
Ausführungsmodell	2-Adress-Befehle	2-Adress-Befehle	2-Adress-Befehle	2-Adress-Befehle
Befehlspipeline	–	5-stufig (8-stufig für FP) Superskalar (zwei ident. parallele Pipelines)	Prefetch-Queue	6-stufig
Bevorzugter Einsatz	Personalcomputer	Personalcomputer	Steuerungen, Heimcomputer, Personalcomputer	Multitasking-Betriebssysteme
Besonderheiten (zum Teil ohne nähere Erläuterung in diesem Buch)	–	M.E.S.I.-Protokoll für Shared Memory und lokale Caches in Multiprozessorsystemen wird unterstützt	–	Harvard-Architektur, Snoop-Logik für Cache-Kohärenz in Multiprozessorsystemen

Anmerkung: Wörter bestehen aus mehreren Bytes. Als Adresse eines Wortes kann man die Adresse des höchstwertigen Bytes (Big-Endian-Adressierung) oder des niedrigstwertigen Bytes (Little-Endian-Adressierung) verwenden. In den davor bzw. dahinter stehenden Adressen befinden sich dann die übrigen Bytes des Wortes.

SAB-R3000	PowerPC 601/3	PowerPC 620	Alpha 21064	micro-SPARC-II
–	32/64 Bit	64/64 Bit	32/64 Bit	–
Byte (8 Bit), Wort (16 Bit), Langwort (32 Bit); Little und Big Endian	Byte (8 Bit) Wort (16 Bit) Langwort (32 Bit) intern: Doppelwort (64 Bit)	64 Bit	64 Bit	–
2 KByte/2 KByte	32 KByte bzw. 8 KByte/8 KByte	32 KByte/ 32 KByte	8 KByte/8 KByte	16 KByte/ 8 KByte
–	256 KByte	bis 128 MByte	512 KByte	–
3-Adress-Befehle	1-Adress-Befehle	1-Adress-Befehle		
5-stufig	Superskalar	–	Superskalar, Superpipelined	–
Multitasking-Betriebssysteme, Controller- und Echtzeit-anwendungen	–	–	Multiple Processor; Massively Parallel Processing	Multitasking-Betriebssysteme
keine Registerfenster-technik, soll durch Code-Optimierung ausgeglichen werden	Four-State Cache-Kohärenz (M.E.S.I.-Protokoll)	3 Integer-Pipelines, Branch Prediction (4 Sprünge tief); Four-State Cache-Kohärenz (M.E.S.I.-Protokoll)	21066 enthält PCI-Bridge, Cache-Controller, MMU; 7-Stage-Integer-Pipeline; 10-Stage Floating-Point-Pipeline	–

Stand: 1996; freigelassene Stellen bedeuten, dass den Autoren zu diesem Zeitpunkt die Informationen nicht vorlagen.

gesetzten Schaltung. An die Stelle der Verdrahtung tritt das ↑Programm. So wie sich der Arbeitsplatz eines Elektronikers dadurch zum Programmierplatz gewandelt hat, hat der Mikroprozessor auch andere Veränderungen der Arbeitswelt bewirkt, z. B. den Ersatz der Registrierkasse durch elektronische ↑Kassensysteme oder die Automatisierung der Arbeit von Setzern; das Setzen kann z. B. direkt von den Journalisten durch Eingabe der Texte und Bilder in den Computer vorgenommen werden.

Für die *Schule,* in der die Hardware eines Mikroprozessors eine eher untergeordnete Rolle spielt, eignet sich am besten die Analyse des 8080. Er wird wegen seiner Wortlänge von 8 Bit kaum noch eingesetzt, ist jedoch übersichtlicher als andere Prozessoren und lässt die Konstruktionsprinzipien klarer erkennen. Daher wird er im Folgenden detailliert vorgestellt.

Mikroprozessor 8080: Der 8080 war ein in ↑Heimcomputern weit verbreiteter Mikroprozessor mit einer Wortlänge von 8 Bit. Er hat einen Adressraum von 64 KByte und eine Zykluszeit (↑Befehlszyklus) von etwa 2 Mikrosekunden.

Der 8080 verfügt über sechs Mehrzweckregister (↑Register) mit jeweils 8 Bit und einen ↑Akkumulator. Die Mehrzweckregister können einzeln oder in Paaren adressiert werden, sodass auch arithmetische Operationen mit 16 Bit großen Zahlen durchführbar sind. Die arithmetischen und logischen Operationen bewirken Zustandsänderungen in fünf verschiedenen Statusbits (↑Status), von denen vier vom Programm abgefragt werden können. Das fünfte Statusbit wird nur bei der Dezimalarithmetik verwendet (Abb. 1).

Abb. 2: Registerstruktur des 8080

Zur Verwaltung eines ↑Kellers besitzt der 8080 einen 16 Bit großen Kellerzeiger. Der Keller kann an jeder beliebigen Stelle im Hauptspeicher angelegt werden. Der Befehlsvorrat enthält Befehle, mit denen alle Mehrzweckregister, der Akkumulator, die Statusbits und der Befehlszähler auf dem Keller abgelegt werden können. Dies erlaubt eine nahezu beliebige Schachtelung von Unterprogrammaufrufen. Abb. 2 zeigt die Registerstruktur des 8080, Abb. 3 das Blockschaltbild.

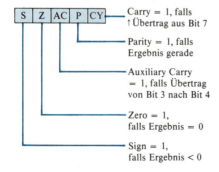

Abb. 1: Belegung des Statusregisters beim Mikroprozessor 8080

Mikroprozessor

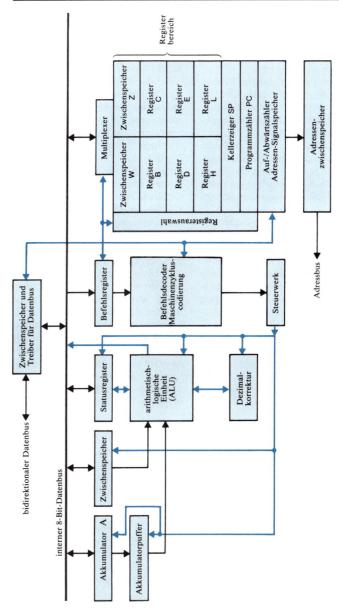

Abb. 3: Blockschaltbild des 8080

In Abb. 3 geben blaue Pfeile die Steuerleitungen (↑ Mikroprogrammierung) an, die schwarzen Pfeile gehören zu Daten- oder Adressleitungen.

Zum Befehlsvorrat gehören:
- arithmetische und logische Befehle, bei denen die Operanden über die direkte, indirekte oder unmittelbare Adressierung (↑ Adressierungsarten) erhalten werden;
- Transportbefehle, mit denen 8 oder 16 Bit große Daten zwischen Registern und Speicherzellen, die direkt, indirekt oder unmittelbar adressiert werden können, ausgetauscht werden;
- Sprungbefehle, wobei zwischen bedingten, unbedingten und berechneten Sprüngen gewählt werden kann. Des Weiteren gibt es bedingte und unbedingte Befehle zum Aufruf von und zur Rückkehr aus Unterprogrammen. Der RST-Befehl eignet sich für die Behandlung von ↑ Unterbrechungen;
- Schiebebefehle (↑ Schieberegister) zum Rundschieben des Akkumulators nach links oder rechts;
- Spezialbefehle, wie die leere Anweisung NOP, der Befehl HLT zum Stoppen des Prozessors, DAA bei Verwendung von Dezimalarithmetik, CMA zum Komplementieren des Akkumulators oder XCHG zum Austausch zweier Doppelregister.

Tabelle 3 zeigt den gesamten Befehlsvorrat des 8080, Tabelle 2 die zugehörigen Abkürzungen.

Mikroprozessor 8086: Dieser Mikroprozessor war in den ersten ↑ Personalcomputern weit verbreitet. Er ist eine Weiterentwicklung des 8080 mit einer Wortlänge von 16 Bit und einem Adressraum von 1 MByte. Auch er wurde weiterentwickelt, weshalb man von der 80X86er-Familie spricht: Der 80186 ist ein 8086er Prozessor mit auf dem Chip integrierten Taktgenerator-, Zeitgeber- und Steuerungsfunktionen; der 80286 führte Schutzebenen für Speicherzugriffe ein und umfasst einen 16 MByte-Adressraum sowie einen erweiterten Befehlsvorrat; mit dem 80386 wurden unter anderem die Register von 16 auf 32 Bit und der Adressraum auf 4 GByte erweitert; beim 80486 wurden die Einheit für die Gleitpunktoperationen und die Steuerung für den Cache, den Pufferspeicher der ↑ Speicherhierarchie, mit auf dem Chip integriert. Der 80486 wurde in vielen Varianten produziert. Sein

cc:	Statusregistercode,
	NZ = non zero ≙ Z = 0, PO = parity odd ≙ P = 0,
	Z = zero ≙ Z = 1, PE = parity even ≙ P = 1,
	NC = non carry ≙ CY = 0, P = positive ≙ S = 0,
	C = carry ≙ CY = 1, M = negative ≙ S = 1,
n:	8 Bit große Binärzahl
nn:	16 Bit große Binärzahl
r, r_1, r_2:	8-Bit-Mehrzweckregister B, C, D, E, H, L oder Akkumulator A,
R:	B, D oder H für 16-Bit-Doppelregister BC, DE oder HL,
Index „L":	die niederwertigen 8 Bits eines 16-Bit-Registers,
Index „H":	die höherwertigen 8 Bits eines 16-Bit-Registers,
( ):	Inhalt der Speicherzelle, die durch den geklammerten Ausdruck angesprochen wird.

Tab. 2: Abkürzungen für die Tabelle 3

Tab. 3: Befehlsvorrat des Mikroprozessors 8080

mnemonischer Befehl	Beschreibung	Bemerkung
Transportbefehle		
MOV r_1, r_2	$r_1 := r_2$	
MOV M,r	$(HL) := r$	
MOV r,M	$r := (HL)$	
MVI r,n	$r := n$	
MVI M,n	$(HL) := n$	
LXI R,nn	$(R) := nn$	
STAX R	$(R) := A$	$R = B,D$
LDAX R	$A := (R)$	$R = B,D$
STA nn	$(nn) := A$	
LDA nn	$A := (nn)$	
SHLD nn	$(nn) := L; \ldots (nn+1) := H$	
LHLD nn	$L := (nn); \ldots H := (nn+1)$	
XCHG	$DE \leftrightarrow HL$	
Kellerbefehle		
PUSH R	$(SP-1) := R_H;$ $(SP-2) := R_L;$ $SP := SP-2$	
PUSH PSW	$(SP-1) := A;$ $(SP-2) := F;$ $SP := SP-2$	
POP R	$R_L := (SP);$ $R_H := (SP+1);$ $SP := SP+2$	
POP PSW	$A := (SP);$ $F := (SP+1);$ $SP := SP+2$	
XTHL	$(SP) \leftrightarrow L;$ $(SP+1) \leftrightarrow H$	
SPHL	$SP := HL$	
LXI SP, nn	$SP := nn$	
INX SP	$SP := SP+1$	
DCX SP	$SP := SP-1$	
Sprungbefehle		
JMP nn	$PC := nn$	
Jcc nn	if Bedingung cc erfüllt then $PC := nn$	cc = C,NC,Z,NZ, P,M,PE,PO
PCHL	$PC := HL$	

Befehlsvorrat des Mikroprozessors 8080 (Fortsetzung)

mnemonischer Befehl	Beschreibung	Bemerkung
Unterprogrammbefehle		
CALL nn	$(SP-1) := PC_H$; $(SP-2) := PC_L$; $SP := SP-2$; $PC := nn$	
Ccc nn	if Bedingung cc erfüllt then begin $(SP-1) := PC_H$; $(SP-2) := PC_L$; $SP := SP-2$; $PC := nn$ end	cc = C,NC,Z,NZ, P,M,PE,PO
RET	$PC_L := (SP)$; $PC_H := (SP+1)$; $SP := SP+2$	

Rcc	if Bedingung cc
	erfüllt then
	begin
	$PC_L := (SP)$;
	$PC_H := (SP+1)$;
	$SP := SP+2$
	end;
		cc = C,NC,Z,NZ,
		P,M,PE,PO

RST n	$(SP-1) := PC_H$; $(SP-2) := PC_L$; $SP := SP-2$; $PC_H := 0$; $PC_L := n$	
arithmetische Befehle		
INR r	$r := r+1$	
DCR r	$r := r-1$	
INR M	$(HL) := (HL)+1$	
DCR M	$(HL) := (HL)-1$	
INX R	$R := R+1$	
DCX R	$R := R-1$	
ADD r	$A := A+r$	
ADC r	$A := A+r+CY$	
ADD M	$A := A+(HL)$	
ADC M	$A := A+(HL)+CY$	
ADI n	$A := A+n$	
ACI n	$A := A+n+CY$	
DAD R	$HL := HL+R$	R = B,D

M

mnemonischer Befehl	Beschreibung	Bemerkung
arithmetische Befehle		
DAD SP	HL := HL + SP	
SUB r	A := A − r	
SBB r	A := A − r − CY	
SUB M	A := A − (HL)	
SBB M	A := A − (HL) − CY	
SUI n	A := A − n	
SBI n	A := A − n − CY	
logische Befehle		
ANA r	A := A ∧ r	⎫
XRA r	A := A ⊕ r	⎬ bitweise
ORA r	A := A ∨ r	⎭
CMP r	A − r	
ANA M	A := A ∧ (HL)	⎫
XRA M	A := A ⊕ (HL)	⎬ bitweise
ORA M	A := A ∨ (HL)	⎭
CMP M	A − (HL)	
ANI n	A := A ∧ n	⎫
XRI n	A := A ⊕ n	⎬ bitweise
ORI n	A := A ∨ n	⎭
CPI n	A − n	
Schiebebefehle		
RLC	CY ← 7 ← 0	Alle Operationen
RRC	7 → 0 → CY	bezogen auf den
RAL	CY ← 7 ← 0	Akkumulator
RAR	7 → 0 → CY	
Spezialbefehle		
CMA	A := $\overline{A}$	bitweise
STC	CY := 1	
CMC	CY := $\overline{CY}$	
DAA	Wandelt A in gepackte BCD-Darstellung um	
IN n	A := Datum an Port n	
OUT n	Gebe A an Port n aus	
EI	Entsperre Unterbrechung	
DI	Sperre Unterbrechung	
NOP	keine Operation	
HLT	Halt	

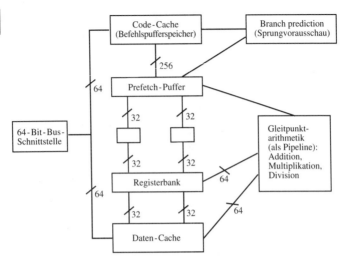

Abb. 4: Blockschaltbild des Pentiums

Nachfolger (aus lizenzrechtlichen Gründen nicht 80586, sondern *Pentium* genannt) besitzt einen 64-Bit-Datenbus und einen Prozessorkern mit mehreren parallelen Befehlspipelines *(superskalar);* er ist für den Multiprozessorbetrieb ausgelegt. Jeder der Prozessoren ist abwärtskompatibel zu seinen Vorgängern. Abb. 4 zeigt das Blockschaltbild des Pentiums.

Beim Nachfolger des Pentiums (P6) sind die Steuereinheit für den 2nd-level-Cache auf dem Chip integriert, die **FPU** (Abk. für engl. **f**loating **p**oint **u**nit „Einheit für Gleitpunktarithmetik") weiter verbessert und die Anzahl der Pipelines erhöht worden.

Im Folgenden wird der Aufbau des 8086 skizziert (Abb. 5). Er unterteilt sich in zwei unabhängig voneinander arbeitende Einheiten, die Bus-Interface-Einheit (BIE) und die Ausführungseinheit (AE). Die AE führt die Befehle aus und transportiert Daten über einen internen Datenbus. Die Befehle und Operanden entnimmt die AE einer Befehlsschlange, die der BIE zugeordnet ist; die AE hat also keinen direkten Zugriff auf den Speicher.

Der 8086 verfügt über acht Mehrzweckregister AH, AL bis DH, DL mit jeweils 8 Bit, die auch zu Paaren als 16-Bit-Register verwendet werden können und dann mit AX bis DX bezeichnet werden. Wenn es sich auch um Mehrzweckregister handelt, so hat doch jedes Register noch eine spezielle Funktion: AX dient als Akkumulator bei bestimmten arithmetischen Operationen, BX als Basisregister (wie BP, s. u.), CX als Zählregister für Textoperationen und Zählschleifen und DX als Datenregister für Ein-/Ausgabe-Operationen. Drei weitere 16-Bit-Register BP, SI und DI dienen als Basisregister bzw. Indexregister für Quell- (SI) und Zieloperanden (DI). Zur Verwaltung eines Kellers besitzt der 8086 einen 16 Bit großen Kellerzeiger SP. Der Befehlssatz enthält Befehle, mit denen beliebige Register auf dem Keller abgelegt werden können.

Mikroprozessor

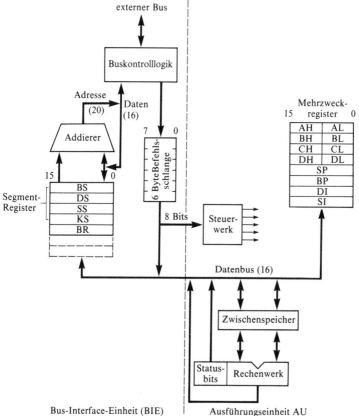

Abb. 5: Blockschaltbild des 8086

Die BIE kontrolliert den externen Bus, nimmt Adressberechnungen vor und kommuniziert mit den Speichern. Sie lädt fortlaufend 16-Bit-Worte und speichert sie in der Befehlsschlange (einem schnellen internen Pufferspeicher). Da die AE nur auf diesen Speicher zugreift und nicht durch langsame Speicher gebremst wird, beschleunigt dies die Verarbeitungsgeschwindigkeit des Prozessors. Dies ist die einfachste Form der ↑Pipelineverarbeitung: Während sich ein Befehl noch in der Ausführungsphase befindet, wird der nächste Befehl bereits geladen (engl. *prefetching*). Nur bei Sprüngen muss die Befehlsschlange abgeändert werden, da dann die schon geladenen Befehle nicht mehr benötigt werden. Weiterhin verfügt die BIE über vier 16-Bit-Register, die Segmentregister. Mit ihrer Hilfe kann der gesamte von einem Programm benötigte Speicherbereich in ein Programm-, ein Daten- und ein Kellersegment sowie in ein weiteres beliebig zu verwendendes

Mikroprozessor

Segment aufgeteilt werden. Zur Adressierung von 1 MByte Adressraum ist eine physikalische Adresse von 20 Bit erforderlich. Diese wird je nachdem, ob es sich um eine Befehls-, Daten- oder Kelleradresse handelt, durch eine spezielle Addition der Inhalte des zugehörigen Segmentregisters und des Befehls-, Daten- oder Kellerregisters gebildet. Der Befehlsvorrat enthält die üblichen Adressierungsarten direkt, unmittelbar, indirekt (entweder bezüglich eines der Basisregister BP oder BX oder eines der Indexregister DI oder SI) und indirekt-indiziert (bezüglich eines der Basisregister *und* eines der Indexregister).

Zum Befehlsvorrat gehören die folgenden Befehle:

- arithmetische und logische Operationen einschließlich Multiplikation und Division, bei denen mindestens ein Register beteiligt sein muss,
- Transportbefehle, mit denen 8 Bit oder 16 Bit große Daten zwischen Speicherzellen und Registern ausgetauscht werden,
- Operationen auf Zeichenfolgen, mit denen man zusammenhängende Speicherbereiche durchlaufen und bearbeiten kann,
- Sprungbefehle für bedingte und unbedingte Sprünge,
- spezielle LOOP-Befehle zur Konstruktion von Zählschleifen mithilfe des Registers CX.

Des Weiteren gibt es

- den unbedingten Aufruf von Unterprogrammen,
- Schiebebefehle zum (Rund-)Schieben von Registern und Speicherzellen,
- Spezialbefehle zum Einlesen und Ausgeben von Daten auf einem externen Gerät, zur Bearbeitung von Unterbrechungen usw.

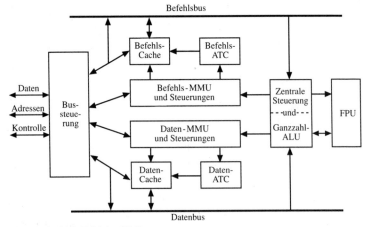

Abb. 6: Blockschaltbild des 68040
FPU = Gleitpunktarithmetik, ALU = arithmetisch-logische Einheit, MMU = Speicherverwaltungseinheit, ATC = Address Translation Cache (zur schnelleren Umsetzung von logischen in physikalische Adressen).
Die zentrale Steuerung enthält die sechs Pipelinestufen Prefetch (vorab geholter Befehl), Decodierung des Befehls, Berechnung von Adressen, Holen von Daten unter diesen Adressen, Ausführen des Befehls, Zurückschreiben des Ergebnisses.

Mikroprozessor 68000: Dieser Mikroprozessor war in kleinen und mittleren Rechenanlagen weit verbreitet. Er besitzt einen Adressraum von 16 MByte und eine Zykluszeit von 1,5 Mikrosekunden. Man spricht von der 68000er-Familie, in der man mehrere Mikroprozessoren zusammenfasst: den 68000, den 68008 (eine eingeschränkte Version mit 8 Bit breitem Datenbus), den 68010 mit erweitertem Befehlsvorrat und zusätzlichem Register zur virtuellen ↑Speicherverwaltung, den 68020 mit 32-Bit-Daten- und Adressbus und höherer Taktfrequenz, den 68030 mit intern getrennten Daten- und Befehlspfaden mit zugehörigen Pufferspeichern und einer **MMU** (Abk. für engl. **m**emory **m**anagement **u**nit „Speicherverwaltungseinheit") auf dem Chip und den 68040 mit FPU auf dem Chip und vergrößerten Daten- und Befehlspufferspeichern. Jeder der Prozessoren ist abwärtskompatibel zu seinen Vorgängern. Abb. 6 zeigt das Blockschaltbild des 68040.

Im Folgenden wird der 68000-Prozessor sehr knapp beschrieben. Er verfügt über acht Datenregister mit jeweils 32 Bit und sieben gleich große Adressregister. Jedes Datenregister kann auch als 8-Bit- oder 16-Bit-Register verwendet werden.

Der 68000 kann in zwei verschiedenen Betriebsarten betrieben werden, im *Benutzermodus* und im *Systemmodus*. Dadurch wird eine strikte Trennung von Betriebssystem- und Benutzerprogrammen erreicht. Der Befehlsvorrat des 68000 enthält Befehle, die im Benutzermodus nicht ausgeführt werden dürfen, z. B. STOP, mit dem der Prozessor angehalten werden kann.

Zur Verwaltung der beiden Modi verfügt der 68000 über zwei 32 Bit große Kellerzeiger, einen für den Benutzer (engl. **u**ser **s**tack **p**ointer, Abk. USP) und einen für das System (engl. **s**ystem stack **p**ointer, Abk. SSP). Durch Benutzerprogramme kann der Systemkellerzeiger nicht geändert werden. Beide Kellerzeiger erlauben eine beliebige Schachtelung von Unterprogrammaufrufen. Das 16 Bit große Statusregister ist wie der Kellerzeiger zweigeteilt: Ein Byte dient dem Systemmodus, das andere dem Benutzermodus. Abb. 7 zeigt die Registerstruktur des Mikroprozessors 68000, Abb. 8 (S. 310) das Blockschaltbild.

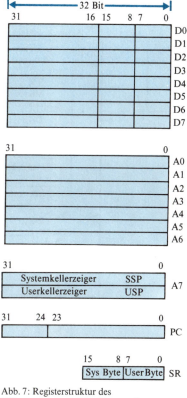

Abb. 7: Registerstruktur des Mikroprozessors 68000 (Datenregister D0 bis D7, Adressregister A0 bis A6, Kellerzeiger A7, Befehlszähler PC, Statusregister SR)

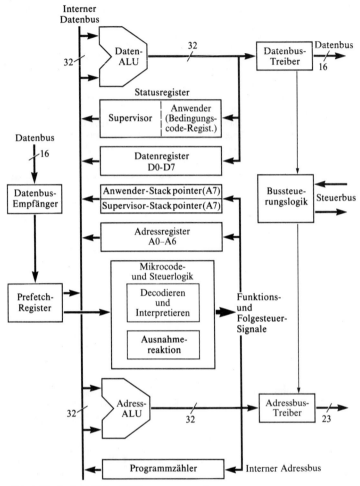

Abb. 8: Blockschaltbild des 68000

Der 68000 ist eine Zweiadressmaschine (↑Befehlsformat). Er verfügt über 56 Grundbefehle mit bis zu 14 Adressierungsarten.

RISC-Mikroprozessoren: Neben den beschriebenen Mikroprozessoren mit einem recht komplexen Befehlssatz gibt es eine Reihe von RISC-Prozessoren, deren Besonderheit der einfache Befehlsaufbau und die Beschränkung auf möglichst wenige Befehle ist (↑RISC-Architektur). Beispiele sind der Alpha 21164, der PowerPC 620, der SAB-R4400 und der SPARC-Prozessor (vgl. Tabelle 1). Diese Prozessoren haben eine Datenbusbreite von 32,

64 oder 128 Bit. Sie besitzen meist 32 Ganzzahl- und 32 Gleitpunktregister sowie eine FPU auf dem Chip. Sie sind *superskalar,* d. h., sie besitzen mehrere identische parallel arbeitende Befehlspipelines, oder sind *superpipelined,* d. h., sie besitzen Pipelines mit verfeinerten Funktionsblöcken und höherer interner Taktrate. Sie unterscheiden sich hauptsächlich im Maschinencode, in der Arbeitsgeschwindigkeit, in der Größe der Code- und Daten-Caches, des 2nd-Level-Cache sowie in der Anzahl und Tiefe parallel arbeitender Pipelines und der Tiefe der Branch-Prediction-Einheit.

minimaler Automat: Kleinster Automat, der ein gegebenes beobachtbares Verhalten zeigt. Genauer: Ein Automat heißt *minimal,* wenn es keinen äquivalenten Automaten mit weniger Zuständen gibt (↑ Äquivalenz).
Bei fast allen Typen von Automaten gibt es zu einem Automaten mehrere wesentlich verschiedene äquivalente minimale Automaten. Bei deterministischen ↑ endlichen Automaten ist der minimale Automat jedoch eindeutig bestimmt, und man kann ihn effektiv (algorithmisch) konstruieren.

MIPS (Abk. für engl. **m**illion **i**nstructions **p**er **s**econd „Millionen Befehle pro Sekunde"): Maß für die Rechengeschwindigkeit eines Computers. Dazu zählt man die Befehle, die ein Computer in der Sekunde durchführen kann. Dies führte zu folgenden Maßeinheiten:

KOp/s = Kilo (= tausend) Operationen pro Sekunde,

MOp/s = Mega (= Millionen, $= 10^6$) Operationen pro Sekunde, d. h. 1 MOp/s $= 1\,000$ KOp/s,

MFLOp/s = Mega Floating-Point-Operationen (= Gleitpunktoperationen) pro Sekunde,

GOp/s = Giga (= 10^9) Operationen pro Sekunde,

TOp/s = Tera (= 10^{12}) Operationen pro Sekunde.

Ein Computer mit der Geschwindigkeit 1 KOp/s kann also tausend Maschinenbefehle in der Sekunde ausführen. Personalcomputer liegen zurzeit (1997) zwischen 2 und 30 MOp/s, Großrechner und Spezialrechner bei 10 GOp/s; bei Parallelrechnern ist die Geschwindigkeit noch höher.
Am gebräuchlichsten ist die Maßeinheit MIPS. Sie tritt in mehreren Bedeutungen auf:
1. Gleiche Bedeutung wie MOp/s.
2. Gewichtetes Maß, das die Zahl der ausführbaren Additions- (70 %) und Multiplikationsbefehle (30 %) in Millionen pro Sekunde angibt. Ein Rechner arbeitet demnach mit der Geschwindigkeit 1 MIPS, wenn er in der Sekunde 700 000 (Festpunkt-)Additionen und 300 000 (Festpunkt-)Multiplikationen ausführen kann.
3. Normierung durch einen konkreten Rechner: Es wurde festgelegt, dass der Computer VAX 11/780 genau die Leistung 1 MIPS besitzt. Hierdurch kann man die Leistung durch Programme messen: Man wählt eine festgelegte Menge von Programmen, deren Laufzeit auf der VAX 11/780 bekannt ist, und lässt sie auf dem zu testenden Computer laufen; das Verhältnis der Laufzeiten ergibt dann den MIPS-Wert des Computers.
Diese Maßeinheiten gaben brauchbare Anhaltswerte, solange die Computer bzw. die ↑ Mikroprozessoren alle nach dem gleichen Prinzip aufgebaut waren. Seit es jedoch ↑ RISC-Architekturen gibt, ↑ Pipelineverarbeitung eingesetzt wird und Parallelrechner gebaut werden (↑ paralleler Algorithmus, ↑ Transputer), verliert diese Maßeinheit an Bedeutung. Stattdessen verwendet man mehrere festgelegte Men-

gen von besonders typischen Programmen (↑Bewertungsprogramm). Genormte Mengen von solchen größeren Programmen für numerische Probleme sind unter den Namen *Whetstone* und *Linpack,* solche für die Systemprogrammierung unter dem Namen *Drystone* bekannt.

Computer werden verstärkt für logische Schlussfolgerungen eingesetzt. Für derartige Aufgaben wurde als Maß das **LIPS** (Abk. für engl. logical inferences per second „logische Ableitungsschritte pro Sekunde") eingeführt. Für Probleme der ↑künstlichen Intelligenz benötigt man Rechner mit Millionen von LIPS.

ML (Abk. für engl. Meta Language): Funktionale Programmiersprache mit Einbindung allgemeiner ↑Datenstrukturen. Sie wurde Ende der 1970er-Jahre an der University of Edinburgh entwickelt und 1987 standardisiert.

Im Folgenden wird der 1984 entwickelte Dialekt **CAML-light** in kurzer Form behandelt. CAML besitzt gegenüber ML unter anderem den Vorteil, auf Kleinrechnern eingesetzt werden zu können.

Die wichtigsten Eigenschaften von CAML sind:

- Interaktive Programmentwicklung mit einem inkrementellen Übersetzer: Alle eingegebenen Programmstücke werden sofort syntaktisch überprüft und übersetzt. Es steht also immer ein ablauffähiges Programm zur Verfügung.
- Strenge Typisierung, d. h. in jedem Programm der Sprache gehören alle Größen zu genau einem ↑Datentyp. Die Wertemengen aller Datentypen einer streng typisierten Sprache sind paarweise disjunkt. In streng typisierten Sprachen können auf die Objekte eines Typs nur diejenigen Operationen angewendet werden, die für den Typ definiert sind.
- ↑Polymorphie bei Datentypen und Funktionen: Typen und Funktionen können mit Typen parametrisiert werden. Man kann also z. B. Funktionen definieren, die auf Objekte mehrerer verschiedener Typen angewendet werden können, die jedoch alle eine gemeinsame Grundstruktur besitzen müssen.
- Leistungsfähiges Typinferenzsystem: Fast alle Typangaben können trotz Typisierung in CAML weggelassen werden, denn sie werden, sofern möglich, automatisch aus der Form der Parameter, der verwendeten Operationen und der ggf. beteiligten Konstanten abgeleitet.
- Auswertung von Ausdrücken durch ↑call by value.
- Übersichtlicher Zugriff auf ↑Datenstrukturen mithilfe von Patternmatching anstelle von oder zusätzlich zu Selektoren.

Die funktionale Programmierung in CAML oder allgemein in funktionalen Programmiersprachen bietet für die *Schule* eine Reihe von Vorteilen:

- Funktionen in CAML sind Funktionen im mathematischen Sinne und besitzen die entsprechenden angenehmen Eigenschaften: keine Seiteneffekte und eine einheitliche, leicht verständliche Parameterübergabe *(referenzielle Transparenz).* Da Funktionen im Mathematikunterricht ausgiebig behandelt werden, bieten sich interessante Anknüpfungspunkte unter Berücksichtigung der Vorerfahrungen der Schüler.
- CAML-Programme sind recht kurz und besitzen einen hohen Abstraktionsgrad. Maschinenorientierte Überlegungen der Art „Was macht der Rechner aus meinem Programm?" entfallen fast vollständig, da die Semantik von CAML klar und präzise definiert ist.

- Verwendet man imperative Sprachen, muss die Lehrkraft ständig daran erinnern, strukturiert zu programmieren, Prozeduren zu verwenden, ordentlich zu parametrisieren, keine ↑globalen Variablen zu benutzen usw. In CAML sind diese Vorschriften bereits durch die Sprachdefinition vorgegeben und werden vom System überprüft.
- Die Syntax von CAML ist sehr einfach und prägnant, sie enthält (anders als die von PASCAL) kaum Ballast oder Ausnahmeregelungen: Man spricht in diesem Zusammenhang auch von der *Orthogonalität* der Programmiersprache CAML, weil die wenigen Sprachelemente in beliebiger Weise miteinander kombiniert werden können.

mnemonisch: Die Bezeichnung eines Objekts ist mnemonisch, wenn sie etwas über die Bedeutung des Objekts aussagt. In der Informatik spricht man von mnemonischen ↑Codes, wenn die codierte Darstellung eines Wortes das codierte Wort erkennen lässt. Die Sprachelemente von ↑Assemblern sind meist mnemonische Bezeichnungen, z. B. SUB für die Subtraktion oder LDA für das Laden des Akkumulators.

In Programmiersprachen sollten die Namen von Variablen stets mnemonisch gewählt werden, d. h. den Zweck der Variablen erkennen lassen.

Modell: Vereinfachtes Abbild der Realität; Muster, Vorbild, Entwurf von etwas; in der Wissenschaft vereinfachte Darstellung eines Objekts oder Objektbereichs mit Betonung seiner speziellen Eigenschaften (vgl. ↑Methoden der Informatik).

Allgemein ist ein Modellbildungs- oder Modellierungsprozess durch eine Relation $R(S, P, T, M)$ beschrieben, wobei ein *Subjekt S* zum *Zwecke P* (engl. *purpose*) zu einem *Original T* (engl. *prototype*) das *Modell M* entwirft (Abb. 1). Zudem besteht zwischen T und M stets eine *Verkürzungsrelation* in dem Sinne, dass M nicht alle, sondern nur die aus Sicht von S bezüglich P relevanten Eigenschaften von T erfasst. Die Unterschiede in der Form der Modellierung in einzelnen Wissenschaften betreffen neben den Methoden, die S verwendet, um M aus T zu erzeugen, auch die Originale, die Zwecke der Modellbildung und die Modelle selbst.

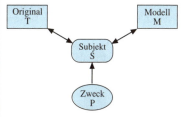

Abb. 1: Modellbildung

In der Informatik bilden Modelle die Basis für jede Form der Speicherung, Übertragung, Zerlegung und Verarbeitung. Ohne die Modellierung sind praxisbezogene Aufgaben kaum von Computern zu bearbeiten. Das Modell bildet sozusagen die Zielvorstellung und die Grenze dessen, was automatisch berechnet, überwacht oder gesteuert werden soll.

Genauer lassen sich die Elemente, durch die ein Modellierungsprozess in der Informatik bestimmt ist, wie folgt umreißen:

Originale: Die Informatik modelliert meist Sachverhalte, die realen Situationen (Biologie, Meteorologie usw.) oder einer vom Menschen geschaffenen, künstlichen Welt entstammen (Bürovorgänge, Fahrzeugströme an Kreuzungen, Bibliothekssysteme). Diese Originale können beliebig kompliziert sein. Zugleich gehören zu einem Sachverhalt sehr viele gut unter-

Modell

scheidbare Originale, und ihr Verhalten ist meist außerordentlich instabil. Auch sind die Bestandteile des Originals und ihr Verhalten nur selten zahlenmäßig, z. B. durch die reellen Zahlen, zu erfassen.

Zwecke: Die Informatik modelliert die reale durch eine künstliche Welt, die weitgehend realitätsnah bleiben muss. Sie beschreibt ihre Originale nicht (nur auf Zwischenstufen des Modellbildungsprozesses), sondern bildet sie möglichst so nach, „wie sie sind" (z. B. Akten bleiben Akten, Karteikarten bleiben Karteikarten) oder wie sie vom Menschen unmittelbar wahrgenommen werden. Die Modelle erlangen so eine eigene (virtuelle) Realität und sollten hinsichtlich des angestrebten Zwecks an die Stelle ihrer Originale treten können.

Modelle: Die Modelle der Informatik besitzen vor allem zwei typische Merkmale:

Elementarbausteine der Modelle:
Die Bausteine informatischer Modelle sind *Objekte*, durch nur geringfügige Abstraktionsprozesse entstanden und angepasst an die Originale, so wie sie vom menschlichen Bewusstsein wahrgenommen, kognitiv erfasst und verarbeitet werden. Die Modellierung scheint sich an der menschlichen Wahrnehmung von Objekten und an Denkprozessen zu orientieren. Ein objektorientiertes Vorgehen liegt daher nahe (↑ objektorientierte Programmierung).

Modellierung der Zeit:
In der Informatik ist die Zeit stets Teil des Modells, sodass dynamische Vorgänge auch im Modell dynamisch repräsentiert sind und nicht durch statische Situationen approximiert werden müssen.

Beispiel: Der freie Fall.
Die Physik modelliert das Verhalten eines fallenden Steins statisch durch Formeln, die für jeden Zeitpunkt t Geschwindigkeit, Position und kinetische Energie des Steins angeben:

$v(t) = at,$
$s(t) = \frac{1}{2}at^2,$
$E(t) = \frac{1}{2}m(v(t))^2.$

Die Formeln liefern für konkrete Parameter jeweils Momentaufnahmen (Zustände des Steins). Der Stein selbst wird auf eine Zahl, seine Masse, reduziert.

In der künstlichen Welt, die ein informatisches Modell beschreibt, existiert eine Eigenzeit, und der Stein fällt „tatsächlich" (virtuell). Der Stein selbst wird so modelliert, wie er in der Realität wahrgenommen wird, d. h. als Objekt, dem gewisse Eigenschaften und Operationsmöglichkeiten anhaften:

<u>define Stein = object</u>
  liegt auf ...;
  hat räumliche Ausdehnung;
  ist grau;
  ist schwer;
  ist hart;
  kann man werfen;
  ...
<u>end</u>.

Bei Modellen unterscheidet man *ikonische Modelle*, die einen anschaulich bildhaften Bezug auf das Abgebildete (das Original) haben, und *symbolische Modelle*, die in einer formalen Sprache mit wohldefinierter Syntax und Semantik beschrieben werden.

Ikonische Modelle dienen vor allem zur Veranschaulichung von Sachverhalten, erklären sie aber meist nicht, weil sie keine Gesetzmäßigkeiten oder kausalen Zusammenhänge erfassen. Symbolische Modelle sind die allgemeinste Form von Modellen. Sie sind schwerer vorstellbar, liefern aber Erklärungen anstelle von Beschreibungen und ermöglichen daher auch Vo-

315 **Modul**

raussagen über das zukünftige Verhalten des Originals.

Die Informatik verwendet bei der Software-Entwicklung sowohl ikonische (↑Bäume, ↑Graphen, ↑Struktogramme, ↑Datenflusspläne) als auch symbolische Modelle (↑Programme, ↑Grammatiken, formale ↑Sprachen), allerdings nur als Zwischenschritte auf dem Weg zu einem Endergebnis, das weder ikonisch noch symbolisch genannt werden kann: die künstliche Welt, die der durch ein Programm gesteuerte Prozess generiert.

Modem ['moːdɛm] (Kurzwort aus **Mod**ulator und **Dem**odulator): Gerät zur Übertragung ↑digitaler Gleichstromsignale eines Rechners in digitale Wechselstromsignale und umgekehrt. Die digitalen Wechselstromsignale können sich in Amplitude, Frequenz und/oder Phase unterscheiden. Entsprechend spricht man von Amplituden- (AM-), Frequenz- (FM-) oder Phasenmodulation.

Ein Modem verwendet man meist zur Übertragung von Daten oder zur Kommunikation mit einem Rechner über das Telefonnetz. Das Modem kann man sich dabei als Telefonapparat vorstellen, dessen Funktionen Wählen, Hören und Sprechen direkt vom Computer angesteuert werden (↑Bildschirmtext).

Modul (engl. *module*):
1. Softwaremodul; Bausteine, aus denen sich ein Softwaresystem zusammensetzt, bezeichnet man als Module. Die Beziehungen zwischen Modulen werden durch ↑Schnittstellen festgelegt. Viele Programmiersprachen unterstützen ein solches Modulkonzept (↑MODULA-2, ↑Ada).

Ein Modul wird in der Praxis als ein in sich zusammenhängender Baustein aufgefasst, der stets folgende Eigenschaften besitzen sollte (↑Software-Engineering):

- Er ist logisch oder funktional in sich abgeschlossen.
- Wie er arbeitet oder implementiert ist, soll außen nicht bekannt sein (*Geheimnisprinzip* oder *Datenkapselung,* engl. *information hiding*).
- Er besitzt klar definierte Schnittstellen nach außen.
- Er ist überschaubar und somit leicht testbar.
- Er sollte nur möglichst wenige andere Module verwenden.

Die Eigenschaften von Modulen sollten beweisbar oder zumindest prüfbar sein. Deshalb spielen Formalisierungen dieses Begriffs eine immer wichtigere Rolle.
2. Realisierung eines abstrakten ↑Datentyps. Orientiert man sich an diesen theoretischen Grundlagen, so lassen sich die unter 1. genannten fünf wichtigen Eigenschaften recht gut erfüllen.
3. Hardwarebaustein mit wohldefinierten Ein- und Ausgängen.

Im Folgenden wird der Modulbegriff, wie er im Softwarebereich verwendet wird, ausführlich erläutert. Hier bezeichnet man als Modul eine in sich geschlossene Programmeinheit, bestehend aus Konstanten, Variablen, Datentypen und Operationen, die genau definierte Funktionen ausführen kann und bestimmte Eigenschaften besitzt.

Ein System ist *modular* aufgebaut, wenn es aus abgrenzbaren Einheiten zusammengesetzt ist und wenn diese Einheiten einzeln ausgetauscht, verändert oder hinzugefügt werden können, ohne dass andere Teile des Systems hierdurch beeinflusst werden oder das System arbeitsunfähig wird.

Das Modulkonzept geht in seiner Leistungsfähigkeit über das Prozedurkonzept (↑Prozedur) hinaus. Während sich beim Prozedurkonzept die Zerlegung auf die operationale Ebene beschränkt, d. h., nur eine *Operation*

Modul

kann in mehrere andere zerlegt werden, werden beim Modulkonzept Daten (Datentypen, Variablen, Konstanten) und die darauf definierten Operationen (Prozeduren, Funktionen) zu einer Einheit (einem Modul) zusammengefasst. Das Modul hat dann den Charakter einer vollständigen, in sich geschlossenen Problemlösung für einen bestimmten Anwendungsbereich. Wird ein Modul an einer allgemein zugänglichen Stelle, z. B. in einer ↑Programmbibliothek, abgespeichert, so kann es von anderen Programmen aufgerufen werden und steht dann auch dort zur Verfügung. Einige Problemlösungen, die den Charakter eines Moduls haben, sind in den meisten Programmiersprachen vorgegeben, zum Beispiel in ↑PASCAL das Modul file of mit der Puffervariablen und den Operationen read, write, eof usw. (↑File).

Aus diesem umgangssprachlichen Zugang erkennt man: *Ein Modul ist die konkrete Ausgestaltung eines (abstrakten) Datentyps.* Während beim Datentyp die Beziehungen und Eigenschaften von Operationen und Daten präzisiert werden, treten beim Modulkonzept noch praxisbezogene Überlegungen hinzu. Dennoch sollte man Module zunächst als abstrakte Datentypen entwickeln und danach schrittweise in eine programmiersprachliche Form übertragen. Als Beispiel siehe den längenbeschränkten Keller unter ↑Datentyp.

Eine Moduldefinition ist dreigeteilt und besteht aus einer Spezifikation, einer Implementation und einem Initialisierungsteil, der zum Implementierungsteil gerechnet wird.

In der *Modulspezifikation* werden alle die Objekte aufgeführt, die einem Benutzer des Moduls zugänglich sein sollen. Von den Prozeduren und Funktionen gibt man nur die Köpfe an. Man bezeichnet die Gesamtheit dieser Objekte als *Exportschnittstelle,* da sie der Einsatzumgebung des Moduls zur Verfügung stehen. Die *Importschnittstelle,* d. h. die Menge aller vom Modul benötigten externen Größen, wird in einer Parameterspezifikation der Form, wie sie bei Prozeduren üblich ist, zusammengefasst.

In der *Modulimplementation* wird festgelegt, wie die im Spezifikationsteil definierten Objekte, insbesondere die Funktionen und Prozeduren in einer Programmiersprache, realisiert werden. Zusätzlich benötigte Hilfsvariablen und -prozeduren deklariert man ebenfalls im Implementierungsteil. Im Gegensatz zu den Größen der Exportschnittstelle ist jedoch keines der hier definierten Objekte für einen Benutzer des Moduls direkt zugänglich. Zugriffe können nur indirekt durch Aufruf exportierter Prozeduren erfolgen. Man bezeichnet diese Objekte daher als *privat* oder als *verdeckt* (engl. *hidden*).

Den letzten Teil des Moduls bildet eine Sequenz von Anweisungen, die beim erstmaligen Benutzen ausgeführt wird. Typischerweise enthält der Anweisungsteil *Initialisierungen* von Datenstrukturelementen.

Die Modulspezifikation definiert den Leistungsumfang und dient zugleich als Dokumentation; die Modulimplementation ist ebenso wie die Initialisierung austauschbar und wird nach Effizienzkriterien ausgeführt. Ihre Deklaration erfolgt in der Regel außerhalb von Programmen. Andere Module werden meist durch eine use-Klausel angeschlossen. Die Darstellung in ↑MODULA-2 kann als Vorbild dienen.

Modularisierung ist das zentrale Prinzip bei der Entwicklung von Software und allgemein eine fundamentale Idee der ↑Informatik (↑Software-Engineering).

MODULA-2: Von Niklaus Wirth (* 1934) in den 1970er-Jahren entwickelte imperative Programmiersprache, die auf ↑ PASCAL aufbaut und als wichtigste Erweiterung ein Konzept für Module besitzt. Ein Programm in MODULA-2 ist ein Modul, das möglicherweise wiederum implementiert ist unter Benutzung einer Reihe von anderen Modulen. MODULA-2 unterstützt Prinzipien des ↑ Software-Engineering. Durch Verwendung verschiedener vordefinierter oder vom Benutzer definierter Module kann MODULA-2 sowohl für die Programmierung von Teilen des Betriebssystems als auch für komplexe Anwendungen wie ↑ Datenbanken, ↑ Übersetzer u. a. verwendet werden.

MODULA-2 stellt ↑ Datentypen und ↑ Kontrollstrukturen in ähnlicher Weise wie PASCAL zur Verfügung. Wesentlich an MODULA-2 ist das Modulkonzept (↑ Modul): Ein *Modul* ist eine Zusammenfassung von Konstanten, Datentypen, Variablen und Prozeduren zu einer Einheit. Soll ein Modul an einer Stelle im Programm oder in einem anderen Modul benutzt werden, so muss man angeben, welche Teile dieses Moduls von außen sichtbar sein sollen und welche nicht. Grundsätzlich bleibt die Implementierung eines Moduls, also die programmiersprachliche Realisierung der Datentypen und Prozedurrümpfe, vor allen anderen Modulen verborgen.

Die Definition eines Moduls, das von anderen benutzt werden soll, teilt sich auf in die Spezifikation *(Definitionsmodul)* und die programmiersprachliche Realisierung einschließlich der Initialisierung *(Implementierungsmodul)*. Im Definitionsmodul wird angegeben, welche Modulteile nach außen exportiert werden, d. h., welche ↑ Bezeichner von Konstanten, Datentypen, Variablen und Prozeduren für andere Module sichtbar sind; die Liste dieser Bezeichner nennt man die Exportschnittstelle des Moduls. Im Implementierungsmodul sind die exportierten Typen mithilfe der Datentypen von MODULA-2 definiert und die Rümpfe der exportierten Prozeduren programmiert. Im Implementierungsmodul können dabei weitere Variablen, Prozeduren usw. vereinbart werden; diese sind dann „lokal" und für alle anderen Module unsichtbar.

Beispiel:
Modul, das verschiedene mathematische Grundfunktionen zur Verfügung stellt. Im Definitionsmodul werden die Namen der Funktionen exportiert. Im Vereinbarungsteil des Definitionsmoduls werden nur die Köpfe der Funktionen angegeben.

```
definition module MathFunct;
    export qualified fac,real,entier,sqrt;
    procedure fac(n: integer): integer;
    procedure real(n: integer): real;
    procedure entier(n: real): integer;
    procedure sqrt(x: real): real;
end MathFunct.
```

Im zugehörigen Implementierungsmodul werden die Funktionen ausprogrammiert:

```
implementation module MathFunct;
    procedure fac(n: integer): integer;
    var z,erg: integer;
    begin
        erg := 1; z := 1;
        while z ≤ n do
            erg := erg * z; z := z + 1
        end;
        return erg
    end fac;
    ... ⟨Hier folgen die drei
        anderen Funktionen⟩ ...
end MathFunct.
```

Dieses Modul kann ganz oder teilweise von jedem benutzt werden, der sol-

MODULA-2

che mathematischen Funktionen in seinem Programm benötigt. Wenn z.B. ein Programm zur Ausgabe von Fakultäten geschrieben werden soll, so kann man dazu das Modul MathFunct in folgender Weise benutzen:

```
module fakult;
  (*Berechnung von Fakultaeten*)
from MathFunct import fac;
from InOut import WriteLn,
     WriteString, WriteInt;
var zaehler: integer;
begin
  WriteString ('Dies sind die
         Fakultaeten von 0 bis 7:');
  WriteLn;
  for zaehler := 0 to 7 do
    WriteInt(zaehler,8);
    WriteInt(fac(zaehler),8);
    WriteLn
  end
end fakult.
```

Weil dieses Programm nicht von anderen Modulen benutzt werden soll, braucht man kein Definitionsmodul anzugeben, und das Schlüsselwort implementation kann am Anfang weggelassen werden. In der zweiten Zeile ist angegeben, dass die Funktion fac aus dem Modul MathFunct hier benötigt wird. In der darauf folgenden Zeile ist vereinbart, dass einige Prozeduren zur Ausgabe von Daten vom Standardmodul InOut benötigt werden. Diese beiden Zeilen bilden die Importschnittstelle des Hauptprogramms, gekennzeichnet durch die Schlüsselworte from und import.

Der Vorteil dieser modularen Programmerstellung ist neben der Übersichtlichkeit auch die Flexibilität: Im obigen Beispiel kann man die Implementierung der mathematischen Funktionen abändern, ohne dass dadurch das Hauptprogramm beeinträchtigt wird oder neu übersetzt werden muss; denn solange das Definitionsmodul nicht verändert wird, bleibt die Schnittstelle zwischen den Modulen MathFunct und fakult korrekt (die Korrektheit wird durch den MODULA-2-Übersetzer geprüft).

Weiterhin kann man Programme auf der Basis von Modulen entwickeln, die ihrerseits noch nicht implementiert sind. Es muss von jedem Modul nur die Exportschnittstelle bekannt sein (↑Dummy).

Ein anderer Vorteil des Modulkonzeptes ist, dass der Übersetzer für MODULA-2 sehr klein gehalten werden kann, weil in der Sprache selbst nur wenige Grundfunktionen definiert sind. Prozeduren zur Ein- und Ausgabe, die z.B. bei PASCAL Bestandteil der Sprache sind und daher vom Übersetzer verarbeitet werden müssen, sind in MODULA-2 in Modulen implementiert und brauchen daher dem Übersetzer nicht bekannt zu sein. Ferner stellt MODULA-2 ein Modul system zur Verfügung, in dem Datentypen wie word, address usw. sowie geeignete Funktionen definiert sind, mit denen man hardwareabhängige Anwendungen programmieren kann. Schließlich ist es durch Verwendung entsprechender Module möglich, in MODULA-2 ↑Prozesse und ↑Koroutinen zu programmieren.

MODULA-2 kann man als „ausgereiftes PASCAL" bezeichnen, welches in den Modulen ein Datentypkonzept enthält, gegenüber PASCAL einige Vereinfachungen besitzt und allgemeinere Parameter bei Prozeduren zulässt. MODULA-2 ist mit ↑Ada vergleichbar, allerdings fehlen diverse Konzepte (Tasks, Fehlerbehandlung, Überladen usw.). Eine Erweiterung im Hinblick auf Objekte und Klassen stellt die Sprache **MODULA-3** dar.

Eine von Niklaus Wirth 1988 entwickelte objektorientierte Erweiterung (↑objektorientierte Programmie-

Monitor

rung) von MODULA-2 ist **OBERON**. Eine wesentliche Neuerung gegenüber MODULA-2 ist die *Typerweiterung*, mit der man Hierarchien von logisch zusammengehörenden Records bilden kann. Gemeinsame Eigenschaften mehrerer Datentypen werden in einem *Basistyp*, die für jeden Datentyp spezifischen Eigenschaften in den *erweiterten Typen* definiert. Dabei werden die gemeinsamen Eigenschaften von den Basistypen an die Erweiterungen *vererbt*.

Beispiel:
Einen Typ datum definiert man in OBERON durch

```
type datum =
    record
        tag, monat, jahr: integer
    end.
```

Um das Tagesdatum mit zusätzlicher Angabe des Wochentags zu definieren, erweitert man den Typ datum zum Typ tagesdatum durch

```
type tagesdatum =
    record (datum)
        wochentag: array 2 of char
    end.
```

Über Variablen vom Typ tagesdatum lassen sich nun nicht nur die Objekte im Record tagesdatum, sondern auch die im Basistyp ansprechen, z. B.:

```
v: tagesdatum;
v.wochentag := 'MO';
v.tag := 17;
```

Umgekehrt kann man auch mit einer Variablen vom Basistyp alle Objekte von erweiterten Typen ansprechen. Da ein Objekt jedoch in unterschiedlichen Erweiterungen des gleichen Basistyps verschieden definiert sein kann, muss man die Variable beim Zugriff für die gewünschte Erweiterung qualifizieren, indem man den entsprechenden Typ in

Klammern hinter der Variablen angibt. Deklariert man

```
w: datum,
```

so greift man mittels

```
w(tagesdatum).wochentag := 'DO'
```

auf die Komponente der Erweiterung zu.

monadisch: Einstellig; häufig im Zusammenhang mit der Stelligkeit, also der Anzahl der Argumente, von ↑Operatoren in Ausdrücken benutzter Begriff. Beispiele für monadische Operatoren sind die Vorzeichen +, − (nicht zu verwechseln mit den gleich bezeichneten ↑dyadischen Operatoren + für Addition und − für Subtraktion), not oder √ (Wurzel einer Zahl).

Monitor:
1. Funktionseinheit zur Beobachtung und Überwachung interner Abläufe von Rechenanlagen: Der Monitor ermittelt und registriert Messwerte, z. B. die Belastung der Zentraleinheit durch Programme, die Zahl der innerhalb einer Zeitspanne stattfindenden Ein-/Ausgabevorgänge oder die Größe des belegten Hauptspeichers. Man unterscheidet Hardwaremonitore und Softwaremonitore. *Hardwaremonitore* sind selbstständig arbeitende Geräte, die ihre Aufgabe unabhängig von der beobachteten Rechenanlage durchführen. *Softwaremonitore* sind Programme, die in regelmäßigen Zeitabständen wie Benutzerprogramme auf der zu beobachtenden Rechenanlage ausgeführt werden und dabei deren Verhalten protokollieren und auswerten.
2. Konzept zur Synchronisierung nebenläufiger ↑Prozesse: Ein Monitor verwaltet einen eigenen Speicherbereich und stellt ihn auf Anforderung einem Prozess zur Verfügung. Zu jedem Zeitpunkt darf höchstens ein Prozess den Monitor belegen (Prinzip des wechselseitigen Ausschlusses, ↑Ne-

benläufigkeit). Ein Monitor wird aufgebaut wie ein ↑Modul als selbstständige Programmeinheit aus Datenstrukturen, Prozeduren und einem Anweisungsteil, der vor der ersten Verwendung ausgeführt wird und Anfangsaufgaben erledigt *(Initialisierung)*. Beispiele sind Puffer oder die Verwaltung von Ein- und Ausgabe-Einheiten (↑Geräteverwaltung).
3. Synonym für ↑Bildschirm.

MOS-Logik (MOS Abk. für engl. metal oxide semiconductor „Metalloxid-Halbleiter"): Schaltkreisfamilie für den Aufbau hochintegrierter Schaltungen.
Die Möglichkeit, Schaltungen auf kleinstem Raum zu integrieren, beruht überwiegend auf der Betriebsart und dem einfachen Aufbau des MOS-Transistors, der die Basis der MOS-Technologie bildet. Der MOS-Transistor gehört zur Gruppe der *Feldeffekttransistoren* (Abk. FET). Dies sind Halbleiter, die im Gegensatz zu den bipolaren Transistoren mit einem elektrischen Feld, d. h. fast leistungslos gesteuert werden. Feldeffekttransistoren haben daher eine erheblich geringere Verlustleistung als bipolare Transistoren, was zu einer niedrigeren Wärmeabgabe und geringerem Stromverbrauch führt.
Man unterscheidet nach dem Leitungstyp der Transistoren drei Klassen von MOS-Technologien: p-Kanal-MOS (Abk. PMOS), n-Kanal-MOS (Abk. NMOS) und CMOS (Abk. für engl. Complementary MOS). PMOS-Elemente verursachen positive, NMOS-Elemente negative Ladungsüberschüsse. Die CMOS-Technologie bildet eine Kombination der NMOS- und der PMOS-Technologie und hat im Vergleich zu NMOS und PMOS einen noch geringeren Stromverbrauch. CMOS-Schaltkreise sind zurzeit am weitesten verbreitet.

MS-DOS [ɛm 'ɛs 'dɔs] (Abk. für engl. microsoft disc operating system): Veraltetes Betriebssystem für ↑Personalcomputer.
MS-DOS wurde im Jahre 1979 von der Firma Seattle Computer Products entwickelt. Im Jahre 1981 kaufte die Firma Microsoft die Rechte an diesem System. Seit die Firma IBM ebenfalls MS-DOS (allerdings unter dem Namen PC-DOS) auf ihren Personalcomputern einsetzt, hat MS-DOS eine große Verbreitung erlangt. MS-DOS kann leicht an neue Computer angepasst werden und wurde lange Zeit als Standardbetriebssystem für Personalcomputer angesehen.
Wegen seiner wenig benutzerfreundlichen Oberfläche ist MS-DOS für die *Schule* kaum geeignet, da es den Umgang mit dem Computer, vor allem in der Einarbeitungsphase, sehr erschwert und so von den eigentlichen informatischen Lerninhalten ablenkt. Hier sind die etwa zeitgleich mit MS-DOS entwickelten grafischen ↑Benutzungsoberflächen zu bevorzugen (↑Bewertungskriterien).

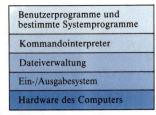

Abb. 1: Aufbau von MS-DOS

MS-DOS ist ein Betriebssystem für einen einzelnen Benutzer und gestattet nur Einprogrammbetrieb; es ermöglicht den Dialogbetrieb sowie den Stapelbetrieb (↑Betriebsart). Den prinzipiellen Aufbau von MS-DOS zeigt Abb. 1.
Bis auf das Ein-/Ausgabesystem, das

321 **Multimedia-System**

für jedes Computersystem neu gestaltet werden muss, sind alle Teile von MS-DOS hardwareunabhängig.
Dateien sind in MS-DOS in Sätze eingeteilt, die eine beliebige Länge haben können. Auf den Inhalt von Dateien kann sequenziell und direkt zugegriffen werden. Das Dateisystem von MS-DOS ist hierarchisch organisiert (↑ Dateiverwaltung).
MS-DOS unterscheidet zwischen *Kommandos* und *Systemprogrammen.* Kommandos werden vom Kommandointerpreter ausgeführt, die zugehörigen Routinen befinden sich ständig im Hauptspeicher des Computers. Systemprogramme werden beim Aufruf in den Speicher geladen und gestartet. Mehrere Kommandos können in einer Datei zusammengefasst und als Stapelauftrag verarbeitet werden. In diesen *Stapeldateien* kann der Ablauf mithilfe einer einfachen Programmiersprache gesteuert werden, die for-Schleifen, if-Anweisungen und Sprünge enthält.
Eine Weiterentwicklung von MS-DOS, in die Erfahrungen mit dem Betriebssystem UNIX eingeflossen sind, bildet das Betriebssystem OS/2. Es erlaubt im Unterschied zu MS-DOS den Mehrprogrammbetrieb und bietet eine grafische Benutzungsoberfläche.
Als Erweiterung von MS-DOS wird seit längerem **WINDOWS** angeboten, das den weitgehenden Leistungsumfang einer modernen grafischen Benutzungsoberfläche bietet, wie ↑ Fenstertechnik, Pull-down-Menüs (↑ Menü), Steuerung durch eine ↑ Maus usw. Nachteil dieses Systems im Vergleich zu denen anderer Hersteller ist die recht hohe erforderliche Rechenleistung und Speicherkapazität des Computers.
Multimedia-System: Unter einem Multimedia-System versteht man ein Hardware- und Software-System, mit

dem multimediale Informationen empfangen, gespeichert, präsentiert und manipuliert werden können. Unter multimedialer Information versteht man die Zusammenfassung verschiedener Medientypen wie z. B. Texte, Bilder, Grafiken, Sprachanmerkungen oder Geräuschsequenzen, Bewegtbilder oder bewegte Grafik. Durch den technischen Fortschritt bei der Entwicklung entsprechender Hardware und Software sind Multimedia-Systeme preislich erschwinglich geworden und haben vor allem im ↑ Internet und in der Bürokommunikation Einzug gehalten. Von dem hier vorherrschenden Informationsträger „Dokument" wurde der Begriff des „Multimedialen Dokuments" als Behälter für multimediale elektronische Informationen abgeleitet. Solche Dokumente können dann neben Text auch Anteile aller anderen Medienarten enthalten.
Für den Einsatz multimedialer Systeme lassen sich fünf für die Informatik interessante Forschungs- und Anwendungsgebiete identifizieren, die im Folgenden kurz umrissen werden.
Ein- und Ausgabegeräte: Ein- und Ausgabegeräte sind auf bestimmte Medien zugeschnitten. Tab. 1 (S. 322) zeigt einige aktuelle Entwicklungen. Multimedia-Arbeitsstationen bieten Programme zur Integration der einzelnen Daten zu multimedialen Dokumenten an. Auf diese Weise lassen sich Druckwerke, aber auch Videos und (Trick-)Filmsequenzen „direkt auf dem Schreibtisch" erzeugen (*Desktop-Publishing,* Abk. DTP).
Datentransfer: Multimediale Dokumente sind in der Regel sehr umfangreich, z. B. benötigen ein Rasterbild mindestens 1 MByte, eine Sekunde Audioaufzeichnung rund 200 KByte und ein Spielfilm von 100 Minuten Dauer mindestens 200 GByte (trotz ↑ Kompressionsalgorithmus). In Real-

11 SD Informatik

Multimedia-System   322

Medienart	Eingabegeräte	Ausgabegeräte
Alphanumerische Daten	Tastatur, Scanner mit Zeichenerkennung (OCR-Scanner)	Bildschirm, Drucker
(Raster-)Bilder	Scanner, (Video-)Kamera für räumliche Wahrnehmung	Bildschirm, Laserdrucker
Grafik	Zeige-Instrumente und Programme für die interaktive Generierung	Laserdrucker, Plotter
Audio	Mikrofon	Lautsprecher
Video	Videokamera	Bildschirm

Tab. 1: Eingabe- und Ausgabegeräte für Multimedia-Systeme

zeitanwendungen, bei denen die Ausgabe synchronisiert werden muss (z. B. gleichzeitige Darstellung von Bild und Text oder Video- und Audiodaten) ist daher die schnelle Übertragung in Rechnernetzen problematisch. Hier sind Hochgeschwindigkeitsnetze erforderlich, die zur Zeit in vielen Regionen der Welt erprobt werden (↑ Datenautobahn).

Manipulation multimedialer Dokumente: Neben dem (manuellen) Erstellen von multimedialen Dokumenten werden auch andere Manipulationsformen untersucht: Wiederauffinden von Dokumenten in Archivsystemen durch die Formulierung einer komplexen Abfrage über den Inhalt *(Retrieval-System)* und Unterstützung des intellektuellen Zugangs zur gespeicherten Information in einem iterativen Prozess. Letzteres kann über die Vernetzung der Dokumente mit bedeutungstragenden Verbindungen (z. B. „ist Verallgemeinerung von", „ist Kommentar zu") durch so genannte *Hypermedia-Systeme* (↑ Hypertext-System) unterstützt werden. Hier sammelt der Benutzer die relevanten Dokumente durch *Navigieren* zu weiteren interessierenden Dokumenten sequenziell auf. Neuere Entwicklungen verwenden Hypermedia-Systeme z. B. in Lernsystemen oder zur Realisierung einer *virtuellen Realität (Cyberspace,* ↑ künstliche Intelligenz) in einer kleinen Einsatzumgebung – unter Einbeziehung von Texten, Bildern und Geräuschen (z. B. Systeme zur Demonstration von Maschinen, Museumsführer).

Speicherungsstrukturen und Geräte: Mit Compactdiscs (CD-ROM, ↑ optischer Speicher), insbesondere der wieder beschreibbaren laseroptischen Platte (magnetooptische Platte, Abk. MO) steht ein kostengünstiges Speichermedium zur Verfügung (Speicherkapazität im GByte-Bereich einschließlich aufwendiger Fehlerkorrekturdaten, Zugriffszeit etwa zehnmal langsamer als ein ↑ Magnetplattenspeicher). Bestimmte Anwendungen verlangen die dauerhafte Speicherung der Information. Hier kommen WORM-Platten (↑ optischer Speicher) zum Einsatz.

Um einen schnellen Zugriff auf Dokumenteninhalte zu ermöglichen, sind geeignete Speicherstrukturen und Verfahren zu entwickeln, die unterschiedlichen Einsatzanforderungen gerecht werden (z. B. günstig bei Änderungen des Datenbestandes oder geringerem

Speicheraufwand). Komprimierungstechniken zur besseren Nutzung des Speicherplatzes existieren für alle genannten Medien.

Dokumentenmodelle und Standards: Dokumentenmodelle beschreiben die jeweiligen Sichtweisen auf den Dokumenteninhalt (z. B. erfordert die Präsentation andere Informationen über den Dokumenteninhalt als die inhaltsorientierte Suche). Solche Modelle führen zu Standards, die es in ↑ offenen Systemen ermöglichen, auch Dokumente von Rechnern oder Programmen anderer Hersteller zu verarbeiten. Die Entwicklung geeigneter Modelle und Standards betrifft alle oben genannten Bereiche.

Einige bedeutende und viel diskutierte Standards für Dokumente sind **ODA/ODIF** (für multimediale Bürodokumente), **ACR-NEMA** (für medizinisches Dokumentenmaterial) und ↑ PostScript (für die Präsentation von Text-Bild-Dokumenten auf Druckern).

Von künftigen Multimedia-Systemen erhofft man sich eine erhöhte Mobilität, ohne dass die Menschen hierbei reisen müssen. Kleinere Konferenzen finden beispielsweise schon heute durch Vernetzung aller Teilnehmer „virtuell" statt, wobei das Multimedia-System die Bild- und Tondokumente überträgt und zugleich ermöglicht, dass alle Teilnehmer diese Dokumente modifizieren und weitere Entwürfe und Vorschläge fast ohne Zeitverlust an alle übermitteln können. Hierzu gehört insbesondere die *computerunterstützte Gruppenarbeit* (engl. *computer supported cooperative work,* Abk. CSCW). Auch für Schulen ergeben sich neuartige Formen der Zusammenarbeit mit auswärtigen und ausländischen Gesprächspartnern.

multiplex: Kennzeichnung für einen Datenübertragungskanal (↑ Datenübertragung), bei dem entweder ein Sender mit mehreren Empfängern oder ein Empfänger mit mehreren Sendern verbunden ist. Eine Multiplexverbindung ist im Allgemeinen nur sinnvoll, wenn die Arbeitsgeschwindigkeit des Einzelgerätes (Sender bzw. Empfänger) wesentlich größer ist als die der angeschlossenen Geräte (Empfänger bzw. Sender), zum Beispiel bei der Verbindung mehrerer relativ langsamer Drucker mit einer Steuereinheit. Das Herstellen der Verbindung zwischen dem Einzelgerät und einem der angeschlossenen Geräte ist Aufgabe des ↑ Multiplexers.

Multiplexer: Gerät, das Signale von mehreren Eingangsleitungen auf eine Ausgangsleitung überträgt (Abb. 1). Dabei werden die Symbole der so genannten Abhängigkeitsnotation (DIN 40900) verwendet. G steht hier für UND, $\frac{0}{n}$ für 0 bis n. Welche der Eingangsleitungen zu einem Zeitpunkt mit der Ausgangsleitung verbunden wird, kann entweder durch Steuerleitungen von außen festgelegt oder vom Multiplexer selbstständig bestimmt werden.

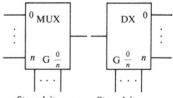

Abb. 1:
Schaltzeichen des Multiplexers

Abb. 2:
Schaltzeichen des Demultiplexers

Der **Demultiplexer** kehrt den Vorgang um, indem er Signale einer Eingangsleitung auf mehrere Ausgangsleitungen verteilt (Abb. 2). Das Multiplex-/Demultiplexverfahren bietet Vorteile bei der ↑Datenübertragung über große Entfernungen: Unabhängig von der Zahl der Sender-Empfänger-Paare wird in jedem Fall nur eine Verbindungsleitung benötigt. Allerdings verringert sich dabei die ↑Datenübertragungsrate zwischen einem Sender-Empfänger-Paar (↑multiplex).

Multiplizierwerk (engl. *multiplication unit;* für reelle Zahlen: *floating point multiplication unit,* Abk. FPU): Die Multiplikation zweier ganzer Zahlen wird durch wiederholte Addition und Stellenverschiebung durchgeführt. Multipliziert werden nur die Beträge der Zahlen, die Bestimmung des Vorzeichens des Produkts erfolgt gesondert. Das Produkt zweier n-stelliger Dualzahlen kann höchstens $2n$ ↑Bit lang sein.

Seien $x = x_{n-1} \ldots x_0$, $y = y_{n-1} \ldots y_0$ mit $x_i, y_i \in \{0, 1\}$ zwei nichtnegative Dualzahlen in ↑Komplementdarstellung. Der folgende Algorithmus realisiert die Multiplikation von x und y. Für das Ergebnis benötigt man ein doppelt langes Register pp'. Das Produkt befindet sich anschließend in p und p'; p enthält den höherwertigen, p' den niederwertigen Teil.

```
p := 0;   p' := 0;
for i := 1 to n do
begin
    if y_0 = 1 then p := p + x;
```

„Schiebe Doppelregister pp' um eine Stelle nach rechts";
(∗↑Schieberegister∗)
„Schiebe y um eine Stelle zyklisch nach rechts"
end;

Beispiel:
Seien $x = 0110$ und $y = 0101$.

x
| 0110 |

i	p	p'	y
	0000	0000	0101
1	0110	0000	
	0011	0000	1010
2	0001	1000	0101
3	0111	1000	
	0011	1100	1010
4	0001	1110	0101

Ergebnis: $pp' = 00011110$.

Wenn der höherwertige Teil, also der Inhalt des Registers p, oder das Bit p'_n des niederwertigen Teils ungleich null ist, dann muss ein Programm mit der Meldung abbrechen, dass ein Überlauf (↑Bereichsüberschreitung) vorliegt. Ein ↑Mikroprozessor signalisiert stets einen solchen Überlauf, indem ein Bit im Statusregister gesetzt und eine ↑Unterbrechung ausgelöst wird.

Abb. 1 zeigt das Blockschaltbild dieses so genannten *seriellen Multiplizierwerks.*

Anstelle der seriellen Realisierung kann man (wie beim Paralleladdierwerk) auch *parallele Multiplizierwerke* verwenden, die zwar wesentlich schneller arbeiten, jedoch sehr aufwendige Schaltungen erfordern. Zur Multiplikation n-stelliger Dualzahlen benötigen diese Systeme $O(n^2)$ (↑Ordnung) Additionselemente und $O(n^2)$ UND-Gatter.

Die Multiplikation zweier Zahlen in

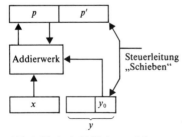

Abb. 1: Blockschaltbild eines seriellen Multiplizierwerks

↑Gleitpunktdarstellung $z_1 = m_1 \cdot b^{e_1}$ und $z_2 = m_2 \cdot b^{e_2}$ erfolgt nach der Formel

$$z_1 \cdot z_2 = m_1 \cdot m_2 \cdot b^{e_1 + e_2}.$$

Die Addition der Exponenten kann mithilfe eines ↑Addierwerkes durchgeführt werden. Vor der Multiplikation von m_1 und m_2 müssen die Mantissen durch Multiplikation in ganze Zahlen umgewandelt werden. In n-stelligen Registern gespeichert haben die Mantissen die Form

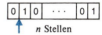

n Stellen

Der Pfeil markiert die Position des Dezimalpunktes. Multipliziert man eine Mantisse mit 2^{n-1}, so wird sie zur ganzen Zahl. Diese Idee nutzt man aus, indem man die Multiplikationsrechnung nicht in der Form $m = m_1 \cdot m_2$ durchführt, sondern mit den ganzen Zahlen $m_1 \cdot 2^{n-1}$ anstelle von m_1 und $m_2 \cdot 2^{n-1}$ anstelle von m_2. Anschließend setzt man den Dezimalpunkt neu. Man erhält die Gleichung

$$m_1 \cdot 2^{n-1} \cdot m_2 \cdot 2^{n-1} = m_1 \cdot m_2 \cdot 2^{2n-2}.$$

Der Dezimalpunkt befindet sich nun an folgender Stelle im doppeltlangen Ergebnisregister pp':

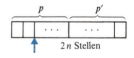

$2n$ Stellen

Um die gemäß der Gleitpunktdarstellung vorgeschriebene Position des Dezimalpunktes zu erreichen, muss das Ergebnisregister einmal nach links geschoben werden.
Damit das Ergebnis der Gleitpunktrechnung auf $n-1$ Stellen hinter dem Dezimalpunkt genau ist, muss p gerundet werden. Man addiert das höchste Bit von p' zu p hinzu. Der einfacheren technischen Realisierung wegen ist es auch üblich, einfach das unterste Bit von p auf 1 zu setzen. Der obige Algorithmus zur Ganzzahlmultiplikation kann nun vollständig für die Gleitpunktmultiplikation übernommen werden, wobei lediglich die Normalisierung und die Rundung des Ergebnisses hinzukommen. Der folgende Algorithmus realisiert die Gleitpunktmultiplikation.

Eingabe: Zwei nichtnegative duale Gleitpunktzahlen

$$z_1 = m_1 \cdot 2^{e_1} \text{ und } z_2 = m_2 \cdot 2^{e_2}$$

mit

$$m_1 = m_{11} \ldots m_{1n} \text{ und } m_2 = m_{21} \ldots m_{2n}.$$

Ausgabe: Das Produkt der Multiplikation $m_1 \cdot m_2 = m \cdot 2^e$.

Methode:

```
p := 0;  p' := 0;  e := 0;
for i := 1 to n do
begin
  if m_{2n} = 1 then p := p + m_1;
  „Schiebe Doppelregister pp' um
   eine Stelle nach rechts";
  „Schiebe m_2 um eine Stelle
   zyklisch nach rechts"
end;
„Schiebe pp' um eine Stelle nach
 links";
if p < 2^{n-1} then
begin (* Normalisierung *)
  „Schiebe Doppelregister pp' um
   eine Stelle nach links";
  e := 1
end;
p := p + p'_n;  (* Rundung *)
e := e_1 + e_2 - e;
write (p,e);
```

Beispiel:

$z_1 = 0.1010 \cdot 2^4 = 10$
$z_2 = 0.1100 \cdot 2^2 = 3$

Mustererkennung

	m_1		
	01010		

i	p	p'	m_2
	00000	00000	01100
1	00000	00000	00110
2	00000	00000	00011
3	01010	00000	
	00101	00000	10001
4	01111	00000	
	00111	10000	11000
5	00011	11000	01100
	00111	10000	01100
	01111	00000	

Die letzte Zeile erhält man durch Normalisierung aus der vorletzten, denn es galt $p < 2^4$, was zu $e = 1$ führt. Die Rundung ändert das Ergebnis nicht, da $p'_n = 0$ ist. Daher gilt:

$p = 0.1111$

und

$e := e_1 + e_2 - e = 5.$

Ergebnis: $10 \cdot 3 = 0.1111 \cdot 2^5 = 30$.

Es ist nicht unbedingt erforderlich, die Vorzeichen bei der Multiplikation getrennt zu behandeln. Es gibt auch Algorithmen, die die Vorzeichenbehandlung einschließen. Sie verarbeiten Operanden in Komplementdarstellung und geben das Ergebnis unter Berücksichtigung der Vorzeichen in Komplementdarstellung aus.

Mustererkennung (engl. *pattern recognition*): Forschungsrichtung innerhalb der künstlichen Intelligenz, die sich mit der Identifizierung von Eingabezeichen durch die Erkennung eindeutiger Merkmale beschäftigt.

Verfahren zur Mustererkennung werden z. B. bei der Erkennung und Auswertung von Bildern (z. B. Luft- oder Röntgenbildern), beim Lesen von Handschriften und bei der Erkennung gesprochener Sprache eingesetzt. Die schwierige mathematische Erfassbarkeit und eine gewisse Unexaktheit z. B. von Handschriften erschweren die Verarbeitung durch Computer bisher erheblich. Vom Einsatz ↑neuronaler Netze erhofft man sich wichtige Fortschritte.

Die Mustererkennung verläuft gewöhnlich in mehreren Phasen, die im Folgenden am Beispiel der *Spracherkennung* aufgezeigt werden:

1. Phase: Einlesen eines Wortes oder Satzes über ein Mikrofon und Abspeicherung.
2. Phase: Zerlegung des Satzes in einzelne Wörter und der Wörter in einzelne Buchstaben.
3. Phase: Erkennung von Merkmalen, anhand derer die einzelnen Buchstaben und Wörter identifiziert werden können (z. B. Tonhöhenwechsel, Pausen, Lautstärkeänderungen).
4. Phase: Erkennung der eingelesenen Zeichen anhand der identifizierten Merkmale.

Viele Verfahren beruhen auf der Erkennung von Mustern. Ein Beispiel ist die Transformation einer Struktur in eine andere unter Verwendung von Regeln der Form (p, q, e). Ihre Bedeutung ist wie folgt: Eine Struktur S_1 kann durch eine solche Regel in eine Struktur S_2 überführt werden, indem man in S_1 das Muster (= die Teilstruktur) p sucht, es durch q ersetzt und q mithilfe der Einbettungsvorschrift e richtig mit dem Rest „S_1 ohne p" verknüpft; das Ergebnis ist S_2. Ein einfacher Fall einer Transformation ist ein Ableitungsschritt mithilfe einer ↑Grammatik: Eine Struktur ist hier ein Wort w, die Muster p und q sind Wörter, und e besagt, dass der Kontext $x \ldots y$, der rechts und links von p stand, bei der Ersetzung durch q erhalten bleibt (man gibt e nicht explizit an), d. h. $w = xpy$ wird in xqy transformiert

(„abgeleitet"). Will man daher Ableitungen in Grammatiken nachvollziehen oder den umgekehrten Prozess, nämlich die Syntaxanalyse in einem ↑ Übersetzer, durchführen bzw. mit einem ↑ Editor in einem Text einzelne oder alle Vorkommen des Wortes *p* durch das Wort *q* ersetzen, dann muss zunächst möglichst rasch das Muster *p* erkannt werden. Für dieses so genannte *Teilwortproblem* (engl. *substring problem*) gibt es effiziente Lösungsalgorithmen, die auf endlichen Automaten beruhen.

Wesentlich komplizierter wird die Mustererkennung in zwei- und mehrdimensionalen Strukturen oder in Graphen. Bei der Bildverarbeitung muss man in der Regel zunächst relevante Muster erkennen, was recht aufwendig sein kann (↑ künstliche Intelligenz). Das noch relativ einfach aussehende *Teilgraphproblem* fragt danach, ob ein Graph *H* in einem Graphen *G* als Teilgraph enthalten ist. Dieses Problem ist ↑ NP-vollständig. Es tritt beispielsweise bei der Frage auf, ob in einer Datenbank spezielle Informationen, die untereinander in bestimmter Weise durch Zeiger verbunden sind, vorliegen. Hier werden in der Praxis Heuristiken zur Lösung benutzt.

N

Nachricht (engl. *message*): Eine Nachricht ist eine endliche Folge von Signalen (↑ Information). In der Informatik ist eine Nachricht meist eine Zeichenfolge, die eine Information beinhaltet. Bei der Übertragung von Nachrichten müssen oft feste Regeln, so genannte ↑ Protokolle, eingehalten werden. Zum Beispiel bestehen Nachrichten meist aus einem fest formatierten Nachrichtenkopf (Adresse, Absender, Typ der Nachricht usw.), der ei-

gentlichen Nachricht und einem Nachrichtenende (Kontrollinformation zur Fehlererkennung, Hinweise auf weitere Nachrichten, Trennsymbole usw.).

Nachrichten spielen eine zentrale Rolle bei der ↑ objektorientierten Programmierung und in ↑ verteilten Systemen, in denen das gesamte System über viele Rechner verteilt ist und Teilsysteme Daten austauschen oder sich durch spezielle Nachrichten über den Zustand des Gesamtsystems unterrichten.

Namenskonflikt: Wenn in einem Programm ein ↑ Bezeichner mehrfach deklariert wird und verschiedene dieser Deklarationen gleichzeitig an einer Stelle im Programm bekannt sind (↑ Gültigkeitsbereich), dann spricht man von einem Namenskonflikt.

Beispiel:
Namenskonflikt in ↑ Blöcken:

    begin
        var x: integer;
        ...
        begin
            var x: real;
            (**)
            ...
        end;
    end;

An der Stelle (**) besteht ein Namenskonflikt bezüglich der Variablen x, da x im umfassenden Block als integer-Variable bekannt ist. Die meisten Programmiersprachen haben folgende Regeln zur Auflösung von Namenskonflikten:

1. Wird an einer Stelle im Programm ein Bezeichner angesprochen, so ist damit die Deklaration des Bezeichners gemeint, welche sich im kleinsten (textuell) umfassenden Block (oder der Prozedur) befindet. Bei rekursiven Prozeduren kann sich dies auch auf einen äußeren Block beziehen (↑ Kopierregel).

2. Mehrere Deklarationen des gleichen Bezeichners in einem Block bzw. in einer Prozedur sind nicht erlaubt.
Im obigen Beispiel wäre an der Stelle (**) x als real-Variable bekannt (↑Bindungsbereich).
Einige Programmiersprachen (Ada, ML) lassen eine Aufweichung der Regel 2 zu. Man kann hier einem Bezeichner mittels Deklaration mehrere Bedeutungen zuordnen. Dann muss sich jedoch zu jedem Zeitpunkt aus dem Kontext eindeutig ergeben, welche Deklaration gemeint ist. Dies führt zum Konzept des *Überladens* (engl. *overloading*), das die Mehrfachnutzung eines Bezeichners zulässt.

NAND-Funktion *(Sheffer-Funktion, Antikonjunktion, Exklusion):* ↑Boolesche Funktion mit folgendem Funktionsverhalten:

x	y	$\overline{x \cdot y}$
0	0	1
0	1	1
1	0	1
1	1	0

Als Operationszeichen schreibt man auch x/y oder $x \overline{\wedge} y$ oder $x \mid y$.
Schaltzeichen:

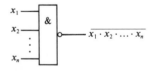

Älteres Schaltzeichen:

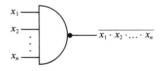

Jede *n*-stellige boolesche Funktion lässt sich durch ausschließliche Verwendung der NAND-Funktion darstellen, z. B. NOT und UND:

$$\bar{x} = x \mid x$$
$$x \cdot y = (x \mid y) \mid (x \mid y)$$

NAND-Gatter reichen daher aus, um beliebige Schaltkreise zu realisieren (↑NOR-Funktion, ↑NOT-Funktion, ↑UND-Funktion).

NC-Maschine (NC Abk. für engl. **n**umerical **c**ontrol): Maschine (meist Werkzeugmaschine), deren Arbeitsablauf durch numerisch dargestellte Informationen gesteuert wird.
Statt durch Hebel, Schalter, Handkurbeln o. Ä. wird eine NC-Maschine durch ein in einer bestimmten Form codiertes NC-Programm überwacht, das die für einen Arbeitsablauf (z. B. Bearbeitung eines Werkstücks) erforderlichen Bewegungen und Operationen enthält.
Während einfache NC-Maschinen im Allgemeinen keinen Speicher besitzen, sodass nach Beendigung eines Arbeitsablaufs das NC-Programm (meist über ↑Lochstreifen) erneut eingegeben werden muss, werden *CNC-Maschinen* (CNC Abk. für engl. **c**omputerized **n**umerical **c**ontrol) über Mikroprozessoren oder Computer gesteuert. Viele CNC-Maschinen werden durch „Demonstration" programmiert: Jemand führt anfangs die notwendigen Operationen mit der Maschine per Hand durch; die Maschine speichert die Positionen und Abläufe und kann diese später beliebig oft wiederholen *(Teach-in-Verfahren)*. Oft verbindet man CNC-Maschinen über Computer mit Sensoren, um etwa Werkstücke abzutasten und automatisch das richtige Werkzeug einzuspannen. Man bezeichnet eine CNC-Maschine als ↑Roboter, wenn sie sehr komplexe Vorgänge ausführen und sich in gewissem Umfang auf veränderte Situationen einstellen kann.

Nebenläufigkeit

Nebenläufigkeit (engl. *concurrency* [kənˈkʌrənsɪ]): Zwei Vorgänge oder ↑ Prozesse heißen *nebenläufig*, wenn sie voneinander unabhängig bearbeitet werden können. Für zwei nebenläufige Vorgänge A und B ist es also gleichgültig, ob erst A und dann B oder ob erst B und dann A oder ob A und B zur gleichen Zeit ausgeführt werden. Nebenläufig ist somit ein allgemeinerer Begriff als ↑ parallel.

Tatsächlich findet mit der Nebenläufigkeit von Prozessen zugleich ein Wettstreit um notwendige Ressourcen (↑ Betriebsmittel) statt. Zwei nebenläufige Prozesse sind also nur bezüglich ihrer Abarbeitung unabhängig; sie sind jedoch indirekt voneinander abhängig, wenn sie gleichzeitig auf gleiche Betriebsmittel zugreifen wollen. Weiterhin tauschen nebenläufige Prozesse auch Nachrichten untereinander aus, oder sie verschmelzen miteinander; durch diese ↑ Synchronisation entstehen ebenfalls Abhängigkeiten (z. B. durch Warten auf Empfang und Bestätigung von Informationen).

In modernen Rechenanlagen werden viele Vorgänge nebenläufig, also zeitlich nacheinander oder ineinander verzahnt und unabhängig voneinander, abgewickelt mit dem Ziel, alle Komponenten des Systems (alle Betriebsmittel) gleichmäßig auszulasten. Da jedoch nicht immer genügend Betriebsmittel zur Verfügung stehen, um die Anforderungen aller Prozesse gleichzeitig zu erfüllen, müssen mögliche Konflikte frühzeitig erkannt oder angemessen bereinigt werden.

Beispiele:
Mögliche Konflikte und ihre Lösungen:

1. Zwei Prozesse möchten auf demselben Drucker Daten ausgeben. Damit die Ausgaben der beiden Prozesse nicht gemischt auf dem Papier erscheinen, muss ein Prozess so lange gesperrt werden, bis der andere seine Ausgabe vollständig beendet hat.

2. Zwei Prozesse greifen schreibend auf dieselbe Datei zu. Wie in Beispiel 1 muss ein Prozess auf das Ende des anderen warten.

3. Ein Prozess möchte Daten von einem Magnetbandspeicher auf einen Magnetplattenspeicher transportieren. Hierzu belegt er das Betriebsmittel „Magnetbandspeicher" und wartet auf das Freiwerden des Betriebsmittels „Magnetplattenspeicher". Ein anderer Prozess hat eben diesen Magnetplattenspeicher belegt und wartet auf die Freigabe des für den weiteren Prozessfortschritt benötigten Magnetbandgeräts. Keiner der beiden Prozesse kann seine Verarbeitung fortsetzen. Nur ein Eingriff von außen kann verhindern, dass beide Prozesse sich gegenseitig unendlich lange blockieren.

Die Beispiele zeigen die übliche Strategie zur Vermeidung bzw. Lösung von Konflikten:
Die Benutzung von Betriebsmitteln durch nebenläufige Prozesse wird synchronisiert, das heißt, gleichzeitig ausführbare Operationen werden im Konfliktfall nacheinander abgearbeitet, und durch weitere Überprüfungen werden gegenseitige Blockierungen *(Verklemmungen)* verhindert. Es muss sichergestellt werden, dass zwei Prozesse nicht gleichzeitig gemeinsam benutzbare Datenbereiche *(gemeinsame Variablenbereiche;* engl. *shared variables)* verändern können.

Das folgende Beispiel zeigt die Wirkung eines unkontrollierten Zugriffs zweier Prozesse auf eine gemeinsame Variable.

Beispiel:
Gegeben seien zwei Prozesse mit der gemeinsamen Variablen x. Sei zu Beginn $x = 2$.

Nebenläufigkeit

Prozess 1	Prozess 2
1a) x := 2*x;	2a) x := x − 1;
1b) write(x);	2b) write(x);

Die folgende Tabelle gibt die Ausgaben der Prozesse in Abhängigkeit von der Reihenfolge der Bearbeitung der Anweisungen an.

Ausführungsreihenfolge	Ausgabe
1a, 1b, 2a, 2b	4 3
1a, 2a, 1b, 2b	3 3
1a, 2a, 2b, 1b	3 3
2a, 1a, 1b, 2b	2 2
2a, 1a, 2b, 1b	2 2
2a, 2b, 1a, 1b	1 2

Zur Synchronisierung der Zugriffe auf gemeinsame Variablenbereiche führt man *kritische Abschnitte* ein. Die Anweisungsfolge eines kritischen Abschnitts darf nicht durch Zugriffe von anderen Prozessen auf den gemeinsamen Variablenbereich gestört oder unterbrochen werden. Wird sichergestellt, dass sich immer nur ein Prozess innerhalb eines kritischen Abschnitts bezüglich eines gemeinsamen Variablenbereichs befindet, können keine Konflikte entstehen. Diese Lösung des Problems nennt man das Prinzip des *wechselseitigen Ausschlusses* (engl. *mutual exclusion*). Man realisiert es meist mit ↑Semaphoren oder mit Monitoren.

Ist dieser wechselseitige Ausschluss nicht gegeben, so spricht man von *interleaving* ([ɪntəˈliːvɪŋ], „ineinander verschränkt"). Hiermit bezeichnet man die Situation, dass sich ein Prozess in den sequenziellen Ablauf eines anderen Prozesses hineinschiebt (wie beim Mischen zweier Kartenstapel) und dadurch eine von vielen möglichen Zugriffsfolgen auf gemeinsame Daten oder Betriebsmittel erfolgt.

Verklemmung (engl. *deadlock*): Einer der möglichen Konflikte bei der wechselseitigen Benutzung von Betriebsmitteln durch Prozesse lässt sich folgendermaßen charakterisieren: Ein Prozess ist im Besitz eines Betriebsmittels A und benötigt im weiteren Verlauf das Betriebsmittel B, welches jedoch im Moment im Besitz eines anderen Prozesses ist. Der letztere Prozess benötigt seinerseits das Betriebsmittel A, um seine Verarbeitung fortsetzen zu können. Ergebnis: Keiner der Prozesse kann weiterarbeiten.

Beispiel:
Verklemmung beim Linksabbiegen (Abb. 1).

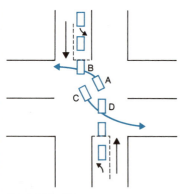

Abb. 1: Linksabbiegen

Die Fahrzeuge entsprechen Prozessen, die im Besitz des Betriebsmittels „Straßenfläche" sind. A wartet auf die Freigabe von Straßenraum durch B, B auf C, C auf D und D wiederum auf A.

Das Beispiel zeigt eine charakteristische Bedingung für eine Verklemmung: eine geschlossene Kette des gegenseitigen Aufeinanderwartens. Wegen der Verklemmungsgefahr ist diese Form des Abbiegens in Deutschland nicht mehr üblich.

Eine einfache, jedoch nicht immer günstige Strategie zur Vermeidung von Verklemmungen lautet: Kein Pro-

neuronales Netz

zess darf die benötigten Betriebsmittel nacheinander im Laufe seiner Ausführung anfordern, sondern er muss sie alle im Voraus anfordern (↑ Petrinetz).

In der *Schule* lassen sich Probleme im Zusammenhang mit der Nebenläufigkeit trotz ihrer großen Bedeutung in der Informatik zur Zeit nur unzureichend vermitteln. Die gängigen in der Schule vertretenen Programmiersprachen enthalten keine nebenläufigen Konzepte. Übungen am Rechner sind also weitgehend ausgeschlossen, und der Unterricht wird zu einem „Trockenkurs". Mit Petrinetzen lässt sich beispielsweise der Unterricht auch ohne Rechner anschaulich gestalten.

Netz: Zusammenschaltung von einzelnen Einheiten zu einem Ganzen.

1. ↑ Rechnernetz (engl. *computer network*): Miteinander zu einem Ganzen verbundene Computer zusammen mit weiteren Einheiten wie Speicher, Ein- und Ausgabegeräte usw. Man unterscheidet lokale, regionale und weltweite Netze sowie Netze, die wiederum Netze verbinden (↑ Internet).

2. Schaltkreis, ↑ Schaltwerk (engl. *combinatorial* oder *sequential network*): Gatter, die miteinander durch Leitungen verbunden sind, um eine Funktion zu berechnen oder eine Zustandsänderung durchzuführen.

3. Eine Verbindungsstruktur zwischen Funktionseinheiten, die synchron arbeiten (↑ paralleler Algorithmus).

4. ↑ Neuronales Netz: Der Biologie nachempfundene Verschaltung von gleichartigen Einheiten, Neuronen genannt.

5. Graphentheoretisches Modell, um Verbindungsstrukturen zu beschreiben (↑ Petrinetz).

neuronales Netz (engl. *neural network*): Zusammenschaltung von vielen gleichartigen, relativ einfachen Bausteinen zu einem Netz, wobei die In-

formation nach Prinzipien verarbeitet und weitergeleitet wird, die biologischen Nervenzellen *(Neuronen)* nachgebildet sind. Die Bausteine werden schichtweise angeordnet und jeweils mit Bausteinen aus nachfolgenden Schichten verschaltet, oder sie besitzen Rückkopplungen zu weiter vorne liegenden Schichten. Die Verarbeitung erfolgt in allen Bausteinen gleichzeitig, wodurch sehr komplexe Berechnungen in kurzer Zeit durchgeführt werden können. Sie wird als *verteilte Parallelverarbeitung* (engl. **p**arallel **d**istributed **p**rocessing, Abk. PDP) bezeichnet.

Neuronale Netze werden bereits in vielen Bereichen eingesetzt, in denen keine schnellen Lösungsalgorithmen bekannt sind. Beispiele sind die ↑ Mustererkennung, die Sprachanalyse, die Bildverarbeitung (↑ künstliche Intelligenz), die Realisierung von ↑ Assoziativspeichern und Näherungsverfahren mithilfe von ↑ Heuristiken.

Das menschliche Gehirn besteht aus etwa 10^{10} Nervenzellen. Viele dieser Neuronen besitzen den in Abb. 1 (S. 332) skizzierten Aufbau: Sie bestehen aus einem Zellkörper, von dem aus eine Vielzahl von Auswüchsen, *Dendriten,* und ein spezieller, recht langer Fortsatz, das *Axon,* ausgehen. Das Axon kann baumartig in viele Tausend Verästelungen auslaufen; jedes solche Ende kann mit einem Dendriten oder dem Zellkörper einer anderen Nervenzelle verbunden sein. Die etwas verdickte Verbindungsstelle zwischen einem Ende des Axons und einem Dendriten bezeichnet man als *Synapse* (Abb. 2, S. 332).

Zellen können „aktiviert" sein. Ein *Aktivierungszustand* entspricht einem elektrischen Potenzial an der Zellmembran. Information wird nun von einer Zelle zur nächsten übertragen, indem sich das elektrische Potenzial an

neuronales Netz

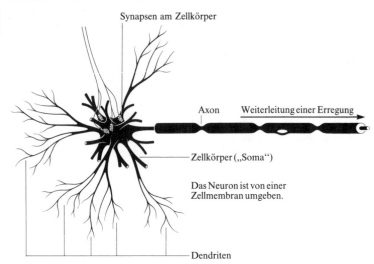

Abb. 1: Aufbau eines Neurons

der Membran ändert (man nennt dies eine *Erregung*) und über die Synapsen weitergeleitet wird. Die nächste Zelle muss hierauf nicht reagieren; übersteigt jedoch die Summe aller von anderen Zellen stammenden Erregungen zusammen mit dem eigenen Aktivierungszustand einen gewissen *Schwellenwert,* dann nimmt die Zelle die Erregung auf, leitet sie über ihr Axon an andere Zellen weiter und geht in einen neuen Aktivierungszustand über. Die Verbindungen zwischen den Neuronen können verstärkend *(exzitatorisch)* oder hemmend *(inhibitorisch)* ausgelegt sein. Inhibitorische Verbindungen versuchen also, durch eine Erregung die Ausbreitung anderer Erregungen zu verhindern. Dies ist sinnvoll, weil sich sonst alle Informationen addieren und spezielle Informationen nicht gegenüber anderen durchsetzen könnten.

Nach dem genannten Prinzip breiten sich nun elektrische Impulse im Nervengeflecht aus. Die Stärke dieser Impulse hängt von der Stärke der Erregungen in den Zellen und von der Größe der Synapsen ab. Eine Synapse wächst oder schrumpft im Laufe der Zeit, je nachdem ob sie häufig oder nur selten an der Weiterleitung von Impulsen beteiligt ist. Die Verschaltung der Neuronen scheint für die meisten Zellen zunächst nicht festzuliegen; vielmehr wachsen Axone und Dendriten

Abb. 2: Synapse (Verbindung zwischen einer Verästelung eines Axons mit einem Dendriten oder dem Zellkörper eines andern Neurons)

neuronales Netz

aufeinander zu, was man zusammen mit der Größenänderung der Synapsen als einen Teil des Lernprozesses von Lebewesen auffasst.

Die tatsächlichen biologischen Abläufe sind außerordentlich komplex. Aus den oben genannten Prinzipien lassen sich aber bereits Modelle für Neuronen, ihre Verbindungen und die Informationsweiterleitung entwickeln. Diese Modelle geben nicht die biologischen Verhältnisse wieder, sondern sie dienen der Beschreibung spezieller paralleler Systeme.

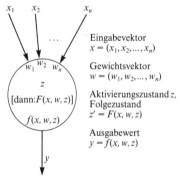

Eingabevektor $x = (x_1, x_2, ..., x_n)$

Gewichtsvektor $w = (w_1, w_2, ..., w_n)$

Aktivierungszustand z, Folgezustand $z' = F(x, w, z)$

Ausgabewert $y = f(x, w, z)$

Abb. 3: Modell für ein Neuron

Das Grundmodell für ein Neuron zeigt Abb. 3. Die n Eingabeleitungen, an denen die Eingabewerte x_i anliegen, entsprechen den Enden von (in der Regel verschiedenen) Axonen, die über Synapsen mit Dendriten der Zelle verbunden sind. Entsprechend der unterschiedlichen Größen der Synapsen werden die Eingabeleitungen mit Faktoren w_i gewichtet. z ist der aktuelle Aktivierungszustand. Der Folgezustand z' ergibt sich aus den Werten auf den Eingabeleitungen x_i, den Gewichten w_i und dem bisherigen Zustand z:

$$z' = F(x_1, ..., x_n, w_1, ..., w_n, z)$$

oder $z' = F(x, w, z)$ in Vektorschreibweise. Der durch das Axon weitergeleitete Ausgabewert $y = f(x, w, z)$ ist abhängig von den Eingaben, den Gewichten und dem Zustand.

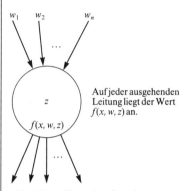

Auf jeder ausgehenden Leitung liegt der Wert $f(x, w, z)$ an.

Abb. 4: Darstellung eines formalen Neurons

Das Axon kann mit vielen weiteren Neuronen verbunden sein. Man stellt daher die Bauelemente der neuronalen Netze wie in Abbildung 4 angegeben dar, d.h. von einem Neuron können viele Verbindungsleitungen ausgehen, auf denen überall der gleiche Wert anliegt. Die Gewichte w_i schreibt man an die Verbindungen; den Zustand z und die Ausgabefunktion f lässt man in der Regel weg, da sich diese Größen aus dem Zusammenhang ergeben.

Somit ist ein *formales Neuron* $N = (I, O, Z, W, n, f, F)$ eindeutig bestimmt durch
- die Eingabemenge I,
- die Ausgabemenge O,
- die Zustandsmenge Z,
- die Gewichtsmenge W,
- die Zahl der Eingänge n,
- die Zustandsübergangsfunktion $F: I^n \times W^n \times Z \to Z$,
- die Ausgabefunktion $f: I^n \times W^n \times Z \to O$.

Für jedes Neuron legt man einen Ge-

neuronales Netz 334

wichtsvektor $w \in W^n$ fest, der dann bei F bzw. f verwendet wird.

Wenn die Mengen I, O und Z endlich sind, dann ist ein formales Neuron nichts anderes als ein ↑ endlicher Automat mit Ausgabe (man fasse I^n als Eingabemenge und $W^n \times Z$ als Zustandsmenge des Automaten auf). In den Anwendungen sind diese Mengen meist gewisse Intervalle der rationalen oder der ganzen Zahlen.

Der Folgezustand z' und der Ausgabewert y können auf unterschiedliche Weise aus dem Eingabevektor $x = (x_1, ..., x_n)$ und dem Gewichtsvektor $w = (w_1, ..., w_n)$ entstehen. Oft verwendet man folgende einfache Funktionen:

Lineare Funktionen: Es seien I, O, Z und W Teilmengen der reellen Zahlen.

$$F(x, w, z) = f(x, w, z) = \sum_{i=1}^{n} x_i \cdot w_i$$

Der Folgezustand ist immer gleich der Ausgabe, die sich als gewichtete Summe der Eingaben ergibt.

Lineare Schwellenwertfunktionen: Es seien $I = O = Z = \{0,1\}$ und W eine Teilmenge der reellen Zahlen. Es sei s eine reelle Zahl (die „Schwelle").

$$F(x, w, z) = f(x, w, z)$$
$$= \begin{cases} 1, \text{ sofern } \sum_{i=1}^{n} x_i \cdot w_i - s \geq 0 \\ \\ 0, \text{ sonst.} \end{cases}$$

Nur wenn die Schwelle s überschritten wird, erfolgt eine Ausgabe.

Ein *neuronales Netz* besteht aus vielen formalen Neuronen eines bestimmten Typs, die untereinander verbunden sind. Ein neuronales Netz ist somit ein gerichteter ↑ Graph, dessen Knoten formale Neuronen sind. Gewisse Eingabeleitungen kommen von außen; die formalen Neuronen, in die diese Lei-

tungen einlaufen, bilden die Eingänge des Netzes. Andere Leitungen führen nach außen; die entsprechenden Neuronen stellen die Ausgänge des Netzes dar.

Bezüglich der Anordnung der formalen Neuronen und ihrer Verbindungen unterscheidet man

- zyklenfreie und rückgekoppelte,
- geschichtete, vollständig vernetzte und
- beliebige Netzstrukturen.

Linear geschichtet heisst ein Netz, wenn die Knoten zu verschiedenen *Schichten* (engl. *layer*) gehören, wobei die Ausgänge aller Knoten einer Schicht nur zu Knoten der folgenden Schicht führen, also Schichten nicht übersprungen werden dürfen.

Besondere Bedeutung besitzen:
Feed-forward-Netze: zyklenfreie Strukturen, bei denen alle Kanten auf die Ausgänge ausgerichtet sind (Abb. 5);
Top-down-Systeme: zyklenfreie Strukturen, bei denen alle Kanten auf die Eingänge ausgerichtet sind;
interaktive Systeme (im engeren Sinne): geschichtete beliebige Strukturen, bei denen insbesondere Rückkopplungen zwischen zwei benachbarten Schichten zugelassen sind;
Hopfield-Netze (nach dem amerikanischen Physiker J. J. Hopfield): Netze, in denen alle Knoten miteinander verbunden sind.

Neben den formalen Neuronen und deren Verbindungsstruktur gehören zu neuronalen Netzen noch die *Lernregeln*. Diese geben an, wie die Gewichte w_{ij} im Netz zu bestimmen sind, um eine vorgegebene Aufgabe bearbeiten zu können. Hierbei kann man zu erlernende Muster vorgeben und das Netz dazu bringen, diese zu klassifizieren *(überwachtes Lernen)*, oder man kann das Netz alleine arbeiten lassen, wobei es Regelmäßigkeiten selbst entdecken

neuronales Netz

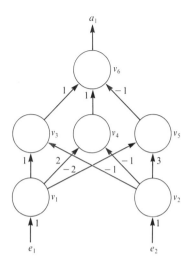

Verbindungsmatrix W

$$W = \begin{pmatrix} & v_1 & v_2 & v_3 & v_4 & v_5 & v_6 \\ v_1 & 0 & 0 & 1 & 2 & -2 & 0 \\ v_2 & 0 & 0 & -1 & -1 & 3 & 0 \\ v_3 & 0 & 0 & 0 & 0 & 0 & 1 \\ v_4 & 0 & 0 & 0 & 0 & 0 & 1 \\ v_5 & 0 & 0 & 0 & 0 & 0 & -1 \\ v_6 & 0 & 0 & 0 & 0 & 0 & 0 \end{pmatrix}$$

Eingabevektor (Beispiel)

$e = (1\ 2\ 0\ 0\ 0\ 0)$

Vektor für die Ausgabe $a = \begin{pmatrix} 0 \\ 0 \\ 0 \\ 0 \\ 0 \\ 1 \end{pmatrix}$

Resultat nach zwei Schritten:

$e\,W\,W\,a = -5$

Abb. 5: Ein Feed-forward-Netz (hier mit linearen Funktionen, in den Anwendungen werden meist andere Funktionen benutzt; zur Verbindungsmatrix vgl. Adjazenzmatrix, ↑Graph).

oder in einen stabilen Gesamtzustand übergehen soll *(selbstständiges Lernen)*.

Beim Lernen durch Vorgaben wird mit irgendwelchen Anfangsgewichten begonnen. Dann wird ein Eingabevektor e (ein *Muster*) eingegeben und das Ergebnis an den Ausgängen des Netzes abgewartet. An jedem Ausgang v_j werden nun die Abweichungen $g_j - a_j$ der ausgegebenen (a_j) zu den gewünschten Werten (g_j) abgelesen, wobei bei der Ermittlung der Fehler auch die Veränderungen der Zustände zu berücksichtigen sind.

Es seien δ_j der Fehler und y_i die Ausgabe des formalen Neurons v_i, dann ändert man das Gewicht w_{ij}, das zur Verbindung von v_i zum Ausgang v_j gehört, meist mit der *Delta-Regel* ab:

$$\Delta w_{i,j} = w_{i,j}(\text{neu}) - w_{i,j}(\text{alt})$$
$$:= \gamma \cdot \delta_j \cdot y_i,$$

Hierbei ist γ eine geeignet gewählte reelle Konstante, die *Lernrate*. Sie sollte klein, aber nicht zu klein sein. Das Problem besteht bei fast allen Typen von neuronalen Netzen darin, die Lernregel in das Innere des Netzes, das ja von außen nicht beobachtet werden kann, fortzusetzen. Beim selbstständigen Lernen kann man entweder ein Problem in ein neuronales Netz codieren und es dann sich selbst überlassen, oder man gibt dauernd irgendwelche Eingaben in das Netz, das sich aufgrund einer Lernregel hierbei laufend verändern kann, und wartet, bis die Gewichte stabil bleiben.

Man hofft, mit neuronalen Netzen relativ rasch Systeme erstellen zu können, die ihre Aufgaben durch Lernen, Training und Erfahrung erledigen, also ohne die sehr aufwendigen Programmierarbeiten des ↑Software-Engineering und ohne die teuren War-

Nichtdeterminismus

tungsprobleme. Entsprechende Rechnerarchitekturen und Entwicklungsumgebungen zur Unterstützung neuronaler Systeme sind bereits auf dem Markt. Problematisch ist jedoch, dass bisher wenig theoretische Aussagen hergeleitet werden konnten. Für manche Modelle, wie das Hopfield-Modell, konnte man Stabilitätsaussagen beweisen, für die meisten Modelle liegen aber nur experimentelle Erfahrungen vor. Wie sich neuronale Netze in Grenzsituationen verhalten, ist weitgehend unbekannt, weshalb ihr Einsatz in Sicherheitsbereichen (Medizin, Verkehr, Militär usw.) noch nicht infrage kommt. Da auf dem Gebiet der neuronalen Netze intensiv geforscht wird, lassen sich zur Zeit die künftigen Einsatzbereiche kaum abschätzen.

Nichtdeterminismus: Für sehr viele Probleme kennt man nur Lösungsverfahren, in denen der nächste Verarbeitungsschritt *nichtdeterministisch*, d. h. willkürlich oder auf irgendeine nicht näher erläuterte Weise, aus einer endlichen Menge von Möglichkeiten gewählt werden muss und nicht eindeutig aus dem bisherigen Verlauf, den notierten Informationen und der soeben erfolgten Eingabe festgelegt ist (↑ Determinismus). Führt jede dieser Möglichkeiten letztlich zur gleichen Lösung, so nennt man das Verfahren *determiniert* (↑ Determiniertheit).

Beispiele:

1. Die Wahl des Feldelements x bei ↑ Quicksort: Das Verfahren liefert stets die sortierte Folge; die nichtdeterministische Wahl von x beeinflusst nur die Laufzeit des Verfahrens.

2. Beim modifizierten ↑ Rucksackproblem, bei dem eine Zahl b und eine Zahlenfolge $a_1, ..., a_n$ gegeben sind, ist dies jedoch anders: Um beispielsweise festzustellen, ob es zur Zahl b in der Zahlenfolge $a_1, a_2, ..., a_n$ eine Teilfolge

$a_{i_1}, a_{i_2}, ..., a_{i_k}, (1 \leq k \leq n)$ gibt, deren Summe gleich b ist, kann man die Zahlen $a_1, ..., a_n$ einzeln durchgehen und für jedes a_j willkürlich festlegen, ob man a_j in die Teilfolge aufnimmt oder nicht; am Ende summiert man die ausgewählten Zahlen auf. Wenn diese Summe gleich b ist, so kann man das Verfahren erfolgreich abbrechen. Anderenfalls lässt sich aber nichts darüber aussagen, ob es eine Teilfolge, deren Summe b ist, gibt oder nicht. Um deterministisch eine Lösung zu finden, müsste man alle Möglichkeiten durchprobieren, was zu einer exponentiellen Laufzeit ($O(c^n)$ für eine Konstante c) führen würde (↑ Backtracking-Verfahren).

Um deterministische und nichtdeterministische Verfahren miteinander vergleichen zu können, muss man die Laufzeit eines nichtdeterministischen Verfahrens V festlegen. Wenn V Eingaben über einem Alphabet A erhält, so definiert man die nichtdeterministische Laufzeit $t_V(w)$ für ein Wort $w \in A^*$ als die maximale Zahl von Schritten, die das Verfahren bei irgendeiner nichtdeterministischen Auswahl der Zwischenschritte benötigt, um zum Ende zu kommen. Wenn es unendlich lange Berechnungspfade gibt, so ist $t_V(w)$ also unendlich; in der Praxis verwendet man aber nur Verfahren, die nach endlicher Zeit abbrechen. Die nichtdeterministische Laufzeit von V ist folgende Funktion t über den natürlichen Zahlen:

$$t(n) := \mathrm{Max}\{t_V(w) \mid w \in A^* \text{ und } \mid w \mid = n\}$$

für alle natürlichen Zahlen n. Für das Rucksackproblem ist die nichtdeterministische Zeitfunktion t höchstens eine quadratische Funktion, da die Auswahl von k Zahlen der Folge nur linear viele Schritte und die Bildung der Summe nach der Schulmethode höchs-

tens $c \cdot n \cdot k \le c \cdot n^2$ Schritte für eine geeignete Konstante c benötigt.
Es ist heute unbekannt, ob man nichtdeterministische Verfahren effizient (d. h. zeitlich mit weniger als exponentiellem Zusatzaufwand) durch deterministische Verfahren simulieren kann (↑ Komplexitätsklassen, ↑ NP-vollständig).

NOR-Funktion *(Peirce-Funktion, Nicod-Funktion, Antialternative):* ↑ Boolesche Funktion mit folgendem Schaltverhalten:

x	y	$\overline{x+y}$
0	0	1
0	1	0
1	0	0
1	1	0

Als Operationszeichen verwendet man auch $x \downarrow y$ oder $x \overline{\vee} y$.
Schaltzeichen:

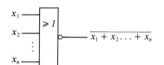

Älteres Schaltzeichen:

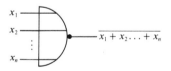

Jede n-stellige boolesche Funktion lässt sich durch ausschließliche Verwendung der NOR-Funktion darstellen, z. B. NOT und UND:

$$\bar{x} = x \downarrow x$$
$$x \wedge y = (x \downarrow x) \downarrow (y \downarrow y)$$

NOR-Gatter reichen aus, um beliebige Schaltkreise zu realisieren (vgl. ↑ NAND-Funktion).

NP-vollständig

NOT-Funktion *(Negation):* Einstellige ↑ boolesche Funktion mit folgendem Funktionsverhalten:

x	$\bar{x}$
0	1
1	0

Schaltzeichen:

Älteres Schaltzeichen:

Statt $\bar{x}$ schreibt man auch $\neg x$ oder NOT x.

NP-vollständig (engl. *NP-complete*): NP ist die Menge aller Sprachen, die von einem **n**ichtdeterministischen Algorithmus in **p**olynomieller Laufzeit erkannt werden können. Die NP-vollständigen Mengen sind die „unangenehmsten" Mengen in **NP**. Hinter diesem Begriff verbirgt sich eines der schwierigsten und für die Praxis bedeutsamsten Probleme der Informatik, nämlich die Frage, ob gewisse Aufgabenstellungen schnelle Lösungsverfahren besitzen oder nicht.
Für das Verständnis von **NP** ist das ↑ Erfüllbarkeitsproblem von großer Bedeutung. Wir betrachten dieses Problem in vereinfachter Form: Gegeben sind boolesche Ausdrücke in eingeschränkter ↑ konjunktiver Normalform, wobei zusätzlich jeder ODER-Term aus höchstens *drei* (negierten oder unnegierten) Variablen besteht (daher *3-SAT-Problem* genannt nach engl. *satisfiability* „Erfüllbarkeit").

NP-vollständig

Beispiel:

$(\bar{x}_1 \vee x_2 \vee x_3) \wedge (\bar{x}_2) \wedge (\bar{x}_1 \vee \bar{x}_3)$
$\wedge (\bar{x}_1 \vee \bar{x}_3 \vee x_4) \wedge (x_2 \vee x_3 \vee \bar{x}_4)$

Gesucht ist ein Algorithmus, der für jeden solchen Ausdruck entscheidet, ob er erfüllbar ist oder nicht, d. h. ob es eine Belegung der Variablen x_i mit den Wahrheitswerten true und false gibt, sodass der Ausdruck den Wert true annimmt.

Beispiel:
Der Ausdruck im obigen Beispiel hat unter anderem bei folgender Belegung den Wert true:

$x_1 =$ false,
$x_2 =$ false,
$x_3 =$ true,
$x_4 =$ true.

Ein einfacher Algorithmus für das 3-SAT-Problem prüft nacheinander für jede mögliche Belegung der Variablen mit true und false, ob der Gesamtausdruck hierfür den Wert true liefert. Enthält der Ausdruck n verschiedene Variablen $x_1, ..., x_n$, so gibt es insgesamt 2^n verschiedene Belegungen der Variablen mit true und false. Nimmt man vereinfachend an, dass der Algorithmus einen Schritt braucht, um eine mögliche Belegung der Variablen zu erzeugen und hierfür den Wert des Ausdrucks zu berechnen, so benötigt er im schlimmsten Fall 2^n Schritte, um festzustellen, ob ein Ausdruck mit n Variablen erfüllbar ist. Die Laufzeit wächst also exponentiell mit n.
Bis heute ist kein Algorithmus bekannt, der 3-SAT wesentlich schneller, z. B. mit der Ordnung $O(p)$ für ein Polynom p löst. Man weiß also nicht, ob 3-SAT in **P** liegt, wobei **P** die Klasse der in Polynomialzeit berechenbaren Mengen enthält. (Zur genauen Definition von **P** und **NP** ↑ Komplexitätsklassen.) Dagegen liegt 3-SAT offensichtlich in **NP**: Man rät nichtdeterministisch eine Belegung und prüft, ob hierdurch der Ausdruck true wird.

Weitere Beispiele:
1. Gegeben sind ein ↑ Graph und eine Zahl k. Frage: Ist der Graph mit k Farben färbbar?
Dieses ↑ Färbungsproblem ist in **NP**. Ein nichtdeterministischer Algorithmus belegt jeden Knoten des Eingabegraphen nichtdeterministisch mit einer Farbe. Anschließend prüft er deterministisch nach, ob diese Färbung das Problem löst. Die Laufzeit des Algorithmus hängt linear von der Größe des Graphen ab.

„Lies den Graphen ein";
for all „Knoten v" do
  („Färbe v mit Farbe 1" oder
   „Färbe v mit Farbe 2" oder ...
   „Färbe v mit Farbe k");
if „für alle Kanten {x,y}
   des Graphen gilt:
   Farbe von x $\neq$ Farbe von y"
   then write ('ja');

2. Hamiltonsches Problem (↑ Königsberger Brückenproblem): Gegeben ist ein Graph. Frage: Gibt es einen hamiltonschen Kreis, d. h. einen Weg, der an einem Knoten beginnt, alle Knoten des Graphen genau einmal durchläuft und wieder zum Ausgangsknoten zurückkehrt?
Das hamiltonsche Problem ist in **NP**. Der Eingabegraph habe die n Knoten $v_1, v_2, ... v_n$. Ein Algorithmus „rät" nichtdeterministisch eine Anordnung $v_{i_1}, v_{i_2}, ..., v_{i_n}$ der Knoten und prüft anschließend nach, ob diese Anordnung einen hamiltonschen Kreis bildet, ob also für $j \in \{1, ..., n-1\}$ die Knoten v_{i_j} und $v_{i_{j+1}}$ und zusätzlich v_{i_n} und v_{i_1} durch eine Kante verbunden sind. Die Laufzeit dieses nichtdeterministischen Algorithmus hängt linear von der Größe des Graphen ab.

NP-vollständig

3. Weitere Probleme in **NP** sind das ↑ Rucksackproblem, das ↑ Problem des Handlungsreisenden und das ↑ Cliquenproblem.

Das Erfüllbarkeitsproblem und die Beispiele 1–3 sind Elemente von **NP**. Es konnte bisher weder bewiesen noch widerlegt werden, ob diese Probleme in **P** liegen, also deterministisch in Polynomialzeit lösbar sind.

Diese Beobachtung hat zur Suche nach besonders schweren Problemen in **NP** und damit zur Definition des Begriffs der **NP-Vollständigkeit** einer Menge geführt. Eine Menge L (ein Problem Q) heißt *NP-vollständig,* wenn sie (es) zu den „schwierigsten" Mengen (Problemen) in **NP** gehört. Das heißt: Die Laufzeit eines Algorithmus, der eine beliebige Menge L' aus **NP** akzeptiert, unterscheidet sich von der Laufzeit eines geeigneten Algorithmus, der die Sprache L akzeptiert, höchstens um einen polynomiellen Faktor. Findet man also einen deterministischen polynomiell zeitbeschränkten Algorithmus für eine NP-vollständige Menge, so kann man aus diesem einen polynomiell zeitbeschränkten Algorithmus für *jede* Menge aus **NP** ableiten. Zugleich gilt dann **P** = **NP**.

Hat man umgekehrt **P** ≠ **NP** gezeigt, so kann man keine NP-vollständige Menge mit einem deterministischen Algorithmus in polynomiell beschränkter Zeit lösen.

Formal definiert man: Eine Menge L heißt *NP-vollständig,* wenn $L \in$ **NP** ist und wenn für jedes $L' \in$ **NP** gilt: $L' \leq_{\text{pol}} L$, d. h. wenn man *jede* Menge aus **NP** in polynomieller Zeit auf L zurückführen kann (↑ Reduktion).

Im Jahre 1971 bewies der Amerikaner S. A. Cook erstmals, dass das Erfüllbarkeitsproblem und 3-SAT (jeweils als Mengen der erfüllbaren Formeln

formuliert) NP-vollständig sind, und begründete damit die Theorie der NP-Vollständigkeit. R. M. Karp zeigte im Jahre 1972, aufbauend auf der NP-Vollständigkeit des Erfüllbarkeitsproblems, die NP-Vollständigkeit einer Reihe weiterer Probleme durch ↑ Reduktion bereits bekannter NP-vollständiger Probleme. Derzeit kennt man mehrere tausend NP-vollständige Probleme, die sich im Wesentlichen auf das Ergebnis von Cook stützen.

Bei allen bisher aufgeführten Beispielen handelte es sich um Entscheidungsprobleme, bei denen nur die Antworten „ja" und „nein" möglich sind. Viele Probleme kommen in der Praxis aber als Optimierungsprobleme vor, bei denen z. B. Zahlenwerte als Antworten möglich sind. Beim Färbungsproblem kann man z. B. nach einer Färbung des Graphen fragen, bei der die *wenigsten* Farben verwendet werden, oder beim Problem des Handlungsreisenden nach der Länge der *kürzesten* Rundreise. Solche Optimierungsprobleme scheinen in der Regel schwieriger als die entsprechenden Entscheidungsprobleme zu sein. Die vorgestellten Konzepte lassen sich aber prinzipiell von den Entscheidungsproblemen auf die Optimierungsprobleme übertragen.

Ist man bei praktischen Anwendungen gezwungen, Lösungsalgorithmen für NP-vollständige Probleme zu entwickeln, so behilft man sich häufig mit *Näherungsalgorithmen* oder Heuristiken, da die bisher bekannten exakten Algorithmen wegen der exponentiellen Laufzeit kaum eingesetzt werden können.

Tab. 1 (S. 340) illustriert die unterschiedlichen Zeiträume, nach denen bei Algorithmen mit polynomiellen und exponentiellen Laufzeiten mit einer Antwort zu rechnen ist. Gegeben sei dabei jeweils ein Algorithmus, der

Objekt

$t(n)$ ╲ n	20	30	40	50	100
n	0,00002	0,00003	0,00004	0,00005	0,0001
n^2	0,0004	0,0009	0,0016	0,0025	0,01
n^5	3,2	24,3	102,4	312,5	10 000
2^n	1 Sek.	18 Min.	13 Tage	35,7 Jahre	$4 \cdot 10^{16}$ Jahre

Tab. 1: Laufzeiten (in Sekunden, außer in der letzten Zeile)

zu einer Eingabe der Länge n genau $t(n)$ Schritte benötigt, um die Lösung auszugeben. Der zugrunde liegende Computer möge 1 Million Rechenschritte in der Sekunde ausführen können. Auch wesentlich schnellere Computer helfen bei exponentiellem Laufzeitverhalten nicht. Angenommen, es stehe ein Computer mit 100fach größerer Rechengeschwindigkeit zur Verfügung. Dann benötigt der Exponentialzeitalgorithmus in Tab. 1 für $n = 50$ immer noch eine hohe und für $n = 100$ eine viel zu lange Rechenzeit.

In der *Schule* bieten NP-vollständige Probleme aus mehreren Gründen interessante Ansatzpunkte:
- Man kann die Jugendlichen anhand von Beispielen relativ leicht an zurzeit ungelöste Probleme der Informatik heranführen.
- Man kann ihnen zusätzlich zu den theoretischen Ergebnissen der ↑Berechenbarkeit auch die praktischen Grenzen von Maschinen und der Informatik allgemein aufzeigen.
- Man kann ihnen das Konzept des Nichtdeterminismus, eine fundamentale Idee der ↑Informatik, und seinen Nutzen nicht nur anhand theoretischer Überlegungen, sondern auch mittels praktischer Beispiele vermitteln.

Beispiel:
Zu den NP-vollständigen Problemen gehört das *Stundenplanproblem*. Hierbei muss man jeder Schulklasse zu jeder Stunde einen Lehrer mit einem Fach zuordnen, wobei Nebenbedingungen einzuhalten sind; z. B. wird für jede Klasse angegeben, wie viele Stunden jedes Fach zu unterrichten ist; es sind Freistunden für Klassen zwischen Unterrichtsstunden zu vermeiden; Lehrkräfte können nicht gleichzeitig in verschiedenen Klassen unterrichten usw. In der Praxis löst man das Stundenplanproblem mit plausiblen Näherungsverfahren und beseitigt verbleibende Konflikte durch Absprachen. Will man jedoch für eine Schule den optimalen Stundenplan ermitteln, so würde eine heutige Rechenanlage an dieser Aufgabe noch arbeiten, wenn alle betroffenen Personen bereits verstorben sind.

Objekt: Unter Objekten versteht man allgemein alle Größen, die durch einen ↑Bezeichner benannt werden oder die in Form von Daten in der Programmierung auftreten können. Meist verwendet man den Begriff für alle Größen, die von einem Programm verarbeitet werden können oder als Zwischenergebnisse auftreten.

In der ↑objektorientierten Programmierung ist der Begriff stärker eingeschränkt: Dort gibt es Objekthierarchien („Vererbung"), und Objekte

objektorientierte Programmierung

sind ↑Instanzen einer Klasse. Sie besitzen einen (zeitlich veränderbaren) Zustand, und für sie ist festgelegt, wie sie auf bestimmte „Nachrichten" (eingehende Mitteilungen an ein Objekt) zu reagieren haben; die Definition der Nachrichten kann sich im zeitlichen Ablauf verändern, sodass ein und dasselbe Objekt auf eine Nachricht zu verschiedenen Zeitpunkten unterschiedlich reagieren kann.

In objektorientierten Sprachen erfolgt die Kommunikation zwischen Objekten ausschließlich durch das Senden von Nachrichten, eine andere Zugriffsmöglichkeit auf den Zustand eines Objektes besteht nicht. Objekte besitzen hier eine gewisse Selbstständigkeit und können z. B. als ↑Agenten in Netzen eingesetzt werden.

Objektcode *(Objektprogramm):* Programm in ↑Maschinensprache, das von einem ↑Übersetzer oder ↑Assembler erzeugt wurde, also ein spezielles ↑Zielprogramm.

objektorientierte Programmierung: Philosophie des Programmierens, die von einer Welt ausgeht, die aus gleichberechtigten und einheitlich erscheinenden Objekten besteht (↑Methoden der Informatik). Wie bei vielen Prinzipien, die in der Praxis „den Erfordernissen angepasst" werden, gibt es auch beim objektorientierten Programmieren eine „reine Lehre". Diese baut nicht auf Prozeduren und Daten auf, sondern auf *Zuständen, Aktivitäten* und *Kommunikation:*

(1) Es gibt *nur* Objekte, die sich nach außen alle einheitlich verhalten und gleichberechtigt sind.

(2) Objekte besitzen Zustände, führen Operationen (*Methoden* genannt) aus und können *Nachrichten* (engl. *messages*) empfangen und verschicken.

(3) Um die Fähigkeiten von Objekten zu nutzen, schicken sich Objekte

gegenseitig Nachrichten, durch die sie um die Erledigung einer bestimmten Aufgabe mithilfe einer Methode nachsuchen; das benachrichtigte Objekt antwortet dann mit einem Objekt, welches als Ergebnis an das fragende Objekt zurückgeschickt wird.

(4) Objekte erledigen Aufgaben prinzipiell in eigener Verantwortung, d. h. sie lassen sich nicht vom fragenden Objekt aufzwingen, *wie* sie eine Aufgabe zu erledigen haben, sondern man kann ihnen nur sagen, *was* sie erledigen sollen.

(5) Die Fähigkeiten und Zustände von Objekten können an andere Objekte *vererbt* werden.

(6) Objekte treffen Zuordnungen prinzipiell dynamisch.

Oberstes Prinzip des objektorientierten Vorgehens ist es, Objekte stets nur von außen zu betrachten und ihren inneren Aufbau zu ignorieren. Dies ist für viele Programmierer eine völlige Umstellung, die gelernt haben, sich zuerst das Innenleben aller Programmteile genau anzusehen. Zugleich erfordert dies sehr viel Vertrauen: Da man Objekten nicht mehr die eigenen Algorithmen aufzwingen kann, muss man sich darauf verlassen, dass Objekte tatsächlich richtig arbeiten. Diese Denkweise ist der menschlichen Denkwelt viel näher als die bisher gängige Form der Datenverarbeitung.

Derjenige, der die Objekte konstruiert und definiert, benötigt ein klares Schema der inneren Struktur der Objekte. Diese Struktur wird durch *Klassen* festgelegt (Abb. 1, S. 342).

Zur Erläuterung: Ein Objekt ist ein in sich abgeschlossenes Gebilde (blauer Rahmen). Sein Aufbau wird beschrieben, indem man Vererbungen, gemeinsame Methoden und die individuellen Besonderheiten dieses Objekts angibt. Von außen sieht man nur die

objektorientierte Programmierung

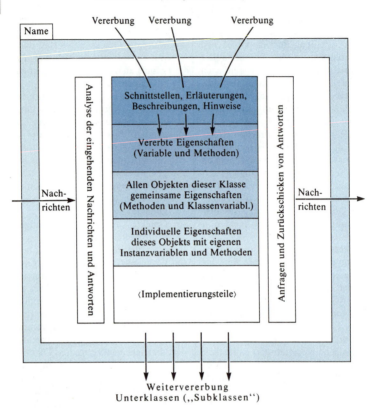

Abb. 1: Definitionsschema für Objekte. Objekte sind Instanzen der durch das Schema definierten Klasse

Vererbungen und die Methoden, die das Objekt ausführen kann. Bei der Vererbung gibt man die „Eltern" an, also die Namen anderer Objekte, deren gesamte Eigenschaften das neue Objekt dann ebenfalls besitzt. Diese Beschreibung eines Objekts nennt man ein *Schema*. Die Menge aller Objekte, die einem Schema genügen und die somit die gleichen Methoden besitzen, bezeichnet man als *Klasse*. Man kann beliebig viele konkrete Objekte aus einem Schema erzeugen (↑ Instanzen einer Klasse), die genau nach diesem Schema aufgebaut sind, aber nach ihrer Erzeugung ein Eigenleben führen und sich bzgl. ihrer Zustände (Werte) und damit auch ihrer Reaktionen voneinander unterschieden werden. Objekte besitzen individuelle Instanzvariablen (zum Anbinden anderer Objekte, meist einfach nur zum Ablegen von Werten); ihre Methoden (Beschreibungen der zulässigen Operatio-

objektorientierte Programmierung

nen) sind bereits in dem Schema (der Klassendefinition) festgelegt. Zusätzlich können alle Objekte einer Klasse gewisse Variablen gemeinsam nutzen (Klassenvariable).
Im Implementierungsteil wird präzise ausformuliert, wie die Variablen und Methoden zu realisieren sind. Diesen Teil kann man austauschen, ohne dass es außen bemerkt wird. Vom Aufbau her besitzen Klassen und Objekte Ähnlichkeit mit abstrakten bzw. konkreten ↑Datentypen oder mit ↑Modulen, die um das Vererbungskonzept und den Nachrichtenaustausch erweitert wurden.
Die in Abb. 1 angegebene Struktur von Objekten muss sprachlich beschrieben werden. Ein Beispiel hierfür findet sich unter ↑SMALLTALK-80.

Beispiele:
1. Der Objektbegriff wird oft anhand des Luftdrucks erläutert, der in einem geschlossenen Gefäß herrscht. Das Modell besteht aus n Objekten (den Molekülen des Gases), die Instanzen der gleichen Klasse sind, und aus einem Objekt, das die Gefäßwand repräsentiert. Die einzelnen Objekte im Inneren des Gefäßes tauschen durch „Zusammenstoßen" Nachrichten untereinander aus: Geschwindigkeit, Richtung und jeweilige Stärke des Objekts werden hierbei wechselseitig mitgeteilt. Zugleich teilen die Objekte, die an die Gefäßwand stoßen, der Gefäßwand ihre Kenngrößen in Form einer Nachricht mit. Als Reaktionen ändern die Moleküle ihren Zustand, d. h. ihre aktuellen Werte für Geschwindigkeit und Richtung. Die Gefäßwand besitzt die Methode, alle Einzelnachrichten aufzusummieren und diesen Gesamtwert an ein Objekt „Messvorrichtung" weiterzugeben, welches ihn als Luftdruck anzeigt. Nach diesem Modell kann man viele Naturvorgänge beschreiben, auch wenn man sie wegen der ungeheuren Vielfalt nur unzulänglich simulieren kann.
2. Man definiert eine Klasse „Skatspieler" und als Unterklasse hiervon die Klasse „Skatspieler mit eigener Strategie"; Skatspieler sind dann Instanzen dieser Unterklasse. Hinzu kommt ein Objekt „Tisch", welches die Karten verteilt, die sichtbaren und abgelegten Karten verwaltet und die Punkte anschreibt.

Programmieren bedeutet aus objektorientierter Sicht: Man beschreibe Klassen von Objekten mithilfe der genannten Schemata, man kreiere konkrete Objekte (Instanzen), und dann schicke man einem Objekt eine Nachricht, damit es eine Methode ausführt, um eine Aufgabe zu lösen. Dieses Objekt wird weiteren Objekten Nachrichten zur Lösung von Teilaufgaben schicken, und deren Antworten werden die gestellte Aufgabe bearbeiten und schließlich eine Lösung zurückgeben. Wichtig ist der Entwurfsprozess, der auch bereits existierende Objekte einbezieht und Objekte durch Vererbung weiterentwickelt. Auf diese Weise erhält man frühzeitig ein erstes lauffähiges System *(Prototyping),* und das gewünschte Programmsystem entsteht durch schrittweises Annähern dieses Prototyps an die Erfordernisse. Man spricht vom *Konfigurieren* als zentraler Vorgehensweise und von *evolutionärer Systementwicklung.*
In der *Schule* werden seit langer Zeit Diskussionen geführt, welcher Programmierstil und welche Programmiersprache am geeignetsten seien. Dem objektorientierten Ansatz kommt hier vor allem im Anfangsunterricht eine besondere Bedeutung zu: Erstens erfüllt dieser Ansatz informatisch orientierte Forderungen nach einem zeitgemäßen Unterricht mit

mächtigen Konzepten wie Erweiterbarkeit, Anpassbarkeit, Rekonfiguration, Vererbbarkeit, Kapselung, evolutionärer Software-Entwicklung sowie Wünschen nach einer stärkeren Anwendungsorientierung durch Betonung der Nutzung des Computers anstelle des vertieften Verständnisses seiner Funktionsweise. Zweitens ist dieser Ansatz im Sinne des didaktischen Prinzips der Fortsetzbarkeit in höheren Klassenstufen beliebig ausbaufähig. Drittens – und dies erscheint aus pädagogischer Sicht der wichtigste Pluspunkt – lässt sich der objektorientierte Stil gut den elementaren kognitiven Prozessen anpassen, die beim Denken, Erkennen und Problemlösen im menschlichen Gehirn ablaufen. Seit der ersten Hälfte dieses Jahrhunderts gibt es eine Vielzahl von Untersuchungen über die Wahrnehmung von Objekten und die Repräsentation von Wissen bei Kindern und Erwachsenen sowie darüber, wie dieses Wissen menschliche Entscheidungen und Handlungen leitet. Solche Untersuchungen belegen, dass Menschen Objekte überwiegend anhand der Handlungen identifizieren, die mit ihnen möglich sind, statt anhand äußerlicher Eigenschaften wie Farbe oder Form. Wichtige Bausteine dieser psychologischen Theorie sind die *Schemata* oder *Kategorien,* große komplexe Einheiten, die wesentliche Teile menschlichen Wissens und Verhaltens organisieren. Diese ähneln aus Sicht der objektorientierten Programmierung den Klassen und ihren Darstellungen.

Lernerfolge hängen aber nicht allein von der Sprache, sondern auch von der Programmierumgebung ab, die die objektorientierte Denkweise sichtbar machen muss. Das heißt, sie sollte eine künstliche Welt generieren, in der möglichst viele, klar visualisierte Objekte zur Verfügung stehen; ferner muss sie eine ↑ Benutzungsoberfläche bieten, auf der die Schüler interaktiv und spielerisch explorativ Objekte auf ihre Funktionen analysieren und sie mit zunehmendem Niveau manipulieren, kombinieren, rekonfigurieren, evolutionär erweitern und schließlich neu entwickeln können (↑ SMALLTALK-80, ↑ Eiffel).

OCCAM (benannt nach Wilhelm von Occam, engl. Philosoph, um 1285 bis 1347): Imperative Programmiersprache zur prozessorientierten (↑ Prozess) Beschreibung paralleler Algorithmen, vorzugsweise für gewisse Parallelrechnerarchitekturen (Transputer).
OCCAM befindet sich noch in der Weiterentwicklung.

ODER-Funktion *(OR-Funktion, Alternative, logische Summe, Disjunktion):* Bezeichnung für eine boolesche Funktion mit folgendem Funktionsverhalten:

x	y	$x+y$
0	0	0
0	1	1
1	0	1
1	1	1

Schaltzeichen:

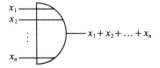

Älteres Schaltzeichen:

Anstelle des Symbols + verwendet man auch die Symbole ∨ und OR.

offenes System *(offenes Kommunikationssystem;* engl. *open system):* System von miteinander verbundenen Datenendsystemen (auch Teilhaber oder Anwendungsinstanzen genannt, z. B. Terminals, Rechner, Drucker, Sensoren usw.), deren Kommunikation durch Anforderungen festgelegt ist, sodass jedes weitere Endsystem, das diese Anforderungen erfüllt, in das System aufgenommen werden kann.

Wichtige Kriterien für offene Systeme sind:
- Die Anforderungen sind nicht hersteller- oder geräteabhängig und nicht an eine spezielle Rechner- oder Netzarchitektur gebunden; sie beschreiben nur das für die Endsysteme sichtbare Kommunikationsverhalten. (Ein Netz, das verschiedene Hardware-Einrichtungen miteinander koppelt, ist daher in der Regel noch kein offenes System.)
- Die Endsysteme erledigen ihre Aufgaben in eigener Verantwortung; insbesondere sind sie unabhängig vom offenen System arbeitsfähig und nehmen aufgrund eigener Entscheidungen eine Kommunikation mit anderen Endsystemen auf.
- In einem offenen System müssen verteilte Anwendungen problemlos realisierbar sein und miteinander kooperieren können.
- Alle Endsysteme sprechen eine gemeinsame Sprache, die in der Regel durch ↑ Protokolle festgelegt wird.

Das offene System ist nicht nur ein Übertragungsnetz, sondern es muss durch Bereitstellung von Dienstleistungsfunktionen *(Dienste)* die Kommunikationsfähigkeit der einzelnen Endsysteme sicherstellen. Welche Protokolle und Dienste vorhanden sind, legt man durch ein Modell fest. Das wichtigste Modell für offene Systeme ist das ISO-Schichtenmodell, das aus sieben Schichten besteht, von denen die unteren vier Schichten transportorientiert und die oberen drei anwendungsorientiert sind (↑ Datenübertragung, Abb. 8). Die 5. Schicht (Sitzungsschicht) spielt hierbei eine wichtige Rolle, da sie die wechselseitigen Abstimmungen zwischen Endsystemen während einer Kommunikation regelt.

Die zentrale Aufgabe offener Systeme ist die Gewährung freizügiger, ökonomischer und sicherer Kommunikation zwischen Endsystemen. Hierin liegt die wirtschaftliche Bedeutung offener Systeme: Sie können national (↑ISDN) und international (↑Internet) eingerichtet werden, aber auch innerhalb eines Büros kann ein lokales Netz nach den gleichen Kriterien arbeiten. Zugleich müssen spätestens bei der Installation solcher Netze die Fragen geklärt werden: Wie lässt sich totale Überwachung verhindern, wie schützt man sich gegen Eingriffe von außen, wer hat letztlich den Nutzen von solchen Systemen, kommt es zur Informationsüberflutung, in welche Abhängigkeiten gelangen Unternehmen und Individuen (↑Datenschutz) usw.?

Im Gegensatz zu offenen Systemen nennt man ein System *geschlossen,* wenn in ihm nur herstellergebundene Geräte eingesetzt werden können oder wenn die Kommunikation zwischen den Endgeräten nicht in der Verantwortung der dort laufenden Prozesse liegt. Die Anbindung geschlossener an offene Systeme ist zurzeit sehr aktuell (↑Intranet).

Oktalsystem: ↑Stellenwertsystem zur Basis 8.

online [ˈɔnˌlaɪn] (dt. in Verbindung): Bezeichnung für den Tatbestand, dass ein Gerät unmittelbar mit einem anderen Gerät verbunden ist, sodass zwischen beiden Geräten ständig ein verzögerungsfreier Kommunikationsverkehr möglich ist. Im Gegensatz dazu

Operand   346

sind zwei Geräte **offline** [ˈɔflaɪn] (dt.
ohne Verbindung) verbunden, wenn
zwischen ihnen keine direkte Verbindung besteht oder wenn die Verbindung nicht ständig benutzt werden
kann.

Beispiele:
Eine *Online-Verbindung* besteht bei
einem Telefongespräch. Der Tele-
grammdienst ist eine *Offline-Verbindung,* da zwischen den beiden Partnern kein direkter und verzögerungsfreier Nachrichtenaustausch möglich
ist.

Im weiteren Sinne kennzeichnen die
beiden Begriffe „online" und „offline"
den zeitlichen Unterschied zwischen
der Entstehung von Daten und ihrer
Verarbeitung. Eine Rechenanlage arbeitet *online,* wenn eingegebene Daten
sofort verarbeitet werden (Echtzeit-
trieb; ↑Betriebsart), und *offline,* wenn
zwischen die Eingabe von Daten und
ihrer Verarbeitung ein (theoretisch)
beliebig langer Zeitraum liegen kann
(Stapelbetrieb).

Operand: Objekt, mit dem eine ↑Ope-
ration durchgeführt werden kann, insbesondere Konstanten, Variablen und
Ausdrücke. Formal definiert man den
Operanden als Element der Definitionsmenge einer Operation. Häufig
verwendet man die Bezeichnung nicht
nur für einen an der Operation beteiligten Wert, sondern auch für die den
Wert enthaltende Speicherzelle (oder
das Register).

Operateur [...ˈtøːr] (*Bediener;* engl.
operator): Person, die (meist von einer
↑Konsole aus) eine Rechenanlage bedient. Zu den Aufgaben eines Opera-
teurs gehören das Starten der Rechenanlage, das Einlegen von ↑Datenträ-
gern in die zugehörigen Geräte, die
Bedienung der Ein- und Ausgabegeräte und die Überwachung des Betriebsablaufs. Die Bedeutung des Opera-

teurs hat in den letzten Jahren stark
abgenommen, da seine Aufgaben heute zum großen Teil vom ↑Betriebs-
system wahrgenommen werden und
Computersysteme immer zuverlässi-
ger geworden sind. Auch große Rechenanlagen werden teilweise bereits
ohne Operateure betrieben.

Operation:
1. Elementarer Arbeitsschritt oder Ar-
beitsvorgang in einer Rechenanlage.
Hinsichtlich der Art einer Operation
unterscheidet man folgende wichtige
Typen:
a) arithmetische Operationen, z. B.
   Addition, Subtraktion;
b) logische Operationen, z. B. ↑UND-
   Funktion, ↑ODER-Funktion;
c) Transportoperationen, z. B. Kopieren des Inhalts einer Speicherzelle
   in ein ↑Register;
d) Ein-/Ausgabe-Operationen;
e) Operationen zur Steuerung des
   Kontrollflusses, z. B. ↑Sprünge;
f) sonstige Operationen, z. B. zur Behandlung einer ↑Unterbrechung.
Der ↑Operationsteil eines ↑Befehls
(↑Befehlsformat) bestimmt, welche
Operation durchgeführt wird.
2. In der Mathematik definiert man
eine Operation auf einer nichtleeren
Menge *M* als Abbildung

$$f : M^n \to M;$$

n heißt *Stelligkeit* der Operation *f.* In
der Praxis treten meist ein- und zweistellige (*unäre* und *binäre*) Operationen auf, wie z. B. Negieren einer Zahl,
Spiegeln eines Wortes, Addieren zweier Zahlen, Multiplizieren zweier Matrizen, ↑Konkatenation zweier Wörter.

Operations Research [ɔpəˈreɪʃənz rɪ-
ˈsəːtʃ] (*Unternehmensforschung):* Wissenschaftliche Disziplin, die sich mit
Verfahren zur Vorbereitung von Entscheidungen bei der Führung von Betrieben, Verwaltungen und anderen
Organisationen durch Anwendung

347 **optischer Speicher**

mathematischer Methoden und Modelle befasst.

Neben mathematischen Standardverfahren, wie sie vor allem in der Statistik entwickelt und genutzt werden, kommen für die Lösung von Operations-Research-Problemen spezielle Verfahren aus den Bereichen Optimierung, Spieltheorie und ↑ Simulation zum Einsatz, oder sie beruhen auf ↑ Heuristiken. Viele der Lösungsmethoden sind rechnerisch sehr aufwendig und können erst seit der Entwicklung leistungsfähiger Datenverarbeitungsanlagen in angemessener Zeit durchgeführt werden.

Operationsteil (engl. *operating part*): Der Teil eines ↑ Befehls, der angibt, welche ↑ Operation durchgeführt werden soll (↑ Befehlsformat). Der Name der auszuführenden Operation ist im Operationsteil im allgemeinen in verschlüsselter Form enthalten. Der zur Verschlüsselung zugrunde liegende ↑ Code heißt *Operationscode* (Abk. Opcode). Die Entschlüsselung erfolgt durch die ↑ Mikroprogrammierung.

Operator (engl. *operator*):
1. Meist bezeichnet man mit dem Begriff die Funktionszeichen für arithmetische (z. B. +, −, *, /) und logische ↑ Operationen (z. B. =, <, >, ≠, and, not, or).
2. Häufig verwendete engl. Bezeichnung für ↑ Operateur.

optischer Speicher: Optische Speicher bestehen aus beschichteten Kunststoffplatten, die wie ↑ Magnetplattenspeicher in Spuren und Sektoren eingeteilt sind. Die Scheiben rotieren, wobei die Informationen mithilfe eines stark fokussierten Laserstrahls geschrieben und gelesen werden. Der Lese-/Schreibkopf muss nicht wie bei magnetischen Techniken dicht über der Plattenoberfläche schweben, sondern er ist in der Regel weiter entfernt angebracht, wodurch keine zerstören-

den Berührungen (engl. *headcrash*) möglich sind. Dafür ist er aber etwas schwerer, wodurch er langsamer über die Platte bewegt wird und der Zugriff auf andere Spuren etwas länger dauert. Dies wird jedoch oft durch einen Trick ausgeglichen: Man lässt den Strahl auf einen beweglichen Spiegel fallen, durch dessen Bewegungen man rasch einen größeren Bereich von Spuren (engl. *span*) überstreichen kann. Die Rotationsgeschwindigkeit der Platten ist meist konstant. Um die äußeren Bereiche besser auszunutzen, wird die Information in die äußeren Zonen mit einer höheren Übertragungsrate geschrieben.

Das Schreiben erfolgt durch einen Laserstrahl höherer Energie (größer als 5 Milliwatt), der die physischen Eigenschaften der Oberfläche verändert. Diese Veränderung kann in der Regel nicht rückgängig gemacht werden. Die Information wird binär als veränderte oder nicht veränderte Punkte (engl. *spot*) auf den Spuren der Platte dargestellt. Das Lesen geschieht mit einem Laserstrahl geringer Energie, der kleine Veränderungen bewirkt. Die Intensität des von den Punkten reflektierten Strahls wird mit einem Photodetektor gemessen und als logische 0 oder 1 interpretiert (Abb. 1, S. 348).

Auf einem anderen physikalischen Effekt basieren die *magnetooptischen Platten*. Diese bestehen aus einem magnetisierbaren Material, dessen Magnetisierungsrichtung bei hoher Temperatur geändert werden kann. Um eine Information zu schreiben, erhitzt man den jeweiligen Punkt mit dem Laserstrahl, wobei dieser Punkt beim Abkühlen die Magnetisierungsrichtung des außen angelegten Magnetfeldes übernimmt. Man kann auf diese Weise die Information beliebig abändern. Das Lesen beruht auf der Tatsache, dass der reflektierte Laserstrahl je

optischer Speicher

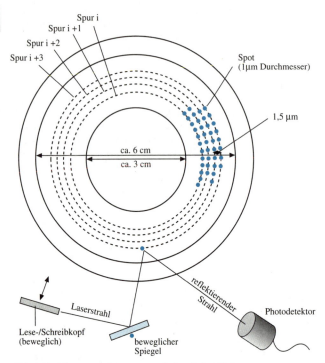

Abb. 1: Speicherung und Lesevorgang bei optischer Platte

nach Magnetisierungsrichtung eine andere Phasenverschiebung besitzt.

Man unterteilt optische Speicher in folgende drei Typen:

CD-ROM (Abk. für engl. **c**ompact **d**isk **r**ead-**o**nly-**m**emory): Kompaktdiskette, die nur gelesen, nicht aber beschrieben werden kann (↑ROM). Diese Platten sind weit verbreitet bei Personalcomputern. Sie ähneln den Musik-CDs, haben aber eine andere Aufzeichnungstechnik. Die Informationen werden von den Herstellern auf die Platten geschrieben.

WORM (Abk. für engl. **w**rite **o**nce **r**ead **m**any times): Die Information wird vom Benutzer einmal geschrieben, kann aber nicht mehr verändert werden. Diese Platten eignen sich gut zum Archivieren von Informationen.

MO (Abk. für **m**agneto**o**ptische Platte): Sie können wie andere Sekundärspeicher (↑Speicherhierarchie) verwendet werden.

Technische Daten: Der Durchmesser der Platten beträgt meist $3\frac{1}{2}$, $5\frac{1}{4}$ oder 12 Zoll. Bei den 8-cm-Platten liegen in dem Kreisring zwischen 3 und 6 cm rund 20 000 Spuren im Abstand von 1,5 µm. Die Punkte haben einen Durchmesser von etwa 1 µm. Die Laufwerke sorgen für rund 40 Umdrehungen pro Sekunde bei einer Zugriffsgeschwindigkeit von etwa 20 Millisekunden. Die Speicherkapazität beträgt 530 bis 2000 MB (↑Byte) bzw. 128 bis 1 Gigabyte bei MO. Die Lebensdauer wird mit mindestens 10 Jahren angegeben.

Um die Sicherheit der Datenspeicherung zu erhöhen, werden alle Informationen mit einem fehlerkorrigierenden Code gespeichert. Das heißt, die Daten werden redundant verschlüsselt, sodass bei Verkratzungen oder altersbedingten Veränderungen die Informationen noch gelesen werden können. Ein Großteil der Speicherkapazität optischer Platten dient somit der Fehlerkorrektur.

Die ↑Magnetschichtspeicher, die zurzeit in Form von Platten, Disketten oder Bändern in der Datenverarbeitung als Sekundärspeicher vorherrschen, werden voraussichtlich in zehn Jahren nicht mehr ausreichen, um die ständig wachsende Datenflut aufnehmen zu können. Der Trend wird daher zu optischen Speichermedien gehen, die eine höhere Kapazität versprechen, weniger mechanische Teile besitzen und zugleich wesentlich billiger sind. Das Megabyte optischen Speichers kostet seit 1996 weniger als 15 Pfennige.

Ordnung:

1. *(Größenordnung)* Häufig ist man nicht an dem exakten Wert einer Funktion $f: \mathbb{N} \to \mathbb{R}$ interessiert, sondern nur an ihrem qualitativen Verlauf, der so genannten Ordnung O. O nennt man *landausches Symbol*.

Seien $f, g: \mathbb{N} \to \mathbb{R}$ Funktionen. Man sagt, *f hat die Ordnung von g*, in Zeichen $f(n) \in O(g(n))$ oder $f \in O(g)$ oder auch $f(n) = O(g(n))$, wenn f ab einer geeigneten Stelle von einem Vielfachen von g dominiert wird, d. h., wenn es Konstanten $c, n_0 \in \mathbb{N}$ gibt, sodass für alle $n \in \mathbb{N}$ mit $n \geq n_0$ gilt:

$|f(n)| \leq c |g(n)|$.

Beispiele:
1. $f(n) = n!$ (↑Fakultät), dann gilt $f(n) = O(n^n)$;
2. $f(n) = \log_b n$, $b \in \mathbb{R}_+$ beliebig, dann gilt $f(n) = O(\log_2 n)$, da $\log_b(n) = \log_b(2) \cdot \log_2(n)$ ist;
3. $f(n)$ sei ein Polynom vom Grad m:

$f(n) = c_m n^m + c_{m-1} n^{m-1} + \ldots + c_1 n + c_0,$

dann gilt $f(n) = O(n^m)$.
Speziell: für die konstante Funktion $f(n) = c$ (c reelle Konstante) gilt $f(n) = O(1)$.

Die Ordnung der Laufzeit oder des Speicherplatzbedarfs sagt etwas über die ↑Effizienz von Algorithmen aus.

Beispiele:
1. Die Laufzeit t und der Speicherplatzbedarf s von ↑Bubblesort betragen für die Sortierung von n Zahlen durchschnittlich

$t(n) = O(n^2)$ und $s(n) = O(n)$.

Angenommen, Bubblesort benötige zur Sortierung von 1000 Zahlen 10 Sekunden Rechenzeit. Dann erfordert die Sortierung der doppelten Menge (also 2000 Zahlen) größenordnungsmäßig viermal (2^2) so viel Zeit (also 40 Sekunden).

2. Löst man das ↑Problem des Handlungsreisenden durch einen Algorithmus, der alle möglichen Rundreisen bestimmt und aus diesen die billigste heraussucht, so werden $O((n-1)!)$ verschiedene Rundreisen durchprobiert. Die Bestimmung der Kosten jeder Rundreise und das Heraussuchen der billigsten Rundreise benötigen größenordnungsmäßig $O(n)$ Zeit. Die Lösung des Gesamtproblems erfordert daher

$O((n-1)! \cdot n) = O(n!)$

Zeit. Probleme solcher Größenordnung können selbst bei relativ kleinen

parallel

Werten von n nicht in vernünftiger Rechenzeit gelöst werden. Probleme dieser Art nennt man daher auch „nicht effektiv lösbar" (↑Komplexitätsklassen, ↑NP-vollständig).

Oft will man ausdrücken, dass eine Funktion f deutlich langsamer wächst als eine andere Funktion g. Man verwendet dann die „Klein-o-Notation": $f \in o(g)$ gilt genau dann, wenn es für jede reelle Zahl $s > 0$ ein $n_0 \in \mathbb{N}$ gibt, sodass $f(n) \leq s \cdot g(n)$ für alle $n \geq n_0$. Zum Beispiel ist $n^2 \in o(n^3)$, und es gilt $n^2 \in o(n^2 \cdot \log n)$ sowie $n! \in o(n^n)$. Aus $f \in o(g)$ folgt stets $f \in O(g)$.

2. *(Anordnung)* Eine Relation $R \subseteq M \times M$ auf einer Menge M heißt *partielle Ordnung*, falls für beliebige Elemente $a, b, c \in M$ gilt:
(1) $(a,a) \in R$ *(Reflexivität)*.
(2) Aus $(a,b) \in R$ und $(b,a) \in R$ folgt $a = b$ *(Antisymmetrie von R)*.
(3) Aus $(a,b) \in R$ und $(b,c) \in R$ folgt $(a,c) \in R$ *(Transitivität)*.
Gilt zusätzlich
(4) für alle $a, b \in M$ mit $a \neq b$: $(a,b) \in R$ oder $(b,a) \in R$ *(Totalität)*, so heißt R eine *lineare Ordnung*. Statt $(a,b) \in R$ schreibt man dann: $a \leq b$.

parallel: Arbeitsabläufe bzw. deren Einzelschritte heißen *parallel*, wenn sie gleichzeitig und voneinander unabhängig durchgeführt werden können. Beispiele für parallele Arbeitsprozesse sind die parallele ↑Datenübertragung, bei der die einzelnen Bits eines zu übertragenden Datums gleichzeitig über eine entsprechende Anzahl von Leitungen gesendet werden, die parallele Verarbeitung von ↑Aufträgen und die parallele Auswertung und Weiterleitung von Daten in ↑neuronalen Netzen. Im Vergleich zur ↑seriellen Verarbeitung erfordert die parallele Verarbeitung größeren technischen Aufwand bezüglich der Hardware (z. B. mehrere Prozessoren, gleichzeitiger Zugriff auf Speicher) und der Software (aufwendigere Verwaltungsprogramme, Überwachungs- und Synchronisierungsaufgaben usw., ↑paralleler Algorithmus). Im engeren Sinne versteht man unter paralleler Verarbeitung die gleichzeitige Durchführung von Tätigkeiten (↑Nebenläufigkeit).

Im Inneren von Rechnersystemen und von ↑Mikroprozessoren werden möglichst viele Tätigkeiten parallel ausgeführt, vorwiegend um die Verarbeitungsgeschwindigkeit zu erhöhen und die einzelnen Komponenten besser auszulasten. Besondere Probleme entstehen, wenn eine Aufgabe von verschiedenen Prozessoren oder Programmen bearbeitet werden soll. Man muss hierzu die Aufgabe in parallelisierbare Teile zerlegen, wozu es bisher nur wenige Methoden gibt.

Erste Programmiersprachen, mit denen man parallele Abläufe beschreiben kann, sind seit 1987 verfügbar (↑OCCAM).

Paralleladdierwerk: Die Addition zweier n-stelliger binärer Zahlen $a = a_{n-1}...a_0$ und $b = b_{n-1}...b_0$, wobei $a_i, b_i \in \{0,1\}$ sind, wird mit einem Paralleladdierwerk (Abb. 1) realisiert, indem jedes Ziffernpaar a_i und b_i mittels eines eigenen ↑Volladdierers unter Berücksichtigung des Übertrags der Verknüpfung von a_{i-1} und b_{i-1} addiert wird.

Die Additionszeit des Paralleladdierwerks wird bestimmt durch die Laufzeit der Überträge von rechts nach links von Volladdierer zu Volladdierer. Zur Beschleunigung der Übertragsfortpflanzung gibt es die Methode der *Übertragsvorausschau* (engl. *carry look ahead*), bei der die Überträge für

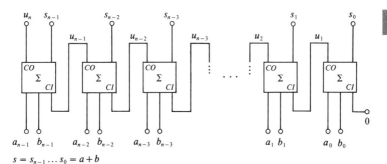

$s = s_{n-1} \ldots s_0 = a + b$

Abb. 1: Schaltbild eines Paralleladdierwerks

Gruppen von Addierern gleichzeitig erzeugt werden, und die Methode der *Übertragsumleitung* (engl. *carry bypass*), bei der die Überträge an Gruppen von Addierern vorbeigeführt werden, wenn sie sonst unverändert durch die Gruppe hindurchlaufen würden.

paralleler Algorithmus *(VLSI-Algorithmus):* Algorithmus, der in viele einzelne gleichzeitig ablaufende Teile zerlegbar ist und der mithilfe von parallelen Prozessoren realisiert werden kann.

Die Rechengeschwindigkeiten, die die leistungsfähigsten herkömmlichen Rechner erreichen, werden in den kommenden Jahrzehnten an prinzipielle Grenzen stoßen. So kann z. B. ein Signal von einem Verarbeitungselement zu einem anderen nicht schneller als mit Lichtgeschwindigkeit transportiert werden. Eine weitere Leistungssteigerung scheint nur durch Parallelisierung möglich: Indem mehrere Prozessoren gleichzeitig an einem Problem arbeiten, werden höhere Verarbeitungsgeschwindigkeiten erzielt.

Nimmt man an, dass p parallel arbeitende Prozessoren ein Problem bis zu p-fach schneller lösen als ein einzelner Prozessor, so ergibt sich bei einer in Zukunft realisierbaren Verknüpfung von 10^5 bis 10^6 Prozessoren eine entsprechende Leistungssteigerung. Hierfür muss jedoch das zu lösende Problem in irgendeiner Weise parallelisiert, d. h. auf die Prozessoren verteilt werden. Dies ist nicht immer möglich.

Beispiele:
1. Die Addition zweier Vektoren $a = (a_1, a_2, \ldots, a_n)$, $b = (b_1, b_2, \ldots, b_n)$ kann leicht auf n Prozessoren in SIMD-Architektur (↑ Rechnerarchitektur) verteilt werden, wobei der i-te Prozessor die Summe $a_i + b_i$ berechnet.
2. Die Berechnung der Potenz x^{2^k} ist unter Verwendung der vier Grundrechenarten nicht parallelisierbar, d. h., eine Aufteilung der Berechnung auf mehrere Prozessoren führt nicht schneller zum Ergebnis als die Berechnung auf einem einzigen Prozessor; denn im ersten Schritt kann keine höhere Potenz als x^2, im zweiten keine höhere als x^4 usw. gebildet werden.

Sequenzielle Algorithmen spezifiziert man durch Angabe eines sequenziellen Programms und eines Prozessors, der den Algorithmus verarbeiten soll. Ein zugehöriges Berechnungsmodell ist die ↑ Registermaschine. Die Präzisierung paralleler Algorithmen ist wesentlich aufwendiger. Hierfür eignet sich die *parallele Registermaschine* (Abk.

paralleler Algorithmus

PRAM). In der Praxis wird ein paralleler Algorithmus festgelegt
a) durch Angabe einer Menge von Programmen und einer Menge von möglicherweise verschiedenen Prozessoren sowie der Festlegung, welcher Prozessor welches Programm ausführen soll;
b) durch Angabe, auf welche Weise die einzelnen Prozessoren zum Austausch von Daten durch Kommunikationsverbindungen miteinander verschaltet werden sollen; dies beschreibt man oft durch einen ↑Graphen (man spricht hier von *Netzen,* engl. *networks,* daher manchmal auch als *Netzwerke* bezeichnet), bei dem Knoten Prozessoren und Kanten Verbindungsleitungen repräsentieren;
c) durch Angabe, an welchen Stellen des Prozessornetzes und zu welchen Zeitpunkten Eingabedaten bereitgestellt werden müssen und Ausgabedaten entgegengenommen werden können.

Wichtige Vertreter der parallelen Algorithmen sind die *systolischen Algorithmen*. Der Begriff „Systole" erinnert an einen Vergleich mit dem Blutkreislauf: Wie das Blut von Körperteil zu Körperteil werden bei systolischen Algorithmen die Daten durch ein Netz von Prozessoren gepumpt.

Im Sinne der obigen Definition eines parallelen Algorithmus sind systolische Algorithmen besonders einfach:
a) Alle Prozessoren führen synchron identische Programme auf unterschiedlichen Datenströmen *(SIMD-Prinzip)* aus.
b) Nur jeweils benachbarte Prozessoren sind miteinander durch Kommunikationsleitungen verbunden und können Daten austauschen (Abb. 1).
c) Die Eingabedaten werden äußeren Prozessoren übergeben, Ausgabedaten werden von äußeren Prozessoren abgeliefert (Abb. 2).

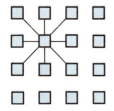

Abb. 1: Mögliche Vernetzung der Prozessoren bei systolischen Algorithmen

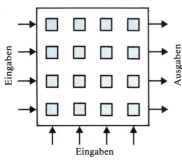

Abb. 2: Ein- und Ausgaben für systolische Algorithmen

Beispiele:
1. Systolischer Algorithmus zur Multiplikation

$$a_i \cdot b_i = \sum_{j=1}^{4} a_{ij} \cdot b_{ij}$$

einer Folge von Vektorpaaren a_i, b_i mit

$a_1 = (a_{11}, a_{12}, a_{13}, a_{14})$,
$b_1 = (b_{11}, b_{12}, b_{13}, b_{14})$,
$a_2 = (a_{21}, a_{22}, a_{23}, a_{24})$,
$b_2 = (b_{21}, b_{22}, b_{23}, b_{24})$, ...
$a_n = (a_{n1}, a_{n2}, a_{n3}, a_{n4})$,
$b_n = (b_{n1}, b_{n2}, b_{n3}, b_{n4})$.

Man benötigt hierzu vier identische Prozessoren der Form aus Abb. 3 mit dem Ein-/Ausgabeverhalten

$$y = x + a \cdot b.$$

paralleler Algorithmus

Abb. 3: Symbolische Darstellung für einen Baustein oder Prozessor, der die Multiplikation $y = x + a \cdot b$ durchführt

Abb. 4 zeigt die Verschaltung der vier Prozessoren in der gewünschten Weise. Eine solche Organisation der Prozessoren bezeichnet man als (lineares) *systolisches Array*. Ein systolisches Array ist ein Beispiel für eine Rechnerarchitektur nach dem SIMD-Prinzip. Versorgt man die Prozessoren zeitlich versetzt (blaue Treppenlinie in Abb. 4) mit den Komponenten der Vektoren, so berechnet P_1

$$y_1 = 0 + a_{11} \cdot b_{11}$$

und sendet das Ergebnis an P_2. Während P_2 den Wert

$$y_2 = x_2 + a_{12} b_{12}$$
$$= 0 + a_{11} b_{11} + a_{12} b_{12}$$

berechnet und an P_3 sendet, beginnt P_1 bereits mit der Multiplikation der Komponenten a_{21} und b_{21}. Nach vier Takten erscheint am Ausgang y von P_4 das Gesamtergebnis der Vektormultiplikation $a_1 \cdot b_1$, nach fünf Takten das Ergebnis von $a_2 \cdot b_2$ usw. Für die Multiplikation von n Vektorpaaren benötigt das obige systolische Array $n+4$ Takte. Ein einzelner Prozessor würde $4n$ Takte erfordern.

2. Systolischer Algorithmus, der testet, ob ein eingegebenes Wort ein bestimmtes Teilwort enthält (↑Mustererkennung).

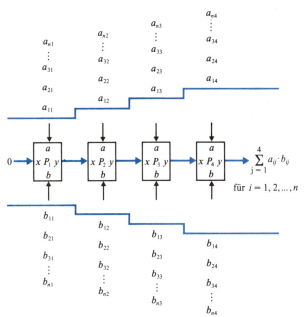

Abb. 4: Prozessorverschaltung zur Vektormultiplikation

paralleler Algorithmus 354

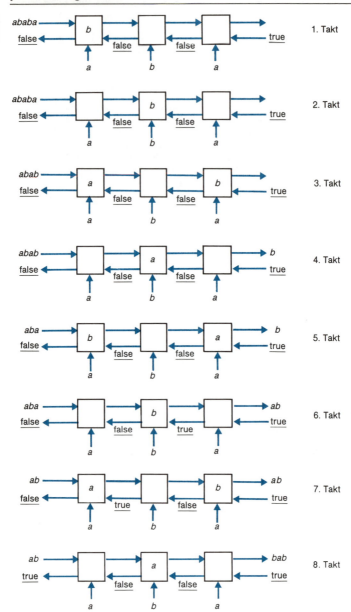

Abb. 7: Acht Takte für das systolische Array aus Abbildung 6

Zum Beispiel enthält das zusammengesetzte Wort „Warmwasser" das Teilwort „arm".

Sei $w = x_1 x_2 \ldots x_n$ das Eingabewort und $t = t_1 t_2 t_3$ das gesuchte Teilwort aus 3 Zeichen.

Zur Realisierung der Aufgabe benötigt man drei identische Prozessoren der Form aus Abb. 5 mit folgendem Ein-/Ausgabeverhalten:

$x' = x$,
$y' = y \wedge (x = t_i)$.

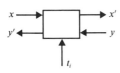

Abb. 5: Prozessor für den Test, ob ein eingegebenes Wort ein bestimmtes Teilwort enthält; auf den Leitungen x, x' und t_i fließen Zeichen, auf y und y' Wahrheitswerte

Abbildung 6 zeigt die Verschaltung. Gibt man von links die einzelnen Buchstaben des Wortes w im Abstand von zwei Takten ein, so wird links der Wahrheitswert true ausgegeben, wenn die letzten drei eingelesenen Buchstaben gleich dem gesuchten Teilwort t waren.

Abb. 7 zeigt acht Takte. Im achten Takt wurde das erste Vorkommen des Teilworts *aba* im Wort *bababa* entdeckt, erkennbar an der Ausgabe true am linken Ende des systolischen Arrays. Offenbar benötigt der Algorithmus genau $2n-1$ Takte, um alle Vorkommen von t in w zu ermitteln.

Die obigen Beispiele zeigen, dass sich parallele Algorithmen im Allgemeinen nur für Probleme mit einer festen „Problemgröße" eignen. So versagt der Algorithmus aus Beispiel 1, wenn Vektoren der Länge 5 multipliziert werden sollen; der Algorithmus müsste erst auf die Zahl 5 für die Länge der Vektoren angepasst werden.

Die Beschleunigung der Verarbeitungsgeschwindigkeit wird also hier mit einer gewissen Unflexibilität erkauft.

Im Bereich der parallelen Algorithmen wird seit einigen Jahren intensiv geforscht. Dabei interessiert man sich hauptsächlich für Fragestellungen im Bereich der Rechnerarchitekturen der Programmiersprachen (zum Beispiel OCCAM), der Komplexitätstheorie und natürlich der Beschleunigung konkreter Algorithmen durch parallele Verarbeitung. Bis heute weiß man nicht, ob die effizienten sequenziellen Algorithmen auch effizient parallelisierbar sind. Man vermutet, dass dies nicht der Fall ist. Ein Kandidat, für den es möglicherweise keinen effizienten parallelen Algorithmus gibt, ist das Problem, den größten gemeinsamen Teiler zweier Zahlen zu finden (↑ euklidischer Algorithmus).

Parallelserienumsetzer (engl. *parallel serial converter*): ↑Schaltwerk, das zeitlich ↑parallel eingehende Daten ↑seriell ausgibt. Als Parallelserienumsetzer eignet sich beispielsweise ein ↑Schieberegister für n ↑Bit, in das mit einem ↑Takt n Bit gespeichert werden. In n weiteren Takten wird jeweils ein Bit seriell ausgegeben (Abb. 1, S. 356).

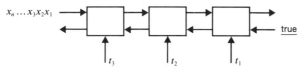

Abb. 6: Verschaltung der Prozessoren aus Abbildung 5

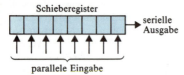

Abb. 1: Schieberegister als Parallelserienumsetzer

Die Umkehrung wird durch den ↑ Serienparallelumsetzer realisiert.

Parallelverarbeitung (engl. *parallel processing*): Gleichzeitige Verarbeitung eines Programms durch mehrere ↑ Prozessoren. Bei n Prozessoren ergibt sich in diesem Fall eine Beschleunigung der Verarbeitung um den Faktor n. Dies setzt jedoch voraus, dass sich das Programm so aufteilen lässt, dass die einzelnen Prozessoren ihre Teilaufgaben unabhängig voneinander bearbeiten können. Andernfalls müssen Prozessoren auf die Ergebnisse anderer Prozessoren warten (↑ Pipelineverarbeitung, ↑ paralleler Algorithmus, ↑ Nebenläufigkeit, ↑ parallel).

Parameter: Platzhalter in einer Programmeinheit, der erst bei der konkreten Verwendung der Programmeinheit (↑ Aufruf) festgelegt wird. Die in der Programmeinheit stehenden Platzhalter bezeichnet man als *formale Parameter*, die im Aufruf der Programmeinheit stehenden Werte als *aktuelle Parameter*. Programmeinheiten sind ↑ Prozeduren, ↑ Funktionen, ↑ Module, Klassen (↑ objektorientierte Programmierung) oder andere spezielle programmiersprachliche Konstrukte.

Will man die zulässigen aktuellen Parameter eingrenzen, so ordnet man den formalen Parametern ↑ Datentypen und einen Übergabemechanismus bei der Deklaration zu. Parameter können ↑ Konstante, ↑ Variable, ↑ Marken, Datentypen, Prozeduren, Funktionen usw., d. h. prinzipiell alle in einem Programm definierbaren Größen sein. Die meisten Programmiersprachen lassen hierbei allerdings nur gewisse Typen zu.

Parameterübergabe: Bei einem Prozedur- oder Funktionsaufruf (↑ Aufruf) müssen die formalen Parameter auf festgelegte Art durch die aktuellen Parameter ersetzt werden. Bei imperativen Programmiersprachen kennt man die folgenden Konzepte:

↑ call by value,
↑ call by reference,
↑ call by name,
↑ call by value-result.

Ist der ↑ Datentyp des formalen Parameters nicht festgelegt, sondern wird er erst durch den Typ des aktuellen Parameters bestimmt, so spricht man von ↑ Polymorphie.

Die Parameterübergabearten unterscheiden sich in dem gedachten ↑ Block, der an die Stelle des Prozeduraufrufs tritt und ausgeführt wird (↑ Kopierregel). Das folgende allgemein gehaltene Beispiel präzisiert, wie dieser Block im Einzelnen aussieht.

Beispiel:
Gegeben sei das folgende Programmstück (angelehnt an die Schreibweise in PASCAL, wobei S ein je nach Parameterübergabe zu wählendes Schlüsselwort ist):

var i: integer;
    w: array [1..2] of integer;
procedure P (S x, y: integer);

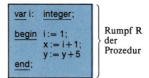

begin i := 1;
    w[1] := 1; w[2] := 10;
    P (i,w[i]);
    ...
end.

Um ausgewertet werden zu können, wird der Prozeduraufruf P(i,w[i]) ersetzt durch ein Programmstück, das aus dem gedachten Block (BLOCK1) und dem hierin geschachtelten Rumpf (BLOCK2) der Prozedur besteht. Dieses Programmstück ist in Abbildung 1 dargestellt.

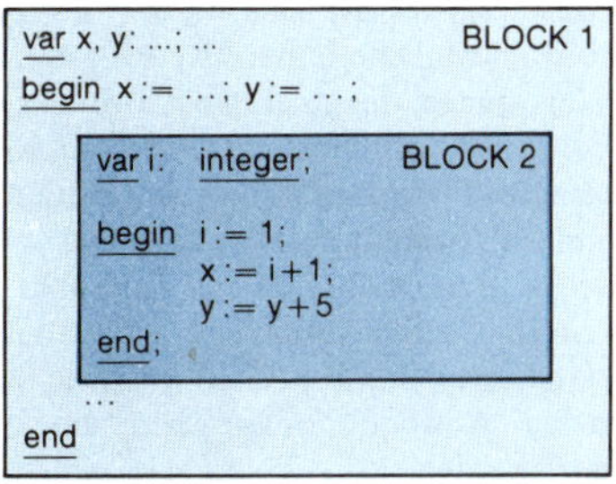

Abb. 1

Die ↑Deklaration von x und y hängt davon ab, welche Art der Parameterübergabe S (manchmal auch *Spezifikation* genannt) in die Definition der Prozedur P eingesetzt wird. Die vier Möglichkeiten lauten:
a) call by name: S = name.
In diesem Fall entfällt BLOCK1, und nur der textuell geänderte Rumpf der Prozedur bleibt stehen; wegen des ↑Namenskonflikts „i" wird die lokale Variable in „i1" umbenannt:

var i1: integer;
begin i1 := 1;
       i := i1 + 1; w[i] := w[i] + 5
end

Wird also S = name gesetzt, dann besitzen i und w nach dem Prozeduraufruf folgende Werte:

$i = 2, w[1] = 1, w[2] = 15.$

b) call by value:
In diesem Fall lässt man meist die Angabe für S weg. Man erhält das Programmstück:

var x, y: integer;
begin x := i; y := w[i];
   var i: integer;
   begin i := 1;
          x := i + 1; y := y + 5
   end
end

Da nur die lokalen Variablen verändert werden, bleiben die Werte von i und w erhalten; anschließend gilt also:

$i = 1, w[1] = 1, w[2] = 10.$

c) call by value-result: S = result.
Das Programmstück ist genau so wie im Fall call by value aufgebaut; jedoch wird jedem aktuellen result-Parameter am Ende von BLOCK1 der Wert der zugehörigen lokalen Variablen zugewiesen, d. h. vor dem letzten end ist einzufügen:

i := x; w[i] := y

Bei w[i] wird stets der Index i genommen, der beim Aufruf vorlag. Man erhält also nach dem Prozeduraufruf folgenden Zustand:

$i = 2, w[1] = 6, w[2] = 10.$

d) call by reference: S = ref oder S = var.
Die Referenzparameter werden jetzt durch lokale Variablen repräsentiert, die auf die aktuellen Parameter verweisen. Man arbeitet also mit den Variablen des aufrufenden Programms (über ↑Zeiger). Das Programmstück, das den Prozeduraufruf ersetzt, lautet nun:

var x, y: ↑integer;
begin x := i; y := w[i];
   var i: integer;
   begin i := 1;
          x↑ := i + 1; y↑ := y↑ + 5
   end
end

Der Rumpf (BLOCK2) muss in diesem

PASCAL   358

Fall leicht modifiziert werden: Alle ref-Parameter müssen durch die Variablen, auf die sie zeigen, ersetzt werden, weshalb die lokalen Zeigervariablen (hier: x und y) mit einem Weiterverweis (hier: x↑ und y↑) zu versehen sind. Die Werte von i und w lauten nach dem Prozeduraufruf:

i = 2, w[1] = 6, w[2] = 10.

Durch die verschiedenen Arten der Parameterübergabe erhält ein Prozeduraufruf auch eine unterschiedliche Bedeutung. Die unterschiedlichen Arten treten vor allem bei imperativen Programmiersprachen auf, da dort die formalen Parameter nicht als Platzhalter, sondern als Variablen mit Speicherplätzen aufgefasst werden, wodurch die unterschiedlichen Übergabemechanismen erst möglich werden. Bei funktionalen Programmiersprachen fallen dagegen call by value und call by name zusammen, wodurch nur eine Parameterübergabe übrig bleibt.

Wesentlich für die Parameterübergabe ist auch der Zeitpunkt, zu dem der aktuelle Parameter ausgewertet wird.

Beispiel:

```
function Q (b: boolean; x: real): real;
begin
  if b then Q := x*x
       else Q := 1.0
end
```

Wenn F eine aufwendig zu berechnende Funktion ist, bedeutet der Aufruf

... Q(false, F(7.5)) ... ,

dass zunächst die aktuellen Parameter ausgerechnet und übergeben werden. Hier wird also F(7.5) berechnet, obwohl der Wert wegen b = false später gar nicht gebraucht wird. Manche Programmiersprachen schieben daher die Parameterübergabe auf, bis sie unum-

gänglich geworden ist *(call by need)*. Diese verzögerte Auswertung (engl. *lazy evaluation*) der aktuellen Parameter kann (je nach Implementierung) unerwünschte Nebeneffekte haben. In funktionalen Programmiersprachen ist es jedoch ein bedeutendes Konzept.

PASCAL (benannt nach dem französischen Mathematiker Blaise Pascal, 1623–62): Von Niklaus Wirth (* 1934) 1971 entwickelte imperative Programmiersprache, die mächtige Ausdrucksmittel zur Verfügung stellt, die ↑strukturierte Programmierung unterstützt und für Ausbildungszwecke gut geeignet ist. Durch ihre leichte Erlernbarkeit und die Entwicklung effizienter ↑Übersetzer für PASCAL kann sie in vielen Anwendungsbereichen eingesetzt werden.

PASCAL ist eine Weiterentwicklung von ALGOL 60 und betont dabei die ↑Datenstrukturen.

Als Standarddatentypen werden hier ↑boolean, ↑integer, ↑real und ↑char mit entsprechenden Operationen zur Verfügung gestellt. Andere elementare Datentypen kann man durch Aufzählung aller zugehörigen Werte definieren (↑Aufzählungstyp):

type farbe = (weiss,schwarz,
            rot,gelb,blau);
type tag = (mo,di,mi,don,fr,sa,so)

Zu den elementaren Datentypen zählen ferner die endlichen ↑Unterbereiche anderer elementarer Datentypen (außer real):

type werktag = mo..fr;
type monat = 1..12

Aufbauend auf den elementaren Datentypen besitzt PASCAL verschiedene Konstruktoren, um hieraus Datenstrukturen zu erzeugen. Bei ↑Feldern muss der Index in jeder Dimension ein elementarer Datentyp mit endlichem Wertebereich sein.

Beispiele für die Deklaration von Feldtypen:

```
type arbeitstage = array
    [werktag,monat] of boolean;
type zeile = array [1..80] of char;
type seite = array [1..60] of zeile
```

Der zweite Typkonstruktor erzeugt ↑Records und variante Records.

Beispiel:

```
type datum = record
                tag: 1..31;
                monat: 1..12;
                jahr: integer
             end
```

Außerdem kann man ↑Mengen von elementaren Datentypen mit endlichem Wertebereich und ↑Files (Folgen von Elementen gleichen Typs, wobei die Länge der Folge nicht festgelegt ist und im Laufe der Verarbeitung beliebig wachsen kann) bilden.

Beispiele:

```
type mischfarbe = set of farbe;
type eingabe = file of char;
type ausgabe = file of datum
```

Auf Mengen sind die Operationen Vereinigung, Durchschnitt usw., auf Files die Operationen „Lies nächstes Element" (read, readln), „Füge ein Element am Ende des Files an" (write, writeln), „Lösche File" (rewrite) usw. vordefiniert.

Dynamische Datenstrukturen vereinbart man mithilfe von Zeigertypen (↑Zeiger):

```
type listenzeiger = ↑liste;
type liste =
    record
        wert: integer;
        nächstes: listenzeiger
    end
```

Der senkrechte Pfeil „↑" vor „liste" bedeutet: „Zeiger auf...". ↑liste bedeutet: Der Wert ist ein Zeiger auf ein Element, das vom Typ liste sein muss. Anschaulich hat ein Element vom Typ ↑liste dann die Form aus Abb. 1.

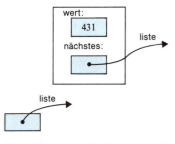

Abb. 1: Element vom Typ liste (oben) und vom Typ ↑liste (unten)

Wenn der Zeiger auf nichts weisen soll, so erhält er den Wert nil. Eine Liste (bestehend aus drei Elementen vom Typ liste) für die Zahlen 431, −309 und 66 zeigt Abb. 2. Diese Liste schreibt man auch kürzer gemäß Abb. 3 (S. 360).

In PASCAL kann man mit diesem Konzept beliebige ↑Graphen beschreiben und verarbeiten. Neben Datenstrukturen kann man im Deklarations-

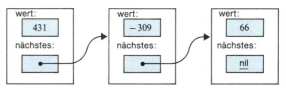

Abb. 2: Liste für die Zahlen 431, −309 und 66

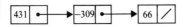

Abb. 3: Kurzschreibweise für die Liste aus Abbildung 2

teil eines PASCAL-Programms auch ↑Marken, ↑Konstanten, ↑Variablen, ↑Prozeduren und Funktionen vereinbaren. Prozeduren und Funktionen sind wie ein PASCAL-Programm aufgebaut; in ihrem Deklarationsteil kann man wiederum Datenstrukturen, Marken, Konstanten, Variablen, Prozeduren und Funktionen vereinbaren. Als ↑Parameterübergabe kann man ↑call by value und ↑call by reference verwenden.

Im Kopf eines PASCAL-Programms muss man einen Namen für das Programm und alle im Programm benutzten Ein- und Ausgabedateien angeben. Ein PASCAL-Programm hat somit folgenden prinzipiellen Aufbau:

```
program beispiel (input,output);
label ...;
const ...;
type ... ;
var ... ;
procedure ... ;
function ... ;
begin
  ⟨Anweisungen⟩
end.
```

Als elementare ↑Anweisungen gibt es in PASCAL die Zuweisung, den Prozeduraufruf und den ↑Sprung. An ↑Kontrollstrukturen stellt PASCAL die Sequenz, if- und case-Anweisung, while-, repeat- und Zählschleifen zur Verfügung. Viele Programmbeispiele in diesem Buch sind in PASCAL geschrieben.

↑Dialekte von PASCAL bestehen meist in der Erweiterung um eine Textverarbeitung, um zusätzliche Dateiverarbeitungsmöglichkeiten und um weitere Datentypen. Das Modulkonzept fehlt; hierfür wurde PASCAL zu ↑MODULA-2 weiterentwickelt.

In gewissen PASCAL-Dialekten (zum Beispiel Turbo-Pascal) sind auch ein eingeschränkter Objektbegriff und das Vererbungsprinzip aus der ↑objektorientierten Programmierung vorhanden.

Pass *(Durchlauf):* In einem Übersetzer ein vollständiges Lesen des zu übersetzenden ↑Quellprogramms oder eines Zwischencodes.

Man unterteilt Übersetzer nach der Anzahl der Durchläufe, die sie benötigen. Ein *1-Pass-Übersetzer* liest das Quellprogramm nur einmal und erzeugt gleichzeitig das Zielprogramm. Sehr oft werden *2-Pass-Übersetzer* eingesetzt: Im ersten Pass wird das Programm gelesen, der ↑Ableitungsbaum aufgebaut und die Adressen für eventuelle ↑Sprünge im Zielprogramm berechnet. Im zweiten Pass wird der Ableitungsbaum von links nach rechts durchlaufen und dabei das Zielprogramm erzeugt.

Manche alte Übersetzer benötigten zehn oder mehr Durchläufe zur Erzeugung des Zielprogramms. ↑PASCAL wurde so definiert, dass man in einem Pass bereits einen lauffähigen Code (den *P-Code*) erzeugt.

Passwort: Mindestens drei-, meistens acht- oder mehrstelliges Wort, mit dem man gegenüber einem Rechnersystem seine Identität nachweist. Gibt man seinen Namen und sein Passwort an, so kann man auf alle zugehörigen Dateien und Programme zugreifen. Diese relativ einfache Kontrolle birgt auch viele Gefahren (↑Datensicherheit).

Peripherie: Zusammenfassung aller Geräte, die an eine Zentraleinheit oder ein Rechnernetz angeschlossen werden können. Man teilt die Peripherie hinsichtlich ihrer Funktion ein:

Speicherperipherie (↑ Speicher): Geräte zur Speicherung umfangreicher Datenbestände, z. B. ↑ Magnetschichtspeicher (Platte, Band, Trommel).
Ein-/Ausgabeperipherie: Funktionseinheiten für die Eingabe und Ausgabe von Daten, z. B. ↑ Drucker, ↑ Bildschirm, ↑ Scanner.
Steuerperipherie: Geräte, die die Ein-/Ausgabeperipherie mit Steuersignalen versorgen (↑ Geräteverwaltung) sowie Geräte zur Steuerung des Datenflusses in ↑ Rechnernetzen.
Eine andere Unterteilung unterscheidet zwischen Nah- und Fernperipherie. Dann rechnen auch Geräte, die an eine ↑ Datenfernverarbeitung angeschlossen sind, zur Peripherie.
Personalcomputer (engl. *personal computer,* Abk. PC): Rechenanlage begrenzter Leistungsfähigkeit, deren Anwendungsbereich vorwiegend im privaten und einfachen kommerziellen Bereich liegt. Diese Rechner verfügen über einen schnellen ↑ Mikroprozessor mit Wortlängen von 16 oder 32 Bit und über eine Hauptspeicherkapazität von 8–32 MByte und mehr. Zu ihnen gehören eine Tastatur, ein Bildschirm, meist eine Maus, ein oder zwei Diskettenlaufwerke, ein Magnetplattenspeicher und ein Drucker. Sie besitzen mehrere Schnittstellen und lassen sich an Rechnernetze anschließen. Ein bekanntes Betriebssystem ist ↑ MS-DOS oder – mit ↑ Fenstertechnik – WINDOWS.
PCs gibt es auch als tragbare Computer mit aufklappbarem Bildschirm und einer Festplatte mit 500 bis 1 000 MByte Speicherkapazität; sie heißen **Laptops.** Besonders kleine handliche Personalcomputer mit spezieller Software zur Terminplanung, zum Aufzeichnen von Notizen, zur Verwaltung von persönlichen Daten und zur Kommunikation bezeichnet man als **Notizbuchrechner** (engl. *notebook*).

Personalinformationssystem (engl. *personal information system,* Abk. PIS): Informations- und Verwaltungssystem für die Bewältigung personalwirtschaftlicher Aufgaben im betrieblichen oder öffentlichen Bereich.
Zu den Aufgaben eines Personalinformationssystems gehören u. a.:
• Speicherung und Wiedergewinnung von persönlichen und betriebsbezogenen Daten von Mitarbeitern, z. B. Geschlecht, Alter, Lohn oder Gehalt, Arbeitsplatz, Kranken-, Urlaubs- und Fehlzeiten, Ausbildung usw.;
• Organisation des Personaleinsatzes (Urlaub, Vertretung, Freistellung, Versetzung usw.) und Feststellung des Personalbedarfs;
• Lohn- und Gehaltsabrechnung, Leistungskontrolle und -bewertung von Mitarbeitern;
• Erstellung von Statistiken über Arbeitszeiten, Krankenstand, Altersstruktur, Einstellungen, Entlassungen, Personalkosten usw.
Wegen der Vielzahl gespeicherter Daten, verbunden mit der Möglichkeit, diese in Sekundenschnelle abzurufen und zu verknüpfen, werden an Personalinformationssysteme hohe Anforderungen bezüglich des ↑ Datenschutzes gestellt. Wegen der umfangreichen Kontrollmöglichkeiten und des möglichen Missbrauchs sind Personalinformationssysteme in der Öffentlichkeit umstritten.
Von Personalinformationssystemen sind *Arbeitnehmerinformationssysteme* zu unterscheiden, die Arbeitnehmer z. B. über die wirtschaftliche Lage des Betriebs, über arbeits- und sozialrechtliche Fragen usw. informieren.

Petrinetz (engl. *petri net*): Modell zur Beschreibung und Analyse von Abläufen mit nebenläufigen ↑ Prozessen und nichtdeterministischen Vorgängen (↑ Nebenläufigkeit, ↑ Nichtdeterminis-

Petrinetz

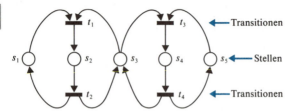

Abb. 1: Petrinetz

mus). Dieses Modell wurde 1962 von Carl Adam Petri vorgeschlagen.

Petrinetze eignen sich zur Beschreibung dynamischer Systeme, die eine feste Grundstruktur besitzen.

Ein Petrinetz ist ein gerichteter ↑Graph, der aus zwei verschiedenen Sorten von Knoten besteht: Stellen und Transitionen. Eine *Stelle* entspricht einer Zwischenablage für Daten, eine *Transition* beschreibt die Verarbeitung von Daten. Stellen (auch *Plätze* genannt) werden durch Kreise O, Transitionen (auch Hürden genannt) durch Balken ▬ oder Rechtecke dargestellt. Die Kanten (= Verbindungen zwischen den Knoten) dürfen jeweils nur von einer Sorte zur anderen führen. Alle Stellen, von denen Kanten zu einer Transition t laufen, bilden den *Vorbereich* von t, alle Stellen, zu denen von t aus Kanten führen, den *Nachbereich* von t (Abb. 1).

In Abbildung 1 ist

$$\{s_1, s_2, s_3, s_4, s_5, t_1, t_2, t_3, t_4\}$$

die Knotenmenge. Die Kanten sind durch Pfeile angegeben. $\{s_1, s_3\}$ ist der Vorbereich von t_1, $\{s_2\}$ der Nachbereich von t_1.

Der Graph spiegelt die feste Ablaufstruktur wider. Um dynamische Vorgänge zu beschreiben, werden die Stellen mit Objekten belegt, die durch die Transitionen weitergegeben werden. Die Objekte sind Elemente eines ↑Datentyps. Verwendet man den Datentyp boolean, nennt man das Petrinetz auch *Bedingungs-Ereignis-Netz*. Verwendet man den Datentyp nat (natürliche Zahlen), spricht man von *Stellen-Transitions-Netzen*. In diesen Fällen werden die Objekte als *Marken* bezeichnet und als Punkte in die Stellen des Petrinetzes eingetragen (Abb. 2).

In Abb. 2 befinden sich also je eine Marke in s_1 und s_3 und zwei Marken in s_5. Diese Situation („Markierung") beschreibt man durch den Vektor $(1, 0, 1, 0, 2)$, der in der i-ten Komponente die Anzahl der Marken der Stelle s_i enthält.

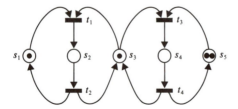

Abb. 2: Petrinetz mit eingetragenen Marken

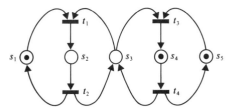

Abb. 3: Folgemarkierung der Markierung in Abb. 2 nach Schalten von t_3

Der Bewegungsablauf der Marken im Stellen-Transitions-Netz wird durch folgende *Schaltregel* für Transitionen festgelegt:
a) Eine Transition t kann schalten („zünden" oder „feuern"), wenn jede Stelle des Vorbereichs von t mindestens eine Marke enthält.
b) Schaltet eine Transition, dann wird aus jeder Vorbereichsstelle eine Marke entfernt und zu jeder Stelle eines Nachbereichs eine Marke hinzugefügt. In Abb. 2 können nur die Transitionen t_1 und t_3 schalten; sie können aber nicht gleichzeitig schalten, da die in s_3 liegende Marke entweder für t_1 oder für t_3 verwendet werden muss. Nimmt man an, dass t_3 schaltet, dann entsteht die in Abb. 3 angegebene Situation („Folgemarkierung" der Markierung von Abbildung 2), der der Vektor $(1, 0, 0, 1, 1)$ entspricht.
Anschließend kann nur t_4 schalten, wobei der Vektor $(1, 0, 1, 0, 2)$ entsteht. Dieses Petrinetz beschreibt den wechselseitigen Ausschluss (↑Nebenläufigkeit) zweier Prozesse: Der durch die Stellen s_1 und s_2 und die Transitionen t_1 und t_2 gegebene Prozess P_1 kann nur dann in seinen kritischen Abschnitt (dargestellt durch s_2) gelangen, wenn der durch s_4, s_5, t_3, t_4 gegebene Prozess P_2 nicht in seinem kritischen Abschnitt s_4 ist und umgekehrt. Die Stelle s_3 stellt diese sich ausschließenden Aktivitäten sicher. Konkret kann man sich z.B. vorstellen, dass die Prozesse P_1 und P_2 den gleichen Drucker benutzen wollen, wobei sie den Drucker für die Handlungen, die durch t_1 bzw. t_3 beschrieben sein mögen, benötigen und ihn dann durch t_2 bzw. t_4 wieder freigeben. Durch s_3 wird ein ↑Semaphor realisiert.

Beispiel:
Eine Bierflaschenabfüllanlage: Diese Anlage besteht aus zwei Maschinen, der Abfüllmaschine und der Verschlussmaschine, mit der die Flaschen verkorkt werden. Zwischen beiden Maschinen befindet sich ein Lager, das von zwei Gabelstaplern benutzt wird. Der erste Gabelstapler transportiert jeweils einen Kasten mit gefüllten Flaschen von der Abfüllmaschine ins Lager, der zweite Gabelstapler bringt jeweils einen Kasten aus dem Lager an die Verschlussmaschine. Der erste Gabelstapler kann nur arbeiten, wenn die Maschine einen Kasten mit Flaschen abgefüllt hat, der zweite darf nur dann transportieren, wenn die Verschlussmaschine bereit ist (also nicht gerade einen Kasten verkorkt) und das Lager nicht leer ist. Hat der erste Gabelstapler einen Kasten aus der Abfüllmaschine entnommen, so kann die Maschine den nächsten Kasten abfüllen. Die Zulieferung der noch nicht gefüllten Flaschen bzw. der Abtransport der bereits verkorkten Flaschen erfolgt über ein Fließband. Abb. 4 (S. 364) zeigt die Situation anschaulich.

Petrinetz

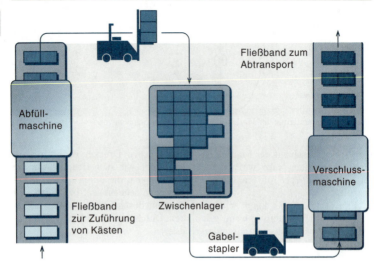

Abb. 4: Situation in der Fabrik

Abb. 5 zeigt ein zugehöriges Petrinetz mit der Knotenmenge

$$\{s_0, s_1, s_2, s_3, s_4, s_5, s_6, t_1, t_2, t_3, t_4,\}.$$

Welcher Knoten des Petrinetzes welches Element innerhalb der Fabrik repräsentiert, ist jeweils verzeichnet.
Abb. 6 zeigt das um eine Reihe von Marken ergänzte Petrinetz aus Abb. 5. Folglich befinden sich fünf ungefüllte Bierkästen im Lager, ein Kasten ist fertig abgefüllt, drei Kästen stehen im Zwischenlager usw. Die in dieser Situation mögliche Schaltfolge t_2, t_4, t_3 bedeutet Folgendes: Der erste Gabelstapler transportiert einen abgefüllten Kasten Bier in das Lager und macht die Abfüllmaschine bereit (Schalten von t_2), anschließend verkorkt die zweite Maschine einen Kasten, liefert ihn in das Endlager und macht den Gabelstapler bereit (Schalten von t_4). Dieser beschickt daraufhin die Ver-

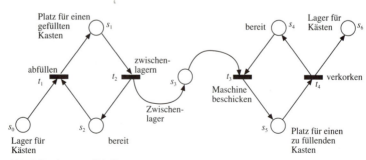

Abb. 5: Petrinetz zur Fabrik

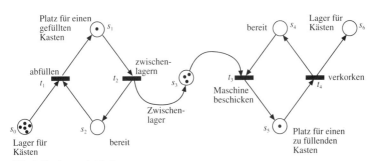

Abb. 6: Petrinetz mit Marken

schlussmaschine mit einem weiteren Kasten Bier (Schalten von t_3).

Petrinetze kann man aus folgenden zehn Grundelementen zusammensetzen:

- →| Löschen von Objekten
- |→ Erzeugen von Objekten
- →|→ Weitergabe/Verarbeitung von Objekten
- →|< Aufspalten/Vervielfachen von Objekten, Beginn einer Nebenläufigkeit
- >|→ Verschmelzen von Objekten, Ende einer Nebenläufigkeit, Synchronisationspunkt
- →○ Tote Stelle, Ablegen in ein Archiv
- ○→ „Quelle", Reservoir für Objekte
- →○→ Zwischenablage, Zwischenspeicher
- →○< Willkürliche Verzweigung, nichtdeterministische Fortsetzung eines Prozesses und/oder Beginn einer Nebenläufigkeit
- >○→ Gemeinsamer Speicher für Objekte, Synchronisationsstelle

Durch Zusammenfügen und durch Verfeinern kann man systematisch große Netze aufbauen. Zum Beispiel kann eine Transition der Form

durch Einfügen von Hilfsstellen und Hilfstransitionen zerlegt werden in

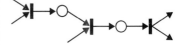

Im Folgenden sind einige typische Fragestellungen aus der Arbeit mit Petrinetzen aufgeführt.

Terminierung: Kann man (ausgehend von einer Startsituation) stets nur endlich oft Transitionen schalten? (Abb. 2 terminiert z. B. nicht, da unendlich oft nacheinander geschaltet werden kann.)

Verklemmungen: Gibt es Situationen, in denen keine Transition schalten kann, die bei anderer Schaltreihenfolge hätten vermieden werden können?

Erreichbarkeitsproblem: Es seien zwei Markierungen M_1 und M_2 gegeben; gibt es eine Schaltfolge, sodass das Netz von der Markierung M_1 in die

Piktogramm 366

Markierung M_2 übergeht? (Für Stellen-Transitions-Netze lässt sich dieses Problem tatsächlich lösen, allerdings nur mit ungeheurem Aufwand. Eine notwendige Bedingung ist unten angegeben.)

Fairness (Gerechtigkeitsproblem): Gibt es unendliche Schaltfolgen, bei denen eine oder mehrere Transitionen, die unendlich oft schalten könnten, nie berücksichtigt werden? Solche Schaltfolgen bezeichnet man als *unfair.* In Abb. 2 gibt es solche unfairen Folgen, z. B. $t_1 t_2 t_1 t_2 t_1 t_2 \ldots$, also $(t_1 t_2)^\infty$; hierbei könnte t_3 unendlich oft schalten, kommt aber nie an die Reihe. In der Praxis muss man Fairness erzwingen. So darf ein ↑ Betriebssystem einen Auftrag, der auf Abarbeitung wartet, nicht unendlich lange zugunsten anderer Aufträge warten lassen.

Petrinetze werden in zunehmendem Maße zur Modellierung und Simulation von allgemeinen Abläufen verwendet, die jedoch eine feste Grundstruktur besitzen müssen. Mit ihnen lassen sich alle wichtigen Begriffe und Phänomene der parallelen Programmierung, wie exklusiver Ausschluss, Verklemmung, Semaphor, Nichtdeterminismus, kritischer/unkritischer Abschnitt und Fairness anschaulich beschreiben.

Petrinetze können in der *Schule* in zweierlei Weise eingesetzt werden:

1) Als Ergänzung zu programmiersprachlichen Darstellungen unterstützen sie das Verständnis für parallele Konzepte, indem sie der mehr formalen und relativ maschinennahen Beschreibung durch eine Programmiersprache eine mehr informelle und für Schüler einprägsamere Darstellung auf höherem Niveau gegenüberstellen.

2) Es steht noch keine Programmiersprache mit parallelen Konzepten für die Schule zur Verfügung. Übungen am Rechner sind ausgeschlossen, und der Unterricht wird zu einem „Trockenkurs". Mit Petrinetzen kann man den Unterricht dennoch attraktiv und lebendig gestalten. Reale Situationen können problemorientiert mit Petrinetzen modelliert und auf dem Schreibtisch simuliert werden. Als Marken verwendet man hierbei am besten Heftzwecken, die man umdreht und an der Nadel anfassend verschiebt.

Piktogramm (engl. *icon*): Formelhaftes grafisches Symbol zur Darstellung von Gegenständen oder Sachverhalten mit international festgelegter Bedeutung (z. B. Totenkopf als Symbol für Gift).

In der Informatik treten Piktogramme vorwiegend bei der ↑ Fenstertechnik und bei der Programmierung von Menütechniken (↑ Menü) auf. Sie werden dort anstelle von oder zusätzlich zu (Kommando-)Texten verwendet und erleichtern die Kommunikation zwischen Programm und Benutzer. Die Auswahl eines Kommandos erfolgt dann nicht mehr über die Tastatur, sondern durch Ansteuern des gewünschten Piktogramms mithilfe einer ↑ Maus. Beispiele für Piktogramme in Menüs sind: „Bleistift" für eine Funktion „Schreiben", „Auge" für eine Funktion „Lesen", „Radiergummi" für eine Funktion „Löschen".

Pipelineverarbeitung [ˈpaɪplaɪn-] (engl. *pipelining*): Konzept zur Beschleunigung der Arbeitsgeschwindigkeit einer Rechenanlage durch Parallelverarbeitung innerhalb des ↑ Steuerwerks.

Die Abarbeitung eines Befehls setzt sich aus einer Reihe von Einzeloperationen zusammen (↑ Befehlszyklus), z. B.:

a) Holphase,
b) Decodierphase,
c) Erhöhen des Befehlszählers,
d) Laden der Operanden,

e) Ausführungsphase,
f) Abspeichern des Ergebnisses.

Jede der Aktionen kann selbst wieder aus noch kleineren Operationen bestehen.

Bei der Pipelineverarbeitung ist innerhalb des Steuerwerks für jede mögliche Einzeloperation eine Funktionseinheit vorgesehen. Alle Funktionseinheiten arbeiten fließbandartig gleichzeitig an der Ausführung der Befehle. Befindet sich z. B. der $(n-1)$-te Befehl im Verarbeitungsstadium c), so wird der n-te Befehl schon decodiert (Stadium b)) und der $(n+1)$-te bereits in das Steuerwerk geladen (Stadium a)). Das Steuerwerk bearbeitet also genau so viele verschiedene Befehle gleichzeitig, wie Funktionseinheiten vorhanden sind. Diese verzahnte Verarbeitung wird auch bei RISC-Rechnern (↑RISC-Architektur) ausgenutzt.

Probleme treten auf, wenn ein Befehl Ergebnisse benötigt, die einer seiner noch in Verarbeitung befindlichen Vorgänger liefern muss. In diesem Fall muss die Ausführung des Befehls und seiner Nachfolger verzögert werden, bis die erforderlichen Ergebnisse zur Verfügung stehen. Die Abarbeitung muss ebenfalls abgebrochen werden, wenn ein Sprungbefehl auftritt.

Pixel (Kurzwort für engl. picture element): Bildpunkt; kleinstes Element eines Rasterbildschirms, dem Farbe und Intensität zugeordnet werden können. Auf einem Bildschirm sind die Pixel matrixartig angeordnet. Der Bildschirm eines Personalcomputers besitzt mindestens 50 000 Pixel; für hochwertige Grafik, ↑Fenstertechnik oder CAD-Anwendungen sind mindestens 1 Million Pixel erforderlich (↑grafisches Terminal).

Plane-Sweeping [ˈpleɪn swiːpɪŋ] („Überstreichen der Ebene"): Bezeichnung für ein algorithmisches Lösungsverfahren, das im Bereich der algorithmischen Geometrie zahlreiche Anwendungen bei Problemen in der Ebene besitzt.

Beim Plane-Sweeping wird die Ebene, in der sich die geometrischen Objekte befinden, mit einer Geraden (einer so genannten *Front*) parallel zur y-Achse von links nach rechts überstrichen. Dabei ist das Problem für die Objekte links der Geraden zu jedem Zeitpunkt gelöst (Abb. 1). Wenn die Front nun das nächste Objekt überstreicht, wird dieses in das Lösungsverfahren einbezogen und die Lösung aktualisiert.

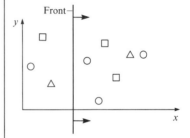

Abb. 1: Prinzip des Plane-Sweeping

Anfangs startet man das Verfahren mit der Lösung für die leere Objektmenge, und das Verfahren endet, wenn die Front alle Objekte überstrichen hat.

Beispiel:
Gegeben seien n Punkte in der Ebene. Gesucht ist ein Paar von Punkten mit kleinstem Abstand. Anfangs befindet sich die Front links von allen Punkten. Zu diesem Zeitpunkt liegen noch keine Informationen über den kürzesten Abstand vor. Nun wird die Front nach rechts bewegt, bis sich etwas ändert. Dies geschieht zum ersten Mal, wenn die Front den zweiten Punkt von links erreicht hat. Der Algorithmus merkt sich, dass unter den Punkten links von der Front P_1 und P_2 den kleinsten Abstand d besitzen (Abb. 2).

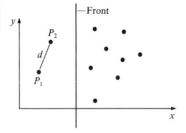
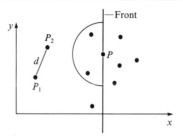

Abb. 2: Zwischensituation nach Überstreichen zweier Punkte

Abb. 3: Vorgehensweise beim Einbeziehen eines neuen Punktes P

Offenbar kann sich beim Weiterbewegen der Front an der Information, welches Paar links von der Front den kleinsten Abstand besitzt, nur dann etwas ändern, wenn die Front auf einen neuen Punkt P trifft. Dann ist zu überprüfen, ob P mit einem der anderen Punkte links von der Front ein neues Paar mit kleinstem Abstand bildet. Auf den ersten Blick muss man hierzu alle Abstände von P zu den übrigen Punkten links von der Front berechnen. Dies liefe auf insgesamt $n(n-1)/2$ Abstandsberechnungen für den Gesamtalgorithmus hinaus. Tatsächlich ermittelt man aber nur die Abstände zwischen P und den Punkten im Halbkreis mit Radius d um P (Abb. 3). Befinden sich keine Punkte in dem Halbkreis, so bleibt das bisherige Punktepaar mit kürzestem Abstand unverändert. Anderenfalls wählt man als neues Paar den Punkt P und den zu P nächsten Punkt aus dem Halbkreis. Dieses Vorgehen liefert ein schnelles Verfahren, weil sich in dem Halbkreis höchstens vier solcher Punkte befinden können. Dies liegt daran, dass links von der Front keine zwei Punkte einen Abstand kleiner als d besitzen und höchstens vier solche Punkte in einem Halbkreis vom Radius d untergebracht werden können. Die Zahl der erforderlichen Abstandsberechnungen reduziert sich damit auf höchstens $4n$.

Durch die Wahl einer geeigneten Datenstruktur, mit der man die Punkte eines Halbkreises effizient bestimmen kann, kann man einen Algorithmus angeben, der das Problem in $O(n \cdot \log_2 n)$ Schritten löst. (Der Faktor $\log_2 n$ kommt bei geometrischen Problemen oft dadurch hinzu, dass die Punkte vorab mit einem Sortierverfahren in der Zeit $O(n \cdot \log_2 n)$ nach x- und y-Koordinaten sortiert werden müssen.)

PL/I [pe: 'ɛl ''aɪns] (Abk. für engl. Programming Language No. 1): Imperative Programmiersprache, die Konzepte aus FORTRAN, COBOL und ALGOL 60 miteinander verbindet. PL/I ist eine universelle Programmiersprache, die für wissenschaftliche und kommerzielle Anwendungen und zur Systemprogrammierung geeignet ist. Durch die Vielzahl der angebotenen Möglichkeiten ist PL/I eine umfangreiche und schwer überschaubare Programmiersprache und damit für die Schule ungeeignet.

Die Datentypen in PL/I wurden von COBOL übernommen und erweitert. Für Dateien gibt es zahlreiche Lese- und Schreiboperationen mit Möglichkeiten zur Formatierung der Daten (wie in FORTRAN). Aus ALGOL 60 wurden die Kontrollstrukturen übernommen. Ein PL/I-Programm besteht aus einer Reihe von separat übersetzbaren ↑Prozeduren, die wiederum Prozeduren und ↑Blöcke enthalten können. ↑Rekursion bei Prozeduren ist möglich.

Insbesondere die Vielfalt von PL/I hat die grundsätzliche Diskussion ausgelöst, ob Programmiersprachen universell verwendbar und für jede Anwendung möglichst vordefinierte Lösungen anbieten oder ob sie klein und einfach erlernbar, aber dafür leicht erweiterbar sein sollen.

Plotter (von engl. to plot „zeichnen"): Ein elektromechanisches Ausgabegerät zum Zeichnen von Kurven.

Ein *Flachbettplotter* verfügt über einen oder mehrere verschiedenfarbige Zeichenstifte, die an einem Schlitten befestigt sind. Der Schlitten kann durch Motoren in zwei senkrecht zueinander verlaufenden Richtungen, x- und y-Richtung, bewegt werden (Abb. 1).

Bei *Walzenplottern* ist der Zeichenschlitten nur in der y-Richtung beweglich. Das Zeichnen in x-Richtung wird durch entsprechende Bewegungen des Zeichenpapiers ermöglicht (Abb. 2).

Polymorphie [zu griech. polýmorphos „vielgestaltig"]: Ein Datentyp heißt *polymorph,* wenn er einen Datentyp als ↑Parameter enthält. Seine konkrete Wertemenge liegt also noch nicht fest, sondern wird erst durch Angabe des oder der Parameter festgelegt. (Insbesondere besitzt der abstrakte Datentyp dann mehrere Modelle; ↑Datentyp.) Eine Funktion oder ↑Prozedur heißt polymorph, wenn der Datentyp eines ihrer Argumente oder des Ergebnisses polymorph ist.

Beispiele:

1. Man betrachte einen Datentyp stack mit den Operationen push, pop, top, is_empty und newstack (↑Keller). Benötigt man innerhalb eines Programms sowohl einen Keller für ganze Zahlen, also für integer-Elemente, als auch einen Keller für Zeichen, also für char-Elemente, so muss man den gesamten Datentyp stack mit allen Zugriffsprozeduren zweimal in der jeweiligen Ausprägung definieren. Stattdessen ist es nahe liegend, den Datentyp stack zu parametrisieren und den gewünschten Typ T (integer, char o. ä.) als aktuellen Parameter zu übergeben, z. B. in der Form

type stack(T) =
... ⟨Definition der Zugriffsprozeduren⟩ ... ;
var s: stack(char).

2. Zum Sortieren von Zahlen, Zeichen, Records usw. muss man in vielen Programmiersprachen jeweils eine eigene Sortierfunktion schreiben. Zweckmäßiger ist es, der Sortierfunktion die zu

Abb. 1: Flachbettplotter

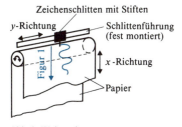

Abb. 2: Walzenplotter

sortierenden Objekte nebst ihrem Datentyp und der Ordnungsrelation als Parameter zu übergeben.

Gewisse Ansätze polymorpher Datentypen oder Funktionen findet man in vielen Programmiersprachen. In PASCAL ist z. B. die Funktion „+" polymorph, weil sie Argumente vom Typ integer, real – hier ist es die Addition – oder string – hier ist es die ↑Konkatenation – verarbeiten kann. Ferner ist der Typ array of D ein polymorpher Typ mit D als Typparameter, der nach Wahl des Benutzers mit (fast) beliebigen Typen belegt werden kann.

Polymorphie ist in voller Allgemeinheit bei Typen und Funktionen nur in wenigen, meist funktionalen Programmiersprachen (↑ML) möglich.

Port: Schnittstelle zwischen ↑Mikroprozessor oder ↑Mikrocomputer und Außenwelt. Meist bilden Ports das Bindeglied zwischen prozessorinternen und -externen ↑Bussen. Ports werden in der Regel als Speicher ausgelegt, in denen Daten abgelegt und über Adressen wieder abgerufen werden können. Man unterscheidet unidirektionale und ↑bidirektionale Ports.

Portabilität *(Übertragbarkeit, Maschinenunabhängigkeit; engl. portability):* Eigenschaft von Programmen, ohne größere Änderungen auf unterschiedlichen Rechenanlagen ausgeführt werden zu können. Portabilität erreicht man häufig durch die Verwendung standardisierter Programmiersprachen wie ↑Ada. Eine weitere geläufige Methode ist die Zweiteilung von Programmen in einen maschinenunabhängigen und einen maschinenabhängigen Teil, der bei einer Übertragung des Programms auf ein anderes Rechnersystem neu geschrieben werden muss (↑Modul). Die meisten Betriebssysteme sind nach diesem Prinzip entwickelt worden.

Postfixnotation: Zweistellige Verknüpfungen $f: D \times D \to W$ schreibt man meist (für zwei Operanden $x, y \in D$) in Form der ↑Infixnotation xfy anstelle von $f(x,y)$. Steht der Verknüpfungsoperator f stets *hinter* seinen Operanden, so spricht man von *Postfixnotation*. xyf ist also die Postfixnotation von $f(x,y)$.

Beispiel:
Statt $+(4,5)$ schreibt man in Postfixnotation $4\,5+$.

Im Gegensatz zur Infixnotation tritt bei der Postfixnotation keine Mehrdeutigkeit von ↑Ausdrücken auf, die bei der Infixnotation durch Regeln (Punkt-vor-Strich-Regel) oder Klammern beseitigt werden muss. Ebenso wie bei der ↑Präfixnotation werden keine Klammern benötigt.

Beispiel: Die Postfixnotation

$$5\,3 + 2 *$$

erlaubt nur die Interpretation (in Infixnotation)

$$(5+3)*2.$$

Man kann sich Ausdrücke in Postfixnotation durch ↑Bäume veranschaulichen, die man von den Blättern zur Wurzel hin aufbaut (Abb. 1 und 2).

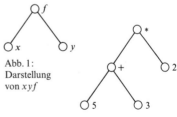

Abb. 1: Darstellung von xyf

Abb. 2: Darstellung von $5\,3 + 2 *$

Die Postfixnotation wird in der Regel verwendet, wenn Ausdrücke mithilfe eines ↑Kellers ausgewertet werden. Sie tritt daher bei vielen Übersetzungsvorgängen auf.

postsches Korrespondenzproblem (Abk. PKP): Das postsche Korrespondenzproblem ist ein wichtiges Entscheidungsproblem (↑ Entscheidbarkeit).
Sei A ein ↑ Alphabet und

$$R = \{(u_1, v_1), (u_2, v_2), ..., (u_n, v_n)\}$$
$$\subset A^* \times A^*$$

eine endliche Relation. Dann sei

$$R^+ := \{(u_{i_1} u_{i_2} ... u_{i_l}, v_{i_1} v_{i_2} ... v_{i_l}) \mid$$
$$l \geq 1, (u_{i_j}, v_{i_j}) \in R,$$
$$1 \leq i_j \leq n \text{ für } j = 1, ..., l\}.$$

Das postsche Korrespondenzproblem über A lautet:
Gibt es zu einer gegebenen endlichen Relation $R \subset A^* \times A^*$ ein $u \in A^*$ mit $(u, u) \in R^+$? u heißt dann *Korrespondenz* von R.

Beispiele:
1. Sei $A = \{0, 1\}$ und

$$R = \{(1, 111), (10111, 10), (10, 0)\}.$$

Es gibt eine Lösung in R, nämlich

$$(\underbrace{10111}_{u_2} \mid \underbrace{1}_{u_1} \mid \underbrace{1}_{u_1} \mid \underbrace{10}_{u_3}, \quad \underbrace{10}_{v_2} \mid \underbrace{111}_{v_1} \mid \underbrace{111}_{v_1} \mid \underbrace{0}_{v_3}).$$

Dabei markieren die senkrechten Striche „ | " die Wortgrenzen zwischen den u_i's bzw. v_i's.
2. Für

$$R = \{(10, 101), (011, 11), (101, 011)\}$$

besitzt das PKP keine Lösung.
3. Das PKP für

$$R = \{(001, 0), (01, 101), (01, 011), (10, 001)\}$$

besitzt eine Korrespondenz, die aber so lang ist, dass sie hier nicht angegeben werden kann (über 130 Nullen und Einsen).

Es gilt: Hat A mindestens zwei Elemente, so ist das PKP über A nicht

entscheidbar. Allerdings ist das PKP ↑ aufzählbar.
Die Nichtentscheidbarkeit des postschen Korrespondenzproblems wurde erstmals 1946 von dem Mathematiker E. L. Post (1897–1954) bewiesen.
Das postsche Korrespondenzproblem hat große Bedeutung als Hilfsmittel für Unentscheidbarkeitsbeweise nach dem Schema: „Wäre das gegebene Problem entscheidbar, so wäre auch das postsche Korrespondenzproblem entscheidbar" (↑ Reduktion auf das PKP). Auf diese Weise kann man z. B. die Unentscheidbarkeit der Eindeutigkeit kontextfreier Grammatiken nachweisen (↑ eindeutige Grammatik).

PostScript: Einfache imperative Programmiersprache, die vorwiegend für die geräteunabhängige Beschreibung von Druckseiten für Rasterausgabegeräte wie Tintenstrahl-, Laser- oder Matrixdrucker (↑ Drucker) vorgesehen ist, wobei die Druckseiten aus einer beliebigen Kombination von Text, Bildern und Grafiken bestehen können *(Seitenbeschreibungssprache)*. PostScript wurde etwa 1982 von der amerikanischen Firma Adobe Systems entwickelt und hat sich mittlerweile zu einem Quasistandard herausgebildet.
Die Ausgabe einer Druckseite mithilfe von PostScript verläuft in zwei Schritten: Zunächst erzeugt das Anwendungsprogramm auf einen Ausgabebefehl hin ein PostScript-Programm, das Format und Gestaltung des auszugebenden Dokuments beschreibt, und sendet es an das Ausgabegerät. Dieses setzt dann das Programm in die gerätespezifischen Steuerbefehle zur Ausgabe des Dokuments um. Diese Trennung des Ausgabevorgangs in zwei Phasen ermöglicht den geräteunabhängigen Versand und die Speicherung druckfertiger Dokumente, die durch PostScript-Programme beschrieben sind.

Präfixnotation: Zweistellige Verknüpfungen $f: D \times D \to W$ schreibt man oft (für zwei Operanden $x, y \in D$) in Form der Infixnotation xfy anstelle von $f(x,y)$. Steht der Verknüpfungsoperator f stets *vor* seinen Operanden, so spricht man von Präfixnotation. fxy ist also die Präfixnotation von $f(x,y)$.

Beispiel:
Statt $+(4,5)$ schreibt man in Präfixnotation $+\ 4\ 5$.

Im Gegensatz zur ↑Infixnotation tritt bei der Präfixnotation keine Mehrdeutigkeit von ↑Ausdrücken auf, die bei der Infixnotation durch Regeln (Punkt-vor-Strich-Regel) oder Klammern beseitigt werden muss. Ebenso wie bei der ↑Postfixnotation werden also auch bei der Präfixnotation keine Klammern benötigt.

Beispiel: Die Präfixdarstellung

$$*\ +\ 5\ 3\ 2$$

erlaubt in Infixnotation nur die Interpretation

$$(5+3)*2.$$

Man kann sich Ausdrücke in Präfixnotation durch ↑Bäume veranschaulichen, die man von der Wurzel zu den Blättern hin aufbaut (Abb. 1 und 2).

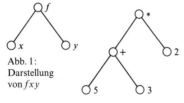

Abb. 1:
Darstellung
von fxy

Abb. 2: Darstellung von $*\ +\ 5\ 3\ 2$

primitive Rekursion: Schema zur Bildung spezieller rekursiver Funktionen (↑Rekursion).

Es seien $g: \mathbb{N}_0 \to \mathbb{N}_0$ und $h: \mathbb{N}_0^3 \to \mathbb{N}_0$ Funktionen über $\mathbb{N}_0$. Das Definitionsschema

$$f(0,n) = g(n),$$
$$f(m+1,n) = h(m, f(m,n), n)$$

für eine Funktion $f: \mathbb{N}_0^2 \to \mathbb{N}$ heißt primitives Rekursionsschema. Man sagt, f entsteht aus g und h durch primitive Rekursion.
Ersetzt man den Wertebereich $\mathbb{N}_0$ durch andere Bereiche (insbesondere durch die Menge A^* aller Wörter über einem ↑Alphabet A) und modifiziert die Definitionen entsprechend, dann spricht man von *allgemeiner syntaktischer Rekursion*.

primitiv-rekursive Funktion: Primitiv-rekursive Funktionen entstehen aus sehr einfachen Grundfunktionen (über den natürlichen Zahlen), indem man endlich viele Operationen hierauf anwendet.
Grundfunktionen sind die konstante Funktion 0, die Nachfolgerfunktion $N(x) = x+1$ und die Projektionen $p_i(x_1,...,x_n) = x_i$ für $i \in \{1,...,n\}$; Operationen sind die Einsetzung und die ↑primitive Rekursion.
Formal definiert ist die Klasse der primitiv-rekursiven Funktionen die kleinste Klasse $\mathbb{P}$ von Funktionen über den natürlichen Zahlen, für die Folgendes gilt:
(i) Für alle $n \in \mathbb{N}_0$ ist die konstante Funktion $c^n: \mathbb{N}_0^n \to \mathbb{N}_0$ mit $c^n(x) = 0$ für alle $x \in \mathbb{N}_0^n$ in $\mathbb{P}$.
(ii) Die Funktion $N: \mathbb{N}_0 \to \mathbb{N}_0$ mit $N(x) = x+1$ ist in $\mathbb{P}$.
(iii) Für alle $n \in \mathbb{N}_0$ und $1 \le i \le n$ ist die Projektion $p_i^n: \mathbb{N}^n \to \mathbb{N}$ mit $p_i^n(x_1, x_2,...,x_n) = x_i$ in $\mathbb{P}$.
(iv) Sind die Funktionen $f: \mathbb{N}_0^n \to \mathbb{N}_0$ und $g_1,...,g_n: \mathbb{N}_0^m \to \mathbb{N}_0$ in $\mathbb{P}$, dann ist auch $h: \mathbb{N}_0^m \to \mathbb{N}_0$ mit $h(x) = f(g_1(x),...,g_n(x))$ in $\mathbb{P}$. Man sagt, h entsteht durch *Einsetzung* oder *Substitution* der g_i in f.

primitiv-rekursive Funktion

(v) Sind die Funktionen $g: \mathbb{N}_0^n \to \mathbb{N}_0$ und $h: \mathbb{N}_0^{n+2} \to \mathbb{N}_0$ in $\mathbb{P}$, dann ist jede Funktion $f: \mathbb{N}_0^{n+1} \to \mathbb{N}_0$ ebenfalls in $\mathbb{P}$, welche die folgenden Gleichungen erfüllt:

$f(0,y) = g(y)$ für alle $y \in \mathbb{N}_0^n$,
$f(x+1,y) = h(x,f(x,y),y)$
für alle $x \in \mathbb{N}_0$ und alle $y \in \mathbb{N}_0^n$.
f entsteht aus g und h durch ↑primitive Rekursion.

Primitiv-rekursive Funktionen sind immer total, d. h. auf ganz $\mathbb{N}_0^n$ definiert.

Beispiele:
1. Die Addition $f(x,y) = x+y$ ist primitiv-rekursiv. Man setzt hierzu

$$g(x) = p_1^1(x) = x$$

für alle $x \in \mathbb{N}_0$,

$$h(x_1,x_2,x_3) = \\ p_2^3(x_1,x_2+1,x_3) = x_2+1$$

für alle $(x_1,x_2,x_3) \in \mathbb{N}_0^3$.
f erhält man aus g und h durch primitive Rekursion

$$f(0,y) = g(y),$$
$$f(x+1,y) = h(x,f(x,y),y).$$

In dieser Konstruktion werden die folgenden Eigenschaften der Addition ausgenutzt:

$$0+y = y,$$
$$(x+1)+y = (x+y)+1.$$

2. Da die Addition in Beispiel 1 als primitiv-rekursiv erkannt wurde, erweist sich auch die Multiplikation $q(x,y) = x \cdot y$ als primitiv-rekursiv, indem man die folgenden Gleichungen verwendet:

$$0 \cdot y = 0,$$
$$(x+1) \cdot y = x \cdot y + y.$$

Formal gelten die folgenden Gleichungen (f sei die Addition):

$$q(0,y) = c^1(y),$$
$$q(x+1,y) = p_2^3(x,f(q(x,y),y),y).$$

Die Klasse der primitiv-rekursiven Funktionen ist eine Teilklasse der ↑berechenbaren Funktionen, insbesondere sind die primitiv-rekursiven Funktionen durch Turingmaschinen berechenbar bzw. μ-rekursiv.

Es gibt aber berechenbare Funktionen, die nicht primitiv-rekursiv sind (↑Ackermann-Funktion).

Zwischen primitiv-rekursiven Funktionen und den Kontrollstrukturen von Programmen besteht ein enger Zusammenhang.

Die Grundfunktionen werden durch die ↑Zuweisung, die Einsetzung durch die Hintereinanderausführung von Anweisungen („;") und die primitive Rekursion durch eine Zählschleife (for-Schleife) der Form

    for i := 0 to n do begin ... end

realisiert, wobei als Einschränkung gefordert ist, dass die Laufvariable i und die als Endwert verwendete Variable n innerhalb des Schleifenrumpfs nicht verändert werden dürfen. Man kann auch umgekehrt zeigen, dass jedes in dieser Sprache geschriebene Programm eine primitiv-rekursive Funktion berechnet.

Die primitiv-rekursiven Funktionen kann man statt über den natürlichen Zahlen auch über den Wörtern eines ↑Alphabets definieren. Man erhält dadurch aber keine grundsätzlich neue Funktionenklasse, da man die Wörter über einem Alphabet umkehrbar eindeutig in die natürlichen Zahlen codieren kann.

Fast alle Funktionen, die in Wissenschaft und Praxis verwendet werden, haben sich als primitiv-rekursive Funktionen erwiesen. Man vermutete daher Anfang der 1920er-Jahre, dass alle totalen berechenbaren Funktionen primitiv-rekursiv seien, was durch die Entdeckung der Ackermann-Funktion widerlegt wurde.

Problem des Handlungsreisenden 374

P

Problem des Handlungsreisenden
(engl. *traveling salesman problem*,
Abk. TSP; *Rundreiseproblem*): Ein
Handlungsreisender soll n Städte
nacheinander, aber jede nur einmal besuchen. Am Ende der Reise soll er wieder in seine Ausgangsstadt zurückkehren. Das Problem lautet nun: Gibt es
zu einer vorgegebenen reellen Zahl p
einen Rundweg, dessen Gesamtentfer-
nung kleiner oder gleich p ist?
Präziser formuliert: Gegeben sind n
Städte $s_1, s_2, ..., s_n$, eine Zahl p und eine
Entfernungstabelle, die alle Abstände

$d_{ij} = $ „Entfernung der Stadt s_i von
der Stadt s_j"

enthält. Gibt es eine Anordnung
$s_{i_1}, s_{i_2}, ..., s_{i_n}$ von $s_1, ..., s_n$, für die die
Summe der Entfernungen kleiner oder
gleich der vorgegebenen Schranke p
ist, d. h.

$$\sum_{k=1}^{n-1} d_{i_k i_{k+1}} + d_{i_n i_1} \le p?$$

Beispiel:
Gegeben seien 16 deutsche Städte und
deren jeweilige Entfernungen zueinan-

	Hamburg	Oldenburg	Berlin	Hannover	Duisburg	Halle	Dresden	Kassel	Aachen	Frankfurt	Mainz	Saarbrücken	Erfurt	Nürnberg	Stuttgart	Freiburg
Hamburg	0	160	300	180	380	305	480	360	505	530	565	730	405	640	700	810
Oldenburg		0	450	165	270	380	560	335	360	450	470	695	470	600	675	745
Berlin			0	290	570	170	190	430	660	560	590	755	295	500	680	830
Hannover				0	265	225	395	180	370	345	380	570	240	450	525	625
Duisburg					0	460	650	265	95	290	250	360	425	530	450	520
Halle						0	160	275	580	370	405	600	100	345	520	645
Dresden							0	375	735	490	530	715	225	390	590	770
Kassel								0	360	200	235	400	155	310	390	450
Aachen									0	285	230	240	530	510	450	500
Frankfurt										0	40	205	260	240	200	280
Mainz											0	165	280	275	200	270
Saarbrücken												0	440	455	260	300
Erfurt													0	250	370	540
Nürnberg														0	200	415
Stuttgart															0	220
Freiburg																0

Tab. 1: Entfernungstabelle einiger deutscher Städte

Problem des Handlungsreisenden

der (Tab. 1). Gibt man als Schranke $p = 3400$ km vor, so findet man zum Beispiel folgende Rundreise, die diese Schranke unterschreitet: Hamburg, Oldenburg, Duisburg, Aachen, Saarbrücken, Freiburg, Stuttgart, Mainz, Frankfurt, Kassel, Hannover, Halle, Erfurt, Nürnberg, Dresden, Berlin, Hamburg. Die Länge dieser Strecke beträgt 3360 km.

Das Problem des Handlungsreisenden ist ↑NP-vollständig. Jeder zurzeit bekannte Algorithmus, der das Problem löst, besitzt eine exponentielle Laufzeit mindestens der ↑Ordnung $O(2^n)$. Es wird allgemein angenommen, dass es keinen wesentlich schnelleren Algorithmus gibt. Eine gewisse Beschleunigung erreicht man z. B. durch das ↑Branch-and-bound-Verfahren, jedoch lässt sich dadurch die exponentielle Laufzeit im schlimmsten Fall nicht vermeiden.

Das Problem des Handlungsreisenden kann man nicht nur als Entscheidungsproblem (mögliche Antwort ja oder nein), sondern auch als Optimierungsproblem (Ausgabe eines Wertes) formulieren: Man bestimme einen entfernungsmäßig kürzesten Rundweg.

Auch das Problem, einen optimalen Rundweg zu finden, ist wegen der hohen Laufzeit aller bekannten Algorithmen praktisch unlösbar.

In Prog. 1 wird ein Näherungsverfahren für das Problem des Handlungsreisenden angegeben. Man beginnt in einer beliebigen Stadt. In jedem Schritt vergrößert man die bereits bestehende Rundreise um eine Stadt. Von den noch nicht zur Rundreise gehörenden Städten nimmt man immer diejenige neu hinzu, bei der der zusätzliche Weg am geringsten ist. Im Algorithmus sind die Städte von 1 bis n durchnummeriert.

Dieser Algorithmus bestimmt in größenordnungsmäßig $O(n^2 \cdot \log_2 n)$

```
var reise: liste of (1..n);
    i, länge: integer;
    d: array [1..n, 1..n] of real;
begin reise := (1); länge := 0;
    for i := 1 to n − 1 do
    begin
        „Wähle 3 Städte p, q und r mit
        a) r liegt nicht auf ‚reise‘
        b) p und q sind aufeinanderfolgende Städte auf ‚reise‘ (für i = 1 ist
           p = q = 1)
        c) für alle übrigen Städtetripel p', q' und r',
           die a) und b) erfüllen, gilt:
           d[p,r] + d[r,q] − d[p,q] ≤ d[p',r'] + d[r',q'] − d[p',q'],
           d. h. der Längenzuwachs, den die Hinzunahme von r zwischen p und q
           verursacht, ist minimal.“;
        „Ersetze in ‚reise‘ (p,q) durch (p,r,q)“;
        länge := länge + d[p,r] + d[r,q] − d[p,q];
    end;
    write (reise, länge)
end.
```

Prog. 1: Näherungsverfahren für das Rundreiseproblem

Schritten eine Rundreise. Man kann zeigen, dass die Länge der so bestimmten Rundreise höchstens doppelt so groß ist wie die Länge der kürzesten Rundreise. Wendet man den (per Hand sehr aufwendigen) Algorithmus auf das Beispiel der 16 deutschen Städte an, so erhält man den Rundweg Hamburg, Oldenburg, Hannover, Kassel, Frankfurt, Mainz, Duisburg, Aachen, Saarbrücken, Freiburg, Stuttgart, Nürnberg, Erfurt, Halle, Dresden, Berlin, Hamburg mit einer Gesamtlänge von 3 050 km.

Ein dem Problem des Handlungsreisenden verwandtes Problem ist das hamiltonsche Problem (↑Königsberger Brückenproblem, ↑NP-vollständig).

Programm (engl. *program*): Syntaktisch korrektes Element einer ↑Programmiersprache, gemeint ist aber meist die Formulierung eines ↑Algorithmus und der zugehörigen Datenbereiche in einer Programmiersprache.

Während Algorithmen relativ allgemein beschrieben werden können und an keine formellen Vorschriften gebunden sind, sind Programme wesentlich konkreter:

- Sie sind im exakt definierten und eindeutigen Formalismus einer Programmiersprache verfasst.
- Sie nehmen Bezug auf eine bestimmte Darstellung der verwendeten Daten.
- Sie sind auf einer Rechenanlage ausführbar.

Ein und derselbe Algorithmus kann in verschiedenen Programmiersprachen formuliert werden; er bildet eine Abstraktion aller Programme, die ihn beschreiben.

Mathematisch gesprochen realisiert ein Programm P eine ↑Funktion f_P von der Menge der Eingabedaten E in die Menge der Ausgabedaten A, d.h. $f_P: E \rightarrow A$. Zur Ausführung von P auf einer Rechenanlage gibt man P zusammen mit einer Eingabe $e \in E$ ein, worauf der Rechner eine Ausgabe $a \in A$ produziert, für die dann $f_P(e) = a$ gilt (Abb. 1).

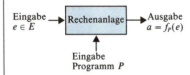

Abb. 1: Schema der Ausführung eines Programms

Programmablaufplan (*Ablaufplan, Flussdiagramm, Ablaufdiagramm*): Normierte Methode zur grafischen Darstellung der Ablaufstruktur von Programmen. Die wichtigsten Darstellungsmittel für Programmablaufpläne sind in Abbildung 1 (S. 377) wiedergegeben.

Außerdem gibt es Symbole für auszuführende Unterprogramme und besondere Operationen. Die Darstellungselemente sind durch Pfeile miteinander verbunden.

Beispiel:
Einfaches Programmstück, das die Primzahlen bis einschließlich zur Zahl $n \geq 2$ ermittelt, indem durch alle ungeraden Zahlen t, die höchstens gleich der Wurzel der zu testenden Zahl p sind, geteilt wird:

```
read(n);
if n ≥ 2 then
begin
  write ('2');
  t := 1 ; p := 3;
  while p ≤ n do
  begin
    repeat t := t + 2
    until (p mod t = 0) or (t * t > p);
    if t * t > p then write (p);
    p := p + 2;  t := 1
  end
end;
```

Programmbibliothek

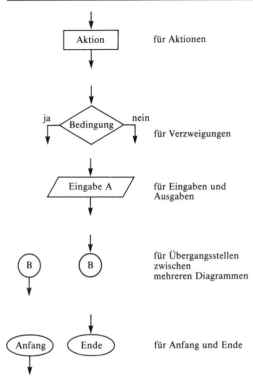

Abb. 1: Wichtige Darstellungsmittel für Programmablaufpläne

Einen zugehörigen Programmablaufplan zeigt Abbildung 2 (S. 378).

Programmablaufpläne dienen der übersichtlichen Darstellung kleinerer Programmteile. Für mittlere und umfangreiche Programme sind sie ungeeignet. Nachteile von Programmablaufplänen sind die maschinenorientierte Darstellung der Sprungstruktur eines Programms und die fehlenden Darstellungsmittel für Datenbereiche, ↑Schleifen und ↑Rekursion.

Programmablaufpläne werden heute kaum noch verwendet, da diese Darstellungsmethode zu beliebig unübersichtlicher, schwer verständlicher und unstrukturierter Programmierung *(Spaghetti-Programmierung)* sowie zur Anpassung der eigenen Denkweise an die Maschinenstruktur verführt. Geeignetere Darstellungen ermöglichen ↑Struktogramme.

Programmbibliothek (engl. *program library*): Zusammenfassung von oft verwendeten ↑Programmen oder Programmteilen (z. B. ↑Prozeduren, ↑Module) in einer Datenbank. Die von allen Benutzern der Rechenanlage häufig benutzten Programme und ↑Objekte können in *Systembibliotheken* untergebracht werden, die vom Betriebssystem verwaltet werden. *Private Bibliotheken* enthalten jeweils nur die

Programmgenerator

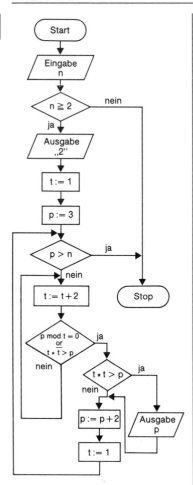

Abb. 2: Programmablaufplan für die Ermittlung von Primzahlen

von einem Benutzer verwendeten Programme und werden von ihm selbst organisiert.

Die Programme einer Bibliothek können entweder direkt aufgerufen und ausgeführt werden oder mit anderen Programmen bei der Übersetzung oder beim Binden gekoppelt werden. Hierzu gibt es für jede Rechenanlage Sprachelemente, um dem Übersetzer oder Binder mitzuteilen, welchen Programmteil er aus welcher Bibliothek einbeziehen soll. Diese Sprachelemente haben häufig die Form

include ⟨Programmteil⟩,
lib = ⟨Bibliothek⟩.

Programmgenerator: Programm, das als Eingabe ↑ Parameter erhält und daraus als Ausgabe ein anderes Programm erzeugt.

Programmgeneratoren werden verwendet, wenn viele (strukturell) ähnliche Programme benötigt werden, die sich nur an genau definierten Stellen unterscheiden. Diese Stellen werden (nicht unbedingt in Form der verwendeten Programmiersprache) als Parameter in den Programmgenerator eingegeben. Mit Programmgeneratoren ist es leichter, die gewünschten Programme zu erzeugen, als sie in einer Programmiersprache von Hand zu schreiben; zugleich werden hierdurch Fehler vermieden. Der Nachteil besteht darin, dass Programmgeneratoren auf einen ganz bestimmten Problemkreis zugeschnitten sind und daher nicht so universell einsetzbar sind wie Programmiersprachen. Bekannte Programmgeneratoren sind ↑ RPG, Maskengeneratoren (↑ Maske) und verschiedene ↑ Compiler-Compiler. Einige Programmiersprachen bieten entsprechende Hilfen an, zum Beispiel das generic-Konzept in ↑ Ada.

programmierbare Logikanordnung (engl. *programmable logic array*, Abk. PLA): Ein aus zwei Ebenen (Abb. 1) bestehendes matrixartiges Netz logischer ↑ Gatter, das für die Realisierung ↑ kombinatorischer Schaltwerke verwendet werden kann. Die Realisierung einer konkreten Schaltfunktion erfolgt (meist beim Hersteller) durch Programmierung. Hierbei werden nicht benötigte Gatter der beiden Ebenen zerstört.

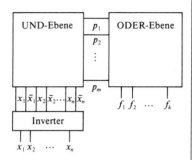

Abb. 1: Blockschaltbild einer programmierbaren Logikanordnung

Der Inverter erzeugt aus den Eingabesignalen $x_1, ..., x_n \in \{0, 1\}$ zusätzlich die jeweils negierten Signale $\bar{x}_1, ..., \bar{x}_n$. In der UND-Ebene werden beliebige Kombinationen der Signale $x_1, ..., x_n$, $\bar{x}_1, ..., \bar{x}_n$ UND-verknüpft und auf die Leitungen $p_1, ..., p_m$ gegeben. Die p_i realisieren also boolesche Funktionen der Form

$$p_i(x_1, ..., x_n) = x'_{i_1} \cdot ... \cdot x'_{i_j}$$

mit

$$x'_{i_t} \in \{x_1, ..., x_n, \bar{x}_1, ..., \bar{x}_n\}$$

für $1 \leq i_1 \leq i_t \leq i_j \leq n$.

In der ODER-Ebene werden beliebige Kombinationen der Eingabesignale p_i ODER-verknüpft und die Ergebnisse als Signale f_j ausgegeben. Die f_j realisieren also boolesche Funktionen der Form

$$f_j(p_1, ..., p_m) = p_{i_1} + ... + p_{i_l}$$

mit

$$p_{i_t} \in \{p_1, ..., p_m\}$$

für $1 \leq i_t \leq i_l \leq m$.

Mit PLAs können also disjunktive Darstellungen unmittelbar in Schaltungen umgesetzt werden (↑ disjunktive Normalform).
Programmierbare Logikanordnungen werden z. B. als Mikroprogrammspeicher (↑ Mikroprogrammierung) verwendet.

Programmiersprache (engl. *programming language*): Sprache zur Formulierung von Rechenvorschriften, z. B. von ↑ Datenstrukturen, ↑ Algorithmen und ↑ Prozessen, die von einem Computer ausgeführt werden können.

Programmiersprachen bilden die wichtigste Schnittstelle zwischen Benutzern und Computern. Jedes Problem, das von einem Computer bearbeitet werden soll, muss zuvor in einer Programmiersprache formuliert werden (wobei heutige ↑ Benutzungsoberflächen den Benutzern die meiste Arbeit abnehmen oder die Programmierung sogar vor ihm verbergen). Um Mehrdeutigkeiten bei der Programmierung zu vermeiden, müssen ↑ Syntax und ↑ Semantik einer Programmiersprache eindeutig definiert sein, damit der Benutzer jederzeit nachvollziehen kann, welche Zeichenfolgen als Programme zugelassen sind (Syntax) und was diese Zeichenfolgen auf dem Rechner bewirken (Semantik). Üblicherweise wird die Syntax mit ↑ kontextfreien Grammatiken und umgangssprachlichen Zusätzen (wie z. B. „Jede Variable muss vor ihrer Verwendung deklariert werden") definiert. Die Semantik einer Programmiersprache wird häufig nur umgangssprachlich beschrieben, jedoch gibt es zu vielen Programmiersprachen bereits formale Definitionen.
Programmiersprachen heißen *orthogonal*, wenn sich ihre Sprachelemente in beliebiger Weise kombinieren lassen. PASCAL z. B. ist nicht orthogonal. Es gibt eine Vielzahl von Vorschriften, Nebenbedingungen und Verboten, die

Programmiersprache 380

gewisse Kombinationen von Elementarstrukturen und Konstruktoren aus mit der Implementierung zusammenhängenden Gründen ausschließen. Eine orthogonale Programmiersprache ist z. B. ↑ML.

Je nach dem Grad, mit dem die Hardware bei der Programmierung beachtet werden muss, klassifiziert man Programmiersprachen in *Maschinensprachen* (direkte Programmierung der Hardware), *niedere, maschinenorientierte Programmiersprachen* oder *Assemblersprachen* (Programmierung der Hardware mit symbolischen Namen) und *höhere* oder *problemorientierte Programmiersprachen* (sie sind von der Hardware unabhängig und an den zu bearbeitenden Problemfeldern orientiert). Höhere Sprachen können mithilfe von ↑Interpretern ausgeführt werden; meist werden sie in niedere Programmiersprachen mithilfe von ↑Übersetzern übertragen.

Jeder Programmiersprache liegt ein Denkschema zugrunde. Dessen wichtigste Bestandteile sind das theoretisch-mathematische Modell, auf dem es basiert, der unterschiedliche Variablenbegriff mit den Operationen auf Variablen sowie die elementaren Programmbausteine und die Konstruktionsmechanismen, mit denen man sie zu Programmen zusammensetzt. Fixe Größen sind stets die elementaren ↑Datentypen, die in allen Denkschemata nahezu einheitlich existieren. Auf der Basis dieser Denkschemata unterteilt man die höheren Programmiersprachen in folgende Kategorien:

Imperative Programmiersprachen: Bei diesen Sprachen besteht ein Programm aus elementaren Befehlen, wie z. B. „Schreibe in die Variable a den Wert 3" oder „Springe an die Stelle x im Programm", die mittels der Konstruktoren „↑bedingte Anweisung", „↑Schleife", „Sequenz" zu komplizierteren verknüpft werden können. Wesentlich an diesen Sprachen ist das *Variablenkonzept* mit den zulässigen Operationen *Lesen* und *Schreiben* von Variablen: Eingabewerte werden in ↑Variablen (Speicherzellen) gespeichert und weiterverarbeitet. In diesen Sprachen spiegelt sich deutlich das mathematische Modell der ↑Registermaschine bzw. die Architektur des ↑Von-Neumann-Rechners wider.

Beispiele für imperative Sprachen sind ↑Ada, ↑ALGOL 60, ↑ALGOL 68, ↑BASIC, ↑C, ↑COBOL, ↑COMAL, ↑ELAN, ↑FORTRAN, ↑MODULA-2, ↑PASCAL, ↑PL/I, ↑SIMULA, ↑SNOBOL.

Funktionale oder applikative Programmiersprachen: Ein Programm wird als eine Menge von Funktionen, die durch Ausdrücke definiert werden, aufgefasst, die jeweils Mengen von Eingabewerten in Mengen von Ausgabewerten abbilden. Die Ausdrücke werden aus elementaren Funktionen und aus Operationen, die auf Funktionen definiert sind, aufgebaut, wobei meist rekursive Definitionen verwendet werden. Eine Berechnung ist die Anwendung einer Funktion auf eine Liste von Werten oder Ausdrücken. Dies nennt man *Applikation*, weshalb man auch von applikativen Programmiersprachen spricht. Dass dieser Ansatz tatsächlich geeignet ist, alle algorithmischen Aufgabenstellungen bearbeiten zu können (↑churchsche These), zeigt der ↑Lambda-Kalkül, auf dem das funktionale Programmieren letztlich basiert.

Von zentraler Bedeutung ist der Begriff der Variablen: Variablen sind keine Behälter, denen Werte zugewiesen werden, sondern sie sind Platzhalter für Werte und Funktionen, mit denen im mathematischen Sinne symbolisch gerechnet wird. Dieser Variablenbegriff verbietet ↑Seiteneffekte, was man

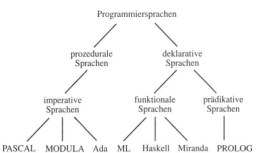

Abb. 1: Klassifikation von Programmiersprachen mit einigen wenigen Beispielsprachen

allgemein als *referenzielle Transparenz* bezeichnet. Das Objekt, für das ein Bezeichner steht (auf das er *referiert*), ist also jederzeit ersichtlich *(transparent)*.
Beispiele für funktionale Programmiersprachen sind ↑LISP (oder sein Dialekt SCHEME), ↑LOGO, ↑ML, MIRANDA, HASKELL und HOPE, wobei die in der Praxis verfügbaren Versionen von LISP und LOGO auch imperative Sprachelemente enthalten und daher nicht als rein funktionale Sprachen gelten.
Prädikative Programmiersprachen: Bei diesen Sprachen wird Programmierung als Beweisen in einem System von Tatsachen und Schlussfolgerungen aufgefasst: Der Anwender gibt eine Menge von Fakten (gültigen Prädikaten) und Regeln, wie man aus Fakten neue Fakten gewinnt, vor, und die Aufgabe des Rechners ist es, eine gestellte Frage als richtig oder falsch zu beantworten. Variablen sind Unbestimmte, für die der Rechner Werte ermitteln muss. Die wichtigste Operation auf Variablen ist die *Unifikation,* d. h. das „Gleichmachen" von Ausdrücken durch konsistente Ersetzung von Variablen durch Werte. Das mathematische Modell hinter prädikativen Programmiersprachen ist die Prädikatenlogik (↑Logik).

Ein Beispiel für eine prädikative Programmiersprache ist ↑PROLOG.
Die drei Konzepte imperativ, funktional und prädikativ ordnet man zwei übergeordneten Kategorien zu, der Klasse der *prozeduralen* und der Klasse der *deklarativen Sprachen* (Abb. 1).
Prozedurale und deklarative Programmiersprachen: Programme in prozeduralen Sprachen beschreiben einen *Lösungsweg,* indem sie exakt festlegen, wie die Lösung zu einem Problem maschinell zu berechnen ist. Es ist unmittelbar ersichtlich, welche Größen gegeben und welche gesucht sind und auf welchem Weg man die gesuchten aus den gegebenen Größen gewinnen kann.
Programme in deklarativen Sprachen beschreiben die allgemeinen *Eigenschaften* gewisser Objekte sowie ihre Beziehungen untereinander. Man spricht hier statt von Programmen auch von *Wissen.* Hieraus folgt zunächst kein Lösungsweg. Ferner ist nicht festgelegt, welches die bekannten und welches die gesuchten Größen sind. Einsetzbar wird das Programm erst, wenn man es um eine Problembeschreibung mit Angabe der bekannten und der gesuchten Größen ergänzt. Es ist dann das Wissen zur Lösung des Problems zu nutzen.

Wir wollen den Unterschied zwischen deklarativem und prozeduralem Stil anhand der natürlichen Sprache erläutern.

Beispiele:
Das folgende „Programm" ist deklarativ:

> Die Kaufkraft eines Geldbetrages sinkt nach Ablauf eines Jahres um die Preissteigerungsrate.

Die Aussage formuliert das „zweckfreie" (und zugegebenermaßen naive) Wissen über den Zusammenhang zwischen Geldbetrag, Kaufkraft und Preissteigerungsrate. Sie definiert kein Problem, daher sind gesuchte und gegebene Größen nicht festgelegt. Dieses Wissen lässt sich z. B. zur Lösung folgender Probleme nutzen:

- Um zu einem gegebenen Geldbetrag G zu Beginn eines Jahres und zu gegebener Preissteigerungsrate P die Kaufkraft K am Schluss des Jahres zu berechnen oder
- um zu G und K nach Ablauf eines Jahres P zu ermitteln oder
- um zu K eine Tabelle von Paaren (G, P) zu liefern, sodass G vermindert um P der Kaufkraft K entspricht.

Weitere Beispiele für deklarative Programme:

> Wenn A und B dieselbe Mutter haben, dann sind A und B Geschwister.
>
> Das Quadrat einer geraden/ungeraden Zahl ist gerade/ungerade.

Eine mögliche prozedurale Darstellung des obigen deklarativen Programms ist:

> Die Kaufkraft eines Geldbetrages nach Ablauf eines Jahres erhält man, indem man den Geldbetrag um die Preissteigerungsrate vermindert.

Hierdurch wird der maschinell nachvollziehbare Lösungsweg angegeben, und es wird ferner festgelegt, welche Größen als gegeben vorausgesetzt werden (Geldbetrag und Preissteigerungsrate) und welche Größe daraus ermittelt werden kann (Kaufkraft nach Ablauf eines Jahres).

Weitere Beispiele für prozedurale „Programme":

> Zum Öffnen Lasche anheben, zusammendrücken und farbige Ecke abreißen.
>
> Zur Installation der Software müssen Sie mindestens die Dateien X und Y auf Ihre Festplatte kopieren. Alles weitere entnehmen Sie der Datei „Liesmich".

Objektorientierte Programmiersprachen: Als viertes Denkschema wird häufig die ↑objektorientierte Programmierung genannt. Die Objekte enthalten Daten und hierauf zulässige Operationen; sie wirken in einem Programm zusammen, indem sie sich gegenseitig Nachrichten schicken. Die Formulierung der Operationen erfolgt heute meist imperativ oder funktional. Die objektorientierten Konzepte können mit allen drei Denkschemata kombiniert werden, ohne deren Charakter zu stören. Daher lässt sich die objektorientierte Programmierung zusammen mit der ↑strukturierten Programmierung, als deren Fortsetzung sie aufgefasst werden kann, eher in die Klasse der Software-Entwurfsmethoden als in die Klasse der programmiersprachlichen Denkschemata einordnen (↑Methoden der Informatik).
Beispiele für objektorientierte Programmiersprachen sind ↑EIFFEL und ↑SMALLTALK-80.
Es gibt schätzungsweise über 1 000 Programmiersprachen, von denen die meisten auf spezielle Problembereiche zugeschnitten sind. Weit verbreitet

sind etwa 20 Programmiersprachen. Neuere Entwicklungen sind bei den Sprachen zu erwarten, in denen man ↑Datentypen, unscharfe Informationen (↑Softcomputing) und Wissen beschreiben kann. Dagegen ist die Entwicklung der imperativen Sprachen mit ALGOL 68 und Ada zu einem gewissen Abschluss gekommen; ihre Sprachkonzepte werden zur Darstellung von Parallelität und ↑Nichtdeterminismus in Zukunft vermutlich weiter verfeinert bzw. erweitert.

In den 1970er-Jahren (und teilweise auch heute noch) wurde heftig darüber gestritten, welche Programmiersprache (damals BASIC oder PASCAL) für die *Schule* am geeignetsten sei. Dieser Sprachenstreit wurde dadurch aufgelöst, dass man die „richtige Denkweise" in den Mittelpunkt des Unterrichts stellte; die Übertragung einer auf diese Weise ermittelten Problemlösung in eine Programmiersprache sei dann lediglich eine Routinetätigkeit, die das systematische Vorgehen beim Programmieren kaum noch negativ beeinflussen könne. Dies trifft aber wohl nicht zu, da sich an der verwendeten Sprache Gedanken konkretisieren, die nachhaltig die Vorstellung der Jugendlichen beeinflussen. Die Sprache prägt folglich in erheblichem Maße das informatische Denken und die Ausbildung fundamentaler Ideen (↑Didaktik der Informatik).

Die aktuelle Situation im Informatikunterricht gleicht dem damaligen Sprachenstreit, nur hat sich das Streitobjekt auf eine Metaebene, also eine darüber liegende höhere Ebene verlagert (Abb. 2): Welches ist die für die Schule geeignete Denkweise (verkörpert durch einen der oben genannten Programmierstile)?

Die *imperative Programmierung* mit PASCAL dominiert zur Zeit noch den

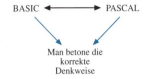

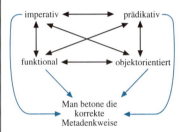

Abb. 2: Evolution des Sprachenstreits

Unterricht. Schwachpunkte sind die vergleichsweise umfangreiche Syntax, viele elementare Konzepte und das Fehlen des Datentyps ↑lineare Liste; dieser kann nur mit ↑Zeigern simuliert werden, ein Unterrichtsinhalt, der weit über das Anfangsniveau hinausgeht. Ferner behindert der Mangel an Orthogonalität einen sanften Einstieg in die Informatik. Dies bringt Motivationsprobleme mit sich: Die Schüler müssen zunächst mit einer großen Menge von Konzepten vertraut werden („Lernen auf Vorrat"), bevor sie ein vernünftiges Programm mit Anwendungsbezug und ohne Wegwerfcharakter entwickeln können.

Trotz dieser Mängel gibt es pädagogische und informatische Gründe für die Beibehaltung der imperativen Pro-

Programmierung 384

grammierung im Unterricht. Zum einen besitzt der imperative Stil einen besonderen Bezug zur Lebenswelt und zum Alltagsdenken der Schüler, und er unterstützt gängige kognitive Prozesse des Denkens, Erkennens und Problemlösens (↑ objektorientierte Programmierung). Zum anderen werden zur Vermittlung von Informatikinhalten, bei denen Bezüge zu Berechnungen oder zu konkreten Rechnermodellen bestehen, stets imperative Darstellungen benötigt.

Der *prädikative Stil* gilt als besonders leistungsfähig, besitzt eine überschaubare Syntax und betont die Orthogonalität. In einfachen PROLOG-Dialekten können Schüler bereits frühzeitig wirkungsvolle Programme schreiben und werden nicht durch Spielbeispiele demotiviert. Allerdings haben Anfänger – so die Ergebnisse psychologischer Untersuchungen – häufig große Probleme,

- umgangssprachliche Aussagen in prädikatenlogische umzusetzen, vor allem, wenn sie zeitabhängige oder kausale Elemente enthalten bzw. logische Operationen wie UND und ODER (im nichtmathematischen Sinne) verwenden,
- Situationen der realen Welt in PROLOG zu modellieren,
- die Voraussetzung einer geschlossenen PROLOG-Welt (engl. *closed world assumption*) zu verinnerlichen, die den natürlichen Schlussweisen im „open-world"-Alltag widerspricht und zu unerwarteten Antworten auf natürliche PROLOG-Anfragen führen kann,
- die operationale Abarbeitung von PROLOG-Programmen nachzuvollziehen.

Mit neuen *funktionalen Programmiersprachen* wie ↑ML, HOPE oder MIRANDA liegen bisher kaum Erfahrungen im Unterricht vor. Ob die mit

↑LOGO gewonnenen positiven Erfahrungen auf andere funktionale Sprachen übertragen werden können, ist nicht geklärt. Psychologische Untersuchungen haben ergeben, dass Anfänger i. A. erhebliche Schwierigkeiten haben, ↑ Rekursionen zu formulieren und nachzuvollziehen. Welche Denkweise sich durchsetzen wird, ist also offen.

Programmierung: Unter Programmierung versteht man zum einen den Vorgang der Programmerstellung, zum anderen das Teilgebiet der Informatik, das die Methoden und Denkweisen beim Entwickeln von Programmen umfasst.

Vorgang der Programmerstellung: Eine algorithmisch vorformulierte Lösungsidee wird schrittweise in ein Programm einer ↑ Programmiersprache überführt. Handelt es sich um eine umfangreiche Aufgabe, an deren Lösung mehrere Personen arbeiten, so muss man die Aufgabe zunächst aufteilen, die zwischen den Teilaufgaben entstandenen ↑ Schnittstellen genau festlegen und einen Arbeitsplan vereinbaren. Galt das Programmieren früher als eine Kunst, so wird es heute als ingenieurmäßige Arbeit (↑ Software-Engineering) aufgefasst, die sehr diszipliniert in Angriff genommen, gut strukturiert und präzise dokumentiert werden muss sowie bereits vorhandene Lösungen durch Anpassen und Konfigurieren nutzen sollte.

In der *Schule* erstreckt sich die Programmierung auf die Phasen nach der Modellbildung bis zum ausgetesteten fertigen Programm; in der beruflichen Praxis versteht man hierunter auch noch vor- und nachgeschaltete Phasen der ↑ Systemanalyse und der Anpassung und Wartung von Software. Zur Programmierung gehören auf jeden Fall die exakte Formulierung der Lösung und des Lösungsmodells, die Untergliederung in Teilaufgaben (↑ Mo-

385 **PROLOG**

dul), die Festlegung von ↑ Datenstrukturen und algorithmischen Verfahren, eventuell die Formulierung in einer Zwischensprache (z. B. als ↑ Programmablaufplan, als ↑ Struktogramm oder als Programm in einer abstrakten Sprache), die Codierung in der vorgegebenen Programmiersprache, die Programmtests, die Beschreibung der maschinenabhängigen und der maschinenunabhängigen Teile und Aussagen über die Fähigkeiten des Programms (Laufzeitverhalten, Speicherbedarf, benötigte Ressourcen, Fehlerverhalten usw.). Alle diese Punkte sind während der Programmerstellung in einer arbeitsbegleitenden Dokumentation festzuhalten. Die Tätigkeit des Programmierens wird in der Praxis im Allgemeinen von *Programmierern* durchgeführt.

Die beiden wichtigsten Vorgehensweisen sind ↑ strukturierte Programmierung und ↑ objektorientierte Programmierung.

Teilgebiet der Informatik: Unter „Programmierung" werden alle Methoden, Erfahrungen und gesicherten Erkenntnisse über die Darstellung, Entwicklung und Änderung von Software zusammengefasst. Zum einen sucht man nach optimalen Vorgehens- und Darstellungsweisen und nach typischen Denkweisen, um den Prozess der Programmerstellung überschaubar und beherrschbar zu halten, zum anderen soll die Software-Erstellung formalisiert werden und rechnerunterstützt ablaufen. Hierzu entstehen normierte Programmierumgebungen (↑ inkrementeller Übersetzer), und es werden alternative Programmierkonzepte entwickelt (funktionale, objektorientierte und andere ↑ Programmiersprachen, ↑ Spezifikationssprachen).

Die Programmierung als Teilgebiet der Informatik legt für solche Untersuchungen die notwendigen Grundla-

gen, erprobt entsprechende Modelle und entwickelt neue Denkweisen.

Programmpaket *(Programmsystem):* Menge von ↑ Programmen, die gemeinsam einen Anwendungsbereich abdecken. Die einzelnen Programme gestatten jeweils die Bearbeitung eines Teilproblems dieses Anwendungsbereichs.

Ein Beispiel ist ein Programmpaket zur Unterstützung einer Arztpraxis. Programme dieses Pakets können sein: Buchhaltungsprogramm, Patientenkartei, Arzneimittelkartei, Bilddatei typischer Krankheitsmerkmale, medizinische Literaturdatei usw.

PROLOG (Abk. für engl. **Program**ming in **Log**ic): Prädikative Programmiersprache, die auf der ↑ Logik beruht. In PROLOG werden das Wissen und die Eigenschaften zu einem Problem beschrieben, aus denen mithilfe von Lösungsstrategien eine richtige Antwort zur Lösung des Problems hergeleitet wird.

Beispiel:
Verwandtschaftsbeziehungen. Das Grundwissen sind die Beziehungen „verheiratet" und „istKind". Grundwissen wird in PROLOG als eine Menge von *Fakten* dargestellt. Fakten haben die allgemeine Form

name $(O_1, O_2, ..., O_n)$

wobei „name" ein beliebiger, mit einem Kleinbuchstaben beginnender ↑ Bezeichner ist und die O_i irgendwelche Objekte sind. Diese Darstellung ist eine Kurzform für die logische Aussage: „O_1, O_2, ..., O_n stehen in der Beziehung name zueinander". Fakten sind im Beispiel der Verwandtschaftsbeziehungen

verheiratet(Mann,Frau)

und

istKind(Kind,Mutter).

13 SD Informatik

PROLOG

Zeichenfolgen, die die syntaktische Form von Fakten besitzen, bezeichnet man als *Literale*.

Man kann einem PROLOG-System daher folgende Fakten mitteilen (jedes einzelne Faktum muss durch einen Punkt abgeschlossen werden):

istKind(heinz,emma).
istKind(emma,elfriede).
istKind(hugo,elfriede).
verheiratet(anton,emma).
verheiratet(wilhelm,elfriede).
verheiratet(hugo,rosa).

Man kann dem PROLOG-System nun *Fragen* stellen (Behauptungen aufstellen), und das PROLOG-System gibt die Lösungen aus (beweist die Behauptungen), falls dies möglich ist (Fragen sind mit einem Fragezeichen und Ausgaben des Systems mit einem Stern gekennzeichnet):

? istKind(emma,elfriede).
* yes
? verheiratet(anton,rosa).
* no

Man kann auch in den Fragen für bestimmte Werte ↑Variablen einsetzen. In diesem Fall gibt das PROLOG-System alle Werte für die Variablen aus, für die es eine Lösung findet. Will man z. B. wissen, mit wem „hugo" verheiratet ist und welche Kinder „elfriede" hat, so stellt man folgende Fragen (Variablen beginnen immer mit einem Großbuchstaben):

? verheiratet(hugo,Frau).
* Frau = rosa
? istKind(Kind,elfriede).
* Kind = emma
* Kind = hugo

Mehrere Fragen kann man, durch Komma getrennt, zu einer verknüpfen. In diesem Fall gibt das PROLOG-System nur solche Werte für die Variablen aus, für die alle Fragen gleichzeitig *erfüllt* sind (logisch gesehen kann man also mehrere Fragen mittels Komma durch u̲n̲d̲ verknüpfen).

Wenn man den V̄ater von „heinz" herausfinden will, so muss man in unserem Beispiel fragen, welche Mutter er hat und mit wem sie verheiratet ist (mehrere Fragen müssen durch Kommata getrennt werden):

? istKind(heinz,Mutter),
verheiratet(Vater,Mutter).
* Mutter = emma, Vater = anton

Die syntaktische Form einer Frage lautet allgemein

? L_1, L_2, ..., L_n.

Hierbei sind L_1, ..., L_n Literale. Diese Darstellung steht für die Frage: „Sind L_1 *und* L_2 *und* ... *und* L_n wahr?". Kommt eine Variable in mehreren Teilfragen vor, so bedeutet dies, dass bei einer Lösung auch der Wert an allen Stellen der gleiche sein muss.

Regeln in PROLOG haben die allgemeine Form

L : − L_1, L_2, ..., L_n.

Hierbei sind L, L_1, ..., L_n Literale. Anschaulich hat eine Regel die Bedeutung: „Wenn L_1 *und* L_2 *und* ... *und* L_n wahr ist, dann ist auch L wahr". Diese Schlussregel bezeichnet man als *Modus ponens*.

Die Eigenschaft, Vater zu sein, kann man dem PROLOG-System durch eine Regel „istVater" mitteilen:

istVater(Vater,Kind) : −
istKind(Kind,Mutter),
verheiratet(Vater,Mutter).

Diese Regel besagt: „Vater" ist der Vater von „Kind", wenn (Zeichen : −) „Kind" das Kind von „Mutter" und „Mutter" mit „Vater" verheiratet ist (die Problematik der unehelichen Kinder und der Stiefväter ist hier nicht berücksichtigt). Nachdem das PRO-

PROLOG

LOG-System diese Regel erhalten hat, kann man den Vater von „hugo" oder die Kinder von „wilhelm" durch folgende Fragen herausfinden:

```
? istVater(Vater,hugo).
* Vater = wilhelm
? istVater(wilhelm,Kind).
* Kind = emma
* Kind = hugo
```

Entsprechend kann man eine Regel für Geschwister (Kinder sind hier Geschwister, wenn sie die gleiche Mutter haben) definieren:

```
geschwister(Kind1,Kind2) : −
        istKind(Kind1,Mutter),
        istKind(Kind2,Mutter).
```

Fakten und Regeln sind die wesentlichen Grundelemente von PROLOG. Um logisch zusammengehörige Daten unter einem Bezeichner zu einer Einheit zusammenfassen zu können, bietet PROLOG das Konzept der *Struktur*. Eine Struktur hat die syntaktische Form eines Literals, also

$$s(O_1, O_2, ..., O_n).$$

s nennt man *Funktor;* $O_1, ..., O_n$ sind die *Komponenten;* n ist die *Stelligkeit* von s. In ↑PASCAL entspricht dies einem ↑Record der Form

var s: record O_1 ; ... ; O_n end.

Man kann z. B. beide Elternteile zu einer Einheit mit der Bezeichnung „eltern" zusammenfassen:

```
eltern(wilhelm,elfriede) oder
eltern(anton,emma).
```

Konstanten, Variablen und Strukturen bezeichnet man allgemein als *Terme*. Durch Bildung solcher Strukturen ist es möglich, jedes in einer anderen Programmiersprache lösbare Problem auch mit PROLOG zu lösen. In allen PROLOG-Systemen sind Regeln zum Rechnen mit Zahlen definiert, sodass

man die Sprache auch für arithmetische Anwendungen benutzen kann. Es ist relativ einfach, in PROLOG einen Parser (↑syntaktische Analyse) für kontextfreie oder für ↑kontextsensitive Grammatiken zu schreiben. Deshalb wird PROLOG in der Linguistik auch zur Verarbeitung von umgangssprachlichen Sätzen benutzt.

Die Lösungen einer gegebenen Anfrage findet das PROLOG-System durch ein ↑Backtracking-Verfahren, d. h., es werden alle Möglichkeiten so lange ausprobiert, bis eine Lösung gefunden wird oder keine weiteren Alternativen mehr existieren.

Grundlage des Backtracking-Verfahrens ist das *Resolutionsprinzip*. Um eine Behauptung

$$? A_1, ..., A_{k-1}, A_k, A_{k+1}, ..., A_n.$$

zu beweisen, geht PROLOG nach folgenden Vorschriften vor:

(R1) Kann das Literal A_k mit einem Faktum „gleichgemacht" (unifiziert, s. u.) werden, so ist die ursprüngliche Behauptung beweisbar, wenn die Behauptung (ohne A_k)

$$? A_1, ..., A_{k-1}, A_{k+1}, ..., A_n.$$

beweisbar ist.

(R2) Kann das Literal A_k mit der linken Seite L einer Regel der Form

$$L: − L_1, ..., L_p.$$

unifiziert werden, so ist die ursprüngliche Behauptung beweisbar, wenn die Behauptung

$$? A_1, ..., A_{k-1}, L_1, ..., L_p, A_{k+1}, ..., A_n.$$

beweisbar ist.

(R3) Eine Behauptung ist bewiesen, wenn sie durch fortlaufende Anwendung der Resolutionsschritte (R1) und (R2) in die leere Behauptung

$$?$$

überführt werden kann.

PROLOG

Beispiel:
Man betrachte folgende Wissensbasis:

istKind(heinz,emma).
istKind(emma,elfriede).
verheiratet(anton,emma).
verheiratet(wilhelm,elfriede).
istVater(wilhelm,emma): −
    verheiratet(wilhelm,elfriede),
    istKind(emma,elfriede).

Um die Behauptung

? istVater(wilhelm,emma).

nach dem Resolutionsprinzip zu beweisen, muss man wegen (R2) die Behauptung

? verheiratet(wilhelm,elfriede),
    istKind(emma,elfriede).

beweisen. Das erste Literal ist ein Faktum, daher ist nach (R1) zu beweisen:

? istKind(emma,elfriede).

Dieses Literal ist ebenfalls ein Faktum. Nach (R1) erhält man die leere Behauptung

? .

Damit ist nach (R3) die ursprüngliche Behauptung bewiesen.
Enthalten Fakten, Regeln oder Fragen Variablen, so lassen sich die Resolutionsschritte (R1) und (R2) meist nicht unmittelbar anwenden, weil die zu ersetzenden Literale nicht zueinander passen.

Beispiel:
Die Vater-Kind-Beziehung ist definiert durch:

istVater(Vater,Kind): −
    verheiratet(Vater,Mutter),
    istKind(Kind,Mutter).

Um die Behauptung

? istVater(anton,heinz).

zu beweisen, muss man nach dem Resolutionsprinzip eine Regel der Form

istVater(anton,heinz): − ... .

oder ein entsprechendes Faktum finden. Beides ist in der Wissensbasis nicht vorhanden. Setzt man jedoch in der obigen Regel das Objekt „anton" für die Variable Vater und das Objekt „heinz" für die Variable Kind ein, so kann man die obige Behauptung auf die Behauptung

? istKind(heinz,Mutter),
    verheiratet(anton,Mutter).

zurückführen. Diese Behauptung kann man in die leere Behauptung überführen, wenn man die Variable Mutter durch „emma" ersetzt und zweimal den Resolutionsschritt (R1) durchführt.
Den Prozess, zwei Literale durch konsistente Ersetzung von Variablen durch Terme gleichzumachen, bezeichnet man als *Unifikation*. Das Ergebnis der Unifikation ist ein *Unifikator,* d. h. eine Abbildung

U : {Menge der Variablen} →
    {Menge der Terme},

die beschreibt, welche Variablen durch welche Terme ersetzt werden müssen. Man ist meist an einem Unifikator interessiert, der möglichst viele Freiheiten lässt, d. h. möglichst viele Variablen variabel lässt, um sich bei der Wahl konkreter Belegungen von Variablen nicht frühzeitig einzuschränken. Solche Unifikatoren nennt man *allgemeinste Unifikatoren*.

Beispiele:
In den folgenden Beispielen 1 und 2 handelt es sich um allgemeinste Unifikatoren:
1. Die Fragen

? istVater(anton,heinz).
? istVater(Vater,Kind).

werden durch den Unifikator U mit

$U(\text{Vater}) = \text{anton}$,
$U(\text{Kind}) = \text{heinz}$

unifiziert.

2. Gegeben seien die beiden Terme

p(1,A,f(g(X))) und p(X,f(Y),f(Y)).

Offensichtlich gilt

$U(X) = 1$.

Dann folgt durch Unifikation von f(g(X)) und f(Y)

$U(Y) = g(U(X)) = g(1)$

und daraus

$U(A) = f(U(Y)) = f(g(1))$.

3. Die beiden Terme

p(f(g(X)),Y,X) und p(Z,h(X),i(Z))

sind nicht unifizierbar. Denn offensichtlich müsste ein Unifikator U folgende Eigenschaft besitzen:

$U(Y) = h(U(X))$, $U(X) = i(U(Z))$,
$U(Z) = f(g(U(X)))$.

Aus den beiden letzten Gleichungen folgt durch Einsetzen:

$U(Z) = f(g(i(U(Z))))$,

d. h., es muss Z mit f(g(i(Z))) unifiziert werden, was unmöglich ist.

Es gibt einen effizienten Algorithmus, mit dem man zu einem beliebigen Paar von Termen einen allgemeinsten Unifikator bestimmen kann, sofern er existiert.

Durch die Grundidee der Wissensverarbeitung wird PROLOG vornehmlich in Bereichen der ↑künstlichen Intelligenz, bei ↑Expertensystemen und zur Entwicklung von Prototypen für Programmsysteme eingesetzt, ist jedoch durch seine allgemeinen Konzepte nicht auf diese Bereiche beschränkt. Auch in der *Schule* wird PROLOG verwendet (↑Programmiersprache).

PROLOG-Systeme nutzen hauptsächlich ↑Interpreter oder ↑inkrementelle Übersetzer. Es gibt eine Reihe verschiedener Dialekte der Sprache PROLOG, sodass die Fakten und Regeln je nach PROLOG-System unterschiedlich eingegeben werden müssen.

PROM (Abk. für engl. **p**rogrammable **r**ead-**o**nly-**m**emory): Speicher, dessen Inhalt einmal vom Anwender (in einem speziellen Programmiergerät) festgelegt wird und danach nicht mehr verändert werden kann. Nach der Programmierung verhält sich ein PROM wie ein Festwertspeicher mit den gleichen Eigenschaften wie ein ↑ROM. Auch der Speicherinhalt eines PROM bleibt bei Stromausfall erhalten. Abb. 1 zeigt eine Möglichkeit, ein PROM zu realisieren.

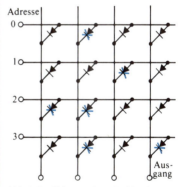

Abb. 1: Realisierung eines PROM als Diodenmatrix

Der Anwender kann in seinem PROM-Programmiergerät gezielt bestimmte Dioden „durchbrennen" lassen. Zerstörte Dioden repräsentieren eine 0, unbeschädigte Dioden eine 1. Der Inhalt einer 4-Bit-Speicherzelle (eine Zeile in der Matrix in Abb. 1) wird durch Anlegen eines Stromes an die entsprechende Adressleitung abgerufen. Nur die funktionsfähigen Di-

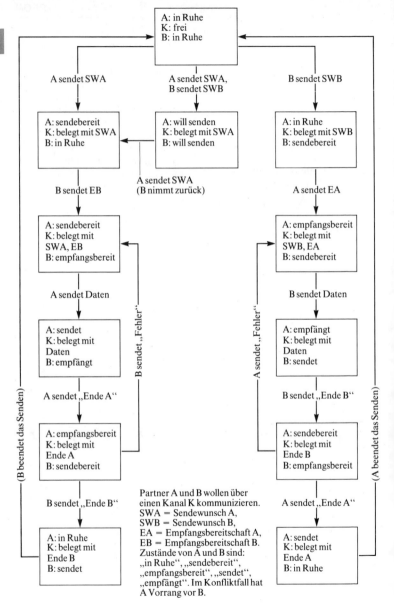

Abb. 1: Grafik eines *Handshake*-Protokolls (↑ Quittungsbetrieb) zwischen zwei Partnern A und B über einen gemeinsamen Kommunikationskanal K. Die Skizze ist nicht vollständig, sie zeigt aber das Prinzip der Präzisierung von Protokollen

oden leiten den Strom zu den zugehörigen Ausgangsleitungen weiter. Die Matrix in Abb. 1 repräsentiert also folgenden Speicherinhalt:

Adresse	Inhalt
0	1 0 1 1
1	1 1 0 1
2	0 0 1 1
3	1 0 1 0

Ein PROM, das unter bestimmten Umständen gelöscht und neu programmiert werden kann, bezeichnet man als ↑ EPROM. Bei optischen Speichern spricht man von WORM-Speichern (↑ optischer Speicher).

Protokoll: Vereinbarung über den geordneten Ablauf einer Kommunikation, wobei die Vereinbarung in der Informatik diktatorischen Charakter besitzt: Wer sich nicht an sie hält, wird von der Kommunikation ausgeschlossen. Entsprechend der aufeinander aufbauenden Schichten bei der Übertragung von Informationen wird für jede Ebene ein eigenes Protokoll vereinbart, dessen Realisierung sich auf das Protokoll der nächst tieferen Ebene abstützt. Protokolle sind bei der Kopplung von Systemen und in ↑ offenen Systemen (bisher) unverzichtbar (↑ Datenübertragung).
Für die präzise Definition von Protokollen eignen sich z. B. ↑ endliche Automaten oder ↑ Petrinetze. Hierbei nimmt man an, dass sich jeder Kommunikationspartner und das übertragende Medium in Zuständen befinden, die man zu einem Gesamtzustand zusammenfasst. Ein einfaches Beispiel ist in Abb. 1 skizziert. In der Praxis verwendete Protokolle sind meist sehr aufwendig. Der Entwurf, die Implementierung und Fragen der Zuverlässigkeit, Effizienz und Verifikation von Protokollen sind die Inhalte des *Protocol Engineering.*

Prototyp: Rasch erstelltes ablauffähiges Modell eines angestrebten (Anwendungs-)Systems mit dem Ziel, frühzeitig Experimente durchführen und Eigenschaften des künftigen Systems untersuchen zu können. An einem Prototyp können Systementwickler und Anwender die Fähigkeiten und das Verhalten des zu erstellenden Systems schon in den ersten Phasen der Systementwicklung studieren und diskutieren, was oft entscheidend für den Erfolg eines Projekts ist. Je nach Reifegrad des Prototyps unterscheidet man zwischen *Labormustern* und *Demonstrationsmodellen,* realistischen Prototypen (meist schon mit geeigneter Benutzungsoberfläche) und *Pilotsystemen.* Aufgrund der Erprobungsergebnisse kann man entsprechend Prototypen entwickeln, um nur die Anforderungen zu präzisieren, oder man kann sie so konstruieren, dass aus ihnen das spätere System entwickelt werden kann.
Die Technik, durch Erstellung eines Prototyps frühzeitig Aussagen zu gewinnen, bezeichnet man im ↑ Software-Engineering als *Prototyping.* Vor allem bei nicht klar definierbaren Projektzielen, bei noch unbekannten späteren Einsatzumgebungen oder zur Abschätzung des technischen Aufwands wird diese Form des Vorgehens gewählt.

Prozedur *(Unterprogramm; engl. procedure, subroutine):* Das Prozedurkonzept ist ein mächtiges Konzept imperativer Programmiersprachen: Hierdurch kann jede als Programm formulierte Vorschrift zu einer elementaren Anweisung in einem anderen Programm werden. Darüber hinaus dienen Prozeduren der Zerlegung und Strukturierung umfangreicher Programme, und sie erlauben die Verwendung rekursiver Techniken (↑ Rekursion). Prozeduren bilden oft den al-

Prozedur

gorithmischen Teil in ↑ Modulen oder allgemeinen ↑ Objekten.

Eine Prozedur besteht aus einem Schlüsselwort (z. B. procedure), gefolgt von einem ↑ Bezeichner (= Name der Prozedur), aus einer Liste von formalen ↑ Parametern, aus einer Folge von ↑ Deklarationen und aus einer Folge von ↑ Anweisungen. Der Bezeichner und die Liste der formalen Parameter bilden den *Prozedurkopf,* die Deklarationen und Anweisungen den *Prozedurrumpf,* wie es in Abb. 1 dargestellt ist. Der Prozedurrumpf ist in der Regel ein ↑ Block.

Jede Programmiersprache besitzt ein eigenes Schema für die Definition von Prozeduren. Die Definition einer Prozedur erfolgt im Deklarationsteil eines Programms oder eines Blocks; Prozeduren können in ihrem Deklarationsteil selbst wieder Prozedurdeklarationen enthalten.

Der Sinn einer Prozedurdeklaration (mit dem Namen P, den formalen Parametern $x_1, ..., x_n$ und dem Rumpf R) besteht in der Zusammenfassung von Anweisungen zu einer abrufbaren Einheit. Verwendet man irgendwo im Programm den Namen P (↑ Aufruf einer Prozedur), so wird dort der Rumpf der Prozedur P ausgeführt. Der Rumpf enthält noch variable Anteile, die durch die formalen Parameter gekennzeichnet werden. Diese variablen Anteile müssen beim Prozeduraufruf durch die Angabe von aktuellen Parametern festgelegt werden; diese ersetzen hierbei nach gewissen Vorschriften die entsprechenden formalen Parameter im Rumpf (↑ Parameterübergabe).

An die Stelle des Prozeduraufrufs tritt nun also eine modifizierte Kopie des Rumpfes R (man bezeichnet diese als ↑ Inkarnation von P). Wenn sie ausgeführt ist, tritt an ihre Stelle wieder der ursprüngliche Prozeduraufruf. Die genaue Vorschrift für das Einkopieren wird durch die ↑ Kopierregel festgelegt.

Beispiele für Prozeduren (formuliert in ↑ PASCAL):

1. Spiegeln eines Textes:
Die Prozeduren in Prog. 1 spiegeln den Text, der in einem Feld von Zeichen von Position unten bis Position oben steht. Die erste Prozedur arbeitet iterativ und enthält alle benötigten Informationen (das Feld A usw.) als Parameter; die zweite Prozedur läuft rekursiv ab, sie verwendet einen Parameter für die aktuelle Position im Feld sowie die ↑ globalen Variablen T für den Text und unten und oben. In PASCAL muss man bei Feldern eine maximale Obergrenze angeben (wir wählen hier willkürlich 1 000), und der Typ des Feldes muss durch einen Namen in einer Typdeklaration vereinbart werden, wenn er als Parameter verwendet werden soll. Die Aufrufe

SPIEGELN1(T, unten, oben)

und

SPIEGELN2(unten)

bewirken beide die gewünschte Spiegelung der Zeichenfolge.

```
procedure 〈Bezeichner〉
         (〈Liste von formalen Parametern〉);   } Prozedurkopf

begin 〈Folge von Deklarationen〉
      〈Folge von Anweisungen〉              } Prozedurrumpf
end
```

Abb. 1: Aufbau einer Prozedur

Prozedur

```
type feldtext = array [1 .. 1000] of char;
var   unten, oben: 1 .. 1000;
      T: feldtext;
procedure SPIEGELN1 (var A: feldtext; von, bis: 1 .. 1000);
var i : 1 .. 1000; hilf: char;
begin
   if von < bis then
      for i := von to (von + bis) div 2 do
      begin hilf := A[i]; A[i] := A[bis − (i − von)];
            A[bis − (i − von)] := hilf    end
end;
procedure SPIEGELN2 (aktpos: 1 .. 1000);
var hilf: char;
begin if aktpos ≤ oben then
         begin hilf := T[aktpos];
               SPIEGELN2 (aktpos + 1);
               T[oben − (aktpos − unten)] := hilf end
end;
...
```

Prog. 1 : Prozeduren zum Spiegeln eines Textes

2. Standardbeispiele für Prozeduren, die sich selbst aufrufen (↑ Rekursion), sind die ↑ Türme von Hanoi, das ↑ Damenproblem, das ↑ Springerproblem und ↑ Quicksort.

3. Ein weiteres Beispiel findet sich unter dem Stichwort ↑ Inkarnation.

Prozeduren besitzen keinen Ergebnistyp; dies unterscheidet sie von Funktionen, die in ↑ Ausdrücken (und nicht in Form einer eigenen Anweisung) aufgerufen werden. Da Funktionen und Prozeduren fast den gleichen Aufbau besitzen, bezeichnet man Funktionen auch als **Funktionsprozeduren:** Dies sind Prozeduren, in deren Prozedurkopf der Ergebnistyp anzugeben ist und in denen dem Bezeichner der Prozedur im Prozedurrumpf das Ergebnis zugewiesen wird.

Beispiel:
Im Folgenden ist eine Funktionsprozedur zur iterativen Berechnung der ↑ Fakultät angegeben:

```
(∗ Prozedurkopf ∗)
function fac (n: integer): integer;
(∗ Prozedurrumpf ∗)
var z, erg: integer;
begin
   z := 1; erg := 1;
   while z ≤ n do
   begin
      erg := erg ∗ z; z := z + 1
   end;
   fac := erg (∗ Ergebniszuweisung ∗)
end (∗ fac ∗);
```

In vielen imperativen Programmiersprachen wird ein Programm definiert als eine Menge von Prozeduren, wobei eine Prozedur dadurch ausgezeichnet ist, dass sie zur Ausführung des Programms aufgerufen wird (vergleiche z. B. ↑ PL/I und ↑ C). Diese Prozedur bezeichnet man daher auch als *Hauptprogramm,* da in dieser alle anderen Prozeduren direkt oder indirekt aufgerufen werden.

Meist besteht die Deklaration einer

Prozess 394

Prozedur aus zwei Teilen: Im Spezifikationsteil werden nur der Bezeichner und die Typen der formalen Parameter angegeben; die Ausformulierung des Rumpfs erfolgt im Implementierungsteil, der irgendwo anders im Programm stehen kann. Hierdurch lässt sich der Rumpf leichter durch effiziente Versionen austauschen.

Prozess: Nach DIN 66 201 bezeichnet man als Prozess die Umformung und/oder den Transport von Materie, Energie und/oder Information. In der Informatik fasst man den Begriff enger: Ein Prozess ist der Vorgang einer algorithmisch ablaufenden Informationsbearbeitung.

Aus diesem Oberbegriff leiten sich einige übliche Definitionen ab:

- Ein Prozess beschreibt den Ablauf eines Systems oder einer Systemkomponente in Zeit und Raum.

- In Betriebssystemen ist ein Prozess ein Vorgang, der durch ein Programm kontrolliert wird, welches zur Ausführung einen ↑ Prozessor benötigt.

- Aus Sicht der Rechnerstruktur stellt ein Prozess das Aktivitätszentrum dar, das bei der Abarbeitung eine Folge von Anweisungen oder Operationen in einem (den Prozessor steuernden) Programm durchläuft.

- Ein Programm kann nichtdeterministische Teile enthalten (↑ Determinismus). Ein Prozess ist dann eine Abarbeitung dieses Programms, wobei die Fortsetzung an den nichtdeterministischen Stellen willkürlich, zufällig oder nach gewissen Regeln erfolgt.

Man kann Prozesse formal als eine Folge von Aktionen in einem Zustandsraum definieren. Für das Verständnis sind jedoch die Eigenschaften von Prozessen wichtig. So laufen Prozesse in der Regel geordnet ab, d. h. sie werden überwacht, gestartet, beendet

und von anderen Prozessen beeinflusst. Prozesse lassen sich von einem Prozessor ausführen. Man kann gleichzeitig oder nacheinander ablaufende Prozesse zu einem Prozess zusammenfassen. Prozesse können sich aufspalten („fork") und wieder zusammengeführt („join") werden.

Beispiel:
Die Bearbeitung einer Bestellung führt bei einer Firma zur Aufspaltung des Bearbeitungsvorgangs, indem ein Prozess „Überprüfe Bestellung und schreibe eine Antwort" und ein Prozess „Trage den Vorgang in die Kundenkartei und sonstige Datenbestände ein" gestartet werden, die nach Beendigung des gesamten Bestellvorganges wieder zu einem Prozess „Schließe Vorgang ab" zusammengeführt werden.

Prozesse kommunizieren miteinander und beeinflussen gegenseitig ihren weiteren Ablauf. Stellt z. B. der Prozess „Überprüfe Bestellung und schreibe Antwort" fest, dass der Kunde unzuverlässig ist und nicht mehr beliefert werden darf, so teilt er diese Information dem parallel ablaufenden Prozess mit, der dann ganz anders fortgesetzt wird. Diese gegenseitige Information kann über gemeinsame Speicherbereiche, über Monitore, über wechselseitiges Warten oder andere Konzepte erfolgen (↑ Nebenläufigkeit).

Prozesse laufen also in gegenseitiger Abstimmung („synchronisiert") oder unbeeinflusst voneinander („asynchron") ab. Zur Darstellung des Ablaufs von Prozessen existieren mehrere Ansätze (einer davon sind ↑ Petrinetze). Zu geeigneten Programmiersprachen ↑ Prozessdatenverarbeitung.

Zur Ausführung eines Prozesses wird stets ein Prozessor benötigt, wobei meist zahlreichen Prozessen nur wenige (meist ein) Prozessoren gegenüberstehen, die die Prozesse abwechselnd stückweise bearbeiten. Man unterscheidet fünf Prozesszustände: *aktiv, bereit, blockiert, initiiert* und *terminiert.* Im Zustand „aktiv" wird der Prozess (d. h. die Anweisungen des Programms, das den Prozess kontrolliert) auf einem Prozessor ausgeführt. Prozesse im Zustand „blockiert" warten auf bestimmte Ereignisse, die für den weiteren Ablauf der Prozesse notwendig sind, z. B. auf die Zuteilung von Speicherplatz, die Antwort auf eine Anfrage usw. Prozesse, die ihren Ablauf fortsetzen können, befinden sich im Zustand „bereit". Sie warten auf das Freiwerden eines Prozessors. Prozesse, die die Rechenanlage gerade betreten bzw. sie nach vollständiger Verarbeitung gerade verlassen, gelangen in die Zustände „initiiert" bzw. „terminiert" (vgl. Abb. 1). Die Zustandsübergänge steuert die ↑Prozessorverwaltung.

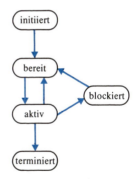

Abb. 1: Mögliche Zustände eines Prozesses und die damit verbundenen Zustandsübergänge

Prozessdatenverarbeitung: Überwachung und Steuerung technischer Prozesse mit Rechenanlagen.
Solche technischen Prozesse sind zum Beispiel die Steuerung eines Fließbandes, einer Werkzeugmaschine oder einer Ampelanlage im Straßenverkehr. Da die Prozesse in hohem Maße zeitkritisch gesteuert werden müssen – auf Signale, z. B. Überdruck eines Dampfkessels, muss der Rechner sofort reagieren –, werden an *Prozessrechner* besondere Anforderungen gestellt.
Zur Lösung von Problemen der Prozessdatenverarbeitung wurden spezielle Programmiersprachen entworfen, in denen zeitkritische Vorgänge formuliert werden können. Beispiele sind **PEARL** (Abk. für engl. **P**rocess and **E**xperiment **A**utomation **R**ealtime **L**anguage) und **BASEX** (Abk. für engl. **BAS**IC for **Ex**periments), aber auch in ↑Ada, ↑MODULA-2, ↑OCCAM und in Sprachen der ↑objektorientierten Programmierung können Prozesse dargestellt und ausgeführt werden.

Prozessor: Funktionseinheit einer Rechenanlage, in der mindestens das ↑Steuerwerk, das ↑Rechenwerk und die zugehörigen ↑Register zusammengefasst sind. Der Prozessor ist ein Element der ↑Zentraleinheit. Er dient der Abarbeitung eines ↑Prozesses. Prozessoren werden als ↑Mikroprozessoren hergestellt und verwendet.

Prozessorverwaltung: An vielen Rechenanlagen können mehrere Benutzer gleichzeitig und unabhängig voneinander arbeiten (Mehrprogrammbetrieb; ↑Betriebsart). Wenn der Rechner jedoch nur über einen ↑Prozessor verfügt, kann zu jedem Zeitpunkt nur ein ↑Auftrag bearbeitet werden. Die Auswahl des Auftrags, der den Prozessor als nächstes belegen darf (Problem der *Zuteilung*), ist Aufgabe der Prozessorverwaltung.
In vereinfachter Form liegt folgende Situation vor (Abb. 1, S. 396): Viele in Form und Umfang unterschiedliche Aufträge sollen ausgeführt werden. Einige warten auf den Zugang zur Rechenanlage, andere auf die Zuteilung des Prozessors und die Fortsetzung

Prozessorverwaltung

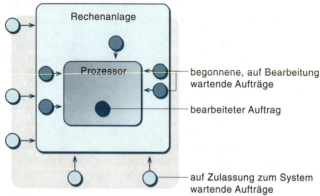

Abb. 1

der bereits begonnenen Verarbeitung. Ein einzelner Auftrag belegt den Prozessor, wird also bearbeitet.

In vielen Rechnersystemen werden die Aufgaben der Prozessorverwaltung durch zwei Teilprogramme wahrgenommen, durch den *Scheduler* (engl. *schedule* „Verzeichnis", „Fahrplan") und den *Dispatcher* (engl. *dispatch* „Abfertigung"). Der Scheduler kontrolliert den Zugang von Aufträgen zur Rechenanlage und bestimmt die Bearbeitungsreihenfolge der bereits begonnenen Aufträge, der Dispatcher regelt den Zugang zum Prozessor.

Die Reihenfolge des Zugangs zur Rechenanlage und zum Prozessor wird durch *Prioritäten* festgelegt. Aufträge hoher Priorität werden bevorzugt ausgeführt. Die Zuordnung von Prioritäten an jeden Auftrag erfolgt auf zwei verschiedene Arten durch den Scheduler:

1) Zuordnung einer Priorität für jeden eingehenden Auftrag und Festlegung, welche Aufträge Zugang zur Rechenanlage erhalten sollen (Abb. 2). Welche Priorität ein Auftrag erhält, hängt maßgeblich von Art und Umfang des Auftrags, von der Zahl der in der Auf-

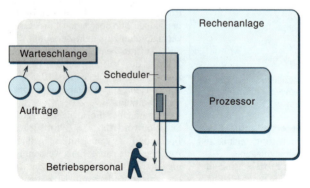

Abb. 2

tragsbeschreibung angeforderten Betriebsmittel und von dem vom Scheduler verfolgten *Zuteilungsverfahren* ab. Aufträge, die eine hohe Betriebsmittelanforderung haben, also z. B. viel Speicher oder eine lange Rechenzeit benötigen, erhalten meist eine niedrige, kurze und kleine Aufträge eine hohe Priorität. Auf diese Weise wird ein Auftrag ausgewählt; die anderen werden abgewiesen bzw. in eine *Warteschlange* eingereiht. Jedes Zuteilungsverfahren muss die Fairness beachten: Kein Auftrag darf beliebig lange zurückgestellt werden.

2) Zuordnung einer Priorität (die verschieden von der obigen sein kann) zu jedem Auftrag, der sich bereits im Verarbeitungszustand befindet: Sie legt fest, in welcher Reihenfolge bereits begonnene Aufträge fortgesetzt werden (Abb. 3). In vielen Betriebssystemen wird prinzipiell folgendes Verfahren eingesetzt: Jeder Auftrag darf den Prozessor nicht länger als eine bestimmte vorgegebene Zeitspanne zusammenhängend beanspruchen. Diese Zeitspanne nennt man *Zeitscheibe;* sie beträgt meist zwischen 50 ms und 1 s. Jeweils nach Ablauf einer Zeitscheibe berechnet der Scheduler für jeden Auftrag eine neue Priorität: Aufträge, die

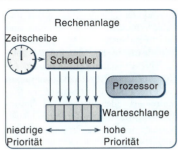

Abb. 3

innerhalb der letzten Zeitscheibe den Prozessor wenig oder gar nicht belegt haben, z. B. weil das Programm auf eine Eingabe warten musste, erhalten in der Regel eine höhere, Aufträge, die den Prozessor lange belegt haben, eine niedrigere Priorität.

Abb. 4 zeigt die prinzipielle Gesamtstruktur der Prozessorverwaltung.

Die Prozessorverwaltung muss in der Praxis verschiedene einander widersprechende Anforderungen erfüllen. Neben der grundsätzlichen Forderung, Verklemmungen (↑Nebenläufigkeit) zu verhindern, muss der Prozessor optimal ausgelastet werden, die Benutzer müssen rasch bedient werden, die Kontrollalgorithmen müssen möglichst effizient sein und Sonderfälle,

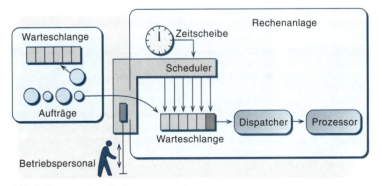

Abb. 4: Gesamtstruktur der Prozessorverwaltung

Prüfbit

insbesondere ↑Unterbrechungen und Fehler, müssen schnell erkannt und zügig bearbeitet werden. Aus diesem Grunde und weil die Zuteilungsprobleme ↑NP-vollständig sind, werden Algorithmen zur Prozessorverwaltung in der Praxis durch heuristische Verfahren ergänzt oder abgewandelt. Besondere Anforderungen werden in ↑Realzeitsystemen an die Prozessorverwaltung gestellt.

Prüfbit: In der Datenverarbeitung gibt es zu jedem ↑Byte ein oder mehrere zusätzliche ↑Bits, die Prüfbits. Sie ermöglichen die Kontrolle und gegebenenfalls die Korrektur von Verfälschungen einzelner Bytes durch Übertragungsfehler.

Die bekannteste und einfachste Form des Prüfbits ist das *Paritätsbit*. Das Paritätsbit hat den Wert 1, wenn die Anzahl der Einsen im zugehörigen Byte eine gerade Zahl ist, und sonst den Wert 0.

Beispiel:

Byte	Paritäts-bit
1 0 1 1 0 1 0 1	0
0 1 1 0 1 0 1 0	1

Das Paritätsbit erlaubt nur die Erkennung der „ungeradzahligen" Fehler. Das Erkennen zweier gleichzeitig auftretender Fehler in einem Byte oder die Korrektur eines Fehlers sind nicht möglich. Wird ein Fehler entdeckt, dann wird die Übertragung unterbrochen und die Nachricht erneut angefordert (↑Protokoll, Abb. 1).

Großrechenanlagen können häufig einen einzelnen Fehler anhand der Prüfbits korrigieren und mehrere Fehler erkennen (↑Hamming-Abstand).

In verallgemeinerter Form findet man Prüfbits als Prüfziffern z. B. im Strichcode (↑Kassensysteme) oder in den Nummern, die für jedes Druckerzeugnis vergeben werden: Diese **ISBN** besitzt die Form

$$b_1 - b_2 b_3 b_4 - b_5 b_6 b_7 b_8 b_9 - b_{10}$$

Hierbei sind die b_i Ziffern aus der Menge $\{0, 1, ..., 9\}$; b_{10} kann auch den Wert „X" annehmen. b_1 bezeichnet das Herkunftsland, $b_2 b_3 b_4$ den Verlag und $b_5 b_6 b_7 b_8 b_9$ die vom Verlag vergebene interne Nummer des Druckwerks. b_{10} ist die Prüfziffer, die sich aus der Formel

$$b_{10} = \sum_{1 \leq i \leq 9} i \cdot b_i \bmod 11$$
$$= (1 \cdot b_1 + 2 \cdot b_2 + 3 \cdot b_3 + ... + 9 \cdot b_9) \bmod 11$$

errechnet. Ergibt die ganzzahlige Division durch 11 den Rest 10, so erhält b_{10} den Wert „X". Mit der Prüfziffer kann man Fehler bei der Eingabe oder in der Nummer mit großer Wahrscheinlichkeit feststellen. Die ISBN dieses Schülerduden Informatik lautet zum Beispiel 3-411-04483-7.

Qualitätssicherung: Zentrales Problem des Software-Engineering. Nach DIN gilt als Qualität die Gesamtheit von Eigenschaften und Merkmalen eines Produkts oder einer Tätigkeit, die sich auf die Erfüllung festgelegter oder erwünschter Erfordernisse beziehen. Alle Maßnahmen, um eine angestrebte Qualität zu erzielen, bezeichnet man als Qualitätssicherung.

In der Regel misst man die Qualität durch Zahlenwerte, etwa das Drehmoment eines Motors, die Steifigkeit von Stahlträgern oder die mittlere Anzahl von Versuchen, wie oft ein Magnetband neu beschrieben werden kann, ohne dass eine bestimmte Fehlerrate durch Materialermüdung auftritt. Eine solche quantitative Beschreibung von

Qualitätsmerkmalen fehlt im Bereich der Software weitgehend. Daher verwendet man überwiegend empirische Prüf- und Testverfahren sowie Methoden zur Überwachung des Herstellungsprozesses.
Meist orientiert man sich an einem Phasenmodell (↑ Software-Engineering) und führt für jede Phase folgende Tätigkeiten durch:
- Inspektionen: Menschen untersuchen hierbei die Softwarekomponenten und ihre Dokumentation. Dies geschieht durch detailliertes Nachvollziehen, durch Prüfen auf Klarheit und Verständlichkeit, durch Gespräche mit den Entwicklern und/oder den künftigen Anwendern usw.
- Analyse der erstellten Software: Hier werden formale Methoden genutzt, z. B. der Versuch, formale Beweise der Korrektheit aufgrund der Spezifikation zu führen (↑ Verifikation), die geeignete Testdatengenerierung oder die symbolische Ausführung von Programmcode (↑ Testen).
- Tests: Durchspielen vieler automatisch erzeugter oder gezielt konstruierter Testfälle, deren Ergebnisse bekannt sind; Simulation typischer Anwendungsabläufe.
- Messen: Auflisten und Bewerten aller zahlenmäßig erfassbaren Größen wie Zahl der Programmzeilen, Zahl der Module und deren Schachtelungstiefe, Größe des Datenraums und erforderlicher Speicherplatz, Laufzeit, Antwortverhalten, Auslastungen, Korrelationen zwischen Dokumentation und Systemstruktur, Klassifikation und Zahl der gefundenen Fehler usw.

Wichtig ist, dass sowohl der Software-Entwicklungsprozess als auch das Softwareprodukt qualitativ überprüft und bewertet werden müssen. Hierzu wurden qualitätsverbessernde Vorgehensweisen und eine Vielzahl von Unterstützungswerkzeugen erarbeitet und teilweise standardisiert.

Diese werden in der *Schule* zunächst nur eine untergeordnete Rolle spielen, jedoch werden sie in Modelle, Entwurfsverfahren und ↑ Bewertungskriterien einfließen und Programmier- und Spezifikationssprachen beeinflussen.

Quellprogramm: Programm, das von einem anderen Programm verarbeitet werden soll. Speziell bezeichnet man das Programm, das von einem ↑ Übersetzer in ein ↑ Zielprogramm übersetzt oder das von einem ↑ Interpreter ausgeführt werden soll oder ausgeführt worden ist, als Quellprogramm.
Korrekturen und Veränderungen nimmt man am Quellprogramm vor, falls man Fehler oder unerwünschte Verhaltensweisen während der Ausführung eines Programms festgestellt hat. Wenn man Programme kauft, so erhält man in der Regel nicht das verständliche Quellprogramm, sondern nur das in Maschinensprache übersetzte Zielprogramm.

Quicksort [ˈkwɪksɔːt]: Schnelles internes Sortierverfahren (↑ Sortieren), das 1962 von dem brit. Wissenschaftler C. A. R. Hoare (* 1934) vorgeschlagen wurde.
Sei A ein Feld mit den Indexgrenzen von m bis n, und sei x ein irgendwie ausgewähltes Feldelement, dann wird A in zwei Teilfelder A[m..k] und A[k+1..n] zerlegt, sodass alle Werte im linken Teil nicht größer als x und alle Werte im rechten Teil nicht kleiner als x sind: $A[i] \leq x$ für $m \leq i \leq k$ und $A[j] \geq x$ für $k+1 \leq j \leq n$. Der linke und der rechte Teil werden nun rekursiv nach dem gleichen Verfahren umgeordnet (↑ Divide-and-conquer-Verfahren).
Die Zerlegung durch Umsortierung erfolgt mithilfe zweier Indizes i und j. Zu Beginn setzt man i := m und j := n

Quicksort

und wählt irgendein A[r] als x. Mit dem Index i durchläuft man A von links nach rechts, bis man ein A[i] $\geq$ x findet; in entsprechender Weise sucht man von rechts nach links ein j mit A[j] $\leq$ x. Man vertauscht dann die Elemente A[i] und A[j] miteinander. Dieses Vorgehen wird so lange wiederholt, bis i > j ist.

Beispiel:
Wähle x = A[3] = 23:

i = 1, j = 8:

28	58	23	17	91	11	80	54

↑i ↑j

i bleibt unverändert, j läuft zwei Stellen weiter:

i = 1, j = 6:

28	58	23	17	91	11	80	54

↑i ↑j

Nun werden A[i] und A[j] vertauscht und dann i und j um 1 weitergeschoben:

11	58	23	17	91	28	80	54

↑i ↑j

i bleibt wiederum unverändert, da 58 $\geq$ 23 ist; j wird um 1 verringert. Danach werden 58 und 17 vertauscht, und i und j zeigen beide auf das Element 23:

11	17	23	58	91	28	80	54

i↑↑j

i und j bleiben nun unverändert, und es wird das Element 23 „mit sich selbst vertauscht". Dies sieht sinnlos aus, vermeidet aber zusätzliche Abfragen im Programm und mögliche Fehler, die auftreten können, wenn ein Element mehrfach im Feld vorkommt. Die Endsituation lautet:

11	17	23	58	91	28	80	54

↑j ↑i

Anschließend werden die Teilfelder

11	17

und

58	91	28	80	54

rekursiv nach der gleichen Methode sortiert.

Rekursive Prozedur für Quicksort: Der Datentyp element sei der Typ der zu sortierenden Werte (z. B. integer):

```
const n = ...;
type index = 1..n;
var A: array[index] of element;
procedure quicksort
   (links, rechts: index);
var i,j: index;
    x: element;
begin
   i := links; j := rechts;
   if j > i then
   begin
      „Bestimme x, z. B.
                     x := A[links]";
      repeat
         while A[i] < x do i := i + 1;
         while A[j] > x do j := j − 1;
         if i <= j then
         begin
            „Vertausche A[i] und
                            A[j]";
            i := i + 1; j := j − 1
         end
      until i > j;
      quicksort (links, j);
      quicksort (i, rechts)
   end
end;
```

Man beachte, dass man die Bedingung A[i] < x nicht durch A[i] $\leq$ x ersetzen darf, da bei gleichen Elementen sonst ein rekursiver Aufruf mit gleichen Parametern erfolgen kann. Das Gleiche gilt für A[j] > x und i > j. Das Beispiel oben zeigt ferner: i $\leq$ j darf nicht durch i < j ersetzt werden, da sonst eine Endlosschleife entstehen kann.

Realzeitsystem

Die für die Rekursion erst später benötigten Indexgrenzen i und rechts werden in einem ↑Keller abgelegt. Die Länge dieses Kellers kann man durch $2 \cdot \log(n)$ begrenzen, wenn man immer erst den kleineren Teil rekursiv bearbeitet. Die beiden rekursiven Aufrufe von quicksort sind dann durch

```
if (j − links) < (rechts − i) then
begin
    quicksort (links, j);
    quicksort (i, rechts)
end
else
begin
    quicksort (i, rechts);
    quicksort (links, j)
end
```

zu ersetzen.

Die Laufzeit von Quicksort hängt wesentlich von der Wahl von x in jedem rekursiven Aufruf ab. Zunächst muss x ein Element des zu sortierenden Teilfeldes sein. Wählt man als x stets das größte (oder das kleinste) Element dieses Bereichs, dann wird das Teilfeld der Länge k in zwei Teilfelder der Länge $(k − 1)$ und der Länge 1 aufgespalten, und die gesamte Sortierung benötigt $O(n^2)$ Schritte (↑Ordnung), d. h., Quicksort wird zum „Slowsort". x sollte daher so gewählt werden, dass möglichst zwei gleich große Teilfelder entstehen; in diesem Fall beträgt die Laufzeit $O(n \cdot \log_2 n)$ Schritte. In der Praxis wählt man für x meist den mittleren Wert der drei Elemente A[links], A[rechts] und A[(links + rechts) div 2]. Quicksort besitzt eine durchschnittliche Laufzeit proportional zu $n \cdot \log(n)$ und gilt aufgrund von vielen Tests als schnellstes internes Sortierverfahren. Allerdings können gewisse Verbesserungen von ↑Heapsort für große Zahlen n etwas schneller sein.

Quittungsbetrieb (engl. *handshaking*): Verfahren zur ↑Datenübertragung, bei dem die beteiligten Datenstationen die Absendung und den Empfang der Daten gegenseitig quittieren. Der Quittungsbetrieb wird häufig verwendet, wenn nicht genau feststeht, zu welchen Zeitpunkten jeweils Sender und Empfänger sende- bzw. empfangsbereit sind. Der Sender stellt seine Daten dann so lange auf dem Übertragungsweg bereit, bis der Empfänger sie übernommen hat und dies durch eine Rückmeldung bestätigt. Das Verfahren ist unter ↑Protokoll näher skizziert.

RAM (Abk. für engl. **r**andom **a**ccess **m**emory): Schreib-/Lesespeicher, bei dem jede Speicherzelle einzeln adressierbar und inhaltlich veränderbar ist. RAMs werden als Daten- und als Programmspeicher eingesetzt. RAMs, die durch Halbleiter realisiert sind, verlieren bei Stromausfall ihren Inhalt (↑ROM).

real [rɪəl]: Standarddatentyp in vielen Programmiersprachen. Variablen vom ↑Datentyp real können als Werte grundsätzlich reelle Zahlen annehmen. Da Computer jedoch eine beschränkte Speicherkapazität haben, wird der Wertebereich auf Zahlen in ↑Gleitpunktdarstellung eingeschränkt, wobei die Genauigkeit (d. h. die Anzahl der zur Darstellung vorgesehenen Stellen) in manchen Sprachen wählbar ist. Für den Datentyp real sind die Vergleichsoperationen „<", „≤" usw., die arithmetischen Operationen „+", „−", „∗", „/" und verschiedene mathematische Funktionen (wie Sinus, Logarithmus u. a.) vordefiniert.

Realzeitsystem (*Echtzeitsystem;* engl. *real-time system):* System zur direkten Steuerung und Abwicklung von ↑Prozessen. Das System besteht in der Re-

Realzeitsystem

gel aus Hardware- und Softwarekomponenten, und die zu bearbeitenden Prozesse werden durch eine Umgebung vorgegeben, mit der das System in dauerndem Informationsaustausch steht. Mit einem Realzeitsystem verbindet man die Vorstellung, dass es auf Anfragen oder Umweltänderungen

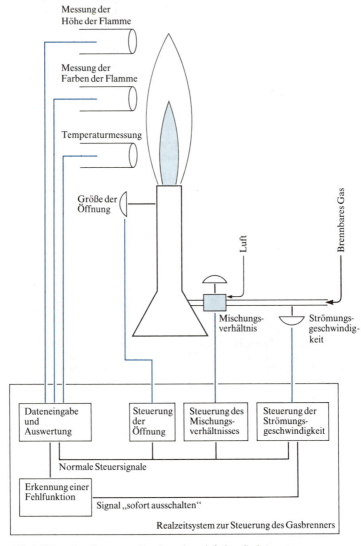

Abb. 1: Skizze eines Systems zur Regelung eines einfachen Gasbrenners

„sofort" reagiert, d.h. unter *harten Zeitbedingungen*. Darunter versteht man Zeitvorgaben, die unbedingt eingehalten werden müssen, damit das System korrekt arbeitet. Die Zeitbedingungen versucht man durch ↑Parallelverarbeitung oder durch ↑verteilte Systeme einzuhalten; dadurch wird die ↑Synchronisation der zu steuernden Prozesse zum vordringlichen Problem.

Ist die Umwelt ein technisches System (z.B. Ampelanlage, Verladestation, Walzwerk, Ölaufbereitungsanlage), so nennt man das gesamte aus Hard- und Software bestehende Realzeitsystem einen *Prozessrechner* oder ein *Prozessrechnersystem* (↑Prozessdatenverarbeitung).

Einfache Realzeitsysteme sind Regel- und Steuerkreise, z.B. die Steuerung eines Gasbrenners (Abb. 1, S. 402).

Extreme Zuverlässigkeit wird von Realzeitsystemen in Flugzeugen, Krankenhäusern, Kraftwerken und anderen kritischen Bereichen gefordert.

Rechenwerk (*arithmetisch-logische Einheit;* engl. *arithmetic logical unit,* Abk. ALU): Der Teil eines Computers, der arithmetische (Addition, Subtraktion, Multiplikation, Division) und logische (UND-, ODER-, NICHT-Verknüpfung) Operationen ausführt. Die benötigten Operanden werden dem Rechenwerk durch das ↑Steuerwerk in Registern bzw. im ↑Akkumulator zur Verfügung gestellt. Alle arithmetischen Operationen können auf Verschiebungen, Komplementbildung und die Addition zurückgeführt werden: Subtraktion ist die Addition des ↑Komplements, Multiplikation die wiederholte Addition und Division (mit Rest) die wiederholte Subtraktion. Daher sind die grundlegenden Verknüpfungselemente des Rechenwerks binäre ↑Addierwerke und Komplementierer.

Die Operationen können ↑seriell oder ↑parallel durchgeführt werden. Serielle Organisation benötigt nur ein binäres Addierwerk, ist jedoch relativ langsam. Parallele Methoden sind wesentlich schneller, erfordern jedoch viele gleichartige Bausteine; bei sehr hoher ↑Integrationsstufe spielt dies aber nur noch eine untergeordnete Rolle. Die korrekte Durchführung zusammengesetzter Operationen erfolgt durch ↑Mikroprogrammierung.

Meist enthält das Rechenwerk spezielle Schaltungen, um zu kontrollieren, ob die Rechenoperationen richtig durchgeführt worden sind oder ob Störungen das Ergebnis verfälscht haben (↑Prüfbit, ↑Bereichsüberschreitung, ↑Status). Die Beziehungen zwischen den einzelnen Komponenten des Rechenwerks zeigt Abb. 1.

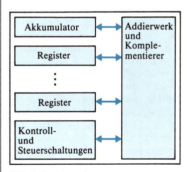

Abb. 1: Rechenwerk

Rechenzentrum: Selbstständige oder in ein Unternehmen integrierte Organisationseinheit, die für den korrekten Betrieb von Datenverarbeitungsanlagen einschließlich der Datenbanken und Netze verantwortlich ist. Hierzu gehören auch die Schulung der Benutzer, die Mitwirkung und Beratung bei entsprechenden Projekten und die Pflege und Archivierung von Programmen.

Zentrale Rechnersysteme werden in vielen Unternehmen zunehmend durch viele dezentrale über ein ↑ Rechnernetz verbundene ↑ Arbeitsplatzstationen abgelöst, die in ihrer Gesamtheit leistungsfähiger sind als ein Zentralrechner, die diverse Dienste anbieten und den einzelnen Benutzern ein breiteres individuelles Arbeiten ermöglichen.

Rechnerarchitektur: Gesamtheit der Bauprinzipien einer Datenverarbeitungsanlage. Hierzu gehören die Festlegung der internen Darstellung von Daten und der hierauf ablaufenden Operationen, der Aufbau der Grundbefehle (Maschinenbefehle), die Struktur von Funktionseinheiten, die Definition von Schnittstellen zwischen den Funktionseinheiten und zu externen Geräten, der „Bauplan", nach dem die Einzelteile zu einem Ganzen zusammengeschaltet werden, um vorgegebene Anforderungen zu erfüllen, sowie das Verteilen und Zusammenwirken von Rechnerfunktionen in einem ↑ Rechnernetz.

Man klassifiziert eine Rechnerarchitektur hinsichtlich der Quantität der Befehls- und Datenströme, die ein Rechner dieser Architektur gleichzeitig verarbeiten kann. Diese Unterteilung führt zu vier verschiedenen Klassen von Rechnerarchitekturen:

SISD-Architektur (SISD Abk. für engl. single instruction stream, single data stream): Rechner dieser Klasse beruhen auf der klassischen sequenziellen Architektur, wie sie John von Neumann vorgeschlagen hat. Der ↑ Von-Neumann-Rechner besitzt *einen* ↑ Prozessor (bestehend aus Steuerwerk und Rechenwerk), erzeugt *einen* Befehls- und *einen* Operandenstrom, d. h. die auszuführenden Befehle werden *einzeln* nacheinander abgearbeitet, und jeder Befehl bezieht sich auf nacheinander zu verarbeitende Operanden (Daten) (Abb. 1).

Die Geschwindigkeit einer Datenverarbeitungsanlage kann deutlich erhöht werden, wenn man mehrere Prozessoren gleichzeitig verwendet, die zusammen oder sogar jeder für sich mehrere Befehlsströme auf vielen Operandenströmen ausführen und die untereinander in irgendeiner Weise verbunden sind, um Nachrichten austauschen zu können.

Die drei folgenden Architekturklassen berücksichtigen diese Überlegungen, wobei stets mehrere Prozessoren (in der Praxis sind es bis über 100 000) zusammengeschaltet werden; allgemein spricht man von *Multiprozessorsystemen,* im Falle von mehr als 10 000 Prozessoren von *massiv parallelen Systemen.*

SIMD-Architektur (SIMD Abk. für engl. **s**ingle **i**nstruction stream, **m**ultiple **d**ata stream): Rechner dieser Architektur bestehen aus einer großen Anzahl von Prozessoren, die jeweils einen eigenen Speicher besitzen. Alle Prozessoren führen gleichzeitig denselben Befehl aus, jedoch mit unterschiedlichen Daten aus verschiedenen Datenströmen (Abb. 2, S. 405). Typische Rechner mit SIMD-Architektur sind die systolischen Arrays (↑ paralleler Algorithmus). Die erste Rechenanlage dieser Architektur war der ILLIAC IV (Ende der 1960er-Jahre). Er verfügte über 64 Prozessoren, die als 8×8-Feld organisiert waren.

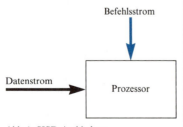

Abb. 1: SISD-Architektur

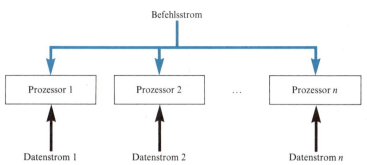

Abb. 2: SIMD-Architektur

MISD-Architektur (MISD Abk. für engl. **m**ultiple **i**nstruction stream, **s**ingle **d**ata stream): Viele Prozessoren führen gleichzeitig verschiedene Befehle auf den Daten eines einzigen Datenstromes aus (Abb. 3). Die MISD-Architektur hat nur eine geringe Bedeutung, da man kaum praktische Anwendungen kennt.

MIMD-Architektur (MIMD Abk. für engl. **m**ultiple **i**nstruction stream, **m**ultiple **d**ata stream): Hierbei handelt es sich um das allgemeinste Architekturmodell. Eine Vielzahl von Prozessoren führt gleichzeitig verschiedene Befehle auf den Daten mehrerer Datenströme aus (Abb. 4). Wichtige Vertreter dieser Klasse sind die *Datenflussrechner*. Jeder Prozessor dieses Rechnertyps bearbeitet alle Befehle *datengetrieben,* d. h., jeder Befehl wird sofort ausgeführt, wenn alle hierzu benötigten Daten (die gegebenenfalls von anderen Prozessoren berechnet werden) vorliegen. Die Reihenfolge, in der Befehle abgearbeitet werden, bestimmt also allein die Abhängigkeit der zugehörigen Operanden und nicht, wie bei der SISD-Architektur, die Reihenfolge der Befehle im Programmtext.

MIMD-Rechner können mehr als 100 Millionen Operationen in der Sekunde durchführen, sofern man ihre Parallelität optimal ausnutzt. Genau hier liegt aber das Problem: Man kennt bisher nur wenige Techniken, um eine um-

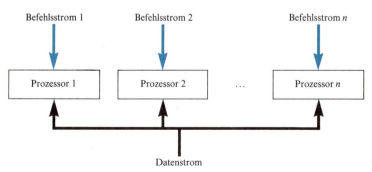

Abb. 3: MISD-Architektur

Abb. 4: MIMD-Architektur

fangreiche Aufgabe so zu zerlegen, dass gleichzeitig alle Teile solcher moderner Rechner möglichst gut ausgelastet sind. Darüber hinaus benötigt man zur Programmierung dieser Rechner spezielle Programmiersprachen, in denen man parallele Abläufe spezifizieren kann. Solche Rechner werden deshalb zurzeit überwiegend für Spezialaufgaben eingesetzt (z. B. Simulationen und Berechnungen in der Meteorologie oder Kernforschung).

Der Begriff Rechnerarchitektur bezieht sich zwar vorwiegend auf die Hardware; bei den Anforderungen an den Rechner muss man jedoch festlegen, welche Aufgaben durch die Hardware und welche durch die Software zu erledigen sind, weshalb die Definition einer Schnittstelle zur Software (insbesondere zum ↑Betriebssystem) sehr wichtig ist. Hierbei können bestimmte Fähigkeiten oder Rechnerleistungen von der Hardware in die Software verlagert werden oder umgekehrt (*Migration* von Aufgaben).

Rechnernetz *(Rechnerverbund; engl. computer network):* Kopplung von mehreren, möglicherweise verschiedenen und meist räumlich getrennten Rechenanlagen.

Allgemein spricht man von einem Rechnernetz, wenn mehrere unabhängige Rechner so miteinander verbunden werden, dass sie Informationen austauschen können. Wichtige Gründe für die Kopplung von Rechnern sind z. B.:

Datenverbund: Nutzung von Datenbeständen, die auf einzelnen Rechnern des Netzes verstreut sind, Möglichkeiten zur Zusammenarbeit in Projekten und Austausch von Informationen (etwa für die Ferndiagnose bei Krankheiten oder technischen Fehlern oder beim Zugriff auf verteilte Information, ↑Bildschirmtext, World Wide Web im ↑Internet oder Zusammenarbeit im ↑Intranet).

Ein Beispiel ist die Kopplung aller Bibliotheksrechner, um die auf den einzelnen Rechnern gespeicherten Literaturangaben gemeinsam zu nutzen.

Betriebsmittel- und Diensteverbund: Nutzung teurer Software- und Hardwarebetriebsmittel, die nicht auf jedem Rechner des Netzes bereitgehalten werden können, oder Nutzung von Angeboten, die durch andere Rechner erbracht werden (↑Client-Server-Architektur), wie etwa Informationssysteme oder Parallelrechner.

Lastverbund: Gleichmäßige Verteilung der benötigten Rechenleistung auf die an das Netz angeschlossenen Rechenanlagen. Fällt ein Rechner aus, können andere dessen Aufgabe übernehmen.

Rechnernetz

Der Lastverbund wird sehr erleichtert, wenn die einzelnen Rechner kompatibel (↑ Kompatibilität) sind, sodass an das Rechnernetz gegebene ↑ Aufträge auf jedem beteiligten Rechner in gleicher Weise ausgeführt werden können. Rechnernetze mit dieser Eigenschaft heißen *homogen*. Nicht homogene Rechnernetze heißen *heterogen*.

Generell werden Rechnernetze zum Austausch von Nachrichten (engl. *message handling*), Dateien (engl. *file transfer*), Aufträgen (engl. *remote job control*), Befehlen (engl. *manufacturing message service*) und anderen Diensten (z. B. ↑ T-Online) verwendet. Weitere Einsatzgebiete sind:
- *Kommunikationsverbund* zum Austausch von Informationen,
- *Wartungsverbund* zur einfacheren Wartung verschiedener Rechner,
- *Funktionsverbund* zur Bereitstellung spezieller Funktionen,
- *Kapazitätsverbund* zur Erzielung eines höheren Nutzens bei geringeren Kosten.

Neben diesem funktionalen Nutzen bieten Rechnernetze weitere Vorteile, z. B.:
- höhere Verlässlichkeit,
- einfache Erweiterbarkeit,
- Unabhängigkeit wegen leichter Umstellung auf andere Hersteller/Generationen,
- Verwendung von Spezialhardware,
- Diversifikation,
- größere Reichweiten.

Häufig werden Rechnernetze nach ihrer Ausdehnung klassifiziert. Ist der maximale Abstand von Rechnern eines Netzes nicht größer als wenige Kilometer, so spricht man von einem *lokalen Rechnernetz* (**LAN**, Abk. für engl. **l**ocal **a**rea **n**etwork). Typische Vertreter sind ↑ Ethernet, Tokenring sowie Tokenbus; darüber hinaus gibt es herstellerspezifische Netze, z. B.

NETBIOS für IBM-kompatible Personalcomputer oder AppleTalk für Apple-Macintosh-Rechner. Die ersten drei Netztypen sind international standardisiert; sie bieten Übertragungsgeschwindigkeiten bis zu 16 MBit/s.

Lokale Netze, die nur andere lokale Netze untereinander verbinden (also keine eigentlichen Rechneranschlüsse besitzen) werden als *Backbone-Netze* bezeichnet. Die Verbindung erfolgt zwischen zwei Netzen über Vermittlungsrechner, die als *Gateways* oder *Relays* bezeichnet werden. Die Rechner, die für die Ausführung von Anwendungsprogrammen, also für die von Benutzern zu bearbeitenden Aufgaben, zuständig sind, nennt man *Hostcomputer* oder kurz *Hosts* (dt. Gastgeber).

Die Anzahl weltweit installierter lokaler Netze kann nur geschätzt werden und dürfte sich auf mehrere Millionen belaufen.

Bei sehr großen Entfernungen der Rechner, die auch den gesamten Globus umspannen können, werden *Weitverkehrsnetze* (**WAN**, Abk. für engl. **w**ide **a**rea **n**etwork) eingesetzt. Zur Kopplung von Rechnern werden spezielle Datensysteme angeboten (↑ Datex-Netze) sowie das Telefonnetz (↑ Datenübertragung). Eine weitere Möglichkeit besteht in der Verwendung des digitalen integrierten Netzes der Deutschen Telekom (↑ ISDN). Ein frühes öffentliches WAN wurde in den USA unter dem Namen ARPA-Netz (ARPA Abk. für engl. **A**dvanced **R**esearch **P**roject **A**gency) entwickelt. Es überspannte Nordamerika und konnte auch von anderen Ländern und Erdteilen erreicht werden. Ein großes WAN ist das ↑ Internet. Es gibt heute weltweit einige hundert WANs, die teilweise nur regionale Bedeutung haben. Einige Netze werden nur zur Verbindung mit anderen WANs benutzt. Darüber hinaus besitzen viele Firmen eigene weltweite Netze; ein Beispiel ist das internationale Flugbuchungsnetz SARBRE.

Netze, deren Größe auf eine Region beschränkt ist, nennt man **MAN** (Abk. für engl. **m**etropolitan **a**rea **n**etwork). Als *Topologie* eines Rechnernetzes bezeichnet man die Form der Verteilung der Knotenrechner und deren Verschaltung. Wichtige Topologien sind die zentrale (Abb. 1) und die dezentrale (Abb. 2) Topologie.

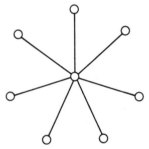

Abb. 1: Rechnernetz mit zentraler Topologie

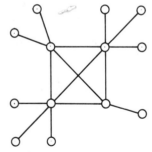

Abb. 2: Rechnernetz mit dezentraler Topologie

Die Regeln, nach denen am Rechnernetz beteiligte Rechenanlagen Kommunikationsverbindungen untereinander aufbauen, Informationen austauschen und Verbindungen wieder abbauen, werden in Kommunikationsprotokollen (↑ Protokoll) festgelegt.

Rechnernetze sind komplexe Systeme, die aufgrund von fehlerhafter Hard- oder Software, aber auch durch nicht beeinflussbare Einwirkungen wie z. B. Strahlung, Benutzer oder Zerstörung von Leitungen ständig zu überwachen und zu steuern sind. Die Überwachung und Steuerung, aber auch andere Aspekte, wie Wartung, Rekonfiguration oder Neuinstallation, werden unter dem Begriff *Netzmanagement* (engl. *network management*) zusammengefasst.

Die Fähigkeiten, die Rechnernetze besitzen müssen, bilden die Basis, um ↑ verteilte Systeme realisieren zu können.

Rechtsableitung: Eine Ableitung bezüglich einer ↑ kontextfreien Grammatik $G = (N, T, P, S)$ heißt Rechtsableitung, wenn in jedem Ableitungsschritt jeweils das am weitesten rechts stehende Nichtterminalsymbol des Zwischenwortes abgeleitet wird, d. h. für jeden Zwischenschritt

$$v_1 A v_2 \underset{G}{\rightarrow} v_1 w v_2$$

mit $A \in N$, $(A, w) \in P$ gilt $v_2 \in T^*$.

Entsprechend ist eine **Linksableitung** eine Ableitung, bei der jeweils das am weitesten links stehende Nichtterminalsymbol ersetzt wird, d. h. für jeden Zwischenschritt

$$v_1 A v_2 \underset{G}{\rightarrow} v_1 w v_2$$

gilt, dass $v_1 \in T^*$ ist.

Man sieht leicht: Zu jeder Ableitung gibt es genau eine Rechts- und genau eine Linksableitung, die das gleiche Wort erzeugt (durch geeignete Umstellung der Reihenfolge der Ableitungsschritte).

Zu jedem ↑ Ableitungsbaum gibt es genau eine Rechts- und genau eine

Linksableitung. Diese Eigenschaft benutzt man zur Definition von ↑ eindeutigen Grammatiken. Bei der ↑ syntaktischen Analyse zur Übersetzung von Programmen wird eine Rechts- oder Linksableitung für das gegebene Programm konstruiert.

rechtslineare Grammatik: Eine ↑ Grammatik $G = (N, T, P, S)$ wird rechtslinear genannt, wenn alle Produktionsregeln aus P die Form $(A, w_1 B)$ oder (A, w_2) besitzen. Dabei sind A und B Nichtterminalsymbole aus N und w_1 und w_2 Wörter über dem Terminalalphabet T.
Formal: $P \subset N \times (T^* \cdot N \cup T^*)$.

Beispiel:

$G_r = (N, T, P, S)$ mit
$N = \{S, A, B\}$, $T = \{0, 1\}$,
$P = \{(S, 0 S), (S, 1 A), (S, \varepsilon),$
$\quad (A, 0 B), (A, 1 S),$
$\quad (B, 0 A), (B, 1 A)\}$

ist eine rechtslineare Grammatik, die genau die durch 3 teilbaren Dualzahlen (↑ Dualsystem) erzeugt, d. h. $w \in \{0, 1\}^*$ ist genau dann aus S ableitbar, wenn w als Zahl zur Basis 2 aufgefasst durch 3 teilbar ist (führende Nullen und ε sind hierbei zugelassen). Dies folgt aus der Tatsache, dass für $S \xrightarrow{*} u X$ gilt:

$X = S \Rightarrow u \bmod 3 = 0,$
$X = A \Rightarrow u \bmod 3 = 1,$
$X = B \Rightarrow u \bmod 3 = 2.$

Die Menge der Sprachen, die von rechtslinearen Grammatiken erzeugt werden, ist gleich der Menge der von ↑ linkslinearen Grammatiken erzeugten Sprachen und gleich der Menge der ↑ regulären Sprachen.

Record *(Verbund, ↑ Datensatz):* Programmiersprachliche Realisierung des Konstruktors Aggregation bei ↑ Datenstrukturen durch Zusammenfassung von mehreren ↑ Datentypen zu

einem Datentyp. Der neue Wertebereich ist das kartesische Produkt der Wertebereiche der einzelnen Datentypen, wobei die Anordnung keine Rolle spielt.

Beispiel:
Einfache Personaldatei. Für jeden Mitarbeiter sind folgende Informationen festzuhalten:

Name	vom Typ <u>text</u>
Geburtsdatum	vom Typ
	<u>array</u> [1 .. 3] <u>of</u> <u>integer</u>
Gehalt	vom Typ <u>real</u>
Geschlecht	vom Typ (m, w)

In ↑ PASCAL gehört hierzu der folgende Record:

<u>type</u> mitarbeiter =
    <u>record</u>
    name: <u>text</u>;
    gebdat: <u>array</u> [1 .. 3] <u>of</u> <u>integer</u>;
    gehalt: <u>real</u>;
    geschl: (m, w)
    <u>end</u>;

Allgemein definiert man einen Record in PASCAL durch das Schema:

<u>type</u> ⟨Typname⟩ = <u>record</u>
    ⟨S$_{11}$⟩, ⟨S$_{12}$⟩, ..., ⟨S$_{1m_1}$⟩: ⟨Typ 1⟩;
    ⟨S$_{21}$⟩, ⟨S$_{22}$⟩, ..., ⟨S$_{2m_2}$⟩: ⟨Typ 2⟩;
    ...
    ⟨S$_{n1}$⟩, ⟨S$_{n2}$⟩, ..., ⟨S$_{nm_n}$⟩: ⟨Typ n⟩
    <u>end</u>;

Die ⟨S$_{ij}$⟩ sind ↑ Bezeichner und heißen *Selektoren*. Eine Variable des obigen Recordtyps

<u>var</u> ⟨Recordvariable⟩: ⟨Typname⟩

enthält insgesamt $m_1 + m_2 + ... + m_n$ Komponenten.
Jede Variablenkomponente eines Records kann innerhalb eines Programms wie eine Variable des zugehörigen Typs der Komponente verwendet werden.
Der Zugriff auf eine Komponente des Records (die *Selektion* der Kompo-

Reduktion

nente) erfolgt in der Punktschreibweise:

⟨Recordvariable⟩.⟨Selektor⟩

Beispiel:
Vereinbarung einer Variablen meier vom Typ mitarbeiter (s. o.) und Zugriff auf die Jahreszahl des Geburtsdatums:

```
var meier: mitarbeiter;
meier.gebdat[3] := 1962;
```

Die innerhalb eines Records auftretenden Typen können selbst wieder Records sein.

Beispiel:

```
type mitarbeiter =
    record
    name: text;
    gebdat: record
        tag: 1..31;
        monat: 1..12;
        jahr: 1900..2000
        end;
    gehalt: real;
    geschl: (m, w)
    end;
```

Der Zugriff auf das Geburtsjahr der Variablen meier erfolgt durch die Anweisung

meier.gebdat.jahr: = 1962;

In Programmiersprachen gibt es vereinfachende Schreibweisen für die Zuweisungen oder den häufigen Zugriff auf Record-Komponenten.
Eine Erweiterung des Record-Konzepts bildet der *variante Record,* bei dem sich Zahl und Art von Komponenten nach dem Wert anderer Komponenten richten. Der variante Record ist die programmiersprachliche Realisierung der Generalisation bei ↑Datenstrukturen, d. h. der disjunkten Vereinigung von Datentypen.

Beispiel:
Ergänzt man den oben definierten Record mitarbeiter um eine Komponente, die bei weiblichen Mitarbeitern (geschl = w) die Haarfarbe und bei männlichen einen Hinweis auf das Tragen eines Bartes enthält, so erhält man einen varianten Record:

```
type mitarbeiter = record
    name: text;
    gebdat: array [1..3] of integer;
    gehalt: real;
    case geschl: (m, w) of
        m: (bart: boolean);
        w: (haarfarbe: text)
    end
```

Jede Variable vom Typ mitarbeiter enthält die Komponenten name, gebdat, gehalt und, abhängig vom Wert des *Typdiskriminators* geschl, der seinerseits vom Typ (m, w) ist, gegebenenfalls zusätzlich die Komponente haarfarbe bzw. bart. Wurde die Variable geschl auf den Wert m gesetzt, so führt der Zugriff auf die Komponente haarfarbe zu einem Fehler.

Das Record-Konzept kommt in abgewandelter Form in den meisten Programmiersprachen vor.

Reduktion:
1. Grundbegriff der Informatik für das Prinzip, ein Problem konstruktiv auf ein anderes Problem zurückzuführen. Die meisten Beweise der Informatik und viele Algorithmen beruhen auf Reduktionen. Bei Beweisen besteht die Reduktion häufig aus der Transformation von Fragestellungen eines Problems A in Fragestellungen eines anderen Problems B. Bei Algorithmen ist Reduktion anschaulich die Zurückführung auf einen bereits bekannten Algorithmus.

Beispiele:
1. Das Problem, in einem Feld ganzer Zahlen die kleinste Zahl zu finden, kann man direkt mit einem Durchlauf durch das Feld lösen. Man kann

das Problem aber auch auf das Problem des Sortierens reduzieren. Man sortiert zunächst das Feld aufsteigend und gibt anschließend das erste Feldelement, es ist das kleinste, aus.

Diese Reduktion ist beim einmaligen Suchen aber praktisch uninteressant, weil sie zu einem ineffizienteren Algorithmus führt.

2. Man kann das Problem, eine Folge von Zahlen zu sortieren, auf das Problem der ↑konvexen Hülle reduzieren und damit zeigen, dass das Problem der konvexen Hülle nicht effizienter gelöst werden kann als das Sortierproblem, also nicht schneller als in der Ordnung $O(n \log n)$, wenn n die Anzahl der Punkte ist, zu denen die konvexe Hülle bestimmt werden soll.

Sei $x_1, ..., x_n \in \mathbb{R}$ eine Folge von Zahlen. Zur Reduktion gehe man von den Zahlen $x_1, ..., x_n$ über zu den n Punkten $(x_1, x_1^2), ..., (x_n, x_n^2)$. Für diese Punkte bestimmt man mit einem Algorithmus die konvexe Hülle. Offenbar gehört jeder der n Punkte (x_i, x_i^2) zur konvexen Hülle, wie man sich anhand von Abb. 1 klarmacht. Der Algorithmus für die konvexe Hülle liefert den Kantenzug, der zur konvexen Hülle gehört; man kann annehmen, im Uhrzeigersinn beginnend beim Punkt mit der kleinsten x-Koordinate. Diese Reihenfolge ist zugleich eine aufsteigende Sortierung der Zahlen $x_1, ..., x_n$, wenn man die zweite Koordinate streicht.

Folglich kann man mit jedem Algorithmus zur Bestimmung des Kantenzugs der konvexen Hülle auch Zahlen sortieren, das Problem der konvexen Hülle kann daher nicht leichter sein als das Sortierproblem. Vom Sortierproblem weiß man aber bereits, dass man hierzu im

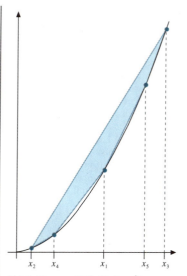

Abb. 1: Konvexe Hülle für (x_i, x_i^2)

schlimmsten Fall doch mindestens $O(n \cdot \log n)$ Vergleiche benötigt.

Die oben genannten Formen von Reduktionen kann man auf unterschiedliche Weise präzisieren.

Formal definiert man: Es seien A und B ↑Alphabete. Eine Menge $K \subseteq A^*$ heißt genau dann *reduzierbar* auf $L \subseteq B^*$, in Zeichen $K \leq L$, wenn es eine überall definierte ↑berechenbare Funktion $f: A^* \to B^*$ gibt, sodass für alle $u \in A^*$ gilt: $u \in K \Leftrightarrow f(u) \in L$. Eine solche Abbildung f heißt dann *Reduktion* von K auf L.

Zur Bedeutung dieser Definition: Gibt es eine Reduktion von K auf L und kennt man bereits ein Verfahren, um für alle $w \in B^*$ zu entscheiden, ob $w \in L$ ist, so liefert dies zugleich ein Verfahren, um für alle $u \in A^*$ die Frage $u \in K$ zu entscheiden: Zu $u \in A^*$ berechne man $f(u)$ und löse nach dem bekannten Verfahren, ob $f(u) \in L$ gilt.

Falls man andererseits weiß, dass für

Redundanz 412

beliebige $u \in A^*$ das Problem, ob $u \in K$ ist, nicht entscheidbar ist, und dass $K \leq L$ gilt, dann muss auch das Problem, ob $w \in L$ für beliebige $w \in B^*$ ist, unentscheidbar sein, da sonst die Reduktion ein Lösungsverfahren für K ergeben würde.

Oft stellt man zusätzliche Bedingungen an Reduktionen. Am bekanntesten sind *polynomielle Reduktionen*. Seien $K \subseteq A^*$ und $L \subseteq B^*$:

$K \leq_{pol} L$ gilt genau dann, wenn die Reduktion zusätzlich in polynomiell vielen Schritten von einem Algorithmus berechnet werden kann.

Formal:

$K \leq_{pol} L :\Leftrightarrow$ Es gibt ein Polynom p und einen Algorithmus (d.h. eine ↑Turingmaschine), sodass der Algorithmus für jede Eingabe $u \in A^*$ nach höchstens $p(|u|)$ Schritten anhält und für die berechnete Funktion $f: A^* \to B^*$ gilt: $u \in K \Leftrightarrow f(u) \in L$.

Der Begriff $\leq_{pol}$ ist fundamental für die NP-Vollständigkeit.

Von Reduktionen erwartet man Transitivität, d.h. aus $K \leq L$ und $L \leq M$ soll stets $K \leq M$ folgen. Die allgemeine Reduktion $\leq$ und die polynomielle Reduktion $\leq_{pol}$ sind transitiv.

2. Umkehrung von Erzeugungs- und Ableitungsprozessen. Um festzustellen, ob ein Wort $w \in T^*$ von einer ↑Grammatik erzeugt werden kann, versucht man, das Wort w schrittweise auf das Startsymbol der Grammatik zu reduzieren, indem man die Grammatikregeln rückwärts anwendet. Solche Techniken werden in Übersetzern verwandt (↑syntaktische Analyse).

3. Minimierung von Strukturen (Automaten, Grammatiken, Programmen usw.). Hierbei werden gleichartige Teile identifiziert und überflüssige (z.B. nicht erreichbare) Teile entfernt.

Redundanz: Bezeichnung für die Anteile einer ↑Nachricht, die keine zusätzliche oder neue ↑Information vermitteln, also überflüssig sind. Redundante Teile sorgen jedoch dafür, dass eine Nachricht auch dann noch verstanden werden kann, wenn sie Fehler (z.B. Druckfehler) enthält. Natürliche Sprachen enthalten sehr viele Redundanzen, sodass auch stark verstümmelte Sätze (z.B. durch Weglassen aller Vokale) noch verständlich bleiben: „Ds st n Stz, dr knn Vkl nthlt".

Zur Fehlererkennung ergänzt man Nachrichten bei der Übertragung um redundante Anteile, z.B. erweitert man Codes durch ↑Prüfbits.

Reengineering: Ingenieurmäßiges Verändern bereits existierender Systeme mit dem Ziel einer qualitativen Verbesserung. Unter Reengineering versteht man alle Methoden und Aktionen, die einige Zeit nach Einführung eines technischen Systems anfallen. In der Informatik sind dies Tätigkeiten wie Nachbereitung, Aufarbeitung, Aktualisierung, Einbettung in neue Umgebungen, Wiederverwendung und Verbesserung der Wartbarkeit. Im Softwarebereich haben diese Methoden zum Ziel:

- Verbesserung der Wartung, der Anpassung und der Weiterentwicklung von eingesetzten Systemen,
- Wiederverwendung von vorhandenen Programmen,
- Restrukturierung von Objekten (Daten, Programmen, Prozessen) mit dem Ziel, diese von anderen Systemen nutzen zu können,
- Einbettung in neue Umgebungen und das Verfügbarmachen für andere Softwarewerkzeuge, für moderne Entwicklungsumgebungen oder für neue Dialog- und Anwendungssysteme.

Seit etwa 30 Jahren werden große Systeme mit riesigem Kostenaufwand er-

Registermaschine

stellt. Software ist mittlerweile ein Investitionsgut geworden, das man nicht einfach wegwerfen kann, wenn es veraltet. Ohne Modernisierung der Programmsysteme bleiben die Unternehmen aber nicht wettbewerbsfähig. Neuentwicklungen sind zu teuer und oft zu zeitaufwendig. Deshalb hat das Reengineering eine immer größere Bedeutung für die Praxis, aber auch für die Wissenschaft Informatik (↑ Methoden der Informatik).

Reengineering ist zu unterscheiden vom ↑ Reverse Engineering.

Register (engl. *register*): Speicherzelle, die bei der Verarbeitung von Daten, z. B. zur Speicherung von Zwischenergebnissen, Basisadressen oder oft benutzten Werten eingesetzt wird. Register können universell oder für spezielle Zwecke verwendet werden. So besitzen Speicher im Allgemeinen ein Speicheradressregister, in das man die Adresse der Speicherzelle schreibt, die man ansprechen will, und ein Speicherpufferregister, in das beim Lesen der Inhalt einer Speicherzelle bzw. beim Schreiben der zu speichernde Wert geladen wird. Weiter gibt es Register für ↑ Unterbrechungen, Prioritäten, Kontrollinformationen usw.

Register sind meist Teil des ↑ Prozessors bzw. des ↑ Rechenwerks und haben eine sehr niedrige Zugriffszeit. Der geschickte Einsatz von Registern kann daher die Rechenzeit von Programmen verringern, weshalb gute Übersetzer über ↑ Code-Optimierungen verfügen, die unter anderem die Verwendung der Register optimieren. Ein spezielles Register ist der ↑ Akkumulator. Prozessoren verfügen im Allgemeinen über mehrere Register (↑ Mikroprozessor).

Registermaschine:
1. (engl. *register machine*) Modell eines ↑ Automaten, dessen Speicher aus einer festen endlichen Anzahl von Spei-

cherzellen, Register genannt, besteht. Jedes Register kann eine beliebig große natürliche Zahl aufnehmen. Auf ein Register können drei verschiedene Operationen angewendet werden: Erhöhen des Inhalts um 1, Vermindern des Inhalts um 1 (0 darf jedoch nicht unterschritten werden) und Abfrage des Inhalts auf 0.

Das Programm der Maschine besteht aus Anweisungen der Form

i: <u>do</u> f; <u>goto</u> j;

(Abkürzung: (i, f, j)) oder

i: <u>if</u> t <u>then</u> <u>goto</u> j <u>else</u> <u>goto</u> k;

(Abkürzung: (i, t, j, k)).

Jede Anweisung wird mit einer Marke i versehen, in der Regel einer natürlichen Zahl. Die erste der beiden obigen Anweisungen bedeutet, dass die Maschine die Registeroperation f ausführt und anschließend zur Anweisung mit der Marke j verzweigt. Die zweite Anweisung testet mithilfe der Registeroperation t den Inhalt eines Registers auf den Wert 0. War der Inhalt des Registers 0, so wird zur Anweisung mit der Marke j verzweigt, anderenfalls zur Marke k.

Für f darf man eine der Operationen A_l (= erhöhe den Inhalt des Registers *l* um 1) oder S_l (= erniedrige den Inhalt des Registers *l* um 1, aber nicht unter 0) verwenden, für t eine der Bedingungen T_l (= liefert genau dann den Wert <u>true</u>, wenn im Register *l* die Zahl 0 steht, anderenfalls <u>false</u>).

Registermaschinen mit m Registern berechnen also Funktionen

$$f: \mathbb{N}_0^r \rightarrow \mathbb{N}_0^s \text{ mit } r, s \leq m.$$

Die Eingabe $(x_1, ..., x_r) \in \mathbb{N}_0^r$ wird zu Beginn in den ersten r Registern gespeichert. Die übrigen $m - r$ Register werden auf 0 gesetzt. Dann führt die Maschine das Programm beginnend bei der mit 0 markierten Anweisung aus. Die Maschine stoppt ihre Berechnung, wenn sie zu einer Marke verzweigen soll, die in dem Programm nicht existiert. Der Inhalt der ersten s Register bildet dann das gewünschte Ergebnis.

Beispiele:

1. Addition zweier Zahlen $a, b \in \mathbb{N}_0$. Eine 2-Registermaschine ($m = 2$) soll die Abbildung

$$g: \mathbb{N}_0 \times \mathbb{N}_0 \to \mathbb{N}_0$$
$$g(a, b) = a + b$$

realisieren. Geeignet ist folgendes Programm:

```
0: if T₂ then goto 3 else goto 1;
1: do A₁; goto 2;
2: do S₂; goto 0;
```

Als *Konfiguration* bezeichnen wir das Tripel $(i, r_1, r_2) \in \mathbb{N}_0^3$, wobei i die aktuell bearbeitete Zeile des Programms und r_1 und r_2 die Inhalte der beiden Register angeben.

Startet man die Maschine in der Konfiguration $(0, 3, 2)$, so erhält man die Summe durch fortlaufende Konfigurationsübergänge:

$$(0, 3, 2) \to (1, 3, 2) \to (2, 4, 2)$$
$$\to (0, 4, 1) \to (1, 4, 1)$$
$$\to (2, 5, 1) \to (0, 5, 0).$$

Bei der Konfiguration $(0, 5, 0)$ stoppt die Maschine, da in der Anweisung 0 der Sprung „goto 3" nicht ausgeführt werden kann. Die Ausgabe von R_2 ist daher der Wert 5. Die Addition kann also mit zwei Registern realisiert werden.

2. Ganzzahlige Division (div) durch die Konstante 2. Die Abbildung

$$h: \mathbb{N}_0 \to \mathbb{N}_0$$
$$h(a) = a \text{ div } 2$$

wird durch folgendes Programm mit zwei Registern realisiert:

```
0: do S₁; goto 1;
1: if T₁ then goto 4 else goto 2;
2: do S₁; goto 3;
3: do A₂; goto 0;
4: if T₂ then goto 7 else goto 5;
5: do A₁; goto 6;
6: do S₂; goto 4;
```

Man kann zeigen, dass es zu jeder ↑berechenbaren Funktion $f: \mathbb{N}_0 \to \mathbb{N}_0$ eine Registermaschine mit höchstens drei Registern gibt, die f berechnet.

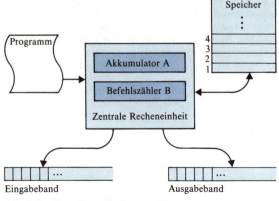

Abb. 1: Verallgemeinerte Registermaschine

Trotz der Einfachheit ist die Arbeitsweise von Registermaschinen kaum zu durchschauen: So ist das ↑Halteproblem für Registermaschinen mit nur zwei Registern bereits unentscheidbar, und man kann mit Registermaschinen Turingmaschinen simulieren.

2. Eine *verallgemeinerte Registermaschine* (engl. *random access machine*, Abk. RAM), eine Maschine mit wahlfreiem Zugriff auf die Speicherzellen und größerem Befehlsvorrat. Sie besteht aus einer zentralen Recheneinheit, einem Speicher, einem Eingabeband, einem Ausgabeband und einem Programm (Abb. 1). Solche Maschinenmodelle verfügen über Befehle, wie sie in ↑Mikroprozessoren vorliegen. Innerhalb der ↑Komplexitätstheorie sind diese Registermaschinen ein wichtiges Hilfsmittel für die Berechnung der Laufzeit von Algorithmen und für die Definition von ↑Komplexitätsklassen.

Parallel arbeitende ↑Rechnerarchitekturen werden durch *parallele Registermaschinen* (engl. *parallel random access machine*, Abk. PRAM) modelliert. Eine PRAM besteht aus einer Menge von identischen Prozessoren $P_1, ..., P_p$, die alle auf einen gemeinsamen Speicher M mit den Speicherzellen $M_1, ..., M_m, p, m \geq 0$, zugreifen können (Abb. 2). Alle Prozessoren arbeiten synchron, d. h., sie werden durch einen gemeinsamen ↑Takt gesteuert und führen die Rechenoperationen gleichzeitig aus. Jeder Prozessor P_i gleicht einer verallgemeinerten Registermaschine (RAM) mit einem privaten Speicher. Jede Speicherzelle des gemeinsamen und des privaten Speichers kann eine natürliche Zahl speichern.

Der Befehlssatz der Prozessoren umfasst die üblichen arithmetischen und logischen Befehle, Vergleichsbefehle, Sprünge sowie Befehle zum direkten

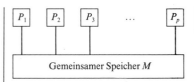

Abb. 2: Parallele Registermaschine (PRAM)

und indirekten Zugriff auf den privaten oder gemeinsamen Speicher. Die Eingabedaten $x_1, ..., x_r$ sind anfangs in den ersten r Speicherzellen von M abzulegen, die Ausgabedaten $y_1, ..., y_s$ befinden sich am Schluss der Rechnung in den ersten s Zellen von M.

Beim Zugriff auf den gemeinsamen Speicher treten Konflikte auf, deren Behandlung zu verschiedenen PRAM-Modellen in der Theorie führt.

reguläre Menge: Die Menge Reg der regulären Mengen über einem ↑Alphabet A ist wie folgt definiert:
1. $\emptyset \in$ Reg, d. h., die leere Menge ist regulär.
2. $\{\varepsilon\} \in$ Reg (ε = leeres Wort).
3. $\{a\} \in$ Reg für alle $a \in A$.
4. Falls $P \in$ Reg und $Q \in$ Reg sind, so gilt auch
(a) $(P \cup Q) \in$ Reg (Vereinigung),
(b) $(P \cdot Q) \in$ Reg (↑Konkatenation),
(c) $Q^* \in$ Reg (das von Q erzeugte Untermonoid).
5. Eine Menge L ist genau dann in Reg, wenn L in endlich vielen Schritten mit den Regeln 1 bis 4 gewonnen werden kann.

Die Menge Reg ist gleich der Menge der von ↑endlichen Automaten erkannten Sprachen und gleich der Menge der ↑regulären Sprachen.

Beispiel:
$$M = \{0\} \cup \{1\} \cdot \{1\}^* \cdot (\{01\} \cup \{\varepsilon\})$$
ist eine reguläre Menge. Eine rechtslineare Grammatik, die M erzeugt, ist
$$G = (N, T, P, S) \text{ mit}$$
$N = \{S, A\}, \quad T = \{0, 1\},$

$P = \{S \to 0, S \to 1A, A \to 01,$
$A \to 1A, A \to \varepsilon\}.$

Reguläre Mengen lassen sich unmittelbar durch ↑reguläre Ausdrücke beschreiben.

regulärer Ausdruck (engl. *regular expression*): Zeichenfolge zur konstruktiven Beschreibung von ↑regulären Mengen.

Die Menge der regulären Ausdrücke über einem ↑Alphabet A und der durch sie beschriebenen ↑regulären Mengen ist wie folgt definiert:

1. „∅" ist ein regulärer Ausdruck, der die reguläre Menge ∅ (leere Menge) bezeichnet.
2. „ε" ist ein regulärer Ausdruck, der die reguläre Menge $\{\varepsilon\}$, die nur aus dem leeren Wort ε besteht, bezeichnet.
3. „a" mit $a \in A$ ist ein regulärer Ausdruck für die reguläre Menge $\{a\}$.
4. Sind p und q reguläre Ausdrücke, die die regulären Mengen P und Q bezeichnen, so ist
(a) „$(p)^*$" ein regulärer Ausdruck, der die reguläre Menge P^* (↑Konkatenation) bezeichnet,
(b) „$(p+q)$" ein regulärer Ausdruck, der die reguläre Menge $P \cup Q$ (Vereinigungsmenge) bezeichnet,
(c) „(pq)" ein regulärer Ausdruck, der die reguläre Menge $P \cdot Q$ (↑Konkatenation) bezeichnet.
5. Jeder reguläre Ausdruck muss durch Anwendung der Regeln 1 bis 4 entstanden sein.

Eine reguläre Menge kann in der Regel durch mehrere Ausdrücke beschrieben werden.

Beispiel:
Über dem Alphabet $\{a,b\}$ wird die reguläre Menge $M = \{aa, ab, ba, bb\}$ beschrieben durch die Ausdrücke:

$((((aa)+(ab))+(ba))+(bb)),$
$((a(a+b))+(b(a+b))),$
$((a+b)(a+b)).$

Reguläre Ausdrücke beschreiben genau die regulären Sprachen. Zu jedem regulären Ausdruck p kann man leicht einen ↑endlichen Automaten angeben, der die durch p beschriebene reguläre Menge akzeptiert.

Beispiel:
Über dem Alphabet $A = \{0,1\}$ betrachte man den regulären Ausdruck

$(0 + ((1(0(1)^*0)^*1)^*(0)^*)^*).$

Die zugehörige reguläre Sprache bezeichnen wir mit M. Zum Beispiel gehören die Wörter

$\begin{aligned} 0 &= 0, \\ 11 &= 3, \\ 1001 &= 9, \\ 10101110 &= 174 \end{aligned}$

zu M. Fasst man die Zeichenfolge als Dualdarstellung (ohne führende Nullen) von natürlichen Zahlen auf, so ergeben sich die rechts daneben stehenden Zahlen. Man kann zeigen: Die Menge M enthält genau die Binärdarstellungen der durch 3 teilbaren Zahlen. Ein zugehöriger endlicher Automat, der M akzeptiert, ist in Abb. 1 dargestellt.

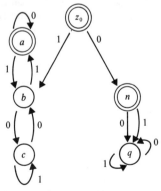

Abb. 1: Endlicher Automat, der die Binärdarstellungen der durch 3 teilbaren Zahlen akzeptiert

417   **Rekursion**

Vergleiche auch das Beispiel unter ↑ rechtslineare Grammatik.

Der Automat besteht aus 6 Zuständen; z_0 ist der Anfangszustand, $\{z_0, a, n\}$ ist die Menge der Endzustände. Die Übergangsfunktion δ ergibt sich aus Abb. 1; zum Beispiel gilt $\delta(z_0, 1) = b$, $\delta(n, 0) = q$ usw. Die Aufspaltung in zwei Teilgraphen nach z_0 entspricht der Vereinigung „$+$" und dem Übergang zum nächsten Zustand der Konkatenation. Durch „$*$" zusammengefasste Zeichenfolgen führen im Automaten zu Zyklen.

reguläre Sprache: (Formale) ↑ Sprache, die von einer ↑ rechtslinearen Grammatik erzeugt werden kann.

Beispiel:
Die Menge L aller Dualdarstellungen von natürlichen Zahlen (ohne führende Nullen) ist eine reguläre Sprache. L wird erzeugt durch die rechtslineare Grammatik $G = (N, T, P, S)$ mit

$N = \{S, A\}, \quad T = \{0, 1\},$
$P = \{(S, 0), (S, 1A), (A, 0A),$
$\qquad (A, 1A), (A, \varepsilon)\}.$

Die Menge der regulären Sprachen ist gleich der Menge der von ↑ endlichen Automaten erkannten Sprachen sowie gleich der Menge der durch ↑ reguläre Ausdrücke beschreibbaren Sprachen und gleich der Menge der von ↑ linkslinearen Grammatiken erzeugbaren Sprachen (↑ Chomsky-Hierarchie).

Rekursion: Definition einer Funktion oder eines Verfahrens durch sich selbst. Genauer: Das Ergebnis eines Verfahrens für die Eingabe x wird auf das Ergebnis des gleichen Verfahrens für eine Eingabe y zurückgeführt (ist hierbei $x = y$, dann lässt sich kein Ergebnis ermitteln). Ebenso wird das Ergebnis für y auf das Ergebnis für z zurückgeführt usw. Damit dieses Vorgehen endet, muss mindestens für einen Wert das Ergebnis des Verfahrens bekannt sein. Bei praktischen Algorithmen sind die Werte $x, y, z, \ldots$ nicht unabhängig voneinander, sondern Fragestellungen des gleichen Problems, die in irgendeinem Sinne zunehmend einfacher werden.

Rekursive Darstellungen sind im Allgemeinen kürzer und leichter verständlich als andere Darstellungen, da sie weniger die konkrete Berechnung als charakteristische Eigenschaften einer Funktion betonen. In Programmiersprachen können vor allem Prozeduren und Funktionen rekursiv definiert werden; prinzipiell gilt dies auch für ↑ Datenstrukturen.

Beispiele:
1. Fakultätsfunktion „!" über $\mathbb{N}_0$:

   (a) $0! = 1$,
   (b) Für $n > 0$ gilt:
      $n! = n \cdot (n - 1)!$

2. Größter gemeinsamer Teiler ggT.
Für alle $m, n \in \mathbb{N}_0$ gilt:

   (a) $\text{ggT}(m, 0) = m$,
   (b) $\text{ggT}(n, m) = \text{ggT}(m, n)$,
   (c) $\text{ggT}(n, m) = \text{ggT}(n, n - m)$
       für $n \geq m$.

3. Die ggT-Definition, wie sie für den ↑ euklidischen Algorithmus benutzt wird:

   (a) $\text{ggT}(m, 0) = m$,
   (b) $\text{ggT}(n, m) = \text{ggT}(m, n \bmod m)$
       für $m > 0$.

4. Die *Collatz-Funktion* $c : \mathbb{N} \to \mathbb{N}_0$ (nach Lothar Collatz, 1910–90):

$$c(1) = 0$$

und für $n \geq 2$:

$$c(n) = \begin{cases} 1 + c\left(\dfrac{n}{2}\right), & n \text{ gerade}, \\[2mm] 1 + c(3 \cdot n + 1), & n \text{ ungerade}. \end{cases}$$

Diese Funktion besitzt beispielsweise die Funktionswerte

14 SD Informatik

Rekursion 418

$c(2) = 1, \quad c(3) = 7,$
$c(4) = 2, \quad ..., \quad c(27) = 111.$

Es ist bis heute nicht bewiesen, ob c für jedes Argument n definiert ist, die Rekursion also stets abbricht. Nachgewiesen hat man dies aber für alle $n \leq 10^{40}$.

5. $mc: \mathbb{N} \rightarrow \mathbb{N}$

(a) $mc(n) = n - 10$, \quad für $n > 100$,
(b) $mc(n) = mc(mc(n+11))$, \quad sonst.

Hier tritt die Funktion in der rekursiven Definition zugleich als ihr eigenes Argument auf. Die Funktion wurde von J. McCarthy (* 1924) „erfunden" und als „*McCarthy 91*" bezeichnet, da $mc(n) = 91$ für $1 \leq n \leq 101$ ist.

6. Weitere Beispiele für rekursive Verfahren sind ↑Quicksort, die ↑Türme von Hanoi, das ↑Springerproblem, die ↑Ackermann-Funktion sowie das Backtracking- und das ↑Branch-and-bound-Verfahren.

Rekursion ist eine unverzichtbare Methode in der Informatik und das wichtigste Prinzip der funktionalen Programmierung. Nur wenige ↑Programmiersprachen, zum Beispiel BASIC, FORTRAN und COBOL, unterstützen rekursive Definitionen nicht.
Ein Spezialfall der Rekursion ist die ↑*Iteration*. Die rekursive Verwendung des Verfahrens erfolgt hierbei stets am Anfang (engl. *head recursion*) oder am Ende (engl. *tail recursion*).

Beispiel:
Es seien B eine Bedingung und A eine Folge von Anweisungen:

procedure P;
begin
  if B then
  begin
    A; P
  end
end

Der Prozeduraufruf „P" kann in diesem Fall iterativ durch die Anweisung

while B do A

ersetzt werden.

Rekursive Problemlösungen dienen in erster Linie der Einsicht in das Problem. Häufig ist jedoch die rekursive Formulierung auch effizient, wie man an Quicksort oder an vielen Algorithmen sieht, die auf den dynamischen Datenstrukturen ↑Baum, ↑lineare Liste oder ↑Graph operieren.
Bei der *direkten Rekursion* ruft sich eine Prozedur P selbst auf.

Beispiel:

procedure P (...);
begin
  ...; P (...); ...
end;

Wird in einer Prozedur P die Prozedur Q aufgerufen und in Q die Prozedur P, so spricht man von *indirekter Rekursion*.

Beispiel:

procedure P (...);
begin
  ...; Q (...); ...
end;
procedure Q (...);
begin
  ...; P (...); ...
end;

Ein konkretes Beispiel findet sich unter ↑Inkarnation. Zur operationalen ↑Semantik von rekursiven Prozeduren vgl. ↑Kopierregel.

Nach den bisherigen Erfahrungen in der *Schule* haben Schüler aller Altersstufen anfangs Schwierigkeiten, rekursive Darstellungen zu verstehen und zu verinnerlichen. Der Grund liegt wohl in einer anderen Vorgehensweise: Man kann in der Regel Rekursion

µ-rekursive Funktion

nicht durch schrittweises Nachvollziehen verinnerlichen, sondern muss von einer Analyse der Problemeigenschaften ausgehen. Diesen Effekt kann man sich anhand des Problems der ↑Türme von Hanoi ab etwa sechs Scheiben klarmachen, indem man versucht, das Problem ohne Zuhilfenahme von Notizen zu lösen.

Folglich sollte der Unterricht das Beschreiben rekursiver Probleme in den Mittelpunkt und das Auflösen der Beschreibungen in den Hintergrund stellen. Die Schüler müssen im Laufe der Zeit das Vertrauen entwickeln, dass solche rekursiven Darstellungen tatsächlich problemangemessen sind und maschinell oder von Hand gelöst werden können.

Rekursionstiefe: Bei der Verwendung rekursiver Prozeduren oder Funktionen kann sich beim Ablauf eines Programmes eine Prozedur innerhalb eines ↑Aufrufs wieder aufrufen usw. Die Anzahl der geschachtelten Aufrufe wird als Rekursionstiefe der Prozedur bezeichnet.

Beispiel:

    function fac (n: integer): integer;
    begin
      if n = 0 then fac := 1
      else fac := n * fac(n − 1)
    end (* fac *);

Aufrufe für fac(4)	Rekursions-tiefe
Aufruf: fac(4)	0
Aufruf: fac(3)	1
Aufruf: fac(2)	2
Aufruf: fac(1)	3
Aufruf: fac(0)	4

Rekursionstiefe 0 bedeutet somit, dass der aktuelle Aufruf nicht während der Ausführung eines Aufrufs der gleichen Prozedur erfolgt ist (↑Inkarnation, ↑Kopierregel, ↑Rekursion).

rekursiv:
1. Eine Funktion heißt rekursiv, wenn sie total und berechenbar ist (↑berechenbare Funktion). Sie heißt *partiell rekursiv,* wenn es einen Algorithmus (genauer: eine ↑Turingmaschine) gibt, der sie berechnet.
2. Es sei A ein Alphabet. Eine Menge $M \subseteq A^*$ heißt rekursiv, wenn M eine ↑entscheidbare Menge ist, wenn es also einen stets anhaltenden Algorithmus gibt, der zu jedem $u \in A^*$ nach endlich vielen Schritten feststellt, ob $u \in M$ ist oder nicht. Rekursive Mengen sind somit genau die Mengen, für die das ↑Wortproblem lösbar ist. M heißt *rekursiv aufzählbar,* wenn M ↑aufzählbar ist.
3. Eine Prozedur heißt rekursiv, wenn sie sich direkt oder indirekt selbst aufrufen kann (↑Rekursion).

µ-rekursive Funktion [ˈmyː-]: Die µ-rekursiven Funktionen bilden eine Funktionenklasse, die nach dem gleichen Schema wie die der ↑primitiv-rekursiven Funktionen aufgebaut ist: Man gibt eine Reihe von einfachen Grundfunktionen an und Verfahren, wie man aus bereits bekannten Funktionen neue gewinnt. Zur Funktionenklasse gehören dann genau diejenigen Funktionen, die man durch endlich viele Anwendungen der Erzeugungsverfahren aus den Grundfunktionen erhält.

Die Klasse der µ-rekursiven Funktionen ist die kleinste Klasse R von Funktionen über den natürlichen Zahlen, für die gilt:
(i)   Für alle $n \in \mathbb{N}_0$ ist
        $c^n : \mathbb{N}_0^n \rightarrow \mathbb{N}_0$ mit $c^n(x) = 0$
        für alle $x \in \mathbb{N}_0^n$ in R.
(ii)   Die Nachfolgerfunktion
        $N : \mathbb{N}_0 \rightarrow \mathbb{N}_0$ mit $N(x) = x + 1$
        für alle $x \in \mathbb{N}_0$ ist in R.

µ-rekursive Funktion 420

(iii) Für alle $n \in \mathbb{N}_0$ und $1 \leq i \leq n$ ist die Projektion $p_i^n : \mathbb{N}_0^n \to \mathbb{N}_0$ mit
$$p_i^n(x_1, \dots, x_n) = x_i \text{ in } R.$$

(iv) Sind $f : \mathbb{N}_0^n \to \mathbb{N}_0$ und
$g_1, \dots, g_n : \mathbb{N}_0^m \to \mathbb{N}_0$ in R,
dann ist $h : \mathbb{N}_0^m \to \mathbb{N}_0$ mit
$$h(x) = f(g_1(x), \dots, g_n(x))$$
in R. Dabei ist $h(x)$ genau dann definiert, wenn alle $g_i(x)$ und $f(g_1(x), \dots, g_n(x))$ definiert sind.

(v) Sind $g : \mathbb{N}_0^n \to \mathbb{N}_0$ und
$h : \mathbb{N}_0^{n+2} \to \mathbb{N}_0$ in R,
dann ist auch die Funktion
$f : \mathbb{N}_0^{n+1} \to \mathbb{N}_0$ in R,
welche die folgenden Gleichungen erfüllt:
1. $f(0, y) = g(y)$;
2. $f(x+1, y) = h(x, f(x, y), y)$
für alle $x \in \mathbb{N}_0$ und
für alle $y \in \mathbb{N}_0^n$.
Dabei ist $f(0, y)$ genau dann definiert, wenn $g(y)$ definiert ist. Für $x \geq 0$ ist $f(x+1, y)$ genau dann definiert, wenn $h(x, f(x, y), y)$ und $f(u, y)$ für alle $u < x$ definiert sind.

(vi) Ist $f : \mathbb{N}_0^{n+1} \to \mathbb{N}_0$ in R, dann ist auch $\mu f : \mathbb{N}^n \to \mathbb{N}_0$ mit

$$\mu f(y) := \begin{cases} \min\{x \mid f(x, y) = 0 \\ \quad \text{und für alle} \\ \quad u \leq x \text{ ist} f(u, y) \\ \quad \text{definiert}\}, \\ \quad \text{falls ein solches } x \\ \quad \text{existiert,} \\ \text{undefiniert,} \\ \quad \text{falls ein solches } x \\ \quad \text{nicht existiert} \end{cases}$$

in R. Man sagt, μf entsteht aus f durch Anwendung des *µ-Operators.*

Da μf nicht unbedingt für jedes Argument definiert ist, gehören auch partielle Funktionen (also Funktionen, die nur auf einer Teilmenge von $\mathbb{N}^n$ definiert sind) zur Klasse der µ-rekursiven Funktionen. Lässt man (vi) weg, so erhält man die *primitiv-rekursiven*

Funktionen, die also eine Teilklasse der µ-rekursiven Funktionen bilden. Eine µ-rekursive Funktion, die nicht primitiv-rekursiv ist, ist die ↑Ackermann-Funktion.

Der griechische Buchstabe µ (My; wegen dt. m für min) steht dafür, dass der Funktionswert von $\mu f(y)$ durch Suche nach einem Minimum für x gebildet wird.

Beispiele:
1. Sei $f(x, y) = x + y$ für alle $x, y \in \mathbb{N}_0$.
Dann gilt:
$$\mu f(y) = \begin{cases} 0, & \text{falls } y = 0, \\ \text{undefiniert sonst.} \end{cases}$$

Denn $\min \{x \mid f(x, y) = x + y = 0\}$ ist nur definiert und dann gleich 0, falls $y = 0$ ist.
2. Sei
$$f(x, y) = \begin{cases} 0, & \text{falls } x = y, \\ \text{undefiniert sonst.} \end{cases}$$

Dann ist
$$\mu f(y) = \begin{cases} 0, & \text{falls } y = 0, \\ \text{undefiniert sonst.} \end{cases}$$

Zwar ist $\min \{x \mid f(x, y) = 0\}$ für alle $y \in \mathbb{N}_0$ definiert und gleich y. Jedoch gilt nur für $y = 0$ die Zusatzbedingung, dass $f(u, y)$ auch für alle $0 \leq u \leq x = y$ definiert ist.

Der µ-Operator ist eine Formalisierung der while-Schleife. Man kann ihn mit folgendem Programmstück beschreiben:

```
read (y);
x := 0;
while f(x,y) + 0 do x := x + 1;
write (x).
```

Ist μf nicht definiert, so terminiert die Schleife nicht.
Die Klasse der µ-rekursiven Funktionen ist gleich der Klasse der durch ↑Turingmaschinen berechenbaren Funktionen und ist somit nach der

↑churchschen These gleich der Klasse der ↑berechenbaren Funktionen.

Manchmal werden die µ-rekursiven Funktionen statt über den natürlichen Zahlen über den Wörtern eines Alphabets definiert. Da man diese aber umkehrbar eindeutig in die natürlichen Zahlen codieren kann, bleibt die Funktionenklasse im Wesentlichen die gleiche.

Relais [rə'lɛː]: Bezeichnung für ein (heute in Datenverarbeitungsanlagen nicht mehr verwendetes) elektromagnetisches Schaltgerät.

Ursprünglich wurde das Relais entwickelt, um im Telegrafendienst den Signalstrom zu verstärken.

Im Jahre 1941 stellte Konrad Zuse die erste funktionsfähige programmierbare Rechenanlage der Welt fertig. Sie verfügte über insgesamt 2 600 Relais.

Relation: Eine binäre Relation R auf einer Menge M ist eine Teilmenge von $M \times M$. Sind $a, b \in M$ und gilt $(a, b) \in R$, so sagt man: „a und b stehen in der Relation R". Gelegentlich schreibt man statt $(a, b) \in R$ auch $a R b$. Eine Relation ist

- *reflexiv,* wenn für alle $a \in M$ $(a, a) \in R$ gilt;
- *transitiv,* wenn für alle $a, b, c \in M$ aus $(a, b) \in R$ und $(b, c) \in R$ stets $(a, c) \in R$ folgt;
- *symmetrisch,* wenn für alle $a, b \in M$ aus $(a, b) \in R$ auch $(b, a) \in R$ folgt;
- *antisymmetrisch,* wenn für alle $a, b \in M$ aus $(a, b) \in R$ und $(b, a) \in R$ stets $a = b$ folgt.

Eine reflexive, symmetrische und transitive Relation ist eine *Äquivalenzrelation,* eine reflexive, antisymmetrische und transitive Relation eine *Ordnung.* Allgemein ist eine *n*-stellige Relation eine Teilmenge eines kartesischen Produkts $M_1 \times \ldots \times M_n$. Solche Relationen stellt man durch Tabellen mit n Spalten dar. Hierauf beruhen die Darstellungen in relationalen ↑Datenbanken.

repeat [rɪ'piːt]: Mithilfe der repeat-Schleife kann man in vielen Programmiersprachen ↑Anweisungen in Abhängigkeit von einer Bedingung mehrfach ausführen (↑Schleife). Eine repeat-Schleife wird beispielsweise wie folgt notiert:

```
repeat
    write ('Positive Zahl eingeben:');
    read (n)
until n > 0;
```

Bei Abarbeitung der repeat-Schleife werden zunächst die Anweisungen zwischen repeat und until ausgeführt. Danach wird die Bedingung geprüft, und falls sie nicht zutrifft, wird die repeat-Schleife erneut ausgeführt. Die repeat-Schleife wird immer dann benutzt, wenn eine Folge von Anweisungen mindestens einmal ausgeführt werden soll (↑while).

resident: Programme und Daten, die beim Start eines Computersystems in den ↑Hauptspeicher geladen werden und dort während des Systemlaufs verweilen, heißen resident. Typische residente Programme sind das Betriebssystem oder Teile davon und bestimmte Übersetzer. Die Bezeichnung resident wird auch für Teile von Benutzerprogrammen verwendet, die während der Bearbeitung dauernd im Hauptspeicher verweilen (↑Speicherverwaltung), z. B. ein Taschenrechner, eine Uhr oder gewisse Suchfunktionen.

Reverse Engineering: Ingenieurmäßig durchgeführter Analysevorgang, der den Synthese- oder Konstruktionsvorgang rückwärts durchläuft. Ausgehend von einem Softwaresystem wird der Entwicklungsprozess in umgekehrter Reihenfolge durchlaufen mit dem Ziel, die gestaltenden Ideen und die abstrakten Konzepte, die dem konkreten System zugrunde liegen, aufzuspüren. Wenn möglich soll am Ende dieses Prozesses eine weitgehend for-

RISC-Architektur 422

male ↑ Spezifikation stehen; dies ist bei größeren Systemen aber zur Zeit nicht erreichbar. Man gibt sich daher mit der Erkennung von Strukturen, ↑ Datentypen und ↑ Nebenläufigkeiten zufrieden. Allerdings legt man größten Wert auf die *Redokumentation,* d. h., auf die Beschreibung der Systemteile (↑ Modul), ihrer Schnittstellen und der Verflechtung mit anderen Programmen. Diese Informationen werden in der Regel im Dialog ermittelt: Die Benutzer analysieren Durchläufe durch das System, sie untersuchen die zugrunde liegenden Datenstrukturen usw., und sie fügen anschließend alle Erkenntnisse zu einer Dokumentation zusammen. Dieses Vorgehen dient somit zugleich einem besseren Verständnis von (undokumentierter) Software, weshalb Methoden des Reverse Engineering im ↑ Reengineering Verwendung finden.

RISC-Architektur (RISC Abk. für engl. **r**educed **i**nstruction **s**et **c**omputer „Computer mit eingeschränktem Befehlsvorrat"): Im Laufe der Entwicklung von Prozessoren wurden diese immer komplexer und enthielten viele Befehle, die in der Praxis (und von ↑ Übersetzern) kaum genutzt wurden (**CISC,** Abk. für engl. **c**omplex **i**nstruction **s**et **c**omputer).

Anfang der 1980er-Jahre hat man begonnen, Mikroprozessoren mit möglichst wenigen (40 bis 80) Befehlen zu bauen. Solche Prozessoren bieten folgende Vorteile:

- einheitliche kurze Zykluszeit für alle Befehle,
- Vermeidung von Adressberechnungen, wo immer möglich (dies bedeutet, dass der Zugriff auf den Hauptspeicher nur durch wenige normierte Befehle stattfinden soll),
- Minimierung der benötigten Fläche auf dem ↑ Chip (wodurch Platz für andere Komponenten entsteht),

- Nutzung von Optimierungstechniken, v. a. ↑ Pipelineverarbeitung,
- Unterstützung von Betriebssystemen und Übersetzern,
- kürzere Entwicklungszeiten.

RISC-Prozessoren (↑ Mikroprozessoren, Tab. 1) bestätigen die erwarteten Vorteile gegenüber komplexen Befehlsstrukturen; allerdings ist die Leistungssteigerung anwendungsabhängig (↑ Bewertungskriterien). Für spezifische Anwendungen etwa in der Prozessdatenverarbeitung und zur optimalen Nutzung von Systemen werden auch weiterhin CISC-Rechner eine bedeutende Rolle spielen.

Roboter (zu tschech. robota „[Fron]arbeit"): Umgangssprachliche Bezeichnung für flexible Handhabungsgeräte, die deutlich über die Leistung von ↑ NC-Maschinen hinausgehen. Oft sind Roboter programmgesteuerte Maschinen, deren Arbeitsweise der eines Menschen nachgebildet ist und die komplexe manuelle Tätigkeiten eines Menschen ausführen können. Um Gegenstände (z. B. Werkzeuge) greifen und mit ihnen manipulieren zu können, verfügen Roboter über mechanische Dreh- und Greifvorrichtungen sowie über Sensoren, mit denen sie ihre Umwelt (zz. jedoch sehr beschränkt) wahrnehmen können. Die Programmierung eines Roboters für wechselnde Aufgaben geschieht im Allgemeinen nicht durch Neueingabe oder Änderung seines Programms, sondern durch ein *Teach-in-Verfahren,* bei dem dem Roboter die auszuführenden Bewegungen und Handgriffe von einem Menschen an der konkreten Aufgabe „gezeigt" werden. Der Roboter führt den neuen Bewegungsablauf entsprechend durch und speichert ihn gleichzeitig ab. Sollen Roboter menschliche (Routine-)Aufgaben übernehmen und mit Menschen kommunizieren, so müssen sie über unscharfe Begriffe und vages Wissen verfügen (↑Softcomputing). Die im Zusammenhang mit Robotern auftretenden Probleme sind Forschungsaufgaben im Bereich der ↑künstlichen Intelligenz; die Realisierung einzelner Funktionen, die Steuerung der Ein- und Ausgabe sowie der Informationsaustausch erfolgen meist mit (Software-)↑Agenten.

In der Sciencefictionliteratur werden „Roboter" meist mit denkenden Maschinenmenschen gleichgesetzt.

ROM (Abk. für engl. **r**ead **o**nly **m**emory „Nurlesespeicher"): Festwertspeicher; Speicher, dessen Inhalt bereits bei der Herstellung festgelegt wird und nicht mehr verändert werden kann. ROMs werden vorwiegend als Speicher für feste Programme (z. B. für Betriebssystemkomponenten) und für unveränderbare Daten verwendet (↑PROM, ↑RAM, ↑optischer Speicher, dort CD-ROM).

RPG (Abk. für engl. **r**eport **p**rogram **g**enerator): Problemorientierte Programmiersprache und ↑Programmgenerator für Programme zur Verarbeitung von Datenlisten. RPG wird v. a. im kaufmännischen Bereich eingesetzt, wenn eine ↑Datei eingelesen werden soll, in der gleichartig strukturierte Datensätze stehen. Dabei müssen gewisse Berechnungen auf den Datensätzen ausgeführt und die Datensätze zusammen mit den Ergebnissen der Berechnungen in einem festgelegten Format ausgedruckt werden. RPG ermöglicht die Spezifikation solcher Listenverarbeitungen.

Der Nachteil von RPG ist, dass komplizierte Berechnungen (z. B. rekursive Funktionen, dynamische Datenstrukturen) nicht möglich sind. Solche Berechnungen müssen als Assemblerprogramm formuliert werden, das von einem RPG-Programm aufgerufen werden kann.

RSA-System: Wichtigstes Public-Key-Kryptosystem (↑Kryptographie), das Ende der 1970er-Jahre von Ronald **R**ivest, Adi **S**hamir und Leonard **A**dleman entwickelt und nach ihnen benannt wurde. Es beruht auf der Tatsache, dass es praktisch unmöglich ist, zwei große Primzahlen p und q aus der alleinigen Kenntnis des Produkts $n = pq$ zurückzugewinnen (Problem der Primfaktorzerlegung). Zur Verschlüsselung genügt im Wesentlichen die Bekanntgabe von n, zur Entschlüsselung müssen beide Primzahlen p und q bekannt sein.

Das RSA-Verfahren verläuft folgendermaßen: Seien p und q zwei beliebige, große Primzahlen (in der Praxis haben p und q mindestens 100 Dezimalstellen); die Frage, ob eine Zahl p Primzahl ist oder nicht, lässt sich „ziemlich sicher" mit einem speziellen ↑stochastischen Algorithmus schnell feststellen.

Es sei $n = pq$. $\varphi\colon \mathbb{N} \to \mathbb{N}$ sei die eulersche φ-Funktion, die zu jeder Zahl n die Anzahl $\varphi(n)$ der teilerfremden kleineren Zahlen angibt:

$$\varphi(n) = |\{a \mid 1 \le a < n \text{ und } \mathrm{ggT}(a, n) = 1\}|.$$

Wenn p und q Primzahlen sind, gilt:

$$\varphi(n) = \varphi(p \cdot q) = (p-1) \cdot (q-1).$$

Beispiele:

$$\varphi(10) = 4, \varphi(11) = 10, \varphi(12) = 4.$$

Man wählt eine beliebige Zahl c zwischen 1 und n mit $\mathrm{ggT}(c, \varphi(n)) = 1$. Anschließend bestimmt man eine Zahl $d \in \mathbb{N}$, sodass $c \cdot d = 1 \bmod \varphi(n)$ erfüllt ist. Mithilfe des ↑euklidischen Algorithmus kann dies auf einfache Weise maschinell erfolgen. Die Zahlen n und c legen dann die Verschlüsselungsfunktion V fest. Ein (vorher in Zahlen umzuwandelnder) Klartext w wird verschlüsselt durch die Abbildung

RSA-System

$V(w) = w^c \bmod n$.

Die Entschlüsselung erfolgt für einen Schlüsseltext u durch

$$E(u) = u^d \bmod n.$$

Es gilt: $E(V(w)) = w$.

Dieses Verfahren, zusammen mit dem Problem der Unterschrift, ist in den Abbildungen 1 und 2 dargestellt.

Jede Person X macht Folgendes:
Wähle zwei mindestens 100-stellige Primzahlen p_X, q_X. Bilde

$n_X := p_X \cdot q_X$ und
$m_X := (p_X - 1) \cdot (q_X - 1)$.

Wähle c_X so, dass c_X und m_X teilerfremd sind, und bestimme ein d_X so, dass

$$c_X \cdot d_X = 1 \bmod m_X$$

gilt. Trage (n_X, c_X) in den öffentlichen Katalog EMPFÄNGER ein. Führe das Gleiche für zwei andere Primzahlen p_X', q_X' durch, und trage (n_X', d_X') in den öffentlichen Katalog ABSENDER ein.
Die Zahlen d_X und c_X' hält die Person X geheim.

Abb. 1: Erstellen der öffentlichen Kataloge. Alle Interessierten können sich nach obigem Schema in zwei Kataloge eintragen lassen, die es dem Empfänger ermöglichen, eindeutig den Absender zu identifizieren (ABSENDER), und es dem Absender erlauben, eindeutig den Empfänger festzulegen (EMPFÄNGER)

Beispiel:
Seien

$$p = 47, \ q = 59, \ n = pq = 2\,773$$

und

$$\varphi(n) = (p-1)(q-1) = 2\,668.$$

Für c wählt man z. B. die Zahl 17, da

der ggT$(17, 2\,668) = 1$ ist, und für d die Zahl 157, denn es gilt:

$$cd = 2\,669 = 1 \bmod 2\,668.$$

Die Verschlüsselungsfunktion V wird durch das Zahlenpaar (n, c), die Entschlüsselungsfunktion E durch das Zahlenpaar (n, d) festgelegt:

$$V(w) = w^c \bmod n = w^{17} \bmod 2\,773,$$
$$E(w) = w^d \bmod n = w^{157} \bmod 2\,773.$$

Um einen Text zu verschlüsseln, müssen zunächst die Buchstaben in Zahlen umgewandelt werden. Wir wählen hier willkürlich:

$$A = 01, \ B = 02, \ C = 03, ..., \ Z = 26.$$

Das Leerzeichen habe die Codierung 00. Das als Zahl dargestellte Wort wird anschließend in Blöcke gleicher Größe zerlegt, die getrennt verschlüsselt werden. Für die Blockgröße empfiehlt sich die Zahl $i - 1$, für die $10^{i-1} \le n < 10^i$ gilt; falls n größer als die auftretenden codierten Zahlen der Länge i ist, kann auch die Zahl i verwendet werden. Die Zahldarstellung des Wortes „STALL" lautet z. B.

1920011212.

Nach der Zerlegung in Blöcke der Länge 4 $(10^3 \le 2\,773 < 10^4$, und n ist größer als die Codierung von ZZ = 2626) und Auffüllen mit Leerzeichen erhält man dann

1920 0112 1200.

Durch Anwendung der Verschlüsselungsfunktion folgt der Schlüsseltext:

2109 1084 1444,

denn es gilt z. B.

$$2109 = 1920^{17} \bmod 2773.$$

Mithilfe der Entschlüsselungsfunktion erhält man den Klartext zurück:

$$1920 = 2109^{157} \bmod 2773.$$

RSA-System

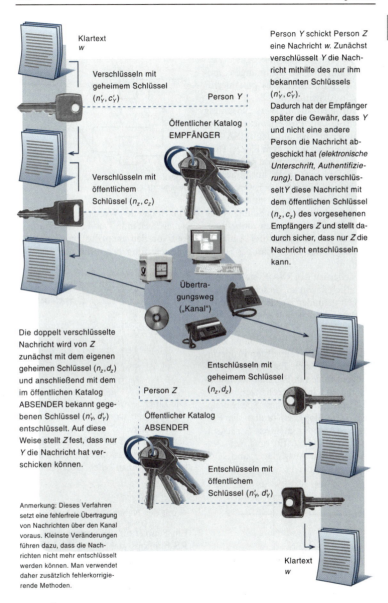

Abb. 2: Öffentliche Versendung geheimer, mit einer „Unterschrift" versehener Nachrichten

Die bei der Ver- und Entschlüsselung auftretenden hohen Potenzen brauchen nicht effektiv ausgerechnet zu werden (Gefahr des Überlaufs). Vielmehr kann man alle Rechnungen „modulo n" durchführen; es gibt hierfür schnelle Algorithmen.

Ein vor allem für die Verschlüsselung ↑ elektronischer Post entwickeltes Programmpaket, das auf dem RSA-System basiert, ist unter dem Kürzel **PGP** (Abk. für engl. **p**retty **g**ood **p**rivacy) bekannt. Das System ist kostenfrei erhältlich und bietet je nach Größe der Schlüssel einen „recht guten" (engl. pretty good) bis sicheren Schutz geheimer Mitteilungen gegen unbefugtes Abhören einschließlich ihrer Authentifizierung mittels elektronischer Unterschrift.

Die Sicherheit des RSA-Systems hängt wesentlich davon ab, ob schnelle Algorithmen gefunden werden, um Zahlen in Primfaktoren zu zerlegen, was gleichbedeutend mit einem Knacken des Systems ist. Zz. besteht noch keine Gefahr, denn die schnellsten Programme benötigen zum Zerlegen von 200-stelligen Zahlen in Primfaktoren mehrere tausend Jahre Rechenzeit.

RS-Flipflop: Einfaches Speicherelement (↑ Flipflop). Es besitzt die Eingänge r (Abk. für engl. **r**eset „rücksetzen") und s (Abk. für engl. **s**et „setzen") und die Ausgänge z und seine Negation $\bar{z}$ (Abb. 1).

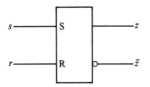

Abb. 1: Schaltzeichen des RS-Flipflops

Ein RS-Flipflop kann mithilfe zweier über Kreuz rückgekoppelter NOR-Gatter (↑ NOR-Funktion) realisiert werden, wie dies in Abb. 2 dargestellt ist.

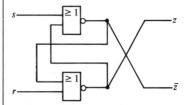

Abb. 2: Darstellung des RS-Flipflops durch zwei NOR-Gatter

Die folgende Wertetabelle gibt die neuen Zustände z' und $\bar{z}'$ in Abhängigkeit von den alten Zuständen z und $\bar{z}$ und den Eingaben r und s an:

r	s	z	$\bar{z}$	z'	$\bar{z}'$	
0	0	0	1	0	1	} Speichern
0	0	1	0	1	0	
0	1	0	1	1	0	} Setzen
0	1	1	0	1	0	
1	0	0	1	0	1	} Rücksetzen
1	0	1	0	0	1	
1	1	0	1	–	–	
1	1	1	0	–	–	

Die Eingabe $r = s = 1$ ist verboten, da die Ausgabe dann keinen definierten Wert besitzt.

Setzt man die Funktionswerte für verbotene Eingangskombinationen auf 1, so erhält man die Übergangsgleichung:

$$z' = \bar{r}z + s$$

mit der Nebenbedingung $rs = 0$.

Ein *Beispiel* für die Verwendung eines RS-Flipflops steht unter ↑ Schaltwerk mit Speichergliedern.

Rückkehradresse: Wenn eine ↑ Prozedur an einer Stelle in einem Programm aufgerufen wird, dann muss nach Beendigung des Aufrufs die nächste Anweisung hinter dem Prozeduraufruf ausgeführt werden. Hierzu merkt man sich anfangs die Stelle hinter dem Prozeduraufruf, um nach Abarbeitung des Prozedurrumpfs an diese Stelle zu springen. Eine solche Stelle bezeichnet man als Rückkehradresse. In allen Maschinensprachen existieren ↑Befehle, welche die Speicherung der Rückkehradresse organisieren, z. B. in der Form

<u>call</u> ausgabe,

wodurch die Adresse der Anweisung, die hinter dem <u>call</u>-Befehl steht (Rückkehradresse), gespeichert und anschließend zur ↑ Marke „ausgabe" gesprungen wird. Am Ende der Prozedur mit der Anfangsadresse „ausgabe" steht dann der Befehl

<u>return</u>,

welcher bewirkt, dass die Rückkehradresse aus dem Speicher gelesen und ein Sprung dorthin ausgeführt wird.

Rucksackproblem (engl. *knapsack problem*): Beispiel für ein ↑NP-vollständiges Problem.

Gegeben sind ein Rucksack mit einer maximalen Tragfähigkeit G und n Gegenstände unterschiedlichen Gewichts $g_i, i \in \{1, ..., n\}$, und unterschiedlichen Wertes $w_i, i \in \{1, ..., n\}$. Der Rucksack soll so mit den Gegenständen bepackt werden, dass einerseits das Gesamtgewicht der eingepackten Gegenstände die Tragfähigkeit des Rucksacks nicht überschreitet und andererseits der Gesamtwert der Gegenstände möglichst groß ist.

Mathematisch gesprochen sucht man eine Indexmenge $I \subset \{1, ..., n\}$ mit folgenden Bedingungen:

(1) $\sum\limits_{i \in I} w_i$ ist maximal,

(2) $\sum\limits_{i \in I} g_i \leq G$.

Beispiel:

$g_1 = 1, g_2 = 3, g_3 = 4, g_4 = 7;$
$w_1 = 2, w_2 = 4, w_3 = 3, w_4 = 5;$
$G = 11.$

Abb. 1 zeigt die möglichen Fälle, einen Gegenstand einzupacken oder nicht einzupacken, und die zugehörigen Gesamtwerte und Gesamtgewichte in Form eines ↑Baumes. Die Indexmenge $I = \{1, 2, 4\}$ ist eine (und in diesem Beispiel auch die einzige) Lösung zu diesem Problem. Die Äste, die zu einem Gesamtgewicht größer als G führen, wurden in Abb. 1 weggelassen.

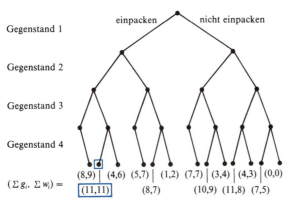

Abb. 1: Baumstruktur eines Beispiels für das Rucksackproblem

Rundung

Nahe liegend ist ein ↑Backtracking-Verfahren zur Lösung, das alle möglichen Indexmengen durchprobiert und dabei die Bedingungen (1) und (2) prüft. Da es 2^n verschiedene Indexmengen gibt, hat dieser Algorithmus im schlechtesten Fall eine Laufzeit von der ↑Ordnung $O(2^n)$. Bisher wurde kein Algorithmus gefunden, der das Rucksackproblem mit der Laufzeit von der Ordnung eines Polynoms in n löst.

Rundung: In einer Rechenanlage werden reelle Zahlen durch eine feste Anzahl von Stellen (↑Bits) dargestellt. Ziffern, die außerhalb des Darstellungsbereichs liegen, müssen entweder vernachlässigt werden (Abschneiden), oder die Zahl wird durch die nächstgelegene darstellbare Zahl ersetzt ("runden"; ist die neue Zahl größer als die gegebene Zahl, so spricht man von "aufrunden", sonst von "abrunden"). Die Abweichung der im Rechner dargestellten Gleitpunktzahl von der wahren reellen Zahl bezeichnet man als *Rundungsfehler*.

Die unterschiedliche Wirkung von Runden und Abschneiden bei der ↑Gleitpunktdarstellung zeigt die folgende Tabelle. Es wird dazu angenommen, dass zur Darstellung der Mantisse 4 Stellen nach dem Dezimalpunkt und zur Darstellung des Exponenten 2 Stellen zur Verfügung stehen.

reelle Zahl	normalisierte abgeschnittene Gleitpunktzahl	normalisierte gerundete Gleitpunktzahl
$\frac{1}{2}$	$0.5000 \cdot 10^{00}$	$0.5000 \cdot 10^{00}$
$\frac{1}{6}$	$0.1666 \cdot 10^{00}$	$0.1667 \cdot 10^{00}$
12345.3	$0.1234 \cdot 10^{05}$	$0.1235 \cdot 10^{05}$
1000100	$0.1000 \cdot 10^{07}$	$0.1000 \cdot 10^{07}$

Stehen zur Darstellung der Mantisse einer Gleitpunktzahl n Stellen im ↑Stellenwertsystem zur Basis b zur Verfügung, so ist der relative Rundungsfehler, der auftritt, wenn man statt mit der gegebenen reellen Zahl x mit der gerundeten Zahl $\bar{x}$ rechnet

$$\frac{|x - \bar{x}|}{|x|} \leq \frac{1}{2} \cdot b^{1-n}.$$

Die Konstante

$$\frac{1}{2} \cdot b^{1-n}$$

bezeichnet man auch als *Maschinengenauigkeit*.

Beispiel:

Sei $x = \frac{1}{6}$, $b = 10$, $n = 4$. Dann ist $\bar{x} = 0.1667 \cdot 10^{00}$. Der relative Rundungsfehler errechnet sich zu

$$\frac{|x - \bar{x}|}{|x|} = 0.0002 \leq \frac{1}{2} \cdot 10^{-3}$$
$$= 0.0005.$$

Wegen des Einflusses von Rundungsfehlern kann eine mathematisch korrekte Rechnung trotzdem zu falschen Ergebnissen führen. Bei manchen Rechenanlagen kann man die Genauigkeit vergrößern und mit der doppelten Stellenzahl rechnen (*doppelte Genauigkeit,* engl. *double precision*). Dies ist bei vielen numerischen Problemen empfehlenswert, häufig aber noch nicht ausreichend. Gewisse Programmiersprachen arbeiten daher mit beliebig vorgebbarer Genauigkeit (z. B. Dialekte von ↑LISP), oder es werden die maximal möglichen Fehler mitgeführt (z. B. bei der PASCAL-Erweiterung PASCAL-SC).

Rundungen werden dem Benutzer beim Rechnen mit reellen Zahlen nicht angezeigt. Verlässt man dagegen beim Rechnen mit ganzen Zahlen den Darstellungsbereich, so wird das Programm in der Regel mit einem Überlauffehler (↑Bereichsüberschreitung) abgebrochen.

SADT-Methode (SADT Abk. für engl. structured analysis and design technique): Verfahren zur hierarchischen Analyse und grafischen Darstellung bestehender Systeme und Hilfsmittel für den Entwurf von Systemen. Mit der SADT-Methode kann man sowohl die Ergebnisse der Problemanalysephase (↑ Software-Engineering) formulieren und zusammenfassen, als auch in der nachfolgenden Entwurfsphase das Verhalten des zukünftigen Systems spezifizieren.

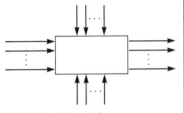

Abb. 1: Grundelement eines SADT-Diagramms

Die graphischen Darstellungen eines Systems werden bei der SADT-Methode aus den beschrifteten Grundelementen Kasten und Pfeil aufgebaut (Abb. 1) und nach folgenden Prinzipien gebildet:
a) Jedes System wird möglichst auf zwei verschiedene Weisen dargestellt, einmal unter dem *funktionalen* und einmal unter dem *objektbezogenen* Aspekt. Im ersten Fall enthält der Kasten die Funktion, und die Pfeile geben Objekte an (Abb. 2), im zweiten Fall umgekehrt (Abb. 3).
Beide Darstellungen sind für eine vollständige Beschreibung des Systems notwendig und erleichtern die Überprüfung des grafischen Modells auf Korrektheit. Die Pfeile an den Kästen haben unabhängig davon stets die gleiche Bedeutung:
- Eingaben erfolgen von links (E),
- Ausgaben gehen nach rechts (A),
- Steuerungsinformationen kommen von oben (S),
- zusätzliche Mechanismen wirken von unten ein (M).

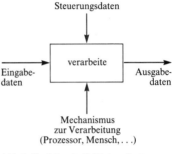

Abb. 2: Funktionale Sicht eines Systems

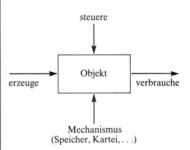

Abb. 3: Objektbezogene Sicht eines Systems

b) Die Beschreibung eines Systems beginnt auf der höchsten Abstraktionsstufe. Durch die Verfeinerung einzelner Teilsysteme, welche jeweils nicht mehr als sechs neue Teilsysteme produzieren sollten, wird das System hierarchisch zergliedert. Die Beschränkung auf höchstens sechs neue Teilsysteme hat den Zweck, eine zu starke Verfeinerung einzelner Teilsysteme und damit eine wachsende Unüber-

SADT-Methode

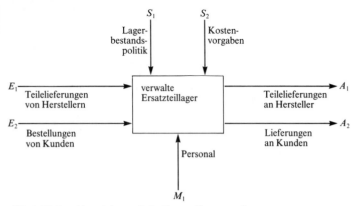

Abb. 4: Höchste Abstraktionsstufe der Ersatzteillagerverwaltung

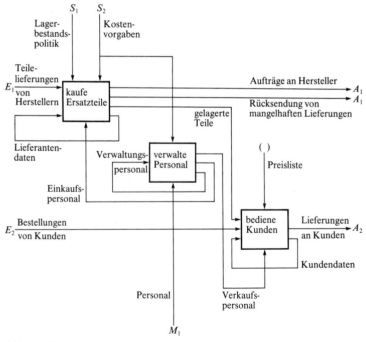

Abb. 5: Verfeinerung des Diagramms aus Abbildung 4

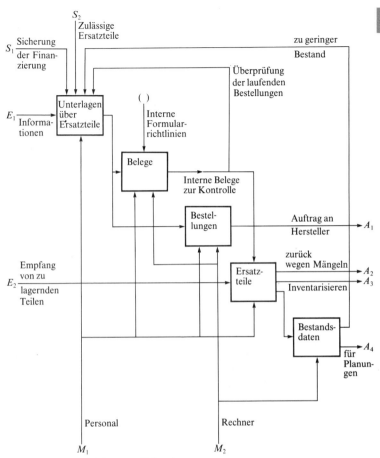

Abb. 6: Mögliche objektbezogene Sichtweise

sichtlichkeit zu verhindern. Innerhalb einer Verfeinerung werden die neuen Teilsysteme treppenartig von links oben nach rechts unten angeordnet (vgl. Abb. 5). Diese Anordnung legt aber keine Ablaufreihenfolge fest.
c) Jedes System sollte jeweils von mehreren verschiedenen Standpunkten aus betrachtet und beschrieben werden.
d) Mit der SADT-Methode können keine Abläufe dargestellt werden. Dadurch vermeidet man, dass in die Beschreibung eines Systems bereits algorithmische Lösungsansätze eingehen.
Weitere Darstellungselemente werden anhand des folgenden Beispiels erläutert.

Beispiel:
Die Verwaltung eines Ersatzteillagers (funktionale Sichtweise: Abb. 4 und 5; objektbezogene Sichtweise: Abb. 6).

Scanner 432

Die markierten Pfeile E_1, E_2, A_1, A_2, S_1, S_2 und M_1 korrespondieren mit Ein- und Ausgängen des übergeordneten Diagramms. Pfeile, deren Anfänge durch ein Klammerpaar gekennzeichnet sind, stehen für Objekte, die auf der übergeordneten Abstraktionsstufe noch unsichtbar waren. Pfeile, die auf den unteren Rand eines Kastens zeigen, symbolisieren die *ausführenden* Elemente. So wird zum Beispiel die Funktion „bediene Kunden" durch „Verkaufspersonal" erledigt. Pfeile auf dem oberen Rand eines Kastens repräsentieren *steuernde* Elemente. So steuert z. B. die Kostenvorgabe S_2 die Durchführung der Funktion „verwalte Personal".

Das Problem besteht hier wie bei anderen Entwurfstechniken darin, eine präzise ↑Semantik anzugeben. Hierarchisch verfeinerte ↑Petrinetze sind ein geeigneter Ansatz, der zurzeit erprobt wird.

Scanner [ˈskænə]:
1. Programm zum Einlesen und vorläufigen Aufbereiten von Texten, Bildern oder Sprache für die weitere Verarbeitung in einem Rechner. Speziell bezeichnet man die erste Phase eines ↑Übersetzers als Scanner (↑lexikalische Analyse).
2. Gerät zur Eingabe von Bildern in einen Rechner. Hierbei werden Farbe und Intensität der Vorlage punktweise durch lichtempfindliche Zellen, die über die Vorlage geschoben werden, aufgenommen und gespeichert. Die Auflösung des Scanners *(Granularität)* wird durch die Anzahl der abgetasteten Punkte pro cm bestimmt, die in der Praxis zwischen 100 und 500 liegt. Bei einer Auflösung von 100 Punkten je cm werden von einer DIN-A4-Seite über 6 Millionen Daten (zu je 16 bis 1 024 ↑Bit, je nach Zahl der Graustufen und Farben; ↑Pixel) erzeugt, wo-

durch sich der riesige Speicherbedarf erklärt, der beim Scannen benötigt wird. Man setzt daher meist ↑Kompressionsalgorithmen ein.

Zu einem Scanner gehört stets ein Softwarepaket, mit dessen Hilfe die Art der Datenerhebung (z. B. Farbe, Kontrast, Ausschnitt) gesteuert wird. Zugleich wird die vom Scanner gelieferte Information direkt in eine Darstellung übertragen, die für die weitere Verarbeitung von bildverarbeitenden Systemen benutzt wird (z. B. ↑PostScript). So können als Bild eingegebene Texte von Systemen mit Sprachausgabe weiterverarbeitet werden.

Schachtelung:
1. Schachtelung von ↑Prozeduren oder Funktionen: Eine Prozedur ist in einer anderen Prozedur geschachtelt, wenn sie in ihr deklariert oder aufgerufen wird. Im ersten Fall spricht man von *statischer,* im zweiten Fall von *dynamischer* Schachtelung.

Beispiel:

```
procedure P (...);
    procedure Q (...);
    begin
        ...
        P (...);
        ...
    end;
begin
    ...
    Q (...);
    ...
end;
```

Die Prozedur Q ist in P sowohl statisch als auch dynamisch geschachtelt. Die Prozedur P ist in Q nur dynamisch geschachtelt.
2. Schachtelung von ↑Anweisungen, vorwiegend ↑Blöcken und ↑Schleifen: Eine Anweisung ist in einer anderen Anweisung geschachtelt, wenn sie, textuell betrachtet, vollständig in der anderen enthalten ist.

Schaltalgebra

Beispiel:

```
while ... do
begin
    ...
    repeat
        ...
        y := y + 1;
        ...
    until ...;
    x := 1;
    ...
end;
```

Die repeat-Schleife und die Anweisung „$x := 1$" sind in der while-Schleife geschachtelt, „$y := y + 1$" ist in der repeat-Schleife geschachtelt.
Die *Schachtelungstiefe* einer Anweisung gibt an, in wie viel anderen Anweisungen sie in einem gegebenen Programm geschachtelt ist. Bezüglich der while-Schleife hat die Anweisung „$y := y + 1$" die Schachtelungstiefe 2.
3. Die Schachtelung von (geklammerten) arithmetischen oder logischen Ausdrücken bezeichnet man als *korrekte Klammerung*. Die Darstellung erfolgt durch ↑Bäume.
Schaltalgebra: Eine Anwendung der ↑booleschen Algebra zur Beschreibung und zur Untersuchung logischer Schaltungen. M sei eine Menge mit zwei Elementen, welche mit 0 und 1 oder O und L bezeichnet werden. Gemäß der Definition einer booleschen Algebra führt man zwei zweistellige Verknüpfungen $+$ und $\cdot$ sowie eine einstellige Verknüpfung $^-$ durch folgende Vorschriften ein:

$+$	0	1		$\cdot$	0	1		$^-$	
0	0	1		0	0	0		0	1
1	1	1		1	0	1		1	0

Anstelle der Symbole $+$, $\cdot$, $^-$ verwendet man auch die Symbole $\vee$, $\wedge$, $\neg$.
Die Verknüpfung $+$ bezeichnet man als Disjunktion oder ↑ODER-Funktion (da $a + b = 1$ genau dann, wenn $a = 1$ *oder* $b = 1$; $a, b \in \{0, 1\}$); die Verknüpfung $\cdot$ bezeichnet man als Konjunktion oder ↑UND-Funktion (da $a \cdot b = 1$ genau dann, wenn $a = 1$ *und* $b = 1$; $a, b \in \{0, 1\}$); die Verknüpfung $^-$ heißt Negation oder ↑NOT-Funktion (da $\bar{a} = 1$ genau dann, wenn *nicht* $a = 1$; $a \in \{0, 1\}$).
Sei $X = \{x_1, x_2, ..., x_n\}$ eine Menge von Variablen. Aus den Variablen $x_i \in X$, den Konstanten 0, 1, den Verknüpfungen $^-$, $\cdot$, $+$ und den Klammersymbolen „(" und „)" lassen sich *boolesche Ausdrücke* aufbauen, die nach einer Belegung der Variablen mit den Werten 0 und 1 ausgewertet werden können und als Resultat 0 oder 1 liefern. Ein boolescher Ausdruck mit k verschiedenen Variablen beschreibt somit eine k-stellige ↑boolesche Funktion

$$f: \underbrace{\{0, 1\} \times ... \times \{0, 1\}}_{k\text{-mal}} \rightarrow \{0, 1\}.$$

Die Menge A_n aller booleschen Ausdrücke über den Variablen $x_1, ..., x_n$ ist folgendermaßen definiert:
(1) $0, 1 \in A_n$;
(2) für jedes $i \in \{1, ..., n\}$ ist $x_i \in A_n$;
(3) wenn $A \in A_n$ ist, so sind
    $(A) \in A_n$ und $(\bar{A}) \in A_n$;
(4) wenn $A, B \in A_n$, so sind
    $(A \cdot B) \in A_n$ und $(A + B) \in A_n$;
(5) A_n besteht nur aus den durch Anwendung der Regeln (1) bis (4) gewonnenen Zeichenreihen.

Beispiele:
A_n enthält die booleschen Ausdrücke
$$x_1, (x_2 \cdot 1), ((\bar{x}_1) + x_2),$$
$$(((\overline{x_1 + x_2})) \cdot ((x_1 \cdot 1) + 0))$$

Um abzukürzen, vereinbart man, dass $^-$ stärker bindet als $\cdot$ und $\cdot$ stärker bindet als $+$. Nach dieser Konvention bedeutet z. B.

$$\overline{x_1 + x_2} \cdot (x_1 \cdot 1 + 0)$$

Schaltalgebra 434

dasselbe wie

$$(((\overline{x_1 + x_2})) \cdot ((x_1 \cdot 1) + 0)).$$

Ferner lässt man häufig das Zeichen $\cdot$ weg. Die obigen Beispiele lauten dann:

$$x_1, \ x_2 1, \ \bar{x}_1 + x_2, \ \overline{x_1 + x_2}\,(x_1 1 + 0).$$

Die zugehörige boolesche Funktion

$$f : \{0, 1\}^k \rightarrow \{0, 1\}$$

kann man als Tabelle aufschreiben, die 2^k Zeilen besitzt, für jedes Argument von f eine Zeile.

Beispiel ($k = 3$):
Betrachte den folgenden booleschen Ausdruck

$$x_1 x_2 + x_1 x_3 + x_2 x_3.$$

Zu ihm gehört die folgende boolesche Funktion g. Sie beschreibt den Übertrag bei der Addition von drei Binärstellen (↑ Volladdierer).

x_1	x_2	x_3	$g(x_1, x_2, x_3)$
0	0	0	0
0	0	1	0
0	1	0	0
0	1	1	1
1	0	0	0
1	0	1	1
1	1	0	1
1	1	1	1

Ein boolescher Ausdruck, der nur aus der Konjunktion von Variablen oder negierten Variablen besteht, heißt *Produktterm;* kommt zusätzlich jede Variable genau einmal vor, so spricht man von einem *Minterm.* Jeder Minterm beschreibt eine Funktion, die genau an einer Stelle den Wert 1 annimmt. Zum Beispiel besitzt der Minterm $x_1 \overline{x_2 x_3}$ genau für $x_1 = 1$, $x_2 = 0$ und $x_3 = 0$ den Wert 1 und sonst stets den Wert 0. Jede boolesche Funktion f lässt sich als *Disjunktion von Minter-*

men darstellen (↑ disjunktive Normalform).

Um eine Disjunktion von Mintermen zu erhalten, bildet man zu jeder Zeile in der Funktionstabelle, in der der Funktionswert 1 ist, den zugehörigen Minterm und verbindet alle durch Disjunktionen.

Beispiel:
Die oben angegebene Funktion g besitzt vier Zeilen, in denen der Funktionswert 1 ist. Zur ersten dieser Zeilen (011/1) gehört der Minterm $\bar{x}_1 x_2 x_3$. Die weiteren drei Minterme sind $x_1 \bar{x}_2 x_3$, $x_1 x_2 \bar{x}_3$ und $x_1 x_2 x_3$. Die disjunktive Normalform zu g lautet daher:

$$\bar{x}_1 x_2 x_3 + x_1 \bar{x}_2 x_3 + x_1 x_2 \bar{x}_3 + x_1 x_2 x_3.$$

Hierzu kann man leicht eine Schaltung angeben, da den Operationen $+$, $\cdot$ und $^-$ Gatter entsprechen. Das Schaltbild zeigt Abb. 1 (S. 435).

Mithilfe von Rechengesetzen der Schaltalgebra (die denen der booleschen Algebra entsprechen) kann man boolesche Ausdrücke verkürzen. Einige Rechengesetze für beliebige boolesche Ausdrücke A und B lauten:

(1) $\quad A + B = \overline{\bar{A} \cdot \bar{B}}$ } de-morgan-
(1′) $\quad A \cdot B = \overline{\bar{A} + \bar{B}}$ } sche Gesetze
(2) $\quad A + A = A$
(2′) $\quad A \cdot A = A$
(3) $\quad A \cdot B + \bar{A} \cdot B = B$

Beispiel:
Wendet man diese Gesetze auf die disjunktive Normalform von g an, so kann man mittels Gesetz (2) statt $x_1 x_2 x_3$ auch

$$x_1 x_2 x_3 + x_1 x_2 x_3 + x_1 x_2 x_3$$

schreiben. Wegen Gesetz (3) gewinnt man aus

$$x_1 x_2 \bar{x}_3 + x_1 x_2 x_3$$

Schaltkreisfamilie

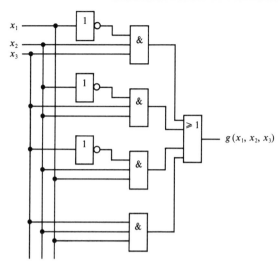

Abb. 1: Schaltbild für g

den kürzeren Ausdruck $x_1 x_2$. Ebenso liefert $\bar{x}_1 x_2 x_3 + x_1 x_2 x_3$ den Ausdruck $x_2 x_3$ und $x_1 \bar{x}_2 x_3 + x_1 x_2 x_3$ den Ausdruck $x_1 x_3$.
Statt der disjunktiven Normalform erhält man also den Ausdruck, von dem wir ausgegangen sind:

$$x_1 x_2 + x_1 x_3 + x_2 x_3.$$

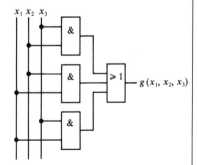

Abb. 2: Vereinfachtes Schaltbild für g

Die zugehörige einfache Schaltung zeigt Abb. 2.

Schaltkreisfamilie: Gesamtheit aller logischen Grundbausteine (z. B. ↑Gatter, ↑Flipflop), die durch eine bestimmte technische Zusammenschaltung gleichartiger elektronischer Bauelemente realisiert sind.
Bekannte Schaltkreisfamilien sind
- ↑Widerstand-Transistor-Logik (RTL),
- ↑Diodenlogik (DL),
- ↑Dioden-Transistor-Logik (DTL),
- ↑Transistor-Transistor-Logik (TTL),
- ↑Emittergekoppelte Logik (ECL),
- ↑MOS-Logik.

Die Entwicklung dieser und weiterer, hier nicht genannter Schaltkreisfamilien geschah unter anderem unter dem Gesichtspunkt, dem logischen Verhalten des so genannten *idealen Gatters* möglichst nahe zu kommen.
Das ideale Gatter liefert am Ausgang zur Darstellung von „logisch 0" die Spannung 0 Volt und für „logisch 1" die Betriebsspannung U_B. Damit das ideale Gatter keine undefinierten

Spannungen zwischen 0 und U_B liefert, muss es bei einer bestimmten Eingangsspannung (*Umschaltspannung* U_U) einen Sprung von 0 Volt auf U_B am Ausgang machen, der keine Zeit erfordert.

Schaltwerk: Die Verarbeitung ↑binärer Informationen erfolgt in digitalen Rechenanlagen mithilfe logischer Schaltungen, den Schaltwerken, welche binäre Wörter in andere binäre Wörter umwandeln. Ein Schaltwerk habe n Eingangsleitungen und m Ausgangsleitungen (Abb. 1).

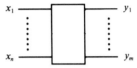

Abb. 1: Schaltwerk mit n Eingängen und m Ausgängen

Auf den Eingangsleitungen können binäre Wörter

$x_1 x_2 \ldots x_n$ mit $x_i \in \{0, 1\}$

eingegeben werden, und auf den Ausgangsleitungen erscheinen in Abhängigkeit von der Eingabe binäre Wörter

$y_1 y_2 \ldots y_m$ mit $y_j \in \{0, 1\}$.

Hängt die Ausgabe nur von der momentan anliegenden Eingabe ab, so spricht man von einem ↑kombinatorischen Schaltwerk oder von einem *Schaltkreis* bzw. *Schaltnetz*. Hängt die Ausgabe außerdem noch von früheren Eingaben ab, so handelt es sich um ein ↑Schaltwerk mit Speichergliedern. Schaltwerke werden aus ↑Gattern und Speicherelementen (↑Flipflop) aufgebaut. Beschreibungsmittel für Schaltwerke sind die ↑Schaltalgebra und die ↑endlichen Automaten.

Schaltwerk mit Speichergliedern *(sequenzielles Schaltwerk):* Realisierung von ↑endlichen Automaten durch Gatter und durch Flipflops. Nicht alle Schaltprobleme können durch ↑kombinatorische Schaltwerke, bei denen die Ausgabe nur von der aktuellen Eingabe abhängt, gelöst werden. In vielen Fällen hängt die Ausgabe auch von früheren Eingaben ab.

Beispiel:
Als Sicherung gegen unbeabsichtigtes Brennenlassen der Beleuchtung soll in einem Auto eine Klingel genau dann ertönen, wenn bei brennenden Lampen die Zündung ausgeschaltet wird. Seien b, z, k die Variablen für Beleuchtung, Zündung und Klingel, 0 entspreche „aus" und 1 entspreche „an".
Die folgende Wertetabelle gibt die Beziehung zwischen b, z und k an:

b	z	k	
0	0	0	
0	1	0	
1	0	$\begin{cases} 0 \\ 1 \end{cases}$	wenn vorher $z = 0$, wenn vorher $b = z = 1$,
1	1	0	

Zur Realisierung dieser Schaltfunktion benötigt man Speicherglieder, die verschiedene Zustände annehmen und über einen längeren Zeitraum festhalten können (Abb. 1).

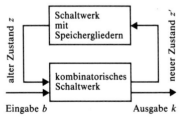

Abb. 1: Schaltwerk mit Speichergliedern

Nach einer Eingabe hängen der Zustand z' der Speicherglieder und die Ausgabe k von der Eingabe b und dem alten Zustand z der Speicherglieder ab.

Schieberegister

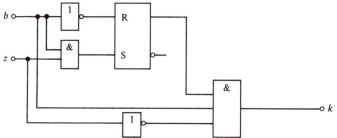

Abb. 2: Schaltbild

Das Problem löst man mit einem ↑RS-Flipflop. Das Flipflop wird auf Eins gesetzt, wenn $b = z = 1$ gilt. Treffen $b = 1$ und $z = 0$ zu und hat das Flipflop eine Eins gespeichert, so wird $k = 1$, und die Klingel ertönt. Bezieht man den Zustand x des Flipflops in den Werteverlauf ein, so erhält man folgende Tabelle:

b	z	x	x'	k
0	0	0	0	0
0	0	1	0	0
0	1	0	0	0
0	1	1	0	0
1	0	0	0	0
1	0	1	1	1
1	1	0	1	0
1	1	1	1	0

x' bezeichnet den Folgezustand des Flipflops. Aus der Tabelle gewinnt man über die ↑disjunktive Normalform die Gleichungen für x' und k:

$x' = bx + bz,$
$k = b\bar{z}x.$

Durch Vergleich der ersten Gleichung mit der Übergangsgleichung für das RS-Flipflop

$x' = \bar{r}x + s$

folgt für r und s

$r = \bar{b}$ und $s = bz.$

Aus diesen Gleichungen kann man unmittelbar das obige Schaltbild ableiten (Abb. 2).
Als weiteres Beispiel denke man an die Zwischenspeicherung des Übertrags bei ↑Addierwerken.

Schieberegister (engl. *shift register*): Bezeichnung für eine lineare Verkettung von Speichereinheiten, bei der der Speicherinhalt jedes Kettenelements auf den linken *(Linksschieben)* bzw. rechten Nachbarn *(Rechtsschieben)* übertragen werden kann.
Es wird jeweils eine Null nachgeschoben.

Beispiel:

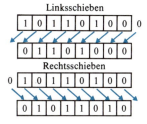

Wird beim Linksschieben der Inhalt des links außen liegenden bzw. beim Rechtsschieben der Inhalt des rechts außen liegenden Speicherelements auf das rechts außen bzw. links außen liegende Element übertragen, so spricht man vom *Linksrotieren (Linksrundschieben)* bzw. *Rechtsrotieren (Rechts-*

Schlange

rundschieben) oder allgemein vom *zyklischen Verschieben*.

Beispiel:

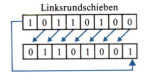

Zur Darstellung eines Schieberegisters verwendet man folgendes Schaltsymbol:

Bemerkung: m ist durch die Anzahl der Bits zu ersetzen. „→" symbolisiert „Rechtsschieben", „←" symbolisiert „Linksschieben".

Im Allgemeinen realisiert man Schieberegister mit ↑JK-Flipflops. Abb. 1 zeigt eine Realisierung eines Rechtsrundschieberegisters für drei ↑Bit (die Herstellung einer Anfangsbelegung ist vernachlässigt).

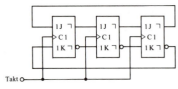

Abb. 1: Realisierung eines Rechtsrundschieberegisters für drei Bit

Ein Taktimpuls schiebt den Inhalt des Schieberegisters jeweils um eine Stelle weiter.

Schlange (engl. *queue*): Eine Folge von Elementen eines Datentyps T heißt Schlange, wenn Elemente nur am Ende eingefügt (enter) und am Anfang entfernt (remove) werden dürfen. Eine Schlange heißt daher auch ↑FIFO-Speicher. In der Praxis implementiert man Schlangen in der Regel als ↑lineare Listen (Abb. 1).

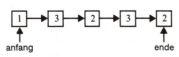

Abb. 1: Schlange als lineare Liste

Die Hintereinanderausführung einer enter- und einer remove-Operation ergibt dann Abb. 2.

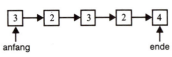

Abb. 2: Schlange aus Abb. 1 nach Ausführung der Operationen enter(4) und remove

In Programmiersprachen, die die Implementierung von linearen Listen nicht gestatten, oder bei längenbeschränkten Schlangen kann man eine Schlange auch als Feld implementieren.

Prog. 1 (S. 439) zeigt die Realisierung der Operationen enter und remove.

Schleife: Folge von ↑Anweisungen, die mehrfach durchlaufen werden kann (↑Iteration). Ihrem Aufbau nach unterteilt man die Schleife meist in den Schleifenkopf und den Schleifenrumpf. Der *Schleifenkopf* enthält die Kontrollinformationen für die Anzahl der Schleifendurchläufe; die mehrfach zu durchlaufende Anweisungsfolge heißt *Schleifenrumpf.* Man unterscheidet verschiedene Arten von Schleifen:

Zählschleife: Hier wird die Anzahl der Schleifendurchläufe durch einen Zähler, die *Laufvariable,* bestimmt, der beginnend bei einem *Startwert* in jedem

439 **Schleife**

```
type data = ...; (* Typ der Elemente der Schlange *)
     element = record info: data; next: ↑ element end;
     schlange = record anfang, ende: ↑ element end;
var s: schlange;
procedure enter (x: data; var s: schlange);
var hilf: ↑ element;
begin
   new (hilf); hilf↑.info := x; hilf↑.next := nil;
   if s.anfang = nil then
   begin s.anfang := hilf; s.ende := hilf end
   else begin s.ende↑.next := hilf; s.ende := hilf end
end;
function remove (var s: schlange): data;
begin
   if s.anfang = nil then „Fehler: Schlange ist leer" else
   begin
      remove := s.anfang↑.info;
      s.anfang := s.anfang↑.next;
      if s.anfang = nil then s.ende := nil
   end
end;
   (* Initialisierung *) new(s); s.anfang := nil; s.ende := nil;
```

Prog. 1: Datenstrukturen und Prozeduren in PASCAL-Notation

Durchlauf bis zum *Endwert* um einen festen Wert, die *Schrittweite,* erhöht *(inkrementiert)* oder erniedrigt *(dekrementiert)* wird. Bei Erreichen des Endwertes wird die Schleife zum letzten Mal durchlaufen. Startwert, Endwert und Schrittweite werden im Schleifenkopf festgelegt. In vielen Programmiersprachen wird eine Zählschleife durch das Schlüsselwort for eingeleitet.

Beispiel:

x := 0;

for i := 0 step 2 until 10 do } Schleifenkopf

begin
   ...
   x := x + i;
   ...
end
} Schleifenrumpf

Laufvariable: i; Startwert: 0; Schritt-

weite: 2; Endwert: 10. Nach Abarbeitung der Schleife hat x den Wert 30.

Bedingte Schleife: Die Beendigung der Schleifenausführung wird bei diesem Schleifentyp durch eine Bedingung im Schleifenkopf gesteuert, die *Abbruchbedingung.* Der Schleifenrumpf wird so oft durchlaufen, bis die Abbruchbedingung erfüllt ist. Das kennzeichnende Schlüsselwort lautet oft ↑ while bzw. do oder until ... do ...

Beispiel:
Berechnung des ggT von a und b (↑ euklidischer Algorithmus):

while b ≠ 0 do } Schleifenkopf

begin
   r := a mod b;
   a := b;   b := r
end;
} Schleifenrumpf

Abbruchbedingung: b = 0.

Schlüssel 440

Man beachte, dass eine while-Schleife im Gegensatz zu einer Zählschleife nicht immer abbricht; sie wird dann zur ↑ Endlosschleife.

Eine Besonderheit in manchen Programmiersprachen ist die repeat-Schleife, bei der sich die Abbruchbedingung am Ende des Schleifenrumpfs befindet. Dadurch wird die Schleife mindestens einmal durchlaufen, bevor die Abbruchbedingung überprüft wird.

Programme, die neben der Zuweisung und der Hintereinanderausführung nur Zählschleifen besitzen, führen zu ↑ primitiv-rekursiven Funktionen, solche mit bedingten Schleifen zu den ↑ μ-rekursiven Funktionen.

Schlüssel (engl. *key*): Element oder Kombination von Elementen eines Objektes zur eindeutigen Identifizierung des Objektes. Je zwei Objekte einer zugrunde liegenden Objektmenge besitzen verschiedene Schlüssel. Typische Beispiele für Schlüssel sind die Personalnummern in Personalkarteien oder auch Kombinationen von Name, Vorname und Geburtsdatum (↑ Datenbank, ↑ Suchen, ↑ Entity-Relationship-Modell, ↑ Sortieren).

Von Schlüsseln spricht man auch, wenn Daten codiert werden (↑ Code, ↑ Kryptographie).

Schlüsselwort: In fast allen Programmiersprachen sind Zeichenfolgen definiert, die eine in der Sprache genau festgelegte Bedeutung haben, wie z. B. in ↑ PASCAL die Zeichenfolgen 'program', 'var', 'procedure', 'begin' usw. Solche Zeichenfolgen bezeichnet man als Schlüsselwörter der Programmiersprache. Schlüsselwörter dürfen in der Regel nicht als ↑ Bezeichner in Programmen verwendet werden. In diesem Fall bezeichnet man die Schlüsselwörter auch als *reservierte Wörter* der Programmiersprache. Zur Unterscheidung von Bezeichnern werden die reservierten Wörter in diesem Schülerduden im Allgemeinen unterstrichen.

Schlüsselwörter sind, mathematisch gesprochen, die Terminalsymbole der ↑ Grammatik, die der Programmiersprache zugrunde liegt.

Schnittstelle (engl. *interface*): Verbindungsstelle zum Zweck des Informationsaustausches zwischen informationsverarbeitenden Systemen oder ihren Komponenten.

Die Schnittstelle eines Systems fasst alle von außen benötigten *(Import-schnittstelle)* und alle von außen abrufbaren *(Exportschnittstelle)* Größen sowie allgemeine Informationen für die Verwendung des Systems zusammen. Zugleich umfasst sie Vereinbarungen, ↑ *Protokolle,* über die Art und Weise, wie Informationen ausgetauscht werden (↑ Datenübertragung).

Innerhalb eines Systems existieren verschiedene Schnittstellen zwischen den Teilsystemen und einzelnen Funktionseinheiten (Abb. 1).

Selbstständig arbeitende Funktionseinheiten einer Datenverarbeitungsanlage (z. B. Speicher, Eingabegeräte, Rechenwerk, Leitwerk) sind über **Hardwareschnittstellen** miteinander verbunden. Hierbei handelt es sich meist um physikalische Steckverbindungen (Kabel) oder um Funkverbindungen. Die Hardwareschnittstelle wird beschrieben durch die Eigenschaft der Übertragungsstrecke (Kabel, Stecker usw.) und durch die Art und Bedeutung der auf den Leitungen übertragenen Signale. Weit verbreitet sind die V.24-Schnittstelle und die ↑ SCSI-Schnittstelle.

Unter einer **Hardware-Software-Schnittstelle** versteht man die Festlegung, welche Funktionen eines Rechnersystems von der Hardware und welche von der Software übernommen werden, wie diese Funktionen zu be-

Schnittstelle

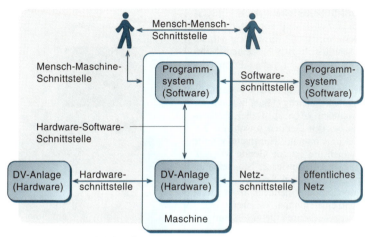

Abb. 1: Verschiedene Schnittstellen

nutzen sind und auf welche Weise man sie abrufen kann.

Softwareschnittstellen definiert man zwischen Programmen und zwischen in sich abgeschlossenen Programmteilen (↑Modul, ↑Objekt). Hierzu formuliert man die von einer Einheit auszuführenden Aufgaben, die erforderlichen Attribute (Geschwindigkeit, Belegung von Speichern und andere ↑Betriebsmittel), die bereitgestellten Funktionen einschließlich ihrer Parameter, die Zugriffsmöglichkeiten auf Daten, gegenseitige Abhängigkeiten, Verhalten beim Auftreten von Fehlern, Vorbedingungen für die Verwendung usw. Die Spezifikation solcher Schnittstellen ermöglicht beim Software-Entwurf die unabhängige Implementierung von Programmeinheiten, sie erleichtert die Benutzung und die Fehlersuche, und sie ist Voraussetzung für die Wartung und Aktualisierung von Programmsystemen (↑Software-Engineering).

Die **Mensch-Maschine-Schnittstelle,** auch *Benutzer-* oder *Benutzungsschnittstelle* genannt, umfasst die Sprachen, Programme und Geräte, die dem Benutzer für den Umgang mit einem Datenverarbeitungssystem zur Verfügung gestellt werden. Sie definiert die „Benutzerschicht", d. h. den Ausschnitt vom Leistungsumfang des Systems, den der jeweilige Benutzer nutzen kann, einschließlich der Bedienungshilfen (↑Benutzungsoberfläche). Durch einheitliche Softwareanforderungen bemüht man sich darum, die Mensch-Maschine-Schnittstelle an die Denk- und Arbeitsweise der Benutzer anzupassen (↑Ergonomie).

Zu **Netzschnittstellen** ↑Datenübertragung.

Schnittstellen werden immer stärker normiert, um unterschiedliche Systeme untereinander koppeln zu können. Die präzise Festlegung der Schnittstellen gestattet es, die einzelnen Komponenten eines Systems unabhängig voneinander zu entwickeln und gegen andere leistungsfähigere mit gleicher Schnittstelle auszutauschen.

Für die Beschreibung von Schnittstellen verwendet man neben den natürlichen Sprachen ↑Spezifikationssprachen und ↑Datentypen.

SCSI-Schnittstelle [ska:zi-] (SCSI Abk. für engl. small computer systems interface): Häufig verwendete parallele Schnittstelle zwischen einem Computer und bis zu sieben Peripheriegeräten.

Bei der SCSI-Schnittstelle werden alle Geräte kettenartig (↑Bus) miteinander verbunden (Abb. 1). Dabei kann es sich bei den Geräten sowohl um bereits im Computer eingebaute interne als auch um externe Geräte wie z. B. Magnetplattenspeicher, Magnetbandspeicher, Drucker, Scanner sowie andere Computer handeln. Jedes Gerät erhält eine Nummer zwischen 0 und 7 zugeordnet, durch die es eindeutig zu identifizieren ist. Diese Nummer legt zugleich seine Priorität fest. Geräte hoher Priorität sind vor Geräten niedriger Priorität bevorrechtigt, Daten zu übertragen. Für alle diese Geräte sind Kommunikationsprotokolle (↑Datenübertragung) definiert. Der Bus muss auf beiden Seiten durch einen so genannten *Terminator* abgeschlossen werden, um zu verhindern, dass die elektrischen Signale, die über den Bus übertragen werden, an einem Ende reflektiert werden und durch Überlagerung zu Störungen führen.

Segmentierung (engl. *segmentation*): Aufteilung eines Programms oder eines Datenbereichs in logisch zusammengehörende, aber weitgehend unabhängige Blöcke variabler oder fester Größe *(Segmente)*. Typische Segmente sind Datenblöcke oder ↑Prozeduren. Programme segmentiert man häufig dann, wenn sie als Ganzes nicht in den zur Verfügung stehenden Hauptspeicher passen. Der Austausch der Segmente gegen aktuell benötigte erfolgt durch die ↑Speicherverwaltung.

Abb. 1: Konfiguration eines SCSI-Busses mit einem Computer und verschiedenen Peripheriegeräten

Seiteneffekt *(Nebenwirkung):* Werden innerhalb einer Programmeinheit (z. B. Prozedur, Modul, Objekt) ↑globale Variablen verändert, die nicht als ↑aktuelle Parameter übergeben wurden, so wird dies als Seiteneffekt bezeichnet. In der ↑strukturierten Programmierung verbietet man Seiteneffekte, weil der Benutzer einer Prozedur (oder Funktion) meist keine Kenntnis der Seiteneffekte hat. Ein beliebter Seiteneffekt ist das Zählen des Aufrufs einer Funktion.

Beispiel:

function quadrat (a: integer): integer;
begin z := z + 1; quadrat := a ∗ a end

Hier ist z eine globale Variable, die bei jeder Verwendung der Funktion um 1 erhöht wird. Wenn man z in Ausdrücken gleichzeitig mit quadrat verwendet, geschehen undurchsichtige Berechnungen:

z + quadrat(x)

liefert z. B. einen anderen Wert als

quadrat(x) + z,

weil im zweiten Ausdruck der um 1 erhöhte Wert von z addiert wird. Das Vertauschungsgesetz der Addition $(a + b = b + a)$ ist in diesem Falle nicht mehr gültig.

Im Zusammenhang mit der Forderung, Seiteneffekte auszuschließen, spricht man von referenzieller Transparenz.

Beispiel:
Im Ausdruck $(2\,ax + b) \cdot (2\,ax + c)$ mit $a = 4$ und $x = 7$ wird man den Teilausdruck $2\,ax$ nur einmal berechnen, den Wert 56 einsetzen und dann $(56 + b) \cdot (56 + c)$ weiter auswerten. Diese Vorgehensweise setzt voraus, dass die Auswertung von $2\,ax$ keine Seiteneffekte auf die Werte der übrigen Variablen besitzt.

Eine Programmiersprache heißt *referenziell transparent,* wenn alle in ihr möglichen Ausdrücke folgenden Prinzipien genügen:

• *Extensionalitätsprinzip:* Das einzig wichtige Merkmal eines Ausdrucks ist sein Wert. Es ist völlig unwichtig, wie dieser Wert berechnet wird (intensionale Sicht).

• *Leibniz-Prinzip der Ersetzung von Identitäten:* Der Wert eines Ausdrucks ändert sich nicht, wenn man irgendeinen seiner Teilausdrücke durch irgendeinen anderen Ausdruck gleichen Werts ersetzt.

• *Prinzip der Definitheit:* Der Wert eines Ausdrucks ist innerhalb eines gewissen Kontexts (↑Gültigkeitsbereich der Variablen) immer gleich, unabhängig von der Stelle, an der der Ausdruck im Kontext auftritt.

Beispiele:
↑PASCAL (und andere imperative Programmiersprachen) sind nicht referenziell transparent:
1) Bei der obigen Funktion quadrat ist das Leibniz-Prinzip verletzt.
2) Man betrachte die Anweisungsfolge
    x := x − 1;
    y := x − 1

Hier ist das Prinzip der Definitheit verletzt. Zwar beziehen sich beide Anweisungen auf den gleichen Gültigkeitsbereich von x und y, dennoch repräsentieren die Teilausdrücke x − 1 jeweils unterschiedliche Werte.

Im Gegensatz zu imperativen Sprachen sind funktionale ↑Programmiersprachen meist referenziell transparent und besitzen die damit verbundenen Vorteile wie bessere Lesbarkeit und Fehlervermeidung.

Semantik *(Bedeutungslehre):* Lehre von der inhaltlichen Bedeutung einer Sprache. In der Informatik bezieht man sich dabei auf ↑Programmier-

Semantik 444

sprachen oder mathematische Kalküle. In der Regel ist die Bedeutung eines Programms oder Ausdrucks eine (mathematische) Funktion oder eine Zustandsänderung.

Beispiel:
Gegeben sei der folgende Programmtext:

```
program p (input, output);
var n, i, s: integer;
begin
    read (n); s := 1;
    if n ≥ 1 then
        for i := 1 to n do s := s * i;
    write(s)
end.
```

Zunächst ist dieser Text eine sinnleere Folge von Zeichen. Um die Bedeutung des Textes herauszufinden, muss man wissen, um welche Programmiersprache es sich handelt und was die einzelnen Wörter und Zeichen besagen. Zum Beispiel hat „:=" die Bedeutung: Die ↑Variable links von „:=" erhält den Wert des Ausdrucks rechts von „:=". Ist die Bedeutung aller Zeichen bekannt, so kann man versuchen, die Bedeutung des ganzen Programms zu bestimmen. Man vermutet schnell, dass das Programm p die folgende Funktion berechnet ($n!$ bezeichnet die ↑Fakultät):

$$f_p(n) = \begin{cases} 1, & \text{falls } n \leq 0, \\ n!, & \text{sonst.} \end{cases}$$

Das heißt: Die Bedeutung von p ist die durch p berechnete Funktion; hier also f_p. Um nicht nur zu vermuten, sondern auch zu *beweisen,* dass p die Funktion f_p berechnet, benötigt man Methoden der ↑Verifikation, die auf der Definition der Semantik von Programmiersprachen aufbauen.

Aussagen im menschlichen Bereich lassen meist mehrere verschiedene Deutungen zu. Von Programmen verlangt man jedoch, dass sie nur auf genau eine Weise interpretiert werden können. Daher muss jede Programmiersprache eine exakt definierte Semantik besitzen. Diese wurde früher umgangssprachlich und an Beispielen erläutert. Seit 1970 gibt es verschiedene formale Beschreibungsmethoden, mit denen ein Programm daraufhin untersucht werden kann, ob es das leistet, was es leisten soll.

Ein ↑Übersetzer wandelt Programme der einen Programmiersprache *(Quellprogramme)* in Programme einer anderen Programmiersprache *(Zielprogramme)* um. Quellprogramm und Zielprogramm müssen die gleiche Wirkung haben, wenn man sie auf einer Rechenanlage ausführt: Sie müssen semantisch gleichbedeutend *(äquivalent)* sein. Eine genaue Semantikdefinition ist daher Grundlage für die Konstruktion von Übersetzern und ermöglicht es erst, dass ein Programm von verschiedenen Rechnersystemen auf die gleiche Weise bearbeitet wird. Zur Beschreibung der Semantik von Programmiersprachen gibt es eine Reihe verschiedener Ansätze, von denen die wichtigsten

- die Übersetzersemantik,
- die operationale Semantik,
- die denotationale Semantik und
- die axiomatische Semantik

sind. Neuere Konzepte wie ↑Nebenläufigkeit, Parallelität und ↑Nichtdeterminismus erfordern neue Ansätze. Zwei der genannten Ansätze werden anschließend jeweils anhand der Definition der Semantik einer einfachen Programmiersprache (MINI genannt) genauer erläutert. Diese Programmiersprache kennt nur Variablen vom Datentyp ↑integer. Die ↑Syntax von MINI sei durch die in Abb. 1 beschriebene Grammatik in ↑Backus-Naur-Form gegeben. null bezeichnet die leere Anweisung.

445   **Semantik**

⟨Programm⟩ ::= read ⟨Variablenliste⟩; ⟨Anweisung⟩; write ⟨Variablenliste⟩.
⟨Variablenliste⟩ ::= ⟨Bezeichner⟩ | ⟨Bezeichner⟩, ⟨Variablenliste⟩
⟨Bezeichner⟩ ::= a | b | c | ... | z
⟨Anweisung⟩ ::= ⟨Bezeichner⟩ := 0 |
              ⟨Bezeichner⟩ := ⟨Bezeichner⟩ + 1 |
              ⟨Bezeichner⟩ := ⟨Bezeichner⟩ − 1 |
              ⟨Anweisung⟩; ⟨Anweisung⟩ | null |
              if ⟨Bezeichner⟩ = 0 then ⟨Anweisung⟩
                             else ⟨Anweisung⟩ end |
              while ⟨Bezeichner⟩ ≠ 0 do ⟨Anweisung⟩ end

Abb. 1: Syntax von MINI

Beispiel:
Das folgende Programm in MINI berechnet die Summe zweier Zahlen a und b, falls $b \geq 0$ ist (anderenfalls endet das Programm nicht):

    read a, b;
    while b ≠ 0
      do a := a + 1; b := b − 1 end;
    write a.

Übersetzersemantik:
Grundprinzip: Die Bedeutung von Konstrukten einer neuen Programmiersprache *N* wird auf die Bedeutung einer bereits bekannten Programmiersprache *B* zurückgeführt. Hierzu gibt man in formaler Weise einen Übersetzer von *N* nach *B* an.
Die als bekannt vorausgesetzte Programmiersprache *B* ist hier eine Assemblersprache (ASS genannt) und wird in Abb. 2 syntaktisch definiert. ASS arbeitet mit einem ↑Akkumulator A und einem Speicher mit wahlfreiem Zugriff, dessen Speicherzellen jeweils eine ganze Zahl aufnehmen können. Die Adressen der Speicherzellen sind Bezeichner. Die Anweisungen lade und speichere setzen den Akkumulator auf Null oder transportieren Werte zwischen Speicherzellen und Akkumulator.
add1 bzw. sub1 erhöhen bzw. vermindern A um Eins. jump bezeichnet einen unbedingten ↑Sprung zur Marke ⟨Marke⟩. jumpnull kennzeichnet den bedingten Sprung: Steht im Akkumulator der Wert Null, d. h. ist $A = 0$,

---

⟨Anweisung⟩ ::= lade 0 | lade ⟨Bezeichner⟩ |
              speichere ⟨Bezeichner⟩ | add1 | sub1 |
              ⟨Anweisung⟩; ⟨Anweisung⟩ | null |
              jump ⟨Marke⟩ | jumpnull ⟨Marke⟩ |
              ⟨Marke⟩ : ⟨Anweisung⟩
⟨Bezeichner⟩   ::= „wie bei MINI"
⟨Programm⟩   ::= „wie bei MINI"
⟨Variablenliste⟩   ::= „wie bei MINI"
⟨Marke⟩   ::= ⟨Bezeichner⟩ ⟨Ziffernfolge⟩
⟨Ziffernfolge⟩   ::= ⟨Ziffer⟩ | ⟨Ziffer⟩ ⟨Ziffernfolge⟩
⟨Ziffer⟩   ::= 0 | 1 | 2 | 3 | 4 | 5 | 6 | 7 | 8 | 9

Abb. 2: Definition der Assemblersprache ASS

Semantik

MINI	ASS
<u>null</u>	<u>null</u>
a := 0	<u>lade</u> 0; <u>speichere</u> a
a := b + 1	<u>lade</u> b; <u>add1</u>; <u>speichere</u> a
a := b − 1	<u>lade</u> b; <u>sub1</u>; <u>speichere</u> a
⟨Anweisung 1⟩; ⟨Anweisung 2⟩	⟨Anweisung 1⟩; ⟨Anweisung 2⟩
<u>if</u> a = 0 <u>then</u> ⟨Anweisung 1⟩ <u>else</u> ⟨Anweisung 2⟩ <u>end</u>	<u>lade</u> a; <u>jumpnull</u> l; ⟨Anweisung 2⟩; <u>jump</u> m; l: ⟨Anweisung 1⟩; m: <u>null</u>
<u>while</u> a ≠ 0 <u>do</u> ⟨Anweisung⟩ <u>end</u>	l: <u>lade</u> a; <u>jumpnull</u> m; ⟨Anweisung⟩; <u>jump</u> l; m: <u>null</u>

Tab. 1

wird zur Anweisung mit der Marke ⟨Marke⟩ gesprungen, bei A ≠ 0 geht man zur nächsten Anweisung über.

Zur Definition der Semantik von MINI beschreibt man nun jedes Konstrukt in MINI durch ein äquivalentes Programmstück in ASS. Tabelle 1 enthält in der ersten Spalte die MINI-Konstrukte und in der zweiten Spalte die zugehörigen ASS-Programmstücke mit der gleichen Semantik.

Bemerkung: Die Marken m und l müssen bei jeder Anwendung einer Regel von allen übrigen Marken verschieden gewählt werden. Deshalb wurde in der Syntax festgelegt, dass Bezeichnungen für Marken nach dem Buchstaben eine Ziffernfolge zur Unterscheidung besitzen müssen, also m1, q23, m507 usw.

Beispiel:
Gegeben sei folgendes MINI-Programm:

> <u>read</u> a, b;
> <u>if</u> b = 0 <u>then</u> a := 0 <u>else</u>

> <u>while</u> b ≠ 0
>   <u>do</u> a := a + 1; b := b − 1 <u>end</u>
> <u>end</u>;
> <u>write</u> a, b.

Das zugehörige ASS-Programm lautet:

>   <u>read</u> a,b;
>   <u>lade</u> b;
>   <u>jumpnull</u> l1;
> m1: <u>lade</u> b;
>   <u>jumpnull</u> n1;
>   <u>lade</u> a;
>   <u>add1</u>;
>   <u>speichere</u> a;
>   <u>lade</u> b;
>   <u>sub1</u>;
>   <u>speichere</u> b;
>   <u>jump</u> m1;
> n1: <u>null</u>;
>   <u>jump</u> p1;
> l1: <u>lade</u> 0;
>   <u>speichere</u> a;
> p1: <u>null</u>;
>   <u>write</u> a, b.

Die Bedeutung dieses MINI-Programms wird bei der Übersetzersemantik per definitionem mit der Bedeutung dieses ASS-Programms identifiziert.

Diese Form der Semantik hat große Bedeutung bei der Konstruktion von Übersetzern. Da die Semantik jedoch immer die Semantikdefinition einer anderen Sprache voraussetzt, wird das Grundproblem nur verlagert. Ein weiterer Nachteil der Übersetzersemantik ist die große Abhängigkeit von einem konkreten Maschinenmodell mit gegebener Assemblersprache.

Operationale Semantik *(Interpretersemantik):*
Grundprinzip: Man definiert einen ↑Interpreter für eine Programmiersprache, der aus Eingabedaten durch schrittweise Abarbeitung des Programms die Ausgabedaten erzeugt.
Das Adjektiv „operational" verdeutlicht, dass ein konkretes Verfahren angegeben wird, wie der Ausgabewert durch eine Folge von Rechenschritten *(Operationen)* effektiv aus der Eingabe erzeugt werden kann. Konkret wird diese schrittweise Abarbeitung durch ein ↑Ablaufprotokoll veranschaulicht. Zur exakten Definition des Interpreters eignen sich verschiedene Modelle von ↑Automaten. Häufig verwendet man den ↑abstrakten Automaten. Typische Beispiele sind die Definitionen der Arbeitsweise von ↑Turingmaschinen oder der Wirkungsweise von ↑Kellern und ↑Kellerautomaten.

Denotationale Semantik *(Funktionensemantik):*
Bei der operationalen Semantik steht die Beschreibung eines Rechenschrittes des Interpreters im Vordergrund. Für die Semantik eines Programms interessiert aber überwiegend nur das Endergebnis einer Folge von Rechenschritten, d. h. die Ausgabe, die ein

Programm auf eine bestimmte Eingabe liefert. Bei der denotationalen Semantik abstrahiert man daher von einem konkreten Maschinenmodell und untersucht nur die Wirkung, die Anweisungen auf Zustände, also auf die Belegungen von Variablen haben.

Sei Z die Menge aller möglichen Zustände, die ein Programm annehmen kann. Ein Zustand $z \in Z$ ist eine Tabelle, die zu jeder Variablen deren aktuellen Wert enthält. Wir bezeichnen mit $z(b)$ den Wert der Variablen b im Zustand z. Die „Wirkung", die eine Anweisung a_0 auf Zustände hat, ist, formal gesprochen, eine Abbildung

$$\mathbb{F}[a_0]: Z \to Z$$
$$z \to z',$$

die jedem Zustand $z \in Z$ einen Folgezustand $z' \in Z$ zuordnet. Bei Ausführung der Anweisung a_0 geht z also in den Zustand z' über.

Beispiel:
Sei z ein Zustand, für den die Variablen x und y den Wert 1 bzw. 3 haben. Bei Anwendung der MINI-Anweisung x := y + 1 erhält man einen neuen Zustand z', für den x = 4 und y = 3 gilt.

Formal: $\mathbb{F}[x := y + 1](1, 3) = (4, 3)$.

$\mathbb{F}$ heißt *semantische Funktion* und ordnet einem syntaktischen Konstrukt (einer Anweisung) eine Zustandsänderung als Bedeutung zu. Mithilfe der denotationalen Semantik definiert man für jede Sprache diese semantischen Funktionen durch Bestimmungsgleichungen, ohne sich dabei auf irgendeinen konkreten Interpreter zu beziehen.
Die Definition von $\mathbb{F}$ für zwei ausgewählte Anweisungen von MINI lautet folgendermaßen:
1) Die leere Anweisung null ändert den Zustand nicht:

$$\mathbb{F}[\text{null}](z) = z \quad \text{für alle } z \in Z.$$

Semantik

2) Den Zustand nach Ausführung der Anweisungsfolge $a_1; a_2$ erhält man, indem man auf den Ausgangszustand z zunächst a_1 anwendet.

Mit dem Ergebniszustand führt man danach a_2 aus:

$\mathbb{F}[a_1; a_2](z) = \mathbb{F}[a_2]\,(\mathbb{F}[a_1]\,(z))$.

Die semantische Funktion $\mathbb{F}$ erfüllt dann für jedes Programm ein Gleichungssystem, durch das eindeutig eine Lösung als Bedeutung des Programms festgelegt wird.

Axiomatische Semantik *(Prädikatensemantik)*:
Die axiomatische Semantik ist noch eine Abstraktionsebene höher angesiedelt als die denotationale Semantik. Während man bei der denotationalen Semantik jeder Anweisung a_0 eine Funktion $\mathbb{F}[a_0]: Z \rightarrow Z$ zuordnet, die die Zustandsänderung beschreibt, die eine Ausführung von a_0 verursacht, arbeitet man in der axiomatischen Semantik nur noch mit Eigenschaften (*Prädikaten;* ↑ Logik) von Zuständen. Um darzustellen, welche Auswirkungen Anweisungen auf die Eigenschaften von Zuständen haben, schreibt man kurz: $\{P\}\,a_0\,\{Q\}$.

Diese Zeichenreihe nennt man *Programmformel* und liest sie folgendermaßen: Wenn vor Ausführung der Anweisung a_0 die Eigenschaft (das Prädikat) P erfüllt ist, so ist nach Ausführung von a_0 das Prädikat Q erfüllt. Dies gilt allerdings nur, wenn a_0 terminiert, d. h. nach endlich vielen Schritten beendet ist. Anderenfalls ist die Aussage gegenstandslos. P nennt man *Vorbedingung* (engl. *precondition*), Q heißt *Nachbedingung* (engl. *postcondition*). P und Q nennt man auch *Zusicherungen*.

Beispiele für Programmformeln:

a) $\{x = 0\}$ null $\{x = 0\}$
b) $\{x = 1\}$ x := 0 $\{x = 0\}$
c) $\{x \geq 1\}$ x := x − 1 $\{x \geq 0\}$
d) $\{x \geq 0\}$ while x ≠ 0 do x := x − 1 end $\{x = 0\}$
e) $\{x = y\}$ x := x + 1; y := y + 1 $\{x = y\}$
f) $\{y \geq 2\}$ if x ≠ 0 then y := y + 1 else y := y − 1 end
   $\{(y \geq 3 \wedge x \neq 0) \vee (y \geq 1 \wedge x = 0)\}$
g) $\{x = 0 \wedge c = 1 \wedge d = 2\}$ if x = 0 then c := c + 1 else d := 1 end
   $\{x = 0 \wedge c = 2 \wedge d = 2\}$
h) $\{x = 4\}$ while x ≠ 0 do x := x − 1 end $\{x = 0\}$
i) $\{x = -4\}$ while x ≠ 0 do x := x − 1 end $\{x = 0\}$
j) $\{x = -4\}$ while x ≠ 0 do x := x − 1 end $\{x = 1\,125\}$

Die while-Schleife ist bei i) und j) eine ↑ Endlosschleife. Daher ist rechts jedes beliebige Prädikat möglich.

Die axiomatische Semantik benutzt nun die Relation $\{\cdot\}\,a_0\,\{\cdot\}$ zur Definition der Semantik von a_0. Diese Art der Darstellung eignet sich gut, um Eigenschaften von Programmen zu beweisen. Bevor die Semantik von MINI definiert werden kann, wird noch folgende grundlegende Operation benötigt: $P\langle x \leftarrow w \rangle$ bezeichnet dasjenige Prädikat, welches aus P entsteht, indem jedes freie Vorkommen von x durch w textuell ersetzt wird. Unter einem *freien Vorkommen* versteht man nur

449   **Semantik**

die Stellen in einem Ausdruck, die nicht im Bindungsbereich eines Quantors liegen ($\uparrow$ Logik).

Beispiel: Sei $P = (x \leq 1 \wedge y \geq x)$.
Dann ist $P \langle x \leftarrow 2z - 1 \rangle = (2z - 1 \leq 1 \wedge y \geq 2z - 1)$.

Die axiomatische Semantik von MINI lautet nun folgendermaßen:
1) Die leere Anweisung null verändert die Eigenschaften von Variablen nicht; d. h. für alle Prädikate P gilt: $\{P\}$ null $\{P\}$ wie in Beispiel a).
2) Die Wirkung der Wertzuweisungen wird für jedes Prädikat P charakterisiert durch:

$$\{P \langle b \leftarrow 0 \rangle\} \ b := 0 \ \{P\},$$
$$\{P \langle b \leftarrow b' + 1 \rangle\} \ b := b' + 1 \ \{P\},$$
$$\{P \langle b \leftarrow b' - 1 \rangle\} \ b := b' - 1 \ \{P\}.$$

Beispiele:

a) $\{0 = 0\} \ b := 0 \ \{b = 0\}$
b) $\{0 < 5\} \ b := 0 \ \{b < 5\}$
c) $\{y + 1 \geq 2 \wedge y = 1\} \ x := y + 1 \ \{x \geq 2 \wedge y = 1\}$

Die Regeln 1) und 2) haben den Charakter von Axiomen, d. h. von immer gültigen Aussagen, die nicht bewiesen werden müssen. Die Bezeichnung „axiomatische Semantik" geht hierauf zurück. Die folgenden Regeln haben den Charakter von *Ableitungsregeln* (auch *Inferenz-* oder *Deduktionsregeln* genannt), mit deren Hilfe aus bekannten Beziehungen neue gewonnen werden können. Ableitungsregeln haben die Form

$$\frac{\alpha_1, \alpha_2, ..., \alpha_n}{\beta}.$$

Diese Schreibweise bedeutet: Aus der Gültigkeit von α_1 und α_2 und ... und α_n folgt die Gültigkeit von β.
Die weiteren Semantikdefinitionen lauten:
3) Wenn vor Ausführung von a_1 das Prädikat P und nach Ausführung das Prädikat Q gilt und wenn weiterhin vor Ausführung von a_2 das Prädikat Q und danach R gilt, dann gilt nach Ausführung von a_1; a_2 ebenfalls R, wenn vorher P galt:

$$\frac{\{P\} \ a_1 \ \{Q\}, \ \{Q\} \ a_2 \ \{R\}}{\{P\} \ a_1; \ a_2 \ \{R\}}$$

Beispiele:

a) $\dfrac{\{0 = 0\} \ b := 0 \ \{b = 0\}, \ \{b = 0\} \ b := b + 1 \ \{b = 1\}}{\{0 = 0\} \ b := 0; \ b := b + 1 \ \{b = 1\}}$

b) $\dfrac{\{y + 1 = 8\} \ x := y + 1 \ \{x = 8\}, \ \{x = 8\} \ y := x + 1 \ \{y = 9\}}{\{y + 1 = 8\} \ x := y + 1; \ y := x + 1 \ \{y = 9\}}$

Man sieht an diesen Beispielen, dass man die Prädikate zum Teil recht willkürlich wählen kann. Sie besitzen dann allerdings auch kaum praktischen Nutzen. Die Aufgabe besteht vielmehr darin, die Prädikate so zu wählen, dass sie das Verhalten des Programms möglichst genau beschreiben. Hierfür gibt es keine allgemei-

15 SD Informatik

Semantik 450

nen Richtlinien, sodass man sich auf Intuition und Erfahrung verlassen muss, wie sie auch beim allgemeinen Beweisen mathematischer Sätze gefordert sind.
4) Vor Ausführung von a_1 bzw. a_2 seien die Prädikate $P \wedge (b = 0)$ bzw. $P \wedge (b \neq 0)$ gültig. Nach Ausführung von a_1 bzw. a_2 gelte jeweils das Prädikat Q. Dann gilt Q ebenfalls nach Ausführung einer if-Anweisung, wenn vorher P galt:

$$\frac{\{P \wedge (b = 0)\} \; a_1 \; \{Q\}, \; \{P \wedge (b \neq 0)\} \; a_2 \; \{Q\}}{\{P\} \; \underline{if} \; b = 0 \; \underline{then} \; a_1 \; \underline{else} \; a_2 \; \underline{end} \; \{Q\}}.$$

Beispiel:

$$\frac{\{y = 0 \wedge b = 0\} \; x := 1 \; \{y = 0\}, \; \{y = 0 \wedge b \neq 0\} \; x := 2 \; \{y = 0\}}{\{y = 0\} \; \underline{if} \; b = 0 \; \underline{then} \; x := 1 \; \underline{else} \; x := 2 \; \underline{end} \; \{y = 0\}}$$

5) Gilt vor Ausführung von a_0 das Prädikat $P \wedge (b \neq 0)$ und nach Ausführung von a_0 das Prädikat P, so gilt nach Ausführung einer while-Schleife $P \wedge (b = 0)$, falls vorher P galt:

$$\frac{\{P \wedge (b \neq 0)\} \; a_0 \; \{P\}}{\{P\} \; \underline{while} \; b \neq 0 \; \underline{do} \; a_0 \; \underline{end} \; \{P \wedge (b = 0)\}}$$

Beispiele:

a) $$\frac{\{y \geq 0 \wedge y \neq 0\} \; y := y - 1 \; \{y \geq 0\}}{\{y \geq 0\} \; \underline{while} \; y \neq 0 \; \underline{do} \; y := y - 1 \; \underline{end} \; \{y = 0\}}$$

Statt „y = 0" hätte es vollständig „y ≥ 0 ∧ y = 0" heißen müssen, was logisch „y = 0" entspricht.

b) $$\frac{\{y + z = 10 \wedge y \neq 0\} \; z := z + 1; \; y := y - 1 \; \{y + z = 10\}}{\{y + z = 10\} \; \underline{while} \; y \neq 0 \; \underline{do} \; z := z + 1; \; y := y - 1 \; \underline{end} \; \{y + z = 10 \wedge y = 0\}}$$

Ein Prädikat P, das diese Ableitungsregel 5 erfüllt, nennt man *Schleifeninvariante*, da P vor und nach Ausführung der Schleife gilt. In Beispiel a) ist $\{y \geq 0\}$, in Beispiel b) $\{y + z = 10\}$ eine Schleifeninvariante. Bei Beispiel b) beachte man, dass die Deduktionsregel auch für y < 0 gilt, obwohl die Schleife dann nicht endet.
Merke: Das Terminieren einer Schleife muss unabhängig von den Deduktionsregeln gesondert nachgewiesen werden!
6) Die folgende Regel dient zur Anpassung von Prädikaten. Gilt $\{Q\} a_0 \{R\}$ und folgt aus P das Prädikat Q und aus R das Prädikat S, so gilt auch $\{P\} a_0 \{S\}$:

$$\frac{P \Rightarrow Q, \; \{Q\} a_0 \{R\}, \; R \Rightarrow S}{\{P\} a_0 \{S\}}$$

Beispiel:

$$\frac{x = 0 \Rightarrow x \geq 0, \; \{x \geq 0\} a_0 \{x \geq 1\}, \; x \geq 1 \Rightarrow x \neq 0}{\{x = 0\} a_0 \{x \neq 0\}}$$

Mithilfe der axiomatischen Semantik kann man den Nachweis führen, ob ein Programm die gewünschte Funktion berechnet oder nicht. Das Haupt- problem lautet hierbei: Wie findet man die passenden Prädikate, insbesondere die Schleifeninvarianten? Am leichtesten sind diese Prädikate vom Programmierer selbst zu finden: Wenn der Programmierer ein Programmstück erstellt, so hat er eine genaue Vorstellung, welche Teilfunktionen hierdurch realisiert werden sollen; durch die Prädikate müssen genau diese Teilfunktionen logisch formuliert werden.

Ein ausführliches *Beispiel* findet man unter ↑Verifikation.

Eine spezielle Vorgehensweise ist die Technik der schwächsten Vorbedingung: Das Prädikat R, das am Ende des Programms gelten soll, gibt die zu berechnende Funktion an; die letzte Nachbedingung R ist also bekannt. Dann durchläuft man die Anweisungen von hinten nach vorne und formuliert zu jeder Nachbedingung und zu jeder Anweisung a_0 das allgemeinste Prädikat P, aus dem die gegebene Nachbedingung durch Ausführen von a_0 gerade noch gefolgert werden kann *(schwächste Vorbedingung,* englisch *weakest precondition).* Trifft man schließlich auf eine Vorbedingung P des gesamten Programms, die nur noch dem Einlesen von Variablen entspricht, also ein Prädikat der Form $(x \in \mathbb{Z}, y \in \mathbb{R}, ...)$, dann hat man den gewünschten Nachweis führen können.

Man vergesse nicht zu beweisen, dass das Programm auch für alle Eingabewerte anhält, da die axiomatische Semantik nur unter dieser Voraussetzung arbeitet.

Exakte Beweise, dass ein Programm genau die Funktion realisiert, die man vorgibt, sind sehr aufwendig. Man entwickelt daher Programme, die diese Aufgabe im Dialog unterstützen oder sogar selbst erledigen, sofern man die Funktion in einer mathematischen Formulierung oder in einer geeigneten Spezifikationssprache eingibt. Die operationale Semantik eignet sich nicht für solche Nachweise, da sie nur

für feste und nicht für alle Eingabewerte arbeitet.

Überlegungen zur Semantik von Programmen und Programmiersprachen führen in der *Schule* noch ein Schattendasein – sie gelten als schwierig –, obwohl diese Thematik im Zusammenhang mit Fragestellungen zur Sicherheit von Hardware- und Softwaresystemen eine immer größere Rolle spielt. Eine Möglichkeit, Schüler erstmalig an Probleme der Semantik heranzuführen, besteht darin, ausgewählte kleine Programme zu präsentieren, deren Semantik weder unmittelbar ersichtlich ist noch aus einer vorhandenen umgangssprachlichen und damit weniger präzisen Beschreibung der Sprache ermittelt werden kann. Auf diese Weise erwächst eine gewisse Einsicht in die Notwendigkeit präziser Semantikdefinitionen von Programmiersprachen.

semantische Analyse: Eine der Phasen bei der Übersetzung eines Programms.

Die semantische Analyse erfüllt vorwiegend zwei Aufgaben:

1) *Überprüfung des ↑Ableitungsbaumes auf Fehler:* Programmiersprachen werden der Einfachheit halber durch ↑kontextfreie Grammatiken oder durch ↑Syntaxdiagramme beschrieben. Programme müssen aber gewisse Zusatzbedingungen erfüllen, die man umgangssprachlich zur Sprachdefinition hinzufügt.

Beispiele:

a) Jeder verwendete ↑Bezeichner muss deklariert werden.

b) Jede Variable muss ihrem Datentyp. entsprechend verwendet werden: Z.B. ist var x: boolean; x := 3 verboten.

Die Einhaltung dieser Zusatzbedingungen kann innerhalb der Phase der ↑syntaktischen Analyse nicht überprüft werden.

semantische Analyse

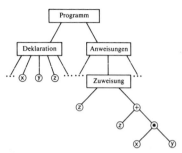

Abb. 1: Ableitungsbaum nach der syntaktischen Analyse (Ausschnitt)

Zur Realisierung der semantischen Analyse verwendet man häufig ↑Symboltabellen, in denen man alle Variablen zusammen mit ihrem deklarierten Datentyp und ihrer Adresse speichert. Trifft man beim Durchlaufen des Ableitungsbaumes auf einen Bezeichner, so unterscheidet man zwei Fälle:

a) Wird der Bezeichner deklariert, so trägt man ihn in die Symboltabelle mit seinem Datentyp ein und vergibt eine Adresse.

b) Wird der Bezeichner verwendet, so überprüft man, ob er deklariert wurde und typgemäß verwendet wird. Typ und Adresse werden an der Stelle seines Auftretens im Ableitungsbaum vermerkt.

Knoten des Ableitungsbaumes, die für Operatoren stehen, werden mit der Adresse des Registers versehen, das das Zwischenergebnis aufnehmen soll, und mit dem Typ des Operators.

2) *Vorbereitung der Code-Erzeugung:*
Gleichzeitig mit der Überprüfung des Ableitungsbaumes auf kontextsensitive Fehler werden Vorbereitungen für die folgende Phase, den ↑Codegenerator getroffen. Der Ableitungsbaum wird durchlaufen, wobei jeder Variablen, jedem Ausdruck (auch Zwischenergebnissen) und gegebenenfalls auch Anweisungen Adressen innerhalb des Zielprogramms zugeordnet werden. Bei Variablen beziehen sich die Adressen dann auf den Speicher, bei Zwischenergebnissen meist auf ↑Register.

Beispiel:
Gegeben sei folgendes Programm:

<u>var</u> x: <u>integer</u>; y,z: <u>real</u>;
...
z := z + x*y;
...

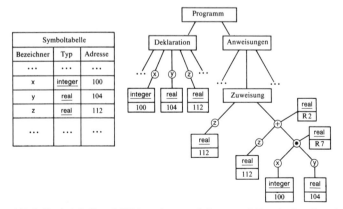

Abb. 2: Symboltabelle und Ableitungsbaum nach der semantischen Analyse (Ausschnitt)

Die semantische Analyse erhält von der syntaktischen Analyse einen Ableitungsbaum (Abb. 1).

Sie verwendet eine Symboltabelle, in der die Variablen, ihr Datentyp und ihre Adresse verzeichnet sind (Abb. 2). x erhält die Adresse 100, y die Adresse 104, z die Adresse 112 (dabei wird angenommen, dass ein integer-Wert vier und ein real-Wert acht Bytes beansprucht). In der Zuweisung sind alle Bezeichner mit der zugehörigen Adressen und Typen versehen. Das Zwischenergebnis x∗y wird in Register 7 abgelegt und hat den Typ real (da integer∗real = real). Dem Zwischenergebnis z + x∗y wird Register 2 zugeordnet.

Semaphor (dt. Zeichenträger; im 18. und 19. Jahrhundert Bezeichnung für Flügeltelegrafen zur optischen Nachrichtenübermittlung): Ein Semaphor s ist eine ganzzahlige nichtnegative Variable verbunden mit einer *Warteschlange* W(s) (↑ Schlange). Auf ein Semaphor kann mit zwei Operationen zugegriffen werden, mit der *P-Operation* (P Abk. für holl. **p**asseer „betreten"), auch *Warteoperation* genannt, und der *V-Operation* (V Abk. für holl. **v**erlaat „verlassen"), auch *Signaloperation* genannt. Die P-Operation wird im Allgemeinen zu Beginn eines kritischen Abschnitts, das heißt eines Abschnitts, in dem keine Konflikte mit anderen Prozessen auftreten dürfen, die V-Operation am Ende eines kritischen Abschnitts ausgeführt. Daher realisiert man den wechselseitigen Ausschluss (↑ Nebenläufigkeit) in der Praxis oft mit Semaphoren.

Beispiel:

Prozess 1	*Prozess 2*
P(s);	P(s);
„kritischer Abschnitt";	„kritischer Abschnitt";
V(s);	V(s);
„unkritischer Abschnitt";	„unkritischer Abschnitt";

Die P- und die V-Operationen sind in Prog. 1 definiert.

```
type semaphor = 0.. „unendlich";
procedure P (var s: semaphor);
begin
    if s ≥ 1 then s := s − 1 else
    begin
        „Stoppe den auszuführenden Prozess";
        „Trage den Prozess in die Warteschlange W(s) ein"
    end
end;
procedure V (var s: semaphor);
begin
    s := s + 1;
    if „Warteschlange W(s) nicht leer" then
    begin
        „Wähle einen Prozess Q aus W(s) aus";
        „Springe zu der P-Operation in Q, durch die Q gestoppt wurde"
    end
end;
```

Prog. 1: Definition der P- und V-Operationen

Semaphor

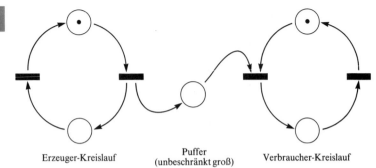

Erzeuger-Kreislauf   Puffer (unbeschränkt groß)   Verbraucher-Kreislauf

Abb. 1: Erzeuger-Verbraucher-System, dargestellt als Petrinetz

Der Anfangswert von s legt fest, wie viele Prozesse sich gleichzeitig in dem durch s kontrollierten kritischen Abschnitt befinden, also das durch die Zustandsvariable s kontrollierte Betriebsmittel belegen dürfen. Damit der Zugriff auf eine Semaphorvariable nicht selbst wieder zu Konflikten führt, müssen sich P- und V-Operationen eines Semaphors wechselseitig ausschließen, also eigene kritische Abschnitte bilden.

Das folgende Beispiel demonstriert die Funktionsweise des Semaphorkonzepts anhand einer innerhalb eines Betriebssystems häufig vorkommenden Aufgabenstellung, des *Erzeuger-Verbraucher-Problems,* das typisch für viele Kommunikationsvorgänge ist. So kann z. B. das Erzeuger-Verbraucher-Problem mit unbeschränktem Puffer durch ein ↑Petrinetz gemäß Abb. 1 dargestellt werden. Abb. 2 zeigt das System, wenn der Puffer eine feste Kapazität (hier: 5) nicht überschreiten darf.

Beispiel:
Zwei Prozesse, der Erzeuger und der Verbraucher, liefern Daten bzw. nehmen Daten in Empfang (Prog. 2).
Der Erzeuger schreibt ein Datum in den Puffer, falls dieser noch nicht gefüllt ist (nichtvoll > 0) und der Ver-

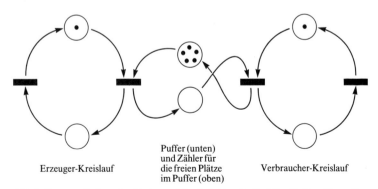

Erzeuger-Kreislauf   Puffer (unten) und Zähler für die freien Plätze im Puffer (oben)   Verbraucher-Kreislauf

Abb. 2: Erzeuger-Verbraucher-System, mit beschränktem Puffer (hier: Puffergröße = 5)

sequenzielles Suchen

```
var nichtvoll, (* Puffer ist nicht voll *)
    nichtleer, (* Puffer ist nicht leer *)
    gesperrt (* Puffer wird gelesen oder beschrieben *)
        : semaphor;
nichtvoll := n; (* Der Puffer hat n Plätze *)
nichtleer := 0; gesperrt := 1;
```

Erzeuger	Verbraucher
repeat	repeat
„Erzeuge Datum";	P(nichtleer);
P(nichtvoll);	P(gesperrt);
P(gesperrt);	„Entnimm Datum aus
„Transportiere Datum	dem Puffer";
in den Puffer";	V(gesperrt);
V(gesperrt);	V(nichtvoll);
V(nichtleer)	„Verbrauche Datum"
until „unbestimmt";	until „unbestimmt";

Prog. 2: Erzeuger-Verbraucher-Problem

braucher im Moment nicht auf ihn zugreift (gesperrt = 1). Ist der Puffer voll, wartet der Erzeuger in der zum Semaphor „nichtvoll" gehörenden Warteschlange auf Entleerung durch den Verbraucher; ist der Puffer leer, wartet der Verbraucher in der zum Semaphor „nichtleer" gehörenden Warteschlange auf Füllung durch den Erzeuger. Der Semaphor „gesperrt" sorgt dafür, dass höchstens einer der beiden Prozesse auf den Puffer zugreifen kann.
Eine Alternative zur Verwendung von Semaphoren bildet das Konzept des ↑Monitors.
sequenziell: aufeinander folgend.
1. Bei der Kennzeichnung von ↑Datenträgern und ↑Datenstrukturen bedeutet „sequenziell", dass diese nur in einer vorgegebenen Reihenfolge gelesen oder beschrieben werden können. Ein Beispiel für einen sequenziellen Datenträger ist der ↑Magnetbandspeicher, Beispiele für eine sequenzielle Datenstruktur sind die ↑lineare Liste und die sequenzielle ↑Datei.

2. Bei der Kennzeichnung des Zugriffs auf Datenträger oder Datenstrukturen bedeutet „sequenziell", dass zum ↑Suchen eines Datenelements alle oder eine gewisse Anzahl von vorhergehenden Daten zunächst untersucht werden.
3. In der Programmierung bedeutet „sequenziell", dass die Programme nur jeweils durch *einen* ↑Prozess beschrieben werden, dass also keine Parallelität oder ↑Nebenläufigkeit vorliegt.
sequenzielles Suchen: Sei a_1, a_2, a_3, ... eine Folge von Objekten, die in einem ↑Feld oder als ↑lineare Liste abgespeichert ist. Beim sequenziellen Suchen werden nacheinander alle Objekte a_i angesehen, bis man ein Objekt gefunden hat, das das Suchkriterium erfüllt. Die Laufzeit für das sequenzielle Suchen beträgt bei n Objekten durchschnittlich $O(n)$ (↑Ordnung). Für die Praxis ist sequenzielles Suchen zu zeitaufwendig. ↑Binäres Suchen ist in jedem Fall vorzuziehen, wenn die Folge sortiert ist.

seriell: Arbeitsabläufe bzw. deren Einzelschritte heißen *seriell,* wenn sie nicht gleichzeitig (↑parallel), sondern zeitlich aufeinander folgend durchgeführt werden. Beispiele für serielle Arbeitsprozesse sind die serielle ↑Datenübertragung, bei der die Daten Bit für Bit nacheinander über *eine* Leitung gesendet werden, und die serielle Verarbeitung von ↑Aufträgen.

Serienaddierwerk: Einfaches Schaltwerk für die Addition zweier n-stelliger ↑binärer Zahlen. Es benötigt nur einen ↑Volladdierer und ein ↑D-Flipflop zur Speicherung eines Übertrags. Zusätzlich muss für die beiden Summanden und die Summe je ein ↑Schieberegister zur Verfügung stehen (Abb. 1).

Mit jedem Takt werden zwei Bits der beiden Schieberegister a und b in den Volladdierer transportiert und verknüpft. Das Resultat wird im Schieberegister c gespeichert. Ein eventuell auftretender Übertrag wird im D-Flipflop zwischengespeichert und beim nächsten Takt in die Addition einbezogen. Realisiert man a und b als Rundschieberegister, so bleiben die Summanden nach Ausführung der Addition erhalten. Speichert man das Ergebnis in einem der Summandenregister a oder b, so spart man ein Schieberegister. Das Summanden-Ergebnisregister heißt dann ↑Akkumulator.

Ist n die Stellenzahl eines Summanden, so benötigt die Berechnung der Summe n Taktimpulse. Am Ausgang des D-Flipflops kann anschließend abgelesen werden, ob die Berechnung zu einem Übertrag über die vorderste Stelle hinaus geführt hat. Da Serienaddierwerke relativ langsam arbeiten, verwendet man in der Praxis ↑Paralleladdierwerke.

Serienparallelumsetzer (engl. *serial parallel converter*): Schaltwerk, das zeitlich ↑seriell eingehende Daten ↑parallel ausgibt. Als Serienparallelumsetzer eignet sich beispielsweise ein ↑Schieberegister für n Bit, in das mit n Takten jeweils ein eingehendes Bit gespeichert wird. In einem weiteren Takt werden die gespeicherten Daten parallel ausgegeben (Abb. 1).

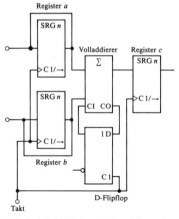

Abb. 1: Schaltbild eines Serienaddierwerks

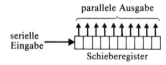

Abb. 1: Schieberegister als Serienparallelumsetzer

Die Umkehrung wird durch den ↑Parallelserienumsetzer realisiert.

Sieb des Eratosthenes: Von dem griechischen Philosophen Eratosthenes (276–195 v. Chr.) entwickeltes Verfahren zur Berechnung aller Primzahlen bis zu einer vorgegebenen Zahl $n \in \mathbb{N}$:
(1) Man schreibe alle Zahlen von 1 bis n hin und streiche die Zahl 1 durch.
(2) Sei i die kleinste noch nicht durchgestrichene und nicht eingerahmte

Zahl. Man rahme i ein und streiche alle Vielfachen von i durch. (Die Vielfachen von i werden „ausgesiebt".)

(3) Man wiederhole (2) so lange, bis $i^2 > n$ ist.

(4) Die eingerahmten und die nicht durchgestrichenen Zahlen sind die Primzahlen von 1 bis n.

Eine Realisierung des Algorithmus als PASCAL-Programm sieht folgendermaßen aus:

```
var prim: array [1 .. n] of boolean;
    wurzel, i, j: integer;
begin
  for i := 2 to n do prim [i] := true;
  prim [1] := false;
  wurzel := trunc (sqrt(n));
  for i := 2 to wurzel do
  begin
    if prim [i] then
    begin
      j := i + i;
      while j ≤ n do
      begin
        prim [j] := false;
        j := j + i
      end
    end
  end;
  for i := 2 to n do
    if prim [i] then write(i);
end.
```

Das Sieb des Eratosthenes benötigt zur Berechnung der ersten n Primzahlen proportional zu $n \cdot \log_2 n$ Schritte. Üblicherweise bezieht man die Laufzeit jedoch auf die Länge der Eingabe. Hier wird n eingegeben, und die Länge von n in Binärdarstellung ist $\log_2 n$. Eingesetzt ergeben sich dann $2^{n \cdot n}$, also größenordnungsmäßig 2^n Schritte. Daher besitzt dieses Siebverfahren einen exponentiellen Aufwand. Auch ist der Speicherplatzaufwand sehr hoch – es müssen alle Zahlen bis n im ↑ Hauptspeicher vorgehalten werden –, daher scheitert die Erstellung größerer Primzahltafeln häufig an mangelnder Speicherkapazität. Aus diesem Grunde verwendet man für die Entscheidung, ob eine große Zahl eine Primzahl ist, in der Praxis einen ↑ stochastischen Algorithmus.

Signal: Informationen werden physikalisch durch Folgen von Signalen dargestellt. Hierbei ist ein Signal eine elementare feststellbare Veränderung, z. B. ein Zeichen, ein Strich, ein Bildelement, ein Laut, ein Ton, ein Lichtblitz, eine Farbveränderung, eine Bewegung, ein elektrischer Impuls usw. Wesentlich ist, dass sich diese Veränderung physikalisch durch Messgeräte erfassen lässt, also durch Lesegeräte, Scanner, Kameras, Mikrofone, Bewegungsmesser, Spannungsmesser, lichtempfindliche Zellen oder andere Sensoren.

Signale besitzen einen *Träger;* beim Schall ist es Luft oder ein Material, bei Zeichen ist es das Material, das als Unterlage dient (z. B. Papier), bei elektrischen Impulsen ist es ein elektrischer Leiter. Die Kenngröße eines Signals, deren Wert oder Werteverlauf die Nachricht oder die Daten darstellt, nennt man *Signalparameter.* Zum Beispiel ist bei der Rundfunkübertragung das Signal eine amplituden- oder frequenzmodulierte Wechselspannung, und der Signalparameter ist hierbei die Amplitude bzw. die Frequenz. Betrachtet man nur Signalparameter, die aus einem diskreten Wertebereich stammen (z. B. nur den ganzzahligen Anteil der Amplitude oder gut unterscheidbare Zeichen), so heißen die Signale *diskret;* ist dieser Wertebereich endlich, so spricht man von *digitalen* Signalen. Speziell bezeichnet man digitale Signale, die durch ↑ Zeichen dargestellt werden, als *Daten.* Stellt der Signalparameter dagegen eine kontinuierlich veränderbare Größe dar, so

Signum-Funktion 458

spricht man von einem ↑ analogen Signal.

Während die physikalische Erkennung (und damit die Syntax) von Signalen letztlich durch die Messgeräte definiert wird, bleibt die Bedeutung von Signalen meist der anschließenden Verarbeitung überlassen (↑ Information).

Signum-Funktion *(Vorzeichenfunktion):* Funktion, die das Vorzeichen einer reellen Zahl liefert. Es gilt:

sgn: $\mathbb{R} \rightarrow \{-1,0,1\}$ mit

$$sgn(x) = \begin{cases} -1, & \text{falls } x < 0, \\ 0, & \text{falls } x = 0, \\ 1, & \text{falls } x > 0. \end{cases}$$

In den meisten Programmiersprachen ist die Signum-Funktion als Standardfunktion verfügbar.

simplex: Kennzeichen für einen Datenübertragungskanal, bei dem die eine Datenendeinrichtung nur als Sender von Daten und die andere nur als Empfänger verwendet werden kann. Typische Beispiele für Simplexkanäle sind Radio- und Fernsehsendungen (↑ halbduplex, ↑ duplex, ↑ multiplex, ↑ Datenübertragung).

SIMULA (Abk. für engl. **simula**tion **la**nguage): Imperative Programmiersprache mit speziellen Möglichkeiten zur Ausführung von ↑ Simulationen. Die Sprache wurde 1967 aus der Sprache ALGOL 60 entwickelt. Sie besitzt anspruchsvolle Datenstrukturen (Klassen und Referenzen) und ein Modul- und Vererbungskonzept. Daher gilt SIMULA als Vorläuferin der ↑ objektorientierten Programmierung. Das wichtigste Konzept, das mit SIMULA eingeführt wurde, ist das *Klassenkonzept.* Eine *Klasse* ist in ihrer einfachsten Form eine Zusammenfassung mehrerer Datentypen zu einer Einheit (vergleichbar mit einem ↑ Record). Objekte vom Typ dieser Klasse werden erzeugt (oder „generiert"), und als Ergebnis erhält man einen

↑ Zeiger auf das neue Objekt. Zusätzlich können in Klassendefinitionen Anweisungen angegeben werden; diese werden immer dann ausgeführt, wenn ein Objekt der Klasse erzeugt wird.

SIMULA besitzt vordefinierte Klassen, die *Standardklassen.* Die bekannteste ist die Klasse „simulation", welche die zur Durchführung von Simulationen notwendigen Operationen bereitstellt. Außerdem stellt SIMULA ein Konzept für ↑ Koroutinen zur Verfügung, mit dem man selbstständig agierende und miteinander kommunizierende Objekte erzeugen kann.

Simulation: In der Informatik bezeichnet Simulation die Nachbildung von Vorgängen auf einer Rechenanlage. Sie wird meist zur Untersuchung von Abläufen eingesetzt, die man in der Wirklichkeit aus Zeit-, Kosten-, Gefahren- oder anderen Gründen nicht durchführen kann. Typische Beispiele sind die Ermittlung von Lagerstandorten zur bestmöglichen Belieferung, die Auswirkungen von Maßnahmen auf die Umwelt, Steuerung von Fluggeräten, Entwicklung und Test von Programmen für Computer, die sich noch im Planungsstadium befinden, usw. Jede Simulation beginnt mit der Entwicklung eines *Simulationsmodells,* das die wesentlichen Eigenschaften der zu simulierenden Vorgänge und ihre gegenseitige Beeinflussung widerspiegelt. Alle Ergebnisse einer Simulation beziehen sich nur auf dieses Modell.

Inwieweit solche Ergebnisse auf die Wirklichkeit übertragen werden können, hängt daher entscheidend davon ab, wie gut die Wirklichkeit durch das Modell nachgebildet wird.

Beispiel:
Simulation der Vermehrung von Kaninchen: Ein Kaninchenpaar erzeugt

alle 30 Tage 6 Junge. Aus n Kaninchen werden nach 30 Tagen also

$$n + \frac{n}{2} \cdot 6 = 4n$$

Kaninchen; aus einem Kaninchenpaar wären nach einem Jahr somit

$$2 \cdot 4^{12} = 33\,554\,432$$

Kaninchen geworden.

Dieses Modell beschreibt die Wirklichkeit nur unvollkommen. Es berücksichtigt weder die Sterblichkeit noch die Zeugungsunfähigkeit von Jungtieren, noch das Nahrungsangebot. Erweitert man das Modell um diese Eigenschaften, so enthält das neue Modell seinerseits wiederum nicht einen möglichen Sterblichkeitsanstieg durch Seuchen oder die Begrenzung der Vermehrung durch Platzmangel.

Vom Zweck und der gewünschten Genauigkeit einer Simulation hängt es daher ab, ob das zugrunde liegende Modell als zufrieden stellend angesehen wird.

Man unterscheidet zwischen der deterministischen (↑ Determinismus) und der stochastischen Simulation. Bei der *deterministischen Simulation* sind alle an dem Modell beteiligten Größen exakt definiert oder aufgrund mathematischer Zusammenhänge berechenbar. Bei der *stochastischen Simulation* werden in dem Modell auch zufallsabhängige Größen verwendet. Für die Erzeugung der Zufallsgrößen setzt man ↑ Zufallszahlengeneratoren ein.

Zur Programmierung von Simulationen wurden spezielle Programmiersprachen entwickelt, z. B. ↑ SIMULA und **GPSS** (Abk. für engl. General Purpose Simulation System).

SMALLTALK-80 ['smɔːltɔːk-]: Objektorientierte Programmiersprache und zugleich vollständige Programmierumgebung, in der die Prinzipien der ↑ objektorientierten Programmierung

gut realisiert sind und in der viel Wert auf ein einheitliches benutzungsfreundliches Erscheinungsbild gelegt wurde. Benutzer brauchen sich nicht mehr in Betriebssysteme, Dateiverwaltungssysteme, Programmiersprachen, Übersetzer oder Editoren einzuarbeiten; denn in SMALLTALK-80 stellt sich das Computersystem in einheitlicher Form dar, durch das der Benutzer mit ↑ Menüs geführt wird. Nach außen sichtbar ist stets nur ein spezielles Objekt, nämlich der Bildschirm (das SMALLTALK-80-System wird immer mit einem ↑ grafischen Terminal benutzt). Eingaben erfolgen mit der ↑ Maus oder über die Tastatur.

Das SMALLTALK-80-System ist aus Benutzersicht eine Menge von Objekten, wie z. B. Zahlen, Texten, Grafiken, Editoren, Übersetzern usw. Man kann die Eigenschaften jedes Objekts jederzeit abwandeln, wodurch sich das System leicht anpassen lässt. Dies verlangt einerseits einen hohen Grad an Disziplin im Umgang mit dem System, erlaubt aber andererseits eine große Flexibilität. Diese Flexibilität wird erreicht durch eine Vielzahl von Softwarewerkzeugen (Objekten), mit denen man andere Objekte manipulieren kann.

Zum SMALLTALK-80-System gehört auch ein Übersetzer für eine spezielle Programmiersprache, die ebenfalls als SMALLTALK-80 bezeichnet wird. Diese Programmiersprache ist objektorientiert. Jedes Objekt gehört einer *Klasse* an, es ist eine *Instanz* dieser Klasse (↑ objektorientierte Programmierung). Im Definitionsschema für Klassen ist anzugeben, wie die Klasse heißt, von welcher Klasse alle Eigenschaften übernommen werden *(Oberklasse)*, welche Zustände ein Objekt dieser Klasse annehmen kann *(Instanzvariablen)*, welche *Nachrichten* man einem solchen Objekt schicken

SMALLTALK-80

darf (Namen der Methoden). Die Realisierung der Methoden bleibt nach außen verborgen. Weiterhin können Klassenvariablen benannt werden, auf die alle Objekte, die zu dieser Klasse gehören, zugreifen dürfen (dies entspricht globalen Werten, die nur Objekten einer Klasse zur Verfügung stehen), und es werden Methoden angegeben, die man der Klasse selbst senden kann, wie z.B. die Methode, ein konkretes Objekt zu erzeugen. Erhält ein Objekt eine Nachricht (mit ↑ Parametern), so antwortet es mit einem anderen Objekt.

Wie eine Nachricht zu verarbeiten ist, wird durch eine entsprechende Methode definiert.

Eine *Methode* besitzt den folgenden folgenden Aufbau:

⟨Kommentar⟩
⟨Lokale Variablen⟩
⟨Anweisungen⟩

Beispiel:
Die iterative Berechnung der ↑ Fakultät in SMALLTALK lautet folgendermaßen:

```
fak
    „Antwortet mit der Fakultät
    des Empfängers, z.B.
    5 fac = 5 * 4 * 3 * 2 * 1"
    | result hilf |
    result ← 1.
    hilf ← self.
    [hilf > 0] whileTrue:
        [result ← result * hilf.
        hilf ← hilf − 1].
    ↑ result
```

Diese Methode wird nun der Klasse natural, die die natürlichen Zahlen definiert, hinzugefügt. Schickt man dann einem Objekt dieser Klasse, z.B. der Zahl 5, die Nachricht fak, dann antwortet das Objekt 5 mit dem Objekt 120.

Erläuterung: Zunächst wird der Name fak für die Methode festgelegt. Dann folgt ein erläuternder Kommentar, eingeschlossen in Anführungsstrichen. Danach werden die ↑ lokalen Variablen zwischen zwei senkrechten Strichen aufgelistet; hier result und hilf. Da SMALLTALK keine ↑ typisierte Programmiersprache ist, genügt es, die Bezeichner der lokalen Variablen anzugeben. Nun folgen die Anweisungen, die durch einen Punkt voneinander getrennt werden. Durch result ← 1 und hilf ← self werden die Objekte 1 und self an die Variablen result und hilf gebunden. self bedeutet hierbei, dass der Variablen hilf das Objekt zugeordnet wird, dem die Nachricht fak geschickt worden ist (also beispielsweise das Objekt 5). Anschließend wird eine Bedingung ausgewertet; Ergebnis ist eines der Objekte true oder false (↑ boolean). Diesem wird die Nachricht whileTrue: mit dem Parameter

```
[result ← result * hilf.
hilf ← hilf − 1]
```

geschickt (Parameter werden durch einen Doppelpunkt vom Namen der Nachricht abgetrennt). Die beiden Anweisungen result ← result * hilf und hilf ← hilf − 1 werden nun so oft durchgeführt, bis hilf kleiner oder gleich Null geworden ist. Als Ergebnis der Methode fak wird das Objekt, das an die Variable result gebunden ist, zurückgegeben; dieses Zurückgeben wird durch den senkrechten Pfeil dargestellt.

Man beachte: Ausdrücke in der Sprache SMALLTALK-80 werden von links nach rechts ausgewertet.

A B C

bedeutet also: Zunächst wird dem Objekt A die Nachricht B geschickt, und anschließend erhält das hierbei als Er-

SMALLTALK-80

gebnis entstandene Objekt die Nachricht C.

Beispiel:
Klassendefinition für den Punkt im zweidimensionalen Raum (Abb. 1).
Erläuterung: Einen Punkt mit den Koordinaten 5 und 8 erzeugt man durch

   Punkt newX: 5 Y: 8

Die Abarbeitung dieses Ausdrucks geschieht folgendermaßen: Die Nachricht

   newX: 5 Y: 8

wird an die Klasse Punkt, die ebenfalls ein Objekt ist, geschickt. Diese erkennt, dass newX: Y: eine zulässige Methode mit den Argumenten 5 und 8 ist. Also wird

   ↑self new x: 5 y: 8

Klassenname (class name)	Punkt	
Oberklasse (super class)	Object	
Namen der Instanzvariablen	x y	
Namen der Klassenvariablen	pi	
Klassennachrichten und Methoden (class messages and methods)	< Erzeuge eine Instanz dieser Klasse und setze die Klassenvariable pi >	
newX: xWert Y: yWert | | ↑self new x: xWert y: yWert **newRadius: radius: Winkel: winkel** | | ↑self new x: radius ∗ winkel sin y: radius ∗ winkel cos **setpi** | | pi ← 3,1415926		
Instanznachrichten und Methoden (instance messages and methods)	< Verwaltung der Koordinaten des Punktes und Arithmetisches >	
x: xKoord y: yKoord | | x ← xKoord. y ← yKoord **x** | | ↑x **y** | | ↑y **radius** | | ↑(x ∗ x) + (y ∗ y) wurzel **winkel** | | ↑(x/y) arctan **+ einPunkt** | | ↑Punkt newX: x + einPunkt x Y: y + einPunkt y **− einPunkt** | | ↑Punkt newX: x − einPunkt x Y: y − einPunkt y **∗skalarFaktor** | | ↑Punkt newX: x ∗ skalarFaktor Y: y ∗ skalarFaktor **kreisFläche** | z | z ← self radius. ↑pi ∗ z ∗ z **ersterQuadrant** | | ↑(x > 0) and (y > 0)		

Abb. 1: Definition der Klasse Punkt in der Sprache SMALLTALK-80. Die blau markierten Teile stellen das allgemeine Schema zur Definition von Klassen dar

SNOBOL

ausgeführt. Dies bedeutet: Dem Empfänger der ursprünglichen Nachricht (also der Klasse selbst), dargestellt durch self, wird die Nachricht new geschickt; diese Nachricht bezieht sich auf eine Klassenmethode; sie bewirkt, dass eine Instanz (also ein konkretes Objekt) der Klasse Punkt erzeugt wird; diese Instanz erhält nun die Nachricht x: 5 y: 8, also die Aufforderung, die Methode x: y: mit den jeweiligen Argumenten 5 und 8 auszuführen. Die Methode x: y: ist dem konkreten Objekt bekannt, da sie (hier als erste) unter den Instanzmethoden definiert ist; dadurch werden den Instanzvariablen x und y die Werte 5 und 8 zugeordnet. Somit ist das gewünschte Objekt, der Punkt mit den Koordinaten 5 und 8, entstanden. Dieses wird als Ergebnis zurückgegeben, was durch den senkrechten Pfeil „↑" dargestellt wird.

Auf die Vererbung, auf die Objekt-Hierarchien, auf Mehrfachverwendungen (↑ Polymorphie) und auf Beispiele zur Wiederverwendung von Programmen kann hier nicht eingegangen werden. Sie gehen auf die Sprache ↑ SIMULA zurück und erlauben es, recht schnell aus vorhandenen Objekten Prototypen zur Lösung von neuen Problemstellungen zu entwickeln. Zu diesem Zweck werden im SMALLTALK-80-System über 400 vordefinierte Klassen mitgeliefert, die man leicht an sehr viele praktische Fragestellungen anpassen kann. Statt zu programmieren, konfiguriert man häufig die vorhandenen Klassen nur neu oder erweitert sie geringfügig.

SNOBOL: Imperative Programmiersprache zur ↑ Textverarbeitung, die in den 1960er-Jahren entwickelt und später zu SNOBOL 4 ausgebaut worden ist.

Softcomputing (dt. „weiches", besser: unscharfes Rechnen): Die zurzeit verwendete Datenverarbeitung setzt Exaktheit voraus: Beachtet eine Eingabe nicht den erforderlichen Datentyp, werden Bereichsgrenzen überschritten oder ist die Fortsetzung einer Berechnung nicht präzise formuliert, so bricht das Programm mit einer Fehlermeldung ab, oder der Rechner geht in undefinierte Zustände über. Diese Form der Bearbeitung basiert also auf „harten" Rechenregeln, weshalb sie manchmal *Hardcomputing* genannt wird. Auch die Einführung von Ausnahmesituationen („exceptions") wie etwa in ↑ Ada oder ↑ EIFFEL ändert an diesem Stil nichts. Dem steht die Verarbeitung von unscharfem Wissen, von (noch) nicht klar definierten Begriffen und zwischenzeitlichen Unexaktheiten gegenüber, die von dem amerikanischen Wissenschaftler Lotfi A. Zadeh mit Softcomputing bezeichnet wurde. Das Rechnen mit Ungewissheiten, mit Halbwahrheiten und ungenauen Werten und Begriffen, wie es für Menschen typisch ist, wurde in den 1980er-Jahren in die Praxis der Datenverarbeitung eingeführt und verwendet ↑ Fuzzy-Mengen, ↑ neuronale Netze und ↑ Heuristiken wie evolutionäre Strategien oder ↑ genetische Algorithmen. Es findet Anwendung in Entscheidungsprozessen, bei der Steuerung von Maschinen (z. B. Fuzzy-Controller), für Diagnosen oder in der Wissensverarbeitung.

Software [ˈsɔftwɛə]: Gesamtheit aller ↑ Programme, die auf einer Rechenanlage eingesetzt werden können.

Man unterscheidet Systemsoftware (↑ Betriebssystem) und Anwendungssoftware. Zur *Systemsoftware* zählen die Programme, die für den korrekten Ablauf einer Rechenanlage und eines Rechnernetzes erforderlich sind, sowie alle Programme, die die Programmerstellung unterstützen (z. B. ↑ Übersetzer und Testwerkzeuge) und allgemeine Dienstleistungen bereitstellen (z. B. Formatierung von Disketten, Verwaltung von Dateien, Übermittlung von Nachrichten). Die *Anwendungssoftware* dient zur Lösung von Benutzerproblemen, z. B. zur Buchhaltung, ↑Simulation oder Lösung wissenschaftlich-technischer Fragen.

Die Vorsilbe soft (dt. weich) verdeutlicht, dass es sich bei der Software um leicht veränderbare Komponenten einer Rechenanlage handelt (im Gegensatz dazu ↑Hardware, ↑Firmware, ↑Mikroprogrammierung).

Die „Hardware" für die physikalischen und „Software" für die Programmkomponenten fasst man zum *Rechnersystem* oder besser *Informatiksystem* zusammen. Aspekte der Hardware werden vorwiegend in der technischen, Aspekte der Software in der praktischen Informatik untersucht (↑Informatik).

Software-Engineering [ˈsɔftwɛə ɛndʒɪˈnɪərɪŋ] *(Softwaretechnologie, Programmiertechnik):* Anwendung von Prinzipien, Methoden und Techniken auf die Planung, den Entwurf, die Implementierung und die Wartung von ↑Programmen und Programmsystemen. Der Begriff Software-Engineering steht für die Auffassung, dass die Erstellung, Anpassung und Pflege von Programmsystemen kein „künstlerischer", sondern vorwiegend ein ingenieurmäßig ablaufender Prozess ist.

Der Begriff „Software-Engineering" entstand in den 1960er-Jahren, als die Entwicklung immer größerer Softwaresysteme zunehmend problematischer wurde (*Softwarekrise*). Er sollte einen Umdenkprozess in der Softwareproduktion einleiten, ↑Bewertungskriterien stärker berücksichtigen und zu qualitativ hochwertigen Produkten führen. Die Qualität eines Programms wird hierbei bestimmt durch seine

- *Benutzerfreundlichkeit,* d. h., einfache und verständliche Handhabung (↑Benutzungsoberfläche),
- *Zuverlässigkeit,* d. h., das System arbeitet auch bei ungewöhnlichen Bedienungsmaßnahmen und bei Ausfall gewisser Komponenten weiter und liefert aussagekräftige Fehlermeldungen *(Robustheit),*
- *Wartbarkeit,* d. h., das Programm kann relativ einfach korrigiert und auf geänderte Verhältnisse eingestellt werden,
- *Anpassbarkeit,* d. h., das Programm kann leicht an weitere Benutzeranforderungen angepasst werden,

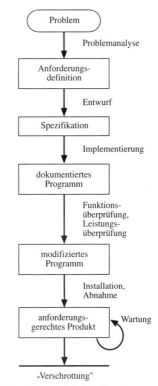

Abb. 1: Phasenmodell (Softwarelebenszyklus)

Software-Engineering

- ↑ Portabilität,
- ↑ Effizienz,
- ↑ Ergonomie.

Die Methoden des Software-Engineering hängen von den grundlegenden „Philosophien" ab (↑ Methoden der Informatik, ↑ strukturierte Programmierung, ↑ objektorientierte Programmierung, fundamentale Ideen der ↑ Informatik). Im Folgenden werden die wichtigsten Methoden, die sich zumindest für Programmentwicklungen bis 20 000 Zeilen bewährt haben und auch in der *Schule* eine besondere Rolle spielen, vorgestellt.

Die Grundlage für die Untersuchung von Fragestellungen bei der Software-Entwicklung bildet das **Phasenmodell** (Abb. 1), das die verschiedenen Stadien eines Softwareprodukts von seiner Entstehung bis zum Ende seiner Verwendung enthält *(Softwarelebenszyklus,* engl. *software life cycle).* Die einzelnen Phasen entsprechen den Phasen eines Software-Entwicklungsprojekts.

Abb. 2 gibt einen Gesamtüberblick über Elemente der Software-Entwicklung.

Die Stationen der Software-Entwicklung werden im weiteren Verlauf anhand eines Beispielprojekts zum Entwurf und zur Implementierung eines Bibliothekssystems für eine große Bücherei erläutert.

Problemanalyse: Ziel der Problemanalyse ist es, das zu lösende Problem und alle wichtigen Umgebungsbedingungen vollständig und eindeutig zu erfassen und die Durchführbarkeit der geplanten Software-Entwicklung zu untersuchen. Auf konkrete Realisierungen wird nicht eingegangen. Die Problemanalyse gliedert sich in vier Unterphasen, die zum Teil zeitlich nebeneinander ablaufen können:

- Istanalyse,
- Sollkonzeptentwicklung,
- Durchführbarkeitsstudie,
- Projektplanung.

Die **Istanalyse** untersucht und beschreibt das vorliegende System durch Betrachtung der einzelnen Systemkomponenten, die durch den Einsatz einer Rechenanlage beeinflusst werden, ihrer Funktionen und ihres Zusammenwirkens.

Beispiel (Bibliothekssystem):
Welche Abteilungen gibt es in der Bücherei und was sind ihre Funktionen? Welche Ausleihvorgänge können auf-

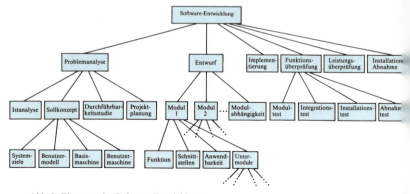

Abb. 2: Elemente der Software-Entwicklung

465   **Software-Engineering**

treten? Welche Kennzeichen eines Buches (z. B. Autor, Titel) werden wo erfasst und wo benötigt?

Zur Formalisierung der Ergebnisse der Istanalyse eignen sich ↑ Datenflusspläne oder ↑ Petrinetze.

Das **Sollkonzept** umfasst einerseits die Anforderungen an die Software, andererseits Hinweise auf die Umstrukturierung des übrigen Systems. Es beschreibt

a) die *Systemziele,* d. h. die wesentlichen Aufgaben des geplanten Systems,

b) das *Benutzermodell,* d. h. die Anforderungen an die Fähigkeiten der zukünftigen Benutzer,

c) die *Basismaschine,* d. h. Minimalanforderungen an die später zu benutzende Rechenanlage, die Systemsoftware und die erforderlichen Geräte und Programmsysteme,

d) die *Benutzermaschine* oder *Benutzungsschnittstelle,* d. h. die Bedienung des Systems aufgeteilt auf die verschiedenen Benutzer, das Verhalten bei auftretenden Fehlern und das Format, in dem Eingaben erwartet und Ausgaben produziert werden (↑ Benutzungsoberfläche),

e) die *Erweiterungsmöglichkeiten des Systems.*

Mit den Anwendern werden oft Szenarien aufgestellt. Ein *Szenario* ist das Durchspielen eines künftigen typischen Ablaufs der zu erstellenden Software in der Umgebung des Anwenders. Aus solchen gedanklichen Simulationen des Einsatzes lassen sich viele Aspekte des Sollkonzepts und der zu erwartenden Auswirkungen in der Praxis klären.

Beispiel (Bibliothekssystem, jeweils Auszüge):

a) *Systemziele:*
- Automatisierung des Leihverfahrens der Bücherei,

- Erstellen von Mahnbriefen,
- Ausdruck von Rechnungen,
- Verwaltung des Gesamtbestandes an Büchern,
- Zugriff auf Bestandslisten, Kataloge und Statistiken.

b) *Benutzermodell:* Es genügen Fachkenntnisse im üblichen Umfang sowie Kenntnisse der ↑ Kommandosprache des Systems. Die Benutzungshäufigkeit des Systems beträgt täglich etwa 10 Stunden.

c) *Basismaschine:* Das System sollte mindestens über Befehle, wie sie im Betriebssystem Y enthalten sind, verfügen und 20 Benutzer gleichzeitig im Realzeitbetrieb bedienen. Es benötigt einen Drucker, einen Magnetplattenspeicher, eine Hauptspeicherkapazität von 8 MByte und 20 ↑ Datensichtstationen. Das Datenbanksystem vom Typ Z ist erforderlich.

d) *Benutzermaschine:* Hier werden Abläufe und Bedienungsmöglichkeiten einschließlich Fehlersituationen aufgeführt.

e) *Erweiterungsmöglichkeiten:*
- Einbeziehung der Stadtteilbüchereien in das Bibliothekssystem,
- Erfassung der Bücher und Ausleihvorgänge durch Klarschriftleser (↑ Klarschriftbeleg).

Zur Beschreibung des geplanten Systemverhaltens verwendet man z. B. SADT-Diagramme.

Die **Durchführbarkeitsstudie** gibt eine Aussage darüber, ob die entwickelten Vorstellungen über das Softwareprodukt mit den vorhandenen Mitteln überhaupt realisiert werden können, also ob sie technisch durchführbar, ökonomisch vertretbar und von den Mitarbeitern im Rahmen des jeweiligen Unternehmens umsetzbar sind. Zugleich versucht man, mögliche Vor- und Nachteile, die der künftige Einsatz des geplanten Produkts mit sich bringen wird, vorherzusagen und zu bewerten.

Das Ergebnis der Durchführbarkeitsstudie führt entweder zur Aufgabe, zur Überarbeitung oder zur Durchführung des Projekts.

Beispiel (Bibliothekssystem):
Die Durchführbarkeitsstudie ergibt, dass
1) die Hauptspeicherkapazität der vorliegenden Rechenanlage nicht ausreicht, um das Projekt durchzuführen;
2) der Personalaufwand zur Entwicklung des Produkts 5 Personenjahre beträgt (ein *Personenjahr* ist die Entwicklungsleistung, die ein Mensch innerhalb eines Jahres erbringt);
3) die Gesamtkosten einschließlich der Schulung der Mitarbeiter etwa X DM betragen.

Aufgrund dieser und weiterer Abschätzungen wird entschieden, das Projekt weiterzuführen.

Am Ende der Problemanalyse steht die **Projektplanung**. Hier erstellt man Zeitpläne, plant die Verteilung des Personals und ermittelt die erforderlichen Hilfsmittel. Nach Schätzung der Größe des fertigen Softwareprodukts (Anzahl der Anweisungen) erhält man einen ungefähren Zeitplan durch die Faustregel: Ein Programmierer entwirft, programmiert und testet, je nach Schwierigkeit der Aufgabe, etwa 4 000 bis 10 000 Anweisungen pro Jahr (Abb. 3).

Die Ergebnisse der gesamten Problemanalyse werden in der *Anforderungsdefinition*, auch *Pflichtenheft* genannt, festgehalten. Sie bildet ein verbindliches Dokument zwischen Auftraggeber und Softwareproduzent. Da sich der Auftraggeber über seine Wünsche häufig noch keine Klarheit verschafft hat, versucht man, aus der Anforderungsdefinition zunächst ein lauffähiges Modell zu entwickeln, an dem man wichtige Eigenschaften des gewünschten Systems studieren und ggf. eine präzisere Anforderungsdefinition erarbeiten kann *(Prototyping)*. Auch nach endgültiger Festlegung der Anforderungsdefinition empfiehlt es sich, bei allen Phasen den Anwender und die zukünftigen Benutzer in den Entwicklungsprozess einzubeziehen *(partizipative Systementwicklung)*.

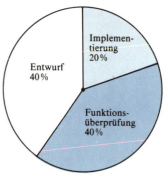

Abb. 3: Relativer Zeitbedarf der Phasen Entwurf, Implementierung und Funktionsüberprüfung

Entwurf: In der Entwurfsphase entwickeln die Programmierer ein Modell des Gesamtsystems, das, umgesetzt in ein Programm, die Anforderungen erfüllt. Dabei geht es darum, den „Abstand" zwischen der Benutzermaschine und einem vorhandenen oder zu beschaffenden Computersystem (Basismaschine) zu überbrücken.

Hierzu wird das komplexe Gesamtsystem in unabhängig voneinander realisierbare und in ihrem Zusammenwirken überschaubare Einzelbausteine (↑ Modul) unterteilt, und die Funktionen dieser Bausteine und ihre ↑ Schnittstellen werden beschrieben.

Das Ziel der **Modularisierung** ist es, den Entwurf transparent und nachvollziehbar zu machen. Hierzu ist es notwendig, dass

- die Modularisierung die Problemlösung verständlich und ihre Korrektheit nachprüfbar macht,
- die Module unabhängig voneinander entwickelt werden können und erst später integriert werden,
- jedes Modul durch ein anderes Modul gleicher Funktion ersetzt werden kann.

Ein verbreitetes Konzept, das die obigen Bedingungen erfüllt, ist die *hierarchische Modularisierung,* zu deren Durchführung es im Wesentlichen zwei Strategien gibt, die Top-down-Methode (engl. top down „von oben nach unten") und die Bottom-up-Methode (engl. bottom up „von unten nach oben"). Die **Top-down-Methode** *(schrittweise Verfeinerung)* beginnt bei der Benutzermaschine und legt bei jedem Entwurfsschritt fest, was die Untermodule leisten sollen, nicht jedoch, wie sie es leisten sollen. Die Funktionen der Module jeder Ebene werden nur durch die Funktionen der Module der unmittelbar darunter liegenden Ebene realisiert.

Die **Bottom-up-Methode** beginnt dagegen bei einem vorhandenen Computersystem. In jedem Entwurfsschritt werden die Funktionen der jeweils obersten Entwurfsebene zu komfortableren Funktionen zusammengesetzt, welche für die Problemlösung besser geeignet sind. Diese bilden eine neue höhere Entwurfsebene. Als Ergebnis erhält man oft eine andere Struktur als bei der Top-down-Methode.

Grundsätzlich ist die Top-down- der Bottom-up-Methode vorzuziehen. In der Praxis werden beide Methoden häufig gemischt angewendet („Jo-Jo-Methode").

Die hierarchische Modularisierung gestattet auch eine übersichtliche Kontrolle über das Zusammenwirken von Modulen. Jedes Modul macht Annahmen über die Funktionen mehrerer anderer Module. Die Menge dieser Annahmen ist die Grundlage für die Definition der ↑ Schnittstellen. Um das Zusammenwirken der Module möglichst übersichtlich zu gestalten, sollte

a) jedes Modul die Funktionen möglichst weniger anderer Module verwenden,
b) die Zahl der notwendigen Annahmen über ein Modul möglichst gering sein,
c) jedes Modul möglichst viele Informationen über seine Struktur vor anderen Modulen verbergen *(Datenkapselung, Geheimnisprinzip;* engl. *information hiding),*
d) die Behandlung von Fehlern einheitlich festgelegt werden.

Beispiele (Geheimnisprinzip):
1. Verbergen von Verschlüsselungen, Sortierverfahren und Sortierreihenfolgen in einem Modul.
2. Drei Module A, B und C arbeiten auf einer Tabelle. Die in jedem Modul unkontrolliert eingesetzten und einzeln zu testenden Zugriffsfunktionen (Abb. 4) sollten durch einheitliche Tabellenzugriffsfunktionen in einem neuen Modul ersetzt werden, wodurch die konkrete Realisierung der Tabelle im Verborgenen bleibt (Abb. 5).

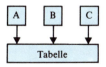

Abb. 4: Tabelle, auf der die Module A, B und C arbeiten

Das Ergebnis der Entwurfsaktivität wird in einer ↑ Spezifikation festgehalten, in der für jedes Modul die Funktion, die Schnittstellen und Hinweise zur Anwendbarkeit sowie ein Gesamt-

Software-Engineering

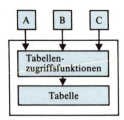

Abb. 5: Einheitlicher Tabellenzugriff durch Anwendung des Geheimnisprinzips

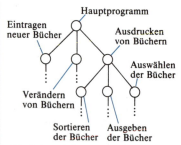

Abb. 6: Ausschnitt aus der Modularisierung des Bibliothekssystems

überblick über die Abhängigkeit der einzelnen Module untereinander enthalten sind. Die Darstellung sollte mit ↑Spezifikationssprachen, ↑Datenmodellen oder abstrakten ↑Datentypen erfolgen.

Beispiel (Bibliothekssystem):
Die Entwurfsphase hat zu einer Modularisierung des Gesamtprogramms (Ausschnitt) gemäß Abb. 6 geführt.
Die Spezifikation des Moduls „Sortieren der Bücher" hat beispielsweise folgende Form:

Name: sortbuch
Funktion: Sortieren einer Bücherdatei wahlweise nach Autorennamen oder Buchtiteln.
Schnittstelle: Der erste Parameter vom Typ file of buch bestimmt die zu sortierende Bücherdatei.
Der zweite Parameter vom Typ (autor, titel) legt fest, nach welchem Kriterium die einzelnen Elemente sortiert werden sollen.

Anwendbarkeit: Bei mehreren Autoren eines Buches und Sortierkriterium autor wird nur nach dem Namen des ersten Autors sortiert. Bei gleichen Autoren wird nach dem Titel sortiert.
Modulabhängigkeit: s. Abb. 7.

Implementierung: Erstellung eines lauffähigen Programms, das in seinem Ein-/Ausgabeverhalten der Spezifikation entspricht. Besonders wichtig ist die Wahl der ↑Programmiersprache.

Die Implementierungsphase beginnt meist mit Entscheidungen zur Realisierung. Man legt beispielsweise die Datenstrukturen, die grundlegenden Algorithmen und die notwendigen Bibliotheksprogramme fest und klärt, was neu zu programmieren oder wieder zu verwenden ist. Hierbei stehen die einzelnen Module im Vordergrund. Für das Vorgehen im Einzelnen bieten sich wieder die Top-down-Me-

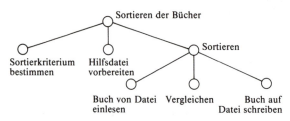

Abb. 7: Modulabhängigkeit des Moduls sortbuch

Software-Engineering

thode und die Bottom-up-Methode an. Prinzipien hierbei sind:
a) ↑ Strukturierte Programmierung,
b) Verwendung weit verbreiteter und maschinenunabhängiger Sprachelemente der Programmiersprache,
c) klare Schnittstellen, z. B. durch Parametrisierung (↑ Parameter),
d) Verwendung von aussagekräftigen Bezeichnern (↑ mnemonisch),
e) übersichtliche Gestaltung des Programmtextes durch Kommentare, Gliederungen und Hervorhebung der Module mithilfe eines auffallenden Modulkopfes wie z. B. in Abb. 8.

Unverzichtbar ist, dass sich die Entwurfsmodule als überschaubare Einheiten im Programm wieder finden.

Das Ergebnis der Implementierungsphase ist ein dokumentiertes Programm. Die Dokumentation enthält die Beziehung zwischen Spezifikation und erstelltem Programm, eine Übersicht über den Programmaufbau und die Implementierung der einzelnen Module, die z. B. aus einem ↑ Struktogramm oder einem ↑ Programmablaufplan, Hinweisen auf Einschränkungen durch das gegebene Rechnersystem und dem Programmtext bestehen. Sie kann durch weitere Informationen ergänzt werden, beispielsweise durch eine ↑ Crossreferenztabelle.

Funktionsüberprüfung:
Überprüfung des Ein-/Ausgabeverhaltens von Programmen anhand ihrer Spezifikation.

Durch ↑ Testen kann immer nur die Anwesenheit von Fehlern, nie jedoch deren Abwesenheit bewiesen werden, d. h. arbeitet ein Programm für die überprüften Eingaben korrekt, so sagt das nichts darüber aus, ob es für *alle* Eingaben korrekt arbeitet (↑ Verifikation).

Die Funktionsüberprüfung gliedert sich in den Modultest, den Integrationstest, den Installationstest und den Abnahmetest.

Beim **Modultest** prüft man, ob jedes Modul die in der Spezifikation vorgegebenen Funktionen korrekt realisiert. Da ein Modul im Allgemeinen allein nicht lauffähig ist, besteht ein Großteil der Arbeit darin, *Testumgebungen* zu schreiben, die das Modul mit Testdaten versorgen. Zur Lokalisierung von

```
***************************************************************
* ⟨Name des Moduls⟩                                           *
*                                                             *
* Funktion: ...                                               *
*                                                             *
* Parameter: ⟨Parameter 1⟩ Eingabe/⟨Bedeutung von Parameter 1⟩ *
*            ⟨Parameter 2⟩ Ausgabe/⟨Bedeutung von Parameter 2⟩ *
*            ...                                              *
*                                                             *
* Aufgerufen von: ...                                         *
*                                                             *
* Verwendung folgender globaler Variablen: ...                *
*                                                             *
* Benutzte Module: ...                                        *
*                                                             *
* Version: ...                                                *
*                                                             *
* Autor: ...              Datum: ...                          *
***************************************************************
```

Abb. 8: Rahmen für einen Modulkopf

Software-Engineering

Fehlern dienen *Testhilfen,* die meist vom Betriebssystem bereitgestellt werden (↑Ablaufprotokoll, ↑Dump, ↑Debugging).

Der Zusammenbau der getesteten Module zum Gesamtsystem heißt *Integration.*

Beim **Integrationstest** erfolgt die Funktionsüberprüfung anhand der Anforderungsdefinition. Die Auswahl der Testdaten wird bei größeren Projekten durch eine Testgruppe vorgenommen, die unabhängig von den Programmentwicklern arbeiten muss.

Der Integrationstest deckt insbesondere Abweichungen der Spezifikation und des Programms von der Anforderungsdefinition auf.

Sofern das Softwaresystem nicht auf der Rechenanlage entwickelt wurde, auf der es eingesetzt wird, ist zusätzlich ein **Installationstest** erforderlich.

Im **Abnahmetest** überprüft der Auftraggeber, ob das Programm die vertraglichen Vereinbarungen erfüllt. Als Grundlage dient die Anforderungsdefinition.

Das Ergebnis der Testphase ist ein modifiziertes Programm, das den Anforderungen genügt, und eine dementsprechend geänderte Dokumentation.

Leistungsüberprüfung: Nachdem das Programm durch Testen auf Korrektheit überprüft worden ist, müssen diverse Leistungsmessungen durchgeführt und z. B. das Laufzeitverhalten theoretisch und mithilfe umfangreicher Testdaten untersucht werden.

Installation und **Abnahme:** Installation bezeichnet die Einbettung in die Systemumgebung des Auftraggebers, z. B. durch Anpassung an die speziellen Eigenschaften der Rechenanlage und die betrieblichen Gegebenheiten. Hierzu gehört unter anderem auch die Schulung der neuen Benutzer.

Durch die Abnahme akzeptiert der Auftraggeber das erstellte Produkt.

Wartung: Befinden sich die Programme in Betrieb, so werden an ihnen oft Veränderungen und Erweiterungen vorgenommen. Mögliche Wartungsarbeiten sind der Austausch von bestimmten Algorithmen durch leistungsfähigere (z. B. schnellere), der Einbau zusätzlicher Benutzerfunktionen oder die Anpassung an geänderte betriebliche Zielsetzungen. In der Regel enthält das Programm noch Fehler, die sich erst im laufenden Betrieb herausstellen und im Rahmen der Wartung korrigiert werden. Viele Programme hängen auch von gesetzlichen Bestimmungen oder Tarifvereinbarungen ab und müssen regelmäßig aktualisiert werden.

Dokumentation: Verlauf und Ergebnisse aller Phasen müssen *projektbegleitend* dokumentiert werden. Alle diese Dokumente zusammen bilden die Dokumentation. Jedes einzelne Dokument ist an eine bestimmte Lesergruppe gerichtet.

Die wichtigsten Teile der Dokumentation sind

- die Benutzerdokumentation (Leserkreis: Programmbenutzer),
- die Entwicklungsdokumentation (Leserkreis: Projektbeteiligte),
- die technische Dokumentation (Leserkreis: Wartungspersonal).

Die technische Dokumentation enthält Informationen, die für spätere Wartungsarbeiten gebraucht werden.

Bei größeren Projekten wird die Dokumentation zur Vereinfachung der Organisation rechnergestützt erstellt.

Das hier angegebene Phasenmodell und die Vorgehensweise bei der Software-Erstellung haben sich für Programme bis zur Größe von etwa 20 000 Zeilen bewährt. Größere Softwaresysteme von über 100 000 Zeilen Programmtext erfordern zusätzliche, möglicherweise auch andersartige Methoden. Zum Beispiel wird die Spezifikation fast unüberschaubar, es sind häufiger Überprüfungen der laufenden Arbeiten und der erstellten Teile in Bezug auf die Anforderungen und das Gesamtsystem durchzuführen (engl. *reviews*), Fragen der Wartung und späteren Erweiterung müssen frühzeitig beachtet werden (↑Reengineering), und für die Dokumentation und Projektüberwachung müssen mächtige Werkzeuge vorhanden sein. Diese Werkzeuge fasst man unter dem Begriff **CASE** (Abk. für engl. computer aided software engineering) zusammen. Herkömmliche Werkzeuge sind ↑Editoren und ↑Übersetzer, Testhilfen, Programme zur Verwaltung von Modulbibliotheken usw. Die meisten dieser Werkzeuge beschränken sich auf die Unterstützung der Implementierungs- und Testphase. Erst seit einigen Jahren entstehen CASE-Werkzeuge für die Anfangsphasen der Software-Entwicklung, z. B. Editoren für ↑Datenflusspläne, ↑Petrinetze oder Entity-Relationship-Diagramme.

Werden diese mehr oder weniger isolierten Einzelwerkzeuge zu einem universellen Werkzeug mit einheitlicher ↑Benutzungsoberfläche und gegenseitiger ↑Kompatibilität der Schnittstellen integriert, so spricht man von einer *CASE-Umgebung* oder *Software-Entwicklungsumgebung* (Abk. SEU). Wird die industrielle Software-Erstellung im großen Maßstab unterstützt, so spricht man von einer *Softwarefabrik*.

Software-Entwicklungsumgebungen enthalten Systeme zur
- Textverarbeitung,
- Projektplanung und Verkaufskontrolle,
- Übersetzung von Programmen,
- Verwaltung von Modulbibliotheken,
- Kontrolle von Versionen einzelner Projektteile,

- Unterstützung von Bürotätigkeiten (z. B. ↑elektronische Post)

sowie ein ↑Informationssystem, um diverse Informationen über das zu entwickelnde Produkt und den Verlauf des Projekts abzurufen (z. B. Schnittstellenbeschreibungen, Teameinteilungen, Zeitpläne, Zuständigkeiten).

Eine besondere Anforderung an ein integriertes CASE-System besteht in der automatischen Überwachung von Konsistenzbedingungen, also in der Überprüfung der einzelnen Produkte des Phasenmodells (Anforderungsdefinition, Spezifikation usw.) auf Vollständigkeit und Eindeutigkeit, ferner in der Unterstützung der Teamarbeit. Programmsysteme, die gemeinsames Arbeiten – nicht nur bei der Software-Entwicklung – unterstützen, bezeichnet man als *Groupware* oder *CSCW* (Abk. für engl. computer supported cooperative work).

Neuere Aktivitäten im Bereich der CASE-Systeme befassen sich mit der Standardisierung z. B. der Datenformate (zum Zwecke des Datenaustausches) und der Benutzungsoberfläche (zum Zwecke der Vereinfachung der Bedienung).

Software-Engineering-Methoden spielen in der *Schule* vor allem beim Projektunterricht eine große Rolle.

Sortieren: Umordnung einer Folge von Objekten

$$a_1, a_2, ..., a_n \text{ mit } n \geq 1$$

in eine Folge

$$a_{i_1}, a_{i_2}, ..., a_{i_n},$$

sodass für eine Ordnungsrelation $\leq$

$$a_{i_j} \leq a_{i_{j+1}} \text{ für } j = 1, ..., n - 1$$

gilt.

Sortierverfahren heißen *stabil*, wenn sie die relative Reihenfolge gleichrangiger Objekte nicht verändern, d. h., falls $a_j = a_k$ ist und a_j in der Ausgangs-

Sortieren 472

folge vor a_k steht, dann steht es auch in der sortierten Folge vor a_k. Die Stabilität ist wichtig, wenn die Objektfolge bereits bezüglich einer anderen Ordnungsrelation vorsortiert ist.

Man unterscheidet *interne* und *externe* Sortierverfahren. Befindet sich der gesamte Datenbestand während des Sortierens im Hauptspeicher, so spricht man von internen Sortierverfahren. Falls der überwiegende Teil des Datenbestandes während des Sortierens auf Hintergrundspeichern (↑ Speicherhierarchie) verbleibt, spricht man von externen Verfahren. Typische interne Sortierverfahren sind ↑ Bubblesort, ↑ Bucketsort, ↑ Quicksort, ↑ Sortieren durch Einfügen und ↑ Heapsort. Sortieren durch Verschmelzen (Mischen) ist ein externes Sortierverfahren.

Für die Sortierung von n Objekten benötigt ein allgemeines Sortierverfahren, das seine Information über die Anordnung der zu sortierenden Elemente einzig und allein aus Vergleichsoperationen zwischen je zwei Elementen bezieht, im schlimmsten Fall mindestens $O(n \log_2 n)$ Vergleiche (↑ Ordnung).

Sortieren durch Austauschen:

Gegeben sei eine unsortierte Folge von Elementen $a_1, a_2, ..., a_n$. Man durchläuft die Folge von links nach rechts und vertauscht zwei benachbarte Elemente a_i und a_{i+1}, wenn sie nicht in der richtigen Reihenfolge stehen. Diesen Schritt wiederholt man so lange, bis die Folge sortiert ist. Dieses Konzept verfolgen Bubblesort und Quicksort, wobei Quicksort weit auseinander liegende Elemente austauscht und dadurch wesentlich schneller arbeitet als Bubblesort.

Sortieren durch Auswählen:

Gegeben sei eine unsortierte Folge von Elementen $a_1, a_2, ..., a_n$. Im ersten Schritt ermittelt man das kleinste Element der Folge und setzt es als (aufstei-

gende Sortierung vorausgesetzt) an die erste Stelle. Im zweiten Schritt bestimmt man das kleinste Element der verbleibenden Folge von $n-1$ Elementen und setzt es an die zweite Stelle usw. Nach n Schritten ist die Folge sortiert. Ein schneller Algorithmus, der dieses Konzept verfolgt, ist ↑ Heapsort.

Sortieren durch Einfügen:

$a_1, a_2, ..., a_n$ sei eine unsortierte Folge. Dem Sortieren durch Einfügen liegt folgende Idee zugrunde: Unter der Annahme, dass $a_1, ..., a_{i-1}$ bereits sortiert sind, fügt man a_i an die richtige Stelle des Anfangsstücks ein und erhält eine sortierte Teilfolge der Länge i. Wird die Stelle, an der a_i eingefügt werden muss, durch ↑ sequenzielles Suchen ermittelt, so spricht man vom *Sortieren durch sequenzielles Einfügen,* ermittelt man die Stelle durch ↑ binäres Suchen, so spricht man vom *Sortieren durch binäres Einfügen.*

Andere Einfüge-Algorithmen verwenden ↑ lineare Listen und ↑ Bäume. Ein $O(n \cdot \log_2 n)$-Verfahren erhält man, wenn man die Elemente der Folge $a_1, a_2, ..., a_n$ nacheinander in einen ↑ ausgeglichenen Baum einfügt und diesen anschließend in Inorder-Reihenfolge (↑ Baumdurchlauf) ausgibt.

Sortieren durch Verschmelzen *(Sortieren durch Mischen):*

Zur Sortierung großer Datenmengen, die auf externen Datenträgern (z. B. Magnetbändern) gespeichert sind und für die der Hauptspeicher nicht ausreicht, können Algorithmen wie z. B. Quicksort oder Heapsort nicht verwendet werden, da diese Verfahren auf die gesamte Menge der zu sortierenden Objekte direkt zugreifen müssen. Ein effizienter Algorithmus für extern gespeicherte Daten muss dagegen sequenziell arbeiten und mit Magnetbandoperationen formulierbar sein. Diese Bedingungen erfüllt der Algorithmus zum Sortieren durch Verschmelzen, der als Unterprogramm einen Algorithmus zum ↑Verschmelzen von ↑Files verwendet.

Der Algorithmus benötigt ein Magnetband **c**, das zu Beginn die unsortierte und zum Schluss die sortierte Folge enthält, sowie zwei Hilfsbänder **a** und **b**. Zu Beginn enthält **c** die Elemente $a_1, ..., a_n$. Nun laufen zwei Phasen ab:

- *Zerlegungsphase:* Verteile den Inhalt von **c** auf **a** und **b**.
- *Verschmelzungsphase:* Verschmelze **a** und **b** und schreibe das Ergebnis auf **c**.

Um vollständig zu sortieren, benötigt man mehrere Durchläufe durch diese Phasen, in der Regel $\log_2(n)$. Seien zu Beginn die Folgen $F_1, ..., F_n$ definiert durch $F_i = a_i$. In der Zerlegungsphase verteilt man $F_1, ..., F_n$ abwechselnd auf die Bänder **a** und **b** und verschmelzt anschließend **a** und **b** zu **c**. **c** enthält höchstens $n/2$ (bzw. $(n+1)/2$, falls n ungerade) sortierte Folgen der Länge 2. In der Zerlegungsphase des zweiten Schritts verteilt man die sortierten Folgen der Länge 2 abwechselnd auf die Bänder **a** und **b** und verschmelzt wiederum **a** und **b** zu **c**, das jetzt sortierte Folgen der Länge 4 enthält, usw. Eine sortierte Teilfolge einer Folge bezeichnet man auch als *Lauf*.

Beispiel:
Anfangsfolge auf Band **c**:

28 58 23 17 91 11 80 54

1. Durchlauf: Abwechselndes Verteilen auf **a** und **b**:

a: 28 23 91 80
b: 58 17 11 54

Danach Verschmelzen von **a** und **b** auf **c**:

c: 28 58 17 23 11 91 54 80

2. Durchlauf: Abwechselndes Verteilen von Folgen der Länge 2 auf **a** und **b**:

a: 28 58 11 91
b: 17 23 54 80

Danach Verschmelzen von **a** und **b** auf **c**:

c: 17 23 28 58 11 54 80 91

3. Durchlauf: Abwechselndes Verteilen von Folgen der Länge 4 auf **a** und **b**:

a: 17 23 28 58
b: 11 54 80 91

Danach Verschmelzen von **a** und **b** auf **c**:

c: 11 17 23 28 54 58 80 91

c ist nun sortiert.

Die Laufzeit des Algorithmus besitzt die ↑Ordnung $O(n \log_2 n)$. Zu diesem Algorithmus existieren viele Verbesserungen; insbesondere kann man die Zerlegungsphase einsparen, indem man **c** durch zwei Bänder ersetzt. Weiterhin kann man intern das Sortierverfahren Heapsort zwischenschalten, um längere Läufe zu erzeugen. Weiterhin kann man zwei Bänder auf ein drittes (Zielband) mischen und jeweils das Band, dessen Daten vollständig gelesen wurden, zum neuen Zielband erklären *(natürliches Mischen)*.

Spannbaumproblem: Gegeben sei ein zusammenhängender ungerichteter Graph, wobei jeder Kante eine positive Zahl („Kostenwert") zugeordnet ist. Man konstruiere einen Spannbaum (↑Graph), bei dem die Summe der Kosten aller seiner Kanten minimal ist *(minimaler Spannbaum)*.

Beispiel:
Abb. 1 zeigt einen Graphen. Die Kosten jeder Kante sind vermerkt. Abb. 2 enthält einen zugehörigen Spannbaum, der allerdings nicht minimal ist.

Die Summe der Kosten seiner Kanten beträgt 90. Der Spannbaum in Abb. 3 ist minimal.

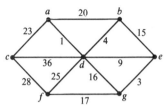

Abb. 1: Graph, bei dem die Kosten jeder Kante vermerkt sind

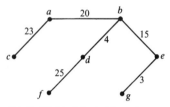

Abb. 2: (Nicht minimaler) Spannbaum zum Graphen aus Abb. 1

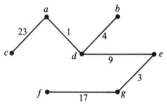

Abb. 3: Minimaler Spannbaum zum Graphen aus Abb. 1

Das Spannbaumproblem tritt in der Praxis zum Beispiel bei der Verkabelung von Terminals oder beim Aufbau von Kommunikations- und Energienetzen auf.

Zur Lösung des Problems geht man wie folgt vor: Zunächst wählt man die kostengünstigste Kante aus. Sie ist Teil des gesuchten minimalen Spannbaums. In den weiteren Schritten wählt man von den jeweils übriggebliebenen Kanten immer die kostengünstigste aus, die nicht zu einem Zyklus unter den bisher ausgewählten Kanten führt.

Beispiel:
Zu dem Graphen aus Abb. 1 konstruiert man den minimalen Spannbaum in folgenden Schritten:

1. Schritt: Wähle die Kante (a,d).
2. Schritt: Wähle die Kante (e,g).
3. Schritt: Wähle die Kante (b,d).
4. Schritt: Wähle die Kante (d,e).
5. Schritt: Die kostengünstigste Kante ist (b,e). Sie wird nicht gewählt, da sie zu einem Zyklus (b,d,e) führt. Das Gleiche gilt für die Kante (d,g). Die Wahl fällt daher auf die Kante (f,g).
6. Schritt: Wähle die Kante (a,c).

Der Algorithmus von Kruskal in Prog. 1 realisiert das Verfahren:
Eingabe: Ein zusammenhängender Graph $G = (V, E)$ und eine Kostenfunktion k, die jeder Kante eine natürliche Zahl zuordnet.
Ausgabe: Die Kanten des minimalen Spannbaums und die Gesamtkosten des Baumes.

Bei geeigneter Implementierung und Anwendung eines schnellen Sortierverfahrens (↑Sortieren) hat der Algorithmus eine Laufzeit der ↑Ordnung $O(|V| + |E| \cdot \log_2 |E|)$.

Der vorgestellte Lösungsalgorithmus gehört zu den *Greedy-Algorithmen* (engl. greedy „gierig"): Man wähle den nächsten Schritt stets so, dass ein maximaler Vorteil entsteht. Viele ↑Heuristiken verwenden diese Vorgehensweise.

Speicher (engl. *memory, storage*): Funktionseinheit zum Aufbewahren von ↑Daten (hierzu zählen auch als Text dargestellte Programme).
↑Digitale Speicher bestehen aus *Speicherelementen,* die in der Lage sind,

Speicher

```
var L: list of kanten; k: array [kanten] of integer;
    spb: set of set of knoten;
    kost: integer; v,w: knoten; W₁,W₂: set of knoten;
begin
    „sortiere die Kanten nach ihren Kosten aufsteigend in L";
    spb := ∅; kost := 0;
    for all „knoten v" do spb := spb ∪ {{v}};
    while „spb hat mehr als ein Element" do
    begin
        „{v,w} sei die erste (also kostengünstigste) Kante in L";
        „Lösche {v,w} aus L";
        „Sei v ∈ W₁ und w ∈ W₂ mit W₁,W₂ ∈ spb";
        if W₁ ≠ W₂ then
        begin
            spb := spb −{W₁}−{W₂} ∪ {W₁ ∪ W₂};
            write ({v,w});
            kost := kost + k[{v,w}]
        end
    end;
    write (kost)
end.
```

Prog. 1: Algorithmus von Kruskal zum Spannbaumproblem (Der Spannbaum steht am Ende in spb.)

abhängig von einem äußeren Signal einen von zwei erlaubten Zuständen anzunehmen und so lange in ihm zu verweilen, bis er durch ein anderes Signal geändert wird.

Ein Speicherelement speichert jeweils 1 ↑ Bit.

Beispiel:

Ein einfacher digitaler Speicher ist ein Lichtschalter mit den Zuständen „Schalterstellung oben" und „Schalterstellung unten".

Die Speicherelemente vieler Speicher sind durch ↑ Flipflops, Magnetisierungsbereiche (↑ Magnetschichtspeicher) oder Materialveränderung (↑ optische Speicher) realisiert. Eine gewisse Zahl an Speicherelementen besitzt eine ↑ Adresse, unter der das gespeicherte Datum aufgefunden werden kann. Die kleinste adressierbare Einheit eines Speichers heißt *Speicherzelle*. Sie entspricht im Allgemeinen einem ↑ Byte. Die Zusammenfassung mehrerer Speicherzellen (meist 4 oder 8) nennt man *Speicherwort* oder kurz *Wort* (Abb. 1).

1 Speicherelement = 1 Bit

1 Speicherzelle = 1 Byte = 8 Bit

| Byte | Byte | ... | Byte |

1 Speicherwort = 4 Byte

| Wort |

Abb. 1: Typische Aufteilung des Speichers in Speicherelemente, Speicherzellen und Speicherworte

Den Vorgang, eine Speicherzelle zu lokalisieren und das in ihr gespeicherte

Speicher 476

Datum abzufragen oder zu verändern, bezeichnet man als *Zugriff*.

Um auf eine Speicherzelle zuzugreifen, wird zunächst ihre Adresse in das *Speicheradressregister* geschrieben. Im Lesemodus enthält anschließend das *Speicherpufferregister* den Inhalt der angesprochenen Speicherzelle. Im Schreibmodus wird der Inhalt des Speicherpufferregisters in die adressierte Speicherzelle übertragen.

Je nach Bauweise und den damit verbundenen Eigenschaften unterscheidet man Speicher nach folgenden Kriterien:

Zugriffszeit: Zeit, die zum Lesen bzw. Schreiben einer Speicherzelle benötigt wird. Sie setzt sich zusammen aus der Zeit zur Lokalisierung und Ansteuerung der betreffenden Speicherzelle und der Schaltzeit der Speicherelemente. Die Zugriffszeit liegt je nach Typ des Speichers zwischen wenigen Nanosekunden $(1\,\text{ns} = 10^{-9}\,\text{s})$ und mehreren Sekunden. Marktübliche ↑Personalcomputer besitzen für ihren Hauptspeicher eine Zugriffszeit von 40 bis 60 Nanosekunden.

Zugriffsart: Speicher klassifiziert man nach der Methode, mit der auf Speicherzellen zugegriffen werden kann. Ist jede Speicherzelle eines Speichers unabhängig von ihrer Position auf die gleiche Weise mit dem gleichen zeitlichen Aufwand erreichbar, so spricht man von Speichern mit *wahlfreiem Zugriff* oder *direktem Zugriff* (engl. *random access*). Der Hauptspeicher eines Computers ist immer ein Speicher mit wahlfreiem Zugriff. Weitere Speicher mit wahlfreiem Zugriff sind das ↑RAM und der ↑Assoziativspeicher. Speicher, bei denen die Speicherzellen nur zeitperiodisch erreichbar sind, heißen Speicher mit *zyklischem Zugriff* oder *halbdirektem Zugriff*. Hierbei rotieren die Speicherzellen oder sind nur periodisch zugänglich wie bei ↑Mag-

netplattenspeichern, ↑Magnettrommelspeichern oder ↑optischen Speichern. Speicher mit *sequenziellem Zugriff* sind solche, bei denen auf eine Speicherzelle erst dann zugegriffen werden kann, wenn zunächst auf eine von der Position der Speicherzelle abhängige Anzahl anderer Speicherzellen zugegriffen werden muss. Ein Beispiel hierfür ist der ↑Magnetbandspeicher.

Zykluszeit: Zeitspanne vom Beginn eines Speichervorgangs bis zu dem Zeitpunkt, an dem ein neuer Speichervorgang beginnen kann. Die Zykluszeit setzt sich zusammen aus der Zugriffszeit und möglicherweise einer *Regenerationszeit*, in der beim Lesen zerstörte Information in den Speicher zurückgeschrieben wird.

Speicherkapazität: Die Speicherkapazität wird bestimmt durch die Anzahl der Speicherzellen, die ein Speicher enthält. Die Speicherkapazität wird im Allgemeinen in KByte, MByte, GByte oder TByte gemessen (↑Byte).

Statischer oder **dynamischer Speicher:** Statische oder nichtflüchtige Speicher behalten ihren Inhalt, mindestens solange die Versorgungsspannung eingeschaltet bleibt. Dynamische oder flüchtige Speicher verlieren ihre gespeicherten Informationen nach einem bestimmten Zeitintervall, da die Information als Kondensatorladung gespeichert wird, der Kondensator sich jedoch nach einiger Zeit entlädt *(Leckstrom)*. Daher muss vor Ablauf des Zeitintervalls, das etwa 50 Mikrosekunden beträgt, der Inhalt jeder Speicherzelle neu beschrieben werden *(Auffrischung,* engl. *refresh)*. Dies geschieht meist automatisch durch den Speicherbaustein.

Energieabhängigkeit: Speicher, für deren Zustandserhaltung keine Energie aufgewendet werden muss (z. B. ↑ROM, Magnetkernspeicher), heißen

Speicherhierarchie

energieunabhängige Speicher. Verliert ein Speicher seinen Inhalt bei einem Stromausfall, so ist er energieabhängig (z. B. ↑Halbleiterspeicher).

Aufzeichnungsdichte (nur bei magnetischen und optischen Speichern): Sie gibt die Anzahl der pro Flächeneinheit gespeicherten Daten an. Die Maßeinheit der Aufzeichnungsdichte ist das **bpi** (Abk. für engl. **b**its **p**er **i**nch) oder **bpi**^{2} (Abk. für engl. **b**its **p**er square **i**nch). Übliche Aufzeichnungsdichten bei Magnetbandspeichern sind 62 500 bpi.

Speicher gehören entweder als *Internspeicher* zur ↑Zentraleinheit einer Rechenanlage, oder sie sind als *Externspeicher* außerhalb der Zentraleinheit angeordnet und zählen dann zur ↑Peripherie.

Die meisten Kleinrechner verfügen über standardisierte Anschlussschächte *(Slots)*, in die fertig verdrahtete Speicherbänke der Größe 4–64 MByte (*SIMM*, Abk. für engl. **s**tandardized **i**n-line **m**emory **m**odule) eingesteckt werden können. Dies reduziert die Kosten und erleichtert die Vergrößerung des vorhandenen Speichers erheblich.

Speicherhierarchie: Die wichtigsten, die Leistungsfähigkeit einer Rechenanlage beeinflussenden Kenndaten eines ↑Speichers sind seine Speicherkapazität und seine Zugriffszeit. Beide Größen lassen sich jedoch nicht gleichzeitig maximieren: Speicher großer Kapazität, z. B. ↑Magnetplattenspeicher, sind relativ langsam, Speicher großer Schnelligkeit sind verhältnismäßig teuer und meist klein. Diesem Problem begegnet man durch eine Hierarchie von an Speicherkapazität zunehmenden und an Geschwindigkeit abnehmenden Speichern. Der ↑Prozessor greift nur auf den schnellsten Speichertyp zu, der die gerade benötigten Daten und Programmteile enthält. Seltener oder zur Zeit nicht benötigte Daten werden auf den bezüglich der Hierarchie langsameren Speichern abgelegt. Abb. 1 zeigt eine typische Organisation einer Speicherhierarchie.

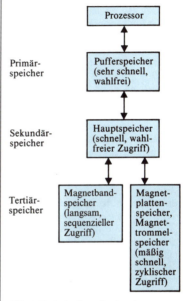

Abb. 1: Typische Organisation einer Speicherhierarchie

Der Prozessor bezieht Befehle und Daten aus dem kleinen, schnellen *Pufferspeicher,* auch *Primärspeicher* genannt. Ist der Primärspeicher in den Prozessor integriert, bezeichnet man ihn auch als *Cache.*

Der ↑Hauptspeicher *(Sekundärspeicher)* enthält größere zusammenhängende Programm- oder Datenteile. Daten und Programmteile, die in absehbarer Zeit nicht benötigt werden, befinden sich in den *Tertiärspeichern,* auch *Hintergrundspeicher* oder *Massenspeicher* genannt.

Ältere Anlagen verfügen häufig nicht

Speicherschutz 478

über einen Pufferspeicher. In diesem Falle ist der Hauptspeicher der Primärspeicher, und die Hintergrundspeicher sind die Sekundärspeicher. Heutzutage ist jedoch ein Cache in jedem ↑ Mikroprozessor vorhanden.

Die Beschleunigung der mittleren Zugriffszeit bei Speicherhierarchien beruht auf folgenden praktischen Erfahrungen:

- 80 % aller Speicherzugriffe finden auf 20 % aller Daten statt *(80-20-Regel)*.
- Wird auf einen bestimmten Speicherbereich zugegriffen, so findet der nächste Zugriff mit hoher Wahrscheinlichkeit auf den gleichen Speicherbereich statt *(Lokalitätsprinzip)*.

Die benötigten Daten aus den verschiedenen Speichertypen werden von der ↑ Speicherverwaltung bereitgestellt.

Speicherschutz (engl. *memory protection*): Vorwiegend im Mehrprogrammbetrieb (↑ Betriebsart), bei dem sich mehrere Benutzer einen Speicher teilen, kommt dem gegenseitigen Schutz der verwendeten Speicherbereiche und der Überwachung des Zugriffs *(Zugriffskontrolle)* eine hohe Bedeutung zu. Abhängig von der Leistungsfähigkeit erlauben Schutzmechanismen den Schutz nur zusammenhängender oder auch unzusammenhängender Speicherbereiche fester oder auch variabler Größe.

Das folgende Verfahren ermöglicht den Schutz unzusammenhängender Speicherbereiche fester Größe: Man teilt den Speicher in Blöcke fester Länge (z. B. 2 KByte) auf. In jedem Block ist ein ↑ Byte als *Speicherschutzbyte* reserviert. Jeder Benutzer erhält vom Betriebssystem einen *Speicherschutzschlüssel* zugewiesen, der in die Speicherschutzbytes aller ihm zugänglichen Speicherblöcke geschrieben wird. Alle übrigen Benutzer, die über den gleichen Speicherschutzschlüssel verfügen, können ebenfalls auf diese Speicherbereiche zugreifen. Bei jedem Zugriff auf eine Speicherzelle vergleicht das Betriebssystem den Speicherschutzschlüssel und das betreffende Speicherschutzbyte. Bei Übereinstimmung ist der Zugriff gestattet, im anderen Fall wird das Programm abgebrochen.

Bei einem weitergehenden Speicherschutz wird im Speicherschutzschlüssel eine detaillierte Spezifikation der Zugriffsrechte der Benutzer auf die Speicherblöcke codiert, z. B. die Genehmigung, auf einen Block nur lesend zugreifen zu dürfen.

Speicherschutz wird auch softwaremäßig realisiert, z. B. indem der Zugriff auf Daten von einem individuellen Schlüssel *(Passwort)* abhängig gemacht werden kann (↑ Datensicherheit).

Speicherverschränkung (engl. *bank phasing, interleaving*): Verfahren zur Verringerung der mittleren Zugriffszeit auf den ↑ Hauptspeicher.

Man unterteilt den Hauptspeicher in gleich große Bereiche *(Speichermodule),* die jeweils ein eigenes Speicheradress- und Speicherpufferregister erhalten, sodass sie gleichzeitig gelesen oder beschrieben werden können. Die einzelnen Speicherbereiche können zeitversetzt angesprochen werden. Die größte Beschleunigung der mittleren Zugriffszeit wird erreicht, wenn aufeinander folgende Speicherzugriffe zu verschiedenen Modulen erfolgen. Da in der Praxis Zugriffe zu aufeinander folgenden Speicherzellen häufig vorkommen, z. B. bei der Abarbeitung von Programmen oder beim Durchlaufen von ↑ Feldern, verteilt man aufeinander folgende Anweisungen oder Daten auf nacheinander folgende Speichermodule.

Die Beschleunigung entsteht folgendermaßen: Die Zugriffszeit auf einen

Speicher beträgt z. B. eine Mikrosekunde, der Prozessor arbeitet jedoch im 50-Nanosekunden-Takt. Beim Lesen muss also der Prozessor 19 Takteinheiten warten. Wenn der Speicher in 20 Module aufgeteilt wäre, dann könnte der Prozessor bei geeigneter Programmierung in jedem Takt einen Wert lesen oder schreiben und (theoretisch) 20fach schneller arbeiten.

Die optimale Nutzung der Speicherverschränkung stellt hohe Anforderungen an ↑Übersetzer und andere Dienstprogramme.

Speicherverwaltung: Komponente des ↑Betriebssystems einer Rechenanlage, deren Aufgabe die Zuweisung und Überwachung aller vom System benutzten Speicher ist. Hierzu werden Tabellen angelegt, in denen die belegten und freien Speicherbereiche notiert werden. Besondere Algorithmen sind bei der Verwaltung von ↑Speicherhierarchien notwendig. Im Allgemeinen finden nicht das gesamte Programm und alle benötigten Daten im schnellsten Speicher (Pufferspeicher oder Hauptspeicher) Platz, sondern nur ein kleiner gerade benötigter Teil. Verlangt der ↑Prozessor Zugriff auf ein Objekt, das sich momentan nicht im Pufferspeicher befindet, so muss die Speicherverwaltung das Objekt in einem Hintergrundspeicher auffinden, in den Pufferspeicher kopieren und, falls der Pufferspeicher voll ist, ein anderes Objekt des Pufferspeichers entfernen und in den Hintergrundspeicher verlagern.

Abb. 1 zeigt eine typische Speicherhierarchie in vereinfachter Form.

Pufferspeicher und Hintergrundspeicher sind in gleich große Speicherbereiche aufgeteilt. Die Bereiche des Pufferspeichers heißen *Kacheln* oder *Seitenrahmen* (16 Kacheln in Abb. 1), die Bereiche des Hintergrundspeichers heißen *Seiten* (256 Seiten in Abb. 1). Die praktische Größenordnung von Kacheln und Seiten bei Großrechnern liegt bei Kachel-/Seitengröße 2 KByte, Kachelzahl 1 024, Seitenzahl 8 192 und mehr.

Bei einem **virtuellen Speicher** steht dem Benutzer „virtuell" der gesamte Hintergrundspeicher im direkten Zugriff zur Verfügung. Er adressiert also die 1 024 Speicherzellen des Hintergrundspeichers (in Abb. 1 also mit 10 ↑Bit: 2^8 Seiten zu je 2^2 Zellen), der Prozessor adressiert jedoch nur den Pufferspeicher (in Abb. 1 also mit 6 Bit,

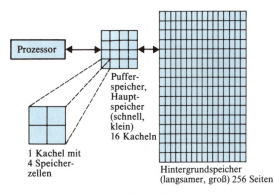

Abb. 1: Schema einer Speicherhierarchie

Spezifikation

$2^6 = 64$), der in unserem Beispiel Kopien von bis zu 64 Speicherzellen des Hintergrundspeichers enthält. Die Menge aller möglichen Adressen der Objekte eines Programms nennt man *Adressraum;* er entspricht meist der Menge der Adressen des Hintergrundspeichers. Die Menge der möglichen Adressen im Pufferspeicher (genauer: der zurzeit im Pufferbereich abgelegten Objekte des Programms) heißt *Speicherraum.*

Eine Adresse hat dann folgendes Format:

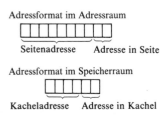

Will ein Benutzer auf die Speicherzelle mit der Adresse $a = (a_s, a_i)$ zugreifen, wobei a_s die Adresse der Seite und a_i die Adresse der Speicherzelle innerhalb der Seite darstellt, so unterscheidet man zwei Fälle:

1. Fall: Die Seite a_s befindet sich im Pufferspeicher unter der Kacheladresse a_k. Die Adresse a wird ersetzt durch $a' = (a_k, a_i)$. Der Prozessor greift statt auf a auf a' zu.

Beispiel:
Die Seite 70 befinde sich in Kachel 12. Der Zugriff zur Adresse

|0|1|0|0|0|1|1|0|1|0|

wird transformiert zur Adresse

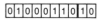

2. Fall: Die Seite a_s befindet sich nicht im Pufferspeicher *(Seitenfehler).* Zwischen Pufferspeicher und Hintergrundspeicher wird, falls der Pufferspeicher voll ist, ein *Seitenwechsel* (engl. *paging*) vorgenommen. Eine Kachel wird ausgewählt und an ihren Platz im Hintergrundspeicher zurückkopiert, aber nur wenn Speicherzellen dieser Kachel vom Programm verändert wurden. Die Seite a_s wird in die frei gewordene Kachel kopiert. Man verfährt anschließend nach Fall 1.

Zur Durchführung des beschriebenen Verfahrens benötigt die Speicherverwaltung noch folgende Hilfsinformationen:

1. Verzeichnis aller im Pufferspeicher vorhandenen Seiten nebst der zugehörigen Kacheln (in Form einer *Seitentabelle*),

2. Strategie zur Auswahl der Kachel, die bei einem Seitenfehler in den Hintergrundspeicher zurückgeschrieben werden soll. Bei einem Seitenwechsel sollte die Seite aus dem Pufferspeicher entfernt werden, auf die ein erneuter Zugriff am unwahrscheinlichsten ist.

Man bedient sich in der Praxis meist eines der folgenden Verfahren:

a) **FIFO-Methode** (FIFO Abk. für engl. first in first out): Von allen Seiten im Pufferspeicher wird die ausgewählt, die sich dort bereits die längste Zeit befindet.

b) **LRU-Methode** (LRU Abk. für engl. least recently used): Es verlässt die Seite den Pufferspeicher, auf die seit dem letzten Seitenaustausch am längsten nicht zugegriffen wurde.

Die Entscheidung, in welche Kachel eine Seite transportiert werden soll, trifft die ↑ Freispeicherverwaltung.

Spezifikation: Präzise Darstellung und Beschreibung der Eigenschaften, der Verhaltensweisen, des Zusammenwirkens und des Aufbaus von (bestehenden oder zu entwickelnden) Modellen, Programmen oder Systemen, wobei meist von Details abstrahiert

481   **Sprache**

wird und konkrete Implementierungen keine Rolle spielen.

Man unterscheidet zwischen der Problemspezifikation, der Anforderungsspezifikation und der Entwurfsspezifikation. Die *Problemspezifikation* dient der Klärung und Präzisierung der zu lösenden Fragestellungen. Sie kann z. B. die Vorgabe für eine Problemanalyse (↑ Software-Engineering) sein. Das hierzu gehörende Sollkonzept liefert als Ergebnis eine *Anforderungsspezifikation,* die somit Teil einer Anforderungsdefinition ist (oder sein sollte). Hieran schließt sich die wesentlich stärker formalisierte *Entwurfsspezifikation* an. Da Probleme nicht nur am Anfang als Gesamtproblem, sondern auch beim späteren Entwicklungsprozess dauernd auftreten, können Spezifikationen in allen Stadien der Erstellung von Systemen verwendet werden.

Die Spezifikation stellt im Idealfall eine vollständig formale, von Implementierungen unabhängige Beschreibung des Verhaltens eines zu erstellenden Systems dar.

Das Ziel einer Spezifikation liegt erstens in einem klaren Verständnis des Problems, seiner besonderen Eigenschaften und seiner Lösungen. Zweitens dient sie als (möglichst absolutes) Vergleichsmaß dafür, ob ein System oder Programm den gewünschten Anforderungen genügt; führt man Tests oder eine ↑ Verifikation durch, so muss das Programmverhalten die Spezifikation erfüllen. Drittens soll eine Spezifikation zusätzliche Aspekte beschreiben, wie sie meist durch ↑ Bewertungskriterien erfasst werden, also Eigenschaften wie Zuverlässigkeit, Robustheit, zeitliches Verhalten usw.

Aufgrund dieser Anforderungen gewinnt die formale Spezifikation immer stärker an Bedeutung. Es könnte sein, dass langfristig nur noch solche Syste-

me in öffentlichen Netzen zugelassen werden, die in einer vorgegebenen Spezifikationssprache mit vorgegebenen Methoden und Werkzeugen erstellt worden sind.

Angeregt durch Untersuchungen über ↑ verteilte Systeme wurden in den 1970er-Jahren formale Methoden entwickelt, vor allem

- ↑ Petrinetze und deren Verallgemeinerungen,
- verschiedene Kalküle der ↑ Logik,
- algebraische Spezifikationen,
- algebraische Kalküle und Prozessalgebren (z. B. der Kalkül CCS des brit. Informatikers R. Milner),
- sprachliche Ansätze, z. B. die Sprache CSP (Abk. für engl. **c**ommunicating **s**equential **p**rocesses) von dem brit. Informatiker C. A. R. Hoare, die auf die Sprache ↑ OCCAM ausgestrahlt hat.

Spezifikationssprache (engl. *specification language*): Mittel zur sprachlichen und/oder grafischen Darstellung von Programmen und Systemen und ihrer Eigenschaften und Verhaltensweisen (↑ Spezifikation). Im Gegensatz zu einer ↑ Programmiersprache werden in einer Spezifikationssprache nicht die genauen algorithmischen Abläufe und die konkreten Datenstrukturen, sondern nur die gewünschten Eigenschaften des herzustellenden Produkts beschrieben. Spezifikationssprachen werden in der Entwurfsphase (↑ Software-Engineering), also noch vor dem Einsatz von Programmiersprachen benutzt.

Sprache (engl. *language*):
1. *Natürliche Sprachen* (Deutsch, Englisch, Französisch, Japanisch, Kisuaheli usw.) werden von Menschen zum Informationsaustausch und zur Kommunikation verwendet. Die Beherrschung einer Sprache und ihrer Ausdrucksmöglichkeiten beeinflusst stark die Vorstellungswelt und die Denkwei-

16 SD Informatik

Springerproblem

se von Menschen. Zu jeder natürlichen Sprache existiert in der Regel eine Schriftsprache. Wird eine Sprache in ihrer Schriftform nicht beherrscht, so spricht man von Analphabetentum. In einer modernen Gesellschaft wird von jedermann erwartet, dass er sich mindestens in seiner Muttersprache in Rede und Schrift ausdrücken kann.

2. *Künstliche Sprachen* wurden Ende des 19. Jahrhunderts entwickelt, um Fakten, Denkabläufe, Schlussfolgerungen beschreiben und analysieren zu können. Neben diesen logischen Kalkülen (↑ Logik) entstanden mit der Entwicklung von Rechenanlagen seit 1950 Programmiersprachen, die ebenfalls präzise definiert werden mussten. Sie regeln den Umgang mit Datenverarbeitungsanlagen, und mangelndes Verständnis für die hiermit verbundenen Beschreibungsformen und exakten Abläufe kann zu einem neuartigen Analphabetentum führen (↑ Computer Literacy).

Künstliche Sprachen werden nach Regeln aufgebaut (↑ Syntax, ↑ Grammatik), und ihre Wörter und Sätze besitzen eine wohldefinierte Bedeutung (↑ Semantik). Während sich bei natürlichen Sprachen die Wörter, die Regeln und die Bedeutungen im Laufe der Jahre ändern, besitzen künstliche Sprachen ein festes endliches Grundvokabular und eine feste Syntax und Semantik. Zum Beispiel ist Deutsch eine natürliche Sprache (es entstehen laufend neue Wörter, die grammatikalischen Regeln ändern sich, die Wörter erhalten häufig neue Bedeutungen). Die Programmiersprache ↑ PASCAL ist eine künstliche Sprache, denn der Zeichensatz ist endlich, und es gibt eine endliche Regelmenge, die festlegt, ob ein Programmtext ein zulässiges PASCAL-Programm ist oder nicht. Im Zusammenhang mit künstlichen Sprachen nennt man das Grundvoka-

bular das ↑ Alphabet der Sprache und spricht statt von den Sätzen einer Sprache im Falle von Programmiersprachen von „Programmen".

3. Die Syntax einer Sprache wird durch *formale Sprachen* beschrieben. Vorgegeben seien ein ↑ Alphabet A und die Menge aller Wörter $A*$ einschließlich des *leeren Wortes* ε. Man definiert:

Jede Teilmenge $L \subseteq A*$ heißt Sprache über A.

Unter einer „formalen Sprache" versteht man in der Informatik eine solche Sprache L zusammen mit einer Definitionsvorschrift, die i. A. konstruktiv ist (↑ Grammatik, ↑ Automat).

Beispiel:
Es ist

$$\{0,1\}* = \{\varepsilon, 0, 1, 00, 01, 10, 11, 000, ...\}.$$

Die Menge L der Binärdarstellungen von ganzen Zahlen (ohne führende Nullen) ist eine Sprache über dem Alphabet $\{0,1\}$:

$$L = \{0, 1, 10, 11, 100, 101, ...\} \subseteq \{0,1\}*$$

Als Definitionsvorschrift kann man z. B. eine ↑ rechtslineare Grammatik, ein ↑ Syntaxdiagramm oder einen endlichen Automaten verwenden.

Springerproblem: Beispiel für ein Problem, das durch das ↑ Backtracking-Verfahren gelöst werden kann. Die Springerfigur eines Schachspiels wird auf ein beliebiges Feld eines Schachbretts gestellt. Gesucht wird eine Zugfolge, bei der der Springer entsprechend seiner Bewegungsmöglichkeit im Schach nacheinander jedes Feld des Schachbretts genau einmal betritt. Kann der Springer vom letzten Feld aus sein Anfangsfeld in einem Zug wieder erreichen, so spricht man von einer *Springerrundreise*. Einen Lösungsversuch zeigt das folgende Beispiel.

Beispiel:

21	2	19		29	44		
18	9	22	43		27	34	
3	20	1	28	35	30	45	26
10	17	8	23	42	25		33
7	4	11	16	31	36	41	46
12	15	6		24	47	32	39
5		13	50	37	40		48
14	51				49	38	

Sackgasse nach dem 51. Zug

21	2	19		29	44		
18	9	22	43		27	34	49
3	20	1	28	35	30	45	26
10	17	8	23	42	25	48	33
7	4	11	16	31	36	41	46
12	15	6		24	47	32	39
5		13		37	40		
14						38	

Zurücknahme bis zum 47. Zug und
Sackgasse nach dem 49. Zug

Nahe liegend ist ein Backtracking-Verfahren: Man bewegt den Springer von seinem Anfangsfeld auf ein zulässiges anderes Feld. Von dort setzt man ihn auf ein weiteres bislang noch unberührtes Feld usw. Im Allgemeinen wird man mit diesem Verfahren nicht sofort eine Lösung des Springerprob-

```
const n = 8;
var brett: array [1 .. n, 1 .. n] of integer;
    i,j: integer;
procedure springe (x,y,zugnr: integer);
var xneu, yneu: integer;
begin
  brett [x,y] := zugnr;
  if zugnr = n * n then „Ausgabe von brett" else
  begin
    for all „von Feld (x,y) erreichbaren Felder (xneu,yneu)
            mit brett [xneu, yneu] = 0" do
            springe (xneu,yneu,zugnr + 1)
  end;
  brett [x,y] := 0
end;
begin
    for i := 1 to n do
      for j := 1 to n do brett [i,j] := 0;
    springe (3,3,1);   (* Anfangsposition brett [3,3] *)
end.
```

Prog. 1: Programm zum Springerproblem in PASCAL-artiger Schreibweise

Sprung 484

lems finden, sondern auf ein Feld geraten, von dem aus kein unberührtes Feld mehr angesprungen werden kann. Immer wenn man in eine solche Sackgasse kommt, nimmt man so viele der letzten Züge zurück, bis man einen anderen Zug machen kann. Das rekursive Programmstück Prog. 1 (S. 483) bestimmt alle Lösungen des Springerproblems, ausgehend vom Feld $(3, 3)$. In „brett" wird hierbei die Nummer des Zuges notiert, in dem der Springer auf das entsprechende Feld des Schachbretts gezogen hat. Vorsicht: Das Programm besitzt eine hohe Laufzeit, da Billionen von Zügen durchgeprüft werden müssen. Durch Zurückführen des Springerproblems eines Bretts mit $n \times n$ Feldern auf das gleiche Problem für $(n-5) \times (n-5)$ Felder kann man zeigen, dass die Zahl der verschiedenen Lösungen exponentiell mit der Zahl n wächst.

Sprung: ↑ Befehl oder ↑ Anweisung, nach dessen bzw. deren Ausführung ein Programm die weitere Abarbeitung an einer durch das Sprungziel (↑ Marke) festgelegten Stelle fortsetzt. Das Sprungziel ist im Befehl anzugeben. Man spricht von einem *bedingten Sprung,* wenn der Sprung nur dann ausgeführt wird, falls eine bestimmte ↑ Bedingung erfüllt ist. Wird der Sprung auf jeden Fall ausgeführt, so spricht man von einem *unbedingten Sprung.*

Sprünge sind die wichtigste Kontrollstruktur in ↑ Maschinensprachen. Der Sprung hängt hierbei von einer Bedingung ab (↑ Status), die in einem Statusregister der Zentraleinheit abgelesen wird. In höheren Programmiersprachen sind Sprünge bisweilen in der Form „goto m" als Anweisung zulässig, wobei m eine im Programm stehende Marke ist. Der Gebrauch von Sprüngen wird aber meist einge-

schränkt: Zum Beispiel sind Sprünge von außen in Schleifen oder Prozedurrümpfe verboten.

Sprünge erschweren das Verständnis, die Lesbarkeit und die Strukturierung von Programmen; sie sollten deshalb, soweit es geht, vermieden werden (↑ strukturierte Programmierung).

SQL (Abk. für engl. structured query language): Weit verbreitete Sprache zur Definition und Manipulation relationaler Datenbanken. SQL wurde in den 1970er-Jahren unter dem Namen SEQUEL von der Firma IBM entwickelt. Eine Prototyp-Implementierung gelang etwa 1975. Anfang der 1980er-Jahre wurde SEQUEL dann zu SQL weiterentwickelt und ist heute als herstellerunabhängiger Standard weitgehend akzeptiert.

Aus SQL-Sicht ist eine *Relation* eine mit einem Bezeichner versehene 2-dimensionale Tabelle mit folgenden Eigenschaften:

- Jede Spalte *(Attribut)* besitzt einen eindeutigen Bezeichner *(Attributname)* und einen Wertebereich.
- Alle Eintragungen in die Tabelle sind *atomar,* d.h., die Wertebereiche sind elementar (z.B. ↑ integer, ↑ boolean) und nicht weiter zerlegbar.
- Die Reihenfolge der Spalten ist irrelevant (R ist eine Menge).
- Alle Zeilen *(Tupel)* sind paarweise verschieden.

Eine *relationale Datenbank* ist dann eine Kollektion von (unterschiedlich benannten) Relationen.

Beispiel:

Definiert wird eine Datenbank über Tennisspieler, Turniere und Spielpläne (Abb. 1).

Hier kommen zwar gleiche Attributnamen vor, dies widerspricht jedoch nicht der obigen Regel, da sie zu unterschiedlichen Relationen gehören. Ist

SQL

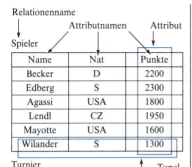

Spielplan

Name	Turnier	Erfolg
Becker	Wimbledon	HF
Becker	Sidney	S
Agassi	Paris	S
Lendl	Wimbledon	VF
Lendl	Paris	F
Mayotte	Wimbledon	VF
Wilander	Paris	VF
Edberg	Sidney	F

Hierbei bedeuten: VF = Viertelfinale, HF = Halbfinale, F = Finale, S = Sieg

Abb. 1: Datenbank über Tennisspieler, Turniere und Spielpläne (von 1990)

eine Unterscheidung zwischen gleichen Attributnamen unterschiedlicher Relationen notwendig, so fügt man in SQL den Relationennamen durch einen Punkt getrennt hinzu, wie z. B.

Spieler.Name und Turnier.Name

zeigen.

Die Sprache SQL stellt für die Manipulation von relationalen Datenbanken Sprachelemente unter anderem für folgende Operationen zur Verfügung:

- Definieren von Relationenschemata durch Angabe von Relationen, Attributnamen und Wertebereichen der Attribute (CREATE TABLE ...),
- Einfügen von Tupeln in eine Relation (INSERT INTO ...),
- Löschen von Tupeln (DELETE FROM ... WHERE ...),
- Änderung von Attributwerten *(update),*
- Suchanfragen *(queries).*

Beispiel:
Löschen aller Einträge des Spielers Becker aus der Spieler-Relation:

DELETE FROM Spieler
　　WHERE Name = 'Becker'

Suchanfragen (queries): Die einfachste Form lautet:

SELECT ⟨Ausdruck⟩, ...
　　FROM ⟨Relationenname⟩, ...
　　WHERE ⟨Bedingung⟩

Ein Ausdruck ist hierbei zunächst entweder ein einzelner Attributname, ein arithmetischer Ausdruck über Attributnamen, Konstanten und Grundfunktionen wie +, −, *, / usw. oder das Zeichen *. Mithilfe des Sterns werden alle Attribute der Tupel angezeigt, die die Bedingung erfüllen.

Beispiele:
1. Gesucht: Die Nationalitäten aller Spieler

SELECT Nat FROM Spieler

Hier gibt das SQL-System die Nationalitäten aller Spieler aus, wobei Nationalitäten, denen mehrere Spieler angehören, auch mehrmals ausgegeben werden (z. B. USA). In diesen Fällen verwendet man besser die Anfrage

SELECT DISTINCT Nat
　　FROM Spieler

mit der SQL angewiesen wird, nur

SQL

die überhaupt vorkommenden *verschiedenen* Nationalitäten auszugeben.

2. Gesucht: Alle Informationen über die Spieler:

SELECT * FROM Spieler

Auswahl von Tupeln mit Bedingungen: Mittels der WHERE-Klausel kann man Tupel auswählen, die bestimmte Bedingungen erfüllen.

Beispiel:
Gesucht: Alle Spieler aus Schweden und den USA:

SELECT Name,Nat FROM Spieler
WHERE Nat = 'USA' OR Nat = 'S'

Verknüpfung von Relationen (Kreuzprodukt): Häufig müssen bei einer Suchanfrage die Daten mehrerer Relationen miteinander gekoppelt werden.

Beispiel:
Gesucht: Zeiten, zu denen Mayotte spielt:

SELECT Turnier FROM Spielplan
WHERE Name = 'Mayotte'

Die Ausgabe Wimbledon verwendet man nun als Parameter einer zweiten Anfrage:

SELECT Zeit FROM Turnier
WHERE Name = 'Wimbledon'

Ausgabe: Juni.
Besser löst man dieses Problem durch Koppelung der beiden Relationen Spieler und Turnier:

SELECT Zeit
FROM Turnier, Spielplan
WHERE Spielplan.Name =
'Mayotte'
AND Spielplan.Turnier =
Turnier.Name

Hier sind zur Unterscheidung der beiden Attribute Name und Turnier in den Relationen Spielplan und Turnier die vollen Namen mit Punktnotation zu verwenden.

Teilanfragen (engl. subqueries): Als Bedingung innerhalb der WHERE-Klausel einer SELECT-Anfrage sind Bezüge auf die Ergebnisse weiterer untergeordneter SELECT-Anfragen möglich. Die Ergebnisse der Teilanfragen werden dann als implizite Relationen aufgefasst, die mit anderen Relationen verknüpft werden können oder an die weitere Anfragen gerichtet werden können. Auf diese Weise lassen sich relativ komplizierte Anfragen mit Querbezügen formulieren.

Beispiele:
1. Gesucht: Alle Spieler, die in Wimbledon spielen, und deren Nationalitäten:

SELECT Name,Nat FROM Spieler
WHERE Name IN
(SELECT Name FROM
Spielplan
WHERE Turnier =
'Wimbledon')

Hier symbolisiert der IN-Operator das Elementsymbol $\in$ auf Mengen. Die Teilanfrage in Klammern liefert also eine Menge von Namen, die als Parameter in die Hauptanfrage eingehen.

2. Gesucht: Namen der Spieler, die die meisten Punkte besitzen:

SELECT Name,Punkte
FROM Spieler
WHERE Punkte > = ALL
(SELECT Punkte FROM
Spieler)

Der Operator ALL symbolisiert den $\forall$-Quantor („Für alle"-Quantor, ↑Logik). Die WHERE-Bedingung ist also erfüllt, wenn die Punktzahl des gesuchten Spielers größer oder gleich aller Punktezahlen ist, die die Teilanfrage liefert.

487 **Status**

Standardprozedur *(vordefinierte Prozedur):* ↑Prozedur, welche der Programmierer in seinem Programm benutzen kann, ohne dass er sie selbst deklarieren muss. Analog bezeichnet man eine entsprechende Funktion als *Standardfunktion.* Häufig werden in Programmiersprachen Prozeduren und Funktionen zur Ein- und Ausgabe von Daten sowie für mathematische Funktionen (wie z. B. Wurzel, Logarithmus, Sinus usw.) als Standardprozeduren bzw. -funktionen zur Verfügung gestellt.

Ebenso nennt man ↑Datentypen, ↑Variablen, ↑Konstanten usw. *Standardtypen, Standardvariablen, Standardkonstanten* usw., wenn man sie ohne vorherige Deklaration verwenden kann. Standarddatentypen in ↑PASCAL sind u. a. ↑real, ↑integer, ↑char. Eine Standardkonstante vom Typ integer ist maxint, deren Wert der größten ganzen Zahl entspricht, die der Typ integer des gegebenen PASCAL-Systems enthält.

Startadresse: Adresse des ersten auszuführenden ↑Befehls in einem Programm. Wird ein Programm in eine maschinenorientierte Programmiersprache übersetzt, so speichert der Übersetzer die Startadresse des ↑Zielprogramms an einer bestimmten Stelle ab. Der ↑Lader, der das Programm in den Hauptspeicher transportiert, liest diese Adresse und startet das Programm mit dem zugehörigen Befehl. Die Startadresse muss nicht mit der ersten Adresse des übersetzten Programms übereinstimmen, da am Anfang des Programms noch Prozeduren, Daten u. a. stehen können. Die erste Adresse des in den Arbeitsspeicher geladenen Programms bezeichnet man dagegen als *Ladeadresse.*

Start-Stopp-Betrieb (engl. *start stop operation*): Verfahren zur asynchronen ↑Datenübertragung. Zur Synchroni-

sierung von Sender und Empfänger wird jedem zu übertragenden Zeichen ein *Startbit* voran- und ein *Stoppbit* nachgestellt. Bei zeichenweiser ↑serieller Übertragung werden die einzelnen Bits nach einem festen Zeitraster übertragen, zwischen den einzelnen durch Start- und Stoppbit begrenzten übertragenen Zeichen besteht jedoch kein notwendiger zeitlicher Zusammenhang.

Status (engl. *status*): Zusammenfassung aller Informationen, die ein System charakterisieren, speziell solcher Informationen, die zur Beschreibung des Zustands von Programmen, Daten oder Funktionseinheiten dienen. Der *Programmstatus* wird durch Angabe aller Registerinhalte des Prozessors (einschließlich des Befehlszählers und des Statusregisters) beschrieben. Der *Datenstatus* gibt Auskunft über den Zustand von ↑Operanden oder Rechenergebnissen, z. B. Operand bzw. Ergebnis = 0 oder ≠ 0, gerade, ungerade, Überlauf. Der Datenstatus wird innerhalb des Prozessors durch *Flags* angezeigt. Ein Flag ist ein Wahrheitswert, realisiert durch ein ↑Bit, das das Eintreffen eines Ereignisses (z. B. Bedingung) signalisiert.

Beispiel:
Vorzeichenflag = 1/0, falls Ergebnis negativ/positiv.

Die Flags sind meist zu einem Register, dem *Statusregister* (auch *Zustandsvektor* genannt) zusammengefasst. Die Abfrage der Flags geschieht häufig bei Sprungbefehlen (↑Sprung).

Beispiel:
Der ↑Mikroprozessor 8080 verfügt über fünf Flags, die gemeinsam den Status des ↑Akkumulators oder des Ergebnisses der letzten Rechenoperation anzeigen. Die Flags heißen Zeroflag (Akkumulator = 0/≠ 0), Signflag (Akkumulator positiv/negativ), Carry-

Stellenwertsystem 488

flag (Überlauf ja/nein), Parityflag (Akkumulator gerade/ungerade) und Auxiliary Carryflag (Akkumulatorübertrag von der vierten zur fünften Stelle ja/nein).

Die Verknüpfung von Akkumulator und Statusregister bezeichnet man als *Programmstatuswort.* Der Status von Funktionseinheiten gibt Auskunft über die Betriebsbereitschaft der Einheit, z. B. frei/belegt/außer Betrieb.

Stellenwertsystem: System zur Darstellung von Zahlen durch Ziffern, bei denen der Wert einer Ziffer von der Stelle abhängt, an welcher sie innerhalb der Zahl geschrieben ist. Das gebräuchlichste Stellenwertsystem ist das ↑ Dezimalsystem. In der Informatik, speziell bei der Untersuchung von internen Abläufen in Digitalrechnern, spielen das ↑ Dualsystem und das ↑ Hexadezimalsystem eine große Rolle.

Mathematisch ist ein Stellenwertsystem ein 3-Tupel $S = (b, Z, \delta)$ mit folgenden Eigenschaften:

(1) $b \geq 2$ ist eine natürliche Zahl, die *Basis* des Stellenwertsystems.

(2) Z ist eine b-elementige Menge von Symbolen, den *Ziffern.*

(3) $\delta: Z \rightarrow \{0,1 \dots, b-1\}$ ist eine Abbildung, die jedem Ziffernsymbol umkehrbar eindeutig eine natürliche Zahl zwischen 0 und $b-1$ zuordnet.

Eine *Zahl* ist eine endliche Folge von Ziffern. Der *Wert* $w(z)$ einer Zahl

$$z = z_n z_{n-1} \dots z_1 z_0 \text{ mit } z_i \in Z, n \geq 0$$

bestimmt sich durch

$$w(z) = \sum_{i=0}^{n} \delta(z_i) \cdot b^i.$$

Beispiel:
Sei $S = (b, z, \delta)$ das Hexadezimalsystem mit

$$b = 16, \quad Z = \{0, \dots 9, A, \dots, F\}$$

und

$$\delta(0) = 0, \dots, \delta(9) = 9,$$
$$\delta(A) = 10, \dots, \delta(F) = 15.$$

Der Wert der Zahl $z = 1AF$ lautet

$$\begin{aligned} w(1AF) &= 1 \cdot 16^2 + 10 \cdot 16^1 + 15 \cdot 16^0 \\ &= 256 \quad + 160 \quad + 15 \\ &= 431 \end{aligned}$$

Rechnet man gleichzeitig mit Zahlen zu verschiedenen Basiswerten, so kennzeichnet man die zur Zahl $z = z_n \dots z_0$ gehörende Basis durch den Index $_b$, also $z_n \dots z_{0\,b}$.

Beispiel: $z = 1AF_{16} = 431_{10}$.

Beim Dezimalsystem verzichtet man auf den Index $_{10}$.

Für die verschiedenen Stellenwertsysteme benötigt man häufig Umrechnungen einer Dezimalzahl in eine Zahl zur Basis b. Hierzu dividiert man die gegebene Zahl fortlaufend durch b. Die jeweils bei der Division übrig bleibenden Reste bilden beginnend bei den Einern (also „von unten nach oben" gelesen) die Ziffern der Zahl zur Basis b.

Beispiel:
1640 im 7er-System:

1640 : 7 = 234	Rest 2	Einerziffer
234 : 7 = 33	Rest 3	7-Ziffer
33 : 7 = 4	Rest 5	7^2-Ziffer
4 : 7 = 0	Rest 4	7^3-Ziffer

Also gilt $1640 = 4532_7$.

Die folgende rekursive Prozedur wandelt die positive Zahl n in eine Darstellung zur Basis b um und gibt sie aus:

<u>procedure</u> umwandeln (n,b: <u>integer</u>);
<u>begin</u>
  <u>if</u> n $\neq$ 0 <u>then</u>
  <u>begin</u>
    umwandeln (n <u>div</u> b,b);
    write (n <u>mod</u> b)
  <u>end</u>
<u>end</u>;

Negative Zahlen werden hierbei durch ein Vorzeichen dargestellt. Will man dies vermeiden, so kann man zur *negativen Basis* übergehen; das System S bleibt hierbei gleich, nur in der Darstellung $w(z)$ wird b durch $-b$ ersetzt. Zahlendarstellungen ungerader Länge gehören dann zu positiven, solche gerader Länge zu negativen Zahlen.

Beispiel für $b = 2$:

$$(1011)_{-2} = 1 \cdot (-2)^3 + 0 \cdot (-2)^2 \\ + 1 \cdot (-2) + 1 = -9,$$
$$(11001)_{-2} = 1 \cdot (-2)^4 + 1 \cdot (-2)^3 \\ + 0 \cdot (-2)^2 \\ + 0 \cdot (-2) + 1 = 9.$$

Solche Darstellungen sind aber in der Informatik ungebräuchlich.

Steuerwerk *(Leitwerk;* engl. *control unit):* Die zentrale Komponente der ↑Zentraleinheit. Es hat folgende Aufgaben:

- Laden der Programmbefehle (↑Befehl) aus dem Speicher in der richtigen Reihenfolge,
- Decodierung der Befehle,
- Interpretation der Befehle,
- Versorgung der an der Ausführung der Befehle beteiligten Funktionseinheiten mit den nötigen Steuersignalen.

Da an der Ausführung eines Befehls das ↑Rechenwerk, der Speicher und die ↑Geräteverwaltung beteiligt sind, ist das Steuerwerk mit all diesen Komponenten verbunden.

Den prinzipiellen Aufbau des Steuerwerks zeigt Abb. 1.

Das *Befehlsregister* enthält den Befehl, der gerade ausgeführt wird. Er besteht aus dem Operationsteil und dem Adressteil. Der Operationsteil wird in einem 1-aus-n-Decodierer (↑Decodierer) entschlüsselt, wodurch genau eine Eingangsleitung der Mikroprogrammeinheit auf 1 gesetzt wird.

Das *Befehlszählregister* speichert die ↑Adresse des nächsten auszuführenden Befehls. Es wird nach jeder Ausführung eines Befehls um 1 erhöht. Bei Sprungbefehlen wird jedoch eine im Adressteil des Befehls stehende Adresse in das Befehlszählregister kopiert. Die *Mikroprogrammeinheit* erzeugt mithilfe der decodierten Informatio-

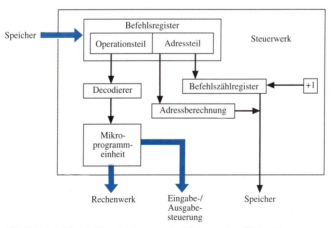

Abb. 1: Prinzipieller Aufbau des Steuerwerks (⇨ Operanden-/Datenflüsse; → Kontroll-/Steuerflüsse)

nen des Operationscodes eine Folge von Signalen zur Ausführung des Befehls. Die Mikroprogrammeinheit kann fest verdrahtet und unveränderbar oder programmierbar und variabel gestaltet sein (↑Mikroprogrammierung, ↑Pipelineverarbeitung).

stochastischer Algorithmus *(probabilistischer Algorithmus)*: Algorithmus, bei dem die Ausgabe und/oder die Reihenfolge der Abarbeitung der einzelnen Anweisungen von zufälligen Ereignissen abhängt.

Zur Darstellung von stochastischen Algorithmen verwendet man zwei Sprachkonstrukte:

a) Das Konstrukt randomize(a, b) mit $a, b \in \mathbb{N}$ und $a \leq b$, das eine zufällige natürliche Zahl x mit $a \leq x \leq b$ liefert. Durch randomize wird eine Gleichverteilung realisiert, d. h. die Wahrscheinlichkeit, dass

randomize(a, b) = y

ist, hat für jedes $y \in \mathbb{N}$ mit $a \leq y \leq b$ den Wert $\frac{1}{b-a+1}$ (↑Zufallszahl).

b) Das Konstrukt (p:a | q:b), wobei a und b beliebige Anweisungen sind und p und q Wahrscheinlichkeiten, d. h. $0 \leq p \leq 1$ und $p + q = 1$. Das Konstrukt besagt, dass mit der Wahrscheinlichkeit p die Anweisung a und mit der Wahrscheinlichkeit q die Anweisung b ausgeführt wird. Führt man also diese Anweisung sehr oft hintereinander aus, so wird etwa mit der Häufigkeit 100 p % die Anweisung a und mit der Häufigkeit 100 q % die Anweisung b gewählt.

Stochastische Algorithmen sind im Allgemeinen weder determiniert noch deterministisch (↑Determiniertheit, ↑Determinismus). Ein stochastischer Algorithmus kann bei gleicher Eingabe unterschiedliche (auch falsche) Ergebnisse liefern und die Anweisungen in unterschiedlicher Reihenfolge durchlaufen. Aussagen über das Verhalten von stochastischen Algorithmen haben daher immer die Form: Der Algorithmus liefert auf die Eingabe x mit der Wahrscheinlichkeit w das Ergebnis y.

Beispiel:
Gegeben sei folgendes Programmstück:

x := 0;

for i := 1 to 4 do

$\left(\frac{1}{2} : x := x + 1 \; \Big| \; \frac{1}{2} : x := x - 1\right)$;

write(x);

Den Werteverlauf von x in Abhängigkeit von i und der jeweils ausgeführten Zuweisung x := x + 1 oder x := x − 1 kann man als ↑Baum aufzeichnen. Eine Verzweigung nach links symbolisiert die Ausführung von x := x + 1, eine Verzweigung nach rechts die Aus-

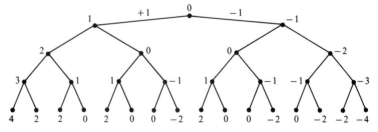

Abb. 1: Berechnungsbaum für obiges Beispiel

führung von $x := x - 1$. Der Wert von x ist jeweils an den Knoten vermerkt (Abb. 1).

Von den 16 möglichen Berechnungsfolgen führen 6 auf den Wert $x = 0$, daher ergibt sich die Wahrscheinlichkeit, mit der der Wert 0 ausgegeben wird, zu $\frac{6}{16} = \frac{3}{8}$. Die Wahrscheinlichkeit, dass der Wert 2 oder -2 ausgegeben wird, beträgt jeweils $\frac{1}{4}$. Der Wert 4 oder -4 wird jeweils mit der Wahrscheinlichkeit $\frac{1}{16}$ ausgegeben.

Hinsichtlich der Art und Weise, wie ein stochastischer Algorithmus Lösungen für ein Entscheidungsproblem liefert, dessen Lösungen nur „ja" oder „nein" sein können, und wie weit diese Lösungen von denen abweichen, die ein exakter Algorithmus liefern würde, unterscheidet man verschiedene Typen von stochastischen Algorithmen:
Randomisierte Algorithmen: Wenn der Algorithmus die Antwort „nein" gibt, so ist dies die korrekte Lösung zu dem Problem. Liefert der Algorithmus die Ausgabe „ja", so ist diese Antwort nur mit einer Wahrscheinlichkeit größer oder gleich $\frac{1}{2}$ die korrekte Lösung zu dem Problem. Es kann also durchaus sein, dass der Algorithmus eine falsche Antwort gegeben hat.
Las-Vegas-Algorithmen: Wenn Las-Vegas-Algorithmen die Antwort „ja" oder die Antwort „nein" liefern, so ist diese Antwort immer korrekt. Zusätzlich können die Algorithmen die Antwort „weiß nicht" geben, was besagt, dass der Algorithmus das Problem nicht in diesem Durchlauf hat lösen können.
Stochastische Algorithmen entwickelt man häufig für solche Probleme, zu deren Lösung ein gewöhnlicher Algorithmus zu viel Zeit benötigt.

Beispiel:
Ein randomisierter Algorithmus ist der im Jahre 1977 vorgestellte *Primzahltest von R. Solovay und V. Strassen.* Falls dieser Algorithmus die Ausgabe „nein" liefert, so ist gesichert, dass die Eingabe n keine Primzahl ist. Gibt der Algorithmus die Antwort „ja", so ist die eingegebene Zahl n mit einer Wahrscheinlichkeit von mindestens $\frac{1}{2}$ eine Primzahl. Die Laufzeit des Algorithmus beträgt $O(\log_2 n)$ gegenüber $O(n)$ für einen nichtstochastischen Algorithmus. Durch m-malige Wiederholung kann man die Wahrscheinlichkeit, dass n eine Primzahl ist, auf $1 - \left(\frac{1}{2}\right)^m$ steigern.

Strassen-Algorithmus: Im Jahre 1969 von dem schweizer. Mathematiker V. Strassen angegebenes Verfahren zur schnellen Multiplikation zweier $n \times n$-Matrizen, das auf dem ↑ Divide-and-conquer-Verfahren beruht. Seien

$$A = \begin{pmatrix} a_{11} \dots a_{1n} \\ \vdots \quad \vdots \\ a_{n1} \dots a_{nn} \end{pmatrix}, \quad B = \begin{pmatrix} b_{11} \dots b_{1n} \\ \vdots \quad \vdots \\ b_{n1} \dots b_{nn} \end{pmatrix}$$

zwei reellwertige $n \times n$-Matrizen. Die Produktmatrix $C = A \cdot B$ mit

$$C = \begin{pmatrix} c_{11} \dots c_{1n} \\ \vdots \quad \vdots \\ c_{n1} \dots c_{nn} \end{pmatrix}$$

erhält man dann nach der folgenden Formel

$$c_{ik} = a_{i1} b_{1k} + a_{i2} b_{2k} + \dots + a_{in} b_{nk}$$
$$= \sum_{j=1}^{n} a_{ij} b_{jk}.$$

Die Berechnung eines Elementes von C benötigt nach dieser Formel n Multiplikationen und $n - 1$ Additionen. Die Berechnung von C aus A und B er-

Struktogramm 492

fordert daher n^3 Multiplikationen und $(n-1) \cdot n^2$ Additionen.

Strassen fand heraus, dass sich das Produkt zweier 2×2-Matrizen

$$A = \begin{pmatrix} a_{11} & a_{12} \\ a_{21} & a_{22} \end{pmatrix}, \quad B = \begin{pmatrix} b_{11} & b_{12} \\ b_{21} & b_{22} \end{pmatrix}$$

mit insgesamt 7 Multiplikationen und 18 Additionen und Subtraktionen berechnen lässt, wenn man nach dem folgenden Schema vorgeht und 7 Zwischenwerte $m_1, \dots, m_7$ berechnet.

$$C = \begin{pmatrix} c_{11} & c_{12} \\ c_{21} & c_{22} \end{pmatrix}$$

sei die Produktmatrix von A und B. Aus den Zwischenschritten

$$m_1 = (a_{12} - a_{22}) \cdot (b_{21} + b_{22}),$$
$$m_2 = (a_{11} + a_{22}) \cdot (b_{11} + b_{22}),$$
$$m_3 = (a_{11} - a_{21}) \cdot (b_{11} + b_{12}),$$
$$m_4 = (a_{11} + a_{12}) \cdot b_{22},$$
$$m_5 = a_{11} \cdot (b_{12} - b_{22}),$$
$$m_6 = a_{22} \cdot (b_{21} - b_{11}),$$
$$m_7 = (a_{21} + a_{22}) \cdot b_{11}$$

erhält man c_{11}, c_{12}, c_{21} und c_{22} so:

$$c_{11} = m_1 + m_2 - m_4 + m_6,$$
$$c_{12} = m_4 + m_5,$$
$$c_{21} = m_6 + m_7,$$
$$c_{22} = m_2 - m_3 + m_5 - m_7.$$

Zum Vergleich: Bei der üblichen Berechnung von $A \cdot B$ benötigt man insgesamt 8 Multiplikationen und 4 Additionen:

$$c_{11} = a_{11} b_{11} + a_{12} b_{21},$$
$$c_{12} = a_{11} b_{12} + a_{12} b_{22},$$
$$c_{21} = a_{21} b_{11} + a_{22} b_{21},$$
$$c_{22} = a_{21} b_{12} + a_{22} b_{22}.$$

$2n \times 2n$-Matrizen A und B multipliziert man nach dem Strassen-Algorithmus, indem man A, B und C jeweils in vier $n \times n$-Untermatrizen unterteilt:

$$\underbrace{\begin{pmatrix} C_{11} & C_{12} \\ C_{21} & C_{22} \end{pmatrix}}_{C} = \underbrace{\begin{pmatrix} A_{11} & A_{12} \\ A_{21} & A_{22} \end{pmatrix}}_{A} \cdot \underbrace{\begin{pmatrix} B_{11} & B_{12} \\ B_{21} & B_{22} \end{pmatrix}}_{B}$$

Man bildet nun wie oben anstelle der Hilfswerte m_i Hilfsmatrizen $M_1, \dots, M_7$. Ist n durch 2 teilbar, so wendet man das Verfahren rekursiv (↑ Rekursion) auf die $n \times n$-Matrizen A_{ij}, B_{ij} und C_{ij} an. Falls n keine gerade Zahl ist, dann berechnet man die letzte Spalte von C nach der üblichen Methode und wendet das Verfahren auf die verbleibenden $(n-1) \times (n-1)$-Matrizen an.

Ist n eine Potenz von 2, so hat der Strassen-Algorithmus die Laufzeit

$$O(n^{\log_2 7}) = O(n^{2,8074}).$$

Der Zeitgewinn gegenüber dem üblichen Verfahren fällt aber nur dann ins Gewicht, wenn man eine sehr gute Speicherorganisation für die vielen Zwischenergebnisse programmiert. In der Praxis lohnt sich das Verfahren etwa ab 30, d. h., man zerlegt $n \times n$-Matrizen rekursiv in immer kleinere Einheiten, bis man unterhalb von 30 ist, multipliziert diese kleinsten Einheiten nach der klassischen Methode und baut aus ihnen dann schrittweise die größeren Produktmatrizen auf.

Struktogramm (*Nassi-Shneiderman-Diagramm*): Grafisches Darstellungsmittel für Programme. Früher wurden Programme häufig durch ↑ Programmablaufpläne dokumentiert. Diese Darstellungsart verführt jedoch zu unübersichtlicher, schwer verständlicher Programmierung und zu undisziplinierter Verwendung von ↑ Sprüngen.

Jede einzelne Aktion eines Programms wird in einen *Strukturblock* eingetragen (Abb. 1).

$$\boxed{\text{Aktion}}$$

Abb. 1: Strukturblock

Die Aneinanderreihung von Aktionen wird durch die Aneinanderreihung der zugehörigen Strukturblöcke dargestellt (Abb. 2).

Abb. 2: Aneinanderreihung von Strukturblöcken

Eine ↑bedingte Anweisung der Form

if ⟨Bedingung⟩ then ⟨Aktion 1⟩
                  else ⟨Aktion 2⟩

wird durch Abb. 3 repräsentiert.

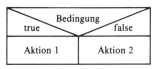

Abb. 3: Bedingte Anweisung „if ... then ... else ..."

Für den Sonderfall der bedingten Anweisung

if ⟨Bedingung⟩ then ⟨Aktion 1⟩

verwendet man ebenfalls den Strukturblock aus Abb. 3, wobei jedoch der Zweig, in dem ⟨Aktion 2⟩ steht, leer bleibt. Die Fallunterscheidung (↑case) der Form

case
  ⟨Fall 1⟩: ⟨Aktion 1⟩;
  ⟨Fall 2⟩: ⟨Aktion 2⟩;
     ...
  ⟨Fall n⟩: ⟨Aktion n⟩
end;

zeigt Abb. 4.
Die Strukturblöcke für die Schleifen

while ⟨Bedingung⟩ do ⟨Aktion⟩

und

repeat ⟨Aktion⟩ until ⟨Bedingung⟩

sind in Abb. 5 und 6 angegeben.

Struktogramm

Abb. 4: Fallunterscheidung „case"

Abb. 5: Schleife „while ... do ..."

Abb. 6: Schleife „repeat ... until ..."

Bei einer Zählschleife schreibt man in Abb. 5 anstelle von

while ⟨Bedingung⟩

einfach

for ... to ... do.

Beispiel:
Programmstück, das die Primzahlen von 1 bis n ermittelt; n, t und p sind Variablen vom Typ integer:

```
read(n);
if n ≥ 2 then
begin
  write ('2'); p := 3;
  while p ≤ n do
  begin
    t := 1;
    repeat t := t + 2
    until (p mod t = 0) or
          (t * t > p);
    if t * t > p then write (p);
    p := p + 2
  end
end;
```

Das zugehörige Struktogramm für die Ermittlung von Primzahlen zeigt Abbildung 7.

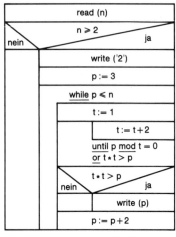

Abb. 7: Struktogramm zur Ermittlung der Primzahlen von 1 bis n

Strukturblöcke können beliebig ineinander geschachtelt werden.

strukturierte Programmierung: Systematisches, methodisches und von anderen nachvollziehbares Programmieren; Programmiermethode, bei der das vorgegebene Problem in Teilprobleme und in Beziehungen zwischen diesen Teilproblemen („Schnittstellen") zerlegt wird. In weiteren Verfeinerungsschritten werden die Teilprobleme in der gleichen Weise behandelt, bis die Aufgaben schließlich so überschaubar sind, dass man sie ohne weitere Verfeinerung lösen kann. Durch Zusammensetzen („Integration") der Einzellösungen erhält man dann eine Lösung für das Ausgangsproblem (↑ Software-Engineering).

Das strukturierte Programmieren wurde um 1970 entwickelt. Zugleich entstand ↑ PASCAL als eine Programmiersprache, die das strukturierte Programmieren unterstützt. Hiermit zogen verstärkt ingenieurmäßige Vorgehensweisen in die Informatik ein. Bei großen Systemen und lange dauernden Projekten zeigten sich Schwächen dieses Vorgehens, die durch objektorientiertes Vorgehen (zumindest teilweise) überwunden werden können (↑ Methoden der Informatik, ↑ objektorientierte Programmierung).

Für das strukturierte Programmieren ist zu beachten:

• Man geht von dem umfassenderen, abstrakter beschriebenen Problem zu einfacheren und konkreteren Teilproblemen über („Top-down"-Vorgehen; in der Praxis hat sich die Aufteilung in 3 bis 8 Teilprobleme bewährt).

• Jedes Teilproblem wird durch die Zerlegung vollständig beschrieben und kann unabhängig von anderen Teilproblemen weiterbearbeitet werden (alle Abhängigkeiten werden vollständig durch die Schnittstellen dargestellt).

• Die Zerlegung erfolgt problemorientiert. Ein Teilproblem wird insbesondere nicht danach untersucht und zergliedert, wie es später bestmöglich von einem Rechnersystem bearbeitet werden kann. Hierdurch werden maschinenunabhängige Lösungen begünstigt (↑ Portabilität).

• Die Struktur des Ausgangsproblems, die sich in der fortschreitenden Zerlegung widerspiegelt, findet sich in der Lösungsstruktur und somit im späteren Programm wieder. Hierdurch werden Programme lesbar und verständlich und lassen sich später leichter korrigieren und anpassen.

• Teillösungen existieren unabhängig von dem speziellen Problem und können anderweitig mitverwendet (↑ Programmbibliothek, ↑ Modul), einzeln getestet und gegebenenfalls als korrekt bewiesen werden (↑ Verifikation).

Durch dieses Vorgehen wird die Programmierung sicherer, die Qualität der Programme verbessert und die Zeit zur Erstellung von Programmen verkürzt. Ein systematisches Strukturieren ist bei umfangreichen Problemen unerlässlich. Ebenso wenig, wie man ein Haus ohne einen sorgfältig entwickelten Bauplan erstellen kann, kann man Anwendungs- und Systemprogramme, die aus vielen Tausend Anweisungen bestehen, nicht ohne methodisches Vorgehen schreiben. Ein Hindernis ist hierbei oft das Rechnersystem, auf dem die Programme später laufen sollen. Wenn die Rechnerarchitektur oder die vorhandenen Softwarewerkzeuge zu früh den Entwicklungsvorgang beeinflussen, entstehen unverständliche (weil nicht problembezogene) Zerlegungen und Realisierungen des Problems. Dies kostet Zeit, fördert Fehler und verhindert spätere Änderungen oder Anpassungen.

Subtrahierwerk (engl. *subtraction unit*): Die Subtraktion zweier Dualzahlen a und b wird durch die Addition von a und dem Zwei-Komplement von b realisiert (↑ Addierwerk, ↑ Komplement). Ein möglicher Übertrag wird ignoriert, wenn die Zahlen gleiches Vorzeichen besitzen.

Beispiel: $a = 0110$, $b = 0101$.

Zwei-Komplement von b: 1011

$a - b = 0110 - 0101$
$\qquad = 0110 + 1011 = 0001.$

Suchbaum: Datenstruktur, in die man Objekte mit ihren ↑ Schlüsseln leicht und schnell einsortieren und in der man Schlüssel einfach wieder finden kann. Die Schlüssel müssen aus einer linear geordneten Menge M (↑ Ordnung im Sinne von Anordnung) stammen. Sucht man einen Schlüssel s und befindet man sich an einem Knoten k, in dem die von s verschiedenen

Schlüssel $s_1, \ldots, s_n$ stehen, so sucht man im ersten bzw. $(n+1)$-ten Teilbaum von k weiter, falls $s < s_1$ bzw. $s > s_n$ ist, andernfalls sucht man im i-ten Teilbaum, falls $s_{i-1} < s < s_i$ gilt, $i \in \{2, \ldots, n\}$.

Im Hauptspeicher verwendet man häufig binäre Suchbäume ($n = 1$). In diesem Fall enthält jeder Knoten einen einzigen Schlüssel s. Für Hintergrundspeicher eignen sich spezielle Suchbäume mit $n = 128$ oder mehr Schlüsseln (↑ B-Baum).

Ein *binärer Suchbaum* B für eine linear geordnete Menge M ist ein geordneter ↑ binärer Baum mit einer Abbildung $S : K \rightarrow M$ von der Knotenmenge K in die Schlüsselmenge M. Für jeden Knoten k von B muss gelten:

(1) $S(k) > S(u)$ für alle Knoten u im linken Teilbaum von k,

(2) $S(k) \leq S(u)$ für alle Knoten u im rechten Teilbaum von k.

Die Bedingungen (1) und (2) besagen: Wird der binäre Suchbaum in Inorder-Reihenfolge (↑ Baumdurchlauf) durchlaufen, so erhält man die Objekte in aufsteigend sortierter Folge.

Beispiel:

$K = \{a, b, \ldots, j\}$,
$M = \{$BERND, CLEO, KLAUS,
$\qquad$ LISA, MARK, PAUL,
$\qquad$ PETER, RALF, UTA,
$\qquad$ WERNER$\}$.

In M gelte die alphabetische Ordnung, und es sei

$S(a) = $ BERND, $\quad S(f) = $ PAUL,
$S(b) = $ CLEO, $\quad\;\; S(g) = $ PETER,
$S(c) = $ KLAUS, $\quad S(h) = $ RALF,
$S(d) = $ LISA, $\quad\;\; S(i) = $ UTA,
$S(e) = $ MARK, $\quad S(j) = $ WERNER.

Einen Suchbaum zeigt Abb. 1 (S. 496). Einen weiteren Suchbaum zu K, S und M zeigt Abb. 2 (S. 496). Suchbäume der Form aus Abb. 2 heißen *degeneriert*.

Suchbaum

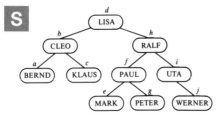

Abb. 1: Suchbaum

Im Folgenden werden die Operationen Suchen, Einfügen und Löschen auf Suchbäumen näher dargestellt.

Suchen eines Schlüssels: Als Erstes wird der gesuchte Schlüssel s mit dem Schlüssel s_0 in der Wurzel w des Baumes verglichen. Ist $s = s_0$, so ist die Suche erfolgreich. Anderenfalls verzweigt man zum linken Sohn von w, falls $s < s_0$ gilt, oder zum rechten Sohn von w, falls $s > s_0$ gilt. Dieses Vergleichsverfahren führt man dann für den entsprechenden Sohn durch, bis

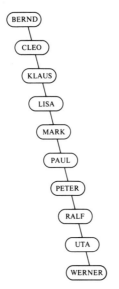

Abb. 2: Degenerierter Suchbaum

man den Schlüssel gefunden hat oder die Suche erfolglos abbrechen muss, weil der entsprechende Sohn nicht existiert.

Das *Einfügen* eines Knotens mit dem Schlüssel s in den Suchbaum geschieht grundsätzlich als Blatt. Zunächst befolgt man die Vorschrift, um s zu suchen. Diese Vorschrift endet an einem Knoten, zu dem der entsprechende Sohn nicht existiert. Diesen Sohn fügt man hier als neues Blatt mit dem Schlüssel s in den Suchbaum ein. Falls der Schlüssel s bereits im Baum vorhanden ist, kann man entweder auf die erneute Eintragung verzichten, oder man kann die Suche bis zu einem Blatt fortsetzen und dort den Schlüssel s in einem neuen Knoten ablegen.

Der Algorithmus in Abb. 3 sucht in einem Baum nach dem Schlüssel s und fügt ihn, falls noch nicht eingetragen, in den Suchbaum ein.

Das *Löschen* eines Knotens k mit dem Schlüssel s in einem Suchbaum unter Erhaltung der Suchbaumeigenschaft gestaltet sich, von einigen Sonderfällen abgesehen, etwas schwieriger. Mögliche Sonderfälle sind:

(1) k ist ein Blatt (z. B. KLAUS in Abb. 1). Lösche k.

(2) k hat keinen rechten Sohn. Lösche k. Neuer Sohn des Vaters von k wird der linke Sohn von k.

(3) k hat keinen linken Sohn (z. B. UTA in Abb. 1). Lösche k. Neuer Sohn des Vaters von k wird der rechte Sohn von k (d.h. in Abb. 1 wird WERNER Sohn von RALF).

Im allgemeinen Fall sucht man den ersten Knoten bezüglich des Inorder-Durchlaufs im rechten Teilbaum von k, der keinen linken Sohn besitzt, und fügt ihn an die Stelle des zu entfernenden Knotens ein.

Man vergleiche selbst das Löschen in einem Suchbaum mit dem in B-Bäumen und in ausgeglichenen Bäumen.

Suchbaum

```
type knoten = record
              inhalt: integer; (*Schlüssel*)
              lb, rb: ↑knoten (*Zeiger auf linken bzw. rechten Teilbaum*)
              end;
var w: ↑knoten; (*Zeiger auf die Wurzel*)
    p,q,r: ↑knoten; (*Hilfszeiger*)
    test: boolean;
    s: integer;
begin
  p := w; q := nil; test := false;
  while not test do (*Beginn: Schlüssel s suchen*)
  begin
    if p = nil then test := true else
    begin
      if s = p↑.inhalt then test := true else
      begin
        q := p; if s < p↑.inhalt then p := p↑.lb else p := p↑.rb
      end
    end
  end; (*Suchen*)
  if p ≠ nil then write(s, 'ist gefunden') else
  beginn (*Einfügen des Schlüssels s*)
    new(r); r↑.inhalt := s;
    r↑.lb := nil; r↑.rb := nil;
    if s < q↑.inhalt then q↑.lb := r else q↑.rb := r
  end
end.
```

Abb. 3: Suchen und Einfügen eines Knotens

Beispiel:
Entfernen des Knotens LISA (Abb. 1) aus dem Baum aus obigem Beispiel liefert den Baum in Abb. 4, da MARK der „linkeste unterste" Knoten im rechten Teilbaum von LISA ist.

Die Laufzeit der entsprechenden Algorithmen für Suchen, Einfügen und Löschen von Knoten benötigt bei n Knoten im Mittel $O(\log_2 n)$ Vergleiche (↑Ordnung). Bei degenerierten Suchbäumen wie in Abb. 2 benötigen die Algorithmen jedoch $O(n)$ Vergleiche, was für praktische Zwecke unbrauchbar ist. Eine Verbesserung der binären Suchbäume stellen die ↑ausgeglichenen Bäume und die ↑B-Bäume dar, die eine Such-, Lösch- und Einfügezeit von $O(\log_2 n)$ garantieren, da die entstehenden Suchbäume nicht degenerieren können.

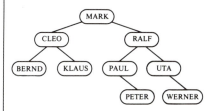

Abb. 4: Baum nach Entfernen des Knotens LISA aus dem Baum in Abb. 1

Suchen (engl. *search*): Tätigkeit, in einem vorgegebenen Datenbestand alle Objekte zu ermitteln, die eine bestimmte Bedingung, das *Suchkriterium*, erfüllen.

Man unterscheidet interne und externe Suchverfahren. Bei *internen Suchverfahren* wird vorausgesetzt, dass sich der gesamte Datenbestand im ↑Hauptspeicher befindet. Falls der überwiegende Teil des Datenbestandes während des Suchens auf Hintergrundspeichern (↑Speicherhierarchie) abgelegt ist, spricht man vom *externen Suchen*. Typische interne Suchverfahren sind das ↑binäre Suchen, das ↑sequenzielle Suchen und das Suchen auf binären Bäumen (↑Suchbaum). Für externes Suchen verwendet man ↑B-Bäume und das ↑Hash-Verfahren.

Supraleitungsspeicher *(Kryogenspeicher):* Bestimmte Materialien werden bei sehr tiefen Temperaturen supraleitend, d. h. sie besitzen keinen ohmschen Widerstand mehr. Ein einmal in Gang gesetzter elektrischer Strom bleibt in diesem Leiter beliebig lange erhalten, wird also gespeichert. Supraleitungsspeicher sind zurzeit noch nicht marktfähig. Da jedoch 1987 Materialien entdeckt wurden, die bereits bei der Temperatur von flüssigem Stickstoff supraleitend sind, ist bald mit solchen Speichern zu rechnen.

Symbol: Zeichen oder Zeichenfolge, die zur Darstellung eines Begriffsinhalts oder eines Sachverhalts verwendet wird. In einer Programmiersprache ist zum Beispiel die Zeichenfolge for das Symbol für den Beginn einer Zählschleife (↑Schleife, ↑Zeichen, ↑Piktogramm).

Symboltabelle (engl. *symbol table*): Zusammenstellung aller in einem gegebenen System vorhandenen Symbole mit ihren Eigenschaften und Bedeutungen.

Bei der Übersetzung eines Programms in die Maschinensprache wird vom Übersetzer eine (meist sortierte) Liste erstellt, die die Symbole (z. B. ↑Bezeichner) und die ihnen im Programm zugewiesenen Bedeutungen (z. B. ihren ↑Datentyp) und ihr Vorkommen enthält (↑semantische Analyse). Diese Liste bezeichnet man als *Symboltabelle*. Sie ist zugleich ein wichtiges Hilfsmittel bei der Fehlersuche (↑Crossreferenztabelle).

synchrones Schaltwerk: Man spricht von synchronen Schaltwerken, wenn alle Elemente der Schaltung mit einem einheitlichen ↑Takt versorgt werden. Jede elementare Aktion benötigt in synchronen Schaltwerken die gleiche Zeit (von einem Takt zum nächsten). In *asynchronen,* d. h. nicht synchronen Schaltwerken sind Geschwindigkeit und Arbeitsabläufe verschiedener Komponenten nicht aufeinander abgestimmt, insbesondere muss es keinen einheitlichen Takt geben und nicht jede Aktion unmittelbar nach Beendigung der vorhergehenden beginnen.

Synchronisation: Abstimmung nebenläufiger (↑Nebenläufigkeit) Vorgänge aufeinander. Die Synchronisation der Vorgänge kann durch gegenseitige Beobachtung erfolgen oder durch einen speziellen mit der Synchronisation beauftragten Überwacher.

Beispiele:

Abb. 1: „Reißverschlussverfahren" bei Verkehrsengpässen

a) Synchronisation durch gegenseitige Beobachtung, dargestellt durch das „Reißverschlussverfahren" bei Verkehrsengpässen (Abb. 1).

b) Synchronisation durch Überwacher: Spiel der Orchestermusiker unter Leitung des Dirigenten.
c) Synchronisation durch ↑Unterbrechung, z.B. wenn ein Drucker die Zentraleinheit unterbricht, um neue Daten anzufordern, die er dann synchron von der Zentraleinheit geliefert bekommt.

Im Mehrprogrammbetrieb (↑Betriebsart) einer Rechenanlage kommt der Synchronisation der zahlreichen nebenläufig arbeitenden Programme und ↑Prozesse eine hohe Bedeutung zu. Oft geschieht eine Synchronisation beim Austausch von Informationen (↑Datenübertragung, ↑Protokoll).

syntaktische Analyse: In einem ↑Übersetzer überführt die syntaktische Analyse das ↑Quellprogramm, dargestellt als Folge von Token (durch die ↑lexikalische Analyse geliefert), in einen ↑Ableitungsbaum. Gleichzeitig wird untersucht, ob das Quellprogramm syntaktisch korrekt (↑Syntax) ist, also der zugrunde liegenden ↑Grammatik entspricht. Ein Programm, das diese Funktionen erfüllt, nennt man *Parser*.

An die syntaktische schließt sich die ↑semantische Analyse an.

Beispiel:
Ein Parser für die Programmiersprache ↑PASCAL übersetzt die Tokenfolge

„n" „:=" „3" „+" „i" „*" „j"

in einen Ableitungsbaum nach Abb. 1.

Es ist nicht immer notwendig, den zum Quellprogramm gehörigen Ableitungsbaum explizit aufzubauen. Es existieren Techniken, bei denen die semantische Analyse gleichzeitig mit der syntaktischen Analyse durchgeführt wird.

Syntax (griech. sýntaxis „Zusammenstellung"): Eine ↑Sprache wird durch eine Folge von Zeichen, die nach bestimmten Regeln aneinander gereiht werden dürfen, definiert. Den hierdurch beschriebenen formalen Aufbau der Sätze oder Wörter, die zur Sprache gehören, bezeichnet man als ihre Syntax.

Beispiele:
Syntaktische Regeln der deutschen Sprache:

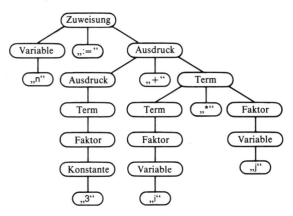

Abb. 1: Ableitungsbaum einer Tokenfolge

- Am Ende eines Satzes steht ein Punkt.
- In einem Satz dürfen Subjekt, Prädikat und Objekt in dieser Reihenfolge stehen.
- Ein Adjektiv steht vor dem zugehörigen Substantiv und richtet sich nach diesem bezüglich Geschlecht und Fall.

Die Syntax einer ↑Programmiersprache legt fest, welche Zeichenreihen korrekt formulierte Programme der Sprache sind und welche nicht. Zur Definition der Syntax gibt es verschiedene Formalismen:
1) Man kann einen ↑Automaten angeben, der genau die syntaktisch korrekten Zeichenreihen akzeptiert.
2) Man kann eine ↑Grammatik definieren, deren erzeugte Sprache genau der Menge aller syntaktisch korrekten Zeichenfolgen entspricht.
3) Durch ↑Syntaxdiagramme kann man die Syntax einer Sprache grafisch beschreiben. Diese Methode wendet man häufig bei der Definition von Programmiersprachen an.

Beispiel:
Mithilfe der drei Methoden wird im Folgenden die Syntax der Sprache

$L = \{w \in \{0,1\}^* \mid w$ ist eine Binärzahl ohne führende Nullen$\}$

beschrieben.
1) Ein ↑endlicher Automat, der genau die syntaktisch korrekten Zeichenreihen von L akzeptiert, ist in Abb. 1 dargestellt. A ist der Anfangszustand, die Zustände B und C sind Endzustände.
2) Eine ↑rechtslineare Grammatik, die L erzeugt, ist $G = (N, T, P, S)$ mit

$N = \{S, A\}$, $T = \{0, 1\}$ und
$P = \{(S, 0), (S, 1A), (A, 0A),$
$(A, 1A), (A, \varepsilon)\}.$

3) Abb. 2 zeigt ein Syntaxdiagramm, das L beschreibt.

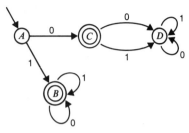

Abb. 1: Endlicher Automat für L

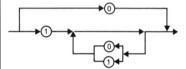

Abb. 2: Syntaxdiagramm für L

Eine nach den Regeln der Syntax aufgebaute Zeichenkette (Wörter oder Sätze) muss nicht sinnvoll sein. Ihre Bedeutung wird durch die ↑Semantik gegeben.

Die wesentlichen Teile der Syntax von Programmiersprachen werden meist durch ↑kontextfreie Grammatiken beschrieben. Bei Übersetzungsvorgängen muss dann zu einem Programm die Ableitung gefunden werden. Dies erledigt die ↑syntaktische Analyse. Die nichtkontextfreien Anteile der Syntax werden in der anschließenden ↑semantischen Analyse überprüft.

Syntaxdiagramm: Grafische Darstellung ↑kontextfreier Grammatiken. Wird eine kontextfreie Grammatik als Syntaxdiagramm dargestellt, dann wird jedem Nichtterminalsymbol ein gerichteter ↑Graph mit einer Eingangs- und einer Ausgangskante zugeordnet. Die Knoten repräsentieren Grammatiksymbole, wobei Terminalsymbole durch Kreise oder Ellipsen, Nichtterminalsymbole durch Rechtecke dargestellt werden. Durchläuft man diesen Graphen von der Eingangs- zur Ausgangskante entlang den gerichteten Kanten, dann ist die Folge der Knoteninhalte, die dabei aufgesammelt werden, aus dem zugehörigen Nichtterminalsymbol ableitbar.

Beispiel:
Abb. 1 zeigt die Syntaxdiagramme einer Grammatik für arithmetische Ausdrücke.

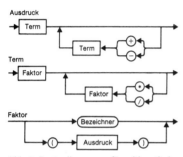

Abb. 1: Syntaxdiagramme für arithmetische Ausdrücke

Aus den Syntaxdiagrammen ist z. B. ersichtlich, dass aus dem Nichtterminalsymbol Ausdruck die Symbolfolge „Term−Term" ableitbar ist. Da aus Term „Faktor∗Faktor" und aus Faktor das Symbol Bezeichner ableitbar ist, ist also insgesamt aus Ausdruck die Symbolfolge

Bezeichner − Bezeichner ∗ Bezeichner

ableitbar. Diese Folge ist daher ein korrekter Ausdruck.

Syntheseproblem: Problem, zu einer formalen Beschreibung des Verhaltens eines ↑Schaltwerks den Bauplan des Schaltwerks effektiv zu konstruieren. Das Problem löst man allgemein wie folgt: Zunächst konstruiert man einen ↑endlichen Automaten, der das gewünschte Schaltverhalten beschreibt. Nach Codierung der Zustands-, Einund Ausgabemenge des Automaten sowie der Zustandsübergangsfunktion durch 0-1-Folgen erhält man boolesche Wertetabellen, zu denen man Gleichungen in konjunktiver oder ↑disjunktiver Normalform angibt. Diese Gleichungen setzt man nach Wahl geeigneter ↑Flipflops in ein Schaltwerk um.

System: In der Informatik versteht man hierunter die Zusammenfassung mehrerer Komponenten, die strukturell oder funktional miteinander in Beziehung stehen, zu einer als Ganzes aufzufassenden Einheit. Die Komponenten können von gleicher Art (*homogene Systeme*, z. B. Programmsysteme) oder sehr unterschiedlich sein (*heterogene Systeme*, z. B. die Zusammenfassung von Hard- und Softwaresystemen zu einem Rechensystem, oder *hybride Systeme*, wenn gewissen Komponenten sehr unterschiedliche technologische Konzeptionen zugrunde liegen wie bei der Zusammenfassung von ↑analogen und ↑digitalen Systemen). Ein System löst oder bearbeitet in der Regel ein wohldefiniertes Bündel von Aufgaben. Es besitzt eine höhere Leistungsfähigkeit als seine Komponenten. Systeme können außerordentlich komplex und vernetzt sein (wie zum Beispiel ökologische Systeme).

Systeme lassen sich meist durch folgende Punkte charakterisieren:
- Durch ein nach außen sichtbares Verhalten; dieses kann man versuchen, durch Tests und Experimente zu ermitteln.
- Durch eine innere Struktur; diese ist in der Regel nur den Entwicklern, nicht aber den Benutzern von Systemen bekannt. Sie lässt sich im Allgemeinen nur durch eine genaue Analyse der Komponenten ermitteln.
- Durch Eigenschaften; diese erfasst man mithilfe einer ↑Spezifikation, die zur Entwicklung einer konkreten Realisierung dienen kann.

Wird das Systemverhalten nicht durch die Umwelt beeinflusst, dann spricht man von einem *geschlossenen System*. Die Beschreibung solcher Systeme ist in der Regel einfacher als die von *eingebetteten Systemen*, bei denen das System in Wechselwirkung mit seiner Umgebung steht (z. B. automatisches Steuerungssystem in einem Flugzeug). Systeme besitzen in der Regel Zustände. Ein *Zustand* beschreibt einen speziellen Ausschnitt des Systems zu einem gegebenen Zeitpunkt vollständig. Systeme mit endlich vielen oder abzählbar vielen Zuständen nennt man *diskret*, solche mit überabzählbar vielen Zuständen *kontinuierlich*.

Der Systembegriff ist sehr allgemein und daher wenig aussagekräftig. Als konkrete Ausgestaltungen sind in diesem Schülerduden u. a. Betriebssysteme, CAD-Systeme, Informationssysteme, Textverarbeitungssysteme und verteilte Systeme beschrieben.

Systemanalyse: Disziplin zur Untersuchung von Eigenschaften technischer, wirtschaftlicher und sozialer Systeme. Ziel ist häufig eine *Modellbildung*, um die einzelnen Funktionen darzustellen, die Gesamtstruktur und Teilstrukturen zu beschreiben, das beobachtbare Verhalten zu überprüfen und spezielle Vorgänge nachzuvollziehen (↑Simulation). In der Informatik versteht man unter Systemanalyse im engeren Sinne eine Disziplin, die Methoden bereitstellt, um zu einem gegebenen Problem und einer Anwendungsumgebung ein möglichst gutes Programm zu entwerfen. Sie umfasst mindestens folgende Phasen (↑Software-Engineering):
1. Problemanalyse, bestehend aus
   - Istanalyse,
   - Sollkonzeptentwicklung,
   - Durchführbarkeitsstudie,
   - Projektplanung;
2. Entwurf des Systems.

Die Systemanalyse liefert in der Regel noch nicht alle Informationen, die zur Erstellung des Systems benötigt werden.

Man erstellt daher möglichst rasch lauffähige Versionen des geplanten Systems *(Prototyping)*, um mit ihnen Experimente durchführen und weitere Erkenntnisse gewinnen zu können.

Systemgenerierung: Anpassung der verschiedenen von einem Hersteller zu einer Rechenanlage gelieferten Betriebssystemkomponenten an die spezielle Hardware- und Softwarekonfiguration und Verknüpfung zu einem Gesamtbetriebssystem (↑Konfiguration).

Das Ergebnis dieser Anpassung ist ein lauffähiges, auf eine bestimmte Rechenanlage zugeschnittenes Betriebssystem oder auch ein anderes umfangreiches Programmsystem.

Systemzusammenbruch (*Systemabsturz;* engl. *abnormal system end, system crash*): Plötzlich auftretende totale Funktionsunfähigkeit des ↑Betriebssystems oder der zugrunde liegenden Rechenanlage, die durch fehlerhafte Hard- und/oder Software hervorgerufen wird. Mit dem Systemzusammenbruch werden alle gerade bearbeiteten Programme abgebrochen und die von ihnen bereits errechneten Zwischenergebnisse, soweit sie sich nicht auf externen ↑Speichern befinden, gehen verloren.

Die Zahl der innerhalb einer Zeitspanne auftretenden Systemzusammenbrüche ist ein Maß für die ↑Verfügbarkeit des Systems.

Tabellenkalkulation (engl. *spreadsheet calculation*): Die Erstellung und Verwaltung von Planungsübersichten, Kostenschätzungen oder Budgetbe-

Takt

rechnungen in tabellarischer Form. Hierbei trägt man die Bezeichnungen für Kostenstellen und die jeweiligen Zahlenwerte in ein vom Benutzer vorab definiertes Raster ein. Jedes Rasterfeld kann mit einer Definitionsvorschrift versehen werden, die festlegt, wie der dortige Wert aus den Einträgen anderer Rasterfelder zu errechnen ist. Jeder Eintrag und jede Änderung eines Parameters führt dann automatisch zur Neuberechnung aller davon abhängigen Werte (Prog. 1).
Zumeist wird die Tabellenkalkulation mithilfe einer speziellen Software vorgenommen *(Tabellenkalkulationsprogramme)*. Diese kann eingegebene Zahlenwerte auch grafisch veranschaulichen (z. B. durch Balken- oder Tortendiagramme).

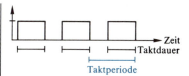

Abb. 1: Taktdauer und Taktperiode

Takt: Signal, das zwei verschiedene Werte annehmen kann und in regelmäßigen Zeitabständen seinen Wert ändert. Der Takt ist insbesondere gekennzeichnet durch die *Taktdauer* und die *Taktperiode*. Die Taktdauer entspricht der Zeit zwischen einer aufsteigenden und einer abfallenden ↑ Flanke. Die Taktperiode ist die Zeit zwischen zwei aufsteigenden (oder zwei abfallenden) Flanken (Abb. 1).
Der Kehrwert der Taktperiode heißt

Kst 2913 1000		Übersicht			
Titel	Planung	Verwendet	Geplant	Gebucht	Rest
511.71/02	350,00	696,83	317,07	379,76	−346,83
511.71/03	1 500,00	1 256,84	70,00	1 186,84	243,16
518.71/03	550,00	950,48	0,00	950,48	−400,48
518.71/04	0,00	0,00	0,00	0,00	0,00
524.71	1 050,00	1 025,93	0,00	1 025,93	24,07
527.71	10 000,00	9 048,88	1 750,00	7 334,88	915,12
535.71	0,00	0,00	0,00	0,00	0,00
535.81	330,00	94,49	0,00	94,49	235,51
547.71	760,00	316,11	0,00	316,11	443,89
547.81	0,00	0,00	0,00	0,00	0,00
Summen	14 540,00	13 425,56	2 137,07	11 288,49	1 114,44

Zugewiesen	6 352,20	Einnahmen allg.	4 000,00
Einnahmen	4 411,00	Titel 119.71	0,00
Reste	7 272,68	Drucke	411,00
Spenden	1 842,24		
Vermischtes	1 045,62		
Gesamt	20 923,74	Gesamt	4 411,00
Verwendet	13 425,56		
Rest	7 498,18		

Prog. 1: Ausschnitt aus dem Programm RagTime

Tastatur 504

Taktfrequenz; sie wird in *Hertz* gemessen. Die Taktfrequenz liegt bei ↑ Mikroprozessoren meist zwischen 10 und 300 MHz (1 Megahertz = 1 Million Takte pro Sekunde); sie ist ein Maß für deren Arbeitsgeschwindigkeit. Die Erzeugung eines Takts geschieht in ↑ Schaltwerken durch einen *Taktgenerator.*

Tastatur (engl. *keyboard*): Eingabegerät für Computer, das aus einer erweiterten Schreibmaschinentastatur mit zusätzlichem Ziffernfeld und Sondertasten besteht. Der Druck einer Taste bewirkt eine Zustandsänderung des Computers und löst gegebenenfalls gewisse Befehlsfolgen aus *(Funktionstaste).* Die Tastatur ist i. A. mit einem ↑ Bildschirm gekoppelt, auf dem eingegebene Zeichenfolgen unmittelbar angezeigt werden. Die Tastatur ist das wichtigste Eingabegerät bei der Erstellung und Veränderung von Texten (↑ Editor).

Telematik: Wissenschaftliche Disziplin zwischen der Nachrichtentechnik und der Informatik. Die Telematik befasst sich damit, Informationen, Anwendungsdienste und Serviceleistungen mithilfe verschiedener Übertragungs- und Vermittlungstechniken über große Entfernungen zu transferieren und nutzbar zu machen.

Testen: Überprüfung des Ein-/Ausgabeverhaltens eines Programms durch Experimente oder durch Nachvollziehen möglichst vieler Abarbeitungsschritte.

Hat man zu einem Problem ein Programm erstellt, so muss man überprüfen, ob das Programm *korrekt* arbeitet, also zu jedem zulässigen Eingabewert die gewünschte Ausgabe liefert. Fast alle frisch erstellten Programme weisen zunächst irgendwelche Fehler auf. Dies liegt einerseits an den vielfältigen Abhängigkeiten der Einzelteile eines Lösungsweges, andererseits an der geforderten hohen Präzision, mit der Programme aufgeschrieben werden müssen.

Führt man den Beweis mit formalen Mitteln, so spricht man von ↑ Verifikation. Zur Verifikation eines Programms benötigt man stets eine formale Semantikdefinition (↑ Semantik) der zugrunde liegenden Programmiersprache, die mittlerweile für die meisten gebräuchlichen Programmiersprachen vorliegt, sowie eine formale ↑ Spezifikation des gewünschten Programmverhaltens. Allerdings erfordert die Verifikation einen relativ großen technischen Aufwand und setzt spezielle Kenntnisse voraus. Daher begnügt man sich häufig mit einer sehr einfachen Form der Überprüfung, dem Testen.

Dabei beschränkt man sich auf eine endliche Teilmenge von Eingaben, eine so genannte *Testmenge.* Wenn das Programm für diese Menge T korrekt arbeitet, dann schließt man daraus, dass es auch für (fast) alle übrigen Eingabewerte korrekt ist. Ob der Schluss von T auf die ganze Eingabemenge berechtigt ist, hängt entscheidend von der Wahl der Testmenge ab.

Es gibt kein allgemeines Verfahren, wie man beim Testen vorzugehen hat, man kennt jedoch eine Vielzahl von Verhaltensregeln und Rezepten. Diese Rezepte haben häufig die Form „Man sollte ..." oder „Es empfiehlt sich ..."; keines von ihnen führt jedoch zwingend zum Erfolg. Deshalb bleiben das Testen, die Wahl einer Testmenge und ggf. das Auffinden der fehlerhaften Programmstelle sehr kreative Tätigkeiten, die viel Erfahrung voraussetzen und darüber hinaus ausgesprochen zeitaufwendig sind: Etwa 40 % der Programmentwicklungszeit wird zum Testen und Verbessern aufgewendet. Durch Testen kann immer nur die Anwesenheit von Fehlern, nie jedoch de-

Testen

ren Abwesenheit bewiesen werden, d. h., liefert ein Programm für einen Testwert $t \in T$ nicht die gewünschte Ausgabe, so ist es offensichtlich falsch, arbeitet umgekehrt das Programm für die überprüften Eingaben $t \in T$ korrekt, so bleibt offen, ob es auch für *alle* Eingaben korrekt ist.

Testmethoden: Man unterscheidet zwischen personellen und computergestützten Testmethoden.

Zu den personellen Methoden, die ein Programm ohne den Einsatz von Computern überprüfen, gehören die *Code-Inspektion,* bei der der Programmtext statisch auf Fehler untersucht wird, und das *Walkthrough,* bei dem der Programmtext mittels ausgewählter Testwerte von Hand mithilfe von ↑ Ablaufprotokollen durchlaufen wird. Bei der Code-Inspektion konzentriert man sich vor allem auf die Programmlogik und auf offensichtliche Unstimmigkeiten, wie unerreichbare Programmteile, nicht benutzte, aber deklarierte Variablen usw., beim Walkthrough beschränkt man sich auf wenige, aber wichtige Testdaten.

Bei den computergestützten Methoden wird das zu testende Programm am Rechner mittels diverser Testwerte ausgeführt. Bezieht man Kenntnisse über den Programmaufbau in die Wahl der Testwerte ein, so spricht man vom *Whitebox-Testen.* Erfolgt der Test ohne Kenntnis bzw. Analyse der internen Programmstruktur, so liegt ein *Blackbox-Test* vor. Offenbar ist die Wahl der Testwerte beim Blackbox-Test besonders schwierig, da keinerlei Hinweise aus dem Programmtext abgeleitet werden dürfen.

Psychologie des Testens: Da der Programmierer im Allgemeinen seinen bei der Programmerstellung entwickelten Ideen verhaftet ist, sollte der Test stets von einer fremden Person durchgeführt werden.

Prinzipien des Testens:

1) *Prinzipien für die Konstruktion von Testmengen.*

1.1) Testmengen müssen typische und untypische Eingabewerte enthalten. Insbesondere sollten *Grenzwerte* eingegeben werden, also solche Werte, die gerade noch als Eingabe zugelassen sind. Übliche Grenzwerte sind im Allgemeinen:

> größter und kleinster Wert,
> leerer Text, leere Eingabe

sowie alle sich direkt anschließenden Werte, also z. B. Text mit nur einem Zeichen usw.

Beispiel:
Für das Problem, eine Folge ganzer Zahlen zu sortieren, sind typische Eingaben:

> $(7,14,8,3)$ oder $(12,16,1,-3,12)$.

Untypische Eingaben sind die Folgen:

> $(1,2,3,4,5)$ oder $(7,7,7,7)$.

Grenzwerte sind die Folgen:

> $(\ )$ oder (5).

1.2) Man bilde Klassen von Eingabewerten, also Mengen, die jeweils bestimmte gemeinsame Merkmale besitzen, und teste das Programm mit einem oder einigen Werten aus jeder Klasse.

Beispiel:
Für das Sortierproblem ist u. a. eine Einteilung der Eingabewerte in folgende Klassen möglich:

> bereits aufsteigend sortierte Folgen,
> absteigend sortierte Folgen,
> Folgen aus gleichen Elementen.

2) *Prinzipien für die Testdurchführung und die Überprüfung der Ergebnisse.*
2.1) Man plane keinen Test unter der Annahme, dass keine Fehler (mehr) gefunden werden.

Testen 506

Untersuchungen haben ergeben, dass Fehler lokal und gehäuft auftreten:

- Tritt an einer Programmstelle s ein Fehler auf, so ist es wahrscheinlich, dass in der Umgebung von s ein weiterer Fehler vorliegt.
- Die Anzahl der noch vorhandenen Fehler verhält sich (zumindest in der Anfangsphase des Testens) proportional zur Anzahl der bereits gefundenen Fehler.

2.2) *Vor* der Durchführung eines Testlaufs ist zu definieren, welche Ausgabe das Programm bei der Testeingabe liefern soll. (Liegt die Testausgabe bereits vor, so hat man meist unbewusst den Wunsch, das Resultat möge auch korrekt sein.)

2.3) Man überprüfe nicht nur, ob das Programm das tut, was es soll, sondern auch, ob das Programm etwas tut, was es nicht soll.

Beispiele:

- Geldüberweisung an nicht vorhandene Mitarbeiter in einem Gehaltsabrechnungsprogramm.
- Speziell bei Prozeduren ist zu überprüfen, ob sie nicht unbefugt globale Werte verändern.

2.4) Man erstelle von jedem Testlauf einen Papierausdruck der ausgegebenen Resultate, der später zugleich als Beleg dient. Nach Korrektur oder Abänderung eines Programms sollte man mit alten Testprotokollen überprüfen, ob sich neue Fehler eingeschlichen haben *(Regressionstest).*

3) *Prinzipien für die Vereinfachung des Testens.*

3.1) Man unterteile das Programm in Abschnitte und teste die Abschnitte einzeln. Mögliche Unterteilungen sind Prozeduren und Module.

3.2) Man entwerfe Programme stets testfreundlich. Hierzu gehören:

- Strukturierung der Programme,

- Standardisierung von Schnittstellen,
- Berücksichtigung von Testhilfen bereits beim Entwurf.

Beispiel:
Man füge an markanten Stellen des Programms Bedingungen (*Zusicherungen* oder *Prädikate,* ↑Logik) ein, denen die Variablen dort genügen müssen. Diese Bedingungen kann man in das endgültige Programm als bedingte Anweisungen übernehmen, die im laufenden Betrieb dann noch Fehlermeldungen ausgeben.

Konstruktion von Testmengen: Wie müssen Testeingabewerte gewählt werden, um vorhandene Fehler bestmöglich aufzudecken? Hierfür gibt es mehrere Strategien.

Strategie 1: Offensichtlich kann jede Anweisung des Programms zu einem Programmfehler führen. Eine nahe liegende Strategie schreibt also eine Testmenge vor, bei der jede Anweisung mindestens einmal durchlaufen wird; dieses Vorgehen nennt man *Anweisungsüberdeckung:*

Wähle T so, dass es zu jeder Anweisung A des Programms P eine Eingabe $t \in T$ gibt, bei deren Verarbeitung P die Anweisung A ausführt.

Beispiel:
Wir betrachten das Problem, das Maximum max zweier ganzer Zahlen x und y zu bestimmen.
Als Lösung des Problems bieten wir folgendes Programmstück an:

```
read(x,y); max := 0;
if x ≤ y then max := y;
write(max).
```

Eine Testmenge T, bei der jede Anweisung mindestens einmal durchlaufen wird, lautet $T = \{(2,5)\}$. Für den einzigen Testwert $t \in T$ arbeitet das Programm korrekt. Der Schluss auf die Korrektheit des Programms für alle

Eingaben ist aber unzulässig, denn offensichtlich enthält das Programmstück einen groben Fehler: Eingabewerte, bei denen $y < x \neq 0$ ist, führen zu einem falschen Ergebnis. Während für die Testeingabe der then-Zweig durchlaufen wird, wird für Eingaben mit $y < x \neq 0$ die if-Anweisung übersprungen. Nur dieser Durchlauf durch das Programm deckt den Fehler auf.

Strategie 2: Um den Begriff des „Überspringens" von Anweisungen zu präzisieren, verwendet man ↑Programmablaufpläne und definiert eine stärkere Strategie, die *Entscheidungsüberdeckung:*

> Wähle T so, dass es zu jedem Pfeil im Programmablaufplan für P eine Eingabe $t \in T$ gibt, bei deren Verarbeitung P den Pfeil durchläuft.

Die praktische Durchführung sieht folgendermaßen aus: Damit jeder Pfeil des Programmablaufplans durchlaufen wird, fügt man an jeden Pfeil bzw. an die entsprechende Stelle im Programm einen *Messpunkt* ein. Ein Messpunkt ist eine boolesche Variable, die mit false initialisiert wird und nur bei Durchlaufen des zugehörigen Pfeils auf true gesetzt wird. Das Programm ergänzt man am Schluss um eine Anweisung, die die Werte aller Messpunkte ausgibt. Diese Erweiterung des Programms bezeichnet man als *Instrumentierung*. Anschließend startet man das Programm mit unterschiedlichen Eingabewerten so oft, bis jeder Messpunkt einmal durchlaufen worden ist, also jede boolesche Variable einmal den Wert true besessen hat.

Beispiel:
Die Instrumentierung eines fehlerhaften Programms zur Bestimmung des Maximums dreier Zahlen lautet folgendermaßen (m0 bis m8 sind die Messpunkte):

```
m0 := false; ...; m8 := false;
read(x,y,z); m0 := true;
if x ≥ y then begin
  m1 := true; max := x; m2 := true
end else
begin
  m3 := true; max := y; m4 := true
end;
if z ≥ max then begin
  m5 := true; max := z; m6 := true
end else
begin
  m7 := true; max := y; m8 := true
end;
write(max); write(m0, ... ,m8).
```

Abb. 1 (S. 508) zeigt den zugehörigen Programmablaufplan.

Nach dem vorgestellten Verfahren zur Instrumentierung benötigt man bei größeren Programmen eine Vielzahl von Messpunkten. Es gibt eine Reihe von Verfahren, die Anzahl der Messpunkte zu beschränken, auf die hier aber nicht eingegangen wird.

Fehlerlokalisierung und -behebung: Hat ein Programm einen Test nicht fehlerfrei passiert, so muss man es korrigieren. Diese Korrektur unterteilt sich in vier Schritte:
1. Erkennen eines Fehlers (anhand des Testprotokolls),
2. Lokalisierung des Fehlers und Bestimmung seiner Ursachen,
3. Korrigieren des Programms,
4. Testen des korrigierten Programms, um auszuschließen, dass durch die Korrektur neue Fehler erzeugt wurden.

Der 2. Schritt ist der bei weitem aufwendigste. Etwa 90% des Gesamtaufwands für die Fehlerbeseitigung sind hierfür zu veranschlagen. Der Grund ist, dass sich Fehler innerhalb eines Programms über große Entfernungen fortpflanzen können, bevor sie an einer anderen Stelle sichtbar werden. Von dort aus muss man sich dann an

Testen

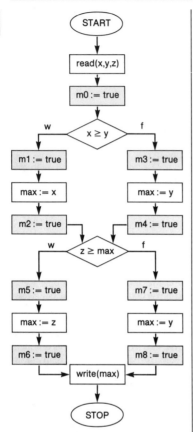

Abb. 1: Instrumentierter Programmablaufplan

die eigentliche fehlerhafte Stelle vortasten.
Im Folgenden beschäftigen wir uns daher ausschließlich mit Methoden zur Lokalisierung von Fehlern.
1) Verfahren, die man sofort ohne große Überlegung einsetzen kann, sind der *Speicherabzug* (↑Dump) und die *Kontrollausgabe,* bei der man an markanten Stellen des Programms Ausgabeanweisungen einfügt, um den aktuellen Programmzustand auszudrucken. Gegenüber dem Speicherabzug spiegelt die Kontrollausgabe die *Dynamik* des Programmablaufs wider. Innerhalb von Schleifen sollte eine Kontrollausgabe immer nur nach einer vorgegebenen Zahl von Durchläufen erfolgen.
2) Mit *analytischen Methoden* tastet man sich vorwiegend durch Untersuchung des Programmtextes an den Fehler heran. Das Verfahren entspricht einer Detektivarbeit, bei der man Indizien (Testprotokolle) sammelt, auswertet, zueinander in Beziehung setzt und Gemeinsamkeiten feststellt, Hypothesen über die Täter (die Fehlerquellen) aufstellt und verifiziert, bis diese gefunden sind. Die Vorgehensweise bezeichnet man auch als *induktiv*.
Bei der Korrektur des gefundenen Fehlers sollte man folgende Hinweise beachten:
a) Man prüfe zunächst die Umgebung des gefundenen Fehlers sehr gründlich, denn Fehler treten meist gehäuft auf.
b) Fehlerkorrekturen sind besonders streng zu testen, da oft durch die Korrektur neue Fehler entstehen. (Bei einer empirischen Untersuchung hat man z. B. festgestellt, dass jeder sechste neu entdeckte Fehler durch eine frühere Korrektur eines anderen Fehlers entstanden ist.)
c) Nach einer Korrektur teste man das Programm erneut mit den Werten, für die es früher bereits korrekte Werte produziert hat *(Regressionstest).*

Praktische Durchführung des Testens:
Im Folgenden wird ein Fahrplan angegeben, wie das Testen generell durchzuführen ist:
1) *Testplanung.*
Man ermittelt die Reihenfolge, in der sich Module und Prozeduren gegenseitig aufrufen. Tests sollten mit den Einheiten beginnen, von denen keine

weiteren aufgerufen werden. Die Reihenfolge der Tests wird weiter beeinflusst durch den Datenfluss: Prozeduren, die Daten produzieren, werden vor denen getestet, die diese Daten benötigen.

2) *Testvorbereitung.*
- Ermittlung von Testmengen,
- Beschreibung der Sollergebnisse für jedes Element der Testmenge,
- Erstellung der *Testumgebung,* in der das Umfeld der zu testenden Programmeinheit nachgebildet ist. Benötigte Prozeduren liegen entweder bereits getestet vor oder werden hier durch Platzhalter ersetzt (↑Dummy). Daten, die die Programmeinheit benötigt, müssen automatisch oder vom Tester bereitgestellt und Ergebnisse ausgegeben werden können. Gegebenenfalls muss auch die Testumgebung selbst getestet werden.

3) *Testdurchführung und -auswertung.*
a) Vortesten *(Check)* der Programmeinheiten: Beseitigen von Schreib- und anderen syntaktischen Fehlern.
b) Schreibtischtest:
- Überprüfung der Programmlogik,
- Vergleich mit dem Programmplan und der Spezifikation,
- Durchführung des Programms mit Beispielwerten *(Walkthrough).*

c) Testläufe mit den Testmengen durchführen und protokollieren.
d) Testläufe auswerten durch Vergleich der Ergebnisse mit den erarbeiteten Sollergebnissen.
e) Fehlerlokalisierung und -beseitigung.
f) Schrittweises Ersetzen der Dummys durch die echten, nun bereits getesteten Programmeinheiten und erneutes Testen beginnend bei c.

Testen ist wie die Verifikation eine in hohem Maße kreative Tätigkeit, die mit der intellektuellen Leistung und dem Zeitaufwand bei der Entwicklung eines Programms gleichzusetzen ist. Trotzdem wird ihr in der Praxis häufig nicht die notwendige Bedeutung beigemessen. In der *Schule* sollte diesem Bereich besondere Aufmerksamkeit gewidmet werden (↑Software-Engineering).

Textverarbeitung: Computerunterstützte Erstellung, Veränderung und Speicherung von Texten. Neuerdings sind an die Textverarbeitung weitere Funktionen wie das Verschicken von Texten (↑elektronische Post, Fax) oder die gemeinsame Texterstellung durch mehrere Autoren angeschlossen.

Den Verarbeitungsprozess, den ein Text *(Dokument* genannt) durchläuft, unterteilt man in vier Phasen:
- *Textentwurf:* Festlegung des inhaltlichen Konzepts (das Was) und der sprachlichen Gestaltung (das Wie),
- *Textfixierung:* Maßnahmen, um den entworfenen Text auf einem ↑Datenträger zu speichern,
- *Textumformung:* Veränderung von Inhalt, Form und Sprache, z. B. Einfügen, Löschen und Korrigieren von Textteilen,
- *Textverwendung:* Tätigkeiten mit dem fertigen Dokument, z. B. Drucken, Versenden, Archivieren.

Komfortable Textverarbeitungssysteme unterstützen einen Benutzer in jeder der vier Phasen: beim Textentwurf durch die Bereitstellung von Standardtexten und -phrasen; bei der Textfixierung und der Textumformung durch einen mächtigen, aber einfach zu bedienenden ↑Editor und eine reichhaltige Auswahl an Funktionen zur Formgestaltung des Dokumentes, z. B. Tabellieren, Fettdruck, Unterstreichen, Worttrennung, Registererstellung, automatische Strukturierung nach Kapiteln, Abschnitten usw.; bei der Textverwendung durch benutzerfreundliche Archivierungsmöglichkeiten, z. B.

durch Zusammenfassen von Dokumenten in elektronischen Ordnern und automatisches Einsetzen von Adressen.

Man unterscheidet dialogorientierte und stapelorientierte Textverarbeitungssysteme. Mit *dialogorientierten Systemen* steht ein Benutzer in ständiger Verbindung. Texte werden im Dialog eingegeben und geändert; der ständig auf dem Bildschirm dargestellte Text entspricht in neueren Systemen in seiner Form dem gedruckten Text (das *WYSIWYG-Prinzip,* WYSIWYG Abk. für engl. what you see is what you get). Weit verbreitet ist das System *Word* (für Windows), zurzeit in der Version 7.0.

Bei *stapelorientierten Textverarbeitungssystemen* werden in einen fixierten Text Formatierungsbefehle (meist durch Sonderzeichen markierte Kürzel) eingestreut, welche zum Beispiel die Schriftart, das Seitenformat oder die Zeilenlänge festlegen. Anschließend wird ein Formatierungsprogramm aufgerufen, das die Formatierungsbefehle interpretiert, aus dem Text löscht und den formatierten Text ausgibt (↑Editor). Ein weit verbreitetes stapelorientiertes Textverarbeitungssystem ist das Programm T_EX (sprich: „tech") bzw. eine von L. Lamport erweiterte Version LaT_EX (sprich: „latech").

Beispiel:
Den mit den Formatierungsbefehlen UA (Beginne Unterstreichung), UE (Beende Unterstreichung) und $.$ (neue Zeile) versehenen Text

„Dies ist $.$ ein kurzer UA formatierter UE Text"

verwandelt ein Formatierungsprogramm in

„Dies ist
 ein kurzer formatierter Text".

Nachdem in den vergangenen Jahren sehr komfortable Dokumentenbearbeitungssysteme allgemein verfügbar wurden, entstanden noch mächtigere Systeme, die
- beliebige Zeichen und auch Bilder oder Geräusche zulassen (↑Multimedia-System),
- Querverweise zwischen Textteilen abspeichern (↑Hypertext-System),
- normierte Schnittstellen nach außen besitzen, um systemunabhängig eingesetzt zu werden,
- in einem ↑Rechnernetz verteilt sind und gemeinsam an der Erstellung von Texten beteiligt sind.

T-Flipflop: Bezeichnung für ein ↑Flipflop mit einem Eingang, das bei jedem Eingangsimpuls seinen Zustand ändert (Abb. 1).

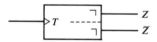

Abb. 1: Schaltzeichen für ein T-Flipflop

Das logische Verhalten zeigt folgende Übergangstabelle (Z = gespeicherter Zustand, Z' = Folgezustand):

T	Z	Z'
0	0	0
0	1	1
1	0	1
1	1	0

Die Übergangsgleichung des T-Flipflops lautet:

$$Z' = \overline{T}Z + T\overline{Z}.$$

Tiefendurchlauf (engl. *depth first search,* Abk. DFS): Oft benutztes Verfahren zum Durchlaufen eines ↑Graphen, bei dem jeder Knoten genau einmal besucht wird. Der Name „Tiefendurchlauf" rührt daher, dass das Verfahren zunächst in die „Tiefe" und erst dann in die „Breite" des Graphen geht. Das heißt, dass man von einem Knoten, der gerade besucht wird, erst zu einem noch nicht besuchten Nachbarknoten geht und dort den Algorithmus rekursiv fortsetzt.

Sei $G = (V, E)$ ein Graph mit der Knotenmenge $V = \{1, 2, \ldots, n\}$ und der Kantenmenge E. Für jeden Knoten v bezeichne $N(v)$ die Menge der Knoten, die mit v durch eine Kante verbunden sind (Nachbarknoten). Der folgende Algorithmus realisiert den Tiefendurchlauf, wobei die Reihenfolge, in der die Nachbarknoten in der for all-Schleife ausgewählt werden, beliebig ist (↑ Nichtdeterminismus):

```
const n = ... ;
var besucht: array [1..n] of boolean;
    v: 1..n;
procedure tdurch (v: 1..n);
var w: 1..n;
begin
  besucht[v] := true; write(v);
  for all w ∈ N(v) do
    if not besucht[w] then tdurch(w)
end;
begin (* Graph sei gegeben *)
  for v := 1 to n do
    besucht[v] := false;
  while „es gibt ein v mit
           besucht[v] = false"
    do tdurch(v);
end.
```

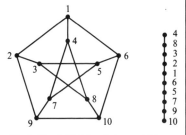

Abb. 1: Graph (links) und ein zugehöriger Spannbaum

Beispiel:
Eine mögliche Ausgabe des Algorithmus für den Graphen aus Abb. 1 ist:

4 8 3 2 1 6 5 7 9 10.

Eine andere Möglichkeit lautet:

1 2 9 10 6 5 3 8 4 7.

Der Algorithmus kann leicht auf gerichtete Graphen übertragen werden. Protokolliert man zusätzlich noch die beim Durchlaufen des Graphen benutzten Kanten, so bestimmt der Algorithmus einen spannenden Wald bzw. bei zusammenhängenden Graphen einen *Spannbaum* (↑ Graph).

Die Laufzeit des Algorithmus hat bei geeigneter Implementierung (z. B. durch Adjazenzlisten) die ↑ Ordnung $O(|V| + |E|)$.

Ein anderes Verfahren zum Durchlaufen von Graphen ist der ↑ Breitendurchlauf.

T-Online: Dialogorientierter Dienst der Deutschen Telekom. Er unterstützt vor allem Datenübermittlungen zwischen Rechnern, ↑ elektronische Post, den Zugang zum ↑ Internet, ↑ Bildschirmtext (Btx) sowie Datenbank-, Buchungs-, Bestell- und Informationsdienste. Die Anwahl erfolgt über das Telefonnetz (bis zu 19 400 Bit/s analog bzw. 64 KBit/s bei ↑ ISDN). Neben dem Telefonnetz können Datex-P (↑ Datex-Netze) und über Schnittstellen externe Rechnernetze genutzt werden.

Mit T-Online sind Zusatzfunktionen verbunden, wie die dialogorientierte Kommunikation (gemeinsame Bearbeitung einer Aufgabe bis hin zu einfachen Konferenzen) oder die Abrechnung von genutzten Diensten. Im Btx gibt es Such- und Navigationsfunktionen nach Anbietern, Schlagwörtern usw. Neben allgemeinen Informationen (Fahrpläne, Kartenbestellungen, amtlichen Statistiken usw.) können auch Dienste für Benutzergruppen eingerichtet werden, z. B. die Datenerfassung und -übermittlung durch externe Mitarbeiter einer Versicherung.

Geplant sind mit T-Online beliebige Dienste, die über Netze verbreitet und genutzt werden können. Man strebt langfristig „intelligente" Netze an, in die sich relativ rasch und flexibel neue Dienste einbringen lassen. Mittelfristig könnte es verschiedene Gruppen von Firmen und Personen im Bereich von Netzen geben, z. B. Hersteller von Netzen sowie deren Grundsoftware, Dienstebetreiber und Netzbetreiber, Anbieter, Kunden und Nutzer. In den nächsten Jahren werden die Möglichkeiten von T-Online daher schrittweise für die jeweiligen Gruppen ausgeweitet.

topologisches Sortieren: Form des ↑Sortierens, bei der auf der Menge der Elemente keine lineare, sondern nur eine partielle ↑Ordnung vorliegt.

Ziel des topologischen Sortierens ist es, eine halbgeordnete Menge von Elementen $\{a_1, a_2, ..., a_n\}$ so anzuordnen, dass für alle $i, j \in \{1, ..., n\}$ mit $i \neq j$ aus $a_i < a_j$ immer $i < j$ folgt.

Beispiel:
Gegeben sei $M = \{1, 2, ..., 9\}$ mit der Halbordnung $1 < 3$, $3 < 7$, $7 < 4$, $7 < 5$, $4 < 6$, $9 < 2$, $9 < 5$, $2 < 8$, $5 < 8$, $8 < 6$.
Eine topologische Sortierung lautet:

1, 3, 7, 4, 9, 2, 5, 8, 6.

Eine andere ist:

9, 1, 2, 3, 7, 5, 8, 4, 6.

Das topologische Sortieren hat eine Reihe von Anwendungen im Alltag.

Beispiel (Projektplanung):
Ein Arbeitsgang v muss vor Beginn eines Arbeitsgangs w abgeschlossen sein. Man ordne die Arbeitsgänge zeitlich so an, dass alle Vorlaufarbeitsgänge vor Aufnahme eines Arbeitsgangs beendet sind.

Partielle Ordnungen stellt man häufig durch gerichtete ↑Graphen dar. Die Elemente der Menge werden durch Knoten repräsentiert. Vom Knoten v zum Knoten w verläuft eine gerichtete Kante, wenn $v < w$ gilt.

Abb. 1: Menge der Zahlen 1, 2, ..., 9 mit einer partiellen Ordnung

Abb. 1 zeigt die partielle Ordnung des ersten Beispiels als Graph. Abb. 2 enthält eine topologische Sortierung.

Ein einfacher Algorithmus zum topologischen Sortieren sieht folgendermaßen aus:

Eingabe: ein gerichteter Graph $G = (\{1, ..., n\}, E)$

Ausgabe: eine topologische Sortierung von $\{1, ..., n\}$

Methode:

```
for j := n downto 1 do
begin
    „Bestimme einen Knoten v im
     restlichen Graphen, von dem
     keine Kante ausgeht";
    „Setze vⱼ = v";
    „Lösche v und alle in v hineinlau-
     fenden Kanten aus dem Gra-
     phen"
end;
„Gib v₁, ..., vₙ aus";
```

In der Praxis vermeidet man das Löschen der Knoten durch eine geschickte Markierung der Knoten. Zur Be-

stimmung eines Knotens, von dem keine Kanten ausgehen, verwendet man den ↑ Tiefendurchlauf.
Bei geschickter Implementierung (zum Beispiel durch Adjazenzlisten) hat der Algorithmus zum topologischen Sortieren eine Laufzeit von der ↑ Ordnung $O(n + |E|)$.

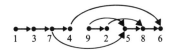

Abb. 2: Topologische Sortierung des Graphen aus Abb. 1

Transaktion: Immer mehr Aktivitäten werden über Computer und Rechnernetze abgewickelt. Während diese Aktivitäten durchgeführt werden, können widersprüchliche (inkonsistente) Situationen auftreten. Aktivitäten können daher im Allgemeinen nur vorläufig oder unter Vorbehalt ablaufen; sie dürfen erst dann endgültige Veränderungen bewirken, wenn ihre Freigabe (engl. *commitment*) erfolgt ist. Solche Aktivitäten, durch die eine Menge von Aktionen auch bei auftretenden Fehlern zuverlässig ausgeführt werden, bezeichnet man als Transaktionen.
Transaktionen spielen vor allem bei Datenbanken und Systemen zur Verwaltung von Arbeitsabläufen *(Workflow-Management-Systeme)* eine wichtige Rolle.
Von Transaktionen verlangt man meist die *ACID-Eigenschaft:*
Atomicity: Die Atomizität bezeichnet die Unteilbarkeit einer Transaktion: Entweder wird die Aktivität vollständig zu Ende geführt, oder die Aktivität wird so zurückgesetzt, als hätte sie nie stattgefunden.
Consistency: Die Konsistenz (also die Widerspruchsfreiheit) der zu bearbeitenden Datenbestände muss gewährleistet bleiben.
Isolation: Gleichzeitig durchgeführte Transaktionen müssen isoliert, also ohne gegenseitige Beeinflussung ablaufen, d.h., sie müssen so abgewickelt werden, als ob sie in irgendeiner Reihenfolge nacheinander abgelaufen wären *(Serialisierbarkeit).*
Durability: Die Dauerhaftigkeit der Ergebnisse einer Transaktion muss nach deren Freigabe gesichert sein; die Resultate müssen also fest in einen Datenbestand eingefügt sein, und sie können nach der Freigabe nicht ohne weiteres wieder zurückgenommen werden.
Diese Eigenschaften sind nur bei kurz andauernden, lokal beschränkten Aktivitäten über relativ einfachen Datenbeständen einzuhalten. Dauern Aktivitäten lange an oder sind die Datenbestände sehr komplex, so fordert man andere Eigenschaften.

Transistor-Transistor-Logik (Abk. TTL): ↑ Schaltkreisfamilie, bei der die ↑ Gatter durch Widerstände und Transistoren realisiert sind. Die Transistor-Transistor-Logik ist eine Weiterentwicklung der ↑ Dioden-Transistor-Logik.

Transputer: Bezeichnung für eine spezielle ↑ Rechnerarchitektur auf der Basis von ↑ Mikroprozessoren, die Mitte der 1980er-Jahre von der Firma INMOS entwickelt wurde. Transputer besitzen einen schnellen Prozessor mit einer Wortlänge von 32 Bit, einen lokalen Speicher sowie mehrere (meist vier) serielle ↑ Schnittstellen *(Ports).* Über diese Schnittstellen können Transputer untereinander verbunden und zu einem ↑ Rechnernetz prinzipiell beliebiger Größe zusammengeschaltet werden. Dabei bilden je vier Transputer einen *Knoten* (Abb. 1, S. 514). Die Schnittstellen werden durch eigene Prozessoren verwaltet, sodass Datenkommunikationen den Zentralprozessor nicht belasten. Die Verschal-

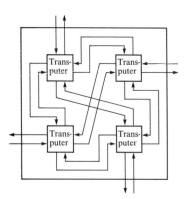

Abb. 1: Vier Transputer bilden einen Knoten

tung der Transputer ist nicht hardwaremäßig realisiert. Daher kann der Programmierer die Transputer jeweils softwaremäßig so konfigurieren (z. B. wie in Abb. 2), wie es für die Lösung seiner Aufgabe erforderlich ist. Große Transputersysteme bestehen aus 4096 und noch mehr einzelnen Transputern.

Für die Programmierung eines Transputersystems verwendet man meist die ebenfalls von INMOS entwickelte

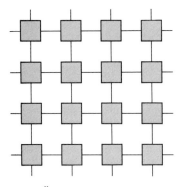

Abb. 2: Übliche Konfiguration von Transputern; jedes Quadrat repräsentiert einen Knoten mit vier Transputern

Programmiersprache ↑OCCAM, die unter anderem spezielle Sprachelemente besitzt, um parallel zu verarbeitende Teile eines Programms bestimmten Transputern eines Netzes zuzuordnen.

Turingmaschine: Universelles Automatenmodell (↑Automat), das 1936 von dem Mathematiker Alan Mathison Turing (1912–54) vorgeschlagen wurde.

Anschaulich kann man sich eine Turingmaschine als ein Tonbandgerät vorstellen, bei dem das (beidseitig unendlich lange) Magnetband in einzelne Felder unterteilt ist. In jedem Feld des Bandes kann genau ein Zeichen stehen (oder es kann leer sein). Es kann immer nur das Feld gelesen und dann neu beschrieben werden, das sich gerade unter dem Magnetkopf, genannt Lese-/Schreibkopf befindet. Danach kann das Band (bzw. der Lese-/Schreibkopf) um ein Feld nach rechts oder links bewegt werden. Zur Steuerung dieser Aktionen (Schreiben und Bewegen) besitzt die Turingmaschine eine endliche Menge von Zuständen und eine Zustandsübergangstabelle. In Abhängigkeit von dem jeweiligen Zustand und dem gelesenen Zeichen auf dem Band wird eine Aktion ausgeführt, und die Turingmaschine geht in einen neuen Zustand über.

Eine Turingmaschine führt folgendermaßen eine Berechnung durch: Am Anfang steht ein Eingabewort w auf dem Band, der Lese-/Schreibkopf befindet sich über dem Feld, auf dem das erste Eingabezeichen steht, alle nicht beschriebenen Felder des Bandes sind leer, und die Maschine ist in einem festen Anfangszustand. Die Turingmaschine führt dann schrittweise die oben genannten Aktivitäten und Zustandsänderungen durch, bis sie in einen Stopp-Zustand übergeht. Die Ausgabe (das Ergebnis der Berechnung für w)

ist dann der Inhalt des beschriebenen Teils des Bandes.

Formale Definition: Eine (deterministische) Turingmaschine T wird durch die Angabe von sechs Komponenten

$$T = (I, B, Q, \delta, q_0, F, b)$$

beschrieben (↑Automat). Dabei ist I das Eingabealphabet, B das Bandalphabet mit $I \subseteq B$, Q eine endliche Menge von Zuständen, $q_0 \in Q$ der Anfangszustand, $F \subseteq Q$ die Menge der Endzustände und

$$\delta: (Q - F) \times B \to Q \times (B \cup \{l, r\})$$

die Zustandsübergangsfunktion.
Es gilt: $l \notin B, r \notin B$ (Symbole für Bewegen des Lese-/Schreibkopfes nach links bzw. rechts) und $b \in B, b \notin I$ (*Blanksymbol* oder *Leerzeichen*, mit dem das Arbeitsband vorbelegt ist; d. h., statt zu sagen „das Band ist leer", sagt man „überall steht das Zeichen b"). δ kann partiell sein, d. h., die Abbildung $\delta(q, a)$ muss nicht für jedes Paar (q, a) definiert sein.

Eine Turingmaschine besteht aus drei Einheiten: dem beidseitig unendlichen Arbeitsband, einer Steuereinheit und dem Lese-/Schreibkopf (Abb. 1).

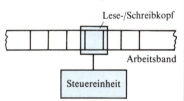

Abb. 1: Aufbau einer Turingmaschine

Die Übergangsfunktion δ ist nichts anderes als ein ↑Maschinenprogramm mit einem minimalen ↑Befehlsvorrat. Die Zustände sind hierbei die Marken des Programms, wobei jede Aktion eine Marke erhält.

Arbeitsweise einer Turingmaschine:
Start: Auf dem Band steht ein Eingabewort $w \in I^*$, alle Felder rechts und links von w enthalten das Leerzeichen b. Der Lese-/Schreibkopf steht auf dem ersten Buchstaben von w, und die Steuereinheit befindet sich im Zustand q_0.

Arbeitsschritt: Der Kopf befinde sich auf einem Feld mit dem Inhalt $a_1 \in B$; die Kontrolleinheit sei im Zustand $q_1 \in Q$ ($q_1 \notin F$) (Abb. 2).

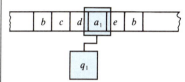

Abb. 2: Der Kopf befindet sich auf einem Feld des Arbeitsbandes mit dem Inhalt a_1

Ist nun $\delta(q_1, a_1)$ definiert und gilt $\delta(q_1, a_1) = (q_2, a_2)$ mit $q_2 \in Q$ sowie $a_2 \in (B \cup \{l, r\})$, so geht die Maschine in den Zustand q_2 über und

- ersetzt das Zeichen a_1 auf dem aktuellen Feld des Arbeitsbandes durch a_2, falls $a_2 \in B$ ist (Abb. 3),

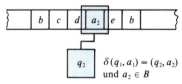

Abb. 3: a_1 wurde durch a_2 ersetzt

- bewegt den Lese-/Schreibkopf um ein Feld nach rechts, falls $a_2 = r$ ist,

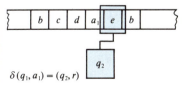

$\delta(q_1, a_1) = (q_2, r)$

Abb. 4: Der Lese-/Schreibkopf wurde um ein Feld nach rechts bewegt

- bewegt den Lese-/Schreibkopf um ein Feld nach links, falls $a_2 = l$ ist.

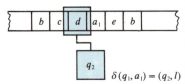

$$\delta(q_1, a_1) = (q_2, l)$$

Abb. 5: Der Lese-/Schreibkopf wurde um ein Feld nach links bewegt

Stopp: Die Turingmaschine hält an, wenn sie sich in einem Zustand $q_i \in F$ befindet oder wenn $\delta(q_1, a_1)$ nicht definiert ist (Ende der Berechnung).

Berechnete Funktion: $\varphi_T: I^* \to B^*$.

Die Maschine T startet mit einem Wort $w \in I^*$ und führt so lange Arbeitsschritte durch, bis sie hält. Befindet sie sich dann in einem Endzustand, so ist der Text auf dem Band zwischen dem am weitesten links stehenden Zeichen, das nicht das Leerzeichen b ist, und dem am weitesten rechts stehenden Zeichen ungleich b das Ergebnis. Falls die Turingmaschine bei dieser Berechnungsfolge für w in einem Zustand $q \notin F$ hält oder falls sie gar nicht hält, ist $\varphi_T(w)$ undefiniert.

Eine andere häufig auftretende Definition einer deterministischen Turingmaschine T' sieht vor, dass T' durch Angabe von sechs (statt sieben) Komponenten erklärt wird:

$$T' = (I, B, Q, \delta, q_0, b).$$

Die Zustandsübergangsfunktion δ ist hierbei definiert durch:

$$\delta: Q \times B \to Q \times B \times \{l, r, s\}.$$

Nach dieser Definition kann die Maschine im Gegensatz zur obigen in einem Schritt ein Zeichen auf das Band schreiben *und* den Lese-/Schreibkopf bewegen.

$$\delta(q, a) = (q', x, l)$$

bedeutet dann, dass die Maschine im Zustand q das Zeichen a liest und daraufhin in den Zustand q' wechselt, das Zeichen x schreibt und den Lese-/Schreibkopf um ein Feld nach links bewegt. Diese Erweiterung vergrößert jedoch nicht die Leistungsfähigkeit der Turingmaschine, denn sie kann mit der zu Beginn definierten Maschine durch Einführung neuer Zustände simuliert werden. Weiterhin besitzt T' nach dieser Definition keine Endzustandsmenge F' mehr. Die Berechnung von T' ist vielmehr dann beendet, wenn bei Anwendung der Zustandsübergangsfunktion die dritte Komponente des Bildes gleich s (stop) ist.

$$\delta(q, a) = (q', x, s)$$

bedeutet also, dass die Maschine im Zustand q das Zeichen a liest, anschließend in den Zustand q' übergeht, das Zeichen x schreibt und dann stoppt. Beispiele derart definierter Turingmaschinen finden sich unter ↑Busy-Beaver-Funktion.

Das Besondere an diesem einfachen Maschinenmodell ist, dass man bisher jeden ↑Algorithmus hiermit beschreiben konnte. Dies veranlasste A. M. Turing und A. Church bereits 1936 zu der Behauptung, dass es für jeden Algorithmus (im intuitiven Sinne), der eine (partielle) Abbildung $f: I^* \to O^*$ für Alphabete I und O beschreibt, eine Turingmaschine T mit $f = \varphi_T$ gibt. Diese Behauptung lässt sich mathematisch nicht beweisen, weil der Begriff „Algorithmus im intuitiven Sinne" mathematisch nicht fassbar ist. Diese ↑churchsche These ist heute allgemein anerkannt. Das Turingmaschinenmodell wurde damit zur Grundlage der Theorie der Berechenbarkeit und der ↑Komplexitätstheorie.

Ein Computer, der mit einem festen Programm arbeitet, ist durch eine Turingmaschine beschreibbar. Umgekehrt gibt es zu jeder Turingmaschine ein Computerprogramm, das diese simuliert. Turingmaschinen und Computerprogramme (mit potenziell unendlichem Speicher) erzeugen somit die gleiche Funktionenklasse. Computer kann man als ↑universelle Turingmaschinen auffassen, die jeden Algorithmus durch ein zugehöriges Programm realisieren können.

Beispiel:
Addition von 1 zu einer natürlichen Zahl. Sei

$$T = (I, B, Q, \delta, q_0, F)$$

mit

$$I = \{0, 1\}, \quad B = \{0, 1, b\},$$
$$Q = \{q_0, q_1, q_2, q_3\}, \quad F = \{q_3\},$$

und der Übergangsfunktion δ

q	a	$\delta(q, a)$	
q_0	0	q_0	r
q_0	1	q_0	r
q_0	b	q_1	l
q_1	0	q_3	1
q_1	1	q_2	0
q_1	b	q_3	1
q_2	0	q_1	l

Diese Turingmaschine realisiert die Abbildung $\varphi_T : I^* \to I^*$, die das Eingabewort $w \in I$ als Binärdarstellung einer Zahl auffasst und als Ergebnis die um Eins größere Zahl liefert.

Ändert man in der Definition die Übergangsfunktion δ in eine Übergangsrelation

$$\delta \subset Q \times B \times Q \times (B \cup \{l, r\})$$

ab, so erhält man eine *nichtdeterministische Turingmaschine T* (↑Nichtdeterminismus). Die Maschine kann dann aus mehreren Fortsetzungsalternativen eine willkürlich auswählen. Nichtdeterministische Turingmaschinen lassen sich stets durch deterministische simulieren.

Man sagt, eine Turingmaschine *T akzeptiert* ein Wort $w \in I^*$, wenn es ausgehend von w eine Berechnungsfolge gibt, die in einem Endzustand endet. Die von T akzeptierte ↑Sprache $L \subseteq I^*$ ist die Menge aller akzeptierten Wörter (↑aufzählbar).

Zu jeder ↑Grammatik gibt es eine Turingmaschine, die die gleiche Sprache akzeptiert. Umgekehrt gibt es zu jeder akzeptierenden Turingmaschine eine Grammatik, die die gleiche Sprache erzeugt (↑Chomsky-Hierarchie).

Türme von Hanoi: Ein Problem, dessen Lösung die Eleganz und Kürze rekursiver Algorithmen aufzeigen kann: Gegeben seien n Scheiben unterschiedlichen Durchmessers, die der Größe nach geordnet zu einem Turm geschichtet sind; die unterste Scheibe ist die größte. Der Turm steht auf einem Platz 1. Unter Verwendung eines Hilfsplatzes 3 soll der Turm auf einen Platz 2 transportiert werden. Beim Transport sind folgende Bedingungen einzuhalten:

1) Es darf stets nur eine Scheibe, und zwar die oberste eines Turms, bewegt werden.
2) Zu keiner Zeit darf eine größere Scheibe auf einer kleineren liegen.

Beispiel:
Lösung für 3 Scheiben (Abb. 1, S. 518).

Einen rekursiven Lösungsalgorithmus (↑Rekursion) erhält man durch die Aufspaltung des Gesamtproblems

$P = $ „Transportiere n Scheiben von Platz 1 nach Platz 2"

in die drei Teilprobleme

$P_1 = $ „Transportiere $n - 1$ Scheiben von Platz 1 nach Platz 3",
$P_2 = $ „Transportiere die letzte Scheibe von Platz 1 nach Platz 2",
$P_3 = $ „Transportiere $n - 1$ Scheiben von Platz 3 nach Platz 2".

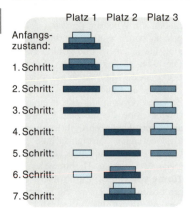

Abb. 1. Türme von Hanoi

Dies führt zu folgender Prozedur, wobei ap die Nummer des aktuellen Platzes, zp die Nummer des Zielplatzes und deshalb 6-ap-zp die Nummer des Hilfsplatzes ist:

```
procedure hanoi (n,ap,zp: integer);
begin
  if n > 1 then
    hanoi (n – 1,ap,6 – ap – zp);
  write („Scheibe", n, „von Platz",
    ap, „nach Platz", zp);
  if n > 1 then
    hanoi (n – 1,6 – ap – zp,zp)
end;
Aufruf: hanoi (n,1,2);     für n ≥ 1.
```

Tutorsystem: Wissensbasiertes Lehr- und Lernsystem, das sich im Dialog auf die Lernenden einstellt. Gegenüber einem traditionellen Lehr-Lern-System (↑computerunterstützter Unterricht), das den Stoff weitgehend mechanisch ohne Berücksichtigung des Lernenden präsentiert, zeichnet sich ein solches System dadurch aus, dass es – wie ein menschlicher Lehrer – bei seiner Wissenspräsentation auch persönliche Merkmale des Lernenden berücksichtigt, sich also z. B. nach seinem individuellen Kenntnisstand, seinem bevorzugten Arbeitsstil und seinen Motiven richtet. Die hierzu notwendigen Informationen über den Lernenden gewinnt das System, indem es anhand der System-Benutzer-Interaktionen, also z. B. seines Kenntnisstands, seiner Leistungen, seiner Reaktionsgeschwindigkeit, seiner Fehler, kontinuierlich ein immer genaueres Modell von ihm entwirft.

Man unterscheidet verschiedene Formen solcher Lehr-Lern-Systeme. *Intelligente Hilfesysteme* erlauben es dem Lernenden, Lösungen zu vorgegebenen oder auch zu freien, selbst gestellten Aufgaben zu entwickeln. Die Systeme analysieren dann die Lösungsvorschläge und unterstützen den Lernenden mit wissensstandsbezogenen Hilfen. *Problemlösemonitore* sind darüber hinaus in der Lage, auf der Basis der (ggf. unvollständigen oder fehlerhaften) Lösungsansätze des Lernenden intern selbstständig vollständige und korrekte Lösungen zu erzeugen und passend dazu Hilfen anzubieten, die es dem Lernenden ermöglichen, seinen Lösungsansatz entsprechend zu korrigieren und zu vervollständigen. *Intelligente tutorielle Systeme* schließlich enthalten zusätzlich eine tutorielle Komponente mit einem Curriculumplaner, der in Abhängigkeit vom aktuellen Wissensstand des Lernenden Lernmaterialien auswählt, geeignet präsentiert und Aufgaben generiert. Die Architektur dieser anspruchsvollsten Form der Lehr-Lern-Systeme zeigt Abb. 1 (S. 519).

Der Lernende interagiert mit dem System über die ↑Benutzungsoberfläche, auf der das System Lernmaterialien, Aufgaben, Erklärungen usw. präsentiert, die es durch gewisse zuvor implementierte tutorielle Strategien aus der gespeicherten Menge von Lernmaterialien auswählt. Durch fortlaufende Analyse des Verhaltens des Benutzers

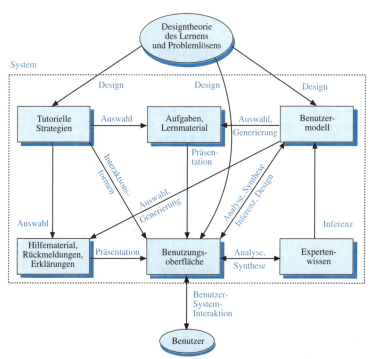

Abb. 1: Komponenten eines intelligenten computerunterstützten Lehr-Lern-Systems

generiert das System unter Verwendung von Expertenwissen das Benutzermodell. Das Expertenwissen ist dabei eine als ↑Expertensystem organisierte Datenbank von psychologischen und pädagogischen Erkenntnissen über das Verhalten von Menschen bei Lern- und Problemlöseprozessen.

Erste einfache Formen solcher tutorieller Systeme wurden bereits in den 1960er-Jahren entwickelt. Die zuvor beschriebenen leistungsfähigen Systeme sind gegenwärtig noch weitgehend im Forschungs- und Entwicklungsstadium begriffen.

typisierte Programmiersprache: Eine Programmiersprache wird als *typisiert* bezeichnet, wenn in jedem Programm der Sprache alle verwendeten Größen (Variablen, Konstanten, ↑Parameter, Funktionen usw.) einen ↑Datentyp besitzen.

Dies ist in vielen imperativen Programmiersprachen der Fall, wie zum Beispiel in der Sprache ↑PASCAL: Bei Konstanten ergibt sich der Datentyp durch die textuelle Form (z. B. ist „1" eine Konstante vom Typ integer, „1.0" ist dagegen eine Konstante vom Typ real), bei der Deklaration von Variablen und Parametern muss der Datentyp explizit angegeben werden. Besitzt jede Variable einen festen Datentyp, so kann sie nur Werte aus dem Wertebereich dieses Datentyps annehmen.

Eine Programmiersprache heißt *streng typisiert*, wenn in jedem Programm der Sprache alle Größen zu *genau einem* Datentyp gehören, andernfalls nennt man sie *schwach typisiert*. Die Wertemengen aller Datentypen einer streng typisierten Sprache sind also paarweise disjunkt. Eine Ausnahme bilden lediglich Typen, die durch Einschränkung eines anderen Typs (↑ Unterbereich) hervorgegangen sind.

In streng typisierten Sprachen können auf die Objekte eines Typs nur diejenigen Operationen angewendet werden, die für den Typ definiert sind, und sonst keine.

Beispiel:
In einer streng typisierten Sprache sind folgende Konstruktionen *nicht* erlaubt, in einer schwach typisierten sind sie erlaubt:
- der Ausdruck sin(7), da der Sinus eine Abbildung von real nach real, 7 jedoch ein integer-Ausdruck ist;
- der Ausdruck 17 * 12.5, da die Multiplikation entweder eine Abbildung integer × integer → integer oder real × real → real ist, jedoch in beiden Fällen einer der Parameter den falschen Typ besitzt.

Der Ausdruck lässt sich korrigieren, indem man auf 17 eine Funktion zur *Typkonvertierung* anwendet:

makereal: integer → real.

Einige Programmiersprachen, z. B. PASCAL, besitzen in beschränktem Umfang automatische Typkonvertierung (engl. *type conversion*), in anderen Sprachen wie PL/I sind sehr viele automatische Typanpassungen eingebaut, deren Auswirkungen kaum überschaubar sind.

Strenge Typisierung erhöht bei der Software-Entwicklung i. A. die Sicherheit, da Typverletzungen bereits bei der Übersetzung eines Quellprogramms erkannt und entsprechende Programme vom System abgewiesen werden. Zudem besitzen die Programme eine größere Portabilität, da sie keinen Bezug auf rechnerinterne Darstellungen nehmen können. Schließlich sind sie in der Regel schneller abzuarbeiten, da die Typabfragen zur Laufzeit entfallen.

Bei **untypisierten Programmiersprachen** braucht der Datentyp der Variablen oder Parameter nicht angegeben zu werden. Somit ist es möglich, dass dieselbe Variable als Wert einmal eine ganze Zahl enthält und zu einem anderen Zeitpunkt einen Text.

Beispiele für untypisierte Programmiersprachen sind ↑ PROLOG, ↑ LOGO und ↑ SMALLTALK-80.

Übersetzer *(Compiler):* Programm, das Programme aus einer Programmiersprache A *(Quellsprache)* in eine Programmiersprache B *(Zielsprache)* übersetzt, ohne die Bedeutung der Programme dabei zu verändern. Das zu übersetzende Programm nennt man ↑ Quellprogramm und das übersetzte Programm ↑ Zielprogramm.

In Bezug auf die Mächtigkeit der Quell- und Zielsprachen (Anzahl der Konstrukte, die eine Programmiersprache anbietet) werden Übersetzer zusätzlich klassifiziert. Von einem *Compiler* spricht man meist dann, wenn die Quellsprache mächtiger ist als die Zielsprache, z. B. wenn die Quellsprache eine höhere Programmiersprache mit ↑ Schleifen und ↑ bedingten Anweisungen und die Zielsprache eine assemblerähnliche Sprache (↑ Assembler) mit einfachen Befehlen ist. Ist dagegen die Zielsprache mächtiger als die Quellsprache, so spricht man von einem *Decompiler*.

Sind Quell- und Zielsprache ungefähr gleich mächtig, so spricht man von einem *1-1-Übersetzer, Präcompiler* oder *Präprozessor (Vorübersetzer)*. Solche Vorübersetzer werden meist eingesetzt, wenn eine Sprache um einige Konstrukte erweitert worden ist. Zum Beispiel besteht ein Compiler für C++ aus einem Vorübersetzer von C++ nach ↑C und einem Übersetzer von C in Maschinensprache.

Ein Übersetzer von einer maschinenorientierten Programmiersprache in eine ↑Maschinensprache wird als *Assemblierer* bezeichnet. Compiler, die andere Compiler aus Sprachbeschreibungen generieren, bezeichnet man als ↑Compiler-Compiler.

In vielen Übersetzern wird die Übersetzung in den in Abb. 1 aufgeführten Phasen durchgeführt.

In der ↑lexikalischen Analyse wird das Quellprogramm mithilfe eines Scanners in eine Folge von Token (grundlegende Symbole der Quellsprache) umgewandelt. Zugleich wird eine Symboltabelle erstellt, in die die Eigenschaften und Speicherbereiche der Variablen und anderen Größen von den nachfolgenden Phasen eingetragen werden. Aus der Tokenfolge erzeugt ein Parser einen ↑Ableitungsbaum entsprechend der ↑Syntax der Quellsprache (dies bezeichnet man als ↑syntaktische Analyse). In der ↑semantischen Analyse wird der Ableitungsbaum analysiert, u. a. hinsichtlich folgender Fragen: Sind alle Variablen deklariert? Werden alle Variablen ihrem Typ entsprechend verwendet? (Z. B. ist „var x: boolean; x := 1;" in PASCAL verboten usw.) Danach wird mithilfe des ↑Codegenerators das Zielprogramm erzeugt. Bei optimierenden Übersetzern folgt anschließend eine ↑Code-Optimierung.

Viele Sprachen verwenden einen ↑Interpreter anstelle eines Übersetzers, um bei Korrekturen ohne erneute Übersetzung auszukommen oder um Hilfen bei der Fehlersuche zu geben. Diese Vorteile bieten auch *inkrementelle Compiler*, die das Zielprogramm schrittweise beim Editieren mit aufbauen und Änderungen im Quellprogramm, sofern sie keine globalen Auswirkungen haben, sofort umsetzen.

Übertrag (engl. *carry*): Bezeichnung für die bei der Addition zweier Zahlen von einer Stelle zur nächsten weitergeleitete Ziffer.

Beispiel (im Dualsystem):

$$\begin{array}{r} 11010 \\ +01110 \\ \underline{1\,1\,1\,1} \\ 101000 \end{array} \text{Überträge}$$

Formal erhält man den Übertrag u_i aus der Addition zweier Dualzahlen

$$x = x_n x_{n-1} \ldots x_1 x_0$$

und

$$y = y_n y_{n-1} \ldots y_1 y_0,$$

$x_i, y_i \in \{0, 1\}$, der an der Stelle i entsteht und zur $(i+1)$-ten Stelle weitergeleitet wird, durch die Formel

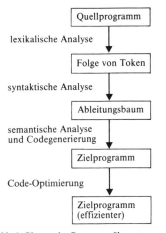

Abb. 1: Phasen der Programmübersetzung

UND-Funktion

$$u_i = x_i \cdot y_i + x_i \cdot u_{i-1} + y_i \cdot u_{i-1},$$

$i \in \{1, ..., n\}$, wobei $u_0 = 0$ gesetzt wird (hierbei bezeichnet „+" die ↑ODER-Funktion und „·" die ↑UND-Funktion).

Zur technischen Realisierung der Erzeugung und Verarbeitung von Überträgen ↑Volladdierer und ↑Paralleladdierwerk.

UND-Funktion *(logisches Produkt, Konjunktion, AND-Funktion):* ↑Boolesche Funktion mit folgendem Funktionsverhalten:

x	y	$x \cdot y$
0	0	0
0	1	0
1	0	0
1	1	1

Schaltzeichen:

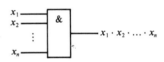

Älteres Schaltzeichen:

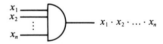

Anstelle des Symbols · verwendet man auch die Symbole ∧ oder AND. Häufig lässt man den Punkt weg.

universelle Funktion: Eine Funktion U heißt universell für eine Klasse K von Funktionen, wenn sie als Argumente die Beschreibung F einer Funktion f aus K sowie einen Eingabewert x für F besitzt und dann $f(x)$ berechnet. *Formal:* Für alle $f \in K$, für alle Beschreibungen F von f und für alle x aus dem Wertebereich von f gilt:

$$U(F, x) = f(x).$$

Die ↑universelle Turingmaschine realisiert eine universelle Funktion. Es gibt also eine universelle Funktion für die Klasse der ↑berechenbaren Funktionen. In der Klasse der ↑primitiv-rekursiven Funktionen existiert dagegen keine universelle Funktion.

Anschaulich realisiert ein ↑Interpreter für eine Programmiersprache eine universelle Funktion I: Der Interpreter erhält als Eingabe einen Programmtext P, der eine Beschreibung der Funktion p ist, sowie Eingabewerte x für P und liefert als Ausgabe $p(x)$, d. h. $I(P, x) = p(x)$.

universelle Turingmaschine: ↑Turingmaschinen sind ein formales Modell zur Beschreibung von ↑Algorithmen. Eine universelle Turingmaschine U ist eine Turingmaschine, welche eine beliebige andere Turingmaschine T simulieren kann, d. h., die Maschine U kann die Arbeit jeder beliebigen Turingmaschine nachvollziehen.

Dazu ist es notwendig, dass U auf ihrem Eingabeband eine Beschreibung (Codierung) von T und ein zu untersuchendes Wort x enthält. U modifiziert dann x in derselben Weise, wie T dies tun würde. Hierzu vollzieht U die Berechnungsschritte von T nach.

Zur Codierung von Turingmaschinen ↑Gödelnummerierung.

Eine universelle Turingmaschine kann also wie ein Computer „programmiert", d. h. mit der Beschreibung eines Algorithmus versehen werden und somit beliebige Algorithmen berechnen. Ein Computer ist in diesem abstrakten Sinne nichts anderes als eine universelle Turingmaschine.

UNIX ['juːnɪks]: Betriebssystem für leistungsfähige, in der Regel vernetzte Computer.

UNIX wurde im Jahre 1973 von den beiden Amerikanern D. M. Ritchie und K. Thompson in den Bell Laboratories, dem Forschungszentrum der amerikanischen Telefongesellschaft

AT&T, entwickelt. Es hat eine große Verbreitung erlangt, weil es auf sehr unterschiedlichen Computern eingesetzt und durch seine ↑Portabilität leicht an neue Rechner angepasst werden kann. Es wird daher als eines der Standardbetriebssysteme für alle Rechnertypen angesehen.

UNIX ist ein Betriebssystem für mehrere Benutzer und Mehrprogrammbetrieb; es ermöglicht den Dialogbetrieb sowie den Stapelbetrieb (↑Betriebsart). Den prinzipiellen Aufbau von UNIX zeigt Abb. 1.

| Anwenderprogramme |
| Kommandointerpreter („Shell") |
| Standardprogramme (in C implementiert und portabel) |
| UNIX-Kern (in C implementiert und portabel) |
| Hardwareschnittstellen (teils C, teils Assembler und nicht portabel) |
| Hardware des Computers |

Abb. 1: Prinzipieller Aufbau von UNIX

Das gesamte UNIX-System ist im Wesentlichen in der Programmiersprache ↑C geschrieben, wodurch zur Portierung von UNIX ein ↑Übersetzer für C auf dem jeweiligen Computer vorhanden sein muss. Die Hardwareschnittstellen sind teilweise in ↑Assembler programmiert und daher nicht portabel. Sie sollen eine von der konkreten Hardware unabhängige Schnittstelle für den UNIX-Kern zur Verfügung stellen. Der portable UNIX-Kern ist in C programmiert und verwaltet hauptsächlich die ↑Prozesse und ihre ↑Synchronisation, das Dateisystem und die Hardware. Der UNIX-Kern bietet eine Reihe von elementaren Funktionen des Betriebssystems an *(Systemaufrufe),* welche von den darüber liegenden Schichten (Standard- und Anwenderprogramme) benutzt werden. Die Standardprogramme zur Manipulation des Dateisystems, Editoren, Übersetzer und vieles mehr sind in C programmiert und benutzen die Systemaufrufe: Sie sind daher ebenfalls portabel.

Der Kommandointerpreter, *Shell* (die „Schale", die das eigentliche Betriebssystem umhüllt) genannt, ist ebenfalls ein Standardprogramm: Es liest eine Zeile ein und führt die darin angegebenen Kommandos (Standard- oder Anwenderprogramme) aus. Shell ist gleichzeitig eine einfache Programmiersprache, weil als Kommandos auch Anweisungen wie ↑Schleifen, ↑bedingte Anweisungen, ↑Zuweisungen u. a. möglich sind. Da Shell ein Standardprogramm ist, lässt es sich auch leicht verändern bzw. auswechseln und an andere Benutzeranforderungen anpassen.

Dateien sind in UNIX als Zeichenfolgen organisiert und haben keine weitere Struktur. Bemerkenswert ist, dass auch Geräte zur Ein- und Ausgabe (↑Datensichtstationen, ↑Drucker) als Dateien angesehen werden, wodurch es für die Programme kein Unterschied ist, ob sie ihre Ergebnisse auf einen Bildschirm, an einen Drucker oder in eine Datei ausgeben. Geräte werden in UNIX als *Spezialdateien* bezeichnet. Neben den Normal- und Spezialdateien gibt es noch *Directorys:* Dies sind Dateien, die Namen von anderen Dateien und Verweise auf diese enthalten. Durch dieses Konzept stellt sich das gesamte *Dateisystem* von UNIX als ein ↑Baum dar (Abb. 2).

Für jede Datei kann man festlegen, wer sie lesen, schreiben bzw. ausführen (bei Programmen) kann: nur der Eigentümer, eine Gruppe, in der er mitarbeitet, oder jeder Benutzer. Außer-

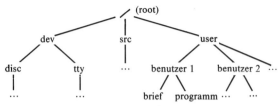

Abb. 2: Baumstruktur des UNIX-Dateisystems

dem gibt es in jedem UNIX-System einen Systemverwalter („Superuser"), der eine Zugriffsberechtigung für jede Datei hat.

Programme bzw. *Kommandos* (in UNIX ist jedes Kommando ein Programm; daher werden im Folgenden „Programm" und „Kommando" gleichbedeutend verwendet) werden in UNIX auch *Filter* genannt: Sie lesen meist eine Folge von Zeichen ein und geben diese in irgendeiner modifizierten Form wieder aus. Verbindet man mehrere Kommandos durch den *Pipe-Operator* „|", so startet Shell alle Programme gleichzeitig. Alle Ausgaben des links vom Pipe-Operator stehenden Programms werden zur Eingabe des rechts stehenden Programms.

Beispiel:

    sort | uniq

Diese Kommandozeile bewirkt, dass die eingegebenen Zeilen sortiert werden (durch das Standardprogramm „sort"). Gleichzeitig werden die sortierten Zeilen durch den Pipe-Operator „|" in das Programm „uniq", welches gleiche aufeinander folgende Zeilen löscht, eingegeben. Die Ausgabe von „uniq" ist das Ergebnis dieses Kommandos.

Durch die Vielzahl der Standardprogramme und die Möglichkeiten der Programmiersprache Shell (Pipes, Kontrollstrukturen) kann der Anwender viele Probleme allein mit der Kommandosprache lösen, ohne eine andere Programmiersprache zu benutzen.

Jedes Programm, das im UNIX-System abläuft, bildet einen *Prozess*. Ein Benutzer kann jedes Kommando als ↑Hintergrundprogramm starten, indem er am Ende der Kommandozeile das Zeichen „&" angibt. Dadurch wird das Programm als eigenständiger Prozess ausgeführt. Der Benutzer braucht nun nicht zu warten, bis das Kommando bearbeitet ist, sondern kann sofort das nächste Kommando eingeben. Hierdurch wird in UNIX auch der Stapelbetrieb ermöglicht.

UNIX ist ein offenes Betriebssystem, das den Zugang von außen ermöglicht, Dienste anbietet und die ↑Client-Server-Architektur unterstützt.

Unterbereich *(Teilbereich;* engl. *subrange):* Häufig darf eine ↑Variable mit dem ↑Datentyp integer (ganze Zahlen) nur Werte aus einem bestimmten Intervall der ganzen Zahlen annehmen (entsprechendes kann auch für andere Datentypen gelten). Um dies deutlich sichtbar zu machen, kann man einen Unterbereich der ganzen Zahlen vereinbaren und dann die Variable mit diesem Unterbereich als Typ deklarieren.

Beispiel:

    type buchstabe = 'a' .. 'z';
    type monat = 1 .. 12;
    ...
    var aktmonat: monat;
    ...

```
aktmonat := 12;
aktmonat := aktmonat + 1;
(* Fehler, weil das Ergebnis außer-
halb des Unterbereichs liegt *)
```

Unterbereiche werden meist als Index bei ↑Feldern verwendet.

Unterbrechung (engl. *interrupt*): Ein durch ein Ereignis ausgelöster, automatisch ablaufender Mechanismus, der die Verarbeitung des laufenden Programms unterbricht und auf eine Prüfroutine umschaltet. Diese Routine prüft, wie wichtig die Unterbrechung ist, und entscheidet dann, ob das bisherige Programm weiterbearbeitet oder zunächst eine andere Aktivität gestartet wird.

Das Konzept der Unterbrechung hat eine wichtige Bedeutung bei der gleichzeitigen Verwaltung und Verarbeitung mehrerer Programme, bei der ↑Synchronisation von Programmen und bei Ein-/Ausgabeoperationen, die zwar von der Zentraleinheit gestartet werden, dann aber ohne ihre Kontrolle ablaufen (↑Geräteverwaltung).

Man unterscheidet synchrone und asynchrone Unterbrechungen. *Synchrone Unterbrechungen (Fallen;* engl. *traps)* werden von einem laufenden Programm ausgelöst. Sie treten stets an der gleichen Stelle im Programm auf. Typische Beispiele sind die durch Programm- oder Datenfehler (z. B. Division durch Null) hervorgerufenen Unterbrechungen. *Asynchrone Unterbrechungen* werden von nebenläufigen ↑Prozessen, externen Geräten oder Maschinenfehlern ausgelöst. Im Gegensatz zu den synchronen Unterbrechungen können die asynchronen zu beliebigen Zeitpunkten auftreten.

Für Unterbrechungen ist innerhalb eines Prozessors ein *Unterbrechungsregister* angelegt, das so viele Bits enthält, wie Unterbrechungsereignisse unterschieden werden. Ein auf Eins gesetztes Bit zeigt eine Unterbrechung des zugehörigen Ereignistyps an. Die Entscheidung, eine Unterbrechung zuzulassen oder abzuweisen, trifft der Prozessor anhand eines weiteren gleich großen Registers *(Maskenregister)*. Ein auf Eins gesetztes Bit besagt, dass das entsprechende Ereignis zum aktuellen Zeitpunkt keine Unterbrechung auslösen kann und unbeachtet bleibt (das zugehörige Ereignis ist „maskiert", ↑Maske). Treffen mehrere unmaskierte Unterbrechungsanforderungen ein, bleibt es einer Auswahlstrategie des Prozessors überlassen, welche Unterbrechung akzeptiert wird.

Abb. 1 zeigt Struktur und Funktionsweise des Unterbrechungs- und des Maskenregisters.

Es liegen drei Unterbrechungsanforderungen der Ereignisse E_1, E_2 und E_5 vor. E_3 (bedeutungslos) und E_5 sind maskiert und werden ignoriert. Von den beiden erlaubten Unterbrechungen E_1 und E_2 wählt der Prozessor nach seiner Strategie eine zur weiteren Bearbeitung aus.

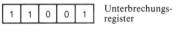

Abb. 1: Struktur des Unterbrechungs- und des Maskenregisters

Wird eine Unterbrechung als wichtig eingestuft, so werden der Zustand des laufenden Programms in einem speziellen Speicherbereich gesichert und das Unterbrechungsprogramm gestartet. Nach der Reaktion auf das unterbrechende Ereignis wird der Zustand des unterbrochenen Programms wieder in den Prozessor geladen, und das unterbrochene Programm wird fortgesetzt.

V.24: Von der **CCITT** (Abk. für frz. Comité Consultatif International Télégraphique et Téléphonique; seit 1.3. 1993 ersetzt durch die **ITU-T,** den „Sektor für Standardisierung im Fernmeldewesen" der Internationalen Fernmelde-Union), dem ständigen Organ der Internationalen Fernmelde-Union, 1968 verabschiedete Empfehlung für die Gestaltung einer seriellen ↑Schnittstelle zur ↑Datenübertragung zwischen Datenend- und Datenübertragungseinrichtungen.

Die Empfehlung V.24 sieht etwa 50 Schnittstellenleitungen vor, die alle denkbaren Anwendungsfälle abdecken sollen. Für einen speziellen Anwendungsfall werden die benötigten Schnittstellenleitungen, ebenfalls anhand der Empfehlung, ausgewählt.

Die V.24-Empfehlung wurde Anfang der 1970er-Jahre durch weitere Empfehlungen der X-Serie ergänzt, die einerseits weniger aufwendig sind und andererseits den Anforderungen der Datenübertragung über öffentliche Datenwege entsprechen.

Die V.24-Schnittstelle entspricht im Wesentlichen der amerikanischen Schnittstellennorm **RS 232 C.**

Validierung: Im Rahmen eines Auswahl- und Bewertungsverfahrens eines Systems (↑Bewertungskriterien), i. A. eines Softwaresystems, die Prüfung, ob das System für den vorgesehenen Verwendungszweck geeignet ist oder nicht und gegenüber dem bisherigen einen Zusatznutzen bringt.

Hierzu installiert man häufig das System, ggf. zugleich mit anderen infrage kommenden Systemen, in der vorgesehenen Einsatzumgebung und nutzt es über einen längeren Zeitraum parallel zum bisher verwendeten System.

Variable:
1. In der imperativen Programmierung bezeichnet man als Variable einen logischen Speicherplatz mit dessen Wert. „Logischer Speicherplatz" ist hier im Gegensatz zu „physikalischer Speicherplatz" zu verstehen: Bei einer Variablen will man sich nicht darum kümmern müssen, wie viele Speicherzellen sie in einem Speicher belegt oder wo sie im Speicher steht. Jede Variable besitzt einen Namen, unter dem man sie ansprechen und ihren Wert verändern kann.

In ↑typisierten Programmiersprachen muss einer Variablen ein ↑Datentyp zugeordnet werden. Der Datentyp legt fest, welche Elemente als Werte der Variablen auftreten und welche Operationen auf die Variable in einem Ausdruck angewendet werden dürfen. Variablen werden deklariert und existieren, solange die Programmeinheit nicht verlassen wird (↑Gültigkeitsbereich).

Beispiel:
In dem Programmstück

```
var x: char; y: boolean;
    zähler: integer;
begin
    x := 'D';  y := true;
    zähler := 1;
    zähler := zähler + 1; ...
end
```

werden die drei Variablen x, y und zähler eingeführt; die Variable x darf nur Zeichen (↑char) als Werte annehmen, die Variable y nur die Wahrheitswerte true und false (↑boolean) und die Variable zähler nur ganze Zahlen (↑integer). In der Zuweisung

```
zähler := zähler + 1
```

erkennt man die doppelte Bedeutung, die Variablen in Programmen imperativer Programmiersprachen besitzen:

In Ausdrücken auf der rechten Seite meint man den Wert der Variablen zähler, auf der linken Seite dagegen den logischen Speicherplatz, in den der neu errechnete Wert eingetragen wird. Variablen auf der linken und auf der rechten Seite eines Zuweisungszeichens unterscheiden sich also durch ihre *Referenzstufe* (↑Zeiger): Sie ist auf der rechten Seite um Eins größer als auf der linken.

In ↑Assemblersprachen wird durch eine Variable ein bestimmter Speicherbereich benannt; die Variable dient hier vorwiegend als Abkürzung für die Speicheradresse, ab der die zugehörigen Werte gespeichert werden; ein Datentyp spielt in der Regel keine Rolle, da auf die Daten unterschiedliche Operationen angewendet werden können. In höheren Programmiersprachen kann man Variablen durch beliebige Datentypen komplexe Strukturen zuordnen.

In nicht imperativen Programmiersprachen bezeichnen Variablen dagegen meist keinen logischen Speicherplatz mit Wert, sondern einen Platzhalter (d.h. einen formalen ↑Parameter) oder eine begrenzt gültige Identifizierung *(Bindung)* mit einem Wert oder Ausdruck (↑LISP, ↑PROLOG).

2. In der Logik, in der Mathematik und in gewissen Programmiersprachen (vor allem den funktionalen) versteht man unter einer Variablen einen Platzhalter, der durch irgendeinen Wert des zulässigen Wertebereichs W der Variablen ersetzt werden darf. Oft bindet man die Variablen durch *Quantoren (Allquantor* $\forall x \in W$ oder *Existenzquantor* $\exists x \in W)$. In der Informatik treten solche Variablen als formale Parameter auf.

Verfügbarkeit (engl. *availability*): Die Verfügbarkeit gibt Auskunft darüber, in welchem Umfang ein System zur Bearbeitung einer gegebenen Aufgabe genutzt werden kann. Die Verfügbarkeit wird eingeschränkt durch Fehler und durch sonstige Belastungen des Systems. Daher wird sie unterschiedlich definiert:

1. *Mithilfe der mittleren Zeitspanne zwischen zwei aufeinander folgenden Fehlern:* MTBF (Abk. für engl. **m**ean **t**ime **b**etween **f**ailure). Als (stationäre) Verfügbarkeit definiert man

$$V = \frac{\text{MTBF}}{\text{MTBF} + \text{MTTR}}$$

(MTTR, Abk. für engl. **m**ean **t**ime **t**o **r**epair). Sie hängt also von der Zeit zwischen je zwei Ausfällen und von der Zeit für die Wiederherstellung des Systems ab.

2. *Prozentualer Anteil, den das System für die gegebene Aufgabe aufgewendet hat:* Wenn z. B. für eine Aufgabe drei Viertel der Zeit für Ein- und Ausgabe und andere Verwaltungsprobleme des Rechners aufzuwenden sind, dann beträgt die Verfügbarkeit 25 %.

Verifikation: Formaler Nachweis von Eigenschaften von Programmen oder Programmteilen. Die Verifikation dient zum Beweis der *Korrektheit* von Programmen. Ein Programm (oder eine Anweisung) heißt *korrekt,* wenn es genau die vorgegebene ↑Spezifikation (↑Software-Engineering) erfüllt, also auf alle Eingaben mit den gewünschten Ausgaben reagiert. Während man beim ↑Testen aus der Richtigkeit des Programms für einzelne ausgewählte Eingaben nur hoffen kann, dass das Programm für alle Eingaben korrekt arbeitet, wird bei der Verifikation die Korrektheit für alle Eingaben bewiesen. Zur Verifikation benötigt man stets eine präzise Definition der ↑Semantik von Programmen.

Man unterscheidet zwischen partieller und totaler Korrektheit. Ein Programm heißt *partiell korrekt,* wenn Folgendes gilt: Hält das Programm für

Verifikation

eine Eingabe an *(Termination)*, so liefert es die gewünschte Ausgabe. Das Programm heißt *total korrekt,* wenn es für alle Eingaben terminiert und zugleich partiell korrekt ist.

Beispiel:
Gesucht ist ein Programm, das für den Eingabewert $n \in \mathbb{N}_0$ die Summe der ersten n natürlichen Zahlen ausgibt. Für ganze Zahlen $n < 0$ soll die Ausgabe 0 lauten.

1. Lösung:

```
var n,s: integer;
begin
  read(n); s := 0;
  while n ≠ 0 do
  begin
    s := s + n; n := n − 1
  end;
  write(s)
end.
```

Dieses Programm ist partiell korrekt. Auf die Eingabe $n \in \mathbb{N}_0$ terminiert es und liefert den gewünschten Ausgabewert. Für Eingabewerte $n < 0$ hält das Programm jedoch nicht an, da die while-Schleife dann nicht endet.

2. Lösung: Ersetzt man

while n ≠ 0 do

durch

while n ≥ 0 do

in obigem Programm, so hält es immer an, und es liefert für $n \in \mathbb{N}_0$ und für $n < 0$ den gewünschten Wert. Das geänderte Programm ist total korrekt.

Die axiomatische Semantik verwendet Ausdrücke (auch „Eigenschaften" genannt) der Form $\{P\} a_0 \{Q\}$. Hierbei sind die „Prädikate" P und Q meist Formeln des Prädikatenkalküls (↑Logik), und a_0 ist eine ↑Anweisung oder sogar ein ganzes Programm. $\{P\} a_0 \{Q\}$ bedeutet: Galt vor Ausführung der Anweisung a_0 die Formel P, dann gilt anschließend die Formel Q. Zum Beispiel trifft der Ausdruck

$\{x \geq 0\} \, x := x+1 \, \{x > 0\}$

zu; denn wenn x größer oder gleich Null ist und x dann um Eins erhöht wird, so ist anschließend x größer als Null.

Regelsysteme der axiomatischen Semantik sind ein geeignetes Hilfsmittel zur Verifikation der partiellen Korrektheit von Programmen. Die Verifikation ist im Allgemeinen sehr aufwendig, da es kein allgemeines Rezept gibt, wie man für Prädikate P und Q und für Programmstücke a_0 Behauptungen $\{P\} a_0 \{Q\}$ beweisen kann. Hier spielen Intuition und inhaltliches Verständnis des Programmstücks eine große Rolle. In dem folgenden Beispiel wird die partielle Korrektheit eines Programms in der Programmiersprache MINI unter Verwendung der Regeln 1) bis 6) der axiomatischen ↑Semantik bewiesen.

Beispiel:
Das Programmstück bestehe aus folgenden Anweisungen:

```
read x;
y := 0;
while x ≠ 0 do
  y := y + 1; y := y + 1;
  x := x − 1
end;
write y.
```

a_0 sei der Programmteil ohne read- und write-Anweisung.

Behauptung: Obiges Programm berechnet die Funktion

$f : \mathbb{Z} \to \mathbb{Z}$ mit

$$f(x) = \begin{cases} 2 \cdot x, & \text{falls } x \geq 0, \\ \text{undefiniert sonst.} \end{cases}$$

Es ist zu beweisen, dass gilt:

$\{x \geq 0 \land x = n\} a_0 \{y = 2*n\}$.

n ist dabei der Anfangswert von x.

Startet man also das Programm mit einem Eingabewert $n \geq 0$, so ist zu zeigen, dass der Ausgabewert y zum Schluss den Wert $2n$ besitzt.

Beweis: Es gilt mit Regel 2) der axiomatischen Semantik:

$\{x \geq 1 \land 2*(x-1)+(y+2) = 2*n\}$
$y := y+1$
$\{x \geq 1 \land 2*(x-1)+(y+1) = 2*n\}$,

$\{x \geq 1 \land 2*(x-1)+(y+1) = 2*n\}$
$y := y+1$
$\{x \geq 1 \land 2*(x-1)+y = 2*n\}$

und

$\{x \geq 1 \land 2*(x-1)+y = 2*n\}$
$x := x-1$
$\{x \geq 0 \land 2*x+y = 2*n\}$.

Insgesamt gilt mit Regel 3) der axiomatischen Semantik:

$\{x \geq 1 \land 2*(x-1)+(y+2) = 2*n\}$
$y := y+1; y := y+1; x := x-1$
$\{x \geq 0 \land 2*x+y = 2*n\}$.

Aus

$x \geq 0 \land 2*x+y = 2*n \land x \neq 0$

folgt

$x \geq 1 \land 2*(x-1)+(y+2) = 2*n$.

Mit Regel 6) folgt dann:

$\{x \geq 0 \land 2*x+y = 2*n \land x \neq 0\}$
$y := y+1; y := y+1; x := x-1$
$\{x \geq 0 \land 2*x+y = 2*n\}$.

Setzt man

$P = (x \geq 0 \land 2*x+y = 2*n)$,

so erfüllt die obige Formel die Voraussetzung in Regel 5). P ist eine Schleifeninvariante. Daher gilt nach Regel 5) der axiomatischen Semantik:

$\{x \geq 0 \land 2*x+y = 2*n\}$
while $x \neq 0$ do
  $y := y+1; y := y+1;$
  $x := x-1$
end
$\{x \geq 0 \land 2*x+y = 2*n \land x = 0\}$.

Aus der Nachbedingung folgt

$y = 2*n \land x = 0$

und daraus die gewünschte Nachbedingung

$y = 2*n$.

Wendet man Regel 2) an, so erhält man für die Anweisung $y := 0$ aus der obigen Vorbedingung:

$\{x \geq 0 \land 2*x = 2*n\}$
$y := 0$
$\{x \geq 0 \land 2*x+y = 2*n\}$.

Aus den Regeln 6) und 3) folgt nun die Behauptung. Zum Nachweis der totalen Korrektheit muss man noch zeigen, dass das Programm für alle Eingaben $x \in \mathbb{Z}, x \geq 0$, terminiert.

Die Verifikation großer Programme kann man folgendermaßen in Angriff nehmen: Man zerlegt das Programm in überschaubare Programmstücke und beweist hierfür Aussagen der Form $\{P\} a_0 \{Q\}$. Mithilfe der Regeln der axiomatischen Semantik kann man aus diesen Teilstücken dann einen Beweis für das Gesamtprogramm zusammensetzen.

Da das Testen von Programmen die Korrektheit nicht sicherstellen kann, werden Verifikationsbeweise besonders bei kritischen Anwendungen wie Fertigungssteuerung, Reaktorüberwachung, Verkehrssystemen, Raumfahrt usw. immer dringlicher. Es ist zu erwarten, dass für immer mehr Programme ein Beweis über ihre Eigenschaften geführt werden wird und dass der Anteil nicht verifizierter Programme von heute fast 100 % in den nächs-

Verifikation

ten Jahrzehnten auf unter 50 % sinken wird. Die Verifikation betont die vollständige präzise Überprüfung eines Programms und erfordert daher eine wesentlich andere Geisteshaltung als sonstige Formen der ↑ Qualitätssicherung.

Deshalb ist es wichtig, die Verifikation bereits in der *Schule* in ihren Grundideen zu vermitteln.

Trotzdem führen Fragen zur Korrektheit von Programmen in der Schule noch ein Schattendasein. Tatsächlich benötigt man zur Verifikation von Programmen einen relativ hohen technischen Aufwand, den man in der Schule allenfalls in den letzten Klassen der Oberstufe ansatzweise behandeln kann. Zuvor kann man jedoch auf einfacher Stufe bereits Grundzüge vermitteln, zum Beispiel durch Plausibilitätsbetrachtungen zur Termination von Schleifen auf argumentativer oder halbformaler Ebene.

Beispiel:
Man entdecke mit den Jugendlichen eine hinreichende Bedingung für die Termination von Schleifen. Hinreichend ist z. B. folgende Bedingung: Findet man eine Funktion von der Menge der in der Schleife vorkommenden Variablen in die Menge der ganzen Zahlen, deren Funktionswert mit jedem Schleifendurchlauf echt kleiner wird, gleichzeitig aber eine feste untere Schranke nicht unterschreitet, so terminiert die Schleife. Die Funktion ist häufig nicht leicht zu finden, besonders dann nicht, wenn reelle Variablen beteiligt sind.

Genauer: Seien $x_1, x_2, ..., x_r$ die im Schleifenrumpf verwendeten ganzzahligen Variablen. Die Schleife terminiert, wenn es eine Funktion

$$T: \mathbb{Z}^r \to \mathbb{Z}$$

und eine untere Schranke $t^* \in \mathbb{Z}$ gibt, sodass gilt:

Das Bohnenproblem

Dies ist ein Beispiel, das sich zum schulischen Einstieg in Probleme der Verifikation eignet. Es handelt sich um eine einfache Fragestellung, die spielerisch auf das informatische Problem führt, einerseits festzustellen, ob ein Algorithmus terminiert, und andererseits zu verifizieren, dass der Algorithmus eine gewisse Eigenschaft besitzt. Die Überlegungen zur Lösung können als Ausgangspunkt für formalere Untersuchungen dienen.

Unabhängig davon verdeutlicht das Problem den Unterschied zwischen deterministischen und determinierten Algorithmen (↑ Determinismus, ↑ Determiniertheit).

Gegeben sind zwei Urnen, eine *Spielurne,* gefüllt mit blauen und schwarzen Bohnen, und eine *Vorratsurne,* gefüllt mit einer (theoretisch) unbegrenzten Menge von schwarzen Bohnen (Abb. 1). Ein Spieler verändert den Inhalt der Urnen durch eine Folge von Spielzügen. Jeder Zug verläuft wie folgt:

- Ziehe blind zwei Bohnen aus der Spielurne.
- Falls sie die gleiche Farbe besitzen, wirf beide weg und lege eine Bohne aus der Vorratsurne in die Spielurne.
- Anderenfalls wirf die schwarze Bohne weg und gib die blaue zurück in die Spielurne.

Verifikation

Das Verfahren endet, wenn sich nur noch eine Bohne in der Spielurne befindet.

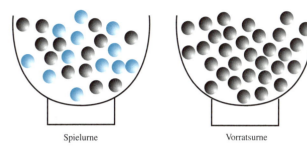

Spielurne   Vorratsurne

Abb. 1: Bohnenspiel

Problem 1:   Endet das Spiel für jede Anfangsbelegung der Spielurne?
Problem 2:   Wenn das Spiel endet, welche Farbe besitzt dann die letzte Bohne in der Spielurne?
Lösung zu 1:   Mit jedem Spielzug werden zunächst zwei Bohnen aus der Spielurne entfernt, und anschließend wird eine wieder zurückgelegt. Die Zahl der Bohnen in der Spielurne vermindert sich also pro Zug um Eins. Befinden sich folglich anfangs n Bohnen in der Spielurne, so ist das Spiel nach $n-1$ Zügen beendet.

Die Zahl n erfüllt hier den Zweck der im Text genannten Funktion T, die mit jedem Schleifendurchlauf streng monoton fällt, aber nach unten (durch Null) beschränkt ist.

Lösung zu 2:   Über die Zahl der schwarzen Bohnen im Verlaufe eines Spiels ist keine zweckdienliche Aussage möglich, da das Verfahren nichtdeterministisch ist. Zwischenzustände hängen also bei gleichen Startbedingungen vom Zufall ab, da blind gezogen wird. Für die Zahl der blauen Bohnen gilt jedoch: Entweder vermindert sie sich in einem Zug um 2, wenn zwei blaue Bohnen gezogen wurden, oder aber sie bleibt konstant in allen übrigen Fällen. Also wird die *Parität* der blauen Bohnen durch einen Spielzug *nicht* beeinflusst. Folglich ist die letzte Bohne blau bzw. schwarz, wenn die Zahl der blauen Bohnen anfangs ungerade bzw. gerade war.

Die Parität der blauen Bohnen erfüllt hier die Funktion einer Schleifeninvarianten: Sie ist vor und nach jedem Zug (Schleifendurchlauf) erfüllt.

Man beachte, daß das Verfahren zwar nichtdeterministisch, aber determiniert ist, also bei gleichen Startbedingungen unterschiedliche Zustandsfolgen durchlaufen kann, die aber immer zum gleichen Ergebnis führen.

Verschieblichkeit

1. Vor jedem Schleifendurchlauf gilt:
$$T(x_1, x_2, ..., x_r) \geq t^*.$$
2. Gilt zu Beginn des Schleifenrumpfes
$$T(x_1, x_2, ..., x_r) = t,$$
so gilt an seinem Ende
$$T(x_1, x_2, ..., x_r) < t.$$

Zu einer einfachen Anwendung, dem *Bohnenproblem*, s. Kasten S. 530/531.

Verschieblichkeit: Wenn ein ↑Maschinenprogramm ohne Änderung an eine beliebige Stelle innerhalb des Hauptspeichers geladen und ausgeführt werden kann, so bezeichnet man es als verschieblich. Voraussetzung hierfür ist, dass alle Objekte, also z. B. Sprungziele (↑Sprung) und Speicherzellen, relativ zur Ladeadresse (↑Lader), d. h. relativ zur Adresse des ersten Maschinenbefehls, adressiert werden. Hierzu definiert man die Ladeadresse als Basisadresse. Verschiebliche Programme dürfen also beispielsweise keine absoluten Adressen enthalten (↑Adressierungsarten).

Die Verschieblichkeit von Programmen ist wichtig im Mehrprogrammbetrieb (↑Betriebsart). Wird ein Programm aufgerufen, so wird es vom Lader an irgendeine genügend große freie Stelle innerhalb des Hauptspeichers geladen (↑Freispeicherverwaltung).

Verschmelzen *(Mischen):* Zusammenführung mehrerer sortierter Folgen zu einer sortierten Folge. Von den zu verschmelzenden Folgen werden jeweils die ersten Elemente miteinander verglichen, das kleinste wird von seiner Folge entfernt und an die neu entstehende Folge angefügt.

Beispiel:
Verschmelzen dreier Folgen:

```
a: 2  7  19  33  35
b: 3  7  12  24  30
c: 8  10  16
```

1. Schritt:

$$2 \begin{cases} 7 & 19 & 33 & 35 \\ 3 & 7 & 12 & 24 & 30 \\ 8 & 10 & 16 \end{cases}$$

2. Schritt:

$$2 \quad 3 \begin{cases} 7 & 19 & 33 & 35 \\ 7 & 12 & 24 & 30 \\ 8 & 10 & 16 \end{cases}$$

3. Schritt:

$$2 \quad 3 \quad 7 \begin{cases} 19 & 33 & 35 \\ 7 & 12 & 24 & 30 \\ 8 & 10 & 16 \end{cases}$$

usw.

Das folgende in ↑PASCAL geschriebene Programmstück verschmelzt zwei sortierte ↑Files ganzer Zahlen a und b zum File c:

```
var a,b,c: file of integer;
    ende: boolean;
begin
  reset(a); reset(b); rewrite(c);
  ende := eof(a) or eof(b);
  while not ende do
  begin
    if a↑ ≤ b↑ then
    begin
      c↑:= a↑; put(c); get(a);
      ende := eof(a)
    end else
    begin
      c↑:= b↑; put(c); get(b);
      ende := eof(b);
    end
  end;
  while not eof(a) do
  begin
    c↑:= a↑; put(c); get(a)
  end;
  while not eof(b) do
  begin
    c↑:= b↑; put(c); get(b)
  end
end.
```

Das Verschmelzen von Files wird zum ↑Sortieren durch Verschmelzen verwendet. Der Zeitaufwand, um zwei Folgen zu verschmelzen, ist proportional zur Länge der beiden Folgen.

verteiltes System (engl. *distributed system*): Ein System heißt verteilt, wenn sich seine Komponenten an räumlich getrennten Stellen befinden oder befinden könnten, hierdurch aber die Funktionalität des Gesamtsystems nicht beeinträchtigt wird. Meist arbeiten die einzelnen Komponenten zusammen an einem gemeinsamen Ziel. Fast alle Systeme, die man im menschlichen Bereich antrifft, sind verteilt: Man denke an Eisenbahnen, Finanzämter, Parteiorganisationen, Schulen, Sportvereine usw. Die verteilt liegenden Institutionen erfüllen ihre Aufgaben in eigener Verantwortung, stimmen sich aber untereinander ab und halten sich an die in der jeweiligen Unternehmung geltenden Regeln.

Verteilte Systeme gibt es in unterschiedlichen Größenordnungen. Zum Beispiel kann man ein Programm zum Addieren großer Matrizen auf mehrere Rechner verteilen, wobei im ersten Rechner die erste Spalte, im zweiten die zweite Spalte usw. berechnet wird (diese Rechnung kann gleichzeitig geschehen, und das Verfahren kann daher zu den ↑parallelen Algorithmen gezählt werden). Man kann verschiedene Teile einer ↑Datenbank auf verschiedene Rechner legen, die dort vorhandenen Informationen direkt vor Ort zugänglich machen und sich bei allgemeineren Anfragen Informationen von anderen Rechnern schicken lassen (↑Bildschirmtext). Man kann aber auch eine unüberschaubare Zahl an Programmen, die auf verschiedenen Rechnern in einem Netz liegen, miteinander kommunizieren lassen, wie dies bei der Suche und Vermittlung von Diensten üblich ist, etwa in ↑Client-Server-Architekturen. Erweitert man das System zu einem (weltweiten) „Dienstleistungsmarkt", so werden komplexere Architekturen erforderlich, in denen es spezielle Programme, „Makler" genannt, geben könnte, die sich für Kunden auf der Suche nach den besten Diensten für eine gestellte Aufgabe begeben, sowie „Polizisten", die unfaire Komponenten aufzuspüren und auszuschalten suchen. In allen Fällen muss eine Verwaltung der Ressourcen, über die das verteilte System verfügen kann, erfolgen, es ist eine Auswahl der zuzulassenden und der zu entfernenden Komponenten durchzuführen, es sind Informations- und Kommunikationsstrukturen aufzubauen und störungsfrei in Betrieb zu halten, es sind allgemein gültige Regeln aufzustellen und zu überwachen, und es müssen Initialisierungs- und Abschlussarbeiten abgewickelt werden.

Für die Informatik bedeuten verteilte Systeme eine besondere Herausforderung. Die Vielzahl der unabhängig voneinander ablaufenden, aber miteinander kommunizierenden Teilsysteme führt meist zu undurchschaubaren, sehr verwickelten Abläufen. Verteilte Lösungsverfahren müssen daher anders entworfen werden als sequenzielle, auf ein Programm beschränkte Algorithmen, und es gehört viel Erfahrung und hohe Disziplin dazu, Probleme wie die ↑Synchronisation, das zuverlässige Zusammenwirken aller Teile, die Ausfallsicherheit oder die Vermeidung von Überlastungen zu beherrschen.

Formale Modelle für verteilte Systeme sind ↑Petrinetze, ↑Graphen und Kalküle der ↑Logik.

Verzweigung (engl. *branch*): Stelle in einem Programm, von der aus mindestens zwei andere Programmstellen erreichbar sind. In assemblerähnlichen

Sprachen handelt es sich immer um einen bedingten Sprungbefehl, in höheren Programmiersprachen um eine ↑bedingte Anweisung.

virtuelle Maschine: Bildet man mithilfe von Programmen auf einer Rechenanlage *A* die Funktionen und Reaktionen einer Rechenanlage *B* genau nach, so verhält sich der Rechner *A* anschließend genauso wie der Rechner *B*. Aus der realen Maschine *A* ist die virtuelle (d. h. nur scheinbar vorhandene) Maschine *B* geworden.

Im weiteren Sinne bezeichnet man als virtuelle Maschine jede durch Software hervorgerufene Funktionsänderung einer Rechenanlage, die das Funktionsverhalten der realen Maschine für einen Benutzer nicht mehr sichtbar werden lässt.

Beispiele:
1. Ein Schachprogramm wandelt eine reale Maschine in die virtuelle Maschine „Schachautomat" um, die sich wie ein Schachspieler verhält.
2. Im Mehrprogrammbetrieb (↑Betriebsart) erscheint die Rechenanlage häufig jedem Benutzer so, als würde er sie nur alleine in Anspruch nehmen und nicht mit anderen Benutzern teilen. In diesem Falle simuliert die reale Maschine für jeden Benutzer eine virtuelle Maschine, die das gleiche Funktionsverhalten besitzt wie die reale.
3. Ein Programm zum Ausgeben grafischer Darstellungen auf (dafür nicht vorgesehenen) Nadeldruckern (↑Drucker) wandelt die reale Maschine „Rechner/Drucker" in die virtuelle Maschine „Plotter" um.

Anschaulich bilden die Programme, die aus einer realen Maschine eine virtuelle machen, eine Schale (Abb. 1), die die reale Maschine vor einem Benutzer verbirgt (↑Software-Engineering, ↑Benutzungsoberfläche).

Ein wichtiger Spezialfall ist die Abar-

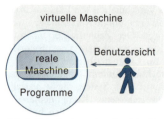

Abb. 1: Prinzip einer virtuellen Maschine

beitung von Programmen einer Programmiersprache. Ein Benutzer verbindet mit einer (imperativen) Programmiersprache eine gedachte Maschine, deren Speicherstrukturen genau den deklarierbaren Datenstrukturen entsprechen und die als Befehlsvorrat die elementaren Anweisungen (z. B. Wertzuweisung, Ein-/Ausgabe) und die Kontrollstrukturen besitzt. Ein ↑Interpreter für diese Programmiersprache simuliert dann genau die zugehörige virtuelle Maschine.

Virus *(Computervirus):* Programmstück, meist im Maschinencode, das sich vervielfachen, sich in andere Programme hineinkopieren und zugleich (schädliche) Funktionen in einem Rechnersystem ausüben kann. Ein Virus ist in der Regel Bestandteil eines anderen Programms *(Wirtsprogramm)* und führt seine eigenen Anweisungen vor oder während des Ablaufs des Wirtsprogramms aus.

Die meisten Viren sind nach folgendem Schema aufgebaut:

- *Erkennungsteil:* Mit diesem Programmstück stellt der Virus fest, ob er bereits in einem anderen Programm, welches infiziert werden soll, enthalten ist. (Meist legt der Virus hierzu eine entsprechende Kennung im Programmkopf ab, welche rasch erkannt werden kann.)
- *Infektionsteil:* Der Virus liest das zu infizierende Programm (bzw. bestimmte Stücke hiervon) in den

Virus

Hauptspeicher ein, fügt seinen eigenen Programmcode hinzu und schreibt das so veränderte Programmstück in den Speicher zurück.
- *Funktionsteil:* Anschließend führt der Virus eine Funktion aus. Diese kann „gutartig" sein, wie zum Beispiel ↑Kompressionsalgorithmen, welche für mehr Speicherplatz auf Magnetplatten oder anderen Speichereinheiten sorgen; sie kann aber auch „bösartig" sein, indem beispielsweise einzelne Daten oder ganze Dateien gelöscht, Systemprogramme verändert oder bestimmte Zugriffe auf Tastatur, Maus und andere Geräte unterbrochen werden.

Die meisten Viren arbeiten wie folgt: Sobald das Programmstück des Virus in einem infizierten (Wirts-)Programm zur Ausführung gelangt, prüft der Erkennungsteil alle Programme durch, die in dem zugreifbaren Verzeichnis von ↑Dateien enthalten sind. Alle oder eine gewisse Anzahl von ihnen werden dann infiziert. Anschließend wird der Funktionsteil ausgeführt. Sofern das Rechnersystem dann noch funktionsfähig ist, wird mit den Anweisungen des Wirtsprogrammes fortgefahren.

Oft ist der Funktionsteil „ereignisgesteuert", d.h., er wird nur aktiviert, wenn ein bestimmtes Ereignis (z. B. ein Datum) vorliegt.

Viele Viren sind bekannt; daher hat man Programme geschrieben, die vor Ausführung irgendeines Programmes Disketten und Festplatten durchsuchen, um diese Programmstücke aufzuspüren und zu löschen. Für Programmierer, die mit der internen Struktur von Rechnersystemen gut vertraut sind, ist es jedoch leicht, neue Viren zu entwickeln, weshalb *Virenschutzprogramme* laufend aktualisiert werden müssen. Am besten kann man sich gegen Viren durch eine besonders gründliche ↑Datensicherung schützen. Vor allem sollte man keine unbekannten oder nicht autorisierten Programme starten.

Viren stellen vor allem eine große Gefahr für alle Programmsysteme dar, die die Funktionsfähigkeit von Versorgungssystemen gewährleisten oder die im Sicherheitsbereich eingesetzt werden. Man denke etwa an die computerunterstützte medizinische Überwachung von Kranken. Insbesondere in ↑Rechnernetzen und in ↑verteilten Systemen können Viren lange unerkannt bleiben, sich vermehren und ereignisgesteuert an vielen Stellen gleichzeitig großen Schaden anrichten.

Verwandt mit den Viren sind so genannte *Würmer*. Dies sind komplette Programme, deren „Lebensbereich" ↑Rechnernetze sind. Man kann sie als spezielle ↑Agenten auffassen, die in der Lage sind, eine Kopie von sich an andere Rechner zu verschicken. „Wurm"-Programme wurden ursprünglich erstellt, um Kontrollfunktionen in einem Rechnernetz zu übernehmen: Diese Programme verteilen sich willkürlich über das Netz und werden in einem speziellen Rechner immer dann ausgeführt, wenn der Rechner gerade keine anderen Aufgaben zu erledigen hat; das Wurmprogramm testet dann die Funktionsfähigkeit des Rechners und schlägt Alarm, falls gewisse Komponenten ausgefallen sind.

Besonders gefährlich sind die *Trojanischen Pferde*. Dies sind Programmstücke (zumeist im ↑Betriebssystem), welche einem Benutzer aufgrund eines Passworts oder eines Ereignisses Systemfunktionen zur Verfügung stellen, die ihm nicht zustehen. Solche Programmstücke in einem Betriebssystem von mehreren Hunderttausend Zeilen sind fast nicht zu entdecken, da sie über einen langen Zeitraum hin „schlafen" und erst im Katastrophenfall ihre (meist negative) Wirkung entfalten.

Zu den Größenordnungen solcher Programme: In einer Maschinensprache umfassen Würmer meist über 1 000, Viren in der Regel zwischen 100 und 300 und Trojanische Pferde mehr als 50 Befehle.

Die rechtswidrige Erstellung und Verbreitung solcher Programme ist strafbar.

Volladdierer (engl. *full adder*): Der Volladdierer realisiert die Addition zweier binärer Ziffern unter Berücksichtigung des ↑Übertrags der vorherigen Stelle.

Seien a und b zwei binäre Ziffern und u der Übertrag der vorherigen Stelle. s sei die Summe (genauer: die Summe modulo 2) von a, b und u. u' sei der dabei entstehende Übertrag. Abb. 1 zeigt das Schaltzeichen des Volladdierers. Die Abkürzungen CI bzw. CO stehen dabei für den Übertragseingang bzw. Übertragungsausgang (engl. **c**arry **i**nput bzw. **o**utput).

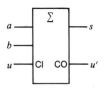

Abb. 1: Schaltzeichen des Volladdierers

Die folgende Übergangstabelle zeigt das funktionale Verhalten:

a	b	u	s	u'
0	0	0	0	0
0	0	1	1	0
0	1	0	1	0
0	1	1	0	1
1	0	0	1	0
1	0	1	0	1
1	1	0	0	1
1	1	1	1	1

Aus der Wertetabelle ergeben sich in ↑disjunktiver Normalform die Gleichungen

$s = \bar{a}\bar{b}u + \bar{a}b\bar{u} + a\bar{b}\bar{u} + abu,$
$u' = \bar{a}bu + a\bar{b}u + ab\bar{u} + abu.$

Der Volladdierer lässt sich technisch mithilfe zweier ↑Halbaddierer und eines ODER-Gatters (↑ODER-Funktion) realisieren (Abb. 2).

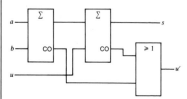

Abb. 2: Realisierung eines Volladdierers durch zwei Halbaddierer und ein ODER-Gatter

Die Verknüpfung mehrstelliger binärer Zahlen realisiert man durch die Zusammenschaltung von Voll- und Halbaddierern zu ↑Addierwerken.

Von-Neumann-Addierwerk (entwickelt von John von Neumann): ↑Addierwerk, bei dem die Addition zweier Dualzahlen in eine bitweise Exklusiv-ODER-Funktion $\oplus$ und eine getrennte Behandlung der Überträge aufgespalten wird. Seien

$a = a_{n-1} \ldots a_0$

und

$b = b_{n-1} \ldots b_0$

zwei Dualzahlen. Es gilt

$$a+b = \sum_{k=0}^{n-1} a_k \cdot 2^k + \sum_{k=0}^{n-1} b_k \cdot 2^k$$
$$= \sum_{k=0}^{n-1} (a_k + b_k) \cdot 2^k$$
$$= \sum_{k=0}^{n-1} ((a_k \oplus b_k) + a_k \cdot b_k \cdot 2) \cdot 2^k$$

Von-Neumann-Addierwerk

```
repeat
   c := a⊕b; (*bitweise Exklusiv-ODER-Funktion*)
   b := a · b; (*bitweise ↑UND-Funktion*)
   a := c;
   b := „einmaliges Linksschieben von b"; (*entspricht der Multiplikation von
        b mit 2 (↑Schieberegister), nachgeschoben wird 0*)
until b = 0;
```

Prog. 1: Algorithmus für die Addition

$$= \sum_{k=0}^{n-1} (a_k \oplus b_k) \cdot 2^k + 2 \sum_{k=0}^{n-1} (a_k \cdot b_k) \cdot 2^k$$

„+" bezeichnet hier die Addition in den natürlichen Zahlen (und nicht die ODER-Funktion), „·" die Multiplikation und „⊕" die Addition modulo 2 (also $1 \oplus 1 = 0$).

Der Algorithmus in Prog. 1 realisiert dann die Addition $a := a + b$. c ist eine Hilfsvariable.

Beispiel:
   $a = 0101$
   $b = 0111$

1. Durchlauf: $a = 0010$ $b = 1010$
2. Durchlauf: $a = 1000$ $b = 0100$
3. Durchlauf: $a = 1100$ $b = 0000$

Ergebnis: $a = 1100$.

Falls im Verlauf der Rechnung beim Linksschieben in b einmal eine Eins hinausgeschoben wurde, ist ein Überlauf (↑Bereichsüberschreitung) aufgetreten, als dessen Folge ein Bit im ↑Status gesetzt, d.h. ein Fehler angezeigt wird.

Das Von-Neumann-Addierwerk wird durch n Halbaddierer realisiert, die alle gleichzeitig (durch einen Takt gesteuert) arbeiten; a und c werden identifiziert (Abb. 1 zeigt das Blockschaltbild).

Der Takt und die Abfrage, ob alle b_i gleich 0 sind, wurden hier nicht eingezeichnet.

Das Von-Neumann-Addierwerk benötigt zur Addition zweier n-stelliger Dualzahlen im schlimmsten Fall n Schritte. Im statistischen Mittel be-

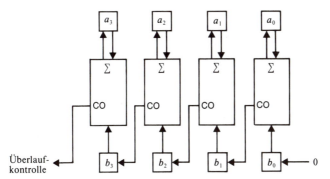

Abb. 1: Realisierung eines Von-Neumann-Addierwerks durch Halbaddierer

Von-Neumann-Rechner

trägt die Laufzeit jedoch höchstens $\log_2 n + 1$ und ist daher wesentlich geringer als die eines ↑Serienaddierwerks, das stets n Schritte benötigt.

Von-Neumann-Rechner: Im Jahre 1946 von John von Neumann vorgeschlagenes Konzept zur Gestaltung eines universellen Rechners, der technischen, wissenschaftlichen und kommerziellen Anforderungen gerecht wird.

Viele heutige Rechenanlagen beziehungsweise ↑Mikroprozessoren orientieren sich an der Struktur dieses klassischen Universalrechners, wobei inzwischen manche Verbesserungen im Detail eingeführt wurden.

Der Rechner ist nach folgenden Prinzipien *(Von-Neumann-Prinzipien)* aufgebaut:

1. Der Rechner besteht aus fünf Funktionseinheiten, dem ↑Steuerwerk, dem ↑Rechenwerk, dem ↑Speicher, dem Eingabewerk und dem Ausgabewerk (Abb. 1).
2. Die Struktur des Von-Neumann-Rechners ist unabhängig von den zu bearbeitenden Problemen. Zur Lösung eines Problems muss von außen eine Bearbeitungsvorschrift, das ↑Programm, eingegeben und im Speicher abgelegt werden. Ohne dieses Programm, das aus einer Folge von ↑Befehlen besteht, ist die Maschine nicht arbeitsfähig.
3. Programme, Daten, Zwischen- und Endergebnisse werden in demselben Speicher abgelegt. Alle diese Größen werden ↑binär codiert, sodass man dem Speicher nicht ansehen kann, wo die Befehle und wo die Daten stehen; diese Unterscheidung erfolgt erst bei der Ausführung der Befehle im Steuer- bzw. Rechenwerk.
4. Der Speicher ist in gleich große Zellen unterteilt, die fortlaufend durchnummeriert sind. Über die Nummer (↑Adresse) einer Speicherzelle kann deren Inhalt abgerufen oder verändert werden.
5. Aufeinander folgende ↑Befehle eines Programms werden in aufeinander folgenden Speicherzellen abgelegt.

   Das Ansprechen des nächsten Befehls geschieht vom Steuerwerk aus durch Erhöhen der Befehlsadresse um Eins oder um eine andere Konstante.
6. Durch Sprungbefehle (↑Sprung) kann von der Bearbeitung der Befehle in der gespeicherten Reihenfolge abgewichen werden.
7. Es gibt zumindest
   - *arithmetische Befehle* wie Addieren, Multiplizieren, Konstanten laden usw.,
   - *logische Befehle* wie Vergleiche, logisches not, und, oder usw.,

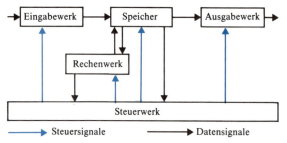

Abb. 1: Funktionseinheiten des Von-Neumann-Rechners

- *Transportbefehle*, z. B. vom Speicher zum Rechenwerk und für die Ein-/Ausgabe,
- bedingte Sprünge,
- sonstige Befehle wie Schieben, Unterbrechen, Warten usw.

Alle diese Befehle können in verschiedenen ↑Adressierungsarten ausgeführt werden, z. B. könnte ein Befehl

load indirect 5

bedeuten, dass in den ↑Akkumulator (oder in eine andere ausgezeichnete Speicherzelle) der Wert der i-ten Speicherzelle gebracht wird, wobei i die in der Speicherzelle 5 stehende Zahl ist.
Die ↑Rechnerarchitektur des Von-Neumann-Rechners fällt in die Klasse der SISD-Architekturen.
Die Operationen eines Von-Neumann-Rechners sind sehr elementar. Dadurch werden die Rechner zwar flexibel einsetzbar, ihre Programmierung ist jedoch sehr mühsam.
Die Tätigkeiten eines Von-Neumann-Rechners bestehen im Wesentlichen darin, dass Daten dauernd zwischen dem Steuer- und Rechenwerk und dem Speicher auf einem einzelnen Datenpfad ausgetauscht werden. Diesen Pfad bezeichnet man als den *Von-Neumann-Flaschenhals*. Verbesserungen dieser Rechnerarchitektur müssen daher auf einer anderen (als der imperativen) Programmiersprache aufbauen oder eine Parallelverarbeitung hardwaremäßig unterstützen.

Voronoi-Diagramm (nach G. F. Voronoi, 1868–1908): Begriff aus der ↑algorithmischen Geometrie. Voronoi-Diagramme beschreiben auf grafische Weise Abstandsbeziehungen zwischen (endlich vielen) Punkten in der Ebene oder in höherdimensionalen Räumen.
Gegeben sei eine Menge von Punkten $P = \{p_1, ..., p_n\}$ im d-dimensionalen Raum. Dann ist das Voronoi-Diagramm $V(P)$ eine Aufteilung des Raumes in n Zellen $Z_1, ..., Z_n$, sodass

1. in jeder Zelle Z_i genau ein Punkt $p_i \in P$ liegt und
2. jede Zelle Z_j alle die Punkte des Raumes umfasst, die zu dem zugehörigen Punkt $p_j \in P$ einen geringeren Abstand besitzen als zu jedem anderen Punkt $p \in P$.

Beispiel:
Abbildung 1 zeigt ein Voronoi-Diagramm für 11 Punkte $p_1, ..., p_{11}$ in der Ebene.
Ein beliebig gewählter Punkt x befinde sich in der Zelle Z_7. Von den Punkten $p_1, ..., p_{11}$ hat dann p_7 den geringsten Abstand zu x.

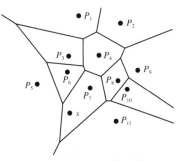

Abb. 1: Voronoi-Diagramm für 11 Punkte

Eine Aufgabe innerhalb der algorithmischen Geometrie besteht in der effizienten Berechnung solcher Voronoi-Diagramme für gegebene Punktmengen.
Schnelle Algorithmen lösen dieses Problem für n Punkte
- in der Ebene in $O(n \cdot \log_2 n)$ Schritten,
- im Raum der Dimension d in $O(n^{(d+1)/2})$ bzw. $O(n^{(d+2)/2})$ Schritten, falls d ungerade beziehungsweise gerade ist.

while [waɪl] (dt. während): Mithilfe einer while-Schleife kann man in vielen imperativen Programmiersprachen Anweisungen in Abhängigkeit vom Wert eines Ausdrucks wiederholt ausführen.
Häufig wird eine while-Schleife wie in dem folgenden Programmstück (zur Berechnung von basis^n) notiert:

```
potenz := 1;
while n > 0 do
begin
    potenz := potenz * basis;
    n := n − 1
end;
```

Bei einer while-Schleife wird zunächst geprüft, ob die Bedingung (n > 0) erfüllt ist. Falls nicht, werden die Anweisungen zwischen begin und end übersprungen. Falls ja, werden diese Anweisungen und anschließend wieder die gesamte while-Schleife wie beschrieben ausgeführt (vgl. ↑repeat).
Die mathematische Formulierung der while-Schleife ist der µ-Operator (↑µ-rekursive Funktion).
Ihre exakte Bedeutung in den verschiedenen Programmiersprachen wird durch die entsprechende ↑Semantik festgelegt.

Widerstand-Transistor-Logik (Abk. RTL für engl. resistor-transistor-logic): ↑Schaltkreisfamilie, bei der die Gatter durch Widerstände und Transistoren realisiert sind.
Der wesentliche Nachteil der Gatter in Widerstand-Transistor-Logik ist ihre Belastungsabhängigkeit, d. h. die Veränderung des Schaltverhaltens bei Verbindung des Ausgangs mit den Eingängen anderer Gatter. Daher hat sich die Widerstand-Transistor-Logik nicht durchgesetzt.

Wiedereintrittsinvarianz: Ein ↑Programm heißt *wiedereintrittsinvariant* (engl. *re-entrant*), wenn es gleichzeitig von mehreren Benutzern verwendet werden kann, wobei sich jedoch nur eine einzige Kopie des Programms im Hauptspeicher befindet. Die Anweisungen werden also von allen Benutzern gemeinsam verwendet, während die Daten für jeden Benutzer in jeweils getrennten Speicherbereichen liegen.
Dienstprogramme werden oft wiedereintrittsinvariant erstellt, um bei häufiger Nutzung Speicherplatz zu sparen und um das zeitaufwendige Auslagern und Nachladen des Dienstprogramms zu vermeiden.

Wirtschaftsinformatik (ältere Bezeichnung: *Betriebsinformatik*): Die Wirtschaftsinformatik hat sich als interdisziplinäres Gebiet zwischen den Wirtschaftswissenschaften und der Informatik seit Mitte der 1960er-Jahre entwickelt. Sie untersucht den Einsatz von Methoden und Geräten der Informatik und der Kommunikationstechnik in Wirtschaft, Industrie und Verwaltung. Der Schwerpunkt der Anwendungen liegt bisher in der Betriebswirtschaftslehre, z. B. bei der Entwicklung und Nutzung von Informations- und Planungssystemen und von Anwendungs- und Kommunikationssystemen in privaten und öffentlichen Betrieben.
Man unterscheidet grob folgende Bereiche:
- Anwendungssysteme in Wirtschaft und Verwaltung, z. B. im Vertrieb, in der Logistik, im Controlling, im Büro usw.,
- Entwicklung betrieblicher miteinander kooperierender Anwendungssysteme und integrierter Kommunikationssysteme, hierzu gehören auch „geregelte arbeitsteilige Anwendungssysteme", die in der Regel über ein Rechnernetz verteilt sind

und die die Datenverwaltung und die Arbeitsabläufe steuern und koordinieren *(Workflow-Management-Systeme)*,
- computerunterstützte Arbeitsplätze und Kommunikation,
- Informationsmanagement,
- Informatik-Markt (einschl. Berufstätige, Anbieter, Nachfrager),
- Einsatzmöglichkeiten und Beurteilung der (Basis-)Technologien und der Informatikmethoden.

Wortproblem (engl. *word problem*): Entscheidungsproblem (↑ Entscheidbarkeit). Sei K eine Klasse von (formalen) ↑ Sprachen. Das Wortproblem für K ist die Frage nach einem Algorithmus, mit dem man für jede durch eine formale Beschreibung aus K gegebene Sprache L und jedes Eingabewort x entscheiden kann, ob x in L liegt oder nicht.

Will man zusätzlich zur Frage, ob x in L liegt, einen Ableitungsbaum gewinnen, so spricht man von ↑ syntaktischer Analyse.

Die ↑ entscheidbaren Mengen (Sprachen) sind diejenigen Sprachen, für die es einen solchen Entscheidungsalgorithmus gibt. Für allgemeine (Chomsky-)Grammatiken ist das Wortproblem nicht entscheidbar und gleichwertig zum ↑ Halteproblem.

Beschreibt man die ↑ Syntax von Programmiersprachen durch Grammatiken, so müssen diese ein entscheidbares Wortproblem besitzen. Anderenfalls könnte ein ↑ Übersetzer gar nicht feststellen, ob eine beliebige Zeichenfolge ein Programm der Sprache ist oder nicht. Für kontextsensitive und kontextfreie Grammatiken ist die Entscheidbarkeit des Wortproblems gewährleistet.

Es ist ein offenes Problem, mit welchem Zeitaufwand das Wortproblem für allgemeine kontextfreie Grammatiken gelöst werden kann.

Zähler (engl. *counter*): ↑ Schaltwerk mit Speichergliedern, das außer dem Takteingang keine weiteren Eingänge besitzt und bei Eingabe einer Folge von Taktimpulsen (↑ Takt) bestimmte Zyklen von Zuständen durchläuft, also z. B. von 0 bis 9 zählt und anschließend wieder bei 0 beginnt. Bei diesem Übergang kann eine Ausgabe erfolgen mit Aussendung eines Signals in jedem zehnten oder allgemein in jedem n-ten Takt. Einen Zähler, bei dem die Zustände eines Zyklus die Dualzahlen von 0 bis $n-1$ sind, bezeichnet man als *n-Zähler* oder *Zähler modulo n*.

Abb. 1: Schaltzeichen für einen *n*-Zähler (CTRDIV *n* steht für engl. *counter dividing by n*)

Abb. 1 zeigt das Schaltsymbol eines *n*-Zählers. Links ist der Takteingang. Die Ausgangsleitungen rechts führen im *i*-ten Takt die Dualdarstellung der Zahl *i*, jeweils modulo *n*.

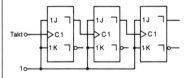

Abb. 2: 8-Zähler

Technisch realisiert man Zähler häufig durch Zusammenschaltung von ↑ JK-Flipflops (Abb. 2).

Man unterscheidet Vorwärts- und Rückwärtszähler.

Zeichen 542

Z **Zeichen** (engl. *character*): Ein Element aus einer zur Darstellung von ↑Information vereinbarten endlichen Menge. Die Menge wird *Zeichenvorrat* genannt. Einen geordneten Zeichenvorrat bezeichnet man als ↑Alphabet. Verwendet man zur Codierung (↑Code, ↑ASCII-Code, ↑EBCDI-Code) von Zeichen Bitfolgen (↑Bit), so hängt die Größe des Zeichenvorrats von der Länge der Bitfolgen ab: Mit jedem zusätzlichen Bit verdoppelt sich die Zahl der darstellbaren Zeichen. Ein ↑Byte erlaubt einen Zeichenvorrat von $2^8 = 256$ Zeichen.

Häufig verbindet man den Begriff des Zeichenvorrats mit der Menge der auf einem Drucker oder ↑Bildschirm an jeder Schreibposition darstellbaren Zeichen. In diesem Fall spricht man auch häufig vom *Zeichensatz*. Textverarbeitungssysteme stellen solche Zeichensätze in verschiedenen Schriftarten und Größen dar.

Eine endliche Aneinanderreihung von Zeichen bezeichnet man als *Zeichenfolge, Zeichenkette* (engl. *string*) oder *Wort*. Die Begriffe „Zeichen" und „Symbol" werden häufig synonym verwendet.

Zeiger *(Verweis, Referenz;* engl. *pointer)*: In einem Lexikon kommt ein Begriff an vielen Stellen vor; er wird jedoch nur einmal definiert, und wenn er irgendwo auftritt, wird ein Verweis auf die definierende Stelle eingetragen. Zum Beispiel wird unter dem Stichwort „Zeiger" im vorliegenden Schülerduden Informatik mehrfach der Begriff der Variablen benötigt; es wäre unsinnig, ihn hier nochmals zu erklären; stattdessen setzen wir durch „↑Variable" einen Verweis oder Zeiger ein. Ähnlich werden Zeiger in der Informatik verwendet, wobei es zusätzliche Operationen gibt, mit denen man sogar den Wert, auf den gezeigt wird, verändern kann.

Eine Variable vom ↑Datentyp „Zeiger" kann als Werte ↑Bezeichner annehmen, wobei in bestimmten Programmiersprachen nur Bezeichner von Objekten eines festzulegenden Datentyps erlaubt sind. Als ↑Schlüsselwort verwendet man oft ref oder einen senkrechten Pfeil „↑". Eine Zeigervariable, welche als Werte Bezeichner von ganzzahligen Objekten annehmen kann, deklariert man zum Beispiel wie folgt:

var intzeiger: ↑integer;

In grafischen Darstellungen werden Zeiger als gerichtete Pfeile gezeichnet (vgl. Abb. 1 bis 11 auf den folgenden Seiten).

In einer ↑Assemblersprache sind die Bezeichner der Objekte ↑Adressen des Speichers, sie stehen daher dem Programmierer in Form von Zahlen zur Verfügung. In höheren ↑Programmiersprachen sind die Bezeichner der Objekte nicht direkt zugänglich; wenn x eine Zeigervariable ist, so erzeugt man mittels new(x) ein Objekt mit einem Bezeichner, der nach außen nicht bekannt gegeben und der Variablen x als Wert zugewiesen wird. Soll eine Zeigervariable keinen Bezeichner als Wert besitzen, so erhält sie in ↑PASCAL den konstanten Wert nil (in anderen Programmiersprachen auch none oder null). Meint man nicht die Zeigervariable x, sondern den Wert (also den Bezeichner des Objekts, auf das x zeigt), so schreibt man in PASCAL „x↑"; man sagt dann, man „dereferenziert" x, oder man „folgt" dem Verweis x.

Man muss also stets (vor allem bei Vergleichen und Zuweisungen) sorgfältig unterscheiden, ob durch einen Ausdruck mit Zeigervariable der Zeiger selbst angesprochen wird oder ob das Objekt, auf das der Zeiger verweist, gemeint ist.

Beispiel:
Gegeben seien zwei Zeiger p und q, definiert durch

var p,q : ↑ integer.

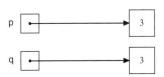

Abb. 1: Zwei Zeiger vom Typ ↑ integer

Abb. 1 zeige die aktuelle Belegung von p und q. Dann gilt offenbar

p ≠ q,

denn p und q zeigen auf unterschiedliche Objekte, aber

p↑ = q↑,

denn die Werte der Objekte, auf die p und q zeigen, sind gleich.

Abb. 2: Ausgangssituation

Führt man in Abb. 2 die Zuweisung

p := q

durch, so erhält man Abb. 3.

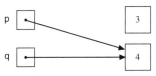

Abb. 3: Situation nach p := q

Man beachte, dass auf das Objekt, auf das vorher p gezeigt hat, nicht mehr zugegriffen werden kann. Die Zuweisung

p↑ := q↑

führt hingegen zu Abb. 4.

Abb. 4: Situation nach p↑ := q↑

Mithilfe von Zeigern kann man ↑ Datenstrukturen variabler Größe aufbauen *(dynamische Datenstrukturen)*. Das dabei entstehende Geflecht ist mathematisch gesehen ein ↑ Graph.

Beispiel:
Um eine vorher nicht bekannte Anzahl von Zahlen einzulesen und zu speichern, wird im Folgenden eine ↑ lineare Liste benutzt. Als Datenstruktur wird ein ↑ Record mit einer ganzen Zahl und einem Zeiger als Komponenten zugrunde gelegt:

```
type liste = record
             wert: integer;
             nächstes: ↑ liste
             end;
var alt,neu,K: ↑ liste;
...
while „weitere Eingaben" do
begin
  new(neu);
  (* Erzeugen eines neuen
     „liste"-Records *)
  read(neu↑.wert);
  (* neu↑ ist der Bezeichner
     des erzeugten Records *)
  neu↑.nächstes := nil;
  alt↑.nächstes := neu;
  (* Verketten des neuen Records
     mit den bisher erzeugten *)
  alt := neu
end;
```

Zeiger

Zur Erläuterung: Es möge bereits eine Liste erstellt sein, auf deren letztes Element die Zeigervariable alt und auf deren erstes Element eine Zeigervariable K weist (Abb. 5).

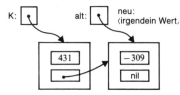

Abb. 5: Liste mit zwei Elementen

Es soll nun eine weitere Zahl (z. B. 66) eingelesen werden. Die erste Anweisung der while-Schleife führt zur Situation in Abb. 6.

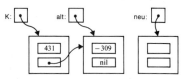

Abb. 6: Liste nach Ausführung der Anweisung new(neu)

read (neu↑.wert) füllt die Komponente wert von neu↑ mit der Zahl 66. neu↑.nächstes := nil setzt die andere Komponente auf nil (Abb. 7).

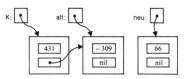

Abb. 7: Liste nach Ausführung der Anweisungen read(neu↑.wert) und neu↑.nächstes := nil

alt↑.nächstes := neu füllt die Komponente nächstes des Objekts, auf das alt zeigt, mit dem Bezeichner, der in neu steht (Abb. 8).

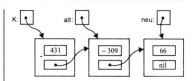

Abb. 8: Liste nach Ausführung der Anweisung alt↑.nächstes := neu

Schließlich wird die Zeigervariable alt auf den Wert der Zeigervariablen neu gesetzt, und man erhält eine um ein Element verlängerte Liste, auf deren letztes Element wiederum alt zeigt (Abb. 9).

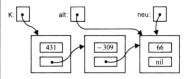

Abb. 9: Liste nach Ausführung der Anweisung alt := neu

Ein Zeiger wird auch als *Referenz* bezeichnet: Die Zeigervariable K, die auf das erste Element der obigen Liste verweist, ist eine Referenz auf dieses Element. Entsprechend enthält jedes Listenelement eine Referenz zum nachfolgenden. Das letzte Listenelement ist von K aus über drei Referenzen erreichbar.

Lässt man Bezeichner von Zeigervariablen als Werte von anderen Zeigervariablen zu, so kommt man zum Begriff der *Referenzstufe:* Konstanten besitzen die Referenzstufe 0, weil ihr Bezeichner direkt für einen bestimmten Wert steht und bei ihnen kein Speicherzugriff erforderlich ist. Jede Variable, die auf ein Objekt der Referenzstufe i zeigt, besitzt die Referenzstufe $(i+1)$. Normale Variablen eines Programms erhalten also die Referenzstufe 1, Zeigervariablen die Referenzstufe 2, Zeigervariablen, deren Werte die

Bezeichner von Zeigervariablen der Referenzstufe 2 sind, die Referenzstufe 3 usw. Man kommt in der Praxis mit Variablen der Referenzstufen 1 und 2 aus, weil man höhere Referenzstufen über eine Kette von Referenzen (ähnlich der obigen Liste) der Stufe 2 nachbilden kann. Zum Beispiel treten Variablen der Referenzstufe 2 bei der Parameterübergabe ↑call by reference auf.

Klassifizierung und Beschaffung von Informationen beruhen weitgehend auf Zeigern. Ein Adressenverzeichnis, eine Liste von eingeklebten Fotografien, der Autorenkatalog in einer Bibliothek, der Verweis auf die Herstellung der Beilagen in einem Kochrezept: Dies alles sind Beispiele für Zeiger im Alltag. Auch in der Informatik spielen Zeiger eine zentrale Rolle. Auf größere Datenbestände greift man über Zeiger zu, und wenn man Daten sortiert, dann genügt es, die „darüber liegenden" Zeiger umzusetzen.

Beispiel:
Man betrachte den ↑Baum in Abb. 10, in dessen Blättern die Daten (hier: Zahlen) stehen. Die Daten wurden in der Reihenfolge, in der sie gelesen wurden, eingefügt.

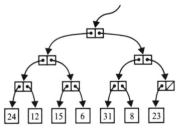

Abb. 10

Will man die Daten sortieren, d. h., ein Links-Rechts-Durchlauf oder Inorder-Durchlauf (↑Baumdurchlauf) soll die Daten in geordneter Reihenfolge ergeben, dann muss man nur die Zeiger umsetzen (Abb. 11).

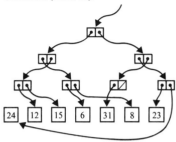

Abb. 11

Dies ist z. B. sinnvoll, wenn statt der Zahlen sehr umfangreiche Daten abgelegt wurden. Der Zugriff auf Daten in einer ↑Datenbank erfolgt oft über Zeiger.

Allgemein nennt man Gebilde, die mit Zeigern aufgebaut werden, auch *Geflechte*. Der Umgang mit Zeigern erfordert viel Erfahrung und Sorgfalt, da Geflechte, die sich dynamisch ändern, schwer durchschaubar sind. In funktionalen und prädikativen ↑Programmiersprachen werden sie nicht verwendet, sondern durch Rekursion ersetzt.

Zentraleinheit:
1. (engl. *central processing unit*, Abk. CPU; *Rechnerkern*) Unter Zentraleinheit versteht man oft den Rechnerkern, der alle Funktionseinheiten umfasst, um ↑Befehle interpretieren und ausführen zu können. Der Rechnerkern unterteilt sich in das ↑Rechenwerk und in einen Ein-/Ausgabeprozessor, der die Kommunikation mit Speichern, Peripheriegeräten (↑Peripherie) und/oder anderen Rechnern über Netze herstellt. Der Rechnerkern verfügt nur über begrenzten Speicher (z. B. einige ↑Register) einschließlich der Mikroprogrammspeicher (↑Mikroprogrammierung). Die einzelnen

Zielprogramm

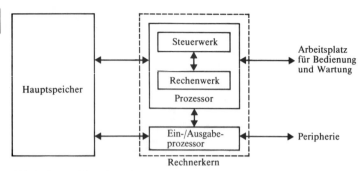

Abb. 1: Zentraleinheit eines Einprozessorsystems

Teile des Rechnerkerns können auch durch mehrere ↑Prozessoren realisiert sein. Der Rechnerkern wird in der Regel auf einem ↑Chip untergebracht; er bildet die zentrale Steuerung eines ↑Mikroprozessors.

2. Im allgemeineren Sinne fasst man unter Zentraleinheit den Rechnerkern und den ↑Hauptspeicher zusammen.

Abb. 1 zeigt den Aufbau der Zentraleinheit eines Einprozessorsystems, Abb. 2 den Aufbau der Zentraleinheit eines Mehrprozessorsystems.

Zielprogramm: Ein ↑Übersetzer übersetzt Programme einer Programmiersprache A in Programme einer Programmiersprache B. Das aus einem Programm p der Sprache A übersetzte Programm q der Sprache B bezeichnet man als Zielprogramm von p. Spezielle Zielprogramme q sind die ↑Objektcodes, bei denen B eine ↑Maschinensprache ist.

Zufallszahl (engl. *random number*): Eine Zahl, die rein statistisch („zufällig") aus einer Menge von Zahlen herausgegriffen wird. Eine (unendliche) Folge von Zahlen ohne (algorithmisches) Bildungsgesetz heißt *Zufallszahlenfolge*. Zufallszahlenfolgen erfüllen nur statistische Gesetzmäßigkeiten. Sie werden zur Simulation zufälli-

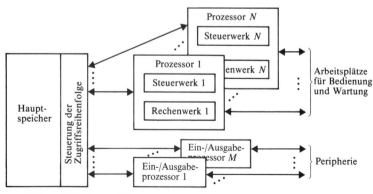

Abb. 2: Zentraleinheit eines Mehrprozessorsystems

Zufallszahlengenerator

ger Ereignisse verwendet. Man erzeugt Zufallszahlenfolgen durch Messung physikalischer zufälliger Vorgänge (z. B. Atomzerfall) oder näherungsweise durch spezielle Algorithmen (↑ Zufallszahlengenerator).

Zufallszahlengenerator: Verfahren, das eine Folge von Zahlen erzeugt, die möglichst viele Eigenschaften einer Zufallszahlenfolge (↑ Zufallszahl) besitzt. Da die Folge jedoch durch ein Verfahren, also einen deterministischen (↑ Determinismus) Algorithmus erzeugt wird, kann sie prinzipiell nicht zufällig angeordnet sein. Man spricht daher in diesem Zusammenhang besser von *Pseudozufallszahlen.* Viele Programmiersprachen verfügen über Sprachelemente zur Erzeugung von Pseudozufallszahlen, z. B. RND in ↑ BASIC oder random in ↑ PASCAL. Die erzeugten Zahlen liegen meist gleichverteilt im Intervall [0, 1), für sie gilt also $0 \leq x < 1$. Pseudozufallszahlen aus anderen Intervallen lassen sich leicht hieraus gewinnen.

Folgende Funktion, die wiederholt auf eine Variable z angewandt wird, ist ein typisches Beispiel für einen Zufallszahlengenerator:

```
function zufall (var z: integer): real;
const a = 897;  c = 2111;
       p = 123456;
begin
   z := (a * z + c) mod p;
   zufall := z/p
end;
```

Für den Anfangswert $z = 13$ liefert zufall die Zahlenfolge der Tabelle 1. Man nennt p den *Modul,* a den *Faktor* und c die *Verschiebung.* Von der Wahl der Werte a und p in der Funktion zufall hängt die Güte des Zufallsgenerators ab. Da es z. B. nur p verschiedene Reste modulo p gibt, wiederholt sich die Zahlenfolge spätestens nach p Funktionsaufrufen. In der Praxis sollte

z	z/p (Pseudo-zufalls-zahlen)	Würfel
13	0,00010530067	1
13772	0,11155391394	1
9995	0,08096001814	1
78794	0,63823548470	4
63497	0,51432899170	4
45704	0,37020476931	3
11207	0,09077728097	1
54854	0,44432024364	3
70661	0,57235776308	4
52100	0,42201270088	3
69443	0,56249189994	4
...	...	...

Tab. 1: Folge der Pseudozufallszahlen der wiederholt angewendeten Funktion zufall für den Anfangswert $z = 13$

p möglichst groß, a zwischen $\sqrt{p}$ und p und c ungerade gewählt werden. Wählt man ohne Überlegung irgendwelche Zahlen p, a und c, so erhält man fast immer einen ungeeigneten Pseudozufallszahlengenerator. Auch die in Tabelle 1 gewählten Zahlen sind (vermutlich) für die Praxis unbrauchbar. Geeignete Zahlen kann man nur aufgrund umfangreicher Testreihen ermitteln. Für sehr große Simulationen sollen sich folgende Zahlen bewährt haben:

$a = 5^{13}$
$c = 29.741.096.258.473$
$p = 2^{48}$

Auch die Werte $a = 13^{13}$, $c = 0$ und $p = 2^{59}$ gelten als gut.

Hinweis: Mit einer Zweierpotenz als Modul lässt sich die Modulo-Bildung im obigen Algorithmus leicht in der Maschinensprache durch Abschneiden führender Binärstellen realisieren.

Zuweisung 548

Je kleiner p und c gewählt werden, umso schlechter ist der Pseudozufallszahlengenerator. p sollte auf jeden Fall weit über 1 Million liegen.

Zur Erzeugung von Pseudozufallszahlen in anderen Wertebereichen muss die durch zufall gelieferte Zahl geeignet transformiert werden. Für die Simulation des Würfelns eignet sich z. B. der Wert

trunc $(6 * \text{zufall}(z) + 1)$

(Tabelle 1, letzte Spalte). In der Praxis darf man auf keinen Fall die letzten Ziffern von z verwenden. Die Folge, die sich durch

$(z \underline{\text{ mod }} 6) + 1$

ergibt, ist auch nicht annähernd zufällig, da die letzten Ziffern sehr engen Gesetzmäßigkeiten genügen, die für weiter vorne stehende Ziffern von z nicht mehr zutreffen.

Zuweisung *(Wertzuweisung):* Die Zuweisung gehört zu den elementaren ↑Anweisungen in imperativen ↑Programmiersprachen. Durch eine Zuweisung erhält eine ↑Variable einen neuen Wert.

In vielen Programmiersprachen (wie ↑PASCAL oder ↑ALGOL 60 zum Beispiel) hat die Zuweisung die Form:

⟨Variablenname⟩ := ⟨Ausdruck⟩.

Beispiele:

pi := 3.14159;
zaehler := zaehler + 1;
f := pi $*$ sqr(r);

Anhang

Projektunterricht

Der Begriff des Projekts im Bereich von Schule und Unterricht geht auf Arbeiten von J. Dewey und W. H. Kilpatrick in den 1920er-Jahren zurück. Sie definieren ein *Projekt* als

„planvolles Handeln von ganzem Herzen, das in einer sozialen Umgebung stattfindet".

Etwas sachlicher spricht man aus pädagogischer Sicht von einem Projekt bei einer längeren, fächerübergreifenden Unterrichtseinheit, die durch Selbstorganisation der Lerngruppe gekennzeichnet ist und bei der der Arbeits- und Lernprozess ebenso wichtig ist wie das Ergebnis oder Produkt, das am Ende des Projekts steht.

Folgende Merkmale sind für einen Projektunterricht charakteristisch:

- *Situationsbezug und Lebensweltorientierung.*
  Projektthemen entstammen der Lebenswelt der Schüler und sind inhaltlich nicht an Fachwissenschaften und somit nicht an Schulfächer gebunden.

- *Orientierung an Interessen der Beteiligten.*
  Wünsche, Bedürfnisse und Abneigungen der Projektbeteiligten (Lehrer *und* Schüler) beeinflussen den Projektverlauf.

- *Selbstorganisation und Selbstverwaltung.*
  Schüler und Lehrer bestimmen gleichberechtigt Ziel, Planung, Durchführung und Bewertung des Projekts. Dies ist eines der wichtigsten Merkmale, das den Projektunterricht vom traditionellen Unterricht abgrenzt. Wichtig sind hierfür regelmäßig eingeschobene Reflexionsphasen *(Fixpunkte),* bei denen sich die Schüler über den Stand ihrer Aktivitäten unterrichten, das bisher Erreichte kritisch durchgehen und die weiteren Schritte planen. Ferner sollten diese Phasen zur Diskussion über gruppeninterne Prozesse, wie z. B. den gegenseitigen Umgang, Diskussionsstile, Sympathien und Antipathien, genutzt werden.

- *Gesellschaftliche Praxisrelevanz.*
  In Projekten soll die Wirklichkeit nicht nur beobachtet, gespeichert, analysiert oder simuliert, sondern *verändert* werden, auch wenn die Veränderungen noch so klein sind. Dieser Aspekt hilft zu verhindern, dass Projektarbeit zur „Bastelarbeit in der Dachkammer" degeneriert.

- *Zielgerichtete Projektplanung.*
  Projektarbeit ist kein Lernen mit offenem Ende; stets steht am Ende ein gewisses Ziel, auf das man sich durch fortlaufende Planung und Korrektur bisheriger Aktivitäten zubewegt und nach dessen Erreichen das Projekt endet.

- *Produktorientierung.*
  Am Schluss des Projekts steht nicht nur der schwer zu benotende Lernerfolg, sondern vor allem ein vorzeigbares Produkt (z. B. ein Film, ein Bericht, ein Modell, ein Programm mit Dokumentation), das der Öffentlichkeit zugänglich gemacht wird und sich der öffentlichen Bewertung und Kritik stellen muss.

- *Einbeziehen vieler Sinne.*
  Dieses Merkmal betrifft in erster Linie die Vereinigung von Denken und Handeln (Lernen als ganzer Mensch), also das Entwickeln und Einbeziehen körperlicher Fähigkeiten und handwerklicher Fertigkeiten in den Unterricht, der traditionell vor allem durch geistige Tätigkeit geprägt ist.
- *Soziales Lernen.*
  Gemeinsames Lernen und Handeln in Gruppen durch Kommunikation der Schüler untereinander und mit dem Lehrer als gleichberechtigtem Mitglied. Beim Projektunterricht ist nicht nur das Ziel von Bedeutung, sondern auch der Weg dorthin. So kann ein Projekt auch dann erfolgreich sein, wenn das Ziel nicht erreicht wird, die Schüler aber gelernt haben, Konflikte zu lösen und kooperativ zu arbeiten.
  Dieser Aspekt gewann vor allem Ende der 1960er-Jahre zunehmende Bedeutung, als der Projektunterricht durch die Bestrebungen zur Reform des allgemeinbildenden Schulwesens systemkritischen Charakter erlangte: „Projekte sollten durch soziales Lernen ein Gegengewicht zum traditionellen leistungsorientierten Lernen schaffen". Dies hat schließlich dazu geführt, dass ein projektorientierter Unterricht heute in allen Schulformen seinen festen Platz in Form von Projekttagen und -wochen gefunden hat.
- *Interdisziplinarität.*
  Projektunterricht ist fächerübergreifend, d. h., verschiedene Fächer sollen einen Beitrag zum Projekt leisten.

Anders als in Fächern, wo Projektunterricht lediglich als Unterrichtsmethode fungiert, keinen unmittelbaren Bezug zum Fach besitzt und daher leicht aufgesetzt wirken kann, ist er innerhalb der Informatik auch methodisch verankert.

Man darf hierbei jedoch nicht den pädagogischen und den informatischen Projektbegriff miteinander verwechseln. In der Informatik dominiert projektartiges Vorgehen bei der *Software-Entwicklung,* wo es als Methode zur Verbesserung der Produkte und zur Leistungs- und Effizienzsteigerung eingesetzt wird, während diese Leistungsorientierung durch ein Projekt im pädagogischen Sinne (soziales Lernen) ja gerade abgemildert werden soll.

Die unterschiedlichen Auffassungen des Projektbegriffs konkretisieren sich auch in der Rolle der Teamarbeit: Während die Teammitglieder in pädagogischen Projekten für die gesamte Projektlaufzeit konsequent kooperieren, erledigen die Mitglieder informatischer Projekte ihre Aufgabe über weite Strecken unabhängig voneinander in sehr kleinen Gruppen oder in Einzelarbeit. Es ist oft sogar das Ziel gängiger Software-Engineering-Methoden (z. B. Modularisierung), die Gruppe aufzuteilen und die Teammitglieder voneinander zu trennen, um im Hinblick auf die gewünschte Leistungssteigerung eine möglichst optimale Parallelisierung der Entwicklungsaktivitäten zu erzielen. Strategien zur Kombination beider Projektbegriffe und zur Vermeidung negativer Begleiterscheinungen durch geschickte Zusammenstellung von Modulteams sowie durch weitere organisatorische Maßnahmen behandeln wir im Folgenden.

Projektunterricht 552

Teamarbeit

Eines der wichtigsten Lernziele des Projektunterrichts ist die Fähigkeit zur kooperativen Arbeit und zur Konfliktlösung in Gruppen. Die klassischen Teamstrukturen bei Informatikprojekten, etwa die *hierarchische Organisation* (Beispiel in Abb. 1) oder das *Chef-Programmierer-Team* (Beispiel in Abb. 2) scheinen unter diesem Aspekt für die Schule ungeeignet, da sie entweder zwischen den Schülern hierarchische Beziehungen herstellen oder auf dem Spezialistentum einzelner Schüler basieren.

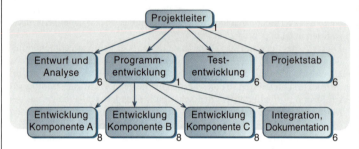

Projektleiter: Verbindungen zum Auftraggeber, Management des Projekts, Einrichtung von Arbeitsgruppen, Einholen von Fortschrittsberichten

Projektstab: administrative Aufgaben wie Termin- und Kostenkontrolle, Schulungen, Anfertigung von Richtlinien

Entwurf und Analyse: Entwurf des Gesamtsystems, Herstellung der Entwicklungsdokumentation, Leistungsanalyse

Programmentwicklung: Implementierung, Funktions- und Leistungsüberprüfung sowie Dokumentation der Module

Testentwicklung: Integrations- und Installationstest

Abb. 1: Beispiel für eine hierarchische Teamorganisation mit 50 Mitarbeitern (Zahlen an den Kästen sind Vorschläge für Personalzuweisungen)

Zu bevorzugen ist stattdessen eine Teamstruktur,
- in der alle Teammitglieder annähernd gleichberechtigt sind,
- die über die gesamte Projektlaufzeit zwischen allen Teammitgliedern Berührungspunkte (Kommunikationspflicht, gemeinsame Ziele) enthält.

Folgendes Modell dient diesen Zielen:
1) Die Phasen „Problemanalyse" und teilweise „Entwurf" des Softwarelebenszyklus werden vom Team gemeinsam durchgeführt. Einzelfragen können im kleineren Kreis von kurzfristig zusammengestellten Ausschüssen und Arbeitsgruppen mit wechselnder Besetzung bearbeitet und die Ergebnisse der gesamten Gruppe zur Beschlussfassung vorgelegt werden.

Projektunterricht

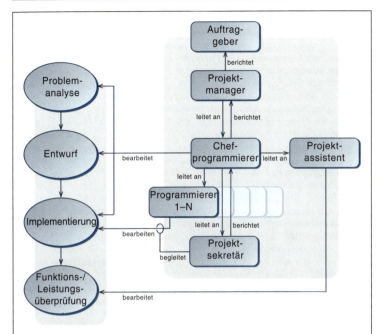

Projektmanager: Kontakt zum Auftraggeber, Finanzverwaltung

Chefprogrammierer: Projektverantwortlicher, entwirft System vollständig, implementiert wesentliche Teile, Einblick in das System, Kontrolle des Projektfortschritts

Projektassistent: Assistent und Vertreter des Chefprogrammierers, Planung der Testphase

Projektsekretär: Entlastung der Programmierer von der Verwaltung der Module, Listings, Testdaten, Schnittstellen, Kenntnis über Projektfortschritt

Abb. 2: Chef-Programmierer-Team (Empfehlung: $N \leq 10$, oft sogar $N \leq 6$)

2) Nach der Aufteilung des Gesamtsystems in Module werden Kleingruppen gebildet, die jeweils ein Modul bearbeiten. Jede dieser Gruppen ist für die Durchführung, Fertigstellung und Dokumentation ihrer Teilaufgaben allein zuständig und verantwortlich. In regelmäßig stattfindenden Sitzungen berichten die Teilnehmer dem Plenum über Lösungsansätze und den Stand ihrer Arbeit.
Bei der Gruppenaufteilung sollten die Wünsche der Mitglieder zwar weitgehend berücksichtigt werden, jedoch ist darauf zu achten, dass die Kleingruppen möglichst gut durchmischt sind, d. h., jedes Teammitglied gehört mindestens zwei Kleingruppen an, und je zwei Personen arbeiten in

Projektunterricht

höchstens einer Kleingruppe zusammen. Ferner sollten innerhalb des Klassenverbandes bereits bestehende Cliquen nach Möglichkeit auf unterschiedliche Gruppen aufgeteilt werden.

3) Jedes Teammitglied stellt der gesamten Projektgruppe über seine modulspezifischen Aufgaben hinaus eine oder mehrere Dienstleistungen zur Verfügung. Mögliche Aufgaben, die je nach Größe des Projekts durch einen oder zwei Mitglieder übernommen werden können, sind:

- *Rechnerbeauftragter,* eine mit den Feinheiten von Hardware und Betriebssoftware besonders vertraute Person;
- *Projektüberwacher,* der die Arbeiten der einzelnen Gruppen koordiniert, Meilensteinpläne entwirft und einen Überblick über den Stand der Arbeitsgruppen besitzt. Der Projektüberwacher ist *kein* Projektleiter, er ist nicht verantwortlich und hat auch keine Weisungsbefugnis;
- *Schnittstellenbeauftragter,* der die Einhaltung der Schnittstellen zwischen unterschiedlichen Modulen kontrolliert, Schnittstellenwünsche weiterleitet und zwischen den Gruppen vermittelt. Sind alle Module fertiggestellt und getestet, übernimmt der Schnittstellenbeauftragte die Integration des Gesamtsystems;
- *Tester,* der die einzelnen Module entsprechend der Spezifikation testet und ggf. Testumgebungen entwirft;
- *Dokumentar,* der die phasenbegleitenden Dokumente der Arbeitsgruppen sammelt, systematisiert und den jeweiligen Phasenendbericht sowie schließlich die Gesamtdokumentation herausgibt;
- *Kümmerer,* der sich um nichtinhaltliche Angelegenheiten sorgt, wie Herrichtung des Klassenraumes für eine Plenumssitzung (Kaffee, Kekse), Besorgung von Literatur usw.

Neben diesen Aufgaben fungiert jedes Teammitglied bei den Plenumssitzungen reihum als *Sitzungsleiter* und *Protokollführer.*

Themenwahl

Schüler sollten bei der Wahl der Aufgabenstellung weitgehend beteiligt werden. Zwei Vorgehensweisen bieten sich an:

- Die Lehrkraft stellt verschiedene Themen zur Auswahl. Jeder Themenvorschlag besteht mindestens aus der Aufgabenstellung, den Abgabeterminen für Anforderungsdefinition und Gesamtprodukt und einem Rahmen für das Sollkonzept nach folgendem Muster:

  Zielgruppe:
  Lernziele:
  Aufgabe:
  Abgabetermine:
  Sollkonzeptrahmen:
  1. Systemziele
  2. Benutzermodell
  3. Basismaschine
  4. Benutzerschnittstelle
  5. Erweiterungsmöglichkeiten

Die Schüler und Schülerinnen einigen sich auf ein Thema.
Vorteil des Verfahrens: Der Lehrer kann Projekte initiieren, die er bereits früher einmal erprobt hat und die so weit vorstrukturiert sind, dass der Projekterfolg gewährleistet ist.

- Die Jugendlichen machen in einem Brainstorming-Verfahren selbst Vorschläge und entscheiden sich unter Beteiligung der Lehrkraft für ein Thema.
  In diesem Fall geht dem Phasenmodell noch eine „Problemfindungsphase" voraus. Hier muss die Klasse sich intensiv mit den vorgeschlagenen Themen auseinander setzen, um Fehlentscheidungen zu vermeiden. Eine Möglichkeit zur Durchführung des Entscheidungsprozesses besteht darin, die vorgeschlagenen Themen jeweils ein bis zwei Schülern zur Grobanalyse zu übertragen, die danach der Klasse vorgestellt wird. Hierbei ist zu klären, ob das gewählte Projektziel erreichbar scheint oder ob schwierige Probleme bei der Durchführung auftauchen könnten.
  Es ist empfehlenswert, diesen Ansatz auf die letzten Klassen der Sekundarstufe II zu beschränken.

Einige Kriterien für die Auswahl von Projektthemen:

- *Realitätsbezug:* Themen sollten aus dem unmittelbaren Umfeld der Schüler stammen.
- *Realisierbarkeit:* Die Leistungsfähigkeit des Rechnersystems sollte für die Problemlösung ausreichen.
- *Vorarbeiten:* Der Zeitaufwand für Vorarbeiten (Literaturbeschaffung, Erarbeitung von weiteren Kenntnissen) sollte nicht zu hoch sein.
- *Modularisierbarkeit:* Das Thema sollte im Hinblick auf ein arbeitsteiliges Vorgehen möglichst gut zerlegbar sein, wobei die Einzelbausteine noch hinreichend komplex sein müssen.
- *Reduzierbarkeit/Erweiterbarkeit:* Das Thema sollte so weit reduzierbar sein, dass die vereinfachte Version noch lauffähig ist und alle Beteiligten zufrieden stellt. Andererseits sollten bei gutem Projektfortschritt Erweiterungsmöglichkeiten vorgesehen werden können.
- *Softwarelebenszyklus:* Möglichst alle Phasen des Softwarelebenszyklus sollten bei der Projektbearbeitung sichtbar werden. Dabei ist darauf zu achten, dass eine neue Phase erst begonnen wird, wenn die Schlussdokumente der vorherigen Phase vorliegen.
- *Rahmen der Anforderungsdefinition:* Die Problemstellung sollte noch genügend Freiraum für eigene Präzisierungen lassen und den Schülern Anreize zu selbstständigen Untersuchungen und Entdeckungen geben. Die abgelieferte Anforderungsdefinition ist umgekehrt daraufhin zu überprüfen, ob sie die geforderte Verbindlichkeit besitzt und als Vertragsgrundlage geeignet wäre.

Nach der Einführung in die Grundlagen der Informatik kann man pro Halbjahr ein Projekt durchführen.

Projektunterricht 556

Gruppenarbeit in der intensiven Form eines Projekts wird für die Jugendlichen i. A. eine neue Erfahrung sein. Daher werden die Gruppenprozesse relativ breiten Raum einnehmen. Um Informatikinhalte und das Projektziel nicht zu vernachlässigen, startet man zweckmäßigerweise mit kleinen Projekten in Gruppen zu zwei oder drei Teilnehmern und geht erst im Laufe der Zeit zu größeren Projekten mit Gruppen zu 8–10 oder mehr Teilnehmern über. Abb. 3 zeigt den prinzipiellen Ablauf eines Projekts noch einmal im Überblick. Hierbei sind die erwähnten pädagogischen und die informatischen Aspekte zu einer Einheit verknüpft.

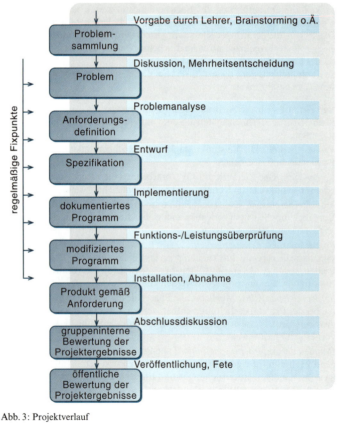

Abb. 3: Projektverlauf

Register

Register

Seitenzahlen in **fetter** Schrift stehen für die Hauptfundstelle, an der das Wort ausführlich erklärt wird.

A

Abakus 220
Abbildung **183**
Abbruch **7**
Abbruchbedingung 164, 439
abfallende Flanke 181
Abfrage 21
Abhängigkeitsnotation 323
Ablaufdiagramm 376
Ablaufplan 376
Ablaufprotokoll **7**, 129, 470, 505
ableitbar 198
Ableitung 198, 326
Ableitungsbaum **7**, 156, 199, 257, 360, 408, 451, 499, 521
Ableitungsregel 449
Ableitungsschritt 197
Abnahme **470**
Abnahmetest 470
abrunden 428
Abschottungssystem 229
absolute Adresse 11, 268
– Adressierung 13
Abstand, kleinster 367
abstrakter Automat **9**, 34, 447
– Datentyp 118, 315
abwärtskompatibel 28, 306
abzählbar 28, 133
ACID-Eigenschaft 513
Ackermann-Funktion **10**, 373, 420
ACR-NEMA 323
Ada **10**, 220, 263, 378, 380, 395
Addierwerk **10**, 536
Addition 11, 194, 246, 248, 350, 373, 403, 414, 434, 456, 521, 536
– von Vektoren 351
adjazent **200**
Adjazenzliste **201**, 513
Adjazenzlistendarstellung 272
Adjazenzmatrix **200**
ADPCM-Verfahren 250
Adressbus 76

Adresse **11**, 131, 284 f., 475, 538
Adressformat 11
Adressfunktion **11**
Adressierungsart **12**, 539
Adressraum 11, 480
Adressregister **14**
Adressteil **14**, 48
Agent **15**, 535
Aggregation 114, 232, 409
AI 265
Aiken, H. H. 221
Aiken-Code **15**, 243
Akkumulator **15**, 300, 306, 403, 413, 456, 539
aktiv 15, 395
aktive Daten 129
– Redundanz 175
Aktivierungszustand 331
aktueller Parameter 356, 443
Akustikkoppler **16**, 126
akzeptierte Sprache 517
Akzeptor 33
–, endlicher 163
Al-Charismi 220
ALGOL 60 **16**, 221, 368, 380, 458
ALGOL 68 **16**, 380
algorithmenorientierter Unterricht 135
algorithmische Geometrie **17**, 259, 261, 367, 539
Algorithmus **17**, 52, 85, 93, 131, 152, 167, 179, 184, 218, 220, 244, 268, 376, 516, 522
–, randomisierter **491**
–, stochastischer **490**
– von Kruskal 474
allgemeinster Unifikator 388
Alphabet **19**, 482, 542
alphanumerische Daten 129
alphanumerischer Bildschirm 61
Alternative 216, 344
ALU 308, 403
analog **19**, 136, 458
Analog-Digital-Umsetzer 20
Analogrechner **20**
Analphabetentum 482
Analyse, lexikalische **270**
AND-Funktion 522
Anfangsrekursion 418
Anforderungsdefinition 466, 554
Anforderungsspezifikation 481
Anfrage **20**

angewandte Informatik **219**
Anklicken 288, 290
Annotation 213
Anonymität 157
Anordnung 350, 495
Anpassbarkeit 463
Anschlussschacht 477
ANSI **21, 232**
ansteigende Flanke 181
Antialternative 337
Antikonjunktion 328
Antisymmetrie 350
antisymmetrisch 421
Antwortverhalten 399
Antwortzeit **21**, 269
Anweisung **21**, 258
–, bedingte **48**
Anweisungsüberdeckung 506
Anwender **21**
Anwendungsprogramm 21
Anwendungssoftware 463
Anzeigepuffer 148
APL **21**
AppleTalk 407
Applikation 380
applikative Programmiersprache 274, **380**
äquivalent 22, 444
Äquivalenz **21**, 311
– von Automaten 22
– von Zuständen 22
Äquivalenzproblem 53
Äquivalenzrelation 421
Arbeitnehmerinformationssystem 361
Arbeitsplatzstation **22**
Arbeitsspeicher **209**
arithmetischer Ausdruck 238, 257, 501
– Befehl 538
arithmetisch-logische Einheit **403**
ARPA-Netz 229, 407
array 176
artificial intelligence 265
ASCII-Code **22**, 79, 83, 206, 232, 250, 542
ASCII-Zeichensatz 24
ASIC 229
ASS 445
Assembler **23**, 285, 527
Assemblersprache 23, 287, 380
Assemblierer 23, 521
Assoziativspeicher **26**, 288, 331, 476
asynchron 126, 394

Register

asynchrone Unterbrechung 525
asynchrones Schaltwerk 498
Atom 273
atomar 484
Atomizität 513
Attribut **26**, 165, 292, 484
Attributname 484
Auffrischung 476
Aufruf **26**, 79–81, 356
– einer Prozedur 261 f., 392, 419, 426
aufrunden 428
Auftrag **27**, 241, 395
Aufwärtskompatibilität **27**
aufzählbar **28**, 84, 167, 180, 371, 517
Aufzählungstyp **28**, 358
Aufzeichnungsdichte 284, 477
Ausdruck **28**, 370, 372
–, arithmetischer 29, 42, 238
–, bedingter **48**
–, logischer 29
–, regulärer **416**
Ausführungseinheit 306
Ausführungsphase 51
Ausgabe 29
Ausgabedaten 129
Ausgabegerät 95, 321
ausgeglichener Baum **29**, 41, 43, 472, 497
Auslastung **32**
Ausnahmesituation 462
Ausprägung 227
Aussagenlogik 277
Auswahl 232
Authentifikation 264, 426
Authentifizierung 425
Authentizität 157
Automat **32**, 132, 238, 413, 500, 515
–, abstrakter **9**, 447
–, endlicher 33, **158**
–, linear beschränkter **270**
–, minimaler **311**
Automatentheorie 218
automatisches Beweisen 266
autonom 15
Autorensystem 97
Average-Case-Komplexität 245
AVL-Baum 29
Axiom 197
axiomatische Semantik 448, 528
Axon 331

B

Babbage, C. 220
Backbone-Netz 407
Backtracking **34**, 68, 99
Backtracking-Verfahren 387, 428, 482
backup 113, 282
Back-up-Kopie 149
Backus-Naur-Form **34**, 256 f.
balancierter Baum 29
bar code 235
BASEX 395
BASIC **36**, 380
Basis **38**
– des Stellenwertsystems 488
Basisadresse 13, 532
Basismaschine 465 f.
Basisregister 13, 306
Basistyp 319
Batchbetrieb 54
Baud **38**, 128
Baum **38**, 115, 138, 370, 372
–, ausgeglichener 43
–, ausgelichener **29**
–, binärer **62**
–, gerichteter 39
Baumdurchlauf **41**
B-Baum **42**, 495, 497 f.
BCD-Code **47**, 144, 243
Bd 38
Bedeutung einer Sprache 443
Bedeutungslehre 443
Bediener 346
Bedienzeit **21**
bedingte Anweisung **48**, 216, 258, 493, 534
– Schleife **439**
bedingter Ausdruck **48**, 216
– Sprung 484
Bedingung **48**, 275
Bedingungs-Ereignis-Netz 362
Bedingungsgatter 293
Befehl **48**, 50, 286, 346 f.
Befehlsformat **48**
Befehlsregister 489
Befehlssatz 50
Befehlsstrom 404
Befehlsvorrat **50**, 179, 295, 302, 308, 515
Befehlszählregister 489
Befehlszyklus **51**, 366

Begrenzer 51
Belastung 319
Beleg **51**
benchmark 58
Benutzer 51
Benutzerdokumentation 470
Benutzerfreundlichkeit **51**, 463
Benutzermaschine 465 f.
Benutzermodell 465, 519
Benutzermodus 309
Benutzerschicht 441
Benutzungsoberfläche **52**, 60, 96, 288, 344, 379, 518
Benutzungsschnittstelle 441, 465
beobachtbare Äquivalenz 21
berechenbare Funktion **52**, 85, 167, 195, 373, 414, 419 f., 516, 522
Berechenbarkeit **54**, 268, 340
berechnete Funktion 9, 184
Berechnungsmodell 244
Bereichsüberschreitung **54**, 269, 428, 537
bereit 395
Beschreibungskomplexität 223
Best-fit-Algorithmus 183
Betriebsart **54**, 126
– eines Mikroprozessors 309
Betriebsinformatik 540
Betriebsmittel **57**
Betriebsmittelverbund **406**
Betriebssystem **57**, 320, 346, 479, 522, 535
Bewertungskriterien 51 f., **58**, 399, 463
Bewertungsprogramm **58**, 269, 312
Bezeichner 35, **61**, 65, 99, 130, 256, 270, 285, 327, 440, 542
–, globaler 194
BFS 70
bidirektional **61**, 76, 242, 370
bijektiv 183
Bildbereich 183
Bildkompression **252**
Bildschirm **61**, 320, 367
–, grafikfähiger 61
Bildschirmeingabe 287
Bildschirmmaske 287
bildschirmorientierter Editor 149
Bildschirmtext **62**, 128, 511
Bildsequenz 267

Register

Bildung von Funktionsräumen 116
Bildverstehen 266
binär **62,** 346, 538
Binärcode **62,** 287
Binärdarstellung 482, 500
binärer Baum 41, **62,** 273
– Suchbaum 495
binäres Einfügen 472
– Suchen **63,** 455, 498
Binärsystem **143**
Bindelader **64,** 268
Binder **64,** 269, 378
Bindung **65,** 527
Bindungsbereich **65,** 66, 131
bipolare Schaltungen 228
bipolarer Speicher 203
bit **66**
Bit **66,** 78, 475, 542
Bitfehlerwahrscheinlichkeit 128
Bitmap-Terminal 195
b-Komplement 243
(b − 1)-Komplement 243
Blackbox-Test 505
Blank 82
Blanksymbol 515
Blatt 39
Block 65, **66,** 202, 281, 356, 442
Blockcode 88
Blockfaktor 282
blockiert 395
Blockierung 329
Blocklänge 282
blockorientierte Programmiersprache 66
Blockschachtelung 66
BNF 34
Bohnenproblem 530, 532
boolean **67,** 119
boolesche Algebra **67,** 433
– Funktion **68,** 137, 255, 433
– Variable 507
boolescher Ausdruck 169, 255, 277, 433
Booting 268
Bootstrapping **68,** 268
Bottom-up-Methode 467
bpi 477
bpi^2 477
bps 128
branch 533
Branch-and-bound-Verfahren **68,** 375
breakpoint 130

Breitbandkommunikation 231
Breitendurchlauf **70**
Browser 215, 230
Browsing **72**
Brücke 260
Bruder 39
BS 2000 57, 241
Btx 62
Bubblesort **72,** 349, 472
Buchstabe 19
Bucketsort **72,** 248
Bundesdatenschutzgesetz **74,** 111
Burks, A. W. 221
Bürokommunikation 321
Bus **76,** 442
Buscontroller 76
Bus-Interface-Einheit 306
Busy-Beaver-Funktion 54, **77,** 516
button 214
Byron, Ada A., Gräfin von Lovelace 220
Byte **78,** 144, 398, 475, 542

C

C **79,** 380
C++ 79, 521
Cache 306, 311, 477
CAD 97
CAE 98
CAI 97
call be need 358
– by name **79,** 262, 275, 357
– by reference **80,** 261, 357, 545
– by value **80,** 279, 357
– by value-result **81,** 262, 357
CAM 98
CAML-light 312
CAP 98
CAQ 98
car 273
carry 521
– bypass 351
– input 536
– look ahead 350
– output 536
case **82,** 117
CASE 471
CCITT 526
CCS 481
cdr 273
CD-ROM 322, **348**

central processing unit 545
Centronics-Schnittstelle **82,** 125
CF 250
char **82**
character 542
charakteristische Funktion **83,** 167, 249
Chef-Programmierer-Team 551
Chip **84,** 203, 228, 422, 546
Chomsky, A. N. 197
Chomsky-Grammatik 197
Chomsky-Hierarchie **84,** 167, 517
chr 83
Church, A. 268, 516
churchsche These **85,** 516
CIC 229
CIM 98
CISC **422**
CISC-Architektur 50, 295
Client-Server-Architektur **85,** 406
Cliquenproblem **87,** 246, 249
closed world assumption 384
CMOS 320
CNC-Maschine **328**
COBOL **87,** 221, 368, 380
Code **88,** 206, 347
–, fehlerkorrigierender 349
–, mnemonischer 313
Code-Erzeugung 452
Codegenerator **89,** 452, 521
Code-Inspektion 505
Code-Optimierung **89,** 413, 521
Codierer **90**
Codierung 88, 242, 522
Codomain 183
Collatz-Funktion 417
Colmar, T. de 220
COLOSSOS 220
COMAL **91,** 380
combinatorial network 331
commitment 513
Compactdisc 322
Compiler 520
Compiler-Compiler **91,** 521
complex instruction set computer 422
computational geometry 17
Computer **92,** 136, 516, 522
–, Klassifikation 96
–, Konfigurierung 95
– Literacy **97,** 482
computer network 331, 406
– science 217

Computergrafik **96**
Computergrundbildung 97
computerintegrierte
  Fertigung 98
Computerlinguistik **272**
computerunterstützte Ar-
  beitsvorbereitung 98
– Fertigung 98
– Gruppenarbeit 323
– Ingenieurtätigkeit 98
– Qualitätskontrolle 98
computerunterstützter
  Unterricht **97**
computerunterstütztes
  Entwerfen **97**, 270
Computervirus **534**
concurrency 329
control unit 489
Cook, S. A. 339
core 209
counter 541
Courseware 97
CP/M **98**
CPU 545
CPU-Zeit 21
Crosscompiler **99**
Crossover 187
Crossreferenztabelle **99**, 498
CSCW 323, 471
CSP 481
Cursor 62, 148, 278, 288
CUU 97
Cyberspace 267, 322

D

Damenproblem **99**
data encryption standard 264
Datei **102**, 105, 111, 177,
  455, 523
–, direkte 102
–, indexsequenzielle 102
–, sequenzielle 102, 282
–, temporäre 103
Dateideskriptor 104
Dateiübertragung 229
Dateiverwaltung **103**
Datel-Dienste 128
Daten, personenbeziehbare
  112
–, personenbezogene 111
Datenautobahn **104**, 322
Datenbank **104**, 129, 223,
  513, 533
–, objektorientierte 109
–, relationale 484
–, verteilte 107

Datenbankentwurf **107**
Datenbankmanagement-
  system 106
Datenbankschema 107
Datenbanksprache **108**
Datenbasis 106
Datenbeschreibungssprache
  108
Datenbus 76
Datenendeinrichtung 125
Datenerfassung **108**, 235
Datenfeld 111
Datenfernübertragung 125
Datenfernverarbeitung **108**,
  230
Datenflussplan **109**, 465
Datenflussrechner 405
datengetrieben 405
Datenhandschuh 267
Datenintegrität 106, 112
Datenkapselung 315, 467
Datenkompatibilität 243
Datenkompression 250
Datenkonsistenz 106
Datenmanipulationssprache
  108
Datenmodell 109, 129, 166
Datennetz 231
Datenredundanz 106
Datenregister 306
Datensatz 102, **111**, 129,
  409
Datenschutz 74, 106, **111**,
  112, 219, 235, 345, 361
– in der Schule 75
Datenschutzbeauftragter 74
Datensicherheit 478
Datensicherung 60, **112**, 157,
  263, 535
Datensichtstation 62, **113**,
  256
Datenstatus 487
Datenstrom 404
Datenstruktur **114**, 118,
  129 f., 218, 271, 288
–, dynamische 543
Datenträger **118**, 276, 285 f.
Datenträgerdeskriptor 104
Datentransfer 321
Datentyp **118**, 256, 343, 380,
  441, 519, 526
–, abstrakter 118, 315
–, konkreter 118
Datenübertragung **125**, 324,
  350, 401, 440, 487
Datenübertragungs-
  einrichtung 125

Datenübertragungsrate 38,
  128, 324
Datenübertragungsverfahren
  127
Datenübertragungsweg 128
Datenunabhängigkeit 106
Datenverarbeitungsanlage
  92
Datenverbund 107, **406**
Datex-J 128
Datex-L 128
Datex-M 129
Datex-Netze **128**
Datex-P 62, 128, 511
Datum **129**, 222, 457
Dauerhaftigkeit 513
DBMS 106
deadlock 330
Debugger 129
Debugging **129**, 175, 470
Decodierer **130**, 489
Decodierphase 51
Decodierung 88, 242
Decompiler 520
Deduktionsregel 449
deduktive Datenbank 223
default value 224
Definitheit 443
Definitionsbereich 183
Definitionsmodul 317
degenerierter Suchbaum
  495, 497
Deklaration **130**, 202
–, implizite 131
deklarative Programmier-
  sprache **381**
Dekompression 251
dekrementieren 439
Delta-Regel 335
Demonstrationsmodell 391
Demultiplexer **323**
Dendrit 331
denotationale Semantik **447**
depth first search 510
dereferenzieren 542
DES 264
deskriptive Sprache 108
Desktop-Publishing 152, 321
determiniert 18, **131**, 336,
  531
Determiniertheit **131**
Determinismus **131**
deterministisch 19, **131**, 239
deterministische Simulation
  459
dezentral 404, 408
Dezentralisierung 96
Dezimalsystem **132**, 488

Register

562

D-Flipflop **132**, 456
DFS 510
DFÜ 125
dgsm 179
Diagonalisierung **133**, 206
Dialekt 65, **134**
Dialog 290, 518
Dialogbetrieb 55, 320, 523
Dialogkomponente 213
dialogorientiertes System
  510
Didaktik der Informatik **134**,
  383
Dienst 345
Diensteverbund **406**
Dienstprogramm 57, 540
digital **136**, 231, 457
Digital-Analog-Umsetzer 20
digitaler Speicher 474
Digitalrechner 92, **136**, 221
Digraph **200**
Dimension eines Feldes 176
DIN 21, **232**
Diodenlogik **136**, 435
Dioden-Transistor-Logik
  136, 435
directory 104
direkte Adressierung 13
  – Datei 102
  – Rekursion 418
  – Verkettung 208
direkter Zugriff 476
Direktoperand 14
Disassembler **136**, 286
Disjunktion 344, 433
disjunktive Normalform **137**,
  379, 434, 536
Diskette **137**, 284
diskret 457, 502
Diskriminator 410
Diskussionsgruppe 229
Dispatcher 396
Displacement 13
Distanzadresse 13
distributed system 533
div 414
Divide-and-conquer-Verfah-
  ren **138**, 259, 399
Dividierwerk **139**
Division 139, 403
  –, ganzzahlige 414
DL 136, 435
Dokument 149, 321, 509
  –, multimediales 322
Dokumentation 399, 422,
  469 f.
Dokumentationssystem 223

Dokumentenbearbeitungs-
  system 510
Dokumentenmodell 323
Domain 183
Doppelklick 288
doppelpunktfreier Weg **201**
doppelte Genauigkeit 428
DOS **140**
double precision 428
downloading 229
dpi 143
Dreiadressmaschine 49
Drei-Excess-Code 173
Druckaufbereitung 287
Drucken im Hintergrund
  192
Drucker **140**
Druckmaske 287
Drystone 312
DSPACE **248**
DTIME **248**
DTL 136, 435
DTP 152
Dualsystem **143**, 488
Dummy **144**
Dump **144**, 508
duplex **144**
Duplexbetrieb 126
Durchführbarkeitsstudie **465**
Durchlauf 360
Durchlaufen eines Graphen
  510
Durchsatz **144**, 269
dyadisch **144**, 319
dynamische Bindung 65
  – Datenstruktur 271, 543
  – Finitheit 179
  – Mikroprogrammierung
    295
  – Schachtelung 432
dynamischer Speicher 476

E

EAN 235
EA-System 190
EBCDI-Code 79, **144**, 542
EBNF 35
Echtzeitbetrieb 56
Echtzeitsystem 401
Eckert, J. P. 221
ECL 158, 435
Editierpuffer 148
Editor **146**, 509
Effektor 267
Effizienz **152**, 180, 464
EGA-Karte 61

Eiffel **153**
EIFFEL 382
Einadressbefehl 15
Einadressmaschine 49
Ein-/Ausgabegeräte 190, 523
Ein-/Ausgabespeicher 361
eindeutig 156
eindeutige Grammatik **156**,
  371, 409
eineindeutig 183
Einfügen 485, 496
Eingabe **157**
Eingabedaten 129
Eingabegerät 95, 270, 288,
  321, 432
eingebettetes System 502
Einsetzung 372
Eins-Komplement 243
Einstellzeit 284
Einwegfunktion 264
ELAN **157**, 171, 380
elektronische Brille 267
  – Post **157**, 229, 509, 511
  – Unterschrift 157, 264,
    425 f.
elektronisches schwarzes
  Brett 229
elementare Anweisung 21,
  48, 548
elsif 216
e-mail 157, 229
emittergekoppelte Logik
  158, 435
Emulation **158**, 295
end of file 242
Endgerät 231
Endkonfiguration 9
endlicher Akzeptor 163
  – Automat 33, 84, **158**, 241,
    270, 272, 334, 415–417,
    436, 501
  – Übersetzer 163
Endlosschleife **164**, 206, 400,
  440
Endrekursion 418
Endsystem 345
Endwert 439
Energieabhängigkeit 476
ENIAC 221
enter-Operation 438
Entity-Relationship-Modell
  164
entscheidbar 28, 84
entscheidbare Menge **166**,
  419, 541
Entscheidbarkeit **167**, 203,
  269
Entscheidungstabelle **168**

Register

Entscheidungsüberdeckung 507
Entschlüsselung 88, 424
Entschlüsselungsfunktion 263
Entwicklungsdokumentation 470
Entwicklungsprozess 399, 421, 481, 495
Entwicklungsumgebung 471
Entwurf **466**, 502, 551
Entwurfsphase 429, 481
Entwurfsprozess 343
Entwurfsspezifikation 481
Entwurfstechnik 432
eof 242
EPROM **169**, 391
Eratosthenes 456
erfüllbar 278
Erfüllbarkeitsproblem **169**, 255, 337
Ergonomie **170**, 441, 464
Erkennen gesprochener Sprache 266
erkennender Automat 33, 239
ER-Modell 164
Erregung 332
Erreichbarkeitsproblem 365
Ersetzung von Identitäten 443
Erzeuger-Verbraucher-Problem 454
erzeugte Sprache 198
erzeugtes Untermonoid 256
Ethernet 76, 407
euklidischer Algorithmus **170**, 417, 423
Euler, L. 253
eulersche φ-Funktion 423
eulerscher Kreis 253
EUMEL 171
Europäische Artikelnummerierung 235
EVA-Prinzip 171
evolutionäre Strategie 462
– Systementwicklung 343
Evolutionsstrategie 187
exception 10, 462
Exklusion 328
Exklusiv-ODER-Funktion **171**
Expertensystem **171**, 266, 519
Exponent 193
Exportschnittstelle 316, 318, 440
expression 28

Extensionalitätsprinzip 443
externes Schema 108
– Sortierverfahren 472
– Suchen 498
Externspeicher 477
Exzess-3-Code **17?**, 243
exzitatorisch 332

Fahrstuhlsteuerung 159
Fairness 366
Fakt 172
Faktor 547
Faktum 385
Fakultät 18, **173**, 277, 349, 393, 417, 444, 460
Falle 525
Fallunterscheidung 82, 216, 493
Fano-Bedingung 88, **173**, 251
Färbungsproblem **174**, 338
Feed-forward-Netz 334
Fehler **175**, 269, 399, 506
Fehlerbehebung 507
Fehlerbeseitigung 129
Fehlererkennung 412
Fehlerkorrektur 349, 398, 508
fehlerkorrigierender Code 349
Fehlerlokalisierung 507
Fehlertoleranz **175**
Fehlerverfolgung und -beseitigung 129
Feld 54, 114, 117, **176**
Feldeffekttransistor 320
Fenster 150, 177
Fenstertechnik **176**, 366
Fernmeldedienste 231
Ferritkernspeicher 282
Festkommadarstellung **177**
Festplatte 284
Festpunktdarstellung **177**
FET 320
Fibonacci-Zahlen 40
FIFO-Methode 480
FIFO-Speicher **177**, 438
file 102, 115
File 117, **177**, 316, 532
– Server 22
file transfer 229, 407
Filmkompression **252**
Filter 524
Finitheit 19, **179**
firewall 113, 229

Firmware **179**
First-fit-Algorithmus 183
Fitnessfunktion 186
Fixpunkt **179**, 549
Fixpunktsprache 180
Flachbettplotter 369
Flag 487
Flaggenproblem **180**
Flanke **181**, 503
Flaschenhals 539
Flipflop 132, **181**, 234, 426, 435 f., 475, 510
floppy disk 137
Flussdiagramm 376
for 439
formale Sprache 482
formaler Parameter 80 f., 261, 275, 356, 392, 527
Formatierer 152
Formatierungsprogramm 510
Formel 277
FORTH **181**
FORTRAN **181**, 221, 368, 380
FPU 306, 308 f., **324**
Fragmentierung **182**
freie Variable 65
freies Vorkommen 448
Freigabe 513
Freispeicherliste 182
Freispeicherverwaltung **182**, 272, 480, 532
Front 367
fundamentale Idee 316
– Idee der Informatik 340
Funktion **183**, 376, 393
–, berechenbare **52**, 85, 167, 414
–, berechnete 184
–, charakteristische **83**, 167
–, μ-rekursive **419**
–, nichtberechenbare 53
–, partiell-rekursive 52
–, rekursive 54
–, universelle **522**
funktionale Äquivalenz 21
– Programmiersprache 358, **380**, 384, 443
– Programmierung 268, 418
– Sicht 429
Funktionensemantik 447
Funktionsanwendung 274
Funktionsaufruf 27, 356
Funktionsdefinition 116
Funktionsprozedur 262, **393**
Funktionsüberprüfung **469**

Register 564

Funktionsverbund 407
Funktor 387
Fuzzy-Logik 186
Fuzzy-Menge **185,** 462

G

ganzzahlige Division 139,
    414
garbage collection 183
Gasbrenner 402
Gateway 407
Gatter **186,** 436
–, ideales 435
Gatterschaltwerk 240
GB 79
GByte 79
Geflecht 115, 545
Geheimnisprinzip 315, 467
Genauigkeit 428
Generalisation 115, 232,
    410
Generation 221
genetischer Algorithmus **186**
Geoinformationssystem 223
Geometrie 259
geordneter Baum 39, 273
gepackte Darstellung 146
– Speicherung 78
Gerätesteuerung 192
Geräteverwaltung 57, **190,**
    320, 361, 489
Gerechtigkeitsproblem 366
gerichteter Baum 39
– Graph 200, 512
Geschichte der Informatik
    219
geschlossenes System 345,
    502
Geschwindigkeit 404
Gesellschaft für Informatik
    e. V. 218
gesellschaftliche Auswirkun-
    gen der Informatik **219**
gestreute Speicherung 207
Getränkeautomat 162
GIF-Verfahren 250
GKS 97
Gleitkommadarstellung **193**
Gleitpunktdarstellung **193,**
    401, 428
Gleitpunktmultiplikation 325
globale Variable 66, **194,**
    262, 443
globaler Bezeichner 194
Gödelnummerierung **194**
Golstine, H. H. 221

GOp/s 311
GOTO **195**
GPSS 459
Grad des Polynoms 249
grafikfähiger Bildschirm 61
Grafiksystem 98
grafische Datenverarbeitung
    96
grafisches Kernsystem 97
– Terminal 177, **195,** 459
Graham-Scan 261
Grammatik 84, **195,** 326,
    412, 500, 517
–, eindeutige **156**
–, kontextfreie **256,** 541
–, kontextsensitive **258,** 541
–, linkslineare **272**
–, rechtslineare **409**
Granularität 432
Graph **199,** 253, 272 f., 327,
    359, 362, 473, 533, 543
–, gerichteter 200
–, k-färbbarer 174
–, ungerichteter 200
–, zyklenfreier **201**
Graphentheorie 253
Greedy-Algorithmus 474
Größenordnung 349
Groß-O-Notation 349
Großrechner **202**
größter gemeinsamer Teiler
    7, 132, **170,** 355, 417
Groupware 471
Grundsatz 292
gsm 163
guided tour 213
gültig 202, 278
Gültigkeitsbereich 65, 194,
    202, 256, 261, 327, 443,
    526

H

Hahn, P. M. 220
Halbaddierer **202,** 536 f.
halbduplex **203**
Halbduplexbetrieb 126
Halbleiterspeicher **203,** 228
Halteprädikat 9
Halteproblem 28, 53, 133,
    167, **203,** 415, 541
Haltepunkt 130
Hamilton, Sir W. R. 254
hamiltonscher Kreis 254,
    338
hamiltonsches Problem 254
Hamming-Abstand **206**

handshaking 401
Handshake-Protokoll 390
Hardcomputing 462
Hardcopy 114
Hardware 90, **207,** 219
Hardware-Ergonomie 170
Hardwarefehler 175
Hardwaremonitor 319
Hardwareschnittstelle 440
Hardware-Software-Schnitt-
    stelle 440
harte Zeitbedingung 403
Hash-Verfahren **207,** 498
HASKELL 381
Hauptprogramm 393
Hauptspeicher **209,** 282,
    421, 477
head recursion 418
headcrash 347
Heap 210
Heapsort **210,** 246, 401, 472
Heimcomputer **211,** 300
Hercules-Karte 61
Hertz 504
heterogenes Rechnernetz
    407
– System 501
Heuristik 186, **211,** 339, 462
Hexadezimalsystem 212, 488
hierarchische Modularisie-
    rung 467
– Organisation 551
hierarchisches Datenmodell
    109
Hintergrundprogramm **212,**
    524
Hintergrundspeicher 477
Hoare, C. A. R. 481
Hochgeschwindigkeitsnetz
    322
Höchstintegration 228, 320
Höhe des Baums 39
Hollerith, H. 220, 276
homogener Keller 236
homogenes Rechnernetz 407
– System 501
HOPE 381
Hopfield-Netz 334
Hostcomputer 407
HTML 230
Huffman-Code **251**
Huffman-Verfahren 250
hybrides System 501
Hybridrechner **212**
Hypercard-System 214
Hypermedia-System 212,
    230, 322
Hypertext-System **212,** 510

Register

I

IBFN **231**
IBM 221
IC 228
icon **366**
ideales Gatter 435
Identifizierung eines
  Objektes 266, 440
idle 51
if 82, **216**
Igelgrafik 278
IKG 223
ikonisches Modell 314
ILLIAC IV 404
imperative Programmier-
  sprache 358, **380**, 443
– Programmierung 383, 526
Implementierung **468**
Implementierungsmodul 317
Implementierungsteil 316,
  394
Implikation **216**
implizite Deklaration 131
Importschnittstelle 316, 440
include 378
Index 103, 176
Indexregister 13, 308
indexsequenzielle Datei 102
indirekte Adressierung 13
– Rekursion 418
indizierte Adressierung 13
induktives Vorgehen 508
Inferenzregel 449
Infixnotation **217**
Informatik **217**
Informatikmethoden **291**
Informatiksystem 463
Information **222**, 242, 327,
  412
information hiding 315, 467
– highway 104
Information, multimediale
  321
informationelle Einheit 213
Informationsaustausch 440
Informationsbearbeitung 394
Informationssystem 98, 104,
  223
informationstechnische
  Grundbildung 218, **223**
Informationstheorie 224
Informationswieder-
  gewinnungssystem 223
inhibitorische Verbindung
  332

Initialisierung **224,** 281, 316,
  320
initiiert 395
injektiv 183
Inkarnation **224,** 228, 261,
  281, 392
Inkonsistenz 105
inkrementeller Compiler 521
– Übersetzer **227**
inkrementieren 439
Inorder-Durchlauf 42, 495
input 157
Inspektion 399
Installation **470**
Installationstest 470
Instanz 124, 224, **227,** 240,
  459
Instanzen einer Klasse 341 f.
Instanziierung 228
Instanzvariable 281, 459
Instrumentierung 507
integer **228**
Integrationsstufe **228,** 403
Integrationstest **470**
integrierte Schaltung 228
Integrität von Daten 112
intelligentes Hilfesystem 518
– Netz 512
– tutorielles System 518
interaktiv 56
interaktive Programm-
  entwicklung 312
interaktives System 334
interface 440
interleaving 330, 478
internes Schema 107
– Sortieren 401
– Sortierverfahren 472
– Suchen 498
Internet **229,** 321, 345,
  406 f., 511
Internspeicher 477
Interpretation einer Formel
  277
Interpreter **230,** 287, 380,
  399, 521 f., 534
Interpretersemantik 447
interrupt 525
Intranet **231**
inverse Funktion 184
Inverter 379
IRC 230
ISBN 398
ISDN **231,** 345, 407, 511
ISO **232**
Isolation 513
ISO-Schichtenmodell 242,
  345

Istanalyse **464**
Iteration **232,** 233, 418, 438
Iterierte 256
ITG 223
ITU 526

J

Jackson-Methode **232**
Java 15
JK-Flipflop **234,** 438, 541
job 27
– control language 241
Jo-Jo-Methode 467
Joystick **234**
JPEG-Verfahren **252**
JSP 233

K

Kachel 479
Kalkül 276
Kaltstart 224
Kanal 191, 242
–, unsicherer 264
Kanalprogramm 191
Kante 3, **200**
Kapazitätsverbund 407
Karp, R. M. 339
kartesisches Produkt 409
Kassensysteme **234,** 285
Katalog 104
Kategorie 344
KB 79
K Byte 79
Keller **235,** 272, 300, 369 f.,
  401
–, längenbeschränkter 121
Kellerautomat 84, **237**
–, deterministischer 239
Kerninformatik **218**
Kernspeicher 283
key 440
keyboard 504
KI 265
KI-These, schwache 265
–, starke 265
Klammerung 217, 238, 257
–, korrekte 433
Klarschriftbeleg **240**
Klarschriftleser 240
Klartext 263
Klasse 227, **240,** 341 f., 458 f.
– in Eiffel 153
Klassendefinition 461
Klassenkonzept 79, 458

Register 566

Klassenvariable 343
Klassifikation von
  Computern 96
Klein-o-Notation 350
kleinster Abstand 367
knapsack problem 427
Knopf 214
Knoten 38, **200**
Kollision bei Hash-
  Verfahren 208
kombinatorisches Schaltwerk
  240, 268, 378, 436
Kommando 241, 321, 524
Kommandointerpreter 523
Kommandosprache **241**
Kommunikation **242**, 391,
  394
–, natürlichsprachliche 266
Kommunikationsprotokoll
  442
Kommunikationssystem 540
Kommunikationsverbund
  407
Kompatibilität **242**, 407
Komplement **243**, 250
Komplementärcode **243**
Komplementärdarstellung
  243
Komplementbildung 403
Komplexität **244**, 138
Komplexitätsklasse **245**, 270
Komplexitätsklassen 268,
  415
Komplexitätsmaß 244
Komplexitätstheorie 218,
  250
Komponente 114, 387
Kompressionsalgorithmus
  250, 432, 535
Kompressionsrate 250, 252
Konfiguration 9, 162, 238,
  253, 414, 502
– von Transputern 514
Konfigurationsdiagramm
  253
Konfigurieren 343
Konfigurierung von
  Rechnern 95
Konflikt 329
Königsberger Brücken-
  problem **253**
Konjunktion 433, **522**
konjunktive Normalform
  255
Konkatenation **255**, 415
konkreter Datentyp 118
Konsistenz 513
Konsistenzbedingung 471

Konsole **256**, 346
Konstante 130, **256**, 270,
  544
Konstruktion von Test-
  mengen 506
Konstruktor 114
kontextfreie Grammatik 34,
  84, 238, **256**, 258, 269 f.,
  408, 451, 500, 541
– Sprache 250, **257**
kontextsensitive Grammatik
  84, **258**, 269, 541
– Sprache 250, 258, 270
kontinuierlich 502
Kontrollausgabe 508
Kontrollstruktur **258**
konvexe Hülle 17, **259**, 411
Konzept 292
konzeptionelles Schema 107
Kopierregel 27, 65, 225, 236,
  261, 356, 392
KOp/s 311
Koroutine **262**, 281, 318, 458
korrekte Klammerung 433
Korrektheit 125, 504, 527
– eines Programms 206
Korrektur von Fehlern 507
Kreis **201**
Kreuzprodukt 486
kritischer Abschnitt 330, 453
Kruskal, Algorithmus von
  474
Kryogenspeicher 498
Kryptographie **263**, 423
Kryptosystem 263
– mit öffentlichen
  Schlüsseln 264
Kundenrelation 153
künstliche Intelligenz 185,
  265, 276 f., 326, 331
– Sprache 482
Kybernetik **268**

L

label 286
Labormuster 391
Ladeadresse 11, 487, 532
Laden **268**
Ladephase 51
Lader 64, **268**, 487
Lambda-Kalkül **268**
LAN 407
landausches Symbol 349
längenbeschränkter Keller
  121
Laptop 361

Laserdrucker 143
Laserstrahl 347
Lastverbund **406**
Las-Vegas-Algorithmus **491**
Latenzzeit 284 f.
LaTₑX 510
Lauf 473
Laufvariable 438
Laufzeit 9, 139, 152, 244,
  246, 248, **268**, 336, 399,
  428, 455, 457, 470
– der Matrizen-
  multiplikation 492
– von Algorithmen 415
– von Quicksort 401
Laufzeitfehler **269**
Laufzeitsystem **269**
layer 334
lazy evaluation 358
lba-Problem 270
LCD-Anzeige 61
Lebensdauer 65
Lebenszyklus 291
Leckstrom 476
leeres Wort 19, 415
Leerheitsproblem 167, 180,
  269
Leerzeichen 82, 515
Lehr-Lern-System 518
Leibniz, G. W. 220
Leibniz-Prinzip 443
Leistung **269**
Leistungsmessung 319
Leistungsüberprüfung
  470
Leitwerk 489
Lernen 550
–, selbstständiges 335
–, überwachtes 334
lernfähiger Agent 15
Lernrate 335
Lernregel bei Netzen 334
Lernziele des Informatik-
  unterrichts 218
Lese-/Schreibkopf 347,
  514
Lesezeichen 213
lexikalische Analyse 92, **270**,
  432, 521
Lichtgriffel **270**
LIFO-Prinzip 235
LIFO-Speicher 235
linear beschränkter Automat
  84, 250, 258, **270**
– geschichtetes Netz 334
lineare Kollision 208
– Liste 115, 236, **270**, 438,
  455, 543

Register

– Ordnung 350
– Verschiebung 208
linguistische Daten-
  verarbeitung **272**
linker 64
Linksableitung 408
linkslineare Grammatik 84,
  272
Linksrotieren 437
Linksrundschieben 437
Linksschieben 437
Linpack 312
LINUX 58
LIPS 312
LISP 268, **272,** 381, 428
Liste 273, 278, 359, 383
listing 7
Literal 386
Lochkarte **276**
Lochstreifen **276**
Logik **276,** 385, 482, 486
login 241
logischer Befehl 538
– Datensatz 111
LOGO **278,** 381, 520
logout 241
lokale Variable **280**
lokales Rechnernetz 407
Lokalitätsprinzip 478
Löschen 485, 496
Lovelace, Ada A. Byron,
  Gräfin von 220
LRU-Methode 480
LSI 228

M

Mächtigkeit eines Auto-
  matenmodells 33
Magnetbandkassette 282
Magnetbandspeicher **281,**
  455, 476
Magnetkartenspeicher **282**
Magnetkernspeicher **282**
magnetooptische Platte 322,
  347
Magnetplattenspeicher **283**
Magnetschichtspeicher **284**
Magnetschriftbeleg **285**
Magnettrommelspeicher **285**
mailbox 157
main frame 202
– memory 209
Makler 533
Makroassembler **285**
Makrobefehl 241, **285**
Makroexpansion 285

MAN 408
Managementinformations-
  system 223
Mantisse 193
manufacturing message
  service 407
Marke 23, 131, 182, **286,**
  362, 427, 484
Markierung 39
Markierungsbeleg **286**
Markierungsleser 286
MARK I. 221
Maschine, reale 534
–, virtuelle 534
Maschinenbefehl 295
Maschinengenauigkeit 428
Maschinenprogramm **286,**
  515, 532
Maschinensprache 23, 286,
  287, 380, 484
Maschinenunabhängigkeit
  370
Maske **287,** 525
Maskengenerator 288, 378
Maskenregister 26, 525
Maßeinheit 311
Massenspeicher 207, 477
massiv paralleles System 404
Master-Slave-Flipflop 234
Master-Slave-System 85
mathematische Maschine 9,
  34
Matrixdrucker 142
Mauchly, J. W. 221
Maus **288,** 290
MB 79
MByte 79
„McCarthy 91" 418
McCarthy, J. 276
Mehrbenutzerbetrieb 56
mehrdeutig 8, 156
Mehrprogrammbetrieb 56,
  395, 523, 532, 534
Mehrprozessorsystem 546
Mehrzweckregister 306
memory 474
Menge **288**
– aller Wörter 19
–, aufzählbare 28
–, entscheidbare **166**
–, reguläre **415**
–, rekursive **166**
Mensch-Maschine-Schnitt-
  stelle **441**
Menü **289,** 366
message 327
– handling 407
Messpunkt 507

Meta Language **312**
Methode 292, 341, 460
Methoden der Informatik
  291, 313, 382, 464, 494
metropolitan area network
  408
MFLOp/s 311
Migration 406
Mikrobefehl 287, 293
Mikrobefehlsadress-
  decodierer 293
Mikrobefehlsadressmatrix
  294
Mikrobefehlsadressregister
  293
Mikrobefehlsmatrix 295
Mikrobefehlszähler 293
Mikrocomputer **293**
Mikrooperation 295
Mikroprogramm 293, 295
Mikroprogrammeinheit
  489
Mikroprogrammierung 50,
  287, **293,** 347
Mikroprogrammspeicher
  379, 545
Mikroprozessor **295**
– 8080 **300**
– 8086 **302**
– 68000 **309**
Milner, R. 481
MIMD-Architektur **405**
MINI 444
minimaler Automat 22, **311**
– Spannbaum 473
Minterm 434
MIPS **311**
MIRANDA 381
Mischen 532
–, natürliches 473
MISD-Architektur
  405
ML 272, **312,** 370, 381
MMU 308 f.
mnemonisch **313**
MO 322, **348**
mobiler Agent 15
Modell 292, **313,** 458
– des abstrakten Datentyps
  120
–, ikonisches 314
–, symbolisches 314
Modellbildung 502
Modellierung der Zeit 314
Modem 126, **315**
modifizierter Prozedurrumpf
  261

Register 568

Modul 118, **315,** 317, 320, 343, 370, 466, 494, 547, 552
MODULA-2 263, **317,** 360, 380, 395
MODULA-3 318
modular 315
Modularisierung 316, **466**
Modulimplementation 316
Modulspezifikation 316
Modultest 469
Modus ponens 386
monadisch 144, **319**
Monitor 61, **319,** 330, 455
Monoid 255
monomorph 121
μ-Operator 420
MOp/s 311
Morsecode 41, 89, 163, 173
MOS-Logik **320,** 435
MOS-Schaltungen 228
MOS-Speicher 203
mousepad 288
MPEG-Verfahren **252**
μ-rekursive Funktion **419,** 440
MS-DOS 58, **320**
MSI 228
MS-Word 152
MTBF 527
MTTR 527
multifunktionale Arbeitsstation 231
multimediale Information 321
multimediales Dokument 322
Multimedia-System 212, **321,** 510
multiplex **323**
Multiplexer **323**
Multiplexkanal 192
Multiplikation 246, 248, 352, 373, 403
– ganzer Zahlen 324
– in Gleitpunktdarstellung 324
Multiplikationstabelle 176
Multiplizierwerk **324**
Multiprozessorsystem 404
Multitasking-Betrieb 56
Multiuser-Betrieb 56
Muster 335
Mustererkennung 164, 266, **326,** 331, 353
Mutation 187
mutual exclusion 330
MYCIN 172

N

Nachbarknoten 511
Nachbedingung 448
Nachbereich 362
Nachfolgerfunktion 28, 419
Nachricht 222 f., 263, **327,** 341, 412, 459
Nachrichten zwischen Objekten 292
Nadeldrucker 142
Näherungsalgorithmus 339
Namenskonflikt 66, **327,** 357
NAND-Funktion **328**
Nassi-Shneiderman-Diagramm 492
natürliche Sprache 481
natürliches Mischen 473
natürlichsprachliche Kommunikation 266
Navigieren 214, 322
navigierende Sprache 108
NC-Maschine **328,** 422
Nebenläufigkeit **329,** 350, 361, 394, 453, 498
Negation **243,** 337, 433
negative Basis 489
– Zahl 243, 489
NETBIOS 407
Netsurfing 230
network 352
Netz **331,** 352
Netzmanagement 408
Netzschnittstelle 441
Netzwerk 352
Netzwerkdatenmodell 109
Neuron 331, 333
–, formales 333
neuronales Netz 331, 462
neutrales Element 255
new 462, 542
news group 229
nichtberechenbare Funktion 77
nichtdeterminiert 19, **131**
Nichtdeterminismus 248, **336,** 340, 361
nichtdeterministisch 19, 71, **131,** 336, 394
nichtdeterministische Laufzeit 336
– Turingmaschine 517
Nichtterminalsymbol 196, 500
Nicod-Funktion 337
nil 271, 359, 542

NIL 273
Niveau eines Knotens 39
NMOS 320
none 542
NOR-Funktion **337,** 426
Normalbetrieb 20
Normalform, disjunktive **137**
–, konjunktive **255**
Normalisierung 193, 325
notebook 361
NOT-Funktion **337,** 433
Notizbuchrechner 361
NP **249,** 337
NP-vollständig 87, 132, 153, 170, 175, 255, 327, **337,** 350, 375, 412, 427
NP-Vollständigkeit **339**
NSPACE **248**
NTIME **248**
null 542
numerische Daten 129

O

O 349
o 350
Oberklasse 459, 461
OBERON **319**
Objekt 118, 314, **340,** 459
objektbezogene Sicht 429
Objektcode **341,** 546
objektorientierte Datenbank 109
– Programmiersprache 382
– Programmierung 153, 227, 292, 340, **341,** 382, 385, 458 f.
Objektprogramm 341
OCCAM **344,** 350, 395, 481, 514
OCR-Schrift 240
ODA/ODIF 323
ODER-Funktion **344,** 433
offenes Kommunikationssystem 345
– System **345,** 391
öffentlicher Katalog 424
– Schlüssel 264
offline 108, 346
Offline-Verbindung 346
Offset 13
Oktalsystem 345
online 108, **345,** 346
Online-Diskussion 230
Online-Verbindung 346
Operand **346**
Operandenstrom 404

Register

Operateur 256, **346**
Operation 315, **346**, 447
operationale Semantik **447**
Operations Research **346**
Operationscode 347
Operationsteil 48, **347**
Operationsverstärker 20
Operator **347**
optischer Speicher 322, **347**
ord 83
Ordnung **349**, 421, 471
– der Laufzeit 247, 349
– einer Funktion 244
–, lineare 350
–, partielle 350
OR-Funktion 344
Organisationsprogramm 57
Original 313
Orthogonalentwurf 16
Orthogonalität 313, 379
OS/2 58, 321
output 29
overloading 10, 328

P

P **249**, 338
paging 480
Paket 118, 128
Paradigma **292**
parallel 126, 329, **350**, 394,
   403, 456
– random access machine
   415
Paralleladdierwerk **350**
Paralleldrucker 141
parallele Registermaschine
   351, 415
– Schnittstelle 442
paralleler Algorithmus **351**,
   533
paralleles Multiplizierwerk
   324
Parallelität 405
Parallelserienumsetzer **355**
Parallelverarbeitung **356**,
   366
Parameter 26, 79 f., **356**, 392
–, aktueller 356
–, formaler 356
Parameterübergabe 225,
   262, 312, **356**
Parametrisierung 469
Paritätsbit 398
Parser 387, 499
partiell 183
– rekursiv 419

partielle Korrektheit 527
– Ordnung 350, 512
partiell-rekursive Funktion
   52
partizipative Systementwick-
   lung 466
PASCAL 65, 318, **358**, 380,
   443, 487, 519
Pascal, B. 220
PASCAL-SC 428
Pass **360**
passiv 15
passive Daten 129
– Redundanz 175
Passwort 113, 263, **360**, 478
pattern recognition 326
PC **361**
P-Code 360
PC-relative Adressierung 14
PDP 331
PEARL 395
Peirce-Funktion 337
Pentium 306
Peripherie **360**
Personalcomputer 302, 320,
   361
Personalinformationssystem
   361
personenbeziehbare Daten
   112
personenbezogene Daten
   111
Personenjahr 466
Petri, C. A. 362
Petrinetz **361**, 432, 454, 465,
   481, 533
Pflichtenheft 466
PGP 426
Phasenmodell 399, **464**
Philosophie 291
physikalische Adresse 11 f.
physikalischer Datensatz
   111
Piktogramm **366**
Pilotsystem 391
Pipeline 306, 311
Pipelineverarbeitung 307,
   311, **366**, 422
Pipe-Operator 524
Pixel 195, 252, **367**
PKP 371
PLA 378
Plane-Sweeping **367**
Platz 362
Platzhierarchiesatz 249
PL/I **368**, 380, 520
Plotter **369**
PMOS 320

P = NP-Problem **249**, 339
pointer 542
polymorph 121
Polymorphie 312, 356, **369**,
   462
Polynom 249, 349
polynomiell zeitbeschränkte
   Funktion 249
polynomielle Reduktion
   412
pop 121, 235
P-Operation 453
Population 186
Pop-up-Menü 290
Port **370**, 513
Portabilität 134, **370**, 464,
   494, 520
positive Zahl 244
POS-System **234**
Post, E. L. 371
postcondition 448
Postfixnotation **370**
Postorder-Durchlauf 42
postsches Korrespondenz-
   problem 167, **371**
PostScript 323, **371**
Potenz 351
Potenzmengenbildung 115
Präcompiler 521
Prädikat 277, 448 f., 506
Prädikatenkalkül 277
Prädikatenlogik 277
Prädikatensemantik 448
prädikative Programmier-
   sprache 278, **381**, 385
– Programmierung 384
Präfixnotation 274, **372**
Pragmatik 222
praktische Informatik **218**,
   463
PRAM 352, 415
Praxisrelevanz 549
precondition 448
prefetching 307
Preorder-Durchlauf 42
Primärschlüssel 166
Primärspeicher 477
primary memory 209
Primfaktorzerlegung 423
primitive Rekursion 372
primitiv-rekursive Funktion
   10, 372, 420, 440, 522
Primzahlberechnung 376,
   493
Primzahltest 93, 245, 456,
   491
– von R. Solovay und
   V. Strassen 491

Register

Prinzip 292
Priorität 396
privat 316
private Bibliothek 377
– Variable 281
probabilistischer Algorithmus **490**
Problem des Handlungsreisenden 69, 349, **374**
Problemanalyse **464,** 481, 502, 551
Problemfindungsphase 554
Problemlösemonitor 518
problemorientierte Programmiersprache 380
Problemspezifikation 481
Produktionssystem 197
Produktorientierung 549
Produktterm 434
Programm 92, 218, 246, 300, **376,** 538
Programmablaufplan 109, **376,** 469, 492, 507
programmable logic array 378
Programmbibliothek 316, 377
Programmentwicklung, interaktive 312
Programmerstellung 384
Programmformel 448
Programmgenerator **378,** 423
programmierbare Logikanordnung **378**
Programmierer(in) 385, 466
Programmiersprache 90, 196, 376, **379,** 481
–, applikative **380**
–, deklarative **381**
–, funktionale **380**
–, imperative **380**
–, objektorientierte **382**
–, prädikative **381**
–, problemorientierte 380
–, prozedurale **381**
–, typisierte **519**
–, untypisierte **520**
Programmiertechnik 463
Programmierumgebung 227, 385
Programmierung **384**
– eines PROMS 389
Programmkompatibilität 243
Programmpaket 385
Programmstatus 487
Programmstatuswort 488

Programmsystem 385
Projekt 549
Projekte in der Informatik 158
Projektion 372, 420
Projektplanung **466,** 512, 549
Projektunterricht 549
PROLOG 173, 278, 381, **385,** 520
PROM 169, **389**
Protocol Engineering 391
Protokoll 127, 345, **391,** 408, 440
Protokollhierarchie 127, 232
Prototyp 231, **391**
Prototyping 343, 391, 466, 502
Prozedur 131, 261, 281, 285, **391,** 432
–, vordefinierte 487
prozedurale Programmiersprache **381**
Prozeduraufruf 26, 67, 262, 356, 392, 426
Prozedurkonzept 315
Prozedurkopf 392
Prozedurrumpf 392
Prozess 218, 242, 262, 318 f., 329, 361, 394, **394,** 401, 455, 499, 524
Prozessdatenverarbeitung **395**
Prozessoptimierung 267
Prozessor 394, **395,** 404, 413
Prozessorauslastung 397
Prozessorverwaltung 57, **395**
Prozessrechner 395, 403
Prozessrechnersystem 403
Prozesszustand 395
Prüfbit 78, 207, **398,** 403, 412
Prüfroutine 525
Pseudobefehl 23
Pseudotetrade 48
Pseudozufallszahl 547
Public-Key-Kryptosystem 264, 423
Puffer 192, 320
Pufferschleife 281
Pufferspeicher 477
Pufferung 192
Pull-down-Menü 289
push 121, 235
pushdown automaton 237

Q

quadratische Kollision 208
– Verschiebung 209
Qualitätssicherung **398,** 530
Quellprogramm 227, 230, 270, 360, **399,** 444, 499, 520
Quellsprache 520
query 20, 485
queue 438
Quicksort 131, 138, 211, **399,** 472
Quittungsbetrieb **401**

R

RagTime 503
RAM 169, **401,** 415, 476
random access 476
– access machine 415
– number 546
randomisierter Algorithmus **491**
Rationalisierung 219, 300
ray-tracing 267
read 179
real **401**
Realzeitbetrieb 56
Realzeitsystem 398, **401**
Reanonymisierung 112
Rechenanlage 92, 253
Rechenaufwand 244
Rechengeschwindigkeit 351
– eines Computers 311
Rechenstruktur 118
Rechenwerk 295, 395, **403,** 413, 489, 538, 545
Rechenzentrum **403**
Rechner 92
Rechnerarchitektur 95, **404,** 539
Rechnerkern 545
Rechnernetz 86, 96, 229, 331, 404, **406,** 535
–, heterogenes 407
–, homogenes 407
–, lokales 407
Rechnersystem 463
Rechnerverbund 406
Recht auf informationelle Selbstbestimmung 75
Rechtsableitung **408**

Register

rechtslineare Grammatik 84, 272, **409,** 415, 417
Rechtsrotieren 437
Rechtsrundschieben 437, 456
Rechtsschieben 437
record 111
Record 114, 117, 359, 387, **409**
–, varianter 410
recovery 282
Redokumentation 422
reduced instruction set computer 422
Reduktion 260, 339, 371, **410,** 411
–, polynomielle 412
Redundanz 250, **412**
–, aktive 175
–, passive 175
reduzierbar 411
reelle Zahl 428
Reengineering **412,** 422
re-entrant 540
Referenz **542,** 544
referenzielle Transparenz 312, 381, 443
– Verknüpfung 213
Referenzparameter 80, 357
Referenzstufe 527, **544**
Reflexionsphase 549
reflexiv 421
Reflexivität 350
refresh 476
Reg 415
Regel 172, 196, 386
80-20-Regel 478
Regelsystem 197
Regenerationszeit 476
Register 14 f., 300, 306, 346, 395, **413,** 545
Registermaschine 250, 351, 380, **413**
–, parallele 415
–, verallgemeinerte 415
Regressionstest 506, 508
regular expression 416
reguläre Menge 256, **415,** 416
– Sprache 163, **409,** 415, **417**
regulärer Ausdruck 84, 92, 270, **416,** 417
Reihung 176
Rekursion 115, 138, 232, 238, 276, 380, 384, 391, 400, **417,** 492, 517, 545

–, primitive **372**
–, syntaktische 372
Rekursionstiefe **419**
rekursiv **419**
– aufzählbar 419
rekursive Funktion 54
– Menge **166**
– Prozedur 262
Relais **421**
Relation 110, **421**
relationale Datenbank 421, 484
relationales Datenmodell 109
Relationen, Verknüpfung von 486
relative Adressierung 13
Relay 407
remote job control 407
– login 230
– procedure call 26
remove-Operation 438
repeat **421**
repeat-Schleife 440
Repetition 232
reserviertes Wort 440
resident **421**
Resolution 387
restore 113
Restriktion 114
Retrieval-System 322
Reverse Engineering **421**
review 471
RISC-Architektur 50, 310 f., 367, **422**
RISC-Mikroprozessor 310
Ritchie, D. M. 522
Roboter 267, 328, **422,** 423
Robotik 267
Robustheit 463
Rollladenmenü 289
ROM 389, **423**
Rotation in Bäumen 30
RPG 378, **423**
RSA-System 265, **423**
RS 232 C 526
RS-Flipflop **426,** 437
RTL 435, 540
Rückgängigmachen 149
Rückkehradresse **426**
Rucksackproblem 336, **427**
Rundreise durch die Datenbasis 213
Rundreiseproblem 374
Rundung 325, **428**
Rundungsfehler **139,** 194, 428

S

Sackgasse 34
SADT-Diagramm 465
SADT-Methode 429
SAT 337
satisfiability problem 169
3-SAT-Problem 337
Satz von Immermann und Szelepcényi 249
– von Rice 167
– von Savitch 249
s-Ausdruck 273
Scanner 92, 270, **432**
Schachtelung 280, **432**
Schachtelungstiefe 399, 433
Schaltalgebra 68, 277, **433**
Schaltfläche 214
Schaltfunktion 68
Schaltkreis 436
Schaltkreisfamilie 435, 540
Schaltnetz 436
Schaltregel 363
Schaltwerk 331, **436,** 501, 504
–, kombinatorisches **240,** 378
– mit Speichergliedern **436**
–, sequenzielles 241
–, synchrones **498**
Scheduler 396
Scheinwelt 267
Schema 107, 227, 342, 344
–, externes 108
–, internes 107
–, konzeptionelles 107
3-Schema-Konzept 107
SCHEME 272, 381
Schicht 334
Schichtenmodell 127, 345, 391
Schickardt, W. 220
Schieberegister 234, 355, **437,** 456
Schlange 177, 272, **438**
Schleife 117, 232, 258, 421, **438,** 493, 540
–, bedingte **439**
Schleifeninvariante 450, 531
Schleifenkopf 438
Schleifenrumpf 438
Schlinge **200**
Schlüssel 166, 207, 263, **440,** 495
–, öffentlicher 264
Schlüsseltext 263

Register

572

Schlüsselwort **440**
Schnelldrucker 141
Schnittstelle 125, 315, 379,
404, **440**, 466, 494
–, serielle 526
Schreibtischtest 509
Schrittgeschwindigkeit 38
schrittweise Verfeinerung
157, 467
Schrittweite 439
Schuldatenschutz-
beauftragter 75
schwach typisiert 520
schwache KI-These 265
schwächste Vorbedingung
451
Schwellenwert 332
Schwellenwertfunktion 334
scrolling 150
SCSI-Schnittstelle 125, 440,
442
Segmentierung **442**
Seite 479
Seitenbeschreibungssprache
371
Seiteneffekt 80 f., 380, **443**
Seitenfehler 480
Seitenrahmen 479
Seitentabelle 480
Seitenwechsel 480
Sektor 284 f.
Sekundärspeicher 477
Selbstanwendungsproblem
54
selbstständiges Lernen 335
Selektion 187, 232, 409
Selektor 117, 409
Selektorkanal 192
self 460
Semantik 218, 222, 379, **443**
–, axiomatische 448
semantische Analyse **451**,
500, 521
– Funktion 447
Semaphor 330, **453**
semiautonom 15
Sensor 267, 422
SEQUEL 484
sequential network 331
Sequenz 21, 117, 232, 258
sequenziell **455**
sequenzielle Datei 102, 282
sequenzieller Algorithmus
351
– Zugriff 476
sequenzielles Einfügen 472
– Schaltwerk 241, 436
– Suchen **455,** 498

Serialisierbarkeit 513
seriell 126, 355, 403, **456**
serielle Schnittstelle 526
serielles Multiplizierwerk
324
Serienaddierwerk **456**
Seriendrucker 141
Serienparallelumsetzer **456**
set 288
SETL 289
Set-Top-Box 104
SEU 471
sgn 458
Shannon, C. E. 224
shared variable 329
shareware 229
Sheffer-Funktion 328
Shell 523
shift register 437
Sicherheit 451
Sicherungskopie 113, 282
Sichtbarkeitsbereich 202
Sieb des Eratosthenes **456**
Signal 222, **457**
Signaloperation 453
Signalparameter 457
Signatur 119
Signum-Funktion 48, **458**
SIMD-Architektur **404**
SIMM 477
simplex **458**
Simplexbetrieb 126
SIMULA 262, 380, **458,**
459
Simulation 406, **458,** 502
SISD-Architektur **404,** 539
Slot 477
SMALLTALK-80 382, **459,**
520
SNOBOL 380, **462**
Softcomputing 186 f., 423,
462
Software 93, 219, **462**
software life cycle 464
Software-Agent 15
Software-Engineering 219,
429, **463,** 549
Software-Entwicklung 464
Software-Entwicklungs-
umgebung 471
Software-Ergonomie 170
Softwarefabrik 471
Softwarefehler 175
Softwarekrise 291, 463
Softwarelebenszyklus 464,
554
Softwaremodul 315
Softwaremonitor 319

Softwareschnittstelle 441
Softwaretechnologie 463
Sohn 39
Sollkonzept **465**
Solovay, R. 491
Sortieren 72 f., 210, 248, 369,
399, **471**
– durch Austauschen 472
– durch Auswählen 472
– durch Einfügen 472
– durch Mischen 472
– durch Verschmelzen 472,
533
– mit Bäumen 495
–, topologisches **512**
soziales Lernen 550
Spaghetti-Programmierung
377
span 347
Spannbaum 71, 201, 511
Spannbaumproblem **473**
spannender Wald 202
SPEC-Benchmarks 61
Speicher 95, 209, 281, 283 f.,
361, 389, 401, 423, **474,**
489, 538
–, bipolarer 203
–, virtueller 479
Speicherabzug **144,** 508
Speicheradresse 527, 542
Speicheradressregister 14,
413, 476
Speicherbereinigung 183
Speicherblock 478
Speicherchip 228
Speicherhierarchie **477**
Speicherkapazität 210, 349,
476 f.
Speichermodul 478
Speicherperipherie 361
Speicherplatz 248
Speicherplatzbedarf 244
Speicherpufferregister 413,
476
Speicherraum 480
Speicherschutz **478**
Speicherschutzbyte 478
Speicherschutzschlüssel 478
Speicherverschränkung **478**
Speicherverwaltung 57, 225,
268 f., 288, 442, 478, **479**
Speicherwort 475
Speicherzelle 413, 475, 538
Spezifikation 316, 357, 422,
441, 467, 469, **480,** 501,
504, 527
Spezifikationssprache 441,
481

Spezifikationsteil 394
Spiegeln eines Textes 392
Spooling 192, 212
spot 347
Sprachdialekt 65
Sprache **481**
–, deskriptive 108
–, erzeugte 198
–, kontextfreie **257**
–, kontextsensitive 258
–, navigierende 108
–, reguläre **417**
Sprachenstreit 383
Spracherkennung 326
spreadsheet calculation 502
Springerproblem **482**
Springerrundreise 482
Sprung 195, 258, 286, 427, **484,** 487, 538
Spur 283-285, 347
SQL 108, **484**
SSI 228
stabil 471
Stack 235
Standard 323
Standardfunktion **487**
Standardisierung 471
Standardklasse 458
Standardprozedur **487**
Standleitung 128
Stapel 235
Stapelbetrieb 54, 320, 523 f.
stapelorientierte Text-
  verarbeitung 510
starke KI-These 265
Startadresse **487**
Startbit 487
Start-Stopp-Betrieb **487**
Startsymbol 197
Startwert 438
Statement 21
stationärer Agent 15
statische Bindung 65
– Finitheit 179
– Mikroprogrammierung 295
– Schachtelung 432
statischer Speicher 476
Status 300, 403, **487,** 537
Statusbit 300
Statusregister 324, 484, 487
Stelle 362
Stellen-Transitions-Netz 362
Stellenwertsystem 143, 193, 243, 484, **488**
Stelligkeit 119, 319, 346, 387
Steuerknüppel 234
Steuerperipherie 361

Steuerwerk 293, 295, 366, 395, 403, **489,** 538
Stibitz-Code 173
stochastische Simulation 459
stochastischer Algorithmus 19, 132, **490**
Stoppbit 487
Strassen-Algorithmus **491**
Strassen, V. 491
Strategiespiel 265
Streamer 282
streng typisiert 520
strenge Typisierung 312
Strichcode 235, 285, 398
string 542
Struktogramm 232, **492**
Struktur in PROLOG 387
strukturbezogener Editor 150
Strukturblock 492
strukturelle Äquivalenz 21
– Verknüpfung 213
strukturierte Programmie-
  rung 258, 291, 358, 385, 469, 484, **494**
Strukturierung von Pro-
  grammen 391
Stundenplanproblem 340
Subjekt 313
subquery 486
subroutine 391
Substitution 372
substring problem 327
Subtrahierwerk **495**
Subtraktion 243, 403, 495
Suchanfrage 485
Suchbaum 29, 43, **495**
Suchen 496, **498**
–, binäres **63**
Summierer 20
superpipelined 311
superskalar 306, 311
Superuser 524
Supraleitungsspeicher **498**
surjektiv 183
Symbol **498,** 542
symbolische Adressierung 14
symbolisches Modell 314
Symboltabelle 270, 452, **498,** 521
symmetrisch 421
Synapse 331
synchron 126
synchrone Unterbrechung 525
synchrones Schaltwerk **498**
Synchronisation 319, 329, 394, 403, **498,** 525, 533

syntaktische Analyse 92, 240, 409, 412, **499,** 500, 521
– Rekursion 372
Syntax 195, 222, 379, **499**
– von Programmier-
  sprachen 256, 258, 500
Syntaxdiagramm 35, 256 f., 451, **500**
Syntheseproblem **501**
System **501**
system crash 502
System, dialogorientiertes 510
–, geschlossenes 345
–, offenes **345**
–, verteiltes **533**
Systemabsturz 502
Systemanalyse **502**
Systemaufruf 523
System-Benutzer-Interaktion 518
Systembibliothek 377
Systementwicklung 391
–, partizipative 466
Systemgenerierung **502**
Systemmodus 309
Systemprogramm 321
Systemsoftware 462
Systemverwalter 524
Systemziel 465
Systemzusammenbruch **502**
systolischer Algorithmus 352
systolisches Array 353, 404
Szenario 465

T

Tabelle 110, 176
Tabellenkalkulation **502**
tail recursion 418
Takt 498, **503**
Taktdauer 503
Taktfrequenz 504
Taktgenerator 504
Taktperiode 503
task 10
Tastatur **504**
TB 79
TByte 79
Teach-in-Verfahren 328, 422
Teamarbeit 471, 550, **551**
Technik 292
technische Dokumentation 470
– Informatik **219**
technischer Prozess 395
Teilanfrage 486

Register

Teilbaum 38 f.
Teilbereich 524
Teilgraphproblem 327
Teilhaberbetrieb 56
Teilnehmerbetrieb 56
Teilwortproblem 327
Telematik **504**
Teleteaching 97
Telex-Netz 128
temporale Logik 278
temporäre Datei 103
Term 28, 387
Terminal 62, 113
Terminalsymbol 196, 270, 500
Termination von Schleifen 530
Terminator 442
Terminieren einer Schleife 450
terminiert 395
Terminierung 19, 365, 528
Tertiärspeicher 477
Testdatengenerierung 399
Testdurchführung 505, 509
Testen 227, 231, 469, **504,** 527
– von Programmen 144
Testhilfe 470
Testmenge 504 f.
Testmethode 505
Testplanung 508
Testumgebung 469, 509
Testvorbereitung 509
Tetrade 47, 78, 144, 173
Tetradencode 15, 47, 243
T$_E$X 510
Text 115, 212
Texteditor 149
Textkompression **250**
Textverarbeitung 152, 462, **509,** 542
Textverschlüsselung 83
T-Flipflop **510**
theoretische Informatik **218**
Thermodrucker 143
Thompson, K. 522
Tiefendurchlauf **510,** 513
Timesharing-Betrieb 56
time-space-trade-off 244
Tintenstrahldrucker 142
Token 270, 521
Tokenbus 407
Tokenring 407
T-Online 62, 129, **511**
top 121, 235
Top-down-Methode 467
Top-down-System 334

Top-down-Vorgehen 494
Topologie eines Rechnernetzes 408
topologisches Sortieren **512**
TOp/s 311
total 183
totale Korrektheit 528 f.
Totalität 350
Trace 7
trade-off 244
Träger 457
Transaktion **513**
Transduktor 33
Transformation 326
Transistor-Transistor-Logik 435, **513**
Transition 362
transitiv 421
Transitivität 350
transparent 381
Transportbefehl 539
Transputer 344, **513**
trap 525
traveling salesman problem **374**
Treiber 191
Trojanisches Pferd 535
Trommeldrucker 141
TSP 374
TTL 435, 513
Tupel 110
Turbo-Pascal 360
Turing, A. M. 514
Turingmaschine 77, 84, 204, 250, 415, **514**
–, universelle **522**
Türme von Hanoi 419, **517**
Turtle-Grafik 278 f.
Tutorsystem 97, **518**
Typdiskriminator 410
Typendrucker 140
Typenwalzendrucker 141
Typerweiterung 319
Typinferenzsystem 312
typisierte Programmiersprache **519,** 526
Typisierung, strenge 312
Typkonvertierung 520

U

Übergangsfunktion 159
überladen 61
Überladen 328
Überlauf 11, 54, 324, 537
übersetzender Automat 33

Übersetzer 57, 68, 93, 230, 240, 287, 360, 378, 380, 399, 444, 498 f., **520,** 546
–, inkrementeller **227**
Übersetzersemantik **445**
Übersetzungszeit 269
Übersteuerungsbetrieb 20
Übertrag 350, **521,** 536
Übertragbarkeit 370
Übertragsumleitung 351
Übertragsvorausschau 350
Übertragungsfehler 206, 398
Übertragungsmodell 242
Übertragungsrate 347
überwachtes Lernen 334
Überwachung des Betriebsablaufs 346
UIMS 52
Umkehrfunktion 184
Umrechnung zwischen Stellenwertsystemen 488
Umschaltspannung 436
Umwelteinfluss 502
unär 346
unbedingter Sprung 484
UND-Funktion 433, **522**
Undo 149
Unentscheidbarkeit 371
– des Halteproblems **204 f.**
unfair 366
ungebundene Variable 65
ungepackte Darstellung 146
– Speicherung 78
ungerichteter Graph 200
unidirektional 61, 76, 242, 370
Unifikation 381, 388
Unifikator 388
–, allgemeinster 388
universelle Funktion **522**
– Turingmaschine 195, 204, 517, **522**
UNIX 22, 57, 79, 87, **522**
unmittelbare Adressierung 14
Unschärfe 185
unscharfes Wissen 462
unsicherer Kanal 264
Unterbaum 38
Unterbereich 114, 358, 520, **524**
Unterbrechung 238, 287, 324, 398, 499, **525**
Unterbrechungsmaske 287
Unterbrechungsregister 525
Unterlauf 54
Untermonoid 256
Unternehmensforschung 346

Unterprogramm 391
untypisierte Programmier-
sprache **520**
Urbildbereich 183
URL 230
Urlader **268**
user 51

V

V.24 125, 526
V.24-Schnittstelle 440
vage Information 222
vages Wissen 423
Validierung **526**
Variable 65 f., 130, 196, 380,
444, 452, 524, **526**, 542,
544, 548
–, freie 65
–, globale **194**, 262, 443
–, lokale **280**
–, private 281
–, ungebundene 65
variable Wortlänge 49
Variablenbereich, gemein-
samer 329
Variante eines Datentyps 115
varianter Record 117, 410
Vater 39
VAX 11/780 311
Vektormultiplikation 353
verallgemeinerte Registermaschine 415
verallgemeinerter endlicher
Automat 163, 179
Verbund 409
verdeckt 316
Vereinbarung **130**
Vereinigung von Datentypen
410
Vererbung 155, 319, 340-
342, 462
Vererbungskonzept 79
Vererbungsrelation 153
Verfeinerung 429, 494
Verfikation 266
Verfügbarkeit 269, 502, **527**
– von Daten 112
Verifikation 399, 444, 504,
527
verkettete lineare Liste 271
Verkettung 255
Verklemmung 329, **330**, 365
Verknüpfung, referenzielle
213
–, strukturelle 213
– von Relationen 486

Verkürzungsrelation 313
Vermittlungsrechner 407
Verschieblichkeit **532**
Verschiebung 403, 547
Verschlüsselung 83, 88, 423
Verschlüsselungsfunktion
263
Verschlüsselungsverfahren
263
Verschmelzen 473, **532**
verteilte Datenbank 107
– Parallelverarbeitung 331
verteiltes System 50, 176,
408, **533**
Vertraulichkeit von Daten
112
Verwandtschaftsbeziehun-
gen, Darstellung 385
Verweis **542**
verzögerte Auswertung 358
Verzweigung 216, **533**
Verzweigungsschaltwerk 240
VGA-Karte 61
Video on demand 104
Virenschutzprogramm 535
Virtual Reality 267
virtuell 314
virtuelle Adressierung 14
– Konferenz 323
– Maschine 18, **534**
– Realität 314, 322
virtueller Speicher 479
Virus **534**
VLSI 228
VLSI-Algorithmus 351
VM 57
Volladdierer 350, 434, 456,
536
von Neumann, J. 221, 536,
538
Von-Neumann-Addierwerk
536
Von-Neumann-Flaschenhals
539
Von-Neumann-Rechner 380,
404, **538**
V-Operation 453
Vorbedingung 448
Vorbereich 362
Vordergrundprogramm 212
Voreinstellung 22
Vorgängerfunktion 28
Vorkommen, freies 448
Voronoi, G. F. 539
Voronoi-Diagramm 260,
539
Vorübersetzer 521
Vorzeichenfunktion 458

W

wahlfreier Zugriff 476
Wählleitung 128
Walkthrough 505
Walzenplotter 369
WAN 407
Warmstart 224
Wartbarkeit 463
Warteoperation 453
Warteschlange 397, 453
Wartezeit **21**
Wartung 412, 470
Wartungsverbund 407
weakest precondition 451
Wechselplatte 284
wechselseitiger Ausschluss
319, 330, 363, 453
Weg **201**
Weitverkehrsnetz 407
Werkzeug 471
Werkzeugmaschine 328
Wertebereich 183
Wertparameter 80
Wertzuweisung 548
Whetstone 312
while **540**
while-Schleife 420, 439, 450
Whitebox-Test 505
Widerspruchsfreiheit 513
Widerstand-Transistor-
Logik 435, **540**
Wiedereintrittsinvarianz
540
Wiederverwendung 412, 462
Wilkes, M. V. 221, 293
window 150, 177
WINDOWS 321
Window-Technik 176
Wirklichkeit, Nachbildung
458
Wirth, N. 317, 358
Wirtschaftsinformatik 219,
540
Wirtsprogramm 534
Wissen 381
–, vages 423
Wissensbasis 172
Wissensverarbeitung 462
Word 510
Workflow-Management-
System 513, 541
World Wide Web **230**
WORM **348**
WORM-Speicher 322, 391

Register 576

Worst-Case-Komplexität 245
Wort 19, 475, 542
–, leeres 415
–, reserviertes 440
Wortlänge, variable 49
Wortproblem 167, **541**
write 179
Wurm 535
Wurzel 39
WWW 230
WYSIWYG-Prinzip 510

X

X.25 125, 128
XVGA-Karte 61

Z

Z 3 220
Zadeh, L. A. 462
Zahl 488
Zahlendarstellung 243, 245
Zähler 234, **541**
Zählschleife 117, 373, **438, 493**

Zehnersystem 132
Zeichen 457, 498, **542**
Zeichendrucker 141
Zeichenfolge 542
Zeichenkette 542
Zeichensatz 542
Zeichenvorrat 19, 242, 542
Zeiger 115, 271, 357, 359, 458, **542**
Zeigervariable 542, 544
Zeilennummer 286
Zeitbedingung, harte 403
Zeithierarchiesatz 249
Zeitscheibe 397
zentral 404, 408
Zentraleinheit 95, 395, 489, **545**
Zentralrechner 404
Zielprogramm 89 f., 227, 341, 360, 399, 444, 487, 520, **546**
Zielsprache 520
Zifferteil 144
Zonenteil 144
Zufallszahl 490, **546**
Zufallszahlenfolge 546
Zufallszahlengenerator 459, **547**
Zugriff **476,** 545

Zugriffsart **476**
Zugriffskontrolle 478
Zugriffsmatrix 113
Zugriffsrecht 113
Zugriffszeit 284 f., 322, 413, **476,** 477 f.
zusammenhängender Graph 201
Zuse, K. 220, 421
Zusicherung 155, 448, 506
Zustand 159, 341, 447, 487, 502, 514
Zustandsvektor 487
Zuteilung 395
Zuteilungsproblem 398
Zuteilungsverfahren 397
Zuverlässigkeit 463
Zuweisung **548**
Zweck 314
Zweiadressmaschine 49, 310
Zwei-Komplement 243 f., 495
zweistellig 144
zyklenfreier Graph **201**
zyklischer Zugriff 476
zyklisches Verschieben 438
Zyklus **201**
Zykluszeit 51, 422, 476
Zylinder 283